Siegfried Tesche

Das große
James-Bond-Buch

Henschel Verlag

Sie können uns 24 Stunden am Tag erreichen
unter:
http://www.dornier-verlage.de
http://www.henschel-verlag.de

Vom selben Autor ist im Henschel Verlag bereits
erschienen:

Sean Connery. Die Biografie. Berlin 2000
ISBN 3-89487-362-0
Harrison Ford. Seine Filme, sein Leben.
Berlin 2002
ISBN 3-89487-415-5

Die Deutsche Bibliothek – CIP-Einheitsaufnahme
Ein Titeldatensatz für diese Publikation ist bei
Der Deutschen Bibliothek erhältlich.

ISBN 3-89487-440-6

© September 2002 by Henschel Verlag, Berlin.
Der Henschel Verlag ist ein Unternehmen der
Verlagsgruppe Dornier.

Umschlaggestaltung: Mediabureau Di Stefano,
Berlin
Satz und Gestaltung: Mathias Thorn, Leipzig
Druck und Bindung: Westermann Druck Zwickau
Printed in Germany

Gedruckt auf alterungsbeständigem Papier mit
chlorfrei gebleichtem Zellstoff

Inhalt

Vorwort

Gerade im Umfeld des anstehenden 40. Jubiläums der James-Bond-Filme ein Buch über die Serie zu veröffentlichen oder neu aufzulegen ist nicht ganz einfach. Denn mehr und mehr wächst die Schwierigkeit, sich der Vereinnahmung und dem Besitzanspruch von Eon Productions, der Produktionsfirma fast aller 007-Filme, zu entziehen. Die Bond-Filmgeschichte hat bewiesen, daß sie nicht die einzigen waren, die der Figur interessante Aspekte abgewinnen konnten. Aber ihre Arbeit kritisch zu durchleuchten wird immer problematischer und der Zugang zu den Dreharbeiten so gut wie unmöglich. Bevorzugt werden zahlende Kunden oder Lizenznehmer. Nachdem RTL im Frühsommer 2002 die Fernsehrechte an dem jüngsten Film "Stirb an einem anderen Tag" erworben hatte, durfte eine Reporterin zwar aus dem Set berichten, der Privatsender konnte aber nur auf das (gefilterte) "Making Off"-Material des offiziellen Dokumentationsteams der Produktion zurückgreifen.

In den letzten Jahren ist es Usus geworden, die Pressevorführungen so spät anzusetzen, daß eine kritische Berichterstattung zum Filmstart nicht mehr möglich ist. Statt dessen werden die Redaktionen der auflagenstarken Magazine mit ausgewählten Fotomotiven, Farbmaterial und Exklusivinterviews beliefert, um dem Film möglichst einen breiten Auftritt zu verschaffen. Mitarbeiter zweiwöchentlich oder monatlich erscheinender Magazine, also solcher mit längerem Vorlauf, haben keine Chance, den Film kritisch zu beurteilen. Das ist auch nicht im Interesse der Produktionsfirma und des Verleihs. Ihnen sind Testvor-

führungen wichtiger, denn sie wollen sich einen Eindruck von der Reaktion des Publikums verschaffen, um sofort darauf reagieren und letztendlich Kasse damit machen zu können. Der Trend betrifft nicht nur Bond-Filme, sondern fast alle Großproduktionen. Hinzu kommt, daß leider (zu) viele Journalisten das, was sie vorgesetzt bekommen, nahezu ungefiltert weitergeben. Und wenn auf der ersten Presseinformation des neuen Films "Bond 20" steht, wird das ungeprüft übernommen. Interessanterweise wurde auf der Londoner Pressekonferenz zum Start von "Die Another Day" ein von der Produktion lizenziertes Buch über die Bond-Filmplakate verschenkt. Enthalten sind sowohl die Motive von "Casino Royale" als auch von "Sag niemals nie", also Filmen, die Eon nicht produziert hat, deren Rechte sie aber inzwischen hält. So addiert sich die Zahl der Filme - ohne den gerade begonnenen - auf 21. Einfaches Durchzählen hätte genügt, um die tatsächliche Anzahl herauszubekommen.

Detaillierte Analysen der Bond-Filme finden sich seit Jahren nicht mehr in der Presse, geschweige denn Aufarbeitungen der Hintergründe, Pannen oder Machtkämpfe um die Rechte. Lediglich Studenten setzen sich immer wieder einmal mit verschiedenen Aspekten der Serie auseinander; ihre Magisterarbeiten oder Dissertationen erreichen aber keine größere Öffentlichkeit.

Wer über die James-Bond-Filme publizieren will, muß sich entscheiden: entweder mit Eon Productions oder gegen sie. Das heißt konkret: Entweder legt man seinen Text vor, erwirbt eine Lizenz und ist den Maßgaben der Marketing- und Presseabteilung der Produktion ausgesetzt, oder man schreibt sein Buch ohne Unterstützung und muß etwa auf Filmszenenfotos verzichten. Dann bleibt nur der

Umweg über freie Fotografen. Beispiele für von Eon verbotene Bücher und ihnen nicht genehme Berichterstattung gibt es reichlich. Eines von vielen: Jahrelang hat ein Londoner Journalist die Geschichte der Bond-Girls recherchiert und Dinge herausgefunden, die sich in keiner sogenannten "offiziellen" Publikation finden. Nach anfänglicher Kooperation wurde diese plötzlich verweigert, und die Anwälte überzogen den Mann mit Klagen. Inzwischen ist das Werk im Eigenverlag erschienen und zirkuliert unter Spezialisten - ein größeres Publikum hat Eon verhindert.

Auch ich habe mich vor Jahren entschieden, den schwierigeren Weg zu gehen, da mir eine freie Berichterstattung mit Einschränkungen lieber ist als als verlängerter Arm einer PR-Abteilung zu fungieren. Die Konsequenzen ließen nicht auf sich warten. Einladungen zu Dreharbeiten, Premieren und Interviews wurden rarer oder blieben ganz aus, und selbst der Besuch der Bond-Party im Mai in Cannes anläßlich des 40. Jubiläums der Serie wurde zu einem komplizierten Unterfangen. Er gelang nur dank des selbstlosen Einsatzes einer charmanten Kollegin.

Das vorliegende Werk ist die vierte Ausgabe, Erweiterung und Überarbeitung von "Das große James-Bond-Buch", das 1995, halb so umfangreich, im Henschel Verlag erschien. Ohne die zahlreichen Helfer, die nachfolgend aufgelistet sind, wäre es nicht zustande gekommen. Vor allem ihnen gilt mein Dank. Möge das 40. Jubiläum der James-Bond-Serie ein Anlaß sein, sich erneut mit den Autoren, der schwierigen Geburt der Reihe und den Machern hinter den Kulissen zu beschäftigen. Es wäre schön, wenn die Leser auch die beiden Fassungen von "Casino Royale" beachten würden, da hier unterschiedliche Blickwinkel auf die Figur des James Bond geworfen werden, die sie so spannend machen. Denn Filme, die am Reißbrett entstehen und nur einer Formel folgen, können nur ermüden. Daher von mir alles Gute zum 23. James-Bond-Film - und/oder 22. Spielfilm, auch wenn diese Zahlen im Rahmen der zahlreichen Jubelarien sicher nicht häufig zu lesen sein werden.

Siegfried Tesche
Herbst 2002

Dank

Ich danke allen Bond-Machern, die mir im Laufe der Jahre Interviews gewährten, Informationen und Fotos zur Verfügung stellten:

Ken Adam, Klaas Akkermann, Woody Allen, Vic Armstrong, Joe Don Baker, John Barry, Shirley Bassey, A. B., Raymond Benson, Maurice Binder, Willy Bogner jr., Klaus-Maria Brandauer, A. R. B., Barbara Broccoli, James Brolin, John Brosnan, Pierce Brosnan, Carole Bouquet, Jeffrey Caine, Martin Campbell, Robert Carlyle, Barbara Carrera, Sean Connery, Maryam d'Abo, Timothy Dalton, Robert Davi, Roland und Ute Emmerich, Vic Fair, Geoff Freeman, Gert Fröbe, Alexia Ghinou, Al Giddings, Lewis Gilbert, Bill Girodet (Perry Oceanographics), John Glen, Leonhard und Karin Gmür, Guy Hamilton, Anthony Hopkins, Peter Hunt, Famke Janssen, Gottfried John, Curd Jürgens, Jeroen Krabbé, Daliah Lavi, George Lazenby, Christopher Lee, Desmond Llewelyn, Michael Lonsdale, Carey Lowell, Art Malik, Lois Maxwell, Kevin McClory, Carol McCullough, Derek Meddings, Wayne Michaels, Alec Mills, Roger Moore, Götz Otto, Jonathan Pryce, John Rhys-Davies, Karola Schmitt, Izabella Scorupco, Eric Serra, Talia Shire, Hy Smith, Donald Smolen, Fred Sorg,

Talisa Soto, Roger Spottiswoode, Alan Strachan, Kenneth Wallis, Thomas Wheatley, Richard Williams, Michael G. Wilson, Andreas Wisniewski, Doris Wolf, Arthur Wooster, Michelle Yeoh, Anthony Zerbe und den Verwaltern von Ian Flemings ehemaligem Anwesen "Goldeneye" auf Jamaika mit Paul Dunbar.

Ich danke den Sammlern, Freunden und Journalisten für ihre Hilfe:

Dr. Angeloni von der Firma Brioni, Eckhart Bartels, Oliver Bayan, Peter Beddies, Jamie Beerman, Christine Berg, Dr. Jürgen Berger, Johannes Blunck, Christian Boucke, Tim Browne, Andreas Brunner, Martin Büttner, Ajay Chowdhury, Dr. Bernd Fischer, Detlef Hans Franke, Christina Fricke, Karen Geary vom Verlag Hodder & Stoughton, Judith Gerke-Reineke vom Ullstein Verlag, Hayo Göhmann, Marianne Gray, Klaus Grüner, Dr. Birgit Grüßer, Robin Harbour, Marc Hertling, Dr. Kay Hoffmann, Jens-Peter Johannsen, Jörg Kastner, Joachim Kreck, Roland Kress, Jürgen Labenski, Bianca Lang, Wiebke Langefeld, Mary Ann Lisa, Ulf Neumann, Thomas Nixdorf, Steven Oxenrider, Michael Petzel, Dr. Gabriele Planz von der Firma Saab, Martina Plokhaar von der Citroën AG, David Reinhardt, Astrid Ritter, Gudrun Rohe vom Heyne Verlag, Barbara Romeiser vom Econ Verlag, Prof. Dr. Michael Rudnig, Johannes Schultz von der BMW AG, Ulrike Seiler, Wolfgang Thürauf, Markus Tschiedert, Claudia Walter, Thilo Wydra, Herrn Zahn von der Firma Schuberth Helme, Patrick Zeilhofer, Fred Zentner vom Cinema Bookshop in London sowie Nessrin Gräfin zu Königsegg.

Dank auch dem wieder einmal traurigen Sommerprogramm aller Fernsehsender, das mir genügend Gelegenheit gab, nicht abgelenkt zu werden, und Dank schließlich der Musik von John Barry, Ennio Morricone und Hans Zimmer, die für ein angenehmes Arbeitsklima sorgte, trotz Temperaturen um 30 Grad.

Foto Copyright:

Raymond Benson, Archiv Johannes Blunck, BMW AG, British Film Institute, Archiv Tim Browne, BSA Motorcycles, Citroën AG, Columbia Pictures, Corgi Toys, Arnim Dahl, Friedhelm von Estorff, Filmecho/Horst Axtmann KG, Karin und Leonhard Gmür, Robin Harbour, Marc Hertling, Dr. Kay Hoffmann, IBC Fotoarchiv/Klaus Grüner, Horst Jahnke, Reinhard Kleber, MTM Productions, Archiv Thomas Nixdorf, Stephan Persch, Popular Library, Popular Science Magazine, Taliafilm, Siegfried Tesche, Markus Tschiedert, Alexander Tuma, Warner Bros. Pictures, Patrick Zeilhofer.

Die Romanautoren

Ian Fleming ist der Schöpfer der James-Bond-Romane. Er starb 1964 im Alter von nur 56 Jahren an Krebs.

Ian Fleming - der Mann
mit der goldenen Schreibmaschine

Ian Lancaster Fleming wurde am 28. Mai 1908 als Sohn des reichen Offiziers und konservativen Unterhausabgeordneten Major Valentine Fleming und seiner Frau Evelyn Beatrice in 29 Green Street, in der Nähe der bekannten Park Lane, in London geboren. Er hatte drei Brüder: Der ein Jahr ältere Peter wurde ein bekannter Reiseschriftsteller und starb 1971 nach einem Jagdausflug. Michael starb in einem Kriegsgefangenenlager infolge von Verletzungen aus dem Kampf um Dünkirchen, und Bruder Richard starb 1977. Ihr Vater war im Mai 1917 in Flandern gefallen; Winston Churchill persönlich verfaßte den Nachruf in der Londoner "Times". Flemings Mutter galt als eine der schönsten Frauen Englands; sie schickte Ian auf die strenge Jungenschule in Eton und auf die Königliche Militärakademie in Sandhurst.

Fleming wollte zunächst Diplomat werden, studierte dann aber an den Universitäten von München und Genf Psychologie. Er las Jung, Adler, Thomas Mann und Rilke. Gern hielt er sich in Kitzbühel auf. 1931 absolvierte er die Aufnahmeprüfung für den diplomatischen Dienst beim Auswärtigen Amt, kam unter 62 Bewerbern auf den 25. Platz, wurde aber nicht angenommen. So entschied er sich für den Journalismus und arbeitete vier Jahre für die Nachrichtenagentur Reuters. Er lernte Russisch, sprach zudem Deutsch und Französisch. 1933, im Alter von 24 Jahren, wurde er von Reuters erstmals nach Moskau geschickt, um über den Prozeß gegen sechs britische Ingenieure von der Metropolitan-Vickers Electrical Engineering Company zu berichten, die der Spionage verdächtigt wurden. Flemings Report wurde hervorragend aufge-

nommen. Nach einem von Stalin abgelehnten Interviewwunsch gab er seine Korrespondententätigkeit auf.

Von 1933 bis 1935 handelte Fleming beim Bankhaus "Cull & Co." mit Wertpapieren. Von 1935 bis 1939 war er bei der Börsenmaklerfirma "Rowe & Pitman" angestellt, wo er es bis zum Juniorpartner brachte. Anschließend ging er mit einem Sonderauftrag der "Times" erneut nach Rußland.

Fleming diente in der Freiwilligenreserve der Kriegsmarine und wurde am 26. Juli 1939 im Rang eines Leutnants zum persönlichen Assistenten des Marinegeheimdienstchefs, Konteradmiral John H. Godfrey, berufen. Sein Dienstort war das Whitehall Gebäude in London, sein Dienstzimmer der Room 39, der zur Sektion 17 der sogenannten "Naval Intelligence Divison" (NID) gehörte. Seine Code-Nummer wurde die 17 F, und mit Godfreys Hilfe baute er einen Nachrichtendienst auf, bei dem er es vom Leutnant bis zum Commander brachte. Fleming bildete auch Sonderkommandos aus, die in feindlichem Gebiet Codes und Geheimausrüstungen sicherstellen sollten. Er galt als exzellenter Organisator und Problemlöser, der mit vielen Interna des britischen Nachrichtendienstes vertraut war und auch Winston Churchill persönlich kannte. Er kümmerte sich um eine Reihe von Geheimaktionen während des Zweiten Weltkriegs, beschattete den Doppelagenten Duško Popov, machte Geschäfte mit dem berühmten kanadischen Millionär Sir William Stephenson, der später unter dem Decknamen "Intrepid" bekannt werden sollte. Fleming organisierte eine Aktion zur Beschlagnahme des Code-Buchs des deutschen Marine-Nachrichtendienstes und entwickelte einen Plan, den an Astrologie und Okkultem interessierten Rudolf Heß nach Schottland zu locken. 1940 war er an einem Vorhaben beteiligt, durch das Spanien vor der Überwachung der Straße von Gibraltar durch deutsches Radar und Infrarotkameras beschützt werden sollte. Die strategischen Überlegungen trugen den Namen "Operation Goldeneye".

Verschiedene Quellen behaupten, Fleming habe eben deshalb sein 1946 für 2000 Pfund auf Jamaika erworbenes Anwesen "Goldeneye" genannt. Nach eigenen Aussagen will er jedoch den Titel von Carson McCullers Roman "Reflections In A Golden Eye" entlehnt haben. Auf jeden Fall hat er auf dem direkt an der Küste gelegenen Streifen nahe Oracabessa ein spartanisch ausgestattetes Haus errichtet, das den Freund und Nachbarn Noël Coward zu abfälligen Bemerkungen hinreißen ließ. Das spanische Oracabessa bedeutet im Englischen übrigens "Goldenhead".

Überliefert ist Flemings geheimdienstlich unkonventionelles Herangehen an einen deutschen U-Boot-Kommandanten: statt ihn zu verhören, hat er ihn in ein Lokal in Soho geführt, wo er ihn betrunken machen wollte, um so etwas von ihm zu erfahren. Der Deutsche war jedoch trinkfest; das 'Verhör' wurde laut und irgendwann in deutsch geführt, bis sich andere Gäste wunderten. Mehrfach wurde Fleming für solche Methoden gerügt.

Nach Informationen seines ehemaligen Kollegen John Ainsworth-Davis, der unter dem Pseudonym Christopher Creighton das Buch "Operation James Bond" verfaßt hat, war Fleming auch an der Aktion beteiligt, bei der Martin Bormann, Leiter der Parteikanzlei und Sekretär Adolf Hitlers, aus dem Berliner Führerbunker auf dem Wasserwege herausgeholt werden sollte. Der Plan sah vor, an das von Hitler zur Seite geschaffte Nazivermögen, für das Bormann zeichnungsberechtigt war, heranzukommen. Bormann sollte es quasi gegen sein Leben eintauschen. Die Glaubwürdigkeit der Geschichte ist jedoch äußerst

zweifelhaft, da eine Reihe der von Creighton aufgestellten Behauptungen leicht zu widerlegen ist.

Von 1945 bis 1959 leitete Fleming das Auslandsressort des Kemsley Zeitungskonzerns. Als Schriftsteller erfolgreicher geworden, gab er die Stellung Anfang 1960 auf, arbeitete aber weiter für die "Sunday Times" und besuchte regelmäßig die jeden Dienstag stattfindenden Konferenzen. 1955 erwarb er von Lord Kemsley für 50 Pfund (etwa 550 DM) das antiquarische, vierteljährlich erscheinende Buchmagazin "The Book Collector", dessen Herausgeber er bis 1964 war. Zudem gehörte er zu den Mitgliedern der drei angesehenen Londoner Clubs "Turf", "Broodle's" und "Portland".

Am 24. März 1952 hatte er auf Jamaika Anne Geraldine, Tochter von Colonel Guy Charteris und Frances Tennant, Witwe des 3. Barons O'Neill und geschiedene Frau des Viscount Rothermere, geheiratet. Der Sohn Caspar wurde am 12. August 1952 geboren. Im Sommer wohnten die Flemings im Londoner Stadtteil Belgravia (16 Victoria Square), im Winter auf Jamaika, wo alle Bücher Ians entstanden. Im Herbst 1956 wurde das Anwesen ganz plötzlich berühmt, als sich Premierminister Anthony Eden dort drei Wochen lang erholte.

Im April 1961 erlitt Fleming, nach der Dienstagskonferenz der "Sunday Times", in seinem Büro in der Londoner Old Mitre Street einen Herzanfall, scherzte aber nach kurzer Erholungsphase schon wieder über die Anteilnahme: "Viele Leute scheinen sehr besorgt um mich zu sein. Ich bekam Telegramme von Menschen, die zu denken scheinen, daß ich bereits im Leichenschauhaus bin. Aber ich kann ihnen versichern, daß der Körper noch nicht komplett gefroren ist."

Am 24. Juli 1964 verstarb Flemings Mutter. Im August 1964 verbrachte er mit Frau und

Fleming (zweiter von rechts) im Kreise seiner Mitschüler an der Eliteuniversität Eton. Er galt als guter Sportler und Frauenschwarm.

Sohn Urlaub am Sandwich Bay in Kent. Von seinem Lieblingshotel, dem Guildford, konnte er seinen favorisierten Golfclub, den Royal St.George's, gut überblicken. Als er einen weiteren Herzanfall erlitt, wurde er ins Canterbury Hospital in Kent gebracht. Auf der Fahrt dorthin entschuldigte er sich beim Sanitäter "für all den Ärger", den er ihm bereite. Und selbst im Krankenhaus bat er die Pfleger nach einem weiteren Herzanfall um Nachsicht: "Gentlemen, ich bitte Sie wegen der Störung um Vergebung. Ich bin untröstlich."

Fleming starb in der Nacht zum 12. August gegen 1.00 Uhr. Im September luden seine Angehörigen zu einem Gedenkgottesdienst in die Kirche St. Bartholomew the Great in Smithfield, an dem Kollegen und Freunde teilnahmen.

Sean Connery erfuhr von Flemings Tod beim Golfspielen mit Rex Harrison außerhalb Roms. "Wir hörten davon, als wir gerade mit dem Mittagessen fertig waren. Dann gingen wir raus und spielten die zweiten 18 Loch. Fleming hätte das gemocht." Später fügte er hinzu: "Ich war wirklich schockiert von seinem Tod. Er und ich haben oft über Bonds Charakter diskutiert. Er erzählte mir, daß er vor dem Krieg Psychologie in München studiert hat. Möglicherweise wußte er deshalb so viel über die versteckten Sehnsüchte von Männern und Frauen. Ian wird schmerzlich vermißt werden." Flemings 'Adoptiv'-Schwester Amaryllis sagte Jahre später der BBC: "Zunächst war James Bond nur ein Spielzeug für ihn, aber dann wurde James Bond zu seinem Herrn und er zu dessen Spielzeug. Ich glaube, James Bond hat ihn umgebracht."

Im November 1964 wurde Flemings Testament bekannt. Er hinterließ in Großbritannien Immobilien und Gegenstände im Wert von 302.147 Pfund (netto 289.170 Pfund, das entsprach damals etwa 3,2 Millionen Mark). Fleming hatte unter anderem verfügt, daß drei seiner Freunde jeweils 500 Pfund (etwa 5550 Mark) erhalten sollten, damit sie sich "etwas Extravagantes leisten können". Dies waren die Österreicherin Lisl Popper, mit Fleming seit dessen Studienzeiten befreundet, Robert Harling, Herausgeber einer Zeitschrift und Thriller-Autor, den er von der Marine her kannte und dessen Name sporadisch in seinen Romanen auftaucht, sowie der Autor William Plomer, der Fleming mit dem Verlag Jonathan Cape bekannt gemacht hatte.

Flemings Sohn Caspar, der vom Vater 3,3 Millionen Mark geerbt hatte, starb unter ungeklärten Umständen am 4. Oktober 1975; er war in seiner Wohnung im Londoner Stadtteil Chelsea neben Pillen und Tabletten tot aufgefunden worden. Anne Fleming war nach dem Tod ihres Mannes aus der Londoner Wohnung ausgezogen und hatte sich in Sevenhampton, nahe Oxford, niedergelassen. 1968 verkaufte sie einen großen Teil seiner Bücher und Manuskripte der Lilly Library an der Universität von Indiana. Sie starb am 12. Juli 1981 im Alter von 68 Jahren. Fleming ist - wie Frau und Sohn - in der Nähe von Sevenhampton bei Swindon, in der Grafschaft Wiltshire, begraben. Auf seinem Grabstein

Knapp 32 Jahre nach seinem Tod wurde zu Flemings Ehren in der Londoner Innenstadt eine Plakette enthüllt.

steht: "Omnia Perfunctus Vitae Praemia Marces", was soviel heißt wie "Wenn du das Leben in vollsten Zügen genossen hast, dann bietet dir die Welt keine Belohnung."

Am 15. April 1996 wurde in der Londoner Ebury Street, in der Fleming von 1934 bis 1939 ein Büro hatte, auf Betreiben einiger Fans eine Gedenktafel für ihn enthüllt. Desmond Llewelyn, langjähriger Darsteller des "Q", übernahm die ehrenvolle Aufgabe.

Die Figur des James Bond ist nach Flemings Aussage eher zufällig entstanden und nur deshalb, weil er etwas Abwechslung brauchte. "Ich hatte mich entschlossen, zu heiraten. Aber die Idee, mein Junggesellenleben aufzugeben, machte mich nervös. Um mich abzulenken, begann ich zu schreiben. So entstand James Bond." Einmal sagte er, daß seine Kriegserfahrungen aus dem Nachrichtendienst und die umfangreichen Kenntnisse geheimdienstlicher Operationen ihn dazu gebracht hätten, 007 zu erfinden. Einmal hatte er sogar darüber nachgedacht, seinen Helden "Peregrine Maltravers" zu nennen - aber er verwarf die Idee wieder.

Der amerikanische Vogelkundler James Bond - von ihm stammt das Buch "Birds Of The West Indies" - hat Fleming wahrscheinlich auf den Namen seines Helden gebracht. Ein James Bond war in der Bücherwelt allerdings schon zuvor aufgetaucht - 1934 in Agatha Christies

"The Listerdale Mystery". Dabei handelt es sich um eine Sammlung von zwölf Kurzgeschichten, die elfte trägt den Titel "The Rajah's Emerald" und beginnt mit den Worten: "With a serious effort James Bond bent his attention once more on the little yellow book in his hand." Die Handlung spielt in einem altmodischen Seebad in England, wo sich dieser Bond um das Interesse einer Verkäuferin bemüht und einen ebenfalls anwesenden Rivalen ausstechen muß. Eher unwahrscheinlich, daß Fleming den Namen seines Helden hiervon entlehnt hat, auch wenn man von seinem Sinn für Humor weiß und von der Tatsache ausgeht, daß Agatha Christies Werke zu jener Zeit, als der 26jährige Fleming viel lernte und viel las, Bestseller waren.

Eine weitere interessante Herleitung des Namens liefert Donald McCormick in seinem Buch "17 F: The Life of Ian Fleming". Darin heißt es, ein gewisser G.H. Forster habe in einem Brief an den "Daily Telegraph" enthüllt, daß er sich mit Fleming über den Namen und die Codenummer im Jahr 1943 unterhalten hätte. "Ich fragte ihn, wie er Namen für seine Charaktere erfand, und er sagte, es war einfach: Nimm die Namen der ersten beiden Schuljungen in deiner ersten Schulklasse und tausche ihre Vor- und Nachnamen. In diesem Fall waren dies James Aitken und Harry Bond, so daß ihm die Wahl zwischen Harry Aitken und James Bond blieb." Forster zufolge entschied er sich für James Bond, weil er bereits jemanden mit diesem Namen kannte - den Vogelkundler.

Auch zur Herkunft der Code-Nummer 007 gibt es mehrere Varianten. Fleming selbst erzählte in einem Interview, daß er einen Teil der Postleitzahl für das Gebiet von Georgetown nahe Washington verwendete, da dort viele CIA-Agenten lebten. Die sogenannte "Zip Code Nummer" lautet "20007".

Der Vogelkundler James Bond aus Philadelphia wurde berühmt, als Fleming dessen Namen stahl. Bonds Frau Mary Wickham hat die Erlebnisse in einem ironischen Buch mit dem Titel „How 007 Got His Name" verarbeitet.

Eine andere Herleitung bietet Rudyard Kiplings Kurzgeschichte "007", die 1898 in seinem Buch "The Day's Work" erschien. Möglich wäre auch, daß Fleming die Nummer von John Dee, dem Astrologen von Königin Elizabeth I. entlehnt hat, der mit "007", wenn auch in anderer Schreibweise ($\overline{007}$) unterschrieb.

In seinen Büchern erwähnt Fleming auch eine Busverbindung mit der Nummer 007, aber der Managing Director der East Kent Road Car Company stellte richtig, daß ein "National Express 007" zwischen London, Canterbury und Dover erst in den 70er Jahren verkehrte. In den 50er Jahren hieß die Linie L7.

Möglich wäre auch, daß Fleming eine Verbindung zwischen den Zahlen des amerikanischen Roulettetisches - der anders als die englischen über die Kombination 00 verfügt - und seinem Erstlingsroman "Casino Royale" herstellen wollte, der sich ja ausführlich mit dem Spiel beschäftigt. Die zwei Nullen in Verbindung mit der magischen Bedeutung der Zahl Sieben ergäben demzufolge 007. Im Dialog am Spieltisch erwähnt Bond, "keine Glückszahl" zu haben, doch fängt er ausgerechnet dann zu gewinnen an, nachdem ein Killer bis sieben gezählt hat.

Im bereits erwähnten Brief G.H. Forsters heißt es, Fleming sei sehr von der Aussprache der Telefonnummer der Kriegsabteilung des Arbeitsministeriums angetan gewesen. Die acht Zahlen 10.000.007 würde die Telefonvermittlung (in England der "Operator") "one oh treble oh double oh seven" aussprechen.

Eine weitere Variante beruht auf einer wahren Geschichte aus dem Ersten Weltkrieg. Das Auswärtige Amt des Deutschen Reichs schickte am 16. Januar 1917 an den deutschen Botschafter in Mexiko, Graf von Bernstorff, ein Telegramm, in dem die Eröffnung des uneingeschränkten U-Boot-Krieges angekündigt wurde und das den Vorschlag an die mexikanische Regierung enthielt, den USA den Krieg zu erklären. Dem britischen Nachrichtendienst gelang es, den Kryptographen und das sogenannte Zimmermann-Telegramm zu entschlüsseln. Dessen Codenummer war 0070.

Fleming zehrte als Basis für Bond von seinen Geheimdiensterfahrungen und ließ verschiedene Mitarbeiter aus seiner Kriegszeit zu einer Figur verschmelzen, wobei sich freilich auch ein guter Teil von ihm selbst in 007 wiederfand. "Er nahm ganz plötzlich Gestalt an. Es war eine Mischung aus den Geheimagenten und Sonderkommando-Typen, die ich während des Krieges kennengelernt habe", sagte

er dazu. Flemings langjähriger Freund William Plomer schrieb 1965 in der Januar-Ausgabe des "Encounter": "Es herrschte die allgemeine Vorstellung, daß Fleming mit James Bond identisch ist. Es mag etwas Flemingartiges in Bond sein, aber ich sah nie viel Bond in Fleming, der viel beunruhigender war."

Tatsächlich gibt es jedoch eine ganze Reihe offenkundiger Parallelen zwischen Fleming und Bond. Einige Beispiele: Sowohl Fleming als auch Bond mögen keine Blumen. Beide sind starke Raucher und beziehen ihre Zigaretten, eine Tabakmischung aus dem Balkan und der Türkei, von Morlands in der Grosvenor Street in London. Es sind Morlands mit drei goldenen Ringen. Drei goldene Streifen stehen übrigens in der Marine für den Rang eines Commanders - wie ihn sowohl Bond als auch Fleming bekleideten. Beide sind sie sehr gute Golfer, und beide haben sie ein Faible für asiatische Frauen. Im Roman "Man lebt nur zweimal" erwähnt Bond, daß seine zweite Frau eine Asiatin sein werde.

Bond trinkt allerdings keinen Likör, Fleming schon. Bond haßt Tee und bezeichnet ihn mal als "flüssigen Matsch" oder im Roman "Feuerball" als "flaches, dünnes, zeitverschwendendes Opium für die Massen". Bei Fleming indes gehörte es zur guten Gewohnheit, auf dem Golfplatz eine Teepause einzulegen.

Bonds Steckbrief liest sich laut Fleming so: "Größe 183 Zentimeter; Gewicht 76 Kilogramm; schlank, blaue Augen, schwarzes Haar, auf der rechten Wange eine senkrechte Narbe. Guter Sportler, ausgezeichneter Pistolenschütze, Boxer und Messerwerfer. Sprachen: Französisch und Deutsch. Starker Raucher (Spezialzigaretten mit drei Goldringen). Leidenschaften: Alkohol (keine Exzesse) und Frauen. Verwendet keine Decknamen."

Außerdem ist er von Ihrer Majestät der Königin autorisiert, dienstlich zu töten. Bei Fleming heißt es dazu: "Eine doppelte Null zu bekommen, ist nicht schwer, wenn man bereit ist, den Gegner abzuschießen. Das ist alles. Die doppelte Null bekam ich wegen eines toten Japaners ... und eines Norwegers. Vielleicht waren es ausgesprochen anständige Menschen?" Und an späterer Stelle: "Er holte unauffällig seine Beretta aus dem Halfter und wog sie in der Hand. Darauf, dachte er, habe ich die ganze Zeit gewartet."

Bond ist immer tadellos gekleidet; er ist Feinschmecker, Weinkenner (in einem der Romane nimmt die Beschreibung einer Mahlzeit neun Seiten ein) und ein exzellenter Spieler. In "Casino Royale" werden einer Bridge-Partie 18 Seiten, in "Goldfinger" einem Golfspiel 33 Seiten eingeräumt. Durch intensive Detailschilderungen gibt Fleming seinen Lesern das Gefühl, daß die von ihm geschaffene Bond-Welt existiert. Straßennamen stammen von gesammelten Stadtplänen, die Namen seiner Figuren aus zusammengetragenen Telefonbüchern. Bond hat eine Junggesellenwohnung in Chelsea, trinkt Dom Perignon, Château Lafite 1953 und eisgekühlten Wodka Martini ohne Eis - geschüttelt, nicht gerührt. Er trägt einen Bowler, benutzt eine Walther PPK oder eine Beretta und vollzieht jeden Morgen das gleiche Dusch- und Frühstücksritual. Bonds Bewaffnung resultiert aus einer intensiven Korrespondenz - und späteren Freundschaft - Flemings mit einem schottischen Waffennarr namens Geoffrey Boothroyd, der den Schriftsteller am 23. Mai 1956 mit einer langen, konstruktiven Kritik beeindruckt hatte. Fleming führte daraufhin eine Figur namens Boothroyd in die Romane ein.

Bond kämpft zumeist gegen übermenschliche Verbrecher, die entweder russischer, asiatischer oder deutscher Herkunft sind und häufig die ganze Welt bedrohen. Die "Frankfurter Rundschau" beschrieb in einem Nachruf seine literarische Qualität so: "Fleming verstand es durch stilistische Brillanz, wohldosierte Bestialität und Sex ein Gewebe zu verfertigen, in dem alles 'stimmt'. Seine Konstruktionen sind durchdacht, die Personen haben Profil." Ein Kritiker nannte ihn einmal den "Lieblingsfaschisten der Intellektuellen", was aber Fleming gar nicht verstehen konnte: "Die Kritiker haben mir vorgeworfen, mit Gewalt, Sex und Snobismus zu handeln. Aber James Bond hat in seinem ganzen Leben niemals etwas Snobistisches von sich gegeben. Mit meinen Büchern ziele ich auf die Gegend irgendwo zwischen Solarplexus und Becken. Ich schreibe sie für vernünftige, heißblütige, heterosexuelle Leser in Zügen, Flugzeugen und Betten. Als ich mich 1951 hinsetzte für mein erstes Buch, war gutes Essen noch rar und ich darauf aus, den Leser bis in die Geschmacksnerven zu erregen."

Der amerikanische Psychologe und Verhaltensforscher Dr. Ernest Dichter hat ("Rheinische Post" vom 27. März 1965) die These aufgestellt, "man lese Fleming, um sich damit in eine besondere Stimmung versetzen zu lassen. Bond-Kenner sind der Ansicht, diese Stimmung könne nicht durch den Besuch seiner Filme herbeigeführt werden. Erst die Lektüre des Originaltextes mit seinen knappen, präzisen Formulierungen, dem harten Konversationsstil und den anschaulichen Detailschilderungen lasse den Unterhaltungswert der Fleming-Bücher ermessen."

Der Berliner Filmjournalist und ehemalige Pressechef der Berliner Filmfestspiele, Hans Borgelt, schrieb über Bond: "Scharfsinnige Literaturkritiker glauben in Flemings immer siegreichem Geheimagenten einen 'Neofaschisten' entdeckt zu haben, der klammheimlich an die niederen Instinkte von Millionen Menschen appelliert. Einleuch-

> *The older women are best, because they always think they may be doing it for the last time.*
>
> Ian Fleming

In Flemings Notizbuch, das am 15. Dezember 1992 bei Sotheby's in London versteigert wurde, fanden sich Sprüche wie dieser.

tender klingt jedoch die These vom 'Kind im Manne', das unentwegt nach Abwechslung und Befriedigung seines unstillbaren Spieltriebs sucht."

Zu den Fleming-Fans zählten so prominente Leute wie Prince Philip Herzog von Edinburgh, der frühere britische Schatzkanzler Maudling, CIA-Chef Allen Dulles, T. S. Eliot, Graham Greene, Eric Ambler, Raymond Chandler, Georges Simenon wie auch US-Präsident John F. Kennedy und dessen mutmaßlicher Mörder Lee Harvey Oswald. Angeblich sollen beide einen Tag vor dem tödlichen Attentat in Dallas am 22. November 1963 einen Bond-Roman gelesen haben. Fleming seinerseits sagte einmal, er sei "ein Fan von schweren Männern" wie dem Boxer Sugar Ray Robinson oder dem Meeresforscher Jacques Cousteau.

Fleming besaß eine exzellente Bibliothek; gemeinsam mit den Originalmanuskripten seiner Bücher wird diese "Ian Fleming Collection of 19th-20th Century Source Material Concerning Western Civilization together with the Originals of the James Bond Tales" in der "Lilly Library" aufbewahrt. Die Sammlung - aus den Bereichen Luftfahrt, Kommunikation, Erfindungen, Ökonomie, Verwaltung, Entdeckungen, Sport und Verkehrswesen - umfaßt nur Erstausgaben, darunter Titel wie Einsteins "Relativitätstheorie", Hitlers "Mein Kampf", Curies "Entdeckung des Radium", Lilienthals "Der Vogelflug als Grundlage der Fliegekunst" und das "Mani-

fest der Kommunistischen Partei" von Marx und Engels. Die Sammlung, erst 1963 publik geworden und als "beeindruckendste, jemals unter einem Dach vereinte Buchkollektion" beschrieben, hat er mit Hilfe seines langjährigen Freundes, des Antiquars Percy Muir, zusammengetragen. Flemings Kenntnisse resultierten zum Teil aus dieser Kollektion; verschiedene Angebote, sie zu verkaufen, hat er stets abgelehnt.

Fleming hat weder den Höhepunkt der James-Bond-Welle noch den dritten Spielfilm, "Goldfinger", selbst erlebt. Von den Buchverkäufen hatte er erst zuletzt gut leben können. Vieles, was er besaß, verdankte er der großzügigen Unterstützung durch seine Mutter. Auch seine Gehälter waren nie besonders hoch gewesen. Sein Job bei der Nachrichtenagentur Reuters, den er am 19. Oktober 1931 antrat, wurde ihm mit 300 Pfund pro Jahr vergütet; als Börsenmakler verdiente er jährlich 2.000 Pfund. Nach dem Krieg erhielt er im Auslandsressort des Zeitungskonzerns von Lord Kemsley 5.000 Pfund (damals etwa 58.500 Mark), ließ sich jedoch zwei Monate Urlaub im Jahr vertraglich zusichern.

Mitte 1954, nachdem "Casino Royale" ein Jahr auf dem Markt war, hatte er 325 Pfund (3.812 Mark) an Tantiemen eingenommen. Erst 1959 konnte er sich von seinem Beraterjob für die "Sunday Times" lösen, der ihm jährlich 1.000 Pfund (11.730 Mark) einbrachte. Zwei Jahre später erlitt er den ersten Herzinfarkt.

Telegrams: "Guinpen, Piccy, London."
Telephone : Regent 2930
            Mayfair 0215

8 GROSVENOR STREET
33 CONDUIT STREET, LONDON, W.1.

18th June. 1935.

Ian Fleming Esq.,
    118, Cheyne Walk,
        CHELSEA.   S. W. 3.

To Elkin Mathews Ltd.
Booksellers

Directors : A. W. Evans, Hon. R. E. Gathorne-Hardy, H. V. Marrot, P. H. Muir, Camilla Worthington,
The Earl of Cranbrook   NET

EINSTEIN	Uber einen der Erzeugung u. Verwandlung.	5	5	-			
"	Einheitliche Feldtheorie.		10	-			
"	Riemann-geometrie mit aufrechterhaltung.		10	-			
"	Einheitliche Feldtheorie v. Gravitation.		18	-			
"	Allgemeine Relativitatstheorie.		18	-			
"	Zur einheitlichen Feldtheorie.		10	-			
"	Neue Moglichkeit f. eine einheitliche Feldtheorie.		10	-			
"	Ather u. Relativitatstheorie.		18	-			
"	Die Grundlage der allgemeinen Relativitatstheorie.	1	5	-			
		11	4	-			
	Less 10%	1	2	5	10	1	7
CLIMATE:	Vol. 111. Oct. 1901. No. 9.	1	10	-			
ANGELL:	The Great Illusion	1	10	-			
ANSTEY:	Vica Versa	3	10	-			
PLIMSOLL:	Our Seaman	1	10	-			
RUSSELL:	The Atlantic Telegraph	2	-	-			
JANE:	All the World's Airships	4	-	-			
CONDITIONS:	of Peace	5	-	-			
KIPLING:	Rewards and Fairies	1	10	-			
"	Barrack-room Ballads	1	10	-			
ELIOT:	The Waste Land	4	10	-			
MACKENZIE:	Extraordinary Women	1	1	-			
"	Vestal Fire		12	6			
BATESON:	Mendel's Principles of Heredity	1	5	-			
CURIE:	Theses.	8	10	-			
"	Recherches	1	5	-			
GRAY:	The Early Treatment of War Wounds		3	6			
RONTGEN:	Eine neue art von Strahlen	2	-	-			
EHRKICH & HATA:	Experimental Chemotherapy of Spirilloses.		4	6			
MOORE:	Omnibuses & Cabs		16	-			
ACCUM:	Practical Treatise on Gas-light	1	10	-			
LETTER:	to a Member of Parliament from W. Murdock	1	10	-			
PITMAN:	Dhonography	2	-	-			
STRACHEY	Eminent Victorians	3	-	-			
GOEBEL:	Friedrich Koenig	1	15	-	52	2	6
					£ 62	4	1

Flemings Bibliothek wurde mit Hilfe des Antiquars Percy Muir zusammengestellt und gilt als bedeutsame Kollektion.

Seine Mutter sandte ihm einen Scheck, damit er seine Behandlung bezahlen konnte. Laut John Pearsons Biographie habe das, wie Fleming ihr schrieb, eine große Last von ihm genommen, "denn meine Finanzen sind ein ziemliches Problem. Der Gesellschaft (Glidrose) gehören alle meine Copyrights, abgesehen von den Filmrechten, die ich für Caspar durch einen Trust verwalten lasse. Obwohl die Gesellschaft mir 2.000 Pfund pro Jahr bezahlt und alle Kosten meiner Reisen und anteilige Autoausgaben übernimmt, erhalte ich sehr wenig aus den Buchverkäufen."

Zwischen 1960 und 1964 veränderte sich das schlagartig, und allein die Buchrechte brachten Einnahmen von einer Viertelmillion Pfund (etwa 2,83 Millionen Mark). Viele der Zahlen beruhen allerdings auf Schätzungen, da wirklich exakte Angaben von den Rechteinhabern nur grob preisgegeben wurden (zu den Auflagenhöhen vgl. Seite 390f.).

Im Oktober 1952, noch bevor sein erster Roman erschienen war, hatte Fleming - um Steuern zu sparen und die Rechte an seinen Büchern zu verwerten - die in Konkurs gegangene Firma "Glidrose Productions Ltd." gekauft. Später wurde sie in "Glidrose Publications Ltd." umbenannt. Ab 1956 war Peter Janson-Smith Flemings literarischer Agent und verkauft via Glidrose dessen Bücher und die entsprechenden Rechte. Anfang 1964, als Fleming merkte, wie erfolgreich die Geschäfte mit Bond liefen, folgte er dem Rat eines Freundes, Anteile von Glidrose zu verkaufen. Die Rothschild-Bank bekundete Interesse, aber im März gab der Autor 51 Prozent an die "Booker Brothers" ab, einen Handelsgiganten, der mit Zucker zu tun hatte und Geschäfte in der Karibik abwickelte und der jetzt zum Investment-Konglomerat "Booker McConnell" gehört. Booker-Chef Sir Jock Campbell war ein Freund, den Fleming vom Golf kannte.

Das Geschäft wurde auf dem Huntercombe Golfplatz in der Nähe seines Hauses abgeschlossen. Fleming bekam 100.000 Pfund (etwa 1,1 Millionen Mark) und erhielt die Zusage, daß 49 Prozent des Einkommens an ihn oder die Erben gehen sollten und seine literarische Hinterlassenschaft und die Copyrights von der Firma vertreten würden. Das Abkommen bezog sich jedoch nur auf die Buchrechte, nicht auf die Filme oder deren Weiterverwertung im Fernsehen oder in anderer Form.

Der Deal entzog Flemings Frau den Zugriff auf die andere Hälfte. Sie war auch nicht im Direktorium von "Glidrose". Ein Bekannter der Familie schilderte im "Sunday Telegraph" vom 19. Juli 1981 die Hintergründe: "Ihre Haltung in bezug auf James Bond war sehr eigenartig. Sie empfand ihn als vulgär, mochte und wollte aber als Frau von extremer Extravaganz auf die beträchtlichen Schecks nicht verzichten." Daher geriet sie auch außer sich, als Kingsley Amis beauftragt wurde, einen neuen Bond-Roman zu schreiben.

1980 hatte Glidrose 100.000 Pfund (etwa 420.000 Mark) eingenommen. Ausgehend von der vertraglich fixierten 49/51 Teilung wurden nach Annes Tod die Kinder von Flemings 1971 verstorbenem Bruder Peter, Nicholas, Roberta und Eve, begünstigt. Die immensen Einkünfte aus den Bond-Filmen sind dabei noch nicht berücksichtigt. Fleming hatte verschiedene private Trusts eingerichtet, um die Filmrechte zu verwerten. Wieviel Geld auf diese Weise eingekommen ist, läßt sich genau nicht ermitteln. Laut "Forbes" haben Flemings Erben allein 1988 acht Millionen Dollar verdient.

Als Fleming das erste Mal an einem Filmset auftauchte, bei "James Bond - 007 jagt Dr. No", kam er ausgerechnet zu der Szene, da Ursula Andress aus dem Wasser steigt.

Gemeinsam mit Noël Coward, dem Poeten Stephen Spender und dem Kritiker Peter Cornell ging er winkend auf den Regisseur Terence Young zu, so daß der die Szene noch mal drehen mußte. Dann tauchte er im Londoner Studio auf und inspirierte die Konstruktion von Dr. Nos Laboratorium. Anfang 1963 reiste er nach Istanbul zu den Aufnahmen für "Liebesgrüße aus Moskau", ein Jahr später war er in Pinewood, um Shirley Eaton und Connery bei "Goldfinger" zu begrüßen. Über den Schotten und die Verfilmungen fand er nur positive Worte: "Als ich Connery das erste Mal sah, dachte ich, er wäre etwas zu groß und zu rauh. Aber er sah gut aus und konnte sich gut bewegen. Außerdem ist er intelligent. Ich denke, er gibt einen wundervollen James Bond ab, und ich glaube, die Produzenten haben mit den Filmen eine tolle Arbeit geleistet." Connery traf sich mit Fleming vor Beginn und während der Dreharbeiten des ersten Films und lernte ihn schätzen. "Als er den Charakter kreierte, sagte mir Fleming, war Bond ein sehr einfaches, vorwärtsdrängendes, grobes Werkzeug der Polizei, das knurrend seinen Job verrichtet. Aber er hatte auch eine Art von spezieller Empfindsamkeit, die dann als snobistisch empfunden wurde. Auch sein Weingeschmack gehört dazu. Wenn er aber permanent mit den gefährlichsten Situationen zu kämpfen hat und sich in einem harten, schwierigen Umfeld aufhalten muß, dann gönnen wir ihm, daß er alle seine Sinne befriedigt, ob es nun Sex, Wein, gutes Essen oder gute Kleidung sind, denn sein Job kann ihn jeden Moment das Leben kosten."

Flemings zuweilen arrogante, snobistische Art, seine Überheblichkeit und sein Hochmut stießen häufig auf Ablehnung. Der angesehene englische Psychiater Dr. Josua Bierer behauptete 1975, er hätte Fleming behandelt, als der 20 Jahre alt war: "ein Psychopath

Flemings Hardcover-Erstausgaben erzielen heute bei Auktionen Spitzenpreise.

schlimmsten Grades. Als Student quälte er Hunde und Katzen. Er zerstörte Parkbänke und fällte Bäume. Er legte Feuer, betrank sich regelmäßig und ging häufig zu Prostituierten."

Erst wenn man Fleming näher kennengelernt hatte und ihn zu nehmen wußte, konnte sich so etwas wie Respekt oder gar Freundschaft entwickeln. Am prägnantesten beschrieb dies Regisseur Terence Young: "Ich kannte ihn, aber ich habe ihn nie so recht gemocht. Wir sind zwar gute Freunde geworden, aber ich habe ihn als hochtrabenden Hurensohn empfunden, immens arrogant. Als wir uns auf einer von United Artists arrangierten Presseveranstaltung trafen, sagte er zu mir: 'Sie also haben sich dafür entschieden, meine Arbeit zu ruinieren.' Ich sagte: 'Ich glaube nicht, daß etwas von dem, was Sie bisher geschrieben haben, unsterblich ist. Ich habe mit dem letzten Film den Grand Prix von Venedig gewonnen, vielleicht können wir jetzt eine gemeinsame Ebene finden.' Er darauf: 'Sie sind aber ein stacheliger Typ!', und ich wiederum: 'Ja das bin ich, vielleicht sollten wir jetzt gehen und irgendwo in Ruhe zusammen zu Abend essen.' - und das taten wir dann."

Lois Maxwell ergänzte: "Ich habe mich dreimal mit ihm unterhalten und mochte ihn sehr.

Fleming zu Besuch bei Georges Simenon und bei den Dreharbeiten zu "Dr. No" in den Londoner Pinewood Studios, wo er mit Sean Connery zusammentraf.

Er hatte dieses grimmige Lächeln und eine Haltung, die darauf schließen ließ, daß er Bond nicht besonders ernst nahm. Es hätte ihn bestimmt sehr amüsiert, wenn er gewußt hätte, daß es einen Bond-Fan-Club gibt und daß die halbe Welt absolut verliebt in seinen Helden ist."

Jedes Jahr feiern die Studenten der Universität von Tulane in New Orleans den Geburtstag James Bonds, der Flemings Büchern zufolge am 11. November 1920 geboren wurde. Mitte der 70er Jahre hatte das Ganze als Scherz einer Gruppe von 32 Studenten begonnen, die - mit Krawatten und langen Regenmänteln beklei- det - zwei Schlafsäle 'überfielen'. "Jetzt", sagt

Brian Hughes, Assistent des Vizepräsidenten der Universität, "ist es jedes Mal ein großes Ereignis und eine reine Flucht, wie bei den Bond-Filmen. Man muß das Gehirn unter dem Sitz deponieren." Auch Gäste wie George Lazenby haben bereits an dem Spektakel teil- genommen.

Als Fleming seiner Figur überdrüssig war und dem Filmproduzenten Albert C. Broccoli gegenüber einmal erwähnte, er überlege, Bond in einem seiner nächsten Bücher umzu- bringen, war Broccoli entsetzt: "Sei nicht dumm, Mann! Wenn du ihn erst umgebracht hast, kannst du ihn nie wieder zum Leben erwecken."

Ian Flemings James-Bond-Romane im Überblick

Casino Royale (1953)

Inhalt

James Bond beobachtet im Casino von Royale-les-Eaux - im Auftrage seines Geheimdienstchefs "M" - den Spieler Le Chiffre. Dieser ist ein russischer Agent, der für Smersch arbeitet (im Original SMERSH), eine Organisation, die sich zum Ziel gesetzt hat, Spione zu ermorden. Le Chiffre steckt in finanziellen Nöten. Mit Hilfe der Kollegen René Mathis und Vesper Lynd vom französischen Geheimdienst Deuxieme Bureau bereitet sich Bond auf seine Aufgabe vor; er spielt Roulette und Chemin-de-Fer und kann auf 25 Millionen Francs zurückgreifen. 007 entgeht knapp einem Bombenattentat und trifft auf seinen CIA-Kollegen Felix Leiter, der ihm zusätzlich zur Seite steht. Bond gewinnt im Casino gegen Le Chiffre, obwohl ihn dessen Mitarbeiter während des Spiels bedrohen. Bei einer anschließenden Feier wird allerdings Vesper entführt. Bond verfolgt die Kidnapper in seinem Bentley; durch eine Ladung Stahlnägel gebremst, überschlägt er sich mit dem Wagen. In Le Chiffres Villa Folterungen ausgesetzt, wird der Gangster von einem Smersch-Killer erschossen und Bond an der rechten Hand verletzt. Nach seiner Genesung fährt er mit Vesper in Urlaub, die sich aber im Hotel das Leben nimmt. In einem Abschiedsbrief offenbart sie sich als Doppelagentin, und Bond beschließt daraufhin, Smersch zu jagen.

Hintergründe und Anekdoten

Im Juni 1941, als Fleming und sein Geheimdienstchef Godfrey in Lissabon auf den Weiterflug nach Washington warteten, erhielten sie Informationen von einem Agenten des Nachrichtendienstes, daß einer der Chefs des deutschen Nachrichtendienstes und zwei seiner Assistenten jeden Abend im nahegelegenen Casino von Estoril spielen. Fleming überzeugte Godfrey, daß sich eine gute Gelegenheit böte, den Gegnern immense finanzielle Verluste beizubringen, wenn man beim Spiel gegen sie gewönne. Fleming verspielte das gesamte Handgeld in Höhe von 500 Pfund (ca. 6.500 Mark) beim Chemin-de-Fer. Der ebenfalls anwesende Duško Popov schrieb in seinem Buch "Spy-Counter-Spy", daß er eines der Spiele mit einem Einsatz von 50.000 Dollar eröffnete, woraufhin sich Flemings Gesicht "grün wie Galle" verfärbte, weil er offensichtlich nicht soviel Geld besaß, um mitzuhalten. Die Erfahrungen des Abends sowie Informationen seines späteren Pariser Korrespondenten Stephen Coulter baute Fleming in das über 15 Seiten lange Bakkarat-Spiel des Romans ein - er ließ allerdings Bond gewinnen.

Der Name von Bonds US-Kollegen Felix Leiter ist Flemings langjährigem amerikanischem Freund Thomas Leiter entlehnt. Dessen Vater, dem Millionär Joseph Leiter, gehörte das Grundstück, auf dem inzwischen das CIA-Hauptquartier in Langley, Virginia, steht. Der Charakter von Vesper Lynd geht zum Teil auf Flemings Freundin Christine Granville zurück, die - wie Vesper auch - in einer sturmischen Nacht geboren wurde und von ihrem Vater den Kosenamen "Vespérale" erhielt. Zudem sprechen beide fließend französisch, und auch Äußerlichkeiten - "dunkle blaue Augen" oder der "weite und sinnliche Mund" - sind identisch. Der Name Vesper leitet sich von folgender Episode her: Als Fleming eines Tages ein schönes Haus an der Nordseite Jamaikas in der Nähe von Duncan entdeckte und dessen Besitzer aufsuchte, bekam er vom Butler einen Drink namens "Vesper" gereicht. Der Cocktail aus gefrorenem Rum, Früchten und Kräutern gefiel ihm so sehr, daß er den Namen adaptierte. Gemeinsam mit Ivar Bryce kreierte er noch einen weiteren Drink, um den Namen zu ehren: laut Bryce bestand er aus "Gin, mit einem Spritzer Lilet anstatt eines trockenen Wermut, geschüttelt, nicht gerührt, viel Eis und viel Energie".

Bonds schottische Haushälterin May geht auf eine ebenfalls schottische Bedienstete gleichen Namens zurück, die auf dem amerikanischen Anwesen von Flemings Freund Ivar Bryce arbeitete.

Fleming bezog die alte Freundschaft mit dem Ingenieur Amherst Villiers in den Roman ein und pries den von ihm modifizierten Viereinhalb-Liter-Bentley mit Kompressor aus dem Jahr 1933.

Im Juli 1941 schenkte der amerikanische General William J. Donovan Fleming einen 38er Police Colt Positive Revolver mit einem Zwei-Zoll-Lauf. Fleming hatte ihm beim Aufbau des CIA-Vorläufers, des "Office for Strategic Services" (OSS), geholfen. Die Waffe trug die Gravur "For Special Services"; ein Modell dieses Typs taucht auch in "Casino Royale" auf - sie liegt bei Bond unter dem Kopfkissen.

Veröffentlichung, Vorabdrucke und Besonderheiten

Am dritten Dienstag im Januar 1952 begann Fleming in seinem Haus "Goldeneye" mit dem Roman "Casino Royale". Er setzte sich vor seine "20 Jahre alte Imperial Reiseschreibmaschine und einen Stapel besten Folien-Schreibpapiers", das er "zehn Tage zuvor in einem Geschäft an der Madison Avenue gekauft hatte". So hat er später die Geburtsstunde von 007 beschrieben.

Fleming schrieb - ohne vorherige Notizen und Vorbereitungen - konstant jeden Morgen von 9.00 bis 12.00 Uhr, aß und entspannte sich dann beim Schwimmen oder Fischen. Um 17.00 Uhr kehrte er an seinen Schreibtisch zurück und las, was er verfaßt hatte. Sieben Wochen später, exakt am 18. März, war er fertig: Insgesamt 62.000 Wörter, 2.000 pro Tag. In diesem Rhythmus arbeitete er bis zu seinem Lebensende. Im Mai 1952 teilte er seinem alten Freund Ivar Bryce mit, er habe sich von der "Royal Typewriter Company" in New York eine goldene Schreibmaschine zum Preis von 174 Dollar (etwa 731 Mark) anfertigen lassen, auf der dann alle weiteren Bücher entstanden. Sie wurde am 5. Mai 1995 bei Christie's in London von einem unbekannten Sammler ersteigert und erzielte die erstaunliche Summe von 56.250 Pfund (etwa 137.000 Mark). Es gab sogar Gerüchte, Brosnan hätte die Maschine über einen Mittelsmann erworben, was der Schauspieler jedoch verneinte.

Fleming hat die Maschine viel Erfolg gebracht; einen Teil seines Ruhmes führte er aber immer auf eine gehörige Portion Glück und Humor zurück: "Das erste Buch zu schreiben, war ein Spaß für mich. Ich wußte ein bißchen über das Spiel und über den Geheimdienst, und ich dachte mir, es wäre doch witzig, beides zu kombinieren. Zu der Zeit dachte ich gar nicht daran, eine Serie daraus zu machen."

Flemings Originalmanuskript besteht aus 238 von ihm stark korrigierten Blättern. Es gibt Fehlerkorrekturen und grammatische Veränderungen. Er war sich anfangs nicht sicher, ob das Manuskript wirklich zur Veröffentlichung taugt; einige Jahre später schrieb er: "Als ich nach London zurückkam, unternahm ich nichts mit dem Manuskript. Ich schämte mich zu sehr dafür. Kein Verleger würde es haben wollen, und falls es doch jemand möchte, hätte ich nicht den Mut gehabt, es gedruckt zu sehen." So beratschlagte er erst mit Freunden und ließ es von anderen Autoren prüfen, die ihm versicherten, daß es lesenswert sei. Sein Freund William Plomer sorgte daraufhin für einen Kontakt zum Londoner Verlag Jonathan Cape, und "Casino Royale" wurde Capes erster Thriller überhaupt.

In einer Anmerkung zum Originalmanuskript heißt es: "Es wurde in Goldeneye, Jamaica, geschrieben, um mich von anderen Dingen freizumachen. Die Charaktere basieren nicht auf bestimmten Personen, aber einige der Ereignisse beruhen auf Fakten. Der Bombentrick wurde von den Russen bei einem Attentat auf von Papen während des Krieges in Ankara benutzt. Andere Dinge, wie etwa meine Hochzeit: Die Ehe, eine frostige Beschreibung, die hinsichtlich der Leistungsfähigkeit des Autors in bezug auf Verehrung, Liebe und menschliche Beziehungen enthüllend ist. I.F. 12. Juni 1953."

Erschienen ist "Casino Royale" am 13. April 1953 in Großbritannien und am 23. März 1954 in den USA. Den Titel hatte Fleming selbst gestaltet. Die englische Hardcover-Erstauflage betrug 4.750 Exemplare; mit zwei Nachauflagen wurden insgesamt knapp 8.000 Bücher verkauft. In den USA waren es lediglich knapp 4.000 Stück. Die US-Taschenbuchauflage kam 1955 unter dem "Popular Library"-Titel "You Asked For It" auf den Markt.

Im Mai 1953 hatte Fleming angesichts der anfangs sehr geringen Verkaufserlöse in einem Memo festgehalten: "Mein Ertrag reicht gerade, um Anne in der Krönungswoche Spargel zu bieten."

In Deutschland erschien der Roman erst 1960 im Ullstein Taschenbuchverlag Berlin (Bd. 809) in der Übersetzung von Günter Eichel. Es wurden 125.000 Exemplare verkauft. "Casino Royale" war jedoch nicht - wie vom Autor vorgesehen - der erste hier publizierte Titel, sondern nach "Diamantenfieber" (Bd. 792/135.000 verkaufte Exemplare) erst der zweite. Bei Ullstein folgte schließlich noch "Leben und sterben lassen" (Bd. 822/125.000 Exemplare).

"Casino Royale" wurde, wie alle anderen deutschen Ausgaben auch, gekürzt und zum Teil falsch oder lückenhaft übersetzt. Zudem wurden antideutsche Formulierungen, die in einigen Fleming-Romanen auftauchen, schlicht weglassen. Dr. Jürgen Müller, Cheflektor Taschenbuch bei Ullstein, zu den Kürzungen: "Ich kann aus meiner Verlagskenntnis heraus nur anmerken, daß dies damals eine in der gesamten Branche nicht unübliche Usance war: die Taschenbuchbände wurden ganz einfach auf einen Umfang getrimmt, den der angestrebte Ladenpreis zuließ." Die Bücher kosteten damals 2,80 Mark! In allen Übersetzungen wurden die Kapitelüberschriften und fast immer auch Produktbezeichnungen, ein wichtiges Element in Flemings Stil, weggelassen. So heißt es in "Casino Royale" in bezug auf Bonds Feuerzeug: "He slipped the case into his hip pocket and snapped his oxidizid Ronson to see if it needed fuel." Im Deutschen wurde daraus: "Er steckte das Etui in die Tasche und ließ das schwarzoxidierte Feuerzeug schnappen, um zu sehen, ob es gefüllt werden mußte."

Ein Abdruck des Romans erschien ab Juni 1965 in der Zeitschrift "Revue"; der Titel zeigte ein Foto von den Dreharbeiten zu "Feuerball".

Kritik

Der Roman gilt vielen Kritikern als bestes Buch Flemings, eine Meinung, die auch von Kollegen wie Roald Dahl, Kingsley Amis und Dennis Wheatley geteilt wird. Es gilt zudem als sein ehrlichstes Werk, weil in ihm deutlich wird, wie Fleming selbst zu anderen Menschen steht. Vielfach wurde erwähnt, daß in "Casino Royale" am meisten von Fleming in Bond steckt und daher die Konstellation der Charaktere viel über seine privaten Gedanken aussagt. Besonders offenkundig wird dies bezüglich seiner erst kurz zuvor eingegangenen Ehe. Fleming schreibt in "Casino Royale" über die widersprüchliche Beziehung zu einer Frau, der er nicht traut.

"Es brummt vor Spannung", hieß es im "Time"-Magazine, und die "Birmingham Post" lobte die "beste Spielszene", die man sich vorstellen könne und die "abstoßendste Folterszene". Auch andere Medien hoben die brillante, 15 Seiten lange Schilderung des Kartenspiels hervor. So schrieb "Newsweek", gerade dieser Moment sei "straff und sehr gut"

in eine aus "Champagner und Blut" zusammengesetzte Story integriert. "Eine große dramatische Szene in einem überfüllten Casino und einen Tempo-Thriller" sah das "Atlanta Journal" in "Casino Royale". Und die "Sunday Times" schrieb: "Wenn Mr. Flemings nächste Geschichte nur die halbe Geschwindigkeit und nur einen Hauch mehr Wahrscheinlichkeit hat, dann können wir schon sicher sein, daß er der beste neue Thriller-Autor seit Eric Ambler ist."

Live And Let Die (1954)

Inhalt

Bonds Handoperation ist gut verlaufen, so daß ihn sein Chef "M" nach New York schickt. Dort soll er einen gewissen Mr. Big beobachten, der Goldmünzen aus einem Piratenschatz verwendet, um die sowjetische Spionage in den USA zu finanzieren. In seinem Hotelzimmer entgeht Bond nur knapp einem Briefbombenattentat. Er trifft sich mit seinem Kollegen Felix Leiter. Im Harlemer Club "The Boneyard" werden sie gefangengenommen und zu Mr. Big geführt. Bond wird von dem Gangster und dessen Assistentin, der Kartenleserin Solitaire, verhört, kann sich aber befreien. Solitaire flüchtet ebenfalls, und gemeinsam fahren sie mit der Bahn in Richtung Florida. Sie schütteln ihre Verfolger ab und können den Zug heimlich verlassen, wodurch sie einem Anschlag entgehen. In den Everglades angekommen, untersuchen sie ein Lagerhaus, Solitaire wird entführt und Leiter durch einen Haiangriff schwer verletzt. Bond stellt fest, daß die Goldmünzen in eben diesem Lagerhaus - in Aquarien mit giftigen Fischen - versteckt sind. Bei einem Schußwechsel erschießt Bond den Bewacher der Aquarien, er fliegt nach Jamaika weiter und trifft auf Strangways, den Verbindungsmann des Secret Service in der Karibik. Der erzählt ihm von der Yacht Secatur, deren Besatzung auf der Insel Surprise nach einem Piratenschatz forscht. Auch berichtet er ihm von den dortigen Voodoo-Riten. Gemeinsam mit dem Cayman-Insulaner Quarrel fährt 007 in Richtung Insel, entdeckt Solitaire und Mr. Big an Bord der Yacht. Er will hinübertauchen, überlebt dabei Unterwasserattacken; er plaziert eine Haftmine, wird aber gefangenge-

nommen und gemeinsam mit Solitaire über das Riff geschleift. Als das Schiff explodiert, wird Mr. Big in die Tiefe gerissen, aber Quarrel gelingt es, Solitaire und Bond zu retten.

Hintergründe und Anekdoten

Michael Arlen, bekannter Romanautor der 20er Jahre, gab Fleming folgenden Rat: "Schreib dein zweites Buch, bevor du die Kritiken des ersten liest." Genau das hat Fleming getan. Der zunächst vorgesehene Titel lautete "The Undertaker's Wind", denn der "Totengräber-Wind", wie es in der deutschen Fassung heißt, wird von Fleming jener Moment genannt, ehe Bond und Solitaire über das Riff geschleift werden. Fleming verwarf eine seiner ursprünglichen Ideen, wonach der CIA-Kollege Leiter von einem Hai zerstückelt werden sollte - ihm fehlten dann beide Arme, ein Bein, der größte Teil des Rumpfes und die Hälfte des Gesichts. Als Flemings erste US-Agentin Naomi Burton dagegen protestierte, einen so wunderbaren Charakter zu verlieren, änderte Fleming den Text: Nun verlor Leiter 'nur noch' einen Arm und einen Teil eines Beines, er trug Verletzungen im Gesicht davon, überlebte aber und benutzte in späteren Büchern eine Stahlkralle.

Im Roman tauchen auch Flemings langjähriger Freund Ivar Bryce und dessen Frau auf. Ihre Namen werden von Bond und Solitaire verwendet, als sie den "Silver Phantom" benutzen. Auch der Eton-Mitschüler John Fox-Strangways wird als Leiter der jamaikanischen Station des britischen Geheimdienstes unter dem Namen Strangways verewigt. Zusätzlich baute Fleming eine Reihe von vertrauten Orten seiner Umgebung ein. So sind Oracabessa, wo Flemings Haus "Goldeneye" steht, und die Bauxitmine erwähnt, die später in "Dr. No" zum Hauptschauplatz werden sollte. Im Buch heißt es sogar, daß Bond Jamaika und schnelle Autos liebt.

Den zunächst vorgesehenen Schauplatz Haiti ersetzte er durch die fiktive Insel Surprise. Vorbild dafür war Cabritta Island in der Nähe von Port Maria, wo der Pirat Bloody Morgan im 16. Jahrhundert seine Schätze versteckt hielt.

Fleming hatte in einem seiner Artikel für die "Sunday Times" dessen Geschichte recherchiert und sich auf Schatzsuche zur Höhle des Piraten begeben, eine Tätigkeit, die er Zeit seines Lebens sehr geliebt hat. Er sagte dazu: "Ich schreibe Abenteuergeschichten, die den Leser soweit wie möglich vom Alltäglichen wegbringen sollen. Einige Kritiker empfinden meine Ideen als zu phantastisch, aber damit stimme ich nicht überein. Das Phantastische taucht jeden Tag auf, und ich schreibe niemals über Dinge, die ich nicht gesehen habe."

Finige der Schauplätze, die Bond im Roman aufsucht, hat Fleming gut gekannt. So wird eine Fahrt vom New Yorker Flughafen Idlewild beschrieben, die Fleming häufig mit seinem Freund Ivar Bryce unternommen hat. Er irrt sich allerdings in der Route, denn die beschriebene "Triborough-Brücke" führt nicht, wie bei ihm, nach Manhattan. Im Zug "Silver Phantom" ist er im Januar 1953, gemeinsam mit seiner Frau Anne, nach St. Petersburg, Florida, gefahren, um für "Live And Let Die" zu recherchieren.

Der Autor David Stafford, der ein Buch über die sogenannten "Camp X", die kanadischen Schulen für Geheimagenten, geschrieben hat, meint in Flemings Vorgehensweise Parallelen zu Bonds Aktionen gegenüber Mr. Big ausmachen zu können. Fleming war im August 1943 bei dem späteren Top-Spion Sir William Stephenson in Kanada ausgebildet worden, und bei Stafford heißt es: "Wie sein fiktiver Held hatte auch Fleming damit Erfolg, eine Mine zu plazieren und dann unbemerkt zu verschwinden."

Bestimmte Teile des Romans sind in verschiedene Filme eingeflossen. So taucht das "Kielholen", das Schleifen über die Klippen, in dem Streifen "In tödlicher Mission" (1981) auf, betrifft hier aber Bond und Melina. Der Kampf im Lagerhaus, der Haiangriff auf Leiter und der Zettel finden sich in Timothy Daltons letztem Einsatz, "Lizenz zum Töten" (1989), wieder. Einige Charaktere, das Club-Motiv in Harlem, eine Zugsequenz und das Voodoo-Ritual, wurden in "Leben und sterben lassen", (1973) integriert - wenn auch zum Teil in anderem Zusammenhang.

Veröffentlichung, Vorabdrucke und Besonderheiten

Das Originalmanuskript weist viele Korrekturen auf; es gibt hinzugefügte Blätter, größtenteils Briefpapier der "RMS Queen Elizabeth", da Fleming seine Texte während einer fünftägigen Überfahrt nach New York korrigierte. Im Vergleich zu allen anderen Manuskripten enthält dieses die meisten Veränderungen.

Die englische Hardcover-Erstausgabe kam am 5. April 1954 in einer Auflage von 7.000 (andere Quellen nennen 7.500) Exemplaren auf den Markt. Die Zweitauflage belief sich auf 3000 (nach anderen Quellen 2000) Stück. In den USA erschien das Buch - mit kleinen Änderungen - im Januar 1955 und wurde knapp 5.000mal verkauft, was Flemings US-Lektor Al Hart zu der knappen Bemerkung hinriß: "James Bond muß mehr erreichen als das." In Deutschland wurde der Roman 1961 unter dem Titel "Leben und sterben lassen" als Taschenbuch bei Ullstein publiziert, wiederum in der Übersetzung von Günter Eichel. In Irland war das Buch aufgrund der gewalttätigen Szenen im Mai 1955 verboten worden. Den im Vergleich zu seinem Erstling nun etwas besseren Absatz kommentierte Fleming in einem Brief an Ivar Bryce so: "'Live And Let

Die' hat Wind unter den Flügeln, und Annie ist erschreckt, daß ich vielleicht berühmt werde, was alle ihre Pläne durcheinanderbringt."

Kritik

Flemings alter Freund William Plomer war vom Roman begeistert und schrieb: "Das große Finale war wie eine Explosion. Falls ich ein kompetenter Richter bin, dann würde ich sagen, daß dies genau das Richtige ist: sexy und gewalttätig, dabei geistreich und voller genau recherchierter Details." Ians langjährige Freundin Elsa Maxwell schloß sich dem an, indem sie "Live And Let Die" als "eines der atemberaubendsten Bücher, das ich je gelesen habe" bezeichnete. Das netteste Kompliment kam von Raymond Chandler, der schon "Casino Royale" gelobt hatte. Kennengelernt hatten sie sich bei einem Dinner des Poeten Stephen Spender. Fleming hatte Chandler ein Buch zugesandt und ihn zum Essen eingeladen. Am 4. Juni 1955 schrieb Chandler einige Zeilen an Fleming und pries ihn als den "möglicherweise kraftvollsten Autor von Büchern, die man in England Thriller nennt". Auszüge dieses Briefes wurden später für Publicity-Zwecke auf die Buchcover gedruckt.

Die englischen Besprechungen waren dieses Mal relativ höflich, teilweise sogar sehr gut. So stellte Philip Day in der "Sunday Times" fest, daß Mr. Fleming sehr überzeugend schreibe, geradezu "mitreißend aufregend". Malcolm Thomson bescheinigte dem Buch im "Evening Standard", "spannend, eiskalt, kultiviert und intellektuell" zu sein - "Peter Cheyney für das Transportgewerbe". In "Time and Tide" hieß es: "Vom ersten bis zum letzten Wort ist der Leser gezwungen, sich einem prächtigen Geschichtenerzähler auszuliefern", und der Kritiker des "Observer" resümierte: "Schiebt es nicht auf mich, wenn ihr einen Schlag versetzt bekommt." Das "Times Literary Supplement" war ebenfalls angetan: "Dem Buch gelingt eine Form von purer Unterhaltung, die noch von keinem anderen Autor dieses Genres erreicht worden ist."

Die "Times" dagegen zeigte sich eher reserviert, in ihrer nicht namentlich gezeichneten Rezension hieß es, der Autor operiere oft an der Grenze zur Leichtfertigkeit statt im Geist eines Intellektuellen, der viel Spaß daran hat, eine Parodie auf 'Sapper' zu schreiben."

Auch in den USA war die Aufnahme eher ernüchternd. So beschwerte sich Anthony Boucher in der "New York Times Book Review", das Buch sei auf Romanlänge gestreckt und führe zu einem Ende, das niemanden überrasche außer Bond selbst. Der "Cleveland Plain Dealer" empfand es als "eher passé" und der "Houston Chronicle" schlicht als "enttäuschend".

Moonraker (1955)

Inhalt

Bond bekommt von seinem Chef "M" Informationen über den angesehenen Unternehmer Sir Hugo Drax, der beim Kartenspiel im Club Mitglieder betrogen hat. Bond beobachtet ihn, stellt fest, daß er tatsächlich falschspielt und überlistet ihn. Der Industrielle ist durch den Abbau des Erzes Kolumbit zu Geld gekommen, das er dem britischen Königreich geschenkt hat, um damit in England die Atomrakete "Mondblitz" bauen zu können. Als sich auf dem Gelände der Basis bei Dover ein Zwischenfall ereignet, wird 007 mit der Untersuchung beauftragt. Er erfährt, daß Gala Brand, eine Agentin der Spezialabteilung, die bei Drax als Sekretärin arbeitet, mit dem Fall betraut wurde. Wenig später entgehen beide nur knapp einem Anschlag. Als Drax mit Gala und seinem Leibwächter Krebs nach London fährt, stiehlt sie heimlich Drax' Notizbuch, wird aber erwischt. Bond verfolgt in seinem Bentley Drax' Mercedes; sie liefern sich eine wilde Autojagd, in deren Verlauf sich Bond mit seinem Wagen überschlägt und verletzt liegenbleibt. Er wird zur Raketenbasis gebracht und erfährt von Gala, daß der Ex-Nazi Drax mit der Rakete London zerstören will. Sie können sich befreien und die Rakete umprogrammieren, die daraufhin das U-Boot trifft, in dem Drax sich aufhält. Bond wird der Dank des Premierministers zuteil; er bekommt ein neues Auto, muß aber auch zur Kenntnis nehmen, daß Gala einen Kriminal-Inspektor heiraten wird.

Hintergründe und Anekdoten

"Moonraker" ist Flemings erster Roman, der das Motiv von beabsichtigter, massiver Zerstörung durch einen Bösewicht verwendet, das in späteren Büchern und vor allem in den Filmen immer wieder auftaucht. Vorbild für Hugo Drax war Otto Skorzeny. Nach der deutschen Invasion auf Kreta hatte sich Fleming für Skorzeny und den Einsatz von dessen Fallschirmspringern interessiert, da er der Meinung war, man könnte diese Taktik auch für die Britische Marine verwenden.

Flemings Frau Anne schlug alternativ den Namen Connolly Drax vor, um so dem Kritiker Cyril Connolly eins auszuwischen. Hinweise auf den Namen Drax finden sich auch bei Flemings Schwager, der im Haus Drax Hall lebte, und bei Admiral Sir Reginald Plunkett-Ernle-Erle-Drax, der 1939 eine Geheimmission in Moskau leitete.

Der Name des Hotels Granville, in dem Bond und Gala nach dem mißglückten Steinlawinen-Angriff einkehren wollen, ist eine Anspielung auf eine mit Fleming befreundete Spionin, Christine Granville. Eine andere Bekannte ist ebenfalls verewigt: Die Freundin Loelia Westminster taucht als "M's" Sekretärin Loelia Ponsonby im Roman auf. Die Figur des Superintendenten Vallance von Scotland Yard hat Fleming auch in eine frühe Drehbuch-Fassung von "Feuerball" hineingeschrieben, später verzichtete er wieder auf sie.

Flemings Sinn für Humor zeigt sich zum Beispiel darin, daß er die Adresse seines ehemaligen Büros in der Londoner Ebury Street, wo er von 1935 bis 1939 arbeitete, ins Buch integrierte. Er gab diese Anschrift als Quartier von Drax an.

Von seinem Korrespondenten Antony Terry ließ er sich Unterlagen über die deutschen V2-Raketen schicken, und er konsultierte den englischen Psychiater Dr. E. B. Strauss, um sich bei ihm über diabolische Typen zu informieren. Verschiedentlich ließ er in Briefen Zweifel anklingen, ob seine Story nicht zu phantastisch geraten sei.

Die englische Produktionsgesellschaft "Rank" erwarb 1955 die Filmrechte für "Moonraker", kümmerte sich aber nicht weiter um eine Adaption. Als es nicht mal bis zu einem Drehbuch kam, kaufte Fleming die Rechte wieder zurück. Auch der US-Schauspieler Ian Hunter interessierte sich für den Stoff und wollte eine sechsmonatige Option erwerben. Fleming, der 1.000 Pfund (etwa 11.700 Mark) für die Option und 10.000 Pfund für die Rechte verlangte, begründete seine Forderung so: "Ich habe das Gefühl, daß die Film- und Fernsehrechte der James-Bond-Abenteuer eines Tages eine ganze Menge Geld wert sein werden, und ich hoffe, Sie stimmen mir zu, wenn ich sie nicht wegwerfen werde." Hunter verzichtete.

Veröffentlichung, Vorabdrucke und Besonderheiten

Ursprünglich sollte der Roman "Mondays Are Hell" heißen, doch im Juli 1954 waren sich Fleming und sein Lektor Wren Howard noch immer uneins. Man erwog "The Moonraker", aber Noël Coward gab zu bedenken, daß dieser Titel bereits 1927 von Tennyson Jesse verwendet worden war. Daraufhin wurde "The Moonraker Secret" oder "The Moonraker Plot" in Erwägung gezogen. Beide Vorschläge stießen auf keinerlei Gegenliebe, ebenso fielen "The Infernal Machine", "Wide of the Mark" und "The Inhuman Element" durch. So blieb man bei "Moonraker" - im übrigen hatte sich Coward geirrt, es war nicht derselbe Titel wie bei Jesse.

Die erste amerikanische Taschenbuchausgabe brachte Perma Books 1957 unter dem Titel "Too Hot To Handle" auf den Markt.

Das Ende des Romans wurde mehrfach geändert: Einmal machen Bond und Gala Brand, ehe beide mit dem "Queen's Award of the George Cross" geehrt werden, in Frankreich Urlaub. Eine andere Variante sah vor, daß nur sie die Auszeichnung erhält, eine weitere endete so, daß sie in England bleibt und einen gewissen "Peter Bruce" heiratet, während Bond allein nach Frankreich reist.

Das Buch erschien am 7. April 1955 in Großbritannien und am 20. September 1955 in den USA. Die erste Taschenbuchausgabe kam 1956 heraus, aufgrund der schlechten Verkäufe folgte die nächste erst 1961 - als nämlich die Filmreihe angekündigt wurde. Das ist ein gutes Beispiel dafür, wie die Filme den Buchabsatz beflügelten. 1961 gab es drei Nachauflagen, 1962 ebenfalls, 1963 vier und 1964 schon fünf.

In Deutschland wurde der Roman von Ullstein, aufgrund antideutscher Tendenzen, abgelehnt; er erschien erst 1968 unter dem Titel "007 James Bond Mondblitz" als Taschenbuch im Scherz Verlag in der Reihe "phoenix shocker". Die Übersetzung stammt von M. F. Arnemann. Auch Scherz hatte zunächst mit der Herkunft und der Ideologie des Gegners Probleme, so daß man den Roman aus dem Programm der Hardcover-Ausgaben strich.

Kritik

Von Fleming gebeten, schrieb Raymond Chandler für die "Sunday Times" eine Kritik und lobte "Moonraker". Viele englische Blätter waren ganz angetan. Der Rezensent des "Daily Telegraph" hatte das Buch einfach nicht aus der Hand legen können, und im "Observer" hieß es schlicht: "Verpaß es nicht!". "Listener" empfahl es als "unbedingt lesenswert", und der "Scotsman" delektierte sich "an einer Schönheit, die noch umwerfender ist als ihre Vorgängerinnen, an einem fürchterlichen Bösen und an einer dramatischen Kriegserklärung". Im Wochenblatt der Römisch-Katholischen Kirche, "The Tablet", ging der Kritiker John Biggs-Davison am weitesten mit seinem Lob: "Der Roman etabliert den Autor als Rivalen oder Nachfolger von Mr. Eric Ambler." Nur die "Times" war wieder unzufrieden und monierte, daß Flemings Hang zur Selbstparodie in der zweiten Hälfte des Buches überhandnähme.

Kingsley Amis schrieb in einem Nachruf auf Fleming, erschienen im "Dictionary Of National Biography: 1960 - 1971": "Man kann 'Moonraker' aufgrund seiner lebhaften Schilderung des Bösewichts Hugo Drax und aufgrund der in der gesamten Literatur vielleicht packendsten Beschreibung eines Kartenspiels einfach nicht vergessen." Gerade dieser Aspekt in Flemings Werk wurde auch von Anthony Boucher in der "New York Times" hervorgehoben: "Ich kenne niemanden, der über das Spielen so lebendig schreibt wie Fleming."

Diamonds Are Forever (1956)

Inhalt

In Französisch-Guinea übergibt ein Schmuggler einer Hubschrauberbesatzung Diamanten. In London wird Bond von "M" zunächst in die Hintergründe des Diamantenhandels eingewiesen und dann als Peter Franks in eine Bande eingeschleust. Er nimmt Kontakt auf mit der Schmugglerin Tiffany Case, fliegt nach New York - die Diamanten in Golfbällen versteckt - und findet heraus, daß Jack und Serrafino Spang, Chefs des Gangstersyndikats "Spangled Mob", im Hintergrund die Fäden ziehen. Sein Schmuggler-Honorar soll 007 bei einem manipulierten Pferderennen bekommen. Gemeinsam mit dem wieder genesenen Felix Leiter fährt er in dessen Studillac nach Saratoga, doch der angeblich sichere Wett-Tip entpuppt sich als falsch. Dafür beobachten sie, wie ein Jockey von den Killern Winter und Kitteridge eingeschüchtert wird.

Bond soll zurück nach Las Vegas, wo er sich - wie ihm Leiter empfohlen hatte - von einem Taxifahrer namens Ernie Cureo abholen läßt. 007 trifft Tiffany wieder und gewinnt im Casino. Anderntags gerät er mit Cureo in eine Verfolgungsjagd. Von den Gangstern schließlich gestellt, wird Bond in einen alten Zug gebracht und zusammengeschlagen. Er kann sich jedoch befreien und mit Tiffany flüchten. Leiter rettet das Paar, das dann von Los Angeles aus mit der "Queen Elizabeth" die Heimfahrt antritt. In der Kabine kommt es zur letzten Auseinandersetzung mit Winter und Kitteridge; 007 erschießt die Killer. Einen Monat später steht erneut ein Mann in der Wüste, um seine heiße Ware einer Helikopter-Besatzung zu übergeben. Der Pilot erschießt den Schmuggler, doch nachdem der Hubschrauber wieder aufgestiegen ist, wird er von Bond durch den Feuerstoß eines Maschinengewehrs vom Himmel geholt.

Hintergründe und Anekdoten

Der Titel des Buches geht auf eine Anzeige zurück, die Fleming - als er im März 1954 in New York weilte - in der amerikanischen Ausgabe der "Vogue" entdeckt hatte. Dort hieß es schlicht: "A Diamond Is Forever". Am 23. Juli 1954 flog er erneut nach N.Y. Dort besuchte er seinen Freund Ernest Cuneo, mit dem er nach Saratoga, Alcatraz, Nevada, Chicago, Los Angeles und Las Vegas fuhr, um für das Buch zu recherchieren. Teile dieser Recherchen flossen auch in den Roman "Moonraker" ein. Unterlagen über Saratoga erhielt er auch von seinem ehemaligen Ausbilder William Stephenson, der ihm einen Artikel über Stadt und Umgebung zusandte. Hintergründe über den Diamantenschmuggel lieferte ihm ein Schotte namens Percy Sillitoe, ehemaliger Kopf von MI 5, der nun für den Diamantenhändler De Beers in London arbeitete. Für seine Recherchen besuchte Fleming auch die Büros der "Diamond Corporation" in London, wo er den Diamantenhändler Harry Abrahams traf. Von ihm bekam er einen kleinen Edelstein geschenkt, für den sich der überraschte Fleming am nächsten Tag überschwenglich in einem Brief bedankte.

Im Buch ist auch der sogenannte "Studillac" beschrieben, ein "Studebaker Avanti" mit Cadillac-Motor, besonderer Antriebswelle und Übersetzung, Spezial-Bremsen und Hinterachse, den der Autor später selber fuhr. Ernie Cuneo, Flemings langjähriger Freund, taucht im Roman als Taxifahrer auf. Die Schlammbadszene in Saratoga geht auf einen gemeinsamen Besuch in Saratoga Springs zurück. Die letzten vier Kapitel, die die

Überfahrt Bonds und Tiffanys auf der "Queen Elizabeth" behandeln, hat Fleming erst nachträglich hinzugefügt. Sein Biograph Andrew Lycett ist der Meinung, daß sie "wie eine deutliche Aussage des Autors über die Ehe" wirken. So sagt Bond zu Tiffany: "Die meisten Ehen fügen nicht zwei Menschen zusammen, sondern entfremden den einen vom anderen."

Im Frühjahr hatte Eric Ambler Fleming dem Literaturagenten Peter Janson-Smith vorgestellt, der auch Ambler betreute. Mit den bisherigen Verkäufen im Ausland unzufrieden, beauftragte Fleming Janson-Smith mit der Wahrnehmung seiner Interessen. Der Agent fand auch sogleich einen holländischen Verleger für die Bond-Romane; seitdem war er für alle weltweiten Lizenzgeschäfte und Vorabdruckrechte - mit Ausnahme der USA - zuständig. 1964 wurde er in den Vorstand von "Glidrose Productions" berufen, dem er heute sogar vorsteht.

Der Trick mit den ausgehöhlten Golfbällen stammt von Charles Fraser-Smith, offiziell ein Mitarbeiter des rückwärtigen Dienstes, aber in Wirklichkeit jener Mann, der die Geheimdienstler mit allerlei technischen Spielereien ausrüstete. Seine Spezialität war das Verkleinern und Verbergen von Dingen aller Art. Dazu gehörten etwa in Golfbällen versteckte Kompasse oder rasiermesserscharfe Metallsägen in Schnürsenkeln. Auch wurden Landkarten in feuerfesten Tabakspfeifen verborgen. Die zuvor streng geheime Arbeit Fraser-Smiths wurde erst in den 80er Jahren publik, als man einige seiner Erfindungen im Schloß von Dover ausstellte. Fleming hat ihm in seinen Romanen in der Figur des Boothroyd ein Denkmal gesetzt. In den Filmen gehört er als "Q" seit Jahren zu den wichtigsten Personen. Charles Fraser-Smith ist am 12. November 1992 im Alter von 89 Jahren in West-England gestorben.

Veröffentlichung, Vorabdrucke und Besonderheiten

In einer früheren Manuskriptfassung werden die Killer Wint und Gore genannt und nicht Winter und Kitteridge oder Wint und Kidd. Offensichtlich eine Anspielung auf Anne Flemings Cousin "Boofy" Gore. Der war außer sich, als er davon hörte, und er bat Flemings Frau, Ian davon abzubringen. Als sich Anne nicht darum kümmerte, wandte er sich an deren Schwester Laura.

Mit den Worten: "Vergiß nicht, daß Boofy Millionen Freunde hat und Ian keine", konnte sie Anne dazu bewegen, sich der Sache anzunehmen.

Der Roman erschien am 4. April 1956 in Großbritannien und im Oktober 1956 in den USA. Die englische Erstauflage betrug 12.500 Exemplare. Zuvor hatte der "Daily Express" die Rechte für einen Vorabdruck erworben. Die englische Taschenbuchausgabe wurde bereits in den ersten Tagen über eine halbe millionmal verkauft.

In Deutschland erschien der Roman 1960 unter dem Titel "Diamantenfieber" - in der Übersetzung von Günter Eichel - als Ullstein-Taschenbuch; 1982 wurde er neu aufgelegt. Unter dem Titel "Heisse Steine kalte Füsse" ist der Roman - beginnend mit dem 5. September 1965 - in der Zeitschrift "Revue" publiziert worden.

Auf Drängen Flemings hatte der US-Verlag MacMillan in der 1956er Oktobernummer des "New Yorker" eine Anzeige geschaltet, in der es hieß: "Frau mit Diamant am Strumpfband für 3.750 Dollar bei Ihrem Juwelier. Gentlemen mögen vielleicht Blondinen bevorzugen, aber Blondinen ziehen Bond vor, der mit seiner verläßlichen Beretta wieder zurück ist, um für M einen neuen Auftrag zu übernehmen ... Ein neues, tödliches Päckchen von Ian Fleming. Für 2.75 Dollar bei Ihrem Buchhändler."

Kritik

Raymond Chandler schrieb in der "Sunday Times": "Das Bemerkenswerte daran ist, daß dieses Buch von einem Engländer geschrieben wurde. Das Scenario ist fast ausschließlich amerikanisch, und es spricht Amerikaner an. Ich kenne keinen anderen Autor, der das erreicht hat."

Ein weiterer prominenter Schriftsteller-Kollege, William Somerset Maugham, mochte das Buch. Fleming gelinge es, schrieb er ihm in einem Brief, "die Spannung bis zum höchstmöglichen Punkt zu steigern". Der geschäftstüchtige Fleming wollte daraufhin von Maugham wissen, ob er diesen Satz für Publicity-Zwecke verwenden dürfe - was der allerdings verneinte.

Generell klangen die Rezensionen dieses Mal schon etwas besser. So urteilte Malcolm Thomson im "Evening Standard", der Autor habe "seine bleibende Kraft bewiesen", und für die "Birmingham Post" war es schlicht der "beste Thriller der Saison".

Für die "New York Times" hat erneut Anthony Boucher das Buch besprochen, zeigte sich aber nicht völlig überzeugt davon. Zwar könne Fleming exzellent über das Spielen schreiben und bildhafte Ereignisse ersinnen, aber die Erzählung schien dem Kritiker "schlaff gegliedert und schwach aufgelöst".

From Russia With Love (1957)

Inhalt

Der Leiter von SMERSH, der russische General G., der Killer Donovan Grant, die für Plandurchführung und Exekutionen verantwortliche Rosa Klebb und der Moskauer Schachmeister Kronsteen hecken einen teuflischen Plan aus. SMERSH steht für Smjert Spionam (Tod den Spionen). Man beschließt, den britischen Secret Service zu attackieren und James Bond eine Falle zu stellen. Der Köder soll Tatjana Romanowa sein, eine russische Angestellte, die sich angeblich in das Paßfoto Bonds verliebt hat. Sie will nun in den Westen und verspricht, dafür eine Dechiffriermaschine vom Typ Spektor zu stehlen. Bond fliegt nach Istanbul und trifft dort auf den örtlichen Chef des britischen Geheimdienstes, Darko Kerim. Dank eines unterirdisch angebrachten Periskops gelingt es ihnen, ein Spionage-Treffen zu beobachten und Tatjana erstmals zu sehen. Als sie anschließend in einem Zigeunerrestaurant essen und den Kampf zweier Frauen um einen Mann miterleben, wird das Lokal von Bulgaren überfallen. Sie haben es offensichtlich auf Kerim abgesehen, der aber - wie zuvor schon in seinem Büro - dem Anschlag entkommt. Bond und Kerim wollen sich rächen und lauern dem bulgarischen Killer Krilencu auf, der von Kerim kaltblütig erschossen wird.

In seinem Hotelbett findet Bond plötzlich Tatjana vor. Ihre gemeinsame Liebesnacht wird von SMERSH gefilmt. Anderntags verlassen Kerim, 007 und Tatjana - die Spektor im Gepäck - mit dem Orient-Express Istanbul, werden jedoch von drei Agenten der Gegenseite verfolgt. Zwei können sie ausschalten, der Dritte liefert sich mit Kerim ein

Duell, bei dem schließlich beide ums Leben kommen.

Bond telefoniert mit M, der ihm einen in Triest zusteigenden Kollegen schickt. Dieser stellt sich als Captain Norman Nash vor, entpuppt sich jedoch als Grant. Nachdem er Tatjana betäubt und Bond niedergeschlagen hat, enthüllt er seinen Plan: Er will beide im Simplon-Tunnel mit Bonds Waffe erschießen, einen von ihr verfaßten Abschiedsbrief und den im Hotel gedrehten Film zurücklassen, um so den besten Mann des Secret Service und die gesamte Organisation zu diskreditieren. Dank eines Zigarettenetuis und eines Buches, die er beide dicht am Herzen trägt, ist der auf 007 abgefeuerte Schuß nicht tödlich, und es gelingt ihm seinerseits, mit einer im Buch versteckten Pistole Grant zu erschießen. Tatjana und Bond steigen in Dijon aus, wo sie ihren französischen Kollegen René Mathis treffen. Im Hotelzimmer sieht sich Bond plötzlich Rosa Klebb gegenüber, die mit vergifteten Stricknadeln und einem in der Schuhspitze versteckten Dorn auf ihn einsticht. Bond schafft es noch, die Klebb mit einem Stuhl, der ihr Handgelenk durchbohrt, an der Wand festzunageln, danach sinkt er - vom Dorn getroffen - zu Boden.

Hintergründe und Anekdoten

Bonds Gegner ist erneut SMERSH - von Fleming "als offizielle Mordorganisation der russischen Regierung" beschrieben. Für die Figur der Tatjana hat eine Russin Pate gestanden, die Fleming im Frühjahr 1933 - während seines Moskau-Aufenthalts - kennengelernt hatte. Die für die Metro-Vickers Werke arbeitende Sekretärin hieß Anna Sergeevna Kutusova. Für Darko Kerim soll nach Angaben des Fleming-Biographen Andrew Lycett ein Türke namens Nazim Kalkavan das Vorbild gewesen sein. Fleming hatte den in Oxford ausgebildeten Schiffseigner auf einer

Reise nach Istanbul kennengelernt. Von Kalkavan, der - wie Fleming selbst - Zigaretten und Alkohol nicht abgeneigt war, soll auch der Ausspruch stammen: "Eines Tages wird mich die eiserne Krabbe erwischen. Dann werde ich sterben, weil ich zuviel gelebt habe." Mit dem Bild der "eisernen Krabbe" hat Fleming später auch immer gespielt, wenn es ihm gesundheitlich schlechter ging.

Für die unterirdische Istanbuler Verbindung zwischen Kerims Büro und dem der Russen fungierte jener Kanal als Modell, den es in London zwischen der russischen Botschaft und den sogenannten Kensington Barracks gab.

Fleming bezieht sich im Buch auf die Koklow-Affäre, da der Spion, der sich 1954 gegen Rußland wandte, ihn mit wichtigen Insider-Informationen versorgte. Ihm waren verschiedene geheimdienstliche Tricks, schießende Kugelschreiber zum Beispiel, bekannt; im Roman ist die Pistole in einem Buch verborgen. Auch die in Bonds Koffer versteckten Goldmünzen sind der geheimdienstlichen Realität entlehnt. Mit ähnlichem Zubehör wurden während des Zweiten Weltkrieges die Agenten der SOE (Special Operations Executive) für ihren Balkan-Einsatz - zum Aufbau von Partisanenbewegungen in den von Deutschland besetzten Gebieten - ausgerüstet.

Veröffentlichung, Vorabdrucke und Besonderheiten

Das Originalmanuskript weist zahlreiche Unterschiede zum fertigen Buch aus: Kapitel 9 beispielsweise endet ganz anders. Da flieht Tatjana nicht in panischer Angst vor Rosa, als diese in einem Negligé erscheint, sondern die Klebb sitzt neben ihr auf dem Sofa und sagt: "Wir müssen uns besser kennenlernen." Auch der Schluß ist anders. Im Originalmanuskript wird Bond nicht von Klebb mit ihrer giftge-

tränkten Schuhspitze angegriffen, sondern er nagelt sie mit einem Stuhl auf dem Boden fest. Danach kommen Mathis und dessen Leute ins Zimmer, um sie wegzutragen. Eine weitere Variante sah vor, das Buch mit einer Liebesszene zwischen Tatjana und Bond ausklingen zu lassen. Verschiedene Biographen haben daraus geschlossen, daß der Autor nicht genau wußte, ob er sich überhaupt weiter mit Bond beschäftigen wollte.

Der "Daily Express" erwarb für 3.000 Pfund das Recht zum Vorabdruck. Das Buch erschien am 8. April 1957 in Großbritannien und im Herbst des Jahres in den USA. In England gab es eine große Public relations-Kampagne; man hoffte davon zu profitieren, daß der britische Premierminister Anthony Eden im Winter zuvor Flemings Haus "Goldeneye" als Urlaubsdomizil genutzt hatte. Der Jonathan Cape-Verlag warb damit, daß bislang über eine Million englischsprachige Bond-Romane abgesetzt und Flemings Bücher mittlerweile in zwölf Sprachen übersetzt worden waren.

1956 hatte Viking die US-Hardcoverrechte für Flemings Werke erworben; die für das Taschenbuch gingen im Jahr darauf an Signet. Aufgrund des Erfolges wurde nun bereits eine Garantiesumme von 25.000 Dollar (105.000 Mark) Vorschuß für die nächsten drei Paperback-Ausgaben verlangt. Zuvor hatte Fleming lediglich 5.000 Dollar (21.000 Mark) pro Buch erhalten, was in der Branche als relativ gutbezahlt galt.

In Deutschland erschien der Roman - übersetzt von Mechtild Sandberg - erst 1966 unter dem Titel "007 James Bond Liebesgrüße aus Moskau". Der Scherz Verlag brachte ihn als Taschenbuch in der Reihe "phoenix shocker" heraus; es war der erste Band dieser Reihe.

Die beste Hilfestellung wurde dem Roman und dem gesamten Werk Flemings durch eine Liste im "Life"-Magazine vom 17. März 1961

*Ian Fleming zu
Gast bei der
Weltpremiere
des Films
„Liebesgrüße
aus Moskau"
am 10. Oktober
1963
in London -
acht Monate
vor seinem Tod.*

zuteil. Sie enthielt die zehn Lieblingstitel John F. Kennedys und wies auf Platz neun "From Russia With Love" aus. Dem Biographen John Pearson zufolge soll Jackie Kennedy ihrem Mann die Bond-Romane empfohlen haben. Angeblich hat Fleming daraufhin jedes neue Werk mit einer Widmung versehen ins Weiße Haus geschickt. Ob der Präsident die Bücher aber tatsächlich gelesen hat, ist nicht ganz geklärt. Wie sich später herausstellte, wollte der PR-Mann von JFK dem Präsidenten auch einen etwas volkstümlichen Geschmack zuschreiben, und so hat er den Titel mit aufgenommen. Meine Anfrage 1996 in der Kennedy-Bibliothek, ob Flemings Bücher dort wirklich präsent und mit Widmungen des Autors versehen seien, erbrachte die Auskunft, daß keiner der Romane bei ihnen vorliege. Dennoch fand sich im Nachlaß von Marilyn Monroe, der 1999 versteigert wurde, eine Erstausgabe von "From Russia With Love".

Kritik

Die Vorablektüre des Romans stieß bei Flemings Freunden Daniel George und William Plomer auf positive Resonanz. Sie störten sich jedoch an der eindimensionalen Darstellung der Russen. Fleming entgegnete ihnen: "Russen sind dumm und eindimensional, und ich will ein Bild von eher grauem Schmutz zeichnen. SMERSH ist schließlich eine Maschine mit Individuen wie Drax."

Flemings US-Lektor Al Hart war ebenfalls begeistert. "Sie haben sich selbst übertroffen. Das neue Buch ist bei weitem das beste - von der ersten Seite bis zum bewundernswerten Cliffhanger am Ende. Ich ziehe meinen Hut." Weitere positive Stellungnahmen kamen aus berufenem Munde. Sir Ronald Howe, ehemaliger Vize-Chef von Scotland Yard, der Fleming auf einer seiner Istanbul-Reisen begleitet und mit Informationen versorgt hatte, pries ihn als den "lesenswertesten und feinsten Autor von Abenteuergeschichten seit dem Krieg". Fleming selbst teilte seinem Lektor Michael Howard mit: "Persönlich denke ich, daß dies mein bestes Buch ist, aber das größte ist, daß die Leser immer wieder einen anderen Roman als gut empfinden und keiner jemals richtig verdammt wurde."

Die "Sunday Times" sah "die Freuden einer logischen Geschichte mit aufregenden Momenten extremer physischer Gewalt verbunden"; das "Times Literary Supplement" hatte "Mr. Flemings straffste, aufregendste und brillanteste Erzählung" gelesen, und der "Daily Herald" fand das Buch schlicht "so verdammt lesenswert wie immer".

Dr. No (1958)

Inhalt

Die beiden auf Jamaika tätigen Mitarbeiter des britischen Geheimdienstes, John Strangways und Mary Trueblood, werden kurz nacheinander in Kingston erschossen. Auf Anweisung "M's" wird Bond vom Waffenmeister, Major Boothroyd, mit einer neuen Pistole ausgerüstet: Statt einer Beretta, Kaliber 25, trägt er nun eine Walther PPK in einem Berns-Martin-Halfter. Bond fliegt nach Jamaika, wo er am Flughafen auf Quarrel trifft und von einer Journalistin fotografiert wird. Abends beim Essen taucht die Fotografin wieder auf und wird von beiden zur Rede gestellt. Wie es scheint, erträgt sie aber eher große Schmerzen, als über ihren Auftrag zu reden. Bei einem Besuch im Büro des Gouverneurs erfährt 007, daß ein gewisser Dr. No auf der Insel Crab Key den Vogelmist Guano abbaut und daß mehrere Menschen, die das Tierreservat besucht hätten, entweder verschwunden oder plötzlich verstorben wären. Im Hotel entgeht Bond nur knapp zwei Mordanschlägen.

Heimlich segeln Quarrel und 007 nachts zur Insel, wo ihnen die Muschelsucherin Honeychile Rider begegnet. Von einem Boot aus werden sie beschossen und später gefangengenommen; Quarrel stirbt; Bond und Honey werden ins Hauptquartier von Dr. No gebracht. Der enthüllt ihnen, daß er in der Lage sei, per Strahlung Raketen abzulenken und daß er seine Dienste an die Weltmächte zu verkaufen gedenkt. No läßt keinen Zweifel daran, Honey und Bond umzubringen. Fürchterlichen Gefahren ausgesetzt, kann sich 007 aber befreien und auch Honey retten. Er stößt Dr. No in einen Haufen Vogelmist, in dem der Schurke umkommt. Nach der Flucht von der Insel lädt Honey Bond in ihre Wohnung ein, wo sie nach dem gemeinsamen Essen schließlich miteinander schlafen.

Hintergründe und Anekdoten

Ein Ausflug auf die Insel Inagua, den Fleming gemeinsam mit Ivar Bryce und Arthur Vernay, dem Präsidenten der Gesellschaft für die Erhaltung der Flamingos auf den Bahamas, sowie mit Dr. Robert Cushman Murphy vom "American Museum of Natural History" im März 1956 unternommen hatte, inspirierte ihn so sehr, daß er Inagua zu Dr. Nos Insel Crab Key machte. Auch ihr Erkundungsfahrzeug taucht abgewandelt dann in der Story auf: Aus dem Schlamm-Buggy ist der feuerspeiende Drache auf Rädern geworden.

Die Geschichte war entstanden, nachdem der NBC-Produzent Henry Morgenthau III Fleming im Juni 1956 gefragt hatte, ob er sich vorstellen könne, eine in der Karibik spielende Abenteuerserie mit dem Titel "Commander Jamaica" zu schreiben. Fleming arbeitete daraufhin an einem Drehbuch mit der Hauptfigur James Gunn. Dieser untersucht eine Inselfestung, von der aus die von Cape Canaveral startenden Raketen abgelenkt werden. Das Projekt wurde zwar nie realisiert, aber Fleming nutzte das Vorliegende als Ausgangsmaterial für seinen Roman.

Wiederum kommen mehrere von Flemings Freunden und Bekannten im Buch vor: Ein Mann namens Ivar Bryce trägt sich gemeinsam mit seiner Frau ins Gästebuch des Hotels ein; Eton-Mitschüler John Fox-Strangways ist als Strangways Chef der jamaikanischen Abteilung des Secret Service. Der Name Honeychile stammt von der in Kentucky geborenen Amerikanerin Patricia Wilder, genannt Honeychile, der späteren Prinzessin Hohenlohe. Sie hatte zuvor als Showgirl gearbeitet und eine Zeitlang in einer Truppe für Bob Hope getanzt; nach Augenzeugenberichten soll sie eine

Schönheit gewesen sein. Der Waffennarr Geoffrey Boothroyd stand bekanntlich Pate für den gleichnamigen Waffenmeister.

Fleming sah "Dr. No" als das erste "Formel-Buch" an, nachdem "Liebesgrüße aus Moskau" für ihn ein Experiment gewesen war. Von nun an, teilte er seinem US-Herausgeber Al Hart mit, wolle er "immer wieder dasselbe Buch" schreiben.

Veröffentlichung, Vorabdrucke und Besonderheiten

Das Originalmanuskript enthält eine Reihe grammatikalischer Änderungen und Fehlerkorrekturen. Auch der Titel des ersten Kapitels ist anders. Aus "Hear You Loud And Clear" wurde "The Quick, Neat Job". Das Buch erschien am 31. März 1958 in Großbritannien und am 24. Juni 1958 in den USA. In Deutschland kam der Roman - in der Übersetzung von Dieter Heuler - erst 1965 auf den Markt, herausgebracht als Hardcover vom Scherz Verlag unter dem Titel "007 James Bond jagt Dr. No".

Kritik

Mit dem Urteil "Sex, Snobismus und Sadismus" zog Professor Bernard Bergonzi in der März-Ausgabe 1958 des "Twentieth Century"-Magazine über den Roman her. Für Paul Johnson vom "New Statesman" war es das ekligste Buch, das er je gelesen hatte. "Mr Fleming", schrieb er, "hat keinerlei literarische Fähigkeiten, die Konstruktion des Buches ist chaotisch, komplette Ereignisse und Situationen werden eingebaut und dann in gewagter Manier vergessen".

Paradoxerweise hat Sir Jock Campbell, Flemings alter Golffreund und Geschäfts-

führer des "New Statesman" wie der Firma "Booker Brothers", später 51 Prozent der "Glidrose"-Anteile erworben, womit er Rechteinhaber der Bond-Bücher wurde.

In der BBC-Reihe "World of Books" bekannte der Rezensent: "Das Buch sprach meine schlimmsten Instinkte an und es tat dies auch noch erfolgreich. Wild und aufregend, vollgestopft mit überzeugenden technischen Details ..." Die "Times" räumte zwar ein, daß die Bond-Romane "zweifellos sehr professionell" seien, dennoch wirkten sie "auf einer sehr simplen und schmutzigen Ebene".

Alles in allem war der sechste Bond-Roman für viele Kritiker Anlaß, sich grundsätzlicher mit Flemings Werk auseinanderzusetzen. So beschäftigte sich der "Manchester Guardian" in einem Artikel mit der Überschrift "The Exclusive Bond" mit der Eigenart des Autors, eine Reihe von Produktnamen offen zu erwähnen. Das Blatt bezeichnete diese "Anzeigenwelt als symptomatisch für den Niedergang des Geschmacks".

Fleming war konsterniert und antwortete: "Meine Bücher sind voll von Markenprodukten jedweder Art, weil ich denke, es wäre unsinnig, andere Namen für Dinge zu erfinden, die in vielen Haushalten geläufig sind. Und es wird Sie bestimmt interessieren zu erfahren, daß sich zum ersten Mal eine Firma für den erwähnten Tribut bedankt hat."

Fleming spielt damit auf eine Reaktion der Firma "Floris" an, die ihm nach einer Erwähnung von "Floris"-Seife in "Moonraker" ein paar Muster geschickt hatte. Soweit bekannt ist, hat Fleming niemals versucht, aus den Produktnennungen Kapital zu schlagen.

Goldfinger (1959)

Inhalt

In Miami wird Bond von einem Mann namens Du Pont, der 007 einst im "Casino Royale" beobachtet hatte, um Mithilfe im Canasta-Spiel gegen einen gewissen Goldfinger gebeten. Bond beobachtet, wie Goldfinger mit Hilfe seiner Assistentin Jill Masterton falschspielt. Zurück in London wird 007 auch von "M" auf den als Juwelier sehr angesehenen Goldfinger angesetzt, da dieser des Schmuggels verdächtigt wird. Bei einem Golfspiel treffen sie aufeinander, und wie schon zuvor im Casino, kann ihn Bond auch hier überlisten. Dennoch wird 007 auf Goldfingers Gutshof Reculver eingeladen. Dort lernt er auch den Gehilfen des Juweliers, den Koreaner Fakto, kennen, der ihm imponierende Beweise seiner Kraft liefert und vor allem durch einen Hut mit gefährlicher Stahlkante beeindruckt.

Am nächsten Tag nimmt Bond in seinem neuen Dienstwagen, einem Aston Martin DB III, Goldfingers Verfolgung auf. Mit Hilfe eines in dessen Rolls Royce Silver Ghost zuvor versteckten Mini-Senders kann er dem Schurken quer durch Frankreich in Richtung Schweiz auf den Fersen bleiben. Unterwegs macht er die Bekanntschaft der jungen Tilly Soames, die in ihrem hellgrauen Triumph TR 3 den Juwelier ebenfalls verfolgt.

In Goldfingers Schweizer Anwesen beobachtet Bond, wie die im Rolls Royce versteckten Goldplatten zu Flugzeugsitzen einer indischen Luftfahrtslinie umgearbeitet werden, da sich in Asien mit dem Edelmetall wesentlich höhere Gewinne erzielen lassen. In einem Versteck entdeckt Bond auch Tilly, die sich als Jills Schwester entpuppt. Sie erzählt ihm, Goldfinger habe Jill getötet, indem er sie von

Kopf bis Fuß mit Gold bemalte und sie so erstickte. Bond und Tilly werden gefangengenommen; er wird auf einen Tisch gefesselt und von Fakto gefoltert.

Stunden später kommt 007 in einem US-Lagerhaus, in dem sich auch Tilly befindet, wieder zu Bewußtsein. Goldfinger will Fort Knox, das Golddepot der Vereinigten Staaten, ausrauben. Zu diesem Zweck hat er eine Reihe von Gangsterbossen als Helfer engagiert, zu denen auch die lesbische Pussy Galore zählt. Goldfinger stellt den Verbrechern seine Pläne vor. Zwei Abtrünnige werden ermordet.

Bond kann heimlich die Schutztruppen informieren, es entbrennt eine wilde Schießerei, Fakto tötet Tilly mit seinem Hut und flüchtet mit Goldfinger in einem Zug. Der US-Präsident hat sich schon für Bonds Rettungsaktion bedankt, als 007 vom New Yorker Airport gemeinsam mit Pussy in einem Flugzeug entführt wird. Bei einem Kampf an Bord reißt der Luftstrom zunächst Fakto hinaus, und nachdem Bond Goldfinger erwürgt hat, gelingt es ihm, mit Pussy in der Nähe einer Seestation notzulanden, wo er sie schließlich verführt.

Hintergründe und Anekdoten

Die Idee für die Geschichte geht auf eine wahre Begebenheit aus der Vorkriegszeit zurück: Fleming hatte von einem Showgirl gehört, das sich am ganzen Körper mit Goldfarbe bemalen ließ. Weil die Poren angeblich nicht mehr atmen konnten, war sie gestorben. Recherchen über Gold hatte er bei der bekannten Londoner Firma "Goldsmith" angestellt.

Flemings Lieblingsgolfplatz, Royal St George's, findet sich im Roman als Royal St Mark's wieder; der Golfprofi des "Royal Sandwich Course", Albert Whiting, erscheint als Albert Blacking. Flemings langjähriger Golfpartner John Blackwell hatte ihm von den Spieltricks

Von wegen Product Placement: Sportwagen-Fan Fleming ließ 007 einen Aston Martin DB Mark III fahren - im Film wurde ein DB 5 daraus.

berichtet, die er dann in das geschilderte Match integrierte. Von Blackwell stammt auch eine Namensidee, erinnerte er Fleming doch an den Architekten Erno Goldfinger, der mit seiner Kusine verheiratet war. Als Erno hörte, daß sein Nachname verwendet werden sollte, wollte er die Veröffentlichung stoppen. Der Jonathan Cape-Verlag erwog daraufhin ernsthaft die Umbenennung, doch der Vorschlag des englischen Journalisten Cyril Connolly, "Goldprick", wurde dann doch nicht berücksichtigt.

Fleming hat auch andere Gegenstände und Personen, zu denen er in Beziehung stand, in den Roman eingearbeitet. So wird Bond von seinem US-Kollegen Felix Leiter in einem Studillac mit 300 PS spazierengefahren; am Flughafen erwirbt Bond einen Raymond Chandler-Roman. Die im Buch erwähnte Suche nach dem Schatz von Bloody Morgan in Panama hatte Fleming einst in einem Artikel beschrieben; nach Le Touquet ließ er häufig selbst seine Wagen verschiffen, um von dort aus durch Frankreich zu reisen, und im Frühjahr 1931 hatte er eine Zeitlang im Hotel du Lac in Coppet gewohnt, um seiner Freundin Monique näher zu sein.

Al Hart, der Herausgeber von "Macmillan Publishing Co.", der die ersten sechs Fleming-Romane in den USA betreute, erinnerte sich an ein Gespräch mit dem Autor, in dem es um den Namen Pussy Galore ging. Hart war der Meinung, Fleming könne unmöglich eine Frau so nennen, doch der entgegnete nur: "Oh ja, ich kann, und nicht nur das. Wir werden damit auch noch durchkommen!"

"Goldfinger" war der erste Roman, für den Fleming umfangreich Publicity machte und auch selbst öffentlich auftrat. Offerten der Londoner Geschäfte "Harrods" und "Selfridges", dort zu erscheinen, lehnte er zwar ab, doch akzeptierte er Gastauftritte in den Fernsehsendungen "The Bookman" und "Right Of Reply". Gefragt nach der unnötigen Häufung von Sex und Gewalt in seinem Buch, antwortete er in seiner typisch snobistischen Art: "Man kann keine aufregenden Helden erschaffen, die Reispudding essen."

Veröffentlichung, Vorabdrucke und Besonderheiten

Das Originalmanuskript - der Arbeitstitel lautete "The Richest Man In The World" - ist mit 270 Seiten das längste von allen. Der Roman kam am 23. März 1959 in Großbritannien und im Herbst des Jahres in den USA heraus. Gleich nach seinem Erscheinen überholte er andere Titel auf den Bestsellerlisten, darunter "Dr. Schiwago" und "Angelique".

In Deutschland wurde "Goldfinger" im Herbst 1964 zunächst als Vorabdruck im "stern" veröffentlicht - mit der komisch klingenden Ankündigung: "Das völlig neue Kriminalgefühl". Die Hardcover-Ausgabe kam erst 1965 im Scherz Verlag unter dem Titel "007 James Bond contra Goldfinger" auf den Markt, übersetzt von Willy Thaler und Friedrich Polakovics. Noch im selben Jahr folgte eine zweite Auflage. "Goldfinger" war übrigens für Scherz der erste Bond-Roman und ins Programm gekommen, nachdem Ullstein an weiteren Veröffentlichungen kein Interesse mehr zeigte. Die Verkäufe blieben allerdings hinter den Erwartungen zurück. Aufgrund der Kinoerfolge kamen dann aber im Laufe des Jahres 1965 mehrere Hardcover-Ausgaben in den deutschen Buchhandel, wenn auch nicht in der von Fleming vorgesehenen Reihenfolge. Zum leidigen Problem der Übersetzungen war beispielsweise in der "Frankfurter Allgemeinen Zeitung" am 19. März 1966 zu lesen: "Der Fehler, den Ullstein seinerzeit in bescheidenem Rahmen gemacht hatte, wiederholte sich bei Scherz in größerem: Man ließ Fleming nicht übersetzen, sondern bearbeiten: das heißt verkürzt nacherzählen. Flemings Geschichten sind unterschiedlicher Länge; sie wurden auf immer das gleiche 190-Seiten-Volumen getrimmt. Was man wegnahm, war gerade das, was den Reiz

der Bond-Geschichten ausmachte: man entfernte Teile der Kulisse und beließ die reine Aktion."

Kritik

Der Londoner "Observer" urteilte: "Mr Fleming läßt den Realismus immer weiter hinter sich, aber mit seiner spitzen Zunge bleibt er für lange Zeit so lesenswert, daß die Lektüre zur Manie werden kann. Im "News Chronicle" hieß es: "Jetzt hat er sich selbst übertroffen. Jetzt bleibt für Bond nichts mehr außer den Marsmenschen übrig - aber die sind ihm willkommen." Für die "New York Herald Tribune" war es ein "Superlativ-Thriller" und für den "Guardian" schlicht "Flemings Bester". Ein Rezensent kreierte gar die schmeichelnde, wenn auch unpassende Formulierung "Flemingway".

Der "Playboy" empfahl "Goldfinger" als "kultivierte, intellektuelle, exzellent doppeldeutige Unterhaltung", die "Cleveland News" fanden "alles wunderbar verzwickt ..., alles absurd und unmöglich und ein Superspaß". Die "Detroit Sunday Times" schrieb: "Wenn Sie heldenhafte Helden mögen, eine Frau, die am Ende beweist, daß sie wirklich eine Frau ist, und einen Bösen, der sich als dreckiger Hund entpuppt, dann ist 'Goldfinger' etwas für Sie."

Fleming selbst hatte sich auf die zu erwartende Kritik schon im voraus eingestellt: "In bezug auf Sex kann ich nur sagen, eine der Frauen ist normal. Snobismus? Nur der übliche gute Lebensstil. Sadismus? Nennen wir es Blut und Donner."

Ian Flemings Kurzgeschichten im Überblick

Vorbemerkung

Flemings einziger, zu Lebzeiten erschienener Kurzgeschichtenband kam am 11. April 1960 auf dem britischen und im Herbst des Jahres in gleicher Zusammenstellung auf dem US-amerikanischen Markt heraus. Unter dem Titel "For Your Eyes Only" waren die Stories "From A View To A Kill", "For Your Eyes Only", "Quantum Of Solace", "Risico" und "The Hildebrand Rarity" versammelt. Nach Flemings Tod erschien 1966 die Hardcover-Ausgabe "Octopussy and The Living Daylights" mit den beiden gleichnamigen Stories. Die 1967 edierte Taschenbuchausgabe unter dem Titel "Octopussy" enthielt zusätzlich die Geschichte "The Property Of A Lady". Einige dieser Kurzgeschichten waren schon früher in verschiedenen Zeitschriften veröffentlicht worden.

Im Deutschen ist Flemings Œuvre in immer wieder anderen Zusammenstellungen und mit unterschiedlichen Titeln erschienen. Die Hardcover-Erstausgabe 1965 hieß "007 James Bond greift ein" und trug den Untertitel "5 Spezialfälle" - es waren die von Willy Thaler und Friedrich Polakovics übersetzten Stories "Tod im Rückspiegel", "Für Sie persönlich", "Riskante Geschäfte", "Die Hildebrand-Rarität" und "Das Minimum an Trost". Die erste Taschenbuchausgabe wurde 1967 in der Reihe "phoenix shocker" unter dem Titel "Tod im Rückspiegel" herausgebracht und enthielt nur vier Kurzgeschichten: "Tod im Rückspiegel", "Globus - meistbietend zu versteigern", "Duell mit doppeltem Einsatz" und "Die Hildebrand-Rarität". Das 1976 in der Reihe Scherz-Action Krimi neu aufgelegte Taschenbuch "Riskante Geschäfte" nennt die einzelnen Stories "Für Sie persönlich", "Riskante Geschäfte", "Ein Minimum an Trost" und "Der stumme Zeuge".

Um das Durcheinander nicht noch zu vergrößern, werden die Kurzgeschichten hier in der Reihenfolge ihres Erscheinens vorgestellt und die (teilweise) unterschiedlichen deutschen Titel zum besseren Verständnis jeweils mit ihren Veröffentlichungsdaten erwähnt.

Hintergründe und Anekdoten

Flemings erste Kurzgeschichtensammlung sollte zunächst den Titel "The Rough With The Smooth" tragen. Drei der fünf Geschichten waren im Auftrag des US-Fernsehsenders CBS entstanden, der eine 13teilige James-Bond-Serie in Erwägung gezogen hatte, woraus jedoch nie etwas geworden ist.

Kritik

Als "gebildete Barbarei, eine mächtig schmeichelnde Erzählung voller Spinnereien" charakterisierte die "New York Herald Tribune" die Sammlung "For Your Eyes Only", und die "Times" urteilte: "Gute, saftige Gewalt, die Frauen so wild und süß wie immer." Francis Iles, der Kritiker des "Guardian", fand die Kurzgeschichten "besser als die Romane".

From A View To A Kill (1960)/
Tod im Rückspiegel (1965)

Inhalt

Der britische Meldefahrer Bates transportiert - nahe Versailles und St. Germain - im Auftrag des Königlichen Marinekorps auf einem Motorrad der Marke BSA M 120 geheime Dokumente. Plötzlich taucht ein identisch gekleideter Fahrer auf, der Bates erschießt. Bond, der sich nach einem mißglückten Auftrag in Ungarn gerade auf Durchreise in Paris befindet, wird von einer jungen Frau aufgesucht und zum Hauptquartier des Geheimdienstes gebracht, wo ihn Mary Ann Russell mit ersten Informationen versorgt. Von Oberstleutnant Rattray erfährt er, daß Bates auf dem Wege zu SHAPE war, dem Oberkommando der Alliierten Streitkräfte. 007 legt sich an der Strecke auf die Lauer und entdeckt im Wald eine ausfahrbare Rose mit einer Glaslinse. Aus einem Erdbunker steigen drei Männer, einer ist so gekleidet wie der tote Fahrer und besitzt auch ein Motorrad. Bond informiert Mary Ann Russell. Sie instruieren vier Männer, die sich daraufhin im Wald verstecken. 007 tarnt sich als Meldefahrer, überlebt einen Anschlag und tötet Bates' Mörder,

um dann dessen Stelle einzunehmen. Mit einem Trick verschafft er sich Zugang zu der unterirdischen Höhle, und gemeinsam mit den versteckten Helfern können die Gegner außer Gefecht gesetzt werden.

Veröffentlichung, Vorabdrucke und Besonderheiten

1959 erschien die Geschichte unter dem Titel "Murder Before Breakfast" in den "London Daily News". Als sich Fleming später dafür entschied, sie mit anderen zusammen in Buchform nochmals herauszubringen, gefiel ihm jedoch der Titel nicht. Bei früheren Recherchen war er auf ein Jagdlied aus Cumberland gestoßen, "D'Ye Ken John Peel", das John Woodcock Graves 1820 geschrieben hatte. Darin heißt es: "From the drag to the chase/From the chase to the view/From the view to a death/In the morning..." Fleming leitete daraus den Titel "From A View To A Kill" ab; der 23seitige Originaltext blieb unverändert. Für die Verfilmung 1985 wurde der Titel in "A View To A Kill" leicht modifiziert. Eine von Eric Ambler herausgegebene Kurzgeschichtensammlung unter dem Titel "Spione Spione" enthält gleichfalls diese Story, hier allerdings "Der Meldefahrer" genannt. Der deutsche "Playboy" publizierte die gekürzte Geschichte in der Dezembernummer 1995.

For Your Eyes Only (1960)/
Für Sie persönlich (1965)

Inhalt

Von seinem schönen Anwesen mit dem Name "Content" aus beobachtet das Ehepaar Havelock die einheimische Vogelwelt in den jamaikanischen Blue Mountains. Eines Tages ist ein gewisser Major Gonzalez mit zwei Sekretären zu Gast, der den Havelocks im Auftrag eines Mannes den Landsitz für viel Geld abkaufen will. Als sich die Besitzer weigern, werden sie erschossen.

In London erzählt "M" James Bond von dieser Begebenheit, wobei er einfließen läßt, daß er mit dem Ehepaar befreundet war. Er möchte, daß 007 nach Kanada fährt, denn dort soll sich auf der Millionärsfarm "Echo Lake" ein gewisser Hammerstein aufhalten, der den Mordauftrag erteilt hat. Vor der Abreise bekommt Bond von "M" eine Mappe mit allen wichtigen Unterlagen - "Für Sie persönlich" - überreicht. In Ottawa erhält Bond von Oberst Johns die nötigen Tips und ein Gewehr, mit dem er auch auf große Distanz schießen kann. Er erreicht unerkannt das mysteriöse Anwesen, wird aber von einem Mädchen mit Pfeil und Bogen überrascht. Es entpuppt sich als Judy Havelock und ist die Tochter des ermordeten Ehepaars, die nun ihre Eltern rächen will. Beide warten sie, Gonzalez und Hammerstein aus sicherer Entfernung beobachtend, auf eine günstige Gelegenheit. Die bietet sich, als die Killer am See ein Wettschießen auf Flaschen veranstalten. Judy tötet Hammerstein mit einem Pfeil, und Bond erledigt Gonzalez, doch bei dem Schußwechsel wird auch Judy am Arm verletzt. Bond kümmert sich um das Mädchen, bis sie gemeinsam den Ort des Geschehens verlassen können.

Hintergründe und Anekdoten

Fleming hat in dieser Geschichte das amerikanische Anwesen seines langjährigen Freundes Ivar Bryce, die "Black Hole Hollow Farm" in der Nähe von Saratoga Springs, bis ins kleinste Detail beschrieben. Allerdings änderte er den Namen in "Echo Lake".

Teile dieser Geschichte flossen in den 1981 entstandenen Film "For Your Eyes Only" (In tödlicher Mission) ein. Dort sind die Havelocks Meeresforscher, die auf einem Schiff erschossen werden. Deren Tochter heißt Melina, die den Tod ihrer Eltern rächt, indem sie Gonzalez mit einer Armbrust erschießt.

Veröffentlichung, Vorabdrucke und Besonderheiten

"For Your Eyes Only" sollte zunächst "Man's Work" heißen, dann "Death Leaves an Echo". Das Originalmanuskript ist 34 Seiten lang, hier heißen die späteren Havelocks noch Wilson.

Quantum Of Solace (1960)/
Das Minimum an Trost (1965)/
Ein Minimum an Trost (1983)

Inhalt

Bei einer Dinner-Party in Nassau auf den Bahamas unterhält sich Bond mit dem örtlichen Gouverneur. Zuvor hatte er einen in der Karibik operierenden Schmugglerring zerschlagen, der von Jamaika und den Bahamas aus Waffen an Castro-Rebellen lieferte. Der Gouverneur erzählt ihm die eher simple Geschichte eines gewissen Philip Masters und der Flughosteß Rhoda Llewelyn. Jener Regierungsvertreter hatte Rhoda bei einem Flug kennen- und später lieben gelernt. Sie heirateten und zogen auf die Bermudas, doch als sie mit dem bekannten Playboy Tattersall eine Affäre hat, versucht sich Masters umzubringen, kann aber gerettet werden. Nachdem Tattersall das Verhältnis mit Rhoda beendet hat und sie zu ihrem Mann zurück will, reicht der die Scheidung ein. Als Masters im Jahr darauf nach Großbritannien geht, läßt er Rhoda mittellos zurück. Sie nimmt einen neuen Job in einem Hotel an, trifft auf einen kanadischen Millionär und heiratet ihn.

Letztlich stellt sich heraus, daß hinter dem Ehepaar Miller, welches Bond zu Beginn der Dinner-Party gelangweilt wahrgenommen hatte, eben jene Rhoda und deren Mann Harvey stecken. 007 erkennt nun, daß sich die anfangs scheinbar eintönige Konversation zu einem wahren Drama auswuchs, das seine Abenteuer nebensächlich erscheinen läßt.

Hintergründe und Anekdoten

Die Story, die Fleming nach der Rückkehr von den Seychellen schrieb, basierte auf den Erlebnissen eines Polizisten, die der Autor von seiner Freundin Blanche erzählt bekam. Neben "Der Spion, der mich liebte" gehört auch diese zu den beiden völlig untypischen Bond-Geschichten, denn die Abenteuer des Agenten werden lediglich retrospektiv erwähnt. Die Story enthält aber einige interessante Anspielungen. So tauschen 007 und der Gouverneur Meinungen über die ideale Frau aus, die 007 zufolge entweder Flughosteß oder Japanerin sein müsse. Genau das hatte Fleming bereits in einer seiner Reisebeschreibungen im Band "Thrilling Cities" kundgetan.

Rhodas Mädchenname ist witzigerweise "Llewelyn", sie heißt also wie der "Q"-Darsteller in den Bond-Filmen. Ob hier ein Zusammenhang besteht, ist nicht überliefert, zumindest war Llewelyn, als Fleming die Geschichte schrieb, bereits ein bekannter englischer Schauspieler.

Bei einem Besuch Nassaus war Fleming die Stadt, wie er notierte, eher unattraktiv und langweilig vorgekommen. Die Gespräche mit einheimischen Hausbesitzern empfand er als nichtssagend. "Sie reden nur über Geld, ihre Krankheiten und die Probleme mit dem Dienstpersonal."

Veröffentlichung, Vorabdrucke und Besonderheiten

Das Originalmanuskript ist 21 Seiten lang. Eine Vorab-Veröffentlichung gab es in der US-Ausgabe des "Cosmopolitan", in Deutschland war die Kurzgeschichte, bevor sie in Buchform erschien, am 5. Januar 1965 in der Zeitschrift "Film und Frau" zu lesen.

Einige Rezensenten verglichen Fleming aufgrund seines hier angeschlagenen moralischen Untertons mit William Somerset Maugham.

Risico (1960)/
Riskante Geschäfte (1965)

Inhalt

Von "M" erhält Bond den Auftrag, nach Rom zu fliegen und sich dort um eine Rauschgiftaffäre zu kümmern. In einer Hotelbar trifft er auf den Griechen Kristatos - nach CIA-Informationen ein Doppelagent und Schmuggler. Bond bietet Kristatos 50.000 Pfund für dessen Hilfe an. Kristatos erzählt ihm daraufhin von einem Gangstersyndikat. In eine pharmazeutische Fabrik in Mailand wird Rohopium geschleust, um daraus Heroin zu gewinnen, das, versteckt in den Ersatzreifen verschiedener Autos, dann an britische Verteiler gelangt. Chef der Schmuggler-Gruppen ist ein gewisser Enrico Colombo, genannt "Die Taube". Befreundet mit der Österreicherin Liesl Baum, betreibt er auch ein Restaurant, in dem Bond und Kristatos essen. Deren Unterhaltung wird von Colombo mit einem versteckten Tonband aufgezeichnet. An einem der Nachbartische macht Liesl Colombo eine Szene. Bond folgt ihr, als sie das Restaurant verläßt, und stellt sich als Autor von Abenteuerbüchern über Schmuggler vor. Zunächst will ihn Liesl nicht mit Informationen versorgen, aber dann verabreden sie ein Treffen in Venedig.

In der Lagunenstadt, auf dem Weg zu Liesl, wird Bond von drei Männern verfolgt, und als auch noch eine Gruppe von Speerfischern auftaucht, muß er sich der Übermacht ergeben. Von ihnen niedergeschlagen, erwacht er erst wieder an Bord eines kleinen, Colombo gehörenden Fischkutters. Die "Taube" spielt ihm das heimlich aufgezeichnete Gespräch vor und versichert glaubhaft, Kristatos sei der Schurke, der ihn, Colombo, aus dem Weg räumen wolle, weil er zuviel über ihn wisse. Die beiden Männer verbünden sich und fahren zu jenem Ort, wo das Opium verladen werden soll. Sie entern ein Schiff und entdecken den 'heißen Stoff' in Papierballen. Bei der folgenden Schießerei explodiert das Lagerhaus der Schmuggler, und Bond erschießt Kristatos. Colombo ist zufrieden und übergibt 007 zum Dank den Schlüssel zu Liesls Hotelzimmer.

Hintergründe und Anekdoten

Fleming und seine Ehefrau Anne hatten sich im Mai 1958, anläßlich seines 50. Geburtstages, in Venedig aufgehalten. Wie später Bond waren auch sie mit dem Zug aus Rom gekommen und hatten im Hotel Gritti Quartier bezogen - anfangs gar in einer Suite, später in einem preisgünstigeren Zimmer. Die Reise, so hieß es, sollte ihre Beziehung festigen und wurde daher häufig als "Hochzeitsreise" bezeichnet.

Teile der Story sind in den 1981 entstandenen Film "In tödlicher Mission" (For Your Eyes Only) eingeflossen, in dem Bond und Colombo gleichfalls ein Lagerhaus angreifen. Lisl (der Rollenname nur mit 'i') wird nach einer Liebesnacht mit Bond am Strand von Korfu von Buggys gejagt und überfahren.

In der Geschichte ist auch der damalige CIA-Chef Allen Dulles erwähnt, Flemings alter Freund, womit sich sich der Autor für dessen vielfältige Unterstützung bedankt.

Veröffentlichung, Vorabdrucke und Besonderheiten

Das Originalmanuskript (erst "Risiko" geschrieben) ist 31 Seiten lang. Die Geschichte erschien 1965 auch in der November-Ausgabe der Zeitschrift "ER".

The Hildebrand Rarity (1960)/
Die Hildebrand-Rarität (1965)

Inhalt

Bond macht auf den Seychellen, an der Südspitze von Mahé, Jagd auf einen Stachelrochen und erlegt ihn mit einer Harpune. Der Eingeborene Fidéle Barbey hilft ihm, das Tier an Land zu schaffen. 007 war von "M" auf die Insel geschickt worden, um herauszufinden, ob sie - anstelle der Malediven - als Flottenstützpunkt relevant sein könnte. Barbey erzählt ihm von einem Amerikaner namens Milton Krest, der eine Hotelkette besitzt und eine Stiftung begründet hat. Da die Steuerbehörde seine Geschäfte durchleuchtet, will er den gefährlichen und einzigartigen Stachelfisch "Hildebrand-Rarität" erlegen, um so die Tätigkeiten seiner Stiftung zu legitimieren. Eingeladen auf sein Schiff "Wavekrest", begegnen Bond und Barbey Krests junger Frau Liz, eine naive Ex-Tänzerin, die von ihm ab und zu mit der Schwanzspitze eines Stachelrochens gezüchtigt wird. Zu viert fahren sie in das Gebiet, wo sich der seltene Fisch aufhalten soll. Krest erblickt ihn und kippt Gift ins Wasser, tötet das Tier aber nicht. Bond jedoch kann es erlegen und Krest überreichen. Der wird am nächsten Morgen - mit dem Fisch im Mund - tot aufgefunden. Bond wirft den Leichnam über Bord, so daß Krests Tod wie ein Unfall wirkt.

Hintergründe und Anekdoten

Angeblich soll der französische Pirat Oliver LeVasseur im 18. Jahrhundert auf der Insel Mahé einen Schatz im Wert von 120 Millionen Pfund vergraben haben. Fleming machte sich daher im April 1958 auf Schatzsuche; die Berichte über seine Reise auf die Seychellen erschienen am 7., 24. und 31. August 1958 unter dem Titel "Treasure Hunt in Eden" in der "Sunday Times".

Veröffentlichung, Vorabdrucke und Besonderheiten

Das Originalmanuskript ist 31 Seiten lang; zuerst veröffentlicht wurde "The Hildebrand Rarity" 1960 im Wochenmagazin "Today".

The Living Daylights (1962/1966)/ Duell mit doppeltem Einsatz (1967)

Inhalt

Auf einem Schießstand im englischen Bisley beweist 007, daß er ein exzellenter Schütze ist. Von "M" wird er beauftragt, nach Berlin zu fahren, wo - wie man in Erfahrung bringen konnte - ein Geheimdienstler mit Decknamen "Nummer 272" versuchen wird, über die Sektorengrenze zu fliehen. Bonds Aufgabe besteht darin, den russischen Scharfschützen, der den Überläufer bei dessen Linienwechsel töten soll, ins Visier zu nehmen und zu erledigen. 007 fliegt nach Berlin und quartiert sich in einer Wohnung am Checkpoint Charlie, Koch-/Ecke Wilhelmstraße, ein. Von der Nr. 2 der Geheimdienststation WB, Captain Paul Sender, über Details der Aktion unterrichtet, erfährt Bond auch, daß ein Kollege an einem alten Opel Fehlzündungen manipulieren wird, die Bonds Schüsse auf den russischen Scharfschützen übertönen sollen.

Er legt sich mehrere Tage lang auf die Lauer, wobei ihm vor dem gegenüberliegenden Ministerialgebäude eine hübsche Cellistin auffällt. Als er dann Nr. 272 im Dickicht entdeckt, sieht er auch, wie sich eine Waffe aus einem der nahegelegenen Fenster schiebt. Bond zielt, trifft aber nur die Waffe, die zu Boden fällt. Schließlich stellt sich heraus, daß hinter dem Scharfschützen jene Cellistin steckt. Sender bringt kein Verständnis dafür auf, daß sie von 007 nicht liquidiert wurde, und er will Meldung erstatten.

Hintergründe und Anekdoten

Der erste Entwurf von "The Living Daylights" trug den Titel "Trigger Finger". Fleming hat die Geschichte in sehr kurzer Zeit recherchiert. Außer einem Stadtplan von Berlin besorgte er sich auch einen Schallplattenkatalog (die 61er Oktober-Ausgabe des Kaufhauses "Harrods"). Von der "National Rifle Association" holte er Informationen über den Schießstand in Bisley ein; der dort stationierte Captain Le Mesurier hat später das Manuskript korrigiert. Weitere Auskünfte über Berlin erteilte ihm sein Korrespondent Antony Terry.

Die russische Scharfschützin "Trigger" (in der deutschen Fassung: Abzug) läßt in Flemings Darstellung auffallende äußere Ähnlichkeiten mit seiner 'Adoptiv'-Schwester Amaryllis erkennen. Zum ersten Mal übrigens ist Bonds Gegner eine Frau.

Lokalkolorit und Zeitbezug weisen deutliche Parallelen auf zu den Büchern von John le Carré ("Der Spion, der aus der Kälte kam") und Len Deighton ("Finale in Berlin").

Teile der Geschichte finden sich im 1987 entstandenen Film "The Living Daylights" (Der Hauch des Todes) wieder. Hier entgeht der Russe Koskov in Bratislava nur knapp dem Anschlag einer Cellistin, und auch hier zielt Bond bewußt vorbei.

Veröffentlichung, Vorabdrucke und Besonderheiten

"The Living Daylights" ist zuerst am 4. Februar 1962 in der "Sunday Times" erschienen; in den USA wurde die Geschichte unter dem Titel "Berlin Escape" in der Juni-Ausgabe 1962 des Magazins "Argosy" publiziert.

The Property Of A Lady (1963)/ Globus meistbietend zu versteigern (1967)

Inhalt

Bond wird zu "M" gerufen und Dr. Fanshawe, einer Autorität für antiken Schmuck, vorgestellt. Dieser berichtet ihm, daß der beim Secret Service beschäftigten KGB-Agentin Maria Freudenstein ein seltenes und sehr teures Schmuckstück zugegangen ist, ein vom Juwelier Carl Fabergé gefertigter Smaragd-Globus, der in der folgenden Woche bei Sotheby's versteigert werden soll. Der Katalog weist die Kostbarkeit als "Juwel aus dem Privatbesitz einer Dame" aus. Der bei der Auktion erzielte Preis soll - nach den Intentionen des russischen Geheimdienstes - die angemessene Belohnung für Freudensteins Spionageleistungen sein. Bond will mitbieten, um so den Londoner KGB-Chef, der vermutlich den Preis hochtreiben wird, zu enttarnen. Zuvor besucht 007 den Juwelier Kenneth Snowman, der ihm Tips gibt und auch selber mitsteigern will. Für 155.000 Pfund wird ihm der Globus dann auch zugeschlagen, Bond indes hat den Agenten entdeckt. Es ist Pjotr Malinowski, Landwirtschafts-Attaché der russischen Botschaft.

Hintergründe und Anekdoten

Mit dieser Kurzgeschichte hat Fleming seiner Frau Anne einen Gefallen getan: Weil der Sohn ihrer Freundin Aline Berlin, Michael Strauss, bei Sotheby's als Auktionator arbeitete, ließ sich Fleming bewegen, etwas für das Jahrbuch des berühmten Hauses zu schreiben. Er war allerdings mit der Story so unzufrieden, daß er Peter Wilson, dem Sotheby's-Geschäftsführer, mitteilte, er wolle dafür kein Honorar.

Im 1983 gedrehten Film "Octopussy" spielen Szenen bei Sotheby's; das Fabergé-Schmuckstück war jedoch kein Globus, sondern ein Ei.

Veröffentlichung, Vorabdrucke und Besonderheiten

"The Property Of A Lady" erschien zuerst 1963 in England, im großformatigen Jahrbuch "The Ivory Hammer: The Year At Sotheby's". Im Januar 1964 folgte ein Abdruck in der US-Ausgabe des "Playboy".

Octopussy (1964/1966)/
Der stumme Zeuge (1976)/
007 James Bond und
der stumme Zeuge (1978)

Inhalt

James Bond befragt den englischen Major Dexter Smythe, der seinen Ruhestand auf dem Anwesen "Wavelets" nahe Kingston verbringt, nach einem seiner Sonderaufträge bei Kriegsende in Österreich für das sogenannte "Miscellaneous Objectives Bureau". Smythe hatte damals einen Bergführer namens Oberhauser auf eine Kletterpartie mitgenommen, um an eine versteckte Munitionskiste zu gelangen. Er hatte den Österreicher erschossen, die Kiste, in der zwei Goldbarren lagerten, ausgebuddelt und dann im Tal erneut vergraben, um den Schatz später nach Kingston zu schmuggeln. Auf Jamaika heiratete er eine gewisse Mary Parnell, und das Ehepaar konnte vom Erlös des Goldes, das die chinesischen Brüder Fu für sie verkauft hatten, gut leben. Eines Tages war Mary an einer Überdosis Schlaftabletten gestorben.

Der Major erfährt von Bond, daß Oberhausers Leiche gefunden wurde und sich mit Hilfe der Projektile die Spur zum Mörder zurückverfolgen ließ. Oberhauser, so stellt sich heraus, hatte Bond einst das Skifahren beigebracht. Als 007 Smythe verläßt, deutet er an, daß der Major in einer Woche abgeholt werde. Daraufhin geht Smythe, der ein begeisterter Sportler ist, zum Tauchen; er spießt einen hochgiftigen Skorpionfisch auf, wird aber selbst schwer getroffen. Mit letzter Kraft bringt er den zuckenden Fisch zu einem riesigen Octopus, der beide in die Tiefe zieht. Zwei junge Fischer töten die Krake und bringen die Tierkadaver und Smythes Leiche an Land. In den offiziellen Unterlagen wird "Tod durch Ertrinken" vermerkt, nur der Arzt findet die wahre Todesursache heraus.

Hintergründe und Anekdoten

Etliche Elemente der Geschichte lassen an den Autor selbst denken: Wie dieser hat auch die Hauptfigur Dexter Smythe ein Haus auf Jamaika. Wie Fleming liebt er das Tauchen, darüber hinaus ist er sehr melancholisch, er raucht und trinkt viel, und auch seine Ehe verläuft nicht immer harmonisch.

"Octopussy" hieß das Boot, das Fleming von seiner Freundin Blanche Blackwell geschenkt worden war. In die Geschichte ist auch eine von Flemings Lieblingslandschaften integriert: die Gegend rund um Kitzbühel. Dort hatte er einst Skifahren gelernt.

Veröffentlichung, Vorabdrucke und Besonderheiten

"Octopussy" erschien - knapp anderthalb Jahre nach Flemings Tod - erstmals in der US-Ausgabe des "Playboy" im März und April 1966.

"Octopussy" und "The Living Daylights" wurden 1966 als Hardcover mit einem von Richard Chopping gestalteten Schutzumschlag veröffentlicht.

In Deutschland kam 1983 - im Umfeld der Dreharbeiten zum Film - ein Taschenbuch unter dem Titel "Octopussy und andere riskante Geschäfte" auf den Markt.

Thunderball (1961)

Inhalt

Bond wird von "M" zur Erholung in die "Shrublands"-Klinik nach Sussex geschickt. Einer seiner Mitpatienten, Graf Lippe, fällt ihm durch eine Tätowierung - unter dem Uhrenarmband - des Geheimbunds "Roter Blitz" auf. Merkwürdige Dinge geschehen: Bond wird von der Masseuse Patricia auf einen Traktionstisch geschnallt, und plötzlich stellt jemand die Maschine auf volle Leistung. Glücklicherweise befreit, gibt sich Bond zunächst selbst die Schuld, verdächtigt aber dennoch Lippe. Als er den Grafen später in einem Schwitzkasten sieht, verriegelt er diesen und dreht die Temperatur bis zum Anschlag hoch. Ein paar Tage später fährt 007 erholt nach London zurück.

Im Büro zeigt ihm "M" ein Schreiben von SPECTRE, der Speziellen Exekutive für Conterspionage, Terror, Rache und Erpressung, die 100 Millionen Pfund von der englischen Regierung fordert. Das Syndikat hat ein Flugzeug vom Typ Vindicator mit zwei Atombomben in seiner Gewalt. Zur Gegenaktion des Secret Service - unter dem Decknamen "Unternehmen Feuerball" - wird Bond auf die Bahamas geschickt. Als er das Büro verläßt, wird er von einem Mann in einem VW-Bus und vom Grafen Lippe auf einem 500er Triumph-Motorrad verfolgt. Als der VW-Fahrer gerade auf 007 schießen will, wirft Lippe eine Handgranate in den Wagen, der sofort explodiert.

Wie sich herausstellt, ist es dem italienischen NATO-Piloten Petacci gelungen, die Vindicator zu übernehmen, die fünf mitfliegenden Männer zu vergiften und in Richtung Bahamas zu fliegen. Petacci war von SPECTRE

geködert worden und hofft nun auf einen brandneuen Maserati 3500 GT und eine Million Dollar. Bei der Landung wird er jedoch erstochen. Der örtliche Leiter der Aktion, Emilio Largo, übernimmt die Bomben und versteckt sie. Auf den Bahamas lernt 007 die Geliebte Largos, die Italienerin Domino, kennen, die ihn mit ihrem saphirblauen MG in rasanter Fahrweise ein Stück mitnimmt. Bond trifft sich mit Felix Leiter, von dem er erfährt, daß auf Largos Yacht, der "Disco Volante", etliche Schatzsucher angekommen sind. Nachts taucht 007 heimlich zum Schiff hinüber, muß sich eines angreifenden Froschmanns erwehren und vor Wasserbomben flüchten. Inzwischen hat Largo Domino als Verräterin enttarnt und foltert sie. Gemeinsam mit den Tauchern des US-Atom-U-Boots "Manta" greift 007 die "Disco Volante" an. In der Unterwasserschlacht wird Largo von einem Speer Dominos durchbohrt; Bond muß anschließend ins Krankenhaus. Dort berichtet ihm Leiter, daß SPECTRE viele ehemalige SMERSH-Mitglieder rekrutiert hat und Blofeld auf der Flucht ist. Als 007 hört, Domino liegt im Nebenzimmer, schleicht er sich in ihr Bett.

Hintergründe und Anekdoten

Von Flemings langjährigem Freund, dem Anwalt Ernie Cuneo, stammte die Idee für die Geschichte. Er verkaufte sie für nur einen Dollar Ivar Bryce, ebenfalls ein Freund Flemings. Das Buch ist Cuneo gewidmet; neben Bryce, der als Vorbesitzer der Villa "Palmyra" darin auftaucht, erscheint auch CIA-Chef Allen Dulles erneut in einem Bond-Roman. Robert Harling, ein weiterer Fleming-Freund, bekommt eine kleine Rolle als Polizeiinspektor auf den Bahamas.

Im April 1956 hatte sich Fleming für zehn Tage in eine Klinik begeben, "Enton Hall" in Surrey, um sich auszukurieren. Das "Orangensaft-Land", wie er den Ort herablassend nannte, diente ihm dann als Vorbild für "Shrublands"; so hieß übrigens das Landhaus der Eltern eines Familienfreundes.

Im achten Roman Flemings taucht erstmals die Figur Ernst Stavro Blofeld als Kopf von SPECTRE auf. Den Namen hatte er von einem Mitglied des Londoner Clubs "Boodle's" entlehnt - Tom Blofeld, ein Farmer aus Norfolk, den er flüchtig kannte.

Als Auto benutzt Bond einen Mark II Continental Bentley, jenen Wagen, von dem Fleming Bryce gegenüber schwärmte und den dieser sich dann kaufte.

Die Schilderung, wie Bond eine Unterwasserluke an der "Disco Volante" untersucht, basiert auf einer tatsächlichen Begebenheit: Als die Besatzungen von drei Miniatur-Torpedos im Hafen von Gibraltar im November 1942 gefangengenommen wurden, gaben sie an, von einer Unterwasserluke des italienischen Tankers "Olterra" aus gestartet zu sein.

Aufgrund des großen Erfolgs von "Thunderball" wurde Fleming von seiner Ehefrau Anne als fünfter Beatle eingestuft und - da er inzwischen so berühmt und reich war wie die vier Liverpooler Pilzköpfe - "Thunderbeatle" genannt.

Am selben Tag, als der "Life"-Artikel über John F. Kennedys Lesegewohnheiten erschienen war, der auch "Liebesgrüße aus Moskau" anführte, an jenem 17. März 1961 hatte der irische Filmproduzent Kevin McClory vor dem High Court in London seine Klage gegen Ian Fleming wegen Plagiates eingereicht. Anhand eines Vorabexemplars von "Thunderball" hatte er festgestellt, daß die Geschichte auf einem von ihm, Fleming und dem Drehbuchautor Jack Whittingham verfaßten Script basiere, und nun versuchte er, die Publikation zu unterbinden. Am 25. März kam es zu einer ersten Anhörung.

Flemings Biograph John Pearson zufolge bestätigte Wren Howard vom Jonathan Cape-Verlag, daß bereits 32.000 Exemplare des Romans an die Buchhändler verschickt worden wären und man 2.000 Pfund (etwa 22.500 Mark) für die Werbung ausgegeben hätte. Daraufhin entschied der Richter, den ab 27. März vorgesehenen Verkauf nicht zu stoppen, verfügte aber, den Vorwurf in einem Rechtsstreit zu klären.

Am 19. November 1963 begann der Prozeß McClory gegen Fleming, und er endete fast drei Jahre später mit folgender Entscheidung: Da der Roman auf dem Filmscript "Longitude 78 West" basiert, werden alle weiteren Auflagen mit dem Vermerk "This story is based on a Screen Treatment by K. McClory, J. Whittingham and the author" versehen. McClory wurden darüber hinaus 35.000 Pfund Entschädigung zugesprochen und das Recht zur Verfilmung und Wiederverfilmung. Die Prozeßkosten summierten sich für alle Beteiligten auf etwa 80.000 Pfund.

Veröffentlichung, Vorabdrucke und Besonderheiten

Am 27. März 1961 kam der Roman - von dem 33.000 Exemplare vorbestellt waren - in Großbritannien auf den Markt, im Herbst des Jahres in den USA. In Deutschland erschien er ab Juli 1964 in der Zeitschrift "Neue Illustrierte" unter dem Titel "Bomben auf Florida", und auch die "AZ" München druckte ihn ab März 1965 in Fortsetzungen ab. Unter dem Titel "007 James Bond und die Aktion Feuerball" brachte der Scherz Verlag eine Hardcover-Ausgabe - in der Übersetzung von Willy Thaler - in den Buchhandel.

Als Anfang 1984 die Neuverfilmung des Stoffes in den deutschen Kinos lief, war der Roman unter dem Titel "007 Feuerball" und "Sag niemals nie oder die Aktion Feuerball" zu haben.

Das Originalmanuskript von "Feuerball" ist - wie auch das von "Der Mann mit dem goldenen Colt"- nicht in der Lilly Library aufbewahrt, jedoch liegen fünf der sogenannten "Film Script"-Versionen dort, darunter ein von Richard Maibaum 1961 verfaßtes Originaldrehbuch für die von Eon Productions geplante Erstverfilmung des Stoffes.

Kritik

Erstmals herrschte unter den Kritikern die einhellige Meinung, daß Fleming ein Meisterwerk gelungen wäre. Für die "Frankfurter Allgemeine" war es ein "amüsanter, ironischer, ebenso harter wie sentimentaler englischer Kriminalroman". In der Londoner "Times" hieß es: "Mr Flemings spezielle Magie liegt in seiner Kraft, allergrößten Unsinn mit Witz und Intellekt zu vermischen."

Auch die US-Medien lobten den Roman. "Wie immer hat Ian Fleming in 90.000 Worten weniger zu erzählen als Buchan in 40.000", schränkte Anthony Boucher in der "New York Times" zwar ein, aber dennoch sei 'Thunderball' ein erfreuliches, extravagantes Abenteuer, ein eiskalter Thriller, den zu lesen Spaß mache.

Der "Sunday San Francisco Chronicle" brachte es mit zwei Worten auf den Punkt: "Tolles Zeug".

The Spy Who Loved Me (1962)

Inhalt

Die 23jährige Vivienne Michel fährt mit einer Vespa durch das "Idonracks" genannte Waldgebiet im nördlichen Teil des Staates New York, um schließlich in einem Motel abzusteigen. Hier bietet ihr das Hauswartspaar Phancey für die letzten zwei Wochen der Saison einen Job an. Die beiden reisen ab, Vivienne ist nur noch allein im Haus, in das plötzlich zwei Gangster, Horror und Sluggsy, eindringen. Sie überlebt zwar einen Kampf, doch gelingt es ihr nicht, zu fliehen. Rettung naht erst in Gestalt eines Engländers, der sich aufgrund einer Reifenpanne im Motel einquartieren möchte. Vivienne schöpft neue Hoffnung, als sich dieser Mann namens James Bond als Polizist vorstellt und ihr zu helfen verspricht. Die beiden Killer, stellt sich heraus, handeln im Auftrage des Motel-Eigentümers Sanguinetti. Um die Versicherungssumme zu kassieren, sollen sie das Motel abbrennen und dann Vivienne das Ganze anhängen. Es kommt zu einem Katz-und-Maus-Spiel, bei dem Bond beide Gangster tötet. Noch in der Nacht verschwindet 007, läßt Vivienne aber einen Brief zurück, in dem er ihr Tips gibt, wie sie weiter vorgehen soll. Am nächsten Morgen erscheinen drei Polizisten, die sie befragen und von denen sie erfährt, daß das Ehepaar Phancey verhaftet wurde, Sanguinetti aber auf der Flucht ist. Sie packt ihre Sachen, steigt auf die Vespa und fährt davon.

Hintergründe und Anekdoten

Das Buch stellte für Fleming weitgehend ein Experiment dar, denn der Roman ist in der Ich-Form geschrieben und erzählt das Geschehen aus Sicht der Heldin Vivienne Michel. Ungewöhnlich ist auch, daß Bond erst sehr spät auftaucht. Zudem ist es keine Story rund um den Geheimdienst, und abgesehen von der Erwähnung eines früheren Falls und von SPECTRE gibt es hier keine aus früheren Büchern schon bekannten Charaktere oder Motive. Jahrelang wurde sogar vermutet, nicht Fleming hätte den Roman verfaßt, sondern eine Frau - möglicherweise gar seine Frau Anne. Zumindest aber, so hieß es, müsse sie ihm detaillierte Hinweise und Tips gegeben haben, zum Beispiel auf Damenunterwäsche oder daß die besten Sandalen von Ferragamo seien.

Erstmals hat Fleming in diesem Buch das Wort "Spion" verwendet und wie schon oft zuvor verschiedene, ihm liebgewordene Dinge eingebaut. So war ein Chef Viviennes beim "Daily Express" tätig, der Zeitung, die mehrere 007-Romane vorabdruckte und die Geschichten in Comic Strips übertrug. Bond fährt in einem dunkelgrauen Thunderbird mit cremefarbenem Verdeck vor, in einem Modell, das Fleming, wenn auch andersfarbig, selbst besessen hat. Bond läßt in seine Erzählungen das "Unternehmen Feuerball" auf den Bahamas und das Gangstersyndikat SPECTRE einfließen. Nach Informationen des Biographen Andrew Lycett geht der Name der weiblichen Hauptfigur auf den einer Freundin, Vivienne Stuart, zurück. Auch das Ehepaar Donaldson, Bekannte von Anne, und Robert Harling, ein Freund Ians, sind in "Nebenrollen" im Buch integriert.

Beim Verkauf der Filmrechte an Eon Productions bestand Fleming darauf, daß für die Verfilmung eine neue Geschichte gefunden werden müsse. Gegen den Erhalt des Titels hatte er nichts. Seinem Verleger gegenüber räumte er ein, das "Experiment" wäre "offensichtlich schiefgegangen", und er bat seinen Lektor Wren Howard, dafür zu sorgen, daß das Buch "ein so kurzes Leben wie nur möglich" führen und es keine weiteren Auflagen oder Taschenbuchausgaben geben möge, was jedoch letztlich ignoriert wurde.

Veröffentlichung, Vorabdrucke und Besonderheiten

Das Originalmanuskript ist mit 113 Seiten das kürzeste von allen. Die Überschrift des ersten Kapitels wurde von "Dusk That Evening" zu "Scaredy Cat" geändert. Das Buch - in 28.000 Exemplaren vorbestellt - erschien am 15./16. April 1962 in Großbritannien und im Herbst in den USA. In Deutschland kam der Roman, übersetzt von Mechtild Sandberg, erst 1966 heraus - unter dem Titel "007 Der Spion der mich liebte" in der Taschenbuchreihe "phoenix shocker" des Scherz Verlages.

Der Roman gilt als der gewalttätigste in Flemings Œuvre und wurde daher in einigen Ländern indiziert. Die südafrikanische Zensurbehörde setzte das Werk im Juni 1965 - neben 10.000 weiteren Büchern, Broschüren und Zeitschriften - auf die Liste der "unerwünschten Schriften", weshalb wurde nicht begründet. In Rhodesien wurde es verboten und dem Autor zu verstehen gegeben, daß er im Land unerwünscht sei. Fleming hatte auch gar nicht vor, es zu besuchen.

Der Londoner "Daily Express" hatte übrigens einen Vorabdruck abgelehnt, weil er die Geschichte als "nicht genug bondbezogen" empfand.

Kritik

Generell wurde "Der Spion, der mich liebte" als Flemings schlechtester Roman angesehen und aus den verschiedensten Gründen scharf kritisiert. Er sei von minderer sprachlicher Qualität, sadistisch und pornographisch, und er erreiche auch viel zu spät seinen Höhepunkt. Der "Evening Standard" fand den Roman "brillant muskulös, aber nichts für Prüde". Charles Stainsby, Herausgeber des Magazins "Today", das schon Geschichten von Fleming veröffentlicht hatte, kanzelte dessen neueste Arbeit rüde als "die schmutzigste und sadistischste Literatur unserer Zeit" ab. In einem Brief zeigte sich Fleming "deprimiert von der Rezeption des Buches", und er fügte hinzu: "Ich war sehr überrascht, als ich herausfand, daß meine Bücher, die für eine erwachsene Leserschaft geschrieben wurden, auch in Schulen gelesen werden und die jungen Leute aus James Bond einen Helden machen. Für mich ist Bond keine heldenhafte Figur, sondern in seinem Job ein effizienter Profi."

On Her Majesty's Secret Service (1963)

Inhalt

In Royale-les-Eaux beobachtet Bond eine Frau namens Tracy, die sich offensichtlich ertränken will. Nachdem er sie aus den Fluten gezogen hat, wird er von Männern mit Pistolen bedroht, und beide werden in ein Boot geschafft. Zuvor hatte Bond über seine Kündigung vom Secret Service nachgedacht, hatte Tracy kennengelernt und sie beim Spiel im Casino ausgelöst, da sie nicht bezahlen konnte. Bond wird zu Marc-Ange Draco geführt, Tracys Vater und gleichzeitig Leiter von "Union Corse", einer korsischen Gangsterorganisation. Draco verspricht Bond Geld, wenn er Tracy heiratet.

Zurück in London, wird Bond darüber informiert, daß ein gewisser Blofeld als Graf Balthasar de Bleuville anerkannt werden will. Man verabredet, daß Bond sich als Sir Hilary Bray ausgeben und Blofeld besuchen soll. Er fliegt in Blofelds Schweizer Alpenlabor "Piz Gloria" und wird von dessen Assistentin Irma Bunt empfangen. In dem Institut werden Allergien bekämpft. Die Patienten sind ausschließlich englische Mädchen. Nachts hört Bond plötzlich einen Todesschrei und erfährt am nächsten Tag, daß ein Mann die nahegelegene Bobbahn heruntergerutscht sei, was 007 als typische SPECTRE-Strafe interpretiert. Als Bond herausfindet, daß Blofeld die Mädchen hypnotisiert, um sie für sich einzusetzen und einen Bakterienkrieg auszulösen, flüchtet er, entgeht einem Granatwerfer-Angriff, überlebt eine Lawine und trifft auf Tracy. Sie rasen mit ihrem Lancia davon, werden aber von einem schwarzen Mercedes verfolgt. Unterwegs verdreht Bond ein Baustellenschild, so daß die Gangster in den Abgrund stürzen. Zurück in London, erstattet 007 "M" Bericht, fliegt nach Straßburg und trifft sich mit Draco, um mit dessen Männern "Piz Gloria" per Hubschrauber anzugreifen. Eine Schießerei entbrennt, aber Blofeld entkommt zur Bobbahn. Piz Gloria explodiert. 007 fährt nach München, wo er Tracy heiratet. Draco will ihm weiterhin das angebotene Geld übergeben, aber Bond lehnt ab. Bond und Tracy fahren mit dem Lancia in die Flitterwochen und werden von einem offenen roten Maserati verfolgt. Auf der Autobahn Richtung Kitzbühel werden sie hinter Rosenheim plötzlich überholt, und eine Garbe aus einer Maschinenpistole tötet Tracy. Der Wagen rast gegen einen Baum, aber Bond überlebt. Ein Polizist meldet den Unfall.

Hintergründe und Anekdoten

Während seines Aufenthalts in Kufstein und München lernte Fleming Skifahren. Ihm war zwar verboten worden, bestimmte Abhänge zu benutzen, doch letztendlich war die Neugier größer als die Angst. Seine Erfahrungen baute er in die Lawinen-Szenen des Buches ein. Im Roman heiraten Bond und Tracy im Konsulat der britischen Botschaft und wollen anschließend nach Kufstein zum Skifahren.

Als Fleming für die "Sunday Times" an der Serie über die "Thrilling Cities" arbeitete, verbrachte er mit seiner Frau Anne auch ein paar Tage in Genf. Dort lernte das Paar den luxuriösen Corviglia Club außerhalb der Stadt kennen, den Fleming als Blofelds Alpenversteck zweckentfremdete. Andere Quellen besagen, daß Fleming zudem das in den österreichischen Alpen gelegene Schloß Mittersill als ein Rohmodell für "Piz Gloria" benutzte. Es gehörte dem Ehepaar Bryce, lag nicht weit von Kitzbühel entfernt und fungierte als Sport-Club für superreiche europäische Aristokraten.

Fleming recherchierte in London, als er sich im Amt für Heraldik, dem sogenannten College of Arms in der Queen Victoria Street, mit Wappenkunde und Genealogie beschäftigte. Dort fand er auch heraus, daß das Motto der Familie Bond "The World is Not Enough" (Die Welt ist nicht genug) lautete. Flemings Familienwappen trägt übrigens die Inschrift: "Let The Deed Shaw" (Laß die Taten für sich sprechen). Fleming widmete den Roman seinem alten Freund aus Eton, Hilary Bray, und nahm ihn auch als Heraldiker Sir Hilary Bray in das Buch auf.

Am 11. November 1967 schrieb die "New York Herald Tribune" über eine Untersuchung mit Computeranalysen im englischen Chilton, wonach Fleming die beiden Bücher "Im Geheimdienst Ihrer Majestät" und "Man lebt nur zweimal" nicht selbst geschrieben habe. Buchkritiker und Bond-Studenten hatten schon vorab Unterschiede im Schreibstil ausgemacht, die jetzt bestätigt wurden. Im ersten Roman findet sich eine durchschnittliche Satzlänge von 18,52 Worten und 78 Schlüsselworten. Im späteren eine Satzlänge von 11,4 Worten und 22 Schlüsselworten. Die Behauptung ist bis heute unbewiesen.

Veröffentlichung, Vorabdrucke und Besonderheiten

"On Her Majesty's Secret Service" erschien in den Ausgaben April, Mai und Juni 1963 im US-"Playboy" und war damit der erste Bond-Roman, der jemals in einem Magazin veröffentlicht wurde.

Das Buch kam im April 1963 in Großbritannien und im September desselben Jahren in den USA heraus. In Deutschland erschien der Roman bereits 1964 unter dem Titel "007 James Bond und sein gefährlichster Auftrag" als Hardcover in Leinen gebunden im Scherz Verlag. Weitere Hardcover-Auflagen kamen 1964 und 1965 auf den Markt.

1968 erschien der Roman unter dem Titel "007 James Bond Im Dienst Ihrer Majestät" als Taschenbuch im Scherz Verlag in der Reihe "phoenix shocker". Die Übersetzung ist von Lola Humm-Sernau. Dies ist der am meisten gekürzte Roman der ganzen Serie. So fielen seitenweise Beschreibungen vieler Details, wie etwa der Beziehung zu Tracy, weg. Von den 27 Kapiteln des Originals blieben nur 26 übrig. Das Originalmanuskript trug zunächst den Titel "The Belles of Hell" und wurde nach Flemings Rückkehr von Jamaika nach England noch mehrfach korrigiert und erweitert. Zu den Ergänzungen gehören die Kapitel über Heraldik und biologische Kriegsführung. In einem Brief an seinen Lektor Michael Howard heißt es: "Es ist wirklich schrecklich. Ich habe noch nie so viele Fehler gemacht wie in diesem Fall. Anbei eine Liste von allen Korrekturen, die in die nächste Auflage aufgenommen werden müssen."

Eine von Fleming signierte und numerierte Auflage von 250 Exemplaren verfügt über ein anderes Cover. Es zeigt ein gemaltes Porträt Flemings, das dessen langjähriger Freund Amherst Villiers schuf und das Ian von ihm für 500 Pfund (etwa 5600 Mark) erwarb. Die Sonderedition wurde in einem Schuber vertrieben.

Ab der Ausgabe Juli 1966 veröffentlichte der US-"Playboy" die Parodie "On The Secret Service of His Majesty The Queen" von Sol Weinstein. Als der zweite Spielfilm, "Liebesgrüße aus Moskau", im Oktober 1963 in den englischen Kinos lief, waren von der Hardcover-Ausgabe von "On Her Majesty's Secret Service" nach 42.000 Vorbestellungen schon 75.000 Stück verkauft worden.

Kritik

Generell kann man sagen, daß es die Kritiker - nach Flemings Ausflug in die Ich-Form mit "The Spy Who Loved Me" - begrüßten,

wie er hier zu seiner alten Form zurückge-
kehrt war. Zwar monierten sie einige Flüchtig-
keitsfehler, wie etwa die Tatsache, daß die
Champagner-Marke "Pol-Roger" die einzige
sei, die nicht in Halbliterflaschen produziert
würde, aber über solche Dinge ärgerte sich
Fleming selbst am meisten.

Dennoch fand der Roman weitgehend nicht
nur wohlwollende, sondern zum Teil enthu-
siastische Kritiken. "Das bis jetzt beste
Bond-Buch", textete kurz und knapp der
"Daily Herald". Raymond Mortimer schrieb in
der "Sunday Times", Fleming habe einen
"Kultur-Helden" erschaffen. "James Bond ist
das, was jeder Mann gerne sein möchte und
was jede Frau gerne zwischen ihren Laken
vorfinden möchte. Aber nur in ihren Tag-
träumen."

You Only Live Twice (1964)

Inhalt

"M" schickt Bond nach Japan, um dem dortigen Chef des Geheimdienstes, Tiger Tanaka, im Auftrag des Secret Service wichtige Informationen abzujagen, die unter dem Begriff "MAGIC 44" zusammengefaßt sind. 007 trifft sich in Tokio mit dem japanischen Verbindungsmann Henderson und erfährt durch Tanaka von einem geheimnisvollen Fremden, der "den Tod sammelt". Dieser Dr. Guntram Martell (im Original Shatterhand) und seine Frau Emmy haben es geschafft, eine Art von Todesgarten rund um ein Schloß zu errichten, das zum japanischen Mekka für Selbstmörder geworden ist. Das Paar nutzte dafür die Ideologie der Japaner aus, wonach ungewöhnliche Selbstmorde in japanischen Familien zu besonderer Anerkennung führen. Das Personal des Schlosses besteht ausschließlich aus ehemaligen Mitgliedern des "Schwarzen Drachen", einer gefürchteten Geheimorganisation. Bond soll als Gegenleistung für MAGIC 44 in den Todesgarten.

Bond wird als Japaner getarnt, besucht eine Ninja-Schule, entgeht knapp dem Attentat eines Motorradfahrers, wird bei einer Familie von Muscheltauchern untergebracht und findet heraus, wer sich hinter Martell und Emmy verbirgt: Es sind Blofeld und Irma Bunt. In Ninja-Ausrüstung wird Bond auf die Ama-Insel gebracht, lernt dort Kissy Suzuki und ihre Mutter kennen. 007 gliedert sich in das dörfliche Leben ein, geht mit Kissy und dem Kormoran "David" nach Muscheln tauchen, ehe er eines Tages allein zum Schloß schwimmt. Im Todesgarten beobachtet Bond mehrere Selbstmorde, dringt in das Gebäude ein, tappt aber in eine Falle, wird von Blofelds

Wächtern Kono und Kazama geschlagen und von ihm selbst verhört. Bei einem Kampf schlägt Bond Bunt nieder, erwürgt Blofeld und schwebt an einem Heliumballon in die Freiheit, stürzt aber ins Wasser. Das Schloß wird von einem Geiser zerstört. In der Londoner "Times" erscheint ein von "M" verfaßter Nachruf auf seinen besten Agenten. Kissy fischt Bond heraus. Ein Arzt stellt bei ihm Gedächtnisverlust fest. Bond wird mehr und mehr zum Japaner und kann sich an sein Vorleben nicht mehr erinnern. Mit etwas Hilfe erreicht er seine Manneskraft wieder, und Kissy wird schwanger. Eines Tages fällt ihm eine englischsprachige Zeitung in die Hände, in der die Stadt Wladiwostok auftaucht, die ihn an Rußland und einen Teil seiner Vergangenheit erinnert. Er verläßt Kissy und beschließt, dorthin zu fahren.

Hintergründe und Anekdoten

Die Hintergrundinformationen über Japan eignete sich Fleming bei zwei Reisen durch das Land an, die er 1959 und 1962 unternahm. Vorbild für den Agenten Dikko Henderson war der Chefkorrespondent der "Sunday Times" für den Fernen Osten, Richard Hughes, ein ehemaliger australischer Gewichtheber. Auch ein Freund von ihm, der Japaner Torao Saito, wurde in das Buch integriert: als 'Rohmodell' für Tiger Tanaka. Später gab Fleming zu, es sei "glücklich" für die Veröffentlichung gewesen, daß Japan durch die Ausrichtung der Olympischen Spiele eine enorme Aufmerksamkeit erhielt. Ein möglicher Insider-Gag ist die Verwendung des Namens "Shatterhand" - eine der Hauptfiguren aus den Karl-May-Romanen - zumal Blofelds Ehefrau den Namen Emmy trägt. Mays erste Frau hieß Emma.

Im Text gibt es eine Anspielung auf seine immer größer werdende Fangemeinde und seine Kritiker, als "M" zu Bond nach der fingierten Ermordung sagt: "Nun, da Sie tot sind, werden Sie einige ihrer alten Freunde vielleicht in Ruhe lassen." Auch Flemings nicht gerade ruhmreicher Aufenthalt auf der Eliteschule Eton wird erwähnt. Danach heißt es, daß Bonds Karriere dort "kurz und nicht gerade ausgezeichnet" war. Der Text ist ein Auszug aus dem von "M" verfaßten Nachruf, der viele Parallelen zu Flemings Karriere aufweist.

"M" selbst hat, wie viele Personen in den 007-Romanen, auch reale Vorbilder. So gibt es eine Reihe von Hinweisen darauf, daß Flemings Chef im Marinenachrichtendienst, John Godfrey, für Bonds Chef Pate stand. In "On Her Majesty's Secret Service" wird sogar erwähnt, daß "M" in seinem Haus "Achterdeck" (im Original "Quarterdeck") die Schiffsglocke der "HMS Repulse" aufbewahrt - ein Schiff, auf dem Godfrey einst Kapitän war. Es gibt aber auch Parallelen zu dem ehemaligen Chef des britischen Sicherheitsdienstes MI 5, Maxwell Knight. Der englische Autor Anthony Masters betitelte seine Biographie über Knight entsprechend: "The Man Who Was M". Bekannt geworden ist, daß Godfrey und Knight sich nicht ausstehen konnten und sogar darum konkurrierten, als Vorbild für "M" gedient zu haben. Andere Quellen sahen Sir Maurice Oldfield, den langjährigen Chef des MI 6, der im März 1981 verstarb, als Rohmodell für Flemings Figur an. Er war 36 Jahre lang Mitglied des britischen Geheimdienstes, aber erst im August 1973 wurde enthüllt, daß er der Abteilung MI 6 vorstand. Sein Deckname war "C". Am 7. Mai 1992 berichtete der englische "Daily Express", daß John Major die wahre Identität von "C" bekanntgegeben hat. Demnach verbarg sich hinter dem Chef von MI 6 ein gewisser Sir Colin McColl, der von Stella Rimington abgelöst wurde. Die erste Frau an der Spitze dieser Abteilung fand prompt ihre Wider-

spiegelung in den Filmen, denn ab dem 1995 entstandenen Film "GoldenEye" übernahm Dame Judi Dench die Rolle von "M".

Der von Fleming sehr geschätzte englische Schauspieler David Niven kommt ebenfalls in dem Buch zu Ehren, denn Kormoran David ist nach ihm benannt. Dieser ist der einzige nette, in Hollywood lebende Darsteller, der sich um Kissy Suzuki kümmerte, als die dort eine Filmkarriere anstrebte, aber scheiterte.

Fleming hatte Niven vorgeschlagen, als man einen Darsteller für die Rolle des 007 in der Filmserie suchte. Niven spielte dann in der 1966 entstandenen Filmparodie "Casino Royale" Sir James Bond. Den Film hat Fleming jedoch nicht mehr erlebt.

Veröffentlichung, Vorabdrucke und Besonderheiten

Der Londoner "Daily Sketch" erhielt ein Vorabexemplar des Buches, eine sogenannte proof copy, zugespielt und schrieb daher vor Veröffentlichung, daß Bond sterben wird, was Fleming veranlaßte, sofort gegen diese Indiskretion vorzugehen. Die Reaktion der Leserschaft war immens. Tausende schrieben Briefe mit Formulierungen wie "ich werde Ihnen niemals vergeben". Fleming erhielt einen Eindruck davon, was gewesen wäre wenn, und er verkündete, daß der "Daily Sketch" nur die halbe Wahrheit wisse und ergänzte: "Ich dachte, daß der Titel einigen scharfsichtigen Leuten einen Hinweis gibt."

In den USA war ein neuer Herausgeber der "New American Library" mit dem Manuskript von "You Only Live Twice" beschäftigt. Es war der spätere Bestsellerautor E. L. Doctorow ("Billy Bathgate"). Er schlug vor, Blofeld wesentlich früher in Erscheinung treten zu lassen, bemängelte, daß die erste Hälfte zu langatmig sei, und merkte an, daß "Bonds Trauer und Apathie wohl auf Fleming umgeschlagen sei". Doch Fleming setzte sich über solche Kritik hinweg und lehnte die Änderungswünsche ab.

Das Originalmanuskript ist das am wenigsten korrigierte Exemplar von allen. Das Buch erschien im April 1964 in Großbritannien und im September desselben Jahres in den USA. In England lagen vor der Veröffentlichung bereits 62.000 Vorbestellungen vor - das war ein neuer Rekord für den Verlag Jonathan Cape. Flemings Buch erschien in den Ausgaben April bis Juni 1964 des US-"Playboy". Der erste deutsche Titel lautete "007 James Bond reitet den Tiger" (1966) und erschien als Hardcover in Leinen gebunden im Scherz Verlag. 1967 wurde der Roman unter dem Titel "007 James Bond Du lebst nur zweimal" als Taschenbuch im Scherz Verlag in der Reihe "phoenix shocker" veröffentlicht. Die Übersetzung stammt von Dieter Heuler. Einen Vorabdruck gab es im "stern", der am 28. März 1965 mit einem Cover aufmachte, auf dem Sean Connery zu sehen war, und den Roman unter dem Titel "Du lebst nur zweimal" in den folgenden Ausgaben druckte.

Trotz des Todes von John F. Kennedy bemühte sich Fleming darum, den Kontakt zu dem Familienclan nicht abreißen zu lassen, und er sandte ein Exemplar des Romans an Robert Kennedy und eines an dessen Schwester Eunice Shriver.

Kritik

"Eine ungestüme, heftige Mischung aus schamlosem Sex und übermäßiger Phantasie", urteilte die "Liverpool Daily Post", und der "Bookman" schrieb, daß der Roman "zu den besten Bond-Büchern gezählt werden muß".

Die meisten Rezensionen waren allerdings eher zurückhaltend. Viele Kritiker bemängelten die weit ausholenden politischen Diskussionen über das japanisch-englische Verhältnis und den anfangs fehlenden Spannungsbogen in der Geschichte. Stellvertretend für viele sei hier Cyril Connolly zitiert, der in der "Sunday Times" schrieb, Fleming solle "zur Wissenschaft und Spionage zurückkehren".

The Man With The Golden Gun (1965)

Inhalt

Seitdem in der "Times" über Bonds Tod berichtet wurde, haben sich eine ganze Reihe von Männern gemeldet, die behaupteten, der Agent zu sein. Ein Mann wird sogar zu "M's" Büro vorgelassen. Dort zückt er plötzlich eine Zyanidspritze und will "M" vergiften, doch der läßt per Knopfdruck eine Panzerglasplatte von der Decke herabschnellen, die ihm das Leben rettet. Es stellt sich heraus, daß der Mann tatsächlich 007 ist, er aber vom KGB einer Gehirnwäsche unterzogen wurde. "M" beschließt, ihn mit einem besonderen Fall zu betrauen. Er soll in der Karibik den Killer Francisco Scaramanga dingfest machen, der "der Mann mit dem goldenen Colt" genannt wird, da er seine Opfer mit einer solchen Waffe tötet. In Kingston trifft 007 auf den Verbindungsmann Ross, der auch nach Scaramanga sucht, und hört von seiner früheren Sekretärin Mary Goodnight, die jetzt dort arbeitet. Wenig später trifft Bond auf den Killer, stellt sich als Sicherheitsberater Mark Hazard vor und bekommt von ihm den Auftrag, Geschäftsfreunde zu beobachten. Im Hotel, wo das Treffen stattfinden soll, arbeiten auch Felix Leiter und CIA-Agent Nicholson. Sie finden heraus, daß die Gruppe die Zuckerindustrie sabotieren und mit Marihuana handeln will. Bei einem Ausflug mit der Schmalspurbahn in die Zuckerrohrfelder kommt es zu einer Schießerei, aber dank einer von Leiter erdachten Finte können 007 und der CIA-Agent abspringen. Auch Scaramanga gelingt die Flucht. Er wird aber kurz darauf von Bond erschossen. Zurück in Kingston, lehnt Bond das Angebot der Königin ab, zum Ritter geschlagen zu werden und fährt mit Goodnight in ihr Haus in die Berge.

Hintergründe und Anekdoten

Fast schon zur Gewohnheit geworden, tauchten auch in diesem letzten Roman Flemings Dinge und Orte auf, die er zeit seines Lebens sehr genossen hat. Auffällig ist vor allem die dreimalige Erwähnung eines Thunderbird - der Lieblingswagen des Autors, denn zwei verschiedene Modelle hat er selbst besessen. Auch die Namen waren wieder entlehnt. Der von Scaramanga ging auf einen Schulfreund aus Eton zurück, der von Ross stammte vom Herausgeber des "London Magazine", Alan Ross. Nicholas Nicholson war der Sekretär des Golfclubs, in dem Fleming immer spielte. Biograph Andrew Lycett machte sogar einen schwerwiegenden Fehler aus: Beim Verhör wird Bond auf einen früheren Fall angesprochen, in dem der Name Maria Freudenstadt fällt. Die Anspielung bezieht sich auf die Kurzgeschichte "The Property of a Lady" - und die KGB-Agentin heißt Maria Freudenstein. Die Gefahren einer abgelegenen Eisenbahnstrecke hatte Fleming selbst kennengelernt, als er 1928 zwischen München und Kufstein in Richtung des Tennerhof in Kitzbühel fuhr und beim Überqueren der Bahnstrecke mit seinem Auto vom Typ Morris Oxford mit einem Zug zusammenstieß. Er wurde zwar nicht verletzt, aber schwer durchgeschüttelt. Dem Biographen John Pearson zufolge floß dieses Erlebnis in Flemings letzten Roman ein. Buchgestalter Richard Chopping verwendete für den Titel der englischen Hardcover-Ausgabe einen Revolver aus Flemings Privatbesitz. Fleming erwarb die Waffe 1964 von der englischen Firma Cogswell & Harrison. Es ist ein 45er Colt SAA, Seriennummer 17954, der von Colt bereits 1875 nach London verkauft wurde. Für die Titelgraphik ließ Fleming den Colt vergolden. Heute befindet er sich im Privatbesitz eines deutschen Sammlers.

Zur Waffensammlung des Autors gehörten außerdem ein Kleinkalibergewehr, zwei Jagdflinten, eine Pistole, Kaliber 6,35 vom Typ Browning M 1905 und eine Ruger Target-Pistole, 22 l.r. Ein besonderes Geschenk bekam er von der Firma Colt: ein graviertes und ihm gewidmetes Modell Python. Die meisten seiner Waffen wurden im Jahr 1967 von dem englischen Händler Holland & Holland verkauft.

Veröffentlichung, Vorabdrucke und Besonderheiten

Aufgrund seiner angegriffenen Gesundheit konnte Fleming keine Überarbeitungen mehr vornehmen. So wurde dieses Manuskript nach Flemings Tod von Lektoren des Verlags Jonathan Cape redigiert und erst dann publiziert. Zuvor hatte Kingsley Amis einen Abzug erhalten und ihn zur Begutachtung in den Urlaub auf Mallorca mitgenommen. Er bemängelte die schwache Darstellung des Charakters von Scaramanga und den für ihn unbefriedigenden Übergang James Bonds zum Sicherheitsexperten.

Das Buch erschien am 1. April 1965 in Großbritannien, reichlich sieben Monate nach Flemings Tod, und erklomm sofort Platz 1 der Bestsellerliste. Am 23. August 1965 kam es in den USA heraus. Zudem erschien der Text in den Ausgaben April bis Juli 1965 im US-"Playboy".

In Deutschland erschien der Roman bereits 1966 unter dem Titel "007 James Bond und der Mann mit dem goldenen Colt" als Hardcover in Leinen gebunden im Scherz Verlag. Die Übersetzung ist von Willy Thaler. Der "stern" druckte den Roman im Frühjahr 1966 vorab. Die Taschenbuchausgabe trug den Titel "007 James Bond und der goldene Colt". 1000 englischsprachige Exemplare des Buches wurden für den Export nach Südafrika und Australien produziert und textlich verändert: Gewalt- und Liebesszenen wurden gekürzt.

Kritik

Der Roman gilt als eines der schwächsten Bücher aus der ganzen Serie, was vermutlich daran liegt, daß Fleming bereits schwer unter den Herzattacken litt und er ihn nicht mehr komplett redigieren konnte.

Die "New York Times" verurteilte die "blutig glänzende Erzählung". Im "Observer" hieß es: "Vielleicht war Ian Fleming schon sehr müde, als er dieses Buch schrieb", und "Der Spiegel" merkte an, daß sein "amoralisch-arroganter Held nicht mehr ganz der alte ist. Erst hatte er eine rasante Blondine verschmäht, nun streift ihn ein Hauch von Skrupeln, den schwerverletzten Gegner auftragsgemäß zu töten."

Kingsley Amis - der Kritiker und Literat

Kingsley Amis wurde am 16. April 1922 in Clapham, London, geboren. Im Zweiten Weltkrieg war er Nachrichtenoffizier, 1941 ging er nach Oxford und wurde bereits im Alter von 26 Jahren Dozent für Anglistik, erst in Swansea, dann in Cambridge. 1954 machte ihn sein erster Roman, "Lucky Jim" (Glück für Jim), eine Satire auf den Universitätsbetrieb, der auch mit dem Somerset Maugham Award ausgezeichnet wurde, weltberühmt. Seit 1963 lebte er als freier Schriftsteller in London, verfaßte 49 Romane, Erzählungen, Gedichte und Kurzgeschichten und wurde 1990 von der Königin zum Ritter geschlagen. Vier Jahre zuvor hatte er für seinen Roman "The Old Devils" die höchste literarische Auszeichnung der englischsprachigen Welt erhalten: den Booker-Preis. Zudem wurde er mit dem Titel "Sir" geadelt. Er starb in der Nacht vom 22. auf den 23. Oktober 1995 im Alter von 73 Jahren in London.

Kingsley Amis war ein Verehrer von Flemings 007-Romanen und tat dies in zwei Büchern kund. 1965 schrieb er mit "The James Bond Dossier" (deutsch: "Geheimakte James Bond 007") die immer noch beste Analyse von Flemings Romanen und im selben Jahr unter dem Pseudonym William Tanner noch "The Book of Bond Or Everyone His Own 007". Zu dem ersten Buch kam es eher durch Zufall, denn ursprünglich schwebte Amis nur ein längerer Zeitschriftenartikel oder ein Essay vor, mit einem Umfang von zirka 5000 Worten. Doch die etwa fünfmonatige Beschäftigung mit Flemings Romanen und Kurzgeschichten während eines Urlaubs vom Spätherbst 1963 bis Mai 1964 ließ ein Buch

Kingsley Amis, aufgenommen 1982 in seiner Londoner Wohnung.

entstehen, das ab dem 9. Mai 1965 sogar vom englischen "Sunday Mirror" vorab veröffentlicht und schließlich in sieben Sprachen übersetzt wurde. Amis war der Meinung, daß Flemings Bücher in den Medien "schlecht repräsentiert" seien, wie er dem Autor Raymond Benson gegenüber äußerte. Er beklagte, daß viele Leute nicht kritisierten, was Fleming schrieb, sondern "was er nicht schrieb", und wollte mit seinem Buch für ihn Partei ergreifen. In seinem Dossier listete er minutiös Bonds Gewohnheiten, Erfolge und Laster auf. Demnach tötete dieser 38,5 Männer eigenhändig, 70 wurden durch andere umgebracht. Pro Auslandsreise ging er mit einer Frau ins Bett, einmal auch mit zweien, "was ihn nicht schlimmer macht als den durchschnittlichen Reisenden oder Urlauber", so Biograph Eric Jacobs. Außerdem fand Amis heraus, daß die meisten Frauen blond waren und blaue Augen hatten. Die Bösewichter verfügten, außer der Größe und einem kleinen bißchen Rot in ihren

Augen, nur über wenige Gemeinsamkeiten. Zudem wies er Fleming einige sachliche Fehler nach. Die beiden Männer trafen sich zweimal. Zunächst auf einer Party des angesehenen Magazins "Spectator", auf der Amis sich als Fan zu erkennen gab und Fleming Komplimente über seine Bücher machte. Der dankte und erwiderte nach Aussagen von Amis: "Alle Bücher entsprechen der Wahrheit." Und im folgenden erklärte er, wo die russische Spionageorganisation ihren Sitz und wo der Vorsitzende seinen Platz hat. Amis war verwundert und amüsiert. Als er sein Manuskript abgeschlossen hatte, sandte er Fleming ein Exemplar, worauf dieser ihn zum Essen in das Londoner Restaurant "L'Etoile" in der Charlotte Street einlud. Amis' Kritik an seinen Büchern ließ er widerspruchslos über sich ergehen, auch die sachlichen Fehler störten ihn nicht weiter. Fleming konnte Kritik immer sehr gut vertragen. Doch korrigierte er zwei Dinge: die Umstände von Oddjobs Tod in "Goldfinger" hatte Amis falsch wiedergegeben, und ihm war bei der Bezeichnung eines Golfclubs ein Fehler unterlaufen. Statt "St Andrews Golf Club" mußte es "Royal and Ancient Golf Club" heißen. Die Verkäufe von Amis' "James Bond Dossier" waren recht ordentlich, so daß er eine Zeitlang gut davon leben konnte.

Amis zweites Sachbuch, das 1965 erschien, ist dagegen ein nicht ganz ernst gemeinter Leitfaden für angehende Agenten mit genauen Auflistungen von Bonds Trink-, Eß-, Auto- und Frauenvorlieben. Die Hardcover-Ausgabe verfügte zudem über einen besonderen Clou: Der Schutzumschlag war beidseitig bedruckt und sah auf der Innenseite aus wie eine Bibel. Eine Anmerkung lautete: "Zwecks Verwendung zur Arbeit an der Front".

Schon im Oktober 1965, als Fleming wenig mehr als ein Jahr tot war, verkündeten die Erbengemeinschaft und die Rechteinhaber "Glidrose Productions Ltd.", daß sie keinen Grund sähen, warum 007 mit dem Tod seines Autors auch verschwinden solle. Sie leiteten Bemühungen ein, einen geeigneten Nachfolger zu finden, der weitere Bond-Romane verfassen sollte. Fleming hatte zum Zeitpunkt des Erscheinens von "Casino Royale" seinem Verlag gegenüber erwähnt, daß er sich durchaus vorstellen könne, daß seine Frau Anne oder sein Sohn Caspar die Romane eines Tages fortführten - eine utopische Vorstellung, zumal Anne seine Bücher haßte. Die Erbengemeinschaft dachte nicht daran, selbst tätig zu werden, sondern fragte Kingsley Amis, der sich schon als Lektor von Flemings letztem Buch, "Der Mann mit dem goldenen Colt", angeboten hatte - und abgewiesen wurde. Er zeigte sich interessiert und verfaßte mit "Colonel Sun" sein einziges James-Bond-Abenteuer. Dafür benutzte er das Pseudonym Robert Markham, weil er - wie auch sein Verleger - befürchtete, daß der Verkauf seiner anderen Bücher beeinträchtigt werden könnte. Flemings Bruder Peter schlug sogar den Namen George Glidrose als Pseudonym vor, doch der wurde als "nicht marktfähig" angesehen. Der "Newsweek" sagte Amis: "Ich will versuchen, ein Buch zu schreiben, das der Bond-Redensart und Spracheigentümlichkeit gleichkommt. Das mußte ich den Erben versichern, aber es ist sehr schwer. Nach einem Jahr Arbeit war ich immer noch nicht fertig."

In "Colonel Sun" wird Bonds Chef auf eine griechische Insel entführt und soll bei einem Anschlag eines chinesischen Obersts auf eine Geheimkonferenz der Russen mit ermordet werden. Amis hatte ursprünglich vor, Bond in einem fahrenden Zug in Mexiko durch einen Barman mit einer Bazooka erschießen zu lassen, doch die Erbengemeinschaft untersagte dies. Sein eher relaxter Stil und verschiedene Gefühlsregungen zeigten eine neue Seite Bonds. Nach der Veröffentlichung bekam er häufig Anfragen - überwiegend von amerikanischen Teenagern, die sich erkundigten, inwiefern es sich bei dem Roman um Fragmente einer Fleming-Idee handelte, die er nur fortführte. Kommentare dieser Art bezeichnete er als "die nettesten Komplimente, die ich je gehört habe". Dennoch beschloß Flemings Witwe Anne, keine weiteren Bond-Romane bei Amis in Auftrag zu geben, wohl auch deshalb, weil Amis mit einer Idee für eine Kurzgeschichte an die Firma "Glidrose Productions" herantrat, was die Erben nicht gerade erfreute.

"Die Story", erzählte er dem Autor Raymond Benson in einem Interview, "dreht sich um einen circa 70jährigen Bond, der sich in der Schweiz in den Ferien befindet, aber nicht mehr Ski läuft. Plötzlich kommt eine junge schöne Frau auf ihn zu, gibt sich als Tochter eines US-Senators aus, erzählt ihm, daß ihr Vater von dem KGB-General Moriarvsky gekidnappt worden sei, und bittet ihn mit den Worten: 'Ich tue alles, was Sie wollen' um Hilfe. Bond antwortet: 'Es ist ein bißchen zu spät für alles, aber ich helfe Ihnen.' Am Ende stürzen der russische General und Bond Arm in Arm in einen Wasserfall. Als die Vertreter von 'Glidrose' das hörten, wurden sie ganz blaß und sagten: 'Wagen Sie es ja nicht, das zu schreiben!'"

Flemings Witwe Anne wandte sich gegen die Idee, die Romane fortzuführen. In einem ihrer Briefe, die zum Teil in dem Buch "The Letters of Anne Fleming" wiedergegeben sind, heißt es: "Niemand versteht, warum ich unglücklich bin. Obwohl ich 'Bond' nicht gerade verehre, sollte er doch nicht derart kommerzialisiert werden, denn er ist Ians Schöpfung. Kingsley Amis sollte sich schämen." Später schränkte sie ihre scharfe Anklage etwas ein, bedauerte aber weiterhin die Fortschreibung von Bonds Abenteuern. In einem Brief an den Geschäftsführer von "Booker Brothers", Jock Campbell, der Fleming 51 Prozent von dessen Lizenzfirma "Glidrose" abgekauft hatte, schrieb sie: "Mein Widerwille hat sich keineswegs gelegt." Ein Angebot des "Sunday Telegraph", Amis' Buch zu besprechen, nahm sie an. Die Kritik wurde aber nicht gedruckt, da sie eine einzige Schmähschrift war.

Nachdem "Glidrose" mit der Zusammenarbeit mit Amis nicht zufrieden war, wurde ein weiterer Roman in Auftrag gegeben, den der Südafrikaner Geoffrey Jenkins schreiben sollte. Er hatte die Verantwortlichen überzeugt, da er mit Fleming früher an einer Diamantenschmuggel-Geschichte gearbeitet hatte. Fleming und er kannten sich seit Ende der 40er Jahre. Fleming hatte Jenkins' ersten Roman "A Twist of Sand" (1959) positiv in der "Sunday Times" besprochen. Auch das Buch "River of Diamonds" stammt von Jenkins. Für den Bond-Roman erhielt er 5.000 Pfund Vorschuß und 5.000 Pfund bei Abgabe des Manuskripts, doch "Glidrose" beschloß, es nicht zu publizieren, was vertraglich möglich war. Über Inhalt und Qualität wurde nie ein Wort veröffentlicht.

John Gardner - der Ex-Theologe mit der neuen Lizenz

John Edmund Gardner wurde am 20. November 1926 in dem kleinen Ort Seaton Delavel in Northumberland, Nordengland, geboren. Er ging erst in Newcastle-upon-Tyne zur Schule, später, als die Familie weiter in den Süden zog, in die King Alfred's School in Wantage, Berkshire. Seit frühester Jugend beschäftigte er sich mit Geheimnissen. "Ich habe Stunden damit verbracht, in einem Baumhaus zu sitzen und die Leute zu beobachten", erzählte er später. Auch sein Berufswunsch Schriftsteller stand schon ganz früh fest. Im Alter von acht Jahren betitelte er ein leeres Notizbuch mit "The Complete Works of John Gardner". Nach eigenen Angaben begann er als Zauberer: "Als ich neun war, habe ich so einen Hokuspokuskasten von einem Onkel bekommen. Später bin ich dann als Magier mit den Truppenbetreuern gereist", sagte er dem Magazin "Penthouse". Er ging zur Armee, diente zunächst als Pilot bei der "Fleet Air Army", dann im Zweiten Weltkrieg in einer Kommandoeinheit der britischen Marine, kam in den Nahen und Fernen Osten. Nach Kriegsende studierte er in Cambridge und Oxford und schloß 1950 mit dem Bachelor of Arts in Theologie ab und dem Magister Artium ein Jahr später. Im selben Jahr traf er auch die Mitstudentin Margaret. Sie heirateten 1952, bekamen einen Sohn und eine Tochter.

Sein Vater ermunterte ihn, wie er selbst Pfarrer der anglikanischen Kirche zu werden, und Gardner begann seine Tätigkeit in dem Ort Frome, in Somerset. Doch es überkamen ihn Selbstzweifel, er fühlte, etwas vollkommen Falsches gemacht zu haben, gab nach fünf Jahren auf und begann zu trinken. Mit 31 war er Alkoholiker. Als ihm der Arzt Dr. Lincoln Williams sagte, daß er, wenn er so weitertrinke, nur noch sechs Monate leben werde, unterzog er sich einer Therapie. "Ich wollte Schauspieler werden, aber es wurde nichts daraus. Ich bin ein Einzelkind, und obwohl ich viele Freunde hatte, war ich doch eher ein Einzelgänger. Während meiner Freizeit interessierte ich mich für Spione. Durch einen Zufall erhielt ich einen Kritiker-Posten bei einer Lokalzeitung in Stratford-upon-Avon." Dort blieb er acht Jahre, stieg dann aus und schrieb sechs Theaterstücke, die alle abgelehnt wurden. 1963 folgte die Autobiographie "Spin The Bottle", worin er freimütig über seine Alkoholsucht schrieb.

Sein erster Roman, der 1964 erschienene "The Liquidator", wurde sofort ein Erfolg. Hauptfigur ist der Agent Boysie Oakes. Er hat Angst vorm Fliegen, ist ein Feigling und engagiert einen Killer, der für ihn einen Mord begehen soll. Rod Taylor spielte Oakes in der gleichnamigen Verfilmung, die in Deutschland unter dem Titel "L - der Lautlose" in die Kinos kam. Die Bond-Parodie Boysie Oakes führte zu sieben Fortsetzungen und einer ganzen Reihe von weiteren Büchern.

"Ich war Fleming-Fan", gestand Gardner. "Ich erinnere mich noch genau an das erste Buch, das ich von ihm las. Ich hatte Fieber, und meine Frau hatte ein paar Bücher aus der Bibliothek ausgeliehen. Ich las 'Dr. No' in zwölf Stunden und schickte meine Frau sofort los, alles von Fleming auszuleihen. Es war so schade, daß ich Ian nicht mehr kennenlernte. Es gab Anfragen, gemeinsam im Fernsehen aufzutreten, aber zwei Wochen bevor es soweit war, starb er." Als Gardner die Bond-Romane übernahm, war er bereits sehr erfolgreich gewesen. Von seinen bis dahin erschienenen mehr als 20 Büchern wurden über drei Millionen Exemplare verkauft.

John Gardner posiert mit Bonds neuem Dienstwagen, dem Saab 900 Turbo.

Ende 1979 wurde John Gardner über einen Agenten von Flemings Erbengemeinschaft gefragt, ob er sich vorstellen könne, neue Bond Romane zu schreiben. "Sie hatten eine Liste mit sechs möglichen Autoren, auf der ich ganz oben stand – vielleicht, weil meine Bücher in Europa sehr erfolgreich waren." Schließlich wurde mit Hilfe seines Agenten ein Vertrag abgeschlossen, und kurz darauf fing Gardner an zu arbeiten. Ursprünglich sollte er zunächst eine Serie von drei Büchern schreiben. Das erste sollte "Meltdown" heißen, wurde dann aber in "License Renewed" umbenannt. Nach dem Erfolg der ersten drei Bücher wurde er für drei weitere verpflichtet. "Warum sie sich entschieden, Bond auferstehen zu lassen, ist schwer zu sagen. Sie hatten wohl das Bedürfnis, es einfach noch mal zu versuchen. Sie wollten auch etwas schaffen,

das dem 'echten' Bond näher ist als die jüngeren Filme. Die haben ja doch nichts mehr mit der Figur zu tun." Gardner wurde intensiv über die Schulter geblickt, und er mußte sich an ein paar Grundsatzregeln halten. Die Erbengemeinschaft, die in der Firma Glidrose Publications vertreten war, achtete sehr genau auf ihr Eigentum und was damit geschah. "Sie waren sehr strikt, sagten mir, was ich tun darf und was nicht. Es gab zahllose Treffen in London, in denen Ideen besprochen wurden. Ich habe nie versucht, Fleming zu kopieren, weil ich denke, daß jeder seinen eigenen Stil finden muß."

Der wichtigste Punkt war wohl, daß Bond in die 80er Jahre passen mußte und daß ihm bewußt sein mußte, was in der Zwischenzeit geschehen war. Gardner wurde angehalten, zunächst sechs Kapitel zu liefern. Danach rief man ihn an und lud ihn nach London ein. "Sie mochten die Idee mit dem neuen Saab Turbo als Dienstwagen und sagten mir, daß Ian das garantiert gefallen hätte, bemängelten aber kleine Dinge, etwa, daß Bond während der Mittagszeit arbeitete. Er sollte sich statt dessen etwas zu essen kommen lassen. Doch überwiegend empfanden sie meine Arbeit als großartig." Dennoch gaben sie Gardner einen verschlossenen Umschlag mit, den er sich unterwegs ansehen sollte. Er fand darin eine Liste mit 17 Fehlern, die er in einem Kapitel über das Pferderennen in Ascot gemacht hatte, und war gleich wieder auf dem Boden der Tatsachen. "Ich wollte auch gerne 'Century House', das echte Hauptquartier des MI 5, benutzen, aber das wurde abgelehnt, also arbeitet Bond immer noch im neunten Stock eines Gebäudes, aus dem man den Regent's Park überblickt." Gardner weiter: "Ich scheuchte Connery, Lazenby, Moore und die Filme aus meinen Gedanken und versuchte, Bond ungealtert in die 80er Jahre zu übertragen. Glidrose akzeptierte das erste Buch, nahm hier und da kleine Veränderungen vor, gab es dann an den Verlag Jonathan Cape weiter, der es edierte."

Zum ersten Buch sagte Gardner: "Es war nicht ganz einfach, aber es hat Spaß gemacht. Es ist ein großes Glücksspiel, aber Bond ist nun mal ein unsterblicher, internationaler Begriff wie Sherlock Holmes. Er soll weiterleben." Professor Richard L. Knudson, Herausgeber des "Dossier. The Official Journal of The International Spy Society", schätzte Gardners Arbeit: "Als Bond erstmals herauskam, war er futuristisch und wirklich seiner Zeit voraus. Gardner ist kein Romantiker wie Fleming, aber er hält mit den neuen Spionagetechniken Schritt."

Gardner arbeitete mit eiserner Disziplin an seinen Büchern. "Ich fange zwischen 9.30 und 10.00 Uhr an, mache eine Mittagspause und schreibe dann bis 18.00 oder 19.00 Uhr. Wenn ich gut vorankomme, gehe ich vielleicht nach dem Abendessen nochmals zurück an den Schreibtisch. Das mache ich sieben Tage die Woche, aber manchmal nehme ich mir einen Abend frei, um eine Folge der Serie 'Hill Street Blues' zu sehen, die ich mir auf Video aufnehmen lasse. Wenn ich am Tag tausend Worte schaffe, bin ich zufrieden. Was ich geschrieben habe, lese ich am nächsten Tag noch einmal. Wenn ich fertig bin, lese ich das Ganze erneut und fange umgehend mit dem zweiten Entwurf an. Ich beginne mit einer Grundidee von ein paar Seiten, die immer für die Hälfte des Buches reicht. Was danach passiert, will ich gar nicht wissen. Ich beginne mit ein oder zwei spontanen Ideen, die mich bis zum Ende führen, aber ob sie mich dorthin bringen, weiß ich noch nicht, denn ich schreibe immer für mich selbst. Ich bin ein glücklicher Mensch, denn ich erlaube mir, mich hinzusetzen und mir selbst eine Geschichte zu erzählen. Dann überrasche ich mich immer selbst, denn das Ende soll auch mich verblüffen. Wenn ich bis zur Mitte gekommen bin und das Ende immer noch nicht habe, werde ich nervös. Wenn ich das Ende habe, gehe ich zurück und setze Anhaltspunkte und Ideen. Dann ändere ich die Charaktere, bis es funktioniert."

Gardner schreibt meist zu Wagner- und Film-Musik, "aber nicht zu den Musiken der Bond-Filme". Der ehemalige Alkoholiker trinkt jetzt nur noch Unmengen von Kaffee, mag Interviews - zumindest manchmal, liest aber keine Kritiken seiner Bücher. "Ich bin wie eins der altmodischen Repertoire-Theater", hat er einmal gesagt: "Ein Buch erscheint, eins wird gerade recherchiert, und an einem schreibe ich."

Im Herbst 1982 kursierten Zeitungsmeldungen, die besagten, John Gardner wäre bei einem Motorradunfall im Staat New York ums

Leben gekommen. Es handelte sich jedoch um einen amerikanischen Autor gleichen Namens.

Nachdem Gardner viele Jahre an verschiedenen Orten in England gelebt hatte, zog er 1977 aus Steuergründen nach Irland und ließ sich am Stadtrand von Dublin auf der Glanmore Farm in den Wicklow Mountains nieder. Im Frühjahr 1989 übersiedelte er in die USA und lebte zwei Jahre in Charlottesville, Virginia, ehe er 1991 in das englische Surrey zurückkehrte.

1985, vier Jahre nach dem Erscheinen des neuen Bond auf der literarischen Bühne, hatten sich die ersten drei Titel weltweit rund 2,5 Millionen mal verkauft. In einem 1993 erschienenen Artikel der "Publishing News" schrieb Peter Janson-Smith, Geschäftsführer von Glidrose Publications Ltd., daß "mehrere Millionen Bücher von seinen elf Bond-Romanen in den USA verkauft worden sind. Und sie verkaufen sich in England und mehreren europäischen Ländern weiterhin gut." Die Ausgabe August 1991 des englischen "Book Collector" war schon wesentlich genauer. Dort hieß es, daß fünf Millionen Exemplare von Gardner-Büchern verkauft seien.

Raymond Benson - der Fleming-Enthusiast

"Ich war möglicherweise das einzige texanische Kind, das alle James Bond-Romane vor seinem 12. Lebensjahr gelesen hatte", schrieb Raymond Benson 1984 in einem Aufsatz für ein englisches Fan-Magazin. Der am 6. September 1955 in der kleinen Stadt Odessa im Westen von Texas geborene Benson wuchs in New York auf, lebt aber inzwischen in der Nähe von Chicago, ist seit 1987 mit seiner Frau Randi verheiratet. Seit dem 27. Februar 1989 haben sie einen Sohn. 1984 schrieb der bekennende Bond-Fan eine genaue Analyse der Bücher und Filme mit dem Titel "The James Bond Bedside Companion". Nach anfänglichen Schwierigkeiten von seiten der Rechteinhaber der Romane (der Firma Glidrose), die ihm erst nicht die Möglichkeit einräumen wollten, aus den Büchern zu zitieren, kam es doch noch zu einer Kooperation und schließlich zu einer langjährigen geschäftlichen Partnerschaft. Zwar wurde Benson damals die Erlaubnis verweigert, Flemings Briefe abzudrucken, aber dessenungeachtet war man von seinen seriösen Recherchen überzeugt und ließ ihn gewähren. Die Fotos besorgte er sich von Agenturen, da Eon Productions keinerlei Abdruck von Filmfotos erlaubte.

Die guten Reaktionen auf das Buch, darunter eine Nominierung für den Edgar Allan Poe Award als beste biographisch-kritische Arbeit, brachten ihm neue Aufträge ein, die speziell auf seine Fähigkeiten als Designer von Computer-Spielen zugeschnitten waren. So entwickelte er eines der "James Bond Role Playing Games", das "Paper and Pencil Role Playing Game". Benson: "Auf einmal meldete sich eine Computerfirma, die einen Autor für verschiedene Spiele suchte. Eines war die Stephen-King-Geschichte 'The Myst', eines der James-Bond-Film 'A View To A Kill', dann auch noch 'Goldfinger'. 1986 engagierte mich Glidrose, um ein Theaterstück auf der Basis von 'Casino Royale' zu schreiben, das jedoch nie produziert wurde und über eine Lesung in New York nicht hinauskam." Benson arbeitete jahrelang hauptberuflich als Designer von Computerspielen für die Firmen Viacom New Media und Rabid Entertainment in Buffalo Grove, USA. Er entwickelte Computerspiele wie "Dark Seed II", "Return of The Phantom", "Ultima 7", die mit einem Preis ausgezeichnete CD-ROM "Are You Afraid of the Dark?" und ein ebenfalls preisgekröntes Spiel, das auf dem Film "Der Indianer im Küchenschrank" basiert. Davor hatte er in New York Bühnenproduktionen inszeniert und Musik komponiert und zudem in New York und Chicago unterrichtet.

Die Partnerschaft zwischen Benson und Glidrose entwickelte sich so gut, daß Geschäftsführer Peter Janson-Smith im Herbst 1995 neben anderen Autoren auch Raymond Benson anbot, den Entwurf für eine Bond-Geschichte zu schreiben, nachdem klargeworden war, daß sich Vorgänger John Gardner aus dem Geschäft zurückziehen würde. Benson, der sich inzwischen als Computerspiel-Designer etabliert hatte, lieferte nicht nur eine Grundidee, sondern einen detaillierten, 16seitigen, sehr ausführlichen Aufriß des geplanten Buches, der nach Meinung von Glidrose "wesentlich weiter ging als das, was viele andere Mitbewerber einreichten". Die Vorgaben waren lediglich, daß die Story in der Gegenwart spielen müsse, Bond nicht älter als 45 Jahre und "M" eine Frau sein solle - angelehnt an die Filme. Gewünscht war außerdem, daß Bond nicht in der Zeit des Kalten Krieges agiert, sondern

Raymond Benson ist Fan und Sammler und kam über seine intensive Beschäftigung mit Fleming zu dem Auftrag, die Bond-Romane fortzuführen.

sich mit aktuellen politischen Situationen auseinandersetzt. Nach Bensons Angaben war er der einzige Autor, der gefragt wurde. Er sollte eine Grundidee liefern und falls diese akzeptiert würde, die ersten vier Kapitel schreiben. Wenn diese eine positive Resonanz fänden, bekäme er den Vertrag für dieses Buch und drei weitere.

Als Benson dann bestätigt wurde, sagte Peter Janson-Smith zu seiner Wahl: "Wir dachten uns, er ist der Mann, der mit ein paar Ideen für ein paar wirklich gute Geschichten aufwartet. Seitdem der Kalte Krieg beendet ist, ist es nicht einfach, gute Stories zu erfinden. Fleming sagte einmal, es würde ihn nicht stören, wenn die Stories unwahrscheinlich wären, aber sie sollten nicht unmöglich sein." Benson äußerte in einer ersten Reaktion auf den Zuschlag gegenüber einer US-Zeitung, er sei "ekstatisch und erschrocken".

Benson hat als Mensch mit Fleming nichts gemein. Er raucht und trinkt nicht und gibt auch nichts auf ein exquisites Menü. Statt dessen bevorzugt er ein Steak mit Kartoffeln. Brandy zieht er Wodka Martini vor. Für Thriller-Autor Jeffrey Archer war das zuviel. Er schrieb. "Ian Fleming war ein Macho-Noël-Coward, und es gibt keine Macho-Noël-Cowards in Chicago." Robert Harris, Autor von "Vaterland" und "Enigma", sagte der Londoner "Times": "Ich denke, es ist eine Schande, daß Alistair MacLean oder Ian Fleming oder Jane Austen nicht friedlich in ihren Gräbern ruhen dürfen." Er bezeichnete die Wiedergeburt Bonds als ein "Konzept zum Geldverdienen, das inzwischen einen lächerlichen Grad erreicht hat". Und Malcolm Bradbury, Professor für amerikanische Studien an der Universität von East Anglia, wird mit den Worten zitiert: "In Ian Flemings

Fußstapfen zu treten, ist nicht einfach. Es gab ein Buch von Kingsley Amis und mehrere von John Gardner. Keines war richtig gelungen. Das ist eben das Problem von Fortsetzungen. Es ist sehr schwer, den Geist weiterzuspinnen." Dennoch wurde Benson der erste Amerikaner, der dem britischen Agenten zu neuem Leben verhalf; er schrieb 1996 sowohl die Kurzgeschichte "A Blast From The Past" als auch den Roman "Zero Minus Ten".

In der Kurzgeschichte erhält 007 einen Hilferuf seines in New York lebenden Sohns James (aus der Verbindung mit Kissy Suzuki), den er kurz darauf ermordet auffindet und rächt. Der Roman handelt von wirtschaftlichen Intrigen rund um die letzten zehn Tage vor der Übergabe Hongkongs an die Chinesen und verfügt über eine Reihe von Inside-Jokes. So taucht der Geschäftsmann Simon Sinclair auf - eine Anspielung auf Bensons Verachtung für Roger Moore, denn der Name ist aus zwei von dessen bekanntesten Fernsehrollennamen zusammengesetzt: Simon Templar (aus der gleichnamigen Serie) und Lord Brett Sinclair (aus "The Persuaders"/"Die 2"). Zum anderen heißt der Anwalt, der Wong vertreten soll, James Pickard. Es ist der Name eines bekannten, in Hongkong lebenden Buchantiquars, der mit Fleming-Erstausgaben handelt. Außerdem zählt ein Nuklearphysiker namens Van Blaricum zum Stab Thackerays, ebenfalls ein Antiquar und Fleming-Sammler, der seit mehreren Jahren der "Ian Fleming Foundation", einer Art Fan-Club, dem auch Benson angehört, vorsteht. Diese beiden Namen hat Benson bewußt verwendet. Auch Bensons Lieblingsessen ist verewigt worden. In einem australischen Restaurant in Kalgoorlie essen Bond und Sunni "Steak and Chips".

Die Kritiken beider Werke waren eher reserviert. So schrieb die "Times" am 12. April 1997, daß man aus vier Bestandteilen, "Sex, Sadismus, Snobismus und Technofetischismus, offensichtlich eine überzeugende Geschichte aus dem Computer schreiben kann", und resümierte: "Die Süchtigen des Genres werden es lieben. Der Rest von uns wird weiterhin von der Popularität der Figur genarrt werden."

Sechs Romane und drei Kurzgeschichten sind inzwischen erschienen und weitere vertraglich vereinbart. Zudem schreibt Benson die Romanfassungen der Filmdrehbücher.

In dem zweiten Roman, "The Facts of Death", der 1998 erschien, spielen Zypern, britische Militärbasen und biologische Kampfstoffe eine zentrale Rolle. Hier zeigt sich Bond erstmals in einem neuen Auto, einem Jaguar XK 8. Das dritte Buch "A High Time to Kill" (1999) ist das erste einer Trilogie, die eine neue kriminelle Organisation mit dem Namen "The Union" einführt. Bond ermittelt in Brüssel und im Himalaya. Auf der Suche nach einer Geheimformel, die in einem Labor in England gestohlen wurde, trifft er auf seinen alten Rivalen Roland Marquis.

Nach dem Abkommen mit Glidrose ist Benson dazu verpflichtet, sich aktuelle Stories auszudenken, in die Großbritannien involviert ist. Er bezeichnete dies "als den schwierigsten Teil der Ideenfindung. Aber es gibt viele Böse in der Welt und viele Situationen, mit denen Bond sich noch auseinandersetzen kann."

Ein weiteres Problem wurde von Lektoren der Verlage ausgemerzt: Die zahlreichen Amerikanismen in Bensons Texten wurden durch englische Sprachregelungen ersetzt.

Vom Comic Strip zum Markenzeichen Einführung in die visuellen Anfänge von James Bond

Als Ian Flemings erster James-Bond-Roman "Casino Royale" am 13. April 1953 in dem Londoner Verlag Jonathan Cape erschien, bot das Cover keinerlei Anhaltspunkte, wie der Geheimagent denn nun aussieht. Auch die folgenden Romane blieben diese Information schuldig.

Statt dessen waren es ab dem fünften Roman, "From Russia With Love" ("Liebesgrüße aus Moskau"), die Illustrationen von Richard Chopping, die dem Leser einen optischen Eindruck von dem Geschehen zwischen den Buchdeckeln vermitteln sollten.

Der Künstler Francis Bacon hatte Flemings Frau Anne mit Chopping bekannt gemacht. Als Fleming dessen Arbeiten sah, bezeichnete er ihn umgehend als "einzigen englischen Meister des Ölgemäldes" und beauftragte ihn, die Cover seiner Hardback-Ausgaben zu entwerfen. Für ein Honorar von nur 50 Guineas (nach heutigem Wert ca. 4.250 DM) entwarf Chopping 1956 den Titel von "From Russia With Love": Er kreuzte einen Revolver, eine 38er Smith & Wesson, die er von seinem Waffenmeister Geoffrey Boothroyd auslieh, mit einer Rose. Illustrationen für "Goldfinger" und "For Your Eyes Only" folgten. Fleming war so begeistert, daß er die Gemälde für sich behielt.

Er gab immer sehr genaue Anweisungen, wie er sich das jeweilige Umschlagdesign vorstellte. So hieß es etwa bei "Thunderball": "Das Bild soll aus einer skelettierten männlichen Hand bestehen, deren Finger auf der Queen of Hearts ruhen. Ein durch den Handrücken gestoßenes Messer steckt in der Tischplatte."

Chopping verlangte mit der Zeit mehr Geld, das ihm auch gewährt wurde, und erhielt zunächst 200, für "The Spy Who Loved Me" dann schon 250 und für "You Only Live Twice" 300 Guineas (heute 25.500 DM). Doch keines der Cover, auch nicht die der US-Aus-

Flemings Vorstellung, wie Bond im Comic auszusehen hatte, und die des Zeichners John McLusky, der das erste 007-Profil erschuf, klafften weit auseinander.

gaben, die ganz anders aussahen, gab Aufschluß über Bonds Aussehen.

Flemings Texte boten zudem nur wenig Hilfestellung, wie man sich das Gesicht des Mannes vorzustellen habe. So heißt es in "Casino Royale": "Seine graublauen Augen sahen ihn ruhig, wenn auch mit leiser fragender Ironie an, und die kleine Locke seines schwarzen Haares, die nie anlag, rutschte wieder langsam in die Stirn und bildete über der rechten Augenbraue ein dickes Komma. Mit der kaum sichtbaren waagerechten Narbe auf der rechten Wange machte er beinahe den Eindruck eines Piraten."

Als 1955 die englische Taschenbuchausgabe bei "Pan Books" erschien, bekam Bond erstmals ein Gesicht. Das Cover basierte auf einer Zeichnung des damals sehr bekannten amerikanischen Schauspielers Richard Conte, der an einem Spieltisch sitzt. Doch es sollte Contes einziger Auftritt bleiben. Die folgenden Ausgaben orientierten sich mehr an Flemings Beschreibung. Vor allem die "kleine Locke" inspirierte Illustratoren. Fortan stand sie dem nun verwendeten Pin-up-Modell Dick Orme gut zu Gesicht. Eine Zeitlang kam sogar einer der Direktoren des Verlages zu James-Bond-

Ehren: Auf einem schmalen Streifen unterhalb des Hauptmotivs hielt er martialisch eine Pistole vor sich.

James Bonds erstes Gesicht war also nicht das von Sean Connery - der betrat erst 1962 bei der Veröffentlichung des ersten Films "James Bond 007 jagt Dr. No" die Szene -, sondern das des Schauspielers Richard Conte. Nachdem Barry Nelson in dem amerikanischen Fernsehfilm "Casino Royale", der am 21. Oktober 1954 bei CBS ausgestrahlt wurde, Bond ein Gesicht verlieh, wurde der Agent erst mal zu einer Comic-Figur. Der englische "Daily Express" unterbreitete Fleming 1958 das Angebot, die Geschichten in Form von Comic Strips darzustellen, nachdem der Herausgeber Edward Pickering den Roman "Liebesgrüße aus Moskau" gelesen hatte. Der Autor war anfangs jedoch keineswegs begeistert von der Idee. Er schrieb an Wren Howard, seinen Lektor beim Verlag Jonathan Cape, folgende Zeilen: "Ich hege ernste Zweifel, ob das wirklich wünschenswert ist. Im Gegensatz zum erreichten Standard der Bücher sehe ich die Gefahr, daß die Strips nicht auf den Punkt kommen und durch die inflationäre Erscheinungsweise somit nicht nur die Leserschaft brüskiert wäre, sondern auch der Autor geneigt sein könnte, schlechter zu schreiben." Danach besprach sich Fleming mit seinem Freund William Plomer, der ihm eindringlich abriet. Dennoch akzeptierte Fleming, denn schließlich war die Bezahlung sehr gut. Der "Daily Express" bot 1.500 Pfund pro Buch (damals etwa 17.600 DM) und Anteile an den Einnahmen, die sich durch die Übernahme von anderen Zeitungen ergeben würden. Der damalige Herausgeber Edward Pickering versprach, daß die Übertragung in die Comic Strips wie der "Umgang mit einem Rolls Royce" behandelt würde, und schließlich war der kritische Autor überzeugt.

Am 7. Juli 1958 war es dann soweit. Der für die Literaturseiten beim "Daily Express" zuständige Anthony Hearne adaptierte die erste Geschichte, "Casino Royale", und der damals 35jährige Künstler John McLusky illustrierte sie. Er orientierte sich an den Filmstars der Zeit, so daß das Gesicht Bonds eine Mischung aus dem "jungen Robert Taylor, dem Stil eines Gary Cooper und einer Prise Duke of Edinburgh" wurde, wie Graham Rye in einem Aufsatz schrieb.

Im Dezember desselben Jahres erschien dann "Leben und sterben lassen", wieder unter der Federführung von McLusky gezeichnet, dieses Mal aber von seinem späteren Partner Henry Gammidge geschrieben, der alle McLusky-Strips bis auf "Dr. No" textete. Bis 1966 arbeiteten sie zusammen. Danach übernahmen der in der Mandschurei geborene Zeichner Yaroslaw Horak und sein Autor Jim Lawrence die Aufgabe, die noch verbliebenen fünf Geschichten umzuarbeiten. Horak schuf einen neuen Typus. Bond sah jünger aus, wurde moderner und härter. Flemings Erben gefiel der Stil, so daß Jim Lawrence schließlich die Erlaubnis erhielt, seine eigenen Bond-Geschichten zu schreiben, von denen 34 entstanden.

Im Januar 1977 verschwanden die Comic Strips aus dem "Daily Express", um eine Woche später im "Sunday Express" zu erscheinen, jetzt jedoch in Form von drei Streifen. Die Idee hielt sich allerdings nur bis zum Mai. Am 2. Februar 1981 tauchte Bond im "Daily Star" wieder auf, erneut geschrieben von Jim Lawrence, jedoch gezeichnet von Harry North, einem ehemaligen Mitarbeiter des Magazins "Mad".

In den 60er Jahren erschienen die Comic Strips in 128 Zeitungen in 44 Ländern der Welt. Fleming hat also wirklich viel Geld damit verdient, und offensichtlich ist der Einfluß der Strips auf die Filmproduzenten größer als

Ankündigung aus dem Londoner "Daily Express" für die Bond-Comic-Strips.

lange Zeit angenommen. So ist Sean Connery einigen Zeichnungen näher, als man denken könnte, und zuweilen haben Regisseure und Produzenten die Strips sogar als Basis für ganze Filmsequenzen verwendet. Gerade beim ersten Film, "James Bond - 007 jagt Dr. No", gibt es erstaunliche Parallelen. So wirkt einer der Strips, das erste Zusammentreffen zwischen Dr. No, Bond und dem Mädchen, exakt wie die späteren Filmbilder. Übrigens wurde gerade dieser Strip ausnahmsweise von Peter O'Donnell, dem späteren Autor der "Modesty-Blaise"-Romane, getextet.

Mit der Verpflichtung von Sean Connery als Bond-Darsteller wurde es dann auch endlich möglich, die Hauptbestandteile der Handlung in einem Plakatmotiv zu komprimieren. Die Mischung aus Waffe, Frau und Action, die sich bereits auf den Taschenbuchcovern bewährt hatte, wurde weitgehend übernommen. David Chasman, damals Chef der Marketing- und Promotionabteilung von United Artists, beauftragte die beiden Künstler Mitchell Hooks und Joseph Caroff, die Kampagne für "James Bond - 007 jagt Dr. No" zu entwerfen und das Logo zu gestalten. Sie schufen das Grundkonzept des "Gentleman Agent", der lässig aufgestützt vor all den bestimmenden Elementen und Schauplätzen des Films steht und nebenbei raucht - selbst aus dem Schalldämpfer seiner Pistole steigt der Rauch auf. Sie schufen zudem die berühmt gewordene Sieben, die in eine Waffe übergeht.

Die sich aufstützende Figur und die zur Seite gerichtete Pistole waren allerdings aus der Not geboren, denn ursprünglich hatte man vor, daß Bond direkt auf den Betrachter zielt. Der ehemalige Illustrator und spätere Verantwortliche für die Werbekampagnen Donald Smolen sagte dazu: "Ich erschuf den ersten Entwurf von 007 mit der Pistole an der Seite. Dann diskutierten wir, wie man Bond am be-

sten zeigt. Wir suchten nach einer coolen Pose. Damals war es nicht erlaubt, Anzeigenmotive zu kreieren, in denen eine Waffe direkt auf das Publikum gerichtet wird. Also mußten wir eine andere Lösung finden. Später wurde die Pose dann variiert, und Bond hatte einen Helm in der Hand oder ähnliches. Auch der schwarze Anzug und die Fliege sind typisch Bond."

Bis zu dem 1975 erschienenen Film "Der Mann mit dem goldenen Colt" hielt man an dieser Idee fest, danach wurde der New Yorker Illustrator Bob Peak für "Der Spion, der mich liebte" engagiert, später auch Daniel Goozeé und andere.

Einige Male wurden Fotomotive verwendet. Smolen: "Bei jüngeren Plakaten wollte United Artists 007 rauher, härter und schmutziger zeigen. Man sagte uns: Wir müssen den Eindruck vermeiden, daß es James Bond mal vor 25 oder 30 Jahren gegeben hat. Das Publikum mied diese altmodischen Filme. Also suchten sie nach einem neuen Look."

Die Darsteller wechselten: George Lazenby, Roger Moore, Timothy Dalton und inzwischen Pierce Brosnan schlüpften in die Rolle, die Motive änderten sich oder waren sogar national unterschiedlich, nur das Grundmuster blieb erhalten. Während heute viele große, teure amerikanische Filme nur über ein einprägsames, prägnantes Logo verfügen (zum Beispiel "Jurassic Park" oder "Batman"), um das Gesamtprodukt inklusive Merchandising zu verkaufen, gab es bei Bond, bis auf wenige Ausnahmen, immer wieder abwechslungsreiche Artworks. Es wurde sogar experimentiert.

Mit einer Airbrush-Zeichnung veränderte der Brite Victor Fair für den Film "Im Angesicht des Todes" den bisherigen Stil. Er zeigte Roger Moore in einem weißen Dinnerjacket. Wie ein böser Schatten steht im Hintergrund eine diabolisch wirkende Grace Jones. Auch wenn es weltweit immer wieder unterschiedliche Motive gab, das Hauptimage erscheint auf fast allen Plakaten: der elegant gekleidete Mann und die Waffe neben der Wange. Bis heute gilt dies als Markenzeichen für 007. Und sollte der Erfolg den Machern weiterhin recht geben, so wird es auch über das Jahr 2000 hinaus gelten.

Die James-Bond-Filme im Überblick

Casino Royale (1954)

Inhalt

Als James Bond das "Casino Royale" betreten möchte, wird auf ihn geschossen, doch die Kugel verfehlt ihr Ziel. Drin trifft er seinen Kollegen Clarence Leiter, von dem er erfährt, daß der gesuchte Gangster Le Chiffre auch hier ist. Le Chiffre will viel Geld gewinnen, um damit die Schulden bei seiner Organisation zu begleichen. Von Valerie Mathis wird Bond vor Le Chiffre gewarnt. Bond folgt ihr ins Hotel, um dort ungestört zu reden, doch er muß feststellen, daß sowohl ihr als auch sein Zimmer von Le Chiffre abgehört werden. Le Chiffre benutzt Valerie nur, um Bond auszuhorchen, aber die Frau gesteht Le Chiffre, daß sie Bond liebt. Inzwischen wird Leiter im Casino von einem der Männer Le Chiffres bedroht und aufgefordert, 26 Millionen Francs herauszugeben. Leiter kann noch rechtzeitig Hilfe holen und sich befreien. Am nächsten Abend kommt Valerie Arm in Arm mit Le Chiffre ins Casino, wo sie ihn Bond ganz offiziell vorstellt. Ein Anrufer meldet sich bei Bond und droht ihm, Valerie umzubringen, falls er beim Spiel gegen Le Chiffre gewinnt. Bond beauftragt Leiter, auf sie zu achten. Beim Spiel siegt Bond dennoch, aber Valerie ist plötzlich verschwunden. Bond sucht sie im Hotel, wird von Le Chiffre gefangengenommen und im Beisein von Valerie gefoltert. Als sie verrät, wo das Geld ist, geht der Gangster. Bond befreit sich, erschießt einen seiner Helfer und verletzt auch Le Chiffre. Dann ruft er die Polizei.

Hintergründe

Es gab mehrere Anläufe, die Film- und Fernsehrechte an den Bond-Romanen zu erwerben. Anfang 1954 erbat der englische

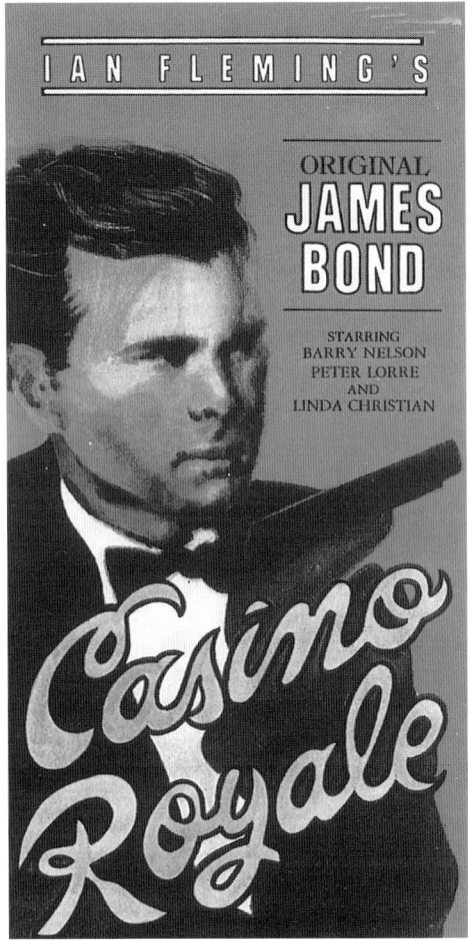

Original-Cover der amerikanischen Videokassette, die Ende der 80er Jahre in den USA vertrieben wurde.

Filmproduzent Sir Alexander Korda bei Fleming ein Vorabexemplar von "Live and Let Die", ließ dann aber eine Option verstreichen und verfolgte den Plan, das Buch zu verfilmen, nicht weiter. Plötzlich bot der US-Fernsehsender CBS 1.000 Dollar für die TV-Rechte an "Casino Royale", und Fleming akzeptierte. Im Frühjahr 1955 veräußerte er auch noch die Filmrechte an "Casino Royale" an den russischen Schauspieler und Regisseur Gregory Ratoff. Der hatte für eine Option bereits 600 Dollar bezahlt und bekam für

6.000 Dollar (25.200 Mark) jetzt die Möglichkeit, die Story für das Kino aufzubereiten. Fleming kaufte sich für 3.000 Dollar einen Ford Thunderbird. Ratoff war auf ganz ungewöhnliche Art und Weise gerade an diesen Stoff gekommen. Er hatte unter ganz schlechten Produktionsbedingungen in Ägypten an einem Film mitgewirkt, 10.000 Pfund gestohlen und war damit geflohen. Er schwor sich, wenn er unerkannt aus dem Land käme, würde er auf dem Flughafen in Athen eine aktuelle Ausgabe der Zeitschrift "Time" kaufen und die Rechte des ersten Buches erwerben, dessen Besprechung er darin vorfände. Das war dann "Casino Royale". Ratoff engagierte den Autor Lorenzo Semple jr, der gerade vom College kam, bezahlte ihn aber nicht, sondern reiste mit ihm durch die Casinos der Welt. Währenddessen schrieb Semple. Dem US-Magazin "Starlog" erzählte er später: "Eines Tages sagte Ratoff, dieser Bond ist doch lächerlich, wir machen eine Frau daraus." Er plante fortan mit Susan Hayward als Bond. Produzent Darryl F. Zanuck und der Agent Charles Feldman gaben ihm Geld für die Entwicklung der Idee. Als Ratoff starb, fielen die Rechte an Feldman.

Im Juni 1955 interessierte sich der amerikanische Schauspieler Ian Hunter für die Filmrechte an "Moonraker" und wollte eine sechsmonatige Option erwerben. Fleming antwortete, er bestehe auf einem Minimum von 1.000 Pfund für die Option und 10.000 Pfund für die Filmrechte. Das schreckte Hunter ab. Dann kaufte die britische Rank Organisation die Rechte an "Moonraker", machte aber nichts damit, so daß Fleming sie zurückerwarb. Ende 1958 lernte er die Iren Kevin McClory (er wird später "Feuerball" produzieren) und Terence Cooper (er wird in der zweiten Verfilmung von "Casino Royale" eine der Hauptrollen spielen) kennen. McClory schlug vor, auf Basis der Romane Filmdrehbücher zu

Barry Nelson (rechts), der erste James Bond der Filmgeschichte, anläßlich einer "007-Tagung" in Los Angeles 1981.

erarbeiten - der erste Titel sollte "James Bond, Secret Agent" heißen -, doch da McClorys jüngste Produktion, "The Boy and the Bridge", zwar gute Kritiken erhielt, aber wenig Geld einspielte, kam es zu keiner Bond-Verfilmung. Lediglich die sogenannten "Film Scripts" entstanden. Schließlich meldete sich CBS erneut, um eine Fernsehserie namens "Commander Jamaica" mit halbstündigen Episoden vorzuschlagen. Fleming entwickelte mehrere kurze Geschichten, aber CBS sprang wieder ab, und so veröffentlichte er die Stories unter dem Titel "For Your Eyes Only" als Buch.

Fleming zeigte sich äußerst unglücklich darüber, was alles aus seinen Romanen werden sollte. Die Fernsehverfilmung entpuppte sich als Mißerfolg, viele andere Planungen waren schiefgegangen. Als er später alle Rechte - mit Ausnahme von "Casino Royale" - an Saltzman verkaufte, war ihm wohler und er gewann den Eindruck, nun in besseren Händen zu sein.

Erst 1982 endeckte der amerikanische Filmsammler Jim Shoenberger in Chicago ein sogenanntes "kinescope" von "Casino Royale".

Dabei handelt es sich um eine mit der Filmkamera vom Monitor abgefilmte Fassung - damals, als die Entwicklung von Videorecordern noch in den Anfängen steckte, die einzige Möglichkeit, eine TV-Sendung aufzunehmen. Shoenberger führte diese Fassung auf verschiedenen Festivals in den USA vor und gab sie später für eine Videoveröffentlichung frei. Hauptdarsteller Barry Nelson: "Es ist ganz sicher eine Kuriosität, daß es einen James-Bond-Film gibt, den kaum jemand gesehen hat. Ich versuchte damals, der Figur mit Demut zu begegnen. Connery war 007, und ich habe nie mehr erwartet, als 001 zu sein. Niemand hält mich auf der Straße an und erkennt mich als Bond."

Dreharbeiten und Drehorte

"Casino Royale" entstand in kurzer Zeit auf dem Studiogelände der "CBS Television City". Es gab nur wenige Drehorte - das Casino von innen und außen, Hotelzimmer nebst Korridor und Fahrstuhl. Der Film ist in drei Akte unterteilt, deren Anfänge jeweils gekennzeichnet sind und die von einer Schwarzblende für die Werbung unterbrochen wurden.

Budget, Sensationen und Anekdoten

Der Film kostete lediglich 25.000 Dollar. Da es eine amerikanische Produktion war, wurde auch Bond zum Amerikaner, hieß "Jimmy Bond" (sein Kollege Felix Leiter wurde zu Clarence Leiter) und agierte als rauher Spieler, der eher einem Strolch als einem Agenten glich. Barry Nelson in einem Interview mit Lee Goldberg für "Starlog": "Ich war unzufrieden

mit der Rolle. Ich fand sie schlecht geschrieben, sie hatte keinen Charme und keinen Charakter. Mein Auftritt war wirklich lustig, aber leider sollte das gar nicht so wirken ... Manchmal hatte ich einfach nur Angst vor dem Film, wünschte, nicht dabeigewesen zu sein und zitterte regelrecht. Mein Gegenspieler Peter Lorre sagte manchmal zu mir: 'Stell dich aufrecht hin, damit ich dich umbringen kann!'"

Kurz vor der Ausstrahlung stellten die Produzenten fest, daß der Film etwa drei Minuten zu lang war, und so kürzten sie hier und da kleine Szenen und Dialoge. Ein ganz schwerwiegender Fehler blieb dennoch drin: Indem eine Kamera zu lange auf dem toten Gangster Le Chiffre verweilt, fängt sie auch noch ein, wie er wieder aufsteht und weggeht.

Premieren, Starttermine und Besonderheiten

"Casino Royale" erlebte seine Ausstrahlung im US-Fernsehen am 21. Oktober 1954 als vierter Film im Rahmen der CBS-Serie "Climax Mystery Theatre". Die Live-Sendung, gesponsort von der Chrysler Automobile Corporation, begann mit einer eineinhalbminütigen Einführung des "Gastgebers" William Lundigan. Er hielt einen Baccarat-Karten-Schuh in der Hand und erzählte, zu welchen gefährlichen Situationen dieses Utensil führen könne. Da die Sendung kaum beachtet wurde, entschied man schnell, keine weiteren Bond-Romane zu verfilmen.

Kritik

Ein Kritiker schrieb, Barry Nelson versuche, Bogart zu kopieren.

James Bond - 007 jagt Dr. No/ Dr. No (1962)

Inhalt

Auf Jamaica werden kurz hintereinander ein Mann und eine Frau, beide Mitarbeiter des britischen Geheimdienstes Secret Service, ermordet. Der Leiter der Spionageabteilung, "M", rüstet seinen besten Mann - James Bond, Code-Nummer 007 mit der Lizenz zum Töten - mit einer neuen Pistole aus und schickt ihn auf die karibische Insel. Bereits am Flughafen wird er beobachtet. Ein Fahrer entpuppt sich als Attentäter, der nach mißglücktem Anschlag Zyanid schluckt. Bond ermittelt unter den Freunden der toten Geheimdienstler, schließt mit dem schwarzen Fischer Quarrel Freundschaft und trifft die schöne Muschelsucherin Honey. Gemeinsam erforschen sie die vorgelagerte Insel Crab Key, die einem mysteriösen Mann namens Dr. No gehört und von der radioaktive Strahlung ausgeht. Sie werden von den Häschern Dr. Nos verfolgt und in den Sumpf getrieben. Quarrel verbrennt bei lebendigem Leib, Honey und Bond werden gefangengenommen. In Dr. Nos Kommandozentrale findet Bond heraus, daß der Wissenschaftler das sogenannte "Toppling" verursacht: Mit Hilfe von Strahlen stört er das amerikanische Raumfahrtprogramm. Schließlich kann sich Bond befreien, Dr. Nos Pläne vereiteln, Honey retten und die Insel in die Luft sprengen.

Hintergründe

Im Winter 1960 traf Ian Fleming erstmals mit Harry Saltzman zusammen. Flemings Filmagent Bob Fenn bot Saltzman alle verfügbaren und zukünftigen Bond-Bücher an. Saltzman offerierte sie fünf Monate lang verschiedenen Filmstudios, doch die reagierten nicht. Derweil interessierte sich auch der US-Produzent mit Sitz in London Albert R. Broccoli (genannt Cubby) für die Rechte und traf sich mit seinem Partner Irving Allen und Fleming. "Wir aßen zusammen Mittag. Irving sagte Fleming, daß er die Bücher als nicht gut genug für das Fernsehen empfände, was nicht sehr nett war. Fleming war geschockt." Da Allen nicht interessiert war und Broccoli herausfand, daß Saltzman bereits eine Option, aber keine Finanzierung hatte, wurden sie 1961, 28 Tage vor Ende der Option, Partner und gründeten die Produktionsgesellschaft "Eon Productions, Ltd.". Am 20. Juni 1961 stimmte dann - nachdem Columbia abgelehnt hatte - United Artists (UA) einer Serie von sechs Filmen zu, auch wenn die Verträge erst am 2. April 1962 komplett abgeschlossen worden waren - lange nach Abschluß der Dreharbeiten. United Artists gab vor, wieviel Geld die Beteiligten erhalten sollen. Danach standen 140.000 Dollar für Rechte und Drehbuch zur Verfügung, 40.000 für den Regisseur, 80.000 für die Produzenten, zuzüglich 24.000 Dollar für allgemeine Unkosten sowie 700 pro Woche für persönliche Ausgaben während der Vorbereitungen und Dreharbeiten. Schließlich 140.000 Dollar für die gesamte Besetzung, was jedwede teure, prominente Stars ausschloß. Um das Produktionsrisiko zu minimieren, legte man fest, daß der Film dem sogenannten "Eady Plan" anzupassen sei, das heißt, wenn er eine komplett englische Besetzung hat und auf britischem Territorium oder dem des Commonwealth entsteht, konnte man zusätzliche Subventionen bekommen.

Der Deal brachte Fleming 100.000 Dollar pro Film und zweieinhalb Prozent (andere Quellen sprechen von fünf Prozent) der Netto-Umsätze jedes Films ein. Zudem erwarb man alle 18 Monate Optionen auf ein neues Buch.

Sollte man die Option nicht wahrnehmen, würden die Rechte an Fleming - zu der Zeit hatte er neun Bücher veröffentlicht - zurückfallen. Nachdem Fleming seinen Anteil erhalten hatte, teilten UA und Eon fifty-fifty. Ursprünglich hatte UA die Verleihrechte für zehn Jahre erworben. Als die Beziehung sich gut entwickelte, wurden sie erst um fünf Jahre, dann auf lebenslänglich erweitert. Sie behielten sich allerdings vor, die ersten vier Romane auszusuchen und dies danach den Produzenten zu überlassen. Sollte UA die Auswahl nicht gefallen, waren sie in der Lage, die Option zu erwerben und sich einen anderen Verleihpartner zu suchen. UA konnte andere Produzenten engagieren, falls es Saltzman/ Broccoli nicht gelingen sollte, die Filme in einem bestimmten Zeitabstand zu erstellen. Um Steuern zu sparen, gründeten die beiden die in der Schweiz ansässige Firma "Danjaq S.A.". Der Name war aus den Anfangsbuchstaben ihrer beiden Ehefrauen gebildet - Dana Broccoli und Jacqueline Saltzman -; die Firma gehörte allen vier, auch wenn die Frauen nur geringe Anteile hielten. Eon Productions ist eine Tochtergesellschaft von Danjaq.

Als Harry Saltzman und Cubby Broccoli die Optionen erwarben, wollten sie die Serie eigentlich mit "Feuerball" beginnen, aber rechtliche Probleme verhinderten dies. Also suchten sie nach einem anderen Stoff und entschieden sich für "Dr. No"; vor allem deshalb, weil exotische Schauplätze wie Jamaica in den Filmen Ende der 50er, Anfang der 60er Jahre nicht vorkamen. Zudem war der Auftakt mit "Casino Royale", Flemings erstem Bond-Roman, nicht möglich, da die Rechte daran erst bei Gregory Ratoff und dann bei Charles K. Feldman lagen. Saltzman gab später zu, auch im rechten Moment Glück gehabt zu haben, denn der damalige US-Präsident John F. Kennedy hatte in eine Liste seiner zehn

Nach der Londoner Premiere wurde der Film zwei Jahre später im "Odeon" erfolgreich wiederaufgeführt.

Lieblingsbücher, die am 17. März 1961 in der Zeitschrift "Life" erschien, auch den Roman "Liebesgrüße aus Moskau" mit aufgenommen. Saltzman: "Heutzutage im Filmgeschäft oben zu schwimmen, ist eine Kunst, die nicht allein vom Können abhängt. Man braucht dazu vor allem Glück - das Glück, Stoffe zu entdecken, die dem Fernsehen den Wind aus den Segeln nehmen. Wir hatten dieses Glück gleich doppelt, weil ein anderer für uns James Bond entdeckte: John F. Kennedy."

Dreharbeiten und Drehorte

Im Sommer 1961 begannen die Autoren Richard Maibaum und Wolf Mankowitz mit dem Drehbuch zu "James Bond - 007 jagt Dr. No". Nach einem ersten Entwurf ging Mankowitz, und zeitweilig kümmerte sich Harry Saltzman um das Drehbuch. Fünf Versionen entstanden; in einer war aus Dr. No sogar ein Affe geworden, und Broccoli war so sauer darüber, daß er Terence Young, wie der später erzählte, beinahe umgebracht hätte. Schließlich schrieb Maibaum wieder am Buch, aber auch Young selbst und Joanna Harwood, die Frau, die für die richtigen Anschlüsse des Films zuständig war, wirkte ebenfalls mit: "Wir nahmen uns im Hotel Dorchester in London ein Zimmer und arbeiteten Tag und Nacht."

Im Winter 1961 flog ein Filmteam - Regisseur Terence Young, die Produzenten Saltzman und Broccoli, die Ausstatter Ken Adam und Syd Cain sowie Produktionsmanager L.C. Rudkin - nach Jamaica, um sich Drehorte anzuschauen. Am 16. Januar 1962 fingen dort die Dreharbeiten an, die bis zum 21. Februar dauerten. Am 26. Februar 1962, gegen 8.30 Uhr, ging es dann in den Londoner Pinewood Studios weiter. Die Szene im Büro von "M" sollte die erste sein, und nach 58 Drehtagen war der Film am 30. März im Kasten. Sean Connery gestand, daß er den Part erst kennenlernen mußte: "Die Rolle ist absolut unterschiedlich zu alldem, was ich zuvor versucht habe. Geschäfte mit Wodka on the rocks abzuschließen und ein bißchen geringschätziges Benehmen zu lernen, war nicht schwierig. Obwohl ich eigentlich immer echten Scotch bevorzugt habe ..."

Budget, Sensationen und Anekdoten

Der erste Bond-Film kostete gerade mal zwischen 900.000 und einer Million Dollar, das meiste davon verschlangen die Sets von Ken Adam, vor allem Dr. Nos Kommandozentrale, die komplett in London entstand. Technische Tricks wie in allen späteren Filmen gab es noch nicht. Bond zog lediglich mit einer neuen Pistole, einer Walther PPK anstatt einer Beretta, und einem Geigerzähler an die Front. Während der Dreharbeiten auf Jamaica fragte Connery den bekannten Schriftsteller, Freund und

Mit Maßanzügen aus der Londoner Savile Row wird aus einem ungehobelten Schotten ein englischer Gentleman.

Nachbarn Flemings, Noël Coward, um Rat, wie er denn an die Rolle herangehen solle. Der meinte: "Nun mein Junge, schau einfach so aus, als wenn dich nichts in der Welt interessiert, auch wenn gerade eine Kugel in deine Richtung unterwegs ist."

Aufgrund der etwas anderen Moralvorstellungen Anfang der 60er Jahre ergab sich eine Reihe strittiger Situationen. So wurde eine Szene, in der Ursula Andress gefesselt am Boden liegt und von Krabben angegriffen wird, zwar gedreht, war aber - weil als zu brutal empfunden - nicht im Film zu sehen. Zudem sorgten die sich behäbig bewegenden Krabben nicht gerade für den erwarteten Horror. Verschiedentlich wurden die Plakate übermalt, da die abgebildeten Damen, obzwar mit Bikini oder Tuch bedeckt, doch als zu freizügig galten. Aus dem deutschen Fotosatz, der ursprünglich 30 Motive umfaßte, wurden drei Fotos herausgenommen, eines davon zeigte Ursula Andress im Bikini auf einem Tigerfell.

Die berühmte Filmspinne "Belinda", eine Tarantel, die dem Zuschauer viel Angst einjagt, im Film aber nicht über Connerys

Arm, sondern über den seines Stuntmans und Doubles Bob Simmons wandert, sorgte noch in zahlreichen anderen Filmen für Grusel und starb erst im November 1993.

Nach Angaben des langjährigen Publicity Directors von United Artists, Charles Berman, versuchte man Connery zu überzeugen, sich einen anderen Namen zuzulegen. Durch seinen starken schottischen Akzent hörte sich sein Name an wie "Seen Canary". Der Pariser Mitarbeiter meinte, "sans conneries" bedeute soviel wie "ohne Dusseligkeit". Doch Connery lehnte alle Änderungen ab. Außerdem erzählte Berman, während ihrer zehnjährigen Zusammenarbeit hätte ihm der Schotte nicht einmal einen Drink spendiert.

Auch die Musik von John Barry und Monty Norman ist eine Erwähnung wert, hat sie doch bis zum heutigen Tag einen Standard gesetzt. Die Titelmelodie wurde weltbekannt. John Barry 1987: "Freitagabend bekam ich einen Anruf, und man fragte mich, ob ich sehr schnell, bis zum nächsten Mittwoch, etwas schreiben könne. Ich dachte an einen aalglatten englischen Gentleman. Bis zum heutigen Tage habe ich keinen James-Bond-Roman gelesen. Ich kannte nur die Comic-Strips aus dem 'Daily Express', und von denen hatte ich den Eindruck eines aalglatten, trinkenden Sex-Maniac." Barry erhielt 200 Pfund, damals etwa 2245 Mark, für die Melodie.

Die Verleihfirma United Artists vergab damals Preise für ihre eigenen Produkte und zeichnete Connery mit dem "Finds of the Year Award" für seine darstellerische Leistung im ersten Bond-Film aus. Die US-Zentrale offerierte der deutschen Filiale Connery für eine Presse- und Publicity-Tournee, doch die Frankfurter lehnten ab, weil sie mangelndes Interesse befürchteten. Schon ein Jahr später aber rissen sich PR-Leute und Journalisten um den Schotten.

Premieren, Starttermine und Besonderheiten

Am 5. Oktober 1962, knapp sieben Monate nach Drehbeginn, wurde der Film im Londoner "Pavilion"-Kino uraufgeführt. Als er drei Tage später landesweit startete, entpuppte er sich schnell als gutes Geschäft. In Deutschland kam er erst im folgenden Januar in die Kinos. Der Verleih war unschlüssig, wie man den Film nennen sollte. Einige alte Dias führen noch den vorläufigen Titel "W X N antwortet nicht", auch ein Comic-Heft trägt ihn immer noch. Das größte Problem war jedoch, deutsche Kinobesitzer vom neuen englischen Geheimagenten zu überzeugen. Fred Sorg, langjähriger Filmverleihchef und damals Filmverkäufer in Berlin, erinnert sich: "Ich habe mit Kinobesitzern gesprochen, die mir ganz deutlich sagten: 'So einen Scheiß spiele ich nicht!'" Dennoch glaubte der Verleih an den Film und wartete mit einer ganz ungewöhnlichen PR-Aktion auf. Ein verkleideter Dr. No tauchte in mehreren deutschen Städten auf und mußte von Passanten gejagt werden. Vorab wurden Steckbriefe in den Tageszeitungen veröffentlicht. In Frankfurt verbarg sich Sensationsdarsteller Arnim Dahl höchstselbst hinter der Verkleidung und seilte sich von einer Kaufhausfassade ab. Für die Gewinner der Verlosung gab es Flüge nach London und eine Einladung zum Münchner "My-Fair-Lady-Ball". Als später "Goldfinger" zum Straßenfeger wurde, setzten viele Kinobesitzer auch "Dr. No" erneut ein, was dem Film zu langer Spieldauer und entsprechend konstanten Einnahmen verhalf.

Besonders unsicher war die amerikanische Zentrale von United Artists, die "Dr. No" erst im Mai 1963 - und das noch im Rahmen eines Doppelprogramms - in die Kinos brachte. Zuvor hatte UA Bücherpakete mit den Romanen an Journalisten verschickt, um den Namen im Land bekannt zu machen. Auch legte man ein Bikini-Foto von Ursula Andress

Die Ankündigung des ersten Kinoabenteuers im Branchenblatt.

und ein sogenanntes "James Bond Handbuch" bei, in dem die Vorlieben Bonds beschrieben wurden. Um Sean Connery als Star aufzubauen, schickte man ihn durch das ganze Land. In Begleitung von Terence Young bereiste er im März 1963 New York, Chicago, Los Angeles, San Francisco und Kansas City. Dort wurde er auf einer Convention des Verleihs auch Kinobesitzern vorgestellt. In allen Städten führte Connery, begleitet von drei Models, persönlich bei einer besonderen Preview in den Film ein und besuchte den folgenden Empfang nebst "Gourmet Party". Am nächsten Tag schlossen sich Interviews an. Zudem gab es noch eine Premiere auf Jamaica, zu der 100 Journalisten eingeladen wurden.

Die Trailer, die kurzen Vorankündigungsstreifen, die verraten, was es "demnächst in diesem Theater" gibt, wurden völlig verändert. Hatte im englischen Trailer Connery selbst gesprochen, so erläuterte in der US-Version ein ironischer Off-Text Bonds Job. Mit einem amerikanischen Agenten war man ja noch vertraut, aber ein Engländer stieß eben doch eher auf Unverständnis. Diese Erfahrung hatte auch Cubby Broccoli machen müssen: "Als ich die Buchrechte erwarb, kannte niemand Bond. Ich war ganz aufgeregt und erzählte allen Leuten, daß ich die Bond-Rechte habe, und sie sagten: 'Oh, toll! Wer ist denn bloß James Bond?' Keiner kannte ihn, und ich glaube auch, daß ihn keiner wollte." Und Saltzman ergänzt: "Als wir den Film drehten, hatte sich der Roman 'Dr. No' kaum verkauft. Ich ging zu Pan (dem Rechteinhaber der englischen Taschenbuchausgabe) und schlug ihnen vor, 500.000 Exemplare drucken zu lassen. Sie haben mich ausgelacht. Dann kam der Film, und in den nächsten sieben Monaten verkauften sie anderthalb Millionen Stück."

Auch der Film machte seinen Weg: In England spielte er in nur 38 Tagen 460.000 Pfund, umgerechnet fast 5,2 Millionen Mark, ein, und in den USA erbrachten die Erlöse das Sechsfache der Produktionskosten.

Kritik

Der erste James-Bond-Film mußte sich scharfe Kritik gefallen lassen. Hart angegriffen wurden vor allem Sex, menschenverachtendes Verhalten, Chauvinismus, Faschismus und Sadismus. Vor allem die kaltblütige Ermordung von Prof. Dent, der zunächst Bond umbringen will und dem dann, obwohl schon getroffen am Boden liegend, noch zweimal in den Rücken geschossen wird, verursachte langanhaltenden Streit. Dazu Regisseur Terence Young: "Als 'Dr. No' herauskam, nannte eine Reihe von Kritikern Bond einen Faschisten. Das überraschte mich sehr, denn ich glaube, er ist nicht im entferntesten ein Faschist. Er ist unpolitisch und gegen das Establishment. Ich bezweifle, daß er jemals in seinem Leben wählen gegangen ist - vermutlich hatte er nie die Zeit dazu. Er ist der am wenigsten intellektuelle Charakter, mit dem ich je zu tun hatte.

Sean Connery und Ursula Andress amüsierten sich sehr bei dieser Szene. Beiden verhalf "Dr. No" zu einer Weltkarriere.

Er geht niemals auch nur in die Nähe einer Oper oder eines Balletts, aber er hat eine ganze Menge oberflächliches Wissen. Er lernt und hat ein gutes Gedächtnis."

Durchweg gelobt wurden das Tempo, die Kameraführung, die exotischen Schauplätze, die Sets und auch die Darstellerleistungen von Connery und Andress. Man war sich wohl einig, etwas Neues im Kino gesehen zu haben. Nicht ganz sicher war man allerdings, inwiefern dieser Film eine Serie starten könne. Generell läßt sich sagen, daß die amerikanischen Kritiker nicht so hart ins Gericht gingen wie die Engländer, die zumeist auf "no" für "Dr. No" plädierten. Die "New York Times" schrieb: "Man sollte den Film nicht als ernsthaft oder sogar als Kunst betrachten, sondern als eine Art mysteriösen Action-Thriller. Wenn Sie clever sind, sehen Sie das Ganze als Parodie auf Science-Fiction und Sex." Und der "New Yorker" textete: "Das ist ganz einfach brausender Unsinn von Anfang bis Ende und macht den Mann der Königin zu jedermanns idealem Helden." "Newsweek" schrieb: "Vor dem ersten Bond-Film gab es niemanden, mit dem sich der kultivierte Sado-Masochist identifizieren konnte." Der Vatikan ging sehr hart mit dem Film ins Gericht. Die Zeitung "Osservatore Romano" charakterisierte ihn als "gefährliche Mischung aus Gewalt, Vulgarität, Sadismus und Sex. Aber wir sind so scharfsinnig zu hoffen, daß er keinen großen Erfolg haben wird". Die "Katholische Filmkritik" merkte an: "Die rasche Liebespraxis des Helden und zahlreiche kaltschnäuzige Brutalitäten bedingen Einwände." Die "Bravo" immerhin drückte es Anfang 1963 kurz und treffend aus: "Das wird geboten: Geheimagenten, Attentate, Todesstrahlen." Welcher Film konnte 1962 schon damit aufwarten?

Liebesgrüße aus Moskau/ From Russia With Love (1963)

Inhalt

Bond wird von seinem Chef "M" nach Istanbul beordert, wo er mit der russischen Botschaftsangestellten Tatiana Romanova Kontakt aufnehmen und zur von ihr gewünschten Flucht nach England verhelfen soll. Als Dank für die Hilfe steht eine russische Dechiffriermaschine, "Lektor", in Aussicht. Doch Tatiana wird nur benutzt; hinter dem ganzen Plan steckt eine Verbrecherorganisation namens PHANTOM (im Original heißt sie SPECTRE - Special Executive for Counter Intelligence, Terrorism, Revenge and Extortion). PHANTOM will den britischen und den russischen Geheimdienst zum eigenen Vorteil gegeneinander ausspielen. Zunächst glückt der "Lektor"-Diebstahl aus der russischen Botschaft und dank des türkischen Kontaktmanns Ali und seiner Söhne auch die Flucht mit Tatiana bis in den Orient-Express. Hier aber wird Kerim Bey Opfer eines russischen Agenten, während Bonds englischer Verbindungsmann von Red Grant, einem PHANTOM-Killer, ermordet wird. Es kommt zum Kampf auf Leben und Tod zwischen Bond und Grant. 007 gewinnt; er springt mit Tatiana vom Zug ab und rettet sie nebst "Lektor" über die Grenze nach Italien. In einem Hotelzimmer in Venedig stehen sie plötzlich Rosa Klebb, der Vize-Chefin von PHANTOM gegenüber, und noch einmal geht es um Leben und Tod ...

Hintergründe

Der große und so nicht unbedingt erwartete Erfolg von "Dr. No" veranlaßte die Produzenten Saltzman und Broccoli, möglichst

umgehend mit den Vorarbeiten des Nachfolgers zu beginnen.

Erstmals nahmen auch die amerikanischen Illustrierten das Bond-Phänomen ausführlich wahr. So gab es große Geschichten in "Look" und "Life", mit spektakulären Fotos von der Motorbootjagd an der Adriaküste.

"James Bond Will Return" verkündete der Nachspann von Connerys Erstling. Er kam - allerdings später als geplant.

Dreharbeiten und Drehorte

Am 1. April 1963 begannen die Dreharbeiten in Pinewood mit der Vorführung des Aktenkoffers in M's Büro. Nach weiteren Studioaufnahmen flog das Team nach Istanbul, um dort u.a. in der Hagia Sophia, einer der Touristenattraktionen der Stadt, zu arbeiten. Währenddessen machte das zweite Team - ohne die Stars - schon Aufnahmen vom Orient-Express. Die Regieanweisungen an das Zugpersonal, das die Wünsche der Filmleute nur selten erfüllen konnte, erwiesen sich

Die Welturaufführung im Londoner "Odeon" glich einem Triumphzug.

immer wieder als Problem. So kam es zu mehreren Verzögerungen, und erst am 23. August, knapp sieben Wochen vor der Premiere, fiel die letzte Klappe. Hinter der Kamera war fast die gleiche Mannschaft aktiv gewesen wie beim ersten Mal. Alles schien auch unter einem guten Stern zu stehen, dennoch gab es zwei tragische Zwischenfälle. Pedro Armendariz, Darsteller des Ali Kerim Bey, war schon zu Drehbeginn schwer vom Krebs gezeichnet, wollte den Film aber auf jeden Fall zu Ende bringen. Einige seiner Szenen wurden daher vorgezogen; gelegentlich hatte sogar Regisseur Terence Young, mit dunkler Perücke und Schnurrbart, für ihn gedoubelt. Bereits am 9. Juni 1963 gab man in Youngs Londoner Domizil Armendariz zu Ehren eine Abschiedsparty. Kurz danach erschoß er sich im Krankenhaus. Knapp einen Monat später, am 6. Juli, kam es in Schottland, in der Nähe von Crinan, zu einem folgenschweren Unfall während der Arbeiten an den Hubschrauberszenen. Dabei verletzte sich ein Kameramann schwer. Terence Young: "Ich knallte in den

anderen Hubschrauber, wir stürzten aus etwa 40 Fuß ab, und ich blieb etwa eine Minute unter Wasser, weil sich mein Sicherheitsgurt nicht öffnete." Später als geplant, erst am 16. Juli, konnten die Aufnahmen dort abgeschlossen werden.

Budget, Sensationen und Anekdoten

Mit fast zwei Millionen Dollar war das Budget dieses Films schon doppelt so hoch wie das des ersten. Das lag zum einen an zahlreichen Drehorten und höheren Reisekosten, zum anderen auch an der besseren Ausstattung. Einige Kulissen, zum Beispiel das Zigeunerlager, wurden komplett auf dem Studiogelände in Pinewood gebaut.

Der zweite Film der Serie verzeichnete auch den ersten Triumph der Technik, die in späteren Werken dann überhandnehmen sollte. Ein Aktenkoffer - mit Rauchbombe, Messer, Zyanid-Pille und Goldmünzen im Innenfutter - war das Prachtstück der Abteilung von Major Boothroyd. Diesen Koffer des englischen Herstellers Swaine und Adeny gibt es noch; er ist heute im Besitz von Desmond Llewelyn, dem langjährigen Darsteller des Waffenmeisters "Q". Witzigerweise stiegen damals schon einige Lizenznehmer beim "007-Spielzeug" ein. So bot der "Klingel"-Versand lange Zeit in seinen Katalogen einen "James-Bond-Koffer" an, in dem sich allerdings eine Stereoanlage verbarg; die Firma "Multiple Products" schaltete gar Fernsehwerbung für das "James Bond Attaché-Case", und eine US-Firma offerierte ein "007 Bionic Briefcase".

Als für die Aufnahmen in den Kanälen unterhalb der russischen Botschaft in Istanbul ein dressiertes Rudel Ratten gesucht wurde, taten sich die Produzenten zunächst sehr schwer damit. Daniela Bianchi erinnert sich: "Sie haben keine Ratten gefunden, also nahmen sie Mäuse, die sie in Kakao tauchten - aber auch vor denen hatte ich Angst." Doch selbst die

Werbepower in Deutschland.

*Sensationsdarsteller Arnim Dahl warb für ein Preis-
ausschreiben und gab den Gewinner eines Autos bekannt.*

Schokolade half nicht; sie schmeckte den
Tierchen so gut, daß sie sich gegenseitig
ableckten. Schließlich wurde die Labyrinth-
und Rattensequenz im August 1963 in Madrid
gedreht - mit echten, dressierten Ratten.
Die Rolle der Rosa Klebb war ursprünglich für
eine wesentlich schwerere Frau konzipiert,
und die Produzenten zweifelten etwas an
Lotte Lenya, als sie sahen, daß sie gerade mal

50 Kilo wog. Also schlugen die Kostümbildner
vor, ihre Kleidung auszustopfen, was die
Lenya aber resolut ablehnte: "Vergessen wir
das Kostüm einfach", sagte sie. "Ich mache es
so, daß ich dicker wirke und schwerfälliger
auftrete."
Die Prügelei der beiden Frauen im Zigeunerlager ging nicht ohne Schrammen
ab. Alles in allem rissen neun Kostüme in
Fetzen, brachen einige Fingernägel ab und
mußten mehrere kleinere Fleischwunden
verarztet werden. Bei den Aufnahmen wunderten sich Augenzeugen, warum der Kampf
so authentisch wirkte. Erst später stellte sich
heraus, daß sich beide auch deshalb nichts
schenkten, weil sie in denselben Mann verliebt
waren.
Die Dreharbeiten in den Moscheen von
Istanbul, unter anderem auch in der Hagia
Sophia, gestalteten sich recht schwierig, da
dort das Sprechen strengstens untersagt ist.
Aus diesem Grund wurde der bulgarische
Verfolger lautlos umgebracht, und auch das
zu Beginn jeder Szene übliche Schlagen der
Klappe entfiel.
Besondere Erwähnung verdient der raffinierte
Vorspann von Robert Brownjohn, einem der
einflußreichsten britischen Designer jener
Zeit. Er ließ die Schriften, die die Mit-
wirkenden auflisten, auf raffinierte Art und
Weise über den Körper einer Bauchtänzerin
wandern. Damit setzte er einen Standard für
die folgenden Vorspänne, die allesamt als
kleine Meisterwerke gelten und zumeist von
Maurice Binder erschaffen wurden. Binder entwarf auch das typische Bond-Logo: 007 geht
an einem Pistolenlauf vorbei, der ihm folgt.
Bond dreht sich blitzschnell zur Seite, schießt
- und es rinnt Blut über die Leinwand. In
"Liebesgrüße aus Moskau" war dieses Markenzeichen erstmals zu sehen.
Ian Fleming, der die Dreharbeiten in Istanbul
besuchte, geriet dort mit Produzent Harry

Neben 007-Attaché-Koffern und Krawatten erschienen die ersten Spielzeugartikel, wie dieses Puzzle, auf dem Markt.

Woche saß eine viertel Million Zuschauer in den englischen Kinos.

Regisseur Terence Young erklärte den Erfolg so: "Man sollte nicht vergessen, daß Ian Fleming durch seine Etablierung von James Bond viel dazu beigetragen hat. Ich denke, Bond ist möglicherweise der beste moderne Held dieser Zeit, aber wenn man die Bücher analysiert, stellt man fest, daß die Geschichten eher unreif sind und als Filme so nicht wirken würden. Also fanden wir einen Weg, Bond mit einem gewissen Sinn für Humor und ironischen Qualitäten auszustatten. Seine arrogante Haltung haben wir soweit wie möglich reduziert. Der gallige Humor existierte vorher nicht; viele dieser Dialoge sind erst am Drehort entstanden."

Der deutsche Start wurde - wie der des Vorläufers - von tollkühnen Kaufhaus-Kletterein Arnim Dahls begleitet. Zudem ließ man sich für Frankfurt, Köln, München, Hamburg und Berlin etwas Besonderes einfallen. Die Ankündigung: "James Bond ist wieder da!" wurde auf 800 Funk-Taxis geklebt, und mit ihrer Hilfe kam es zu einer Jagd auf den Sensationsdarsteller, der nach und nach eingekesselt wurde, so daß ihm nichts anderes übrigblieb, als Teilnahmekarten für Preisausschreiben zu verteilen. In Hamburg wurde zusätzlich ein Renault 4 verlost.

Nach dem Kino-Start am 14. Februar 1964 hielt sich der Film in einigen Häusern bis Oktober. Einige Theaterleiter setzten "Dr. No" erneut ein und erzielten damit gute Einspielergebnisse.

Vergleichbare Resultate gab es auch in anderen europäischen Ländern. Vor allem in Paris und Mailand saßen die wahren Bond-Fans. In den USA lief "From Russia With Love" erst im April und Mai 1964 an, wiederum - mit "War With Hell" - als Teil eines Doppelprogramms, doch diesmal schon mit wesentlich mehr Resonanz als "Dr. No". Die Marketingstrategie

Saltzman aneinander, weil der ihm vorschreiben wollte, was er essen sollte. Zum Höhepunkt des Streits kam es in einem exotischen Restaurant mit Bauchtänzerinnen und lauter Musik. Saltzman bestellte für alle türkische Küche, Fleming orderte ein "spanisches Omelett", knüllte die Rechnung zusammen und drückte sie einer Tänzerin in den Bauchnabel. Die gestörte Beziehung zwischen beiden hat sich seitdem nie mehr erholt.

Aus Furcht vor diplomatischen Ungelegenheiten ließ die indische Regierung den Original-Titel "From Russia With Love" in "From 007 With Love" umändern.

Premieren, Starttermine und Besonderheiten

Die Welturaufführung am 10. Oktober 1963 im Londoner "Odeon"-Kino glich einem Triumphzug. Sean Connery brachte nicht nur seine Ehefrau Diane Cilento, sondern auch gleich noch die Eltern mit. Gegenspieler Robert Shaw war ebenso zugegen wie Daniela Bianchi. In Großbritannien wurde der Film - inklusive der Wiederaufführungen - von 22 Prozent aller Briten, also von jedem fünften Einwohner, gesehen. Allein in der ersten der Amerikaner zeigte sich in mancher Beziehung allerdings sehr merkwürdig: So gab es keinerlei mehrfarbige Plakate, sondern nur Motive in schwarz-weiß-rot. Selbst die acht Aushangfotos, die sogenannten Lobby Cards, waren schwarzweiß, so daß einige der tollen Effekte auf dem Werbematerial überhaupt keine Wirkung erzielten.

Kritik

Da Regisseur Terence Young einige Ideen aus anderen Filmen aufgriff, warfen ihm manche Autoren hinterher vor, er hätte kopiert. So ähnelt die Anfangssequenz - ein Mann, der aussieht wie Bond, muß sich nachts in einem Garten dem Killer Grant stellen - einer Szene in Alain Resnais' "Letztes Jahr in Marienbad". Auch die Hubschrauberverfolgungsjagd hat ihren Vorläufer - in Alfred Hitchcocks "Der unsichtbare Dritte".

Fleming hatte sich übrigens mehrere Jahre zuvor für Hitchcock als Regisseur ausgesprochen, doch der lehnte ab.

"Liebesgrüße aus Moskau" gilt seit vielen Jahren als jener Film der Serie, der die Atmosphäre des Kalten Kriegs am besten einfängt, der den wahren Abläufen innerhalb der Geheimdienste und dem Kampf der Nationen auf beiden Seiten des Eisernen Vorhangs am nächsten kommt. Zudem ist es Sean Connerys Lieblingsfilm. Als er "Sag niemals nie" drehte , hat er immer wieder von "Liebesgrüße aus Moskau" gesprochen und daß er versuche, mit dem Comeback die Klasse von damals zu erreichen.

Auch die Kritik war sich überwiegend einig, daß es sich hier um ein sehr realistisches Abenteuer handelt. Moira Walsh schrieb in "America", die meisten Kritiker teilten nicht ihre Angst und ihren Zweifel und würden den Film einfach und fraglos zu toller Unterhaltung erklären. In "Time" hieß es: "Alles ist wunderbar aufregend. Regisseur Terence Young ist ein Meister der Form, die er lächerlich macht, und er versteht es, in fast jedem Moment zu schocken." US-Kritiker Leonard Maltin gab in seiner Bewertung dreieinhalb von vier Sternen, lobte Lotte Lenya als "finstere Spionin" und schwärmte von der Zugprügelei zwischen Bond und Grant als "einer der längsten und aufregendsten Kampfsequenzen, die je choreographiert wurden".

Goldfinger/
Goldfinger (1964)

Inhalt

Nachdem Bond ein südamerikanisches Drogenlager zerstört hat, erhält er von seinem Chef "M" ein paar Tage Urlaub in Miami. Dort wird er auf den steinreichen Auric Goldfinger angesetzt. Dessen Betrügereien beim Kartenspiel durchkreuzt er mit Hilfe von Goldfingers Assistentin Jill Masterson. Der schwergewichtige Mann rächt sich auf seine Weise und tötet Jill, indem er ihren ganzen Körper goldfarben anmalen läßt. Wieder zurück in England, erfährt Bond von Goldfingers Schmuggelaktivitäten. Er beschattet ihn, und bei einem arrangierten Golfspiel geraten beide erneut aneinander. Durch einen Trick kann Bond zwar gewinnen, wird aber von Goldfinger gewarnt, sich nicht weiter in seine Angelegenheiten einzumischen. Goldfingers stummer Assistent Oddjob unterstreicht diesen Rat eindrucksvoll, indem er mit seiner weggeschleuderten Melone eine Statue enthauptet. Doch 007 ist Goldfinger weiter auf der Spur und schleicht sich in dessen Schweizer Werk ein. Bei einer wilden Verfolgungsjagd wird Tilly Masterson, die den Mord an ihrer Schwester Jill sühnen wollte, getötet und Bond gefangengenommen. Als Geisel fliegt man ihn in die USA aus, und auf Goldfingers Gestüt in Kentucky erfährt er, daß der Verbrecher Fort Knox, das größte Goldreservoir der Welt, knacken und die gesamten Vorräte atomisieren will. Mit einer von der Pilotin Pussy Galore angeführten Flugstaffel soll dieser Plan verwirklicht werden. Doch Bond gelingt es, Pussy auf seine Seite zu ziehen und das Nervengas, das die Wachmannschaften betäuben sollte, auszutauschen. Der Jet, mit dem Bond zum US-Präsidenten unterwegs ist, kann von Goldfinger gekapert werden, und es kommt zu einem letzten Gefecht zwischen Himmel und Erde.

Hintergründe

Auf dem Höhepunkt des Kalten Krieges wurden im Vergleich zum Roman mehrere wichtige Punkte im Drehbuch geändert. Goldfingers Auftraggeber ist nun kein Russe mehr, sondern Rotchinese. Als Leibwächter werden im Film nur Koreaner beschäftigt, im Buch waren auch Deutsche darunter. Schließlich sind Pussy Galore und Tilly Masterson im Drehbuch keine Lesbierinnen mehr. Zu Anfang des Romans philosophiert Bond über Leben und Tod, der Film dagegen beginnt gleich mit einer Action-Szene. Die rotierende Säge im Buch wurde durch den Laserstrahl im Film ersetzt. Drehbuchautor Richard Maibaum: "Mit dem Laserstrahl hatten wir Bond in einer vergleichbaren Situation, aber es wirkte viel effektiver, als ich es mir auf Papier vorstellen konnte." Obwohl dem Film immer wieder bescheinigt wurde, sich relativ genau an die Vorlage zu halten, gibt es nach Maibaums Aussage "nur vier Zeilen, die aus dem Buch verwendet wurden".

Dreharbeiten und Drehorte

Im Herbst 1963 besuchten Production-Designer Ken Adam und der für die Spezialeffekte zuständige John Stears die Aston Martin-Werke in Newport Pagnell, um sich über den Bau eines speziellen Dienstwagens für Bond auszutauschen. Im Frühjahr 1964 war der Aston Martin DB 5 bereits fertig. Im Winter 1963/64 flog ein kleines Team zwecks Motivsuche in die USA, während sich Broccoli derweil in Portugal umschaute. Im Februar 1964 reiste ein 18köpfiges Team nach Fort Knox und machte Aufnahmen vom Militärstützpunkt und der Umgebung. Ein

Shirley Eaton, das mit Goldfarbe bemalte Mädchen, kam sogar auf das Cover des "Life"-Magazins.

paar Luftbilder von Miami, ein paar vom Hilton-Hotel Fontainebleau und von einer Schrottpresse - mehr passierte nicht in Amerika. Alles andere wurde in der Schweiz und England gedreht; am 19. März 1964 zum Beispiel die Anfangssequenz in Pinewood. Die Miami-Szenen mit Goldfingers Kartenspiel entstanden am 24. und 25. April in der Kunstlicht-Halle D. Erst am 19. Mai stieß Sean Connery zum Filmteam; zuvor war er noch mit Hitchcocks "Marnie" beschäftigt gewesen. Bis Anfang Juli waren die Innendrehs abgeschlossen, so daß man am 6. Juli 1964 in die Schweiz fliegen konnte. In Andermatt wurden die Autoszenen gedreht; dort empfing Sean Connery auch eine Gruppe deutscher Journalisten zu Interviews. Schließlich wurden noch die Szenen beim Golfspiel, auf dem

Gestüt und mit der Luftstaffel gedreht. Da die Schauspielerinnen nicht selbst die Maschinen steuern konnten, doubelten Piloten mit blonden Perücken.

Der spätere Ko-Produzent und Ko-Autor Michael Wilson war erstmalig an der 007-Serie beteiligt. Während seines London-Urlaubs wurde er von Broccoli eingeladen, das Filmteam im Februar in die USA zu begleiten. Er jobbte als "production assistant" und war zumeist damit beschäftigt, die US-Truppen bei der Einschläferungssequenz mit Bier zu versorgen.

Budget, Sensationen und Anekdoten

Mit einem Budget von drei Millionen Dollar kostete der Film schon dreimal so viel wie der Erstling. Nach heutigen Maßstäben gerechnet war es aber immer noch ein Sonderangebot. Erstmals handelte Connery außer seiner Gage eine Gewinnbeteiligung von fünf Prozent aus - nachdem er bei einer Prügelszene durch einen Stoß etwas abbekommen hatte, mit einem verwundeten Nacken nach Hause gegangen und erst vier Tage später wieder am Drehort erschienen war. Erstmals gab es eine Titelgeschichte in der US-Illustrierten "Life", damals eines der weltweit einflußreichsten Magazine. Auf dem Cover räkelte sich die goldüberzogene Shirley Eaton. Jene Szene war nicht ohne Gefahr gewesen. Die Ärzte hatten für die Aufnahmen ein Limit von einer Stunde festgesetzt und blieben die ganze Zeit am Set. Ein Londoner Spezialist erklärte: "Auch wenn Mund und Nase frei bleiben, würde eine goldbemalte Person sicher sterben. Die Haut, die die Körpertemperatur bestimmt, wäre nicht in der Lage, zu atmen, und der Mensch müßte ersticken." Daher ließ man ein kleine Stelle am Rücken frei, außerdem trug Shirley Eaton einen knappen Slip und Schalen zur Bedeckung ihrer Brüste. Sie empfand es als "unbequem, aber witzig". Die Anwesenheit der Weltpresse beim Drehen gerade dieser Szene brachte den Film erstmals ins Gespräch. Auch der "stern" setzte jetzt auf Bond und druckte den Roman von Ian Fleming ab dem 30. August 1964 in Fortsetzungen. Ironische Schlagzeile auf dem Titelblatt zur ersten Folge: "Das völlig neue Kriminalgefühl". Im Oktober gab es in der "Neuen Illustrierten" die Comic-Strips aus dem "Daily Express" zu sehen.

Gert Fröbe arbeitete bei "Goldfinger" zum Teil parallel für "Die tollkühnen Männer in ihren fliegenden Kisten". Eines Tages marschierte er in seiner Uniform als Oberst Holstein im Stechschritt durch das Atelier des Bond-Films, grüßte zackig und pfiff seine Militärmelodie ... Extra für Lois Maxwell wurde eine Szene gedreht, in der sie auch mal einen Kuß bekommt. Die kanadische Schauspielerin

Die dubiose Werbung war keineswegs 'geschmacklos', die Goldfinger waren aus Marzipan.

Gert Fröbe mußte zu dem Part des Bösewichts erst von seiner Frau überredet werden.

hatte ironisch angemerkt, daß sie die einzige Frau sei, die seit nunmehr drei Filmen ungeküßt sei. Also verpaßte ihr Connery drehbuchwidrig einen "Schmatz" - die Szene wurde dann noch mal ohne Kuß wiederholt.

Oddjobs Tod an den Gitterstäben von Fort Knox wurde effektvoll simuliert. Pulverkapseln, die bei der Explosion nicht einmal den Anzug versengten, wurden an versteckten Stellen angebracht und von einer sogenannten "clunker box" gezündet.

Unbestrittener Star des Films war ein 'Streitwagen' ganz besonderer Art: der Aston Martin DB 5. Unbestrittenes Problem des Films war das schüttere Haar Sean Connerys, der hier erstmals mit einem Haarteil ausgerüstet wurde. (Angeblich sollen während der Dreharbeiten zu "Feuerball" zwölf Toupets so zerrupft worden sein, daß erst Nachschub aus England besorgt werden mußte ... Geschichten dieser Art tauchen wohl immer dann auf, wenn Interviews Mangelware sind. Fakt ist aber, daß Connery seit 1964 immer wieder, falls es die Rolle erforderte, Haarteile getragen hat.)

Der von Production-Designer Ken Adam für 30.000 Pfund in Pinewood geschaffene Nachbau von Fort Knox war eine Sensation. Vier Tage hatte er vor Ort verbracht, um sich ein Bild von der Virginia-Kolonial-Architektur und der Umgebung zu machen. Da Innenaufnahmen vom Gold-Depot, zu dem nicht einmal der US-Präsident Zutritt hat, nicht erlaubt sind, konnte Adams seinen Ideen freien Lauf lassen. Die Fort-Knox-Szenen des Films beeindruckten die Amerikaner dann so sehr, daß sie meinten, es sehe wirklich so aus.

Anfang 1966 erhielt der Film in Israel Spielverbot, weil Gert Fröbe in einem Interview seine NSDAP-Mitgliedschaft zugegeben hatte. Er wurde zur unerwünschten Person erklärt und der Film-Bann erst aufgehoben, als eine Wiener Familie an Eides Statt versicherte,

Nach dem großen Erfolg des Aston Martin DB 5 überschwemmten Spielzeugautos und Modellbausätze den Markt.

"The Most Famous Car In The World" nannte ein englischer Autor sein Buch über den silbernen Aston Martin DB 5.

damals von Fröbes Familie gerettet worden zu sein. Bis dahin hatte aber bereits eine viertel Million Israelis "Goldfinger" gesehen, und von Schwarzmarkthändlern waren bis zu sechs Dollar für eine Kinokarte verlangt worden, die sonst umgerechnet nur 65 Cent kostete.

Die witzigste Parodie lieferte ein Comic mit dem Titel "Goldwhisker". Darin geht es um einen gefährlichen Mausgangster, der seine

Für Gert Fröbe der Anfang einer internationalen Karriere:
"Schade, daß der Film nicht 'Goldarm' hieß".

Freundin komplett mit Käse eindecken
möchte.

Etwa 30 "Goldbarren", in Wirklichkeit waren
es mit Goldfarbe überzogene Aluminium-
stücke, verschwanden täglich während der
Dreharbeiten, da Crewmitglieder sie als
Souvenir mitnahmen. Da der Verlust mit der
Zeit bedenkliche Ausmaße annahm, ließ
Regisseur Hamilton einen Wächter aufstellen,
um dem Diebstahl Einhalt zu gebieten.

Premieren, Starttermine und Besonderheiten

Zur Welturaufführung des Films am 17.
September 1964 in London herrschte
immense Begeisterung; Tausende säumten die
Straße vor dem "Odeon"-Kino am Leicester
Square. Polizeiabsperrungen wurden einge-
drückt, eine Kinotür ging zu Bruch, etliche
Schaulustige mußten ins Krankenhaus. Honor
Blackman erschien in goldfarbenen Hosen
und mit einem vergoldeten Finger zur
Premiere. Das Schmuckstück, an dem ein
Diamant von 6,5 Karat prangte, hatte einen
Wert von 110.000 Mark. Auch andere fuhren
auf den Look ab. So brachten bewaffnete

Damen mit goldschillernden Blusen, Hosen
und Handtaschen die Filmrollen ins Kino und
verteilten Romane von Ian Fleming.

Nach der Premiere lief der Film parallel in acht
Londoner Kinos. Bereits "Liebesgrüße aus
Moskau" hatte vielfach schon lange be-
stehende Hausrekorde überbieten können,
doch jetzt purzelten bald jeden Tag neue.
Am 8. Oktober 1964, nur drei Wochen
nach der Premiere, meldete die englische
Fachzeitschrift "Kine Weekly": "So was ist
noch nie passiert!" - jeder Hausrekord in
England sei in den letzten 14 Tagen überboten worden. Ein französischer Kino-
manager wurde im "Observer" mit den
Worten zitiert: "Die Schlangen vor den
Kinos sind die längsten, die es je gab."
Eine deutsche Fachzeitschrift berichtete von
"phänomenalen Umsätzen" und rechnete
vor, daß im Vergleich zum ersten Bond-Film
etwa zehnmal soviele Besucher zu verzeichnen
seien.

In den USA erlebte "Goldfinger" am
22. Dezember 1964 seine Uraufführung.
Bereits um drei Uhr früh bildeten sich die
ersten Schlangen. Drei Tage später startete er
landesweit und lief im größten New Yorker
Kino 24 Stunden ununterbrochen. Zu kurzen
Pausen kam es nur, weil die Popcorn-Reste
schon zehn Zentimeter hoch lagen. Anfangs
machte Honor Blackmans Rollenname Probleme, denn "Pussy Galore" galt als zweideutig
und schmuddelig, so daß der US-Zensor den
Film nicht freigeben wollte. Als Broccoli davon
hörte, schickte er einen Ausschnitt aus einer
englischen Tageszeitung, die nach der
Premiere das Treffen mit Prinz Philipp als
"Pussy und der Prinz" betitelte. Jetzt hatte
die Zensur nichts mehr einzuwenden ...
Deutschland-Premiere war am 14. Januar 1965
im Kölner Capitol-Kino - in Anwesenheit von
Gert Fröbe und des Aston Martin DB 5, landesweiter Start zwei Tage später. Fröbe machte

zuvor in Frankfurt, Höchst und Erlangen Station und startete die Rallye Monte Carlo. In Köln wurde mit Hilfe der Tageszeitungen "Express" und "Stadt-Anzeiger" eine Jagd auf Goldfinger inszeniert. Wer ihn fand, wurde mit Premierenkarten und Goldmünzen belohnt. Aufgrund des riesigen Erfolges wurde zwei Wochen später im Münchener Mathäser-Filmpalast eine weitere Premiere gefeiert. Der hunderttausendste Besucher jedes Kinos in Deutschland erhielt von der deutschen Verleihfiliale der United Artists jeweils einen Strauß Blumen und eine Goldmünze. Aber nicht jeder war vom Film gefesselt: In Den Haag mußte die Polizei einen Seemann aus einem Kino "befreien", den man dort aus Versehen eingeschlossen und der sich am frühen Morgen dann laut bemerkbar gemacht hatte. Er war bei der Abend-Vorführung eingeschlafen!

Ein Jahr nach der Premiere rief Cubby Broccoli Fröbe an und erzählte ihm, der Film habe bereits 45 Millionen Dollar eingespielt. Von Harry Saltzman erhielt Fröbe als Dank für seine Verdienste sogar einen echten goldenen Finger geschenkt. Fröbes Kommentar: "Schade, daß der Film nicht 'Goldarm' hieß." Weil jeder Bösewicht sich immer wieder an Gert Fröbe messen mußte, gab es viele Jahre später sogar Überlegungen, ihn als Goldfingers Bruder wiederauferstehen zu lassen. Die Idee wurde aber verworfen.

Im Februar 1965 weilte Connery in Paris, um die französische Premiere von "Goldfinger" zu besuchen und Szenen für "Feuerball" zu drehen. Kaum war der eine Film im Kino, ging der nächste schon in Produktion - was das Bond-Fieber erst so richtig entfachte. Von der jetzt grassierenden Bondomanie konnten auch die Mädchen profitieren. Shirley Eaton und Honor Blackman bekamen plötzlich Hollywood-Angebote und Topgagen; Vorspann-Model Margaret Nolan, kurz zu sehen auch als

Um dem Publikumsansturm gerecht zu werden, wurden in Berlin provisorische Kassen errichtet.

Masseuse, die von Bond mit einem Klaps weggeschickt wird, riß die Produzenten nicht ganz grundlos zu dem Statement hin: "James Bond braucht einer Frau nur auf den Hintern zu klopfen - und schon wird was aus ihr."

Die Heilsarmee veröffentlichte in ihrer Zeitschrift "Kriegsruf" eine Haßtirade auf 007 und wollte ihn ein für allemal zur Strecke bringen. Dem Artikel zufolge wäre Bond für einen neunprozentigen Anstieg der Kriminaldelikte in England verantwortlich.

Das Interesse am Gold-Look ist selbst in jüngster Vergangenheit nicht abgeebbt. Für die Mai-Ausgabe 1995 der Zeitschrift "Fame" ließ sich Goldie Hawn beinahe komplett goldbemalen, und auch Bond-Mädchen Maryam d'Abo (sie spielte in "Der Hauch des Todes") tat genau dies für den "Playboy". Für seine Pret-A-Porter-Show am 18. März 1991 in Paris diente Karl Lagerfeld, wie er sagte, "Goldfinger" als Inspiration.

Goldgräberstimmung für Kinobesitzer. "Goldfinger" schlug bundesweit Hausrekorde.

"Goldfinger" war auch der erste Film, der von der "Academy of Motion Picture Arts and Sciences" in ihrer Auswahl berücksichtigt wurde und einen Oscar für die besten Toneffekte erhielt.

Kritik

Zumeist wurde mit dem Film sehr hart ins Gericht gegangen. "Die neue Brutalität" titelte ein englisches Magazin, und die "Frankfurter Allgemeine Zeitung" schrieb am 8.1.65: "Zu sehen ist nur eine bisher unbekannt gebliebene Fülle von Mord und Folterung, wobei die völlig unnötig, aber eben noch so mitgenommene Zerquetschung eines Menschen zwischen Stahlwand und geöffneter Tür des Stahltresors in Fort Knox beim Eindringen der Regierungstruppen vielleicht am tiefsten verstimmt. Sex und Mord wechseln, rhythmisch skandiert, miteinander ab. Ist das humorvoll? (...) Wir können es nicht ändern, aber diese Art von Humor erinnert an Eichmanns Zeit. (...) Hier wird an Instinkte appelliert, die nicht anders als faschistisch zu nennen sind." Andernorts wurden sogar Rufe nach dem Schutz der Öffentlichkeit laut, da "Goldfinger", wie seine Bond-Vorgänger auch, ab 16 freigegeben wurde, oder man ließ sich zu harschen Anmerkungen über den Rassismus und die politische Situation hinreißen: "Bond fliegt mit im Napalm-Bomber über Vietnam." Die "Welt der Arbeit" schrieb von "in pervertierter Manier freigesetzter Brutalität und Grausamkeit", und NDR 1 berichtete: "Rassenhetze, Sadismus und eine Weltanschauung, die am besten mit den Leitsätzen 'Gewalt geht vor Recht' und 'Der Zweck heiligt die Mittel' zu umschreiben wäre. (...) In einem solchen Ausmaß ist im Film nach 1945 selten gegen eine andere Rasse gehetzt worden."
"Die Welt" bemängelte die Gaskammerszene, in der Goldfinger seine Helfershelfer umbringt, und das Blatt scheute sich nicht, noch

Toupets für das schüttere Haar des Top-Agenten.

weiter in die Geschichte einzutauchen: "Die Langeweile und Verderbtheit, mit der Massenmord und Mordgenuß in Hamiltons bunter Superschau ausgespielt werden, erinnert an das alte Rom." Doch trotz vehementer Kritik der Brutalitäten wurde, wie in der "Rheinischen Post", auch erwähnt, daß die "Pendel bundesdeutscher Kulturkritik zumeist sehr extrem ausschlagen." Weiter heißt es: "Was der überholte 'Krimi', was der gekünstelte, psychoanalytische Schocker nicht mehr schaffte, glückte hier: die Behexung des Zuschauers, durch die ein als Reißer angelegter Film auch ein Reißer an der Kasse wird." Am schärfsten gingen die Russen mit James Bond um. Die "Prawda" bezeichnete ihn als "Nachfolger der nationalsozialistischen Verbrecher" und schrieb, es gäbe "keinen Unterschied zwischen ihm und dem deutschen KZ-Kommandanten Rudolf Hoeß."

Feuerball/
Thunderball (1965)

Inhalt

Nachdem Bond in Paris den gegnerischen Agenten Jacques Bouvoir ausgeschaltet hat, erholt er sich in einer englischen Klinik. Hier wird der NATO-Pilot François Derval getötet und durch einen Doppelgänger ausgetauscht. Die Aktion ist Teil eines Plans von PHANTOM (im Original SPECTRE), der mit Hilfe des Doubles bei einem Übungsflug der NATO zwei Wasserstoffbomben entführen läßt und nun die englische Regierung erpreßt. 100 Millionen Pfund in Diamanten lautet die Forderung, oder zwei Weltstädte verschwinden für immer von der Landkarte. Bond fliegt auf die Bahamas, nimmt Kontakt zu Domino, der Schwester des ermordeten Piloten, auf und lernt ihren Financier, den sizilianischen Millionär Emilio Largo, die Nr. 2 der Organisation, kennen. Die Killerin Fiona versucht Bond umzubringen, wird jedoch von den eigenen Leuten erschossen. Schließlich entdeckt Bond das Unterwasserquartier der Bomben und stellt Largos Froschmänner mit Unterstützung einer aus Miami herbeigerufenen Spezialtruppe von Wasserfallschirmspringern. Doch Largo kann fliehen. An Bord seiner Yacht kommt es schließlich zum letzten Kampf.

Hintergründe

Der Roman "Feuerball" basierte nicht allein auf einer Geschichte von Ian Fleming, sondern auf einer Reihe von Drehbuchentwürfen, die der Autor gemeinsam mit dem Produzenten Kevin McClory und seinen Freunden Ivar Bryce und Ernst Cuneo für den amerikanischen Fernsehsender CBS verfaßte. Die Titel variierten zwischen "SPECTRE", "James Bond Secret Agent", "James Bond of the Secret Service" und "Longitude 78 West". Doch das Projekt machte, obwohl das Team auch noch Jack Whittingham als Autor hinzuzog, keine rechten Fortschritte. Im Dezember 1959 sandte McClory das erste fertige Skript "Longitude 78 West" an Fleming, der daraus den bekannten "Thunderball" schrieb. Als das Buch im Frühjahr 1961 erschien, waren die Miturheber geschockt und zogen vor Gericht. Im November 1963 einigten sich die Parteien außergerichtlich. Trotz Geheimhaltung der Summe, die Fleming zahlen mußte, gilt ein Betrag um die 35.000 Pfund als relativ sicher. Gemäß der Vereinbarung wurden beide Ko-Autoren im Vorspann und in der Werbung genannt; McClory gilt neben Broccoli/Saltzman als Produzent und erhielt zu den 20 Prozent Gewinnbeteiligung noch ein Fixum von 250.000 Dollar. Seine Mitwirkung brachte einige Vorteile: Der Mann kannte die Bahamas sehr genau, wohnte seit vielen Jahren dort und konnte als guter Taucher unschätzbare Dienste leisten, da etwa ein Viertel des Bond-Abenteuers unter Wasser spielt.

Die Besetzung der weiblichen Haupt- und Nebenrollen, für die dieses Mal schon vier Frauen gesucht wurden, entwickelte sich zu einem weltumspannenden Unternehmen. 600 Bewerberinnen, von denen etwa 200 gesehen und 60 getestet wurden, meldeten sich bei Regisseur Terence Young für die Rolle der Domino. Aus Deutschland standen Frauen wie Gisela Hahn, Uschi Siebert (die damalige Assistentin von Hans-Joachim Kulenkampff) und "Miss Bayern" (Monica Brugger) auf der Liste. Letztere wurde durch einen "Badenixen-Wettbewerb" der Zeitschrift "Revue" ausgewählt und traf Connery am Set in London, um eventuell auch in der nächsten Produktion - damals war "Im Geheimdienst Ihrer Majestät" geplant - zu spielen. In engeren Betracht kamen auch die Italienerinnen Sylvia Koscina und Maria Grazia Buccela, die Französinnen Claudine Auger und Yvonne Monlaur, die Schwedin Uschi Bernelle sowie die Engländerinnen Marisa Menzies, Gloria Paul, Justine Lord, Rose Alba, Maggie Wright und Elizabeth Couzell. Julie Christie lehnten die Produzenten ab, da ihnen ihre Brüste zu klein schienen. Aus den USA waren die damals noch unbekannte Candice Bergen und die farbige Ena Hartmann, aus Kanada Suzanne Lloyd im Gespräch. Claudine Auger gewann dann den Screen-Test. Nach "Bravo"-Recherchen sollte auch Klaus Kinski eine Rolle als Bösewicht erhalten, doch daraus wurde bekanntlich nichts.

Dreharbeiten und Drehorte

Im Dezember 1964 flog Production Designer Ken Adam nach Puerto Rico, um ein Boot - die "Disco Volante" - zu kaufen. Im Januar 1965 schrieb Richard Maibaum das Drehbuch um, und eine kleine Crew um Regisseur Terence Young und Ken Adam begab sich zur Motivsuche auf die Bahamas. Derweil besichtigte Harry Saltzman den Drehort Paris. Am 12. Februar 1965 verläßt ein 58 Mann starkes Team London und beginnt vier Tage später mit den Dreharbeiten in der Stadt und am Chateau d'Anet außerhalb der französischen Metropole. Sie dauern genau acht Tage und gelten als bestgehütetes Geheimnis. Danach flog die Crew zu vierwöchigen Innenaufnahmen nach London zurück. Mit einer Sondermaschine der TWA reiste das inzwischen auf 82 Mann angewachsene Team im Anschluß auf die Bahamas. Sieben Wochen waren für den Dreh konzipiert. Bei der Einreise gab es Probleme: Das Team wollte die umständlichen Zollformalitäten unbürokratisch und schnell erledigt wissen, geriet aber mit den langsam arbeitenden Behörden anein-

Sogar Wissenschafts-Magazine interessierten sich für die immer raffiniertere Technik in den Bonds.

ander, weil bereits angereiste Kollegen es nicht begrüßen durften. Als Broccoli mit Abreise drohte und erwog, nach Jamaica umzuziehen, zeigte man sich kooperativer.

Ende März entstanden auf Paradise Island die Szenen zum "Kiss Kiss Bang Bang Club" im dafür umgebauten Café "Martinique" des US-Millionärs Huntington Hartford, der selbst als Komparse mitwirkte. Durch eine generöse Spende an das "Rote Kreuz" der Bahamas gelang es den Produzenten, etwa 200 Gäste der besten Gesellschaft Nassaus zur Teilnahme an den Casino-Szenen und der Party im Club zu bewegen. Der amerikanische Millionär Nicolas Sullivan aus Philadelphia stellte seine Villa als "Besitz" des Gangsters Largo zur Verfügung. Ostern 1965 erlebte die Inselhauptstadt ein Schauspiel, das sonst

John Stears bekam für seine Special Effects einen Oscar. Dazu zählte auch ein BSA-Motorrad mit 4 Raketen.

immer nur Neujahr zu besichtigen war. Die Junkanoo-Parade, ein farbenprächtiger Umzug und eine der größten Attraktionen der gesamten Karibik, fand eigens für "Thunderball" statt. Die Produzenten lobten Preise für die schönsten Kostüme aus und konnten sich dadurch nicht über mangelnde Beteiligung beklagen.

Die Strandszene, in der sich Domino und Bond näherkommen, wurde bezeichnenderweise am "Love Beach" gedreht. Zuvor gab es bereits eine Unterwasserliebesszene, bei der beide hinter einer Korallenbank verschwanden und nur noch Luftblasen und ein Bikini-Oberteil aufstiegen. Die Sequenz mit dem Kleidungsstück wurde als zu suggestiv verdammt und geschnitten.

Die zumeist sehr hohen Temperaturen um 35 Grad streßten das Filmteam genauso wie die Heerscharen von Reportern und Fotografen. "stern"-Redakteur Wilfried Achterfeld beobachtete, daß eine Gruppe aus Paris "brav fünf Tage auf ein gutes Wort" wartete und eine Journalistin aus Los Angeles "seit drei Tagen den mürrischen Matador umstrich". Frustriert überschrieb er seinen Artikel: "Wie ich kein Interview mit James Bond machte".

Die Hai-Aufnahmen begleitete kein Geringerer als Jacques Cousteau. Ihm gelang es auch, den ängstlichen Connery in das Becken zu bekommen. Obwohl die Tiere mit Beruhigungspillen versorgt waren und eine Glasscheibe die beiden Parteien trennte, empfand der Schauspieler wenig Sympathie für diese Aufnahmen. In dem berühmt gewordenen Playboy-Interview, das im November 1965 erschien, sagte er: "Alle diese Unterwasserdrehs und die Wasserflaschen auf dem Rücken finde ich nicht besonders aufregend. Ich fürchte mich vor Haien und Barracudas und zögere nicht, dies auch zuzugeben." Dabei hatten einige Haie in der Gefangenschaft ihre Aggressivität so weit verloren, daß man einen Mann engagieren mußte, der ihnen zur Stimulanz ihrer Angriffslust den Rücken rieb.

Die Szenen des Unterwasserkampfes, ursprünglich auch auf den Bahamas geplant, realisierte die Produktion in der letzten Juliwoche in der Nähe des Clifton Pier und vor Miami, da die Wasserfallschirmjäger zur Niederschlagung einer Demonstration in Santo Domingo gebraucht wurden. Verantwortlich war Ivan Tors, Produzent erfolgreicher Fernsehserien wie "Flipper" und "Daktari". Als ein Sprengkörper falsch detonierte, zog sich einer der Taucher schwere Verbrennungen zu. Beim Absenken des Vulkanbombers auf den Meeresgrund gab es weitere Probleme: Ein Stuntman doubelte den Piloten. Er vergaß, seinen Luftschlauch richtig anzusetzen und schluckte dadurch Wasser. Beschweren wollte er sich aber nicht, da eine Wiederholung der Aufnahme sehr teuer geworden wäre. Danach brach er so erschöpft zusammen, daß er sich einer Behandlung im Krankenhaus unterziehen mußte.

Im Oktober verlangte Sean Connery eine künftige Begrenzung des Drehplanes auf zwölf Wochen. Ihn störten die immer längeren Drehzeiten. Die Annahme anderer Angebote

Der Bell-Einmann-Düsenrucksack wurde für die US Army getestet.

blieb ihm dadurch verwehrt. Außerdem beschwerte er sich über die anstrengende Arbeit: "Ich brauche die Konstitution eines Rugby-Spielers, um die 19 Wochen aus Schwimmen, Prügeln und Knutschen zu überstehen. Aber Bond ist gut zu mir gewesen, und ich glaube, daß dies die beste aller Geschichten ist."

Budget, Sensationen und Anekdoten

Mit einem Etat von etwa 5,5 Millionen Dollar kostete "Feuerball" schon wieder fast das Doppelte seines Vorgängers. Das lag zum einen an der höheren Anzahl von Filmkopien, zum anderen aber verlangten die Unterwasseraufnahmen eine viel aufwendigere Logistik, wesentlich mehr Beteiligte und teureres Equipment als frühere Produktionen. Allein die Taucherausrüstung für die 45 Beteiligten verschlang 45.000 Dollar. Eine Flotte von 29

Booten war im Einsatz, und erstmals nahmen technische Sensationen einen breiten Raum ein. Dazu gehörte die Yacht "Disco Volante", die sich bei Bedarf vom schwimmenden Luxushotel mit 40 Meilen Geschwindigkeit in ein 95 Meilen schnelles Tragflächenboot verwandelte und mit ihrem 1320 PS starken Mercedes-Benz-Dieselmotor 90.000 Pfund des Budgets fraß, ein mit Raketen bestücktes Motorrad (eine 650ccm BSA Lightning), Unterwasserscooter, ein Unterwassertransporter für zwei Atombomben und ein per Propeller angetriebener Unterwasserrucksack, zwei mit Sprengköpfen bestückte Harpunen, Sauerstoffpatronen, mit denen ein Mann unter Wasser bis zu zwei Minuten atmen konnte, eine neuentwickelte Luftdruckpistole, ein luxuriöser Swimmingpool, der Haie beherbergte, eine Bell-Einmann-Rakete und wieder einmal der Aston Martin DB 5, der schon in "Goldfinger" gute Dienste verrichtete.

Zum ersten Mal sahen übrigens die Zuschauer die Doppel-Null-Agenten aller Streifen in einem. Connerys Stand-In, Bill Baskerville, der diesen Job auch schon zuvor für Jack Hawkins, Cary Grant und Jack Palance erledigte, durfte in einer kleinen Rolle (als einer von Largos Schergen) vor die Kamera.

Während der Dreharbeiten auf den Bahamas tauchte plötzlich eine Gruppe von überwiegend amerikanischen Studenten im Wasser auf und rief Connery zu: "Sprich zu uns. Du bist unser Führer und wir sind deine Leute." Sie mußten zwar verschwinden, wurden aber ein paar Tage später für fünf Pfund Tagesgage als Statisten verpflichtet. Die Mädchen engagierte die Produktion allerdings nur unter der Bedingung, daß sie bereit wären, genauso knappe Bademoden wie Claudine Auger zu tragen.

Die Crew kam während der Aufnahmen in einen einzigartigen Genuß: Ein T-Shirt mit der Aufschrift "Thunderball" berechtigte sie, in jedem Geschäft der Inselgruppe einzukaufen. Der Betrag wurde automatisch dem Budget der Produktion zugerechnet. Die Inseln zehren heute noch von der einstigen Sensation. So bieten verschiedene Veranstalter Tauchgänge zu dem Modell des einst versenkten Vulkanbombers oder Erkundigungen anderer Unterwasserdrehorte an. Die Einfahrt zum Café "Martinique" heißt seitdem "Thunderball-Canal".

Das Londoner Auktionshaus "Christie's" versteigerte 1993 eines der Original-Artworks, das Bond inmitten von vier Mädchen zeigt. Ein amerikanischer Sammler zahlte dafür 2.300 Pfund.

Mitte September traf beim britischen Verteidigungsministerium der Brief eines 16jährigen amerikanischen Mädchens ein, das darum bat, von 007 zur Spionin ausgebildet zu werden. Die Behörde beschied knapp: "Mr. James Bond befindet sich nicht im Dienst Ihrer Majestät."

Die deutsche Synchronisation änderte eine Reihe von Dialogen. Am offensichtlichsten ist die Differenz bei einem Gespräch zwischen Bond und Domino am Pool. Sie sagt: "Sie haben erstaunlich scharfe Augen." Er: "Nicht nur scharfe Augen". Daraus wurde später: "Warten Sie, bis Sie meine Zähne spüren", wie im Original. In verschiedenen ausländischen Fassungen wurde dieser Dialog ganz geschnitten.

Premieren, Starttermine und Besonderheiten

Ursprünglich war die Welturaufführung in London geplant, doch entgegen der Tradition fand sie dieses Mal am 11. Dezember 1965 in Anwesenheit von Luciana Paluzzi und Adolfo Celi im "Shirley Street Theatre" auf den Bahamas statt - als kleines Dankeschön an die vielen Beteiligten vor Ort. Im Herstellungsland erlebte der Film erst am 29. Dezember seine Premiere, nachdem er bereits in den USA und in Deutschland über die Leinwände flimmerte. Dafür konnte das Publikum gleich in zwei Kinos feiern. Im Londoner "Pavilion" waren Claudine Auger, Luciana Paluzzi, Adolfo Celi und die "Goldfinger"-Darstellerinnen Tania Mallet und Honor Blackman zu Gast, im "Rialto" Molly Peters, Martine Beswick und Guy Doleman. Zusätzlich zum Start in England brachte der Verleih die ersten beiden Bond-Abenteuer als Doppelprogramm (das sogenannte "Double Bill") in die Kinos. Der Manager des "Odeon" in Ayr ließ sich etwas Besonderes einfallen: Er versenkte ein paar Filmdosen im Hafen, ließ sie vom örtlichen Tauchclub bergen und zum Abspielort bringen.

In New York wurde für die Premiere das wegen Unrentabilität geschlossene Paramount-Theater mit 3.400 Plätzen wieder geöffnet. "Thunderball" startete in 27 New Yorker Kinos und landesweit in 250 Lichtspielen. Nach nur sechs Wochen waren in den Vereinigten Staaten die gesamten Kosten gedeckt. Ein Theaterleiter aus Tokio brachte sein Leid über den Andrang an den Kassen mit dem komischen Satz zum Ausdruck: "Ich bekäme jedes Mal 200 Leute mehr ins Kino, wenn die nicht alle Mäntel tragen würden."

"Mit dem Deutschland-Einsatz des neuen James-Bond-Films 'Feuerball' ist die wohl größte Werbeaktion verbunden, die jemals in unseren Landesgrenzen eine Filmpremiere begleitete. Wären militante Ausdrücke noch gefragt, könnte man von einem 'konzentrischen Angriff' sprechen; wir wollen es indessen bei einer schlichten Formulierung belassen: Das Weihnachtsfest wird sich 1965 nur mit Mühe gegen den 'Feuerball' behaupten können. Merry Bondmas." Das schrieb das Branchenblatt "Filmecho Filmwoche" am 5. November 1965 und sollte damit recht behalten. Nicht nur, daß die Welle mit Bond-Produkten jetzt den Markt überschwemmte und Zeitungen wie die "AZ" München den Roman im Vorfeld abdruckten, man veranstaltete auch noch einen Wettbewerb unter den Kinobesitzern, an dem sich weit über 100 beteiligten, und lobte als Hauptpreise Reisen auf die Bahamas aus. Vom 8. bis 14. Dezember flog die deutsche Filiale der United Artists 30 Kinobesitzer, die sich mit Topdekorationen hervorgetan hatten, und knapp 90 Journalisten aus Deutschland, Österreich und der Schweiz (insgesamt 137 Gäste) mit einer gecharterten Boeing 707 der BOAC von Frankfurt via London zur Vorpremiere auf die Bahamas. In London nahmen die Reisenden an der Verleihung der "Goldenen Leinwand" für über drei Millionen "Goldfinger"-Besucher teil. Auf den Bahamas bot sich den Gästen Gelegenheit, die Drehorte zu besichtigen, den britischen Gouverneur und Premierminister Sir Frank Grey kennenzulernen, einer 007-Modenschau beizuwohnen und alle in Deutschland lizenzierten Artikel in Augenschein zu nehmen. Die Publicity zahlte sich aus. Mit Schlagzeilen wie "Bei 'Feuerball' waren auch Stehplätze gefragt" oder "James Bond schlägt alles" versuchten deutsche Medien, den enormen Andrang an den Kinokassen in Worte zu fassen. Tatsächlich startete der Bond-Streifen - für damalige Zeiten außergewöhnlich - in 110 Kinos und spielte in drei Tagen 1.969.641 Mark ein. In den ersten acht Wochen fand er bereits drei Millionen Besucher und zog damit mit Ingmar Bergmans "Schweigen" gleich.

Am 17. Januar 1965 kollidierte ein US-Bomber vom Typ B 52 mit einem Tankflugzeug vor der Küste Spaniens und verlor vier unscharfe Wasserstoffbomben. Eine davon fiel ins Meer und "tauchte" erst Wochen später wieder auf. Fast wäre ein Stück Film zur Realität geworden. Und ein "Feuerball" sorgte sogar im deutschen Luftraum für Aufregung. Die Filmtheaterbetriebe Heukeshoven, Betreiber des

"Capitol" in Bochum, hatten die Idee, einen Fesselballon für den Film werben zu lassen. Aber am 27. November riß er sich los. Daraufhin warnte die Düsseldorfer Flugsicherung alle Flugzeuge im europäischen Luftraum, doch die Nachforschungen blieben lange erfolglos. Erst eine knappe Woche später wurde er im Kreis Vechta aufgefunden.

Kritik

Die Rezensenten bemängelten vor allem die Länge, die mehr und mehr dominierende Technik und die zunehmende Selbstparodie. Die Gewaltdiskussion, die bei "Goldfinger" noch tobte, war zwar nicht verstummt, wurde aber deutlich emotionsloser geführt. Für die sarkastischen Witze wie "Darf ich mal meine Freundin hierher setzen? Sie belästigt sie nicht. Sie ist nämlich tot!" blieb nicht mehr als ein müdes Lächeln übrig. Nur gelegentlich blitzten noch ein paar verschämte Angriffe durch. So hieß es im "Rheinischen Merkur" am 7. Januar 1965: "Der Film ist nicht der schlechteste, weil die Attraktionen und Sensationen von Mord und Apparatur, von Meeresblau und Dekolleté nacheinander folgen, ohne Beziehung zu einer Dramaturgie. Es gibt keinen Zusammenhang mehr zwischen den Schauplätzen, das Gemetzel auf dem Meeresgrund kann durch das zarte Geschwirr der Luftblasen nur schwer Originalität erlangen, und die technischen Tricks kommen aus einer Wundertüte, die selbst Bondgewohnten zuviel ist." Und die "Süddeutsche Zeitung" ließ verlauten: "Die Story, die Logik, die Psychologie mögen über Bord gegangen sein - da unten aber ist's fürchterlich spannend. Tricks und Technik, Gags und Gigantomanie vereinen sich zur Perfektion der Kolportage, zum Nonplusultra amphibischen Räuber- und Gendarmenspiels. (...) Horror in todschicker Aufmachung." Die "Frankfurter Allgemeine Zeitung" konstatierte: "Die unwahrscheinlich-

Es ist Ihre letzte Chance,
bei einem ruhigen Leben
zu bleiben.

*Zu den Produkten der 1965 grassierenden 'Bondomanie'
gehörte auch die "007 Herrenserie" von Palmolive.*

sten technischen Gags werden bis in die Region des surreal Komischen hinaufgespielt, die Verbrechen dagegen zum Nebenbei heruntergespielt, das den Gentleman nicht weiter beschäftigt, weil der bereits mit einem Bein in der nächsten, noch aparteren Gefahr steht." "Der Spiegel" nannte "Feuerball" einen "optischen Kalauer" und meinte: "007 ist nur noch eine Null ... Die Handlung ist im Fleming-Roman spannend, im Bond-Kino nicht mehr. Bei Bettszenen blendet Regisseur Young so bald ab, als drehe er für die Produktion Saubere Leinwand." Der "New Yorker" begrüßte vor allem die Tatsache, daß die Produzenten das viele Geld gleich wieder in einen neuen Bond investierten und zog geradezu bahnbrechende Vergleiche: "Cary Grant hat gesagt, daß er keine romantischen Hauptrollen mehr spielen möchte. Connery ist der Schauspieler, der die Klasse hat, in die Schuhe des Meisters zu schlüpfen." Moira Walsh brachte es in ihrer Beurteilung in "America" am 8. Juni 1966 auf den Punkt: "Als Nicht-Bond-Fan ist es meine unmaßgebliche Meinung, daß 'Feuerball' ein paar wundervoll wahnsinnige Momente hat, aber der überwiegende Teil wird von mehr, größeren und zudringlicheren Gags, Kniffen, Effekten und Erfindungen bestimmt als die Vorgänger."

Der 'schärfste' Angriff stammte aus der Feder der ostdeutschen Nachrichtenagentur ADN: "Reklame-Show für die NATO in Panavision und Technicolor." Der Autor des Kommentars kritisierte das makabre Spiel mit der Existenzangst unzähliger Menschen vor dem plötzlichen Ausbruch eines Atomkrieges. Vor allem würden "antisowjetische Assoziationen" heraufbeschworen. Auch die "Prawda" konnte kaum an sich halten und kreierte die Einschätzung "Symbol der Gesetzlosigkeit". Daraufhin erklärte der bulgarische Autor Andrej Guljaschki in der sowjetischen Literaturzeitung "Literaturnaja Gaseta", er schreibe ein Buch, in dem der bulgarische Detektiv Awakum Sachow 007 besiegt, denn "Bond sei ein amoralischer Faschistentyp, der ausgeschaltet werden müsse".

Casino Royale/
Casino Royale (1966)

Inhalt

Sir James Bond hat sich vom Dienst zurückge-zogen, wird aber vom Secret Service zur Rückkehr überredet. Erneut bringt die Behörde den Top-Agenten zum Einsatz gegen die Organisation des Dr. Noah, der den teufli-schen Plan schmiedet, daß jede Frau hübsch wird und jeder Mann, der ihn überragt, sein Leben verliert. SMERSH hat fast alle Geheim-agenten der Welt ausgelöscht. Um den Feind zu verwirren, erhalten mehrere Undercover-Leute den Namen James Bond 007. Währenddessen setzt die gegnerische Seite auf die Verführung des Helden durch ein "Bataillon" weiblicher Spione. Als Gegen-maßnahme entsteht eine antifeministische Liga, die Terence Cooper, einer der Pseudo-Bonds, leitet. Eisern trainiert er, weiblichen Annäherungsversuchen zu widerstehen. Gleichzeitig engagiert die schöne Vesper Lund den exzellenten Baccarat-Spieler Evelyn Tremble. Er soll den SMERSH-Agenten Le Chiffre ausnehmen und so die Bande in Schwierigkeiten bringen.

Schließlich kommt es im Casino Royale zum großen Showdown, bei dem die Gäste auf Agenten, Indianer, Cowboys, die französische Polizei, die Fremdenlegion und die US-Kavallerie treffen.

Hintergründe

Produzent Charles K. Feldman erwarb für 300.000 Mark die Rechte an "Casino Royale" von der Witwe Gregory Ratoffs, der den gleichnamigen Fernsehfilm produziert hatte. Zunächst bot Feldman United Artists den Stoff an: "Fünf Minuten nachdem die Ver-

Pop Art und Comic Strips inspirierten das Aussehen des Films.

handlungen mit United Artists gescheitert waren, war ich mit Columbia handelseinig." Im Juni 1965 stellte die Firma 4,5 bis 5 Millionen Dollar zur Verfügung. Feldman versuchte, Sean Connery zu gewinnen, der jedoch bei Saltzman/Broccoli unter Vertrag stand. Überlegungen in Richtung eines Joint Venture mit Eon und United Artists führten zu keiner Lösung, da Eon über ein ähnliches Abkommen mit Kevin McClory bezüglich "Feuerball" nicht gerade vor Glück strahlte, erhielt dieser doch 20 Prozent des Umsatzes. United Artists offerierte 500.000 Dollar für die Rechte, doch Feldman lehnte aufgrund seiner bereits getätigten Investitionen ab und suchte nach anderen Stars für den Part. Richard Burton und Peter O'Toole wollten nicht, da Sean Connery in der Rolle so populär geworden war. Dennoch präsentierte sich O'Toole später in einem kleinen Gastauftritt als Dudelsackspieler - für eine Kiste Champagner als Gage. Frank Sinatra entgegnete auf Anfrage: "Bist du verrückt? So bekannt wie ich bin, in Sean Connerys Fußstapfen zu treten, würde mich lächerlich machen. Sean ist für die ganze Welt James Bond."

Im April 1965 fanden erste Probeaufnahmen statt. Die Handlung sollte so angelegt sein, daß 007 wahrscheinlich jeden Moment auf der Leinwand auftaucht, ihn aber niemand tatsächlich zu Gesicht bekommt. Eine weitere Variante sah vor, daß er mit dem Rücken zum Publikum steht, während er folgende Order von seinem Chef erhält: "Sie sind jetzt zu bekannt, gehen Sie zu einem Gesichtschirurgen." Das behauptete zumindest Hans-Günter Wallraff in einem Artikel. Schließlich entwarf Autor Peter Sellers weitere Skript-Ideen. Das Ergebnis waren fünf Bonds. Autor Ben Hecht erstellte drei neue Versionen des Drehbuchs. Billy Wilder arbeitete das Ganze komplett um, und Joseph Heller ("Catch 22") schrieb alles neu. Außerdem existierte eine weitere Fassung von Michael Sayers, Terry Southern, John Law und Wolf Mankowitz. So verwundert es wohl kaum, daß zeitweilig fünfzehn verschiedene Drehbücher vorhanden waren.

Drei Wochen vor Drehbeginn, Mitte Dezember 1965, einigten sich Feldman und Sellers auf eine Million Dollar als Honorar. Der Autor brachte auch gleich den ersten Regisseur mit: Joe McGrath, bisher Regieassistent beim Fernsehen, hatte allerdings noch nie einen Film inszeniert. Während beide gemeinsam am Buch bastelten, erhielt Orson Welles freie Hand für seine Dialoge. Die Kompetenzstreitigkeiten zwischen Sellers und Welles führten allerdings später dazu, daß die Casino-Szenen mit beiden separat aufgenommen wurden.

Feldman verpflichtete inzwischen den unbekannten Terence Cooper und scharte bekannte Darsteller wie David Niven und Ursula Andress um ihn: "Wir hatten die Idee von vielen Bonds, vielen Regisseuren, vielen Autoren und vielen Sets, so wie das auch bei 'Der längste Tag' geschah. Das war der einzige Weg, den Film zu realisieren." Es war "die Vision eines gigantischen Happenings mit Bonds, soweit das Auge reicht, mit ganzen Armeen von Girls, in wilder Pop-Art ausgemalt und von wilder Pop-Musik erfüllt."

Connery sah in dem Unternehmen keine Konkurrenz: "Ich finde es sehr interessant, herauszufinden, wie andere mit dem Charakter umgehen. Viele Leute können Bond spielen, und es gibt keinen Grund, warum sie es nicht sollten."

Dreharbeiten und Drehorte

Von der chaotischen Produktion zehrten die Magazine wochenlang. "Time" berichtete gar davon, daß der Film unter einem anderen Titel ("The David Niven Story") in den Londoner Pinewood-Studios begonnen wurde und nicht

David Niven (links), der in der Parodie Bond im Ruhestand verkörpert, zeigte sich enttäuscht vom fertigen Film.

in Shepperton und den MGM-Studios. David Niven bestätigte die Merkwürdigkeiten: "Feldman gab mir ein gutaussehendes, in Leder gebundenes Buch, das ich in seinem Büro lesen mußte. Das tat ich und sagte ihm, daß ich erfreut wäre, die Rolle zu spielen. Plötzlich wurde es mir aus der Hand genommen, eine Metalltür schlug hinter mir zu, ich hörte die Geräusche eines Kombinationsschlosses, und das war das letzte Mal, daß ich es jemals komplett gesehen habe."

Der Ire Terence Cooper erhielt von Feldman einen Sieben-Jahres-Vertrag, der ihm eine steigende Gage von 250 auf 1.000 Pfund pro Woche garantierte. Zwei Jahre lang versteckte sich der ehemalige Rugbyspieler auf Weisung

des Produzenten vor der Presse. Neun Monate lebte er in Marbella, eine Zeitlang an der Küste von Dalmatien im ehemaligen Jugoslawien und lange im "Blue Lagoon Hotel" auf St. Vincent. Alle Kosten einschließlich eines großzügigen Taschengeldes von 200 Pfund (damals 2.250 Mark) pro Woche bezahlte die Produktion. Cooper kommentierte sein Dasein: "Jedes Mal, wenn es ein neues Drehbuch gab, schickte es mir Feldman zu. Einen Monat später bekam ich dann ein Telegramm, in dem es hieß: 'Wir fangen in zwei Monaten an.' Das einzige, was ich bisher weiß, daß ich viele Mädchen kriege und bei Ursula Andress lande. Das kann doch nicht schlecht sein, oder? John Huston inszeniert

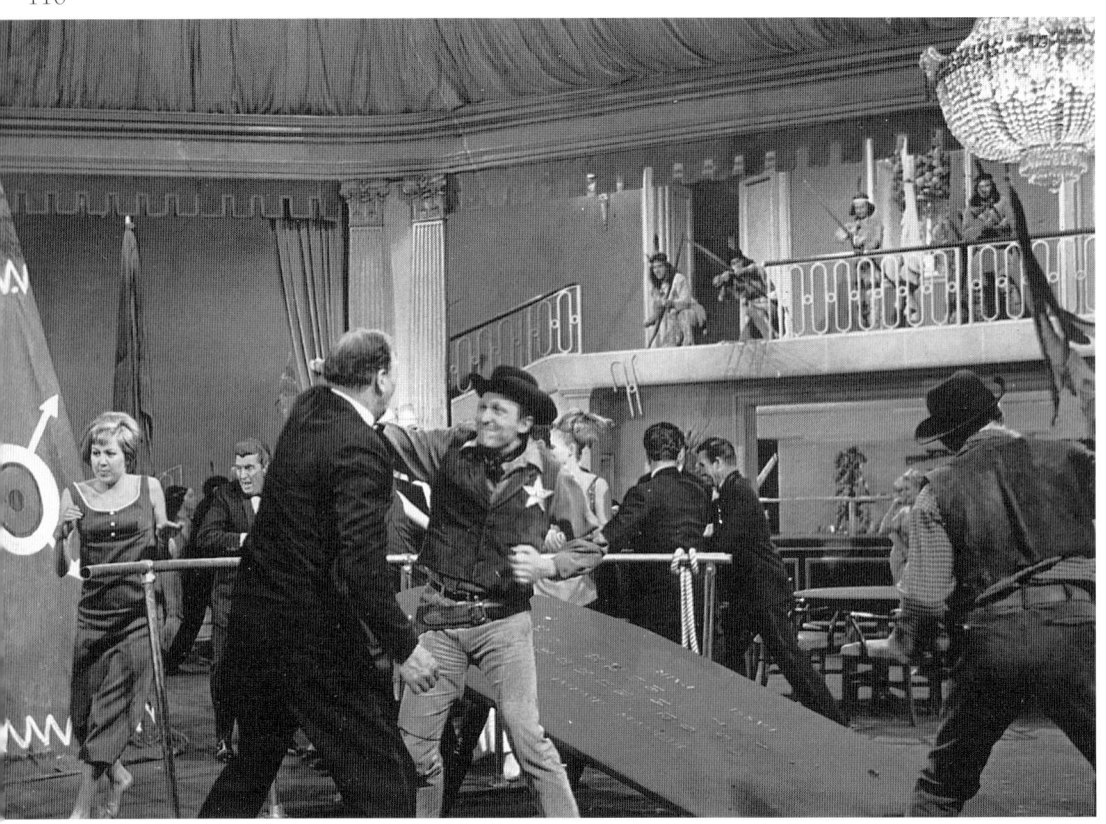

Das große Finale des Films verschlang über eine Million Dollar. An den zwölf Filmminuten, in denen zahlreiche Stars Gastauftritte haben, drehte man zwei Monate.

die meisten meiner Szenen, und ich hoffe, daß wir uns nicht schlagen, denn er ist ein besserer Boxer als ich." Bereits vor Beginn der Aufnahmen hatte der künftige Protagonist dank des spendablen Feldman 175.000 Mark fürs Segeln, Reiten, Fischen und Tauchen verdient. Die Dreharbeiten dauerten von Januar bis Mitte September 1966 und wurden von sechs Regisseuren geleitet: Val Guest, Ken Hughes, John Huston, Joel McGrath (den Robert Parrish ersetzte), Richard Talmadge und Anthony Swire. Wer genau welche Sequenzen drehte, läßt sich kaum nachvollziehen.

Val Guest suchte über 100 hübsche Mädchen für "Casino Royale" aus und teilte sie nach Kategorien ein: "Typ A: erstens Persönlichkeit, zweitens Figur, drittens Aussehen. Typ B: zuerst Aussehen, als zweites Figur, als drittes keine Persönlichkeit. Typ C: die, die in allen Punkten einfach spitze sind."

Bekannte Schauspieler, die zufällig in London weilten, engagierte der Produzent als Gaststars. So taucht Rennfahrer Stirling Moss als Chauffeur auf, William Holden als Chef des CIA, Charles Boyer als Boss der französischen Sureté, Jean-Paul Belmondo als Fremdenlegionär, John Huston als "M" und George Raft als er selbst. Die riesige Besetzung und die ständigen spontanen Änderungen führten zu immensen Verzögerungen und einem erheblichen Durcheinander. Ende April 1966 war man bereits vier Wochen im Rückstand und das kalkulierte Budget von sechs Millionen Dollar um ein Drittel überzogen. Zeitweilig sprach die Branche schon von "Little Cleopatra" (nach dem Flop des Monumentalfilms mit Elizabeth Taylor). Columbia mahnte, nicht mehr so viele Prominente zu beschäftigen, doch Feldman erwiderte nur: "Ich kann nichts mehr aufhalten, denn dies ist ein Zirkus." Er bemühte sich um Sarah Miles, Barbra Streisand, Peter Ustinov und Sophia Loren. Auch Shirley MacLaine lehnte ab, weil sie in so einer "kindischen Bonderie" nicht mitwirken wollte und verließ erbost London. Woody Allen verbrachte sechs Monate in London für Szenen, die normalerweise eine Woche in Anspruch genommen hätten. In der Zwischenzeit schrieb er das Theaterstück "Don't Drink the Water" und das Drehbuch zu "Take the Money and Run". Das US-Magazin "Look" vom 15. November 1966 zitierte ihn mit folgenden Worten: "Meine Rolle wurde ständig geändert, bis hin zu den letzten beiden Tagen, in denen neue Sets entstanden. Denken Sie an die Erbauer der Pyramiden, und Sie haben eine Vorstellung davon, wie Charlie Feldman so ist - in der ägyptischen Tradition: verschwenderisch. Was er wirklich versucht, ist, die Bond-Filme für immer auszulöschen." Schließlich bestätigte sich Allens Vorahnung. Er verließ den Drehort noch in seiner chinesischen Uniform, um die 17-Uhr-Maschine nach New York zu erreichen. Auch Peter Sellers ging vorzeitig. Seine Auseinandersetzung mit Orson Welles eskalierte, und er kam fünf Tage nicht zum Drehort. Welles improvisierte, Sellers fühlte sich betrogen und ließ McGrath feuern. Als sein Vertrag auslief, ging er einfach, obwohl noch nicht alle seine Szenen gedreht waren. Man überlegte, ob man ein Double verwenden sollte, behalf sich aber mit cleverem Schnitt.

Das zwölf Minuten lange Finale kostete zwei Monate Produktionszeit und verschlang eine Million Dollar. Im September lag ein drei Stunden langer Film vor, der immer wieder geschnitten wurde, ehe er im April in die Kinos wanderte. Am Ende existierten mehrere, verschieden lange Versionen zwischen 123 und 142 Minuten. So dauert das deutsche Video 125, das englische 126 Minuten. Die englische Kinofassung war noch 131 Minuten lang, die amerikanische sogar 134 Minuten. Der Vorspann von "Casino Royale", der einem kleinen Kunstwerk gleicht, stammt von dem berühmten Zeichner Richard Williams, der den Beatles-Film "Yellow Submarine" animierte, der Figur des "Rosaroten Panthers" Leben einhauchte und der später für "Falsches Spiel mit Roger Rabbit" seinen zweiten Oscar bekommen sollte. Ausstatter Michael Stringer schuf "halb Comic Strip-artige Sets" und verwendete "Op-Art in Tunneln und Korridoren und ein Casino im Renaissance-Stil".

Budget, Sensationen und Anekdoten

Da keine verläßlichen Zahlen existieren, können für das Budget nur Schätzungen herhalten, die sich zwischen neun und zwölf Millionen Dollar bewegen. Ursula Andress bekam für ihr Engagement allein eine Million Mark. Feldman konstatierte dazu: "Als Ursula 1953 erstmals in Hollywood war, hatte ich sie unter Vertrag und bezahlte ihr 250 Dollar pro Woche. Das war irgendwann zuviel, da ich keine Rolle für sie finden konnte. Jetzt bezahle ich ihr viel mehr, aber sie ist jeden Pfennig wert." Dafür mußte die "reichste Doppelagentin der Welt" über fünfzehnmal die Kleider wechseln.

Als Ken Hughes ein paar Szenen für seine Mata-Hari-Sequenz realisieren wollte und nach einem Tempel-Drehort suchte, mußte er ein paar Tage später feststellen: "Ich fand heraus, daß das Art Department mir einen Tempel gebaut hatte, ein 'Taj Mahal', das 30.000 Dollar kostete, ich aber gar nicht wollte. Sie

Flemings Traumauto vor der Restaurierung.

haben wohl gedacht, sie müßten sich um mich kümmern."

Als einige Financiers von "Columbia Pictures" aus den USA nach London anreisten, um die erste Fassung zu begutachten, sahen sie eine Drei-Stunden-Version und amüsierten sich so sehr, daß jemand die Werbezeile "Das Spektakel, das ein Spektakel aus sich selbst macht" vorschlug.

Für Jacqueline Bisset war der Kurzauftritt als Mrs. Langbein der Startschuß zu einer großen Karriere. Ein US-Produzent entdeckte sie bei einer Testvorführung und bot ihr eine Rolle neben Frank Sinatra an.

Premieren, Starttermine und Besonderheiten

In England fand die Premiere am 13. April 1967 statt, einen Monat vor dem Konkurrenten "Man lebt nur zweimal", in Anwesenheit der englischen Prinzessin Alexandra und Angus Ogilvy. Die Einnahmen gingen für wohltätige Zwecke zu gleichen Teilen an die Stiftung für geistig Behinderte "Hurt Minds Can Be Healed" und den "Italian Art and Archives Rescue Fund". "Casino Royale" brach alle Rekorde und brachte in drei Tagen über 8.000 Pfund ein - die größte Einnahme, die das "Odeon" bis dato erzielte. Kritiker und 80 Theaterleiter der Rank-Gruppe wurden einge-

laden, um den Film zu sehen und sich von den Werbeaktivitäten ein Bild zu machen. Mit Pistolen bewaffnete Mädchen in "Casino Royale"-Anzügen fuhren im offenen Ford Mustang vor, verteilten ein spezielles Extra-Paket mit einer Zeitungssonderausgabe, einer Taschenbuchausgabe von Flemings Roman, einer Platte, einer speziell aufgezeichneten Nachricht an die Besitzer und lebensgroße Plakate der Bond-Girls. Zudem fuhren extra gestaltete Busse Werbung, und die Mädchen tourten in ihren Stretch-Anzügen durch mehrere englische Städte.

In Los Angeles lief das neue Bond-Spektakel am 28. April 1967 an. Vorab gab es in San Francisco eine Testvorführung, bei der das Publikum zunächst eine andere Produktion sah. Als "Casino Royale" begann, waren die Besucher so ermüdet, daß sie vorzeitig gingen - ein Schock für die Produktion und den Verleih. Bei ähnlichen Vorstellungen postierte Feldman den Schöpfer des Vorspanns, Richard Williams, unter die Zuschauer. Sein ungewöhnlich lautes Lachen sollte animieren. In Deutschland kam Coopers 007 erst wesentlich später als Connerys Bond auf die Leinwände. Die Premiere wurde am 19. Dezember 1967 während einer Kurz-Kreuzfahrt an Bord der MS Hanseatic im bordeigenen Hansa-Theater begangen. Bundesweit startete er drei Tage später. Die "Neue Revue" veranstaltete ein großes Preisausschreiben und lud die Gewinner zu einer Traumreise mit der Hanseatic nach Amerika ein. Auch "Casino-Royale-Trikots" der Firma Hengella gehörten zu den Preisen.

Kritik

Die größten Einwände galten vor allem den Längen, der bruchstückhaften Machart und den Pointen, die "nicht so recht zünden", wie die "Katholische Filmkritik" anmerkte. "Variety" schrieb: "Manche Situationen sind

Der Original-Bentley, den David Niven im Film fuhr.

sehr lustig, einige sehr langgezogen. (...) Sean Connery und das Originalteam der Bond-Filme sollte angesichts dieses Ulks nicht um den Schlaf gebracht werden. Der Film wird leicht Besucher unter dem Publikum finden, die darin die ultimativen, hektischen Kinospionagescherze sehen." Das US-Magazin "Time" bemängelte am Finale, "daß diese Art von Polizisten-Scherzen vor 34 Jahren schon witziger waren, als die Marx Brothers 'Duck Soup' ('Die Marx Brothers im Krieg') drehten. Aber in jenen Tagen bestanden Komödien noch aus Szenen und nicht aus Herden."

Charles Feldman wurde von der Kritik derart massiv angegriffen, daß ihm niemand mehr die Herstellung eines Films zutraute. Er starb im April 1968 in Kalifornien, ohne daß er ein neues Projekt realisieren konnte.

Man lebt nur zweimal/ You Only Live Twice (1967)

Inhalt

Als ein US-Raumschiff im Weltraum abgefangen und entführt wird, macht sich Bond auf den Weg nach Japan, wo der Secret Service die Täter vermutet. Er nimmt zu Aki, der Assistentin des japanischen Geheimdienstchefs Tiger Tanaka, Kontakt auf, gelangt in die Zentrale der Firma Osato Chemical und raubt aus dem Tresor wichtige Unterlagen. Durch Akis Hilfe gelingt die Flucht. Der Agent inspiziert den Hafen und erkundet mit dem Mini-Helikopter "Little Nellie" die erloschenen Vulkane. Unterstützt durch Tanakas Ninja-Kämpfer und als verheirateter, einheimischer Fischer getarnt, entdecken 007 und seine angetraute Kissy in einem Krater Blofelds Kommandozentrale. Aki fällt einem Attentat zum Opfer. Es gilt schnell zu handeln: Bond entert den Krater und liefert sich mit seinem Erzfeind ein gigantisches Finale.

Der Mini-Helikopter 'Autogyro WA-116' hält heute noch bestehende Höhenrekorde.

Hintergründe

Eigentlich stand "Im Geheimdienst Ihrer Majestät" als nächste Produktion auf dem Plan, doch die Bauarbeiten am Drehort im Berner Oberland (Schweiz) zogen sich hin, und die Entscheidung fiel zugunsten von "Man lebt nur zweimal". Vor dem Hintergrund des Wettlaufs der beiden Supermächte zum Mond und der sich abzeichnenden sowjetisch-amerikanischen Entspannung entwarf Roald Dahl eine neue Geschichte. Von Flemings Roman übernahm er lediglich den Titel sowie einige Charaktere und spickte die Story mit viel schwarzem Humor: Bond wurde zur Tarnung erschossen, ein Codewort lautete "Ich liebe dich", und ganz nebenbei verhinderte der Top-Agent auch noch einen dritten Weltkrieg. Als der "France Soir" im August 1967 behauptete, daß Connery keine weiteren 007-Abenteuer drehen könne, weil er "nicht mehr fit sei, um die Rolle zu spielen", klagte der Star und gewann. Das Magazin mußte Schadenersatz leisten, die Prozeßkosten zahlen und sich entschuldigen.

Erstmalig konnten die Zuschauer Blofeld sehen, den "Time" als "asexuelles Monster mit geschorenem Kopf, scheußlicher Narbe und fremdem Akzent" beschrieb. Ursprünglich sollte Helmut Qualtinger die Rolle übernehmen. Er wurde nach London eingeladen, erschien den Produzenten aber als zu klein. "Als Bösewicht taugt nur der, der mindestens so groß ist wie Connery - ansonsten aber wäre er in jeder Hinsicht ideal gewesen", so das Urteil des Regisseurs Gilbert. Zu seinem überraschenden Engagement als Erzfeind meinte der Tscheche Jan Werich: "Vierzig Jahre lang habe ich vorwiegend komische Rollen gespielt, und jetzt passiert mir das. Aber immerhin - das

Ganze ist komisch genug. (...) Ich werde mein Bestes tun, um herzhaft gemein zu sein." Doch just an dieser Eigenschaft scheiterte er. Das Team ersetzte ihn im letzten Moment durch Donald Pleasance, der übrigens kaum größer als Qualtinger ist.

Dreharbeiten und Drehorte

Im März 1966 flog ein kleines Team zur Drehortbesichtigung nach Japan. Über den Vulkanregionen der Insel Kyushu entstand die Idee, einen der Krater als Vorbild für Blofelds Hauptquartier zu nehmen. Einen Monat später begann Adam, der gegenüber Broccoli die Kosten auf etwa eine Million bezifferte, in London mit den Entwürfen. Im Mai erfolgte die Besetzung japanischer Schauspieler vor Ort, und die Produzenten nahmen Kontakt zu Kenneth Wallis auf, da sie in einem Demonstrationsfilm der BBC einen Mini-Helikopter mit sensationellen Flugeigen-schaften endeckt hatten. Am 11. Mai 1966 waren bereits die Stahlfundamente des Kraters fertig, so daß am 4. Juli die Dreharbeiten begannen. Knapp drei Wochen danach gab Connery in London bekannt, daß er hier zum letzten Mal Bond verkörpere. In "Christ und Welt" hieß es: "Die Leute benützen meinen Namen und meine Bilder, ohne mich überhaupt zu fragen. Ich bin ihnen ausgeliefert, denn ich habe weder Zeit noch Kraft, mich mit diesen Lügen abzugeben, die über mich veröffentlicht werden." In anderen Magazinen kritisierte er: "Die Filme sind zu gigantischen Produktionen geworden, nicht zu schauspiele-rischen." Am 24. Juli flog er mit seiner Frau via Bangkok, Manila, Hongkong nach Japan und stellte sich vier Tage später im Tokyoter Hilton etwa 250 Reportern in einer Presse-konferenz.

Danach entstanden die Szenen mit dem Mini-Hubschrauber in Akime auf der Insel Kyushu, zu denen Lewis Gilbert meinte: "Ich bin noch niemals mit soviel Geld umgegangen. Es gibt kein Problem, das aufgrund finanzieller Dinge aufgetreten wäre. Wenn ich etwa vier Hubschrauber für eine Szene haben wollte, dann bekam ich auch vier Hubschrauber. Das ist nicht mal extravagant. Wichtig ist nur, daß man das Geld, das man ausgibt, auch auf der Leinwand sieht." Aber auch Geld konnte einen schweren Unfall mit den Helikoptern nicht verhindern: Am 22. September verunglückte Kameramann Johnny Jordan so schwer, daß ein Bein amputiert werden mußte. Es folgten einwöchige Aufnahmen am größten erloschenen Krater, dem Shin moe, am Vulkan Kagoshu, in Kobe und im Örtchen Ibusuki auf Kyushu. Noch heute erinnert eine Steinplatte mit den Unterschriften der Beteiligten an die Dreharbeiten in Kobe. Im November kehrte das Team nach London zurück und drehte im künstlichen Krater auf dem Gelände der Pinewood-Studios. In der letzten November-woche folgten weitere Flugaufnahmen in Finmere, in Schottland, vor Gibraltar und in Torremolinos/Spanien. Im Januar 1967 schlossen sich die Spezial-Effekte und Modell-shots an. Im März war - nach neunmonatiger Arbeit - der Film endlich im Kasten.

Nicht nur die Ausmaße der Produktion erwie-sen sich als schwierig, vor allem setzten dem 150 Mann starken Team die Temperaturen um 40 Grad und die ungewöhnlich hohe Luft-feuchtigkeit schwer zu: Lewis Gilbert: "Wir wurden alle gegen Hirnhautentzündung ge-impft und bekamen Injektionen gegen Schlaf-krankheit aufgrund der Moskitos." Hinzu kamen Probleme mit Zerstörungen an dem Schrein, in dem die Szenen des Ninja-Trainingscamps entstanden, und mit den Reportern, die die Heerscharen bei "Feuerball" noch übertrafen. Ein örtlicher Bus-unternehmer organisierte sogar "Sonder-fahrten zu James Bond". In "photoplay" wütete Connery über das Benehmen der Journalisten:

Kenneth Wallis, Pilot und Konstrukteur des Mini-Hubschraubers 'Little Nellie', auf dem Hamburger Flughafen.

Besucherandrang im Hamburger "Passage"-Kino.

"Sie laufen hinter mir her, wie die Feuerwehr. Ich wußte, daß Bond populär ist, aber das ist unglaublich. Niemand von uns hätte vorhersehen können, wie Bond einschlagen würde, ich am wenigsten. Ich stimme zu, daß er möglicherweise mehr für mich getan hat, als es irgendeinem anderen Schauspieler in der Geschichte je passiert ist. Ich will nicht undankbar sein, aber stellen Sie sich vor, Sie würden seit vier Jahren jeden Tag dieselben Fragen gestellt bekommen."

Erstmals war auch Connerys Ehefrau, selbst Schauspielerin, mit im Film - allerdings kaum zu sehen. Als Mie Hama während der Wasserszenen plötzlich nicht mehr konnte, gab man Diane Cilento einen weißen Bikini und eine schwarze Perücke und ließ sie die Hauptdarstellerin doubeln.

Budget, Sensationen und Anekdoten

"Man lebt nur zweimal" kostete mit 8,5 Millionen Dollar, damals knapp 34 Millionen Mark, wieder fast das Doppelte seines Vorgängers. Diesmal trugen dazu maßgeblich drei technische Sensationen bei: der Mini-Helikopter "Little Nellie", die ersten beiden Prototypen eines Toyota-Sportwagens

und die teuerste Dekoration, die jemals in Europa errichtet wurde. Neben den über die ganze Welt verstreuten Drehorten, zu denen die Crew insgesamt etwa 70.000 Kilometer in der Luft zurücklegte, verschlang die Kommandozentrale Blofelds das meiste Geld. Sie war 42 Meter hoch, bestand aus 700 Tonnen Stahl, 300 km Stahlrohr, 200 Tonnen Gips und Zement, 300.000 qm Leinwand, einer Einschienenbahn, einem Hubschrauberlandeplatz, einer 33 Meter hohen, originalgetreuen Rakete, einer Kommandostation und einem sich öffnenden Tor, dessen Durchmesser allein 50 Meter betrug. 250 Mann arbeiteten fast sieben Monate an dem vier Millionen teuren Bauwerk. Es stand - weithin sichtbar - in der Nähe der Fernstraße London–Oxford. Drei Wochen nach Drehschluß mußte es aufgrund eines englischen Gesetzes wieder abgerissen werden, ansonsten hätte die Produktionsfirma nach Aussagen Saltzmans "das technische Wunderwerk sicher ein paar Jahre gegen Eintritt besichtigen lassen können, und es hätte sich selbst amortisiert".

Der "Autogyro WA-116" ("Little Nellie"), konstruiert und geflogen vom ehemaligen Geschwaderkommandeur und Oberst a.D. der

Welturaufführung in London: Königin Elizabeth begrüßt Diane Cilento, Connerys erste Frau, damals selbst Schauspielerin. Im Hintergrund: Regisseur Lewis Gilbert

britischen Luftwaffe Kenneth Wallis, geriet zum heimlichen Star. Ursprünglich für die Armee auf dem Versuchsgelände in Boscombe Down entwickelt, flog er nun immerhin 85 Einsätze für Connery und durchkreuzte damit 46 Stunden die Lüfte, obwohl er am Ende nur etwa fünf Minuten zu sehen war. Die Gigantomanie kam auch der Ausrüstung zugute: zwei MGs mit Brand- und Sprenggeschossen, Raketen mit Wärmeleitsteuerung, Flammenwerfer, winzige Luftminen, ein Nebelwerfer. Außerdem befanden sich ein Funkgerät und eine in den Helm eingebaute Kamera an Bord. Die Maschine wog 120 Kilo, erreichte eine Geschwindigkeit von 210 km/h, die mögliche Flughöhe betrug etwa 5.000 Meter. 14 Stück existierten damals nur auf der ganzen Welt. Connery kommentierte nach

Wallis' Erinnerung seine erste Begegnung mit der Maschine: "Ein Glück, daß ich da nicht einsteigen muß." Allerdings war es technisch unmöglich, das gute Stück - wie im Film - in vier Koffern anzuliefern. Hier behalf man sich mit "getürkten" Aufnahmen in den Pinewood-Studios vor einem Wandgemälde mit japanischer Landschaft. Für Wallis gestalteten sich die Flugaufnahmen in natura wesentlich unangenehmer: "Ich mußte in Hemdsärmeln fliegen, denn so flog Bond - im Atelier. In 2.000 Meter Höhe ist das aber entsetzlich kalt."

Viel Aufsehen erregte der sogenannte "Abschleppdienst auf japanisch", bei dem ein Helikopter eine Limousine per Magnet einfach von der Straße fischt und über dem Meer wieder fallenläßt - ganz real und ohne Tricks.

Die gewaltige Kraterdekoration in den Londoner Pinewood-Studios sorgte in jeder Hinsicht für Aufsehen.

Im April 1986 stellte der Münchner CDU-Stadtrat Adi Wiedemann diese Methode als ideal zur Umsetzung falsch parkender Autos vor!

Da in Japan der Gebrauch von Feuerwaffen streng verboten ist und für den Film keine Ausnahmegenehmigung erteilt wurde, mußte man sich für Schießszenen in Kobe auf besondere Weise behelfen. So mußten sich Bond, Aki und Gegner am Pier 8 des Hafens mit "Spielzeugpistolen" beschießen. Die Schüsse wurden später im Tonstudio dazugemischt.

Für die abschließende Schlacht ließ Saltzman aus Japan den Altmeister in der Kunst des stillen Tötens, den 55jährigen Kendo-, Judo- und Karate-Champion Nakajima, einfliegen, der die Beteiligten ausbildete und befand: "Mr. Connery ist recht gut, gerade in Karate."

Als der 007-Darsteller im Dezember 1967 in Tel Aviv zur Eröffnung einer Zweigstelle des internationalen Variety-Clubs weilte, erhielt er das Angebot, Israels Meisterspion und ehemaligen Chef des örtlichen Geheimdienstes Isser Harel kennenzulernen. Er lehnte dankend mit dem Hinweis ab, daß er sich nicht für Meisterspione interessiere und fügte hinzu: "Ich habe die Nase von diesem James Bond wirklich voll. Wohin soll das noch führen? Erst war es ein gewöhnlicher Spion, doch von Film zu Film haben sich die Produzenten immer neue Tricks ausdenken müssen, und langsam wurde dieser James Bond zu einem Monstrum, ähnlich einem Frankenstein."

Premieren, Starttermine und Besonderheiten
Die "Royal World Charity"-Premiere fand am 12. Juni 1967 im Londoner "Odeon" statt, wurde von Prominenten wie Dick van Dyke, Tony Bennet, Laurence Harvey und Jerry Lewis besucht und klang mit tosendem Beifall aus. Eine halbe Million Mark kamen für YMCA und die Krebsforschung zusammen. Königin Elisabeth besuchte zum ersten Mal eine Bond-Erstaufführung und plauderte mit Sean Connery über dessen festgelegtes Image als Spion.

Einen Tag später startete "You Only Live Twice" in London und New York, dann in Los Angeles. Schon in der ersten Woche spielte er im "Odeon" 21.036 Pfund ein - für das Haus die größte Einnahme aller Zeiten. In Deutschland fiel der Einsatzbeginn in 100 Kinos auf den 14. September 1967, doch im Vorfeld präsentierte sich "Little Nellie" bereits in verschiedenen Städten. Beim Zoll in Bremerhaven wollten die Beamten allerdings die eingebauten Raketen und MGs nicht durchgehen lassen. Erst gegen eine Kaution von 3.000 Mark, die der Kinobesitzer Theo Marseille zahlte, entließ die Behörde die "rasende Hummel". Die "Stuttgarter Zeitung" berichtete euphorisch: "Der Mini-Helikopter hebt nach kurzem Anlauf von der Graspiste ab. Danach gleicht sein Flug mehr einer Fliege als dem eines Flugzeugs. Er schwirrt, saust steil hoch, läßt sich fallen, dreht fast eckige Kurven und landet danach senkrecht. (...) Daß Wallis nicht übertrieben hat, als er behauptete, das Flugzeug lasse sich völlig problemlos fliegen, bewies er, indem er über den Häuptern seiner Bewunderer übermütig beide Arme in die Luft streckte. 'Phantastisch' fand Polizeipräsident Rau - er kann es beurteilen, denn er war im letzten Krieg selber Pilot."

Anfang August erlebten 450.000 Besucher beim "Großen Preis von Deutschland" auf dem Nürburgring eine Werbung ganz besonderer Art mit dem Toyota 2000 GT. Stargast Karin Dor bekam von einem Elmshorner Gärtner 50 rosé-farbene James-Bond-Rosen, eine Eigenzüchtung des Fans, geschenkt.

Die Deutschland-Premiere beehrten Prominente wie Hans-Joachim Fuchsberger, Robert Fuller, Rex Gildo und die japanischen Bond-Girls im Münchner Mathäser-Filmpalast. Vor dem Hauptfilm begutachtete das Publikum eine Karate-Show. In vier Tagen spielten einhundert Kinos 2.649.985 Mark ein, 10,2 Prozent mehr als bei "Feuerball" und 83,2 Prozent mehr als bei "Goldfinger". Nach drei Wochen betrugen die Einnahmen bereits 8.001.350 Mark.

Die ägyptische Regierung verbannte in der ersten Juniwoche 1967 das Bond-Abenteuer gemeinsam mit "allen Filmen, die die Rolle der britischen und amerikanischen Spionageorgane anpreisen", aus ihren Lichtspieltheatern. Indonesien verdammte den Streifen ebenfalls. Doch die Gründe waren andere: Nach Angaben der Regierung hatten die Teenager "Bonds Gewohnheiten, riskant zu fahren, übernommen und würden zudem immer mehr rauchen".

Kritik

Sets und Einfälle fanden häufiges Lob, über den etwas übermüdet wirkenden Connery und die allzu phantastische Handlung zeigten

Das Vorankündigungsmotiv aus dem Verleihkatalog zeigt noch ein Artwork, das später nie wieder zu sehen war.

sich die Rezensenten weniger erfreut. Der "Daily Express" pries die Geschichte als "sprühende Unterhaltung von atemberaubendem Tempo, ein herrlich aufregendes Abenteuer, brillant fotografiert in japanischer Landschaft, überschäumend von Mädchen, Mätzchen und Blut." Der "New Yorker" schrieb am 14. Juni 1967: "Praktisch jeder Punkt des Films scheint mit klaffenden Mäulern, Öffnungen in der Erde oder Erfindungen mit trickreichen Löchern zu tun zu haben. (...) Sean Connerys Charakter scheint beseitigt. War er einst derjenige, der zuschlug, ist er jetzt ein Instrument von zuschlagenden Ideen der Produktion." Moira Walsh bemängelte in "America" die "ermüdende Formel" und "Time" bemerkte am 30. Juni 1967: "Bond scheint zu schwanken. Erstmals benötigt er Hilfe von außen, um den Job zu erledigen. (...) Sogar Connery erscheint unkomfortabel und müde, als ob er sagen wolle, daß dies sein letzter Bond-Film sei. Connerys Sinn für das richtige Timing ist richtig. Es ist Zeit, aufzuhören."

Im Geheimdienst Ihrer Majestät/ On Her Majestys Secret Service (1969)

Einer von George Lazenbys späteren Broterwerben: Er besuchte Treffen von James-Bond-Fans wie hier in Berlin.

Inhalt

An der portugiesischen Küste verhindert Bond den Selbstmord einer schönen Frau, der Comtessa Teresa Vincenzo, genannt Tracy. Zurück in London entbindet ihn der Geheimdienst nach zwei Jahren erfolgloser Jagd auf Blofeld von seinem Auftrag. Daraufhin den Dienst quittierend, erhält der Agent aber dank Sekretärin Moneypenny zwei Wochen Urlaub. In der Zeit stellt er weitere Nachforschungen an, bereist als vermeintlicher Ahnenforscher Sir Hilary Bray das auf einer Bergspitze gelegene Domizil des Grafen de Bleuchamp, der sich als Blofeld entpuppt. Unter dem Deckmantel eines Seucheninstituts macht er junge Mädchen zu Werkzeugen bei der Verbreitung eines Virus. Bonds Tarnung fliegt auf, doch er kann sich aus der Gefangenschaft befreien. Tracy hilft ihm bei seinen riskanten Unternehmungen, wird aber von Blofeld gekidnappt. Gemeinsam mit ihrem Vater gelingt die Einnahme der Alpenfestung und die Festsetzung des Verbrechers in einer Bobbahn. Der Held und die Schöne heiraten, doch auf der Fahrt in die Flitterwochen rast plötzlich eine Limousine heran. Aus einer Maschinenpistole rattert eine tödliche Garbe auf das Paar.

Hintergründe

Schon im Juli 1967 leiteten die Produzenten eine weltweite Fahndung nach einem "Sean-Connery-Typ" ein: "007 ist jetzt ein großes Geschäft - wir können nicht damit aufhören, nur weil Connery nicht mehr Bond spielen will. Wir haben noch die Filmrechte für sieben weitere Bond-Romane und die Rechte, uns danach unsere Bond-Filme selbst zu schreiben." (Broccoli) Viele Schauspieler kamen ins Spiel. Das englische Magazin "Showtime" rief beispielsweise zur Suche auf, wobei sich erstaunlich viele Stimmen auf Oliver Reed vereinigten, der im Oktober 1967, im Alter von 29 Jahren, dankend erklärte: "Es ist wirklich ironisch, daß ich jetzt als alt genug gelte, um Bond zu spielen. Früher war ich zu jung, denn als Saltzman 1962 seine Suche startete, hatte er auch mich im Auge und verbrachte lange Zeit damit, mich älter zu machen als 22." Auch die Namen anderer englischer Kandidaten wie Richard Johnson (Bulldogg Drummond in "Heiße Katzen"), Patrick Mc Goohan, James Mason, Roger Moore, Gene Barry (TV-Agent "Amos Burke") und sogar Laurence Olivier tauchten auf. Aus den USA wurden Guy Stockwell, James Coburn und sogar Paul Newman gehandelt. Nach Presseberichten gab es über 400 Kandidaten, von denen laut Peter Hunt, dem neuen Regisseur, "50 bis 100" in einer ersten Auswahl getestet und fünf in die engere Auswahl gezogen wurden: Robert Campbell, Hans De Vries, George Lazenby, John Richardson (Partner von Raquel Welch in "Eine Million Jahre vor unserer Zeit") und Anthony Rogers. Man entschied sich für den Australier Lazenby, weil er in einer Kampfsequenz mit dem Russen Yuri Borienko die beste Figur machte. Die Unerfahrenheit der beiden Kämpfer führte allerdings zu einigen Verletzungen inklusive einer gebrochenen Nase bei Borienko.

Eine Idee von Maibaum sah für die Einführung des neuen Gesichtes vor, daß sich ein Mann plastischer Chirurgie unterzieht und plötzlich Lazenby zum Vorschein kommt. Doch dieser Ansatz wurde wieder verworfen. Dafür fällt, als Tracy mit Bonds Auto abhaut und ihn allein am Strand zurückläßt, der markante Satz: "Das wäre dem anderen nie passiert." Das Publikum amüsierte sich köstlich.

Dreharbeiten und Drehorte

Im Winter 1967/68 starteten Harry Saltzman und Ausstatter Syd Cain zur Motivsuche an die Maginot-Linie in Frankreich, dann nach Straßburg und St. Moritz. Ken Adam hatte sich - aufgrund ständiger Verzögerungen - anderweitig gebunden.

Als die Produzenten von den bereits 1961 begonnen Planungen für ein Restaurant auf dem Schilthorn erfuhren, gingen sie frühzeitig eine Kooperation mit den Verantwortlichen ein. Auf ihren Wunsch entwarfen die Architekten eine drehbare Gaststätte und fügten einen Hubschrauberlandeplatz hinzu, der heute als Besucherterrasse dient. Das ganze Gebäude kostete etwa 600.000 Mark, ein Fünftel der Kosten des Kraters aus "Man lebt nur zweimal". Die Innenausstattung und die

Ein symptomatischer Titel, weil die Beziehung zwischen Diana Rigg und George Lazenby nicht harmonierte.

Bobbahn erdachte und konstruierte Cain. Im Frühjahr 1968 liefen die Bauarbeiten zwar noch, doch diesmal konnten die ständig verschobenen und nun avisierten Dreharbeiten wirklich beginnen.

Die Luftaufnahmen realisierte Johnny Jordan, der bei "Man lebt nur zweimal" ein Bein verloren hatte, aber nun mit Aluminium-Prothese unter einem Hubschrauber hängend drehte. Der "abnehmbare Ersatz" erwies sich sogar als Vorteil, dadurch war er der einzige, der vorn im Bob Platz fand und die atemberaubende Jagd mit der Kamera festhalten konnte.

Für die weibliche Hauptrolle schlug Hunt Catherine Deneuve oder Brigitte Bardot vor, doch beide lehnten ab. Ironischerweise hatte BB gerade eine Rolle neben Sean Connery im Western "Shalako" angenommen. Die Schwedin Agneta Eckemyr und die Französin Marie-

Der einzige Drehort eines 007-Films, der immer noch existiert - das Restaurant "Piz Gloria".

France Boyer verloren gegen Diana Rigg. Irene Papas sollte Irma Bunt verkörpern, sie schien aber "zu sympathisch". Schließlich entschied sich der Regisseur, gegen Broccolis Einwand, für Ilse Steppat, die hier ihre letzte Rolle übernahm. Sie starb Weihnachten 1970 im Alter von siebzig Jahren.

Im Oktober 1968 wird der Neuling George Lazenby, für den die Produzenten Phonetik- und Schauspielunterricht anordneten, im Londoner Hotel "Dorchester" der Weltpresse präsentiert. Sämtliche Werbefilme, in denen der noch Unbekannte Schokolade anpries, kaufte die Firma kurz vorher auf. Vor Drehbeginn lud man nochmals ins Dachrestaurant des Hilton unter dem Motto "Meet Mr. and Mrs. James Bond".

Am 21. Oktober, um 7.45 Uhr, trat Lazenby, von neun hübschen Mädchen umringt, erstmals in Aktion. Einige kleinere Stunts übernahm er sogar selbst und erklärte in "New Idea": "Das einzige, was mich wirklich nervös machte, war der Sprung aus einem Hubschrauber aufs Eis. Ich mußte auf meinen Ellbogen landen, auf dem Eis langrutschen und mit einem MG schießen."

Als das Kamerateam erstmals mit der Seilbahn zum "Piz Gloria" hochfuhr, lauerte in der Kabine ein junger Alligator. Der kanadische Millionär und Miteigentümer des Restaurants, Bartlett Morgan, fand das Plätzchen angemessen, um "dem großen Bond mal einen Schabernack zu spielen".

Für die 120 Mann starke Crew wurde das "Palace" in Mürren zur Produktionsbasis. Joanna Lumley, eines der Blofeld-Mädchen, schrieb in ihrer Autobiographie: "Mit Ausnahme von Bonds Aston Martin, der per Flugzeug, Zug und Kran herbeigeschafft wurde, gab es in Mürren keine Autos. Das Dorf war irgendwie von der Außenwelt abgeschottet. Die Filmgesellschaft nutzte es wie eine überdimensionale Studiohalle in Pinewood und zahlte kräftig." Der mildeste Winter, den diese Landschaft seit vierzig Jahren erlebte, bescherte reichlich Probleme: Die Szenen auf der Eisbahn mußten nach Grindelwald auf einen Parkplatz verlegt werden, da in dem verschlafenen Wintersportort zu wenig Schnee lag. Die geplante Lawinensequenz schien überhaupt nicht mehr möglich. Mehrfach hieß es, daß hier und da eine Lawine ausgelöst werden könne, doch es funktionierte nie, so daß sich Hunt in letzter Not entschloß, Dokumentaraufnahmen aus einem Disney-Kulturfilm zu verwenden und die Bilder mit den Hauptdarstellern geschickt dazwischen zu montieren - ein gelungener Beweis für seine Fähigkeiten als perfekter Cutter.

Während der Dreharbeiten in der idyllischen Alpenregion entwickelte sich die Halle E in Pinewood zu einem gigantischen Laboratorium (Kosten: 200.000 Dollar). Es folgten noch einige Drehs in Portugal, und am 23. Juni war der "neue Bond" im Kasten und der Drehplan um 58 Tage überzogen.

Noch vor der Premiere verkündigte Lazenby das Ende seiner Bond-Karriere. Die Produzenten reduzierten sofort seine Publicity-Tourneen und verteidigten ihren Protagonisten nicht mehr so vehement wie früher.

Zu Recht warfen ihm Kollegen unprofessionelles Verhalten vor. In einigen Veröffentlichungen hieß es bereits, daß er den einmaligen Auftritt nur als Sprungbrett benutzen wolle. Viele Jahre später gestand er sein Fehlverhalten ein, schob aber ein Teil davon auf "unvorteilhafte Berater".

Auch heute noch wirbt das Etablissement auf dem Schilthorn mit seiner zugkräftigen Historie und trägt selbstredend weiterhin den Namen "Piz Gloria". So gibt es Speisekarten, auf denen das 007- Logo prangt, wird ein "007 Inferno-Kaffee" für 6.50 Franken angeboten, ein Eisbecher "Coupe 007" für 12.50 Franken verkauft und informiert eine Notiz die Besucher: "Nur manchmal findet man noch im Geröll eine leere Hülse: Überreste der zu Tausenden verschossenen Platzpatronen."

Budget, Sensationen und Anekdoten

Das Budget betrug rund sieben Millionen Dollar, von denen der Transport den größten Teil beanspruchte: Das Restaurant ließ sich nur per Hubschrauber oder Seilbahn erreichen.

Ruby (Angela Scoular) macht Schottenrock-Träger Bond in einer Szene eindeutige Avancen und schreibt unter dem Tisch ihre Zimmernummer mit Lippenstift auf sein Bein eine gute Gelegenheit für einen Scherz des Teams. Sie banden Lazenby eine warme Bockwurst zwischen die Beine. Ruby verzog keine Miene, rief aber nach der Aufnahme entsetzt aus: "Du hast ja gar keine Unterhose an!" Die Testaufnahmen mit dem neuen 007 beeindruckten die New Yorker Spitze von United Artists, sie wollte aber, daß er Name und Akzent ändere. Dagegen verwahrte er sich. Während der Londoner Dreharbeiten bekam der angehende Star ein eigenes Appartement und eine Limousine mit Chauffeur gestellt.

Nach Aussage des Londoner Kuchenspezialisten Henry Kerswell entsprach die eckige, mit Zuckerblumen übersäte und in

Das höchste Drehrestaurant der Welt wirbt auch heute noch mit dem 007-Einsatz.

weiß gehaltene Hochzeitstorte von Tracy und Bond "genau der aktuellen Mode. Runde Torten sind einfach weniger populär."

Premieren, Starttermine und Besonderheiten

Erstmalig lief die Premiere in England und den USA parallel. Die Londoner Aufführung am 18. Dezember 1969 war trotzdem etwas Besonderes, da die Einnahmen wieder für wohltätige Zwecke verwendet wurden und George Lazenby mit Vollbart erschien. Anfangs stand der Umsatz von "Im Geheimdienst Ihrer Majestät" seinen Vorgängern in nichts nach, doch an deren finanzielle Erfolge konnte er nicht anknüpfen. Im "Odeon" spielte er in einer Woche 56.000 Dollar ein, für die Amortisation benötigte er zwei Jahre.

Am 19. Dezember startete der Film in Deutschland - ohne prominente Mitwirkende. Wie wenig Vertrauen die Produzenten in ihren neuen Hauptdarsteller setzten, zeigte sich an den Plakaten. Hieß es früher immer "Sean Connery als James Bond 007 in Ian Flemings ... " und sogar "Sean Connery **ist** James Bond 007 ...", so kündete es diesmal trocken von den Werbeflächen: "James Bond - 007 in Ian Flemings 'Im Geheimdienst Ihrer Majestät'. In den Hauptrollen: George Lazenby, Diana Rigg ..." Selbst auf das Gesicht von Lazenby verzichtete man. Auch die Länge von 140 Minuten sprach gegen einen grandiosen Durchbruch, da dadurch die Kinos jeden Tag eine Vorstellung einbüßten. Laut Cutter John Glen gab es ganz zu Anfang eine dreieinhalb Stunden lange Version, die dann mehr und mehr gekürzt wurde.

Kritik

Bond gewann wieder sehr reale Züge, verhinderte keinen Weltkrieg, griff auf keine außergewöhnlichen Waffen zurück, zog keine Tricks aus dem Ärmel und hing in einer ernsthaften Affäre. Zum ersten Mal spürten die Zuschauer seine Angst und Hilflosigkeit. Das Ende, das Broccoli nicht gefiel, von dem er sich aber durch Hunt überzeugen ließ, weckte Vorbehalte. Molly Haskell formulierte am 25. Dezember 1969 in "Village Voice": "Die Liebe zwischen Bond und Tracy beginnt wie eine Bezahlung und endet wie ein Sakrament. Nachdem sie die Bösen scheinbar losgeworden sind, heiraten sie und fahren einem famosen, schockierenden Ende entgegen. Ihre so reale Liebe wird von den Konventionen umgebracht, die sie definieren. Aber sie gewinnen die letzte Schlacht, indem sie sich unerwartet ihren Gefühlen hingeben. Ein Teil des Publikums pfiff, ich war zerschmettert. Wenn Sie Bond-Filme mit einem Happy-End mögen, gehen Sie nicht hin."

Unter Fans und Kritikern genießt diese Produktion immer noch ein sehr hohes Ansehen. Viele stimmen in der Einschätzung überein, daß es definitiv die beste geworden wäre, wenn Sean Connery die Hauptrolle gespielt hätte. So schrieb die "Katholische Filmkritik": "Der neue Hauptdarsteller wirkt derart blaß, daß Connery hinterher fast als schaupieleri-

sche Potenz erscheint." Connery selbst bemängelte jedoch, daß "die Regie nicht gerade heiß war", daß Lazenby sicherlich besser gewesen wäre, "wenn er weniger gesagt hätte", räumte aber ein, daß er sich für einen Anfänger "ganz gut geschlagen" habe.

Von professionellen Rezensenten wurde Lazenbys Darstellung fast einhellig verrissen. Doch sonst erntete "Im Geheimdienst Ihrer Majestät" viel Lob. So schrieb Danny Peary in seinem Buch "Cult Movies": "Der Kampf zwischen Bond und Blofeld auf der Bobbahn macht es beinahe überflüssig, sich die Winterolympiade anzusehen. Kein Bond-Film konnte seine Spannung so durchgehend aufrechterhalten." Auch die "Frankfurter Allgemeine Zeitung" zollte Beifall: "Es ist immer noch der grandiose Ausstattungsfilm, bei dem der Betrachter so recht mit ansehen kann, wie die Millionen Dollar in den Schlund der Produktionsmaschinerie hineingegossen werden. Aber - und dies ist neu - Regisseur Peter Hunt hat bei seinem Filmdebüt nicht mehr auf technisches Raffinement, auf Mikrosender im Absatz und automatische Fallgruben gesetzt, sondern auf harte Action, auf reißerische Spannung. Das bekommt dem Film. (...) Man kennt keine besser gedrehten und gespielten Schlagszenen als die in den ersten großartig fotografierten fünf Minuten vor dem Vorspann, keine dramatischere Verfolgung auf Skiern oder den Kampf im Bobschlitten zwischen Blofeld und Bond. In diesen Szenen ist der Film auf der Höhe der filmischen Möglichkeiten." Der "New Yorker" urteilte ähnlich, nannte Hunt "einen Zauberer der Action-Sequenzen" und schrieb über die Bobbahn-Sequenz, sie wäre "gedreht und geschnitten wie nichts, was ich je zuvor gesehen habe."

Diamantenfieber/
Diamonds Are Forever (1971)

Inhalt

Nach dem Tod seiner Frau sucht Bond nach Blofeld. Als er ihn endlich stellt, bemerkt er zu spät, daß der Tote nur ein Doppelgänger ist. In London erhält der Agent den Auftrag, die Spur von Diamantenschmugglern zu verfolgen. Er forscht bei einer gewissen Tiffany Case in Amsterdam, dann in den USA nach. Die Spur führt zu Willard Whyte, einem Magnaten, der in der obersten Etage eines Hotels residiert, aber seit drei Jahren von niemandem mehr gesehen wurde. Blofeld hat sich Whytes Position bemächtigt und hält ihn in einer Luxusvilla gefangen. Bei einer Auseinandersetzung stehen Bond plötzlich zwei Blofelds gegenüber, und er erschießt wieder den falschen. Der echte flieht auf eine Bohrinsel im Pazifik. Mit Hilfe eines Hubschraubergeschwaders wird Tiffany aus den Fängen des Gangsters gerettet, dem erneut die Flucht gelingt. An Bord eines Schiffes treten die junge Frau und Bond die Heimreise an, doch plötzlich begegnen ihnen die Killer Wint und Kidd.

Hintergründe

Nachdem die Auseindersetzungen mit Lazenby eskalierten und der finanzielle Erfolg des sechsten Eon-Bond-Abenteuers hinter denen anderer zurückblieb, suchten Produktion und US-Verleih-Spitze nach neuen Konzepten und adäquaten Schauspielern. Mit John Gavin wurden sogar Testaufnahmen gemacht, aber niemanden überzeugte die Idee eines frischen Gesichtes wirklich. David Picker von United Artists unterbreitete deshalb im Februar 1970 Sean Connery ein Angebot, das der Schauspieler nicht ablehnen konnte: 1,25 Millionen Dollar Gage, 18 Wochen Drehzeit, bei Überziehung Extrahonorar, zwei Filmprojekte nach Wunsch und Gewinnbeteiligung. Nach einer Woche Bedenkzeit sagte er zu. In der Branche köchelte das bis heute unbewiesene Gerücht, daß die Produzenten seine Schuldscheine aufgekauft hätten. Der Amerikaner John Gavin, der bereits einen Vertrag besaß, wurde ausbezahlt. Connery überwies seine Gage an den "Scottish Educational Trust", einer Organisation, die schottischen Jugendlichen zu einer ordentlichen Ausbildung verhilft. Mit der Meldung, daß der Schotte wieder als 007 zur Verfügung steht, avancierte "Diamantenfieber" schon im Vorfeld zum Kassenschlager. Alle Postillen berichteten darüber, und obwohl die "Bondomanie" der sechziger Jahre längst abgeebbt schien, sorgte diese Nachricht für Begeisterung. Im englischen Magazin "Show" äußerte Connery dazu: "Ich glaube nicht, daß irgendeine andere Rolle auf der Welt einen Mann so verändert wie die von Bond. Sie ist eine Last, ein Privileg, ein Scherz, eine Herausforderung und zudringlich wie ein Alptraum."

Das Originalteam, das schon frühere Spektakel zu Erfolgen führte, wurde zusammengeholt: Ken Adam sorgte wieder für die Ausstattung, Ted Moore führte die Kamera, Guy Hamilton, der mit "Goldfinger" einen Standard gesetzt hatte, übernahm die Regie. Die Idee für die Story stammte von Broccoli selbst: "Ich dachte, es wäre Zeit für einen anderen Bond, der sich mehr mit dem Unterbewußtsein auseinandersetzt. Eines Nachts hatte ich in meinem Bett den Traum, daß ich einen dieser Wolkenkratzer hinaufklettern würde, in der Hoffnung, dort ganz oben einen reichen, mächtigen Einsiedler zu finden, der alle Fäden in der Hand hält. Im Film nennen wir ihn Willard Whyte." Für die Figur stand Howard Hughes Pate.

*Der von Ken Adam erdachte Moon-Buggy kam während
einer PR-Tournee 1971 auch nach Deutschland.*

Eine Zeitschriftenanzeige in der "Vogue" inspirierte Fleming bei der Suche nach einem Titel: "A Diamond Is Forever".

Dreharbeiten und Drehorte

Im Frühjahr 1970 begannen die Tests für die Hauptdarsteller. Im Herbst legte Richard Maibaum ein Drehbuch vor, dessen Grundeinfall auf der Existenz eines erpresserischen Zwillingsbruders von Goldfinger beruhte. Gert Fröbe war vorgesehen, und das Finale sollte auf dem Lake Mead spielen, auf dem Goldfinger von den exotischen hoteleigenen Booten der Spieler-Paläste verfolgt wird. "Bond sollte den Verfolgern zurufen: 'Ich erwarte, daß jeder seine Pflicht tut', ein Satz, den Admiral Nelson bei Trafalgar gebraucht hatte. Es brach mir das Herz, als das abgelehnt wurde", erzählte der Autor dem "Starlog". Tom Mankiewicz überarbeitete das Skript.

Im Gegensatz zu den wenigen Drehorten des Vorgängers ging die Produktion wieder zu alten Maßstäben über. Die Aufnahmen entstanden in Amsterdam, Frankfurt, Nizza, Palm Springs, in Los Angeles, Las Vegas, an der Pazifikküste der Vereinigten Staaten, in London, Southhampton und Dover.

Am 11. April 1971 flog Connery nach Las Vegas, nachdem er im Londoner Hotel "Savoy" schon die ersten Interviews absolviert hatte. In Las Vegas unterbrach Entertainer Tony Newley seine Show in "Caesar's Palace" und holte den Star unter tosendem Applaus auf die Bühne. Das Publikum verstummte, als er in Freizeitkleidung und ohne Haarteil ins Rampenlicht trat. Am nächsten Abend erschien Connery beim Komiker Alan King - diesmal mit weißem Dinnerjacket und Toupé. Die Zuschauer rasten vor Begeisterung. Sobald der Star nicht bondmäßige Garderobe trug, erkannte ihn niemand. Fortan bevorzugte er fast immer den Freizeitdress.

Am Hotel "Riviera" prangte zu Recht der Schriftzug "James Bond Is Here", denn neben dem Hotel "Spa" bildete es die Produktionsbasis. Das Filmteam bekam Buttons mit dem Aufdruck "Crew - 007", die Stuntmen T-Shirts mit dem gleichen Text.

An einer Autoverfolgungsjagd beteiligten sich dreiundfünfzig Autos. Vierundzwanzig erlitten Totalschaden. Den Hintergrund der Szenen bildeten der Sunset Strip in Las Vegas und ein Parkplatz des Paramount-Geländes. Den letzten Stunt, in dem Bond den Wagen per Rampe auf zwei Rädern weiterfährt, mußte man zweimal drehen. In der ersten Nacht war ein Ersatzmann für Stuntman Joie Chitwood im Einsatz, aber der bekam das mit Gewichten präparierte Auto nicht auf die Seite. Um 4 Uhr nachts brach die Crew ab. In der nächsten Nacht saß Chitwood am Steuer. Alles klappte reibungslos, nur die im Film so schmal wirkende Gasse wies in der Realität die solide Breite von zwei Ford Mustangs auf. Da der Betrachter aber nur auf den Wagen starrt und in diesem spannenden Moment kein Verhältnis zur Umgebung entwickeln kann, entzieht sich die Wirklichkeit seiner Auf-merksamkeit. Einer der größten Schnitzer in der Bond-Serie fiel erst überhaupt nicht auf: Zu Beginn fährt der Wagen auf den beiden rechten Rädern, rast dann aber auf den beiden linken weiter, um schließlich auf allen vieren zu landen. Als Hamilton die Muster begutach-tete, entschied er lakonisch: "Das ist so span-nend, das wird keinem auffallen." Auf die Frage, warum er die Polizisten so vertrottelt darstellen ließ, entgegnete der Regisseur: "Weil ich amerikanische Polizisten nicht lei-den kann. Als ich das erste Mal mit dem Wagen in das Film-Studio fuhr und die Gepflogenheiten noch nicht kannte, stoppte mich ein Studiopolizist und hielt mir sofort seinen Colt unter die Nase. Was sind denn das für Sitten?"

Die ausrangierte Ölplattform kostete für zehn Tage 400.000 Dollar Miete. Sie lag zwei Bootsstunden außerhalb von San Diego. Broccoli kommentierte dieses Verfahren: "Wir hätten auch im Studio ein Modell bauen kön-nen, aber die Bilder wären nicht dieselben gewesen." Die Szene, in der sich Bond in einem großen Ball auf dem Wasser bewegt, wurde mit einem Double absolviert, das sich nach mehreren Überschlägen vor Übelkeit übergeben mußte. Doch Connery überstand die Tortur ohne Mißgeschicke. Eine zu-sätzliche Sequenz, in der eine Gruppe von schwarzgekleideten Froschmännern mit Dynamit an den Füßen die Plattform entert, entfiel bei der Endfertigung. Nur auf den Plakaten prangten die mysteriösen Taucher. In den örtlichen Zeitungen attackierten Umwelt-schützer später die Bohrinsel. Sie wußten nicht, daß es sich dabei nur um eine Film-dekoration handelte.

Am 2. Juli 1971 realisierte das Team einige Takes auf dem Frankfurter Flughafen. Die Lufthansa war eingesprungen, als sich heraus-gestellt hatte, daß auf dem Amsterdamer Airport Schiphol bestimmte Maschinen nicht länger als fünfundvierzig Minuten stehen dür-fen. Connery mied die deutsche Presse, den-noch erschienen am nächsten Tag mehrere sogenannte "Exklusiv-Interviews".

Im August schlossen sich Studioarbeiten an. Ken Adam baute seit dem Frühjahr in den Londoner Pinewood-Studios die Penthouse-Suite für Willard Whyte, das Hauptquartier des Bösewichts Blofeld, ein rundes Plastik-Wasserbett, das mit 3.000 Salzwasserfischen gefüllt wurde, eine Kraterlandschaft, die den Mondfahrern als Übungsgelände dient, den Computer-Raum auf Blofelds Bohrinsel und die Replik eines Beerdigungsinstituts. Guy Hamilton befand knapp und prägnant zu der ungewöhnlichen Spielwiese: "Bond ist ein so übermenschlich großer Charakter, daß es ihm unmöglich ist, in einem normalen Bett zu lieben, wie das andere Männer tun." Nach achtzehn Wochen, am 24. August, endete Connerys sechster Einsatz - mit eingehaltener Planung.

Budget, Sensationen und Anekdoten

Zusätzlich zu den Produktionskosten, die nach unterschiedlichen Angaben zwischen sie-ben und zehn Millionen Dollar schwanken, gab United Artists nochmals 7,2 Millionen Dollar für Kopien, Anzeigen, Werbung und Promotion aus.

Rund 10.000 Dollar kostete der von Ken Adam entworfene Moon-Buggy, den die "Dean Jeffries Custom Car Business" baute. Das Gefährt wurde zunächst für verschiedene Publicity-Tourneen eingesetzt und war am 18. Dezember 1971 in Begleitung von Lana Wood auch in Hamburg zu sehen. Danach verschwand es von der Bildfläche. 1983 auf einem Feld im englischen Hextable wieder-entdeckt, kaufte ein ortsansässiger Fan das schon stark verwitterte Mobil und veräußerte es zwei Jahre später weiter. 1992 tauchte es in

Jill St. John und Sean Connery während einer Drehpause - die beiden verstanden sich exzellent.

der Grafschaft Kent auf, wo es der englische Bond-Fanclub erwarb und restaurierte. Inzwischen steht es seit dem 24. Juli 1994 als Dauerleihgabe im "Planet Hollywood" in Las Vegas.

Faust-Kämpfer Joe Robinson, der sich als Peter Franks mit Bond in einem Fahrstuhl prügelt, gab später an Schulen Unterricht in Selbstverteidigungspraktiken.

Schauspielerin Jill St. John trug während der Dreharbeiten zeitweise ein T-Shirt mit dem Aufdruck "006.95 reduziert auf 007". Kollegin Lana Wood beschrieb in ihrem Buch "Natalie. A Memoir By Her Sister Lana Wood" witzige Momente der Dreharbeiten. Als sie ankam und ihr Hotelzimmer noch nicht bereitstand, wurde ihr der Schlüssel für Connerys Suite ausgehändigt, der gerade auf der Toilette saß, als sie eintrat. Da sie zusätzlich noch einen Katzenkäfig bei sich trug und ihr Finger sich in der kleinen Tür verklemmt hatte, kam es "zu einem erinnerungswürdigen Treffen. Ich konnte einfach nicht aufhören zu lachen". Komisches ereignete sich auch bei dem Dreh der Szene, in der Lana aus einem Hotelzimmer in einen Pool geworfen werden sollte. Dafür wurde außen an der Hauswand ein Extra-Sprungbrett montiert, Stuntman Dick Butler

und ein Stuntgirl engagiert. Lana Wood betäubte sich mit Heidelbeer-Brandy, um den kleinen Fall zu überstehen. Zudem war der Drehort voll mit Zuschauern. Es hatte sich herumgesprochen daß sie nichts weiter trug als einen Slip und ein paar Hausschuhe. Es klappte erst beim zweiten Mal dank einer weiteren Portion Heidelbeer-Brandy.

Nach einer Vorführung in Paris sprach der französische Verkehrsminister Hamilton an: "Der Film ist toll, aber warum ist die Concorde nicht mit dabei?" Der Regisseur verwies darauf, daß man das Flugzeug hätte in die Luft jagen müssen, und kommentierte die Reaktion des Politikers: "Er war geschockt. Ein paar Minuten später kam er zurück und sagte: 'Kommen Sie das nächste Mal bei uns vorbei.'" Das Plakatdesign des Gespanns McGinnis/McCarthy führte zu einiger Aufregung. Zum einen zeigt es eine Reihe von Tauchern, die im Film nicht zu sehen waren, zum anderen erhielt Marketing-Chef Donald Smolen nach dem ersten Entwurf einen ominösen Anruf, den wahrscheinlich Connerys Agenten inszenierten. Der Mann beklagte sich, daß die Mädchen größer schienen als der Star. Smolen ließ überarbeiten, räumte aber ein, "daß er jetzt einen schrecklich langen Hals hat".

Premieren, Starttermine und Besonderheiten

An der Welturaufführung in München, am 14. Dezember 1971, nahmen Lana Wood, Guy Hamilton und der "Moon-Buggy" teil. In den USA kam der Film am 17. Dezember in die Kinos.

Seit 1983 dichtete die Presse den beiden Bond-Darstellern Connery und Moore eine vermeintliche Konkurrenz an. Die beiden Akteure waren aber schon seit Ende der 50er Jahre befreundet und ließen sich seit vielen Jahren vom selben Agenten vertreten. Sie besuchten gemeinsam die Londoner Premiere am 30. Dezember im "Odeon". Connerys

Einfluß bei der Produktion machte sich in besonderer Weise bemerkbar: Er erreichte, daß es auch in seiner Heimat Schottland eine Galapremiere gab. Sie wurde am 14. Januar 1972 im "Odeon Theatre" in Edinburgh zugunsten des von ihm ins Leben gerufenen "Scottish Educational Trust" abgehalten, und er ließ es sich nicht nehmen, persönlich zu erscheinen und eine Botschaft an das Publikum zu richten - mit einem Dank an alle Abwesenden.

"Diamantenfieber" geriet zum erhofften Kassenerfolg. In der Startwoche spielte er im "Odeon" fast 35.000 Pfund ein, 13.200 mehr als der letzte Hausrekord. In zwei Wochen strömten 90.000 Menschen in dieses Kino. Als eines Morgens um 10 Uhr das Reinigungsteam erschien, standen schon 700 Leute Schlange, um die erste Vorstellung zu sehen. Manager Jim Thompson erzählte, daß die Wartenden um den gesamten Häuserblock standen und er "Leute mit Megaphonen einstellen mußte, um den Leuten zu sagen, daß ausverkauft sei". Nach zwei Wochen waren weltweit 15,6 Millionen Dollar eingenommen, nach vier Wochen bereits das Doppelte.

Eine peinliche Sache leistete sich die deutsche Synchronisation: Blofelds Techniker Metz sächselte.

Kritik

Wolfgang Ruf zog in der "Filmkritik" das Fazit: "Die siebente Materialschlacht zwischen dem trotz Alterserscheinungen noch immer alerten 007 und dem ebenso unsterblichen Blofeld weist dieselben faschistoiden Züge auf wie seine Vorgänger. Doch kaum jemand verspürt mehr Lust, die Menschenverachtung und den Zynismus dieser perfekt inszenierten Machwerke zu attackieren." In "Time" hieß es am 10. Januar 1972: "Die Autojagd in Las Vegas ist die komischste Szene seit 'Roadrunner' und 'Coyote'". Hellmuth Karasek lobte in der "Zeit" "die lustigsten Autoverfolgungsjagden, die ich je gesehen habe". Die "Katholische Filmkritik" brillierte mit dem Urteil: "Es kommt zu solchen Unwahrscheinlichkeiten und Übersteigerungen, daß der an echter Spannung übrigens sehr arme Film auf einigen Strecken eine auflockernde, wenn meist auch makabre Scherzhaftigkeit gewinnt. Dabei geht er ein paarmal zu seinem Vorteil bewußt auf parodistische Distanz, so daß man meint, der Beatles-Filmmacher Richard Lester habe einfallskundig inszeniert." Das immer gleiche Strickmuster der Filme und die stärker auftauchenden Werbeelemente gerieten jedoch zunehmend ins Kreuzfeuer der Kritik. "Konkret" spöttelte: "Ein zweistündiger Werbefilm mit allen schicken Zutaten der Unterhaltungsbranche, unüberbietbar, absolute Waren-Werbung ohne den Anflug von Penetranz allabendlicher Fernsehreklame, ein Wunder im Lichtspieltheater, das zwischen Porno, Sadismus und Esoterik dahinvegetiert. (...) Wichtig ist nicht eine klar vermittelbare Handlung, ein dramaturgisch verzahnter Aufbau der Story, sondern Bewegung, das Stimmungsbild aus Gefahr und Warenästhetik." Die "Newsweek" unterstrich in ihrer Ausgabe vom 27. Dezember 1971 diese Ansicht: "Die ganze Operation ist formelartiger geworden." Und "Der Spiegel" brachte es auf den Punkt: "Wenn gut gefederte Limousinen plötzlich aufs Dach knallen oder die Kotflügel verlieren, wenn Polizisten auf Bond-Verfolgung ihre Streifenwagen serienweise in Klump fahren und in der Sahnetorte eine Zeitbombe tickt, dann zeigt sich, was aus Ian Flemings 'faschistoiden' Roman-Vorlagen mit der Zeit im Kino geworden ist: Slapstick, nichts weiter."

Leben und sterben lassen/
Live And Let Die (1973)

Inhalt

An drei verschiedenen Orten, im UNO-Hauptquartier, in New Orleans und auf der Insel San Monique, sterben auf seltsame Weise drei Männer. Dahinter steckt ein geheimnisvoller Drogenschmuggler namens "Mr. Big". Bond fliegt zu Erkundungen nach New York, entgeht kurz nach seiner Ankunft einem Anschlag, baut auf die Unterstützung seines alten Freundes Leiter und ermittelt in Harlem. Er findet heraus, daß sich der Gangster der Wahrsagerin Solitaire bedient und eigentlich der schwarze Staatsmann Kananga ist.

Geschützt durch den Voodoo-Zauber von Baron Samedi vertreibt er über die Restaurant-Kette "Fillet of Soul" Heroin. Der Agent zieht die schöne Solitaire auf seine Seite, zerstört die Mohnfelder auf San Monique und tötet Kananga in seinem unterirdischen Domizil. Im Zug kommt es zwischen dessen Leibwächter Tee Hee und Bond zur letzten Auseinandersetzung.

Hintergründe

Nachdem Connery nun endgültig nicht mehr für die Rolle zur Verfügung stand, begann die erneute Suche nach einem geeigneten Nachfolger. Die US-Zentrale der United Artists schlug mehrere amerikanische Kandidaten vor: Steve McQueen, Burt Reynolds, John Gavin, Paul Newman, Robert Redford und Tony Curtis. Die Produzenten bestanden aber auf einem britischen Darsteller. Im Frühjahr 1972 bot Saltzman Roger Moore die Hauptrolle an. United Artists, die Burt Reynolds präferierten, überzeugte erst eine Umfrage unter Amerikas Frauen, die den Briten für einen idealen Bond hielten. Der Schauspieler unterschrieb einen Vertrag für drei Filme, der ihm eine Gage von angeblich acht Millionen Mark garantierte, ihn aber zu einem kürzeren Haarschnitt und zur Gewichtsabnahme zwang. Er "verlor" daraufhin 17 Pfund.

"photoplay" erzählte er 1973 eine nette Anekdote: "Ich nahm meinen sechsjährigen Sohn Geoffrey mit zum Mittagessen in ein Restaurant. Wir setzten uns und sahen uns um. Plötzlich fragte er mich, ob ich jeden im Haus verhauen könne. Da ich nur ältere Menschen sah, bejahte ich. Er fragte weiter, ob ich es mir auch zutrauen würde, James Bond zu verhauen, wenn der jetzt reinkommen würde. Ich dachte, ich gebe jetzt mein Geheimnis preis und sagte ihm, daß ich im nächsten Bond die Hauptrolle spielen werde. Er dachte kurz darüber nach und entgegnete: 'Nicht du, ich meine doch den richtigen James Bond - Sean Connery'". In seiner ironischen Art scherzte der Darsteller über die übliche Frage, wie sich denn nun seine Bond-Interpretation von der Connerys unterscheiden werde: "Die Wahrheit über Bond ist, daß er weder mit mir noch mit Sean etwas gemeinsam hat. Obwohl Sean eher so aussieht wie Humphrey Bogart und ich eher so wie Lauren Bacall."

Ursprünglich sollte die Schauspielerin Gayle Hunnicutt die Rolle der Solitaire bekommen, lehnte aber ab, weil sie sich mehr um ihren gerade geborenen Sohn kümmern wollte. Auch das deutsche Model Birgit Bergen war angeblich für eine Rolle im Gespräch.

Dreharbeiten und Drehorte

Erstmals wurde Tom Mankiewicz als alleiniger Autor verpflichtet. Vom Regisseur Guy Hamilton erhielt er die eindeutige Vorgabe: "Ein Kampf, ein Flug und eine Frau in jedem Akt des Films." Im März 1972 begaben sich Hamilton und Ausstatter Syd Cain ("Im

Geheimdienst Ihrer Majestät") auf Motivsuche nach Jamaica. Am 3. August 1972 meldeten die Agenturen Roger Moore als neuen 007, während die Gedanken des Regisseurs immer noch um dessen schlüssige Einführung in die Geschichte kreisten: "Wir entschieden uns dafür, daß Roger in den ersten zehn Minuten nicht zu sehen ist. Es wäre tödlich gewesen, wenn er in den ersten Szenen im weißen Dinnerjacket die Treppe heruntergekommen wäre. Also nannte er seine Sekretärin distanziert 'Miss Moneypenny', und sie nennt ihn 'new boy', und wir führten Roger nicht in M's Büro ein, das wäre eine klassische Szene gewesen, sondern in seinem eigenen Heim, denn witzigerweise war das noch nie gezeigt worden. So sollte er seine eigene Persönlichkeit entwickeln."

Am 8. Oktober verließ die Crew England in Richtung Louisiana, wo die Bootsjagd den Auftakt der Dreharbeiten bildete. Dabei erlitt Roger Moore durch einen Unfall Beinquetschungen. Am 16. Oktober waren die Vorarbeiten für einen der aufwendigsten Stunts der gesamten Serie abgeschlossen. Die zum Preis von 1,2 Millionen Mark gebaute Rampe für den Motorbootsprung der geländegängigen Wasserfahrzeuge stand in Position. Drei Wochen dauerte die minutiös mit einem Computer vorausgeplante Jagd, für die sich Jerry Comeaux, ein 30jähriger Anwalt aus New Orleans, als Hauptverantwortlicher hervortat. Er und sein Partner Murray Cleveland erhielten für jeden ihrer beiden Sprünge 12.400 Mark: "Ich glaube, ich habe jeden Cent verdient. Als ich den Film schließlich sah, fürchtete ich mich zu Tode. Es sieht zu unwahrscheinlich aus. Aber während der Szene hatte ich gar keine Zeit, Angst zu haben. Ich konzentrierte mich auf die richtige Geschwindigkeit - 93 bis 96 km/h - und hob ab." Er flog 37 Meter und landete sicher. Andere schafften das nicht: Einige Stuntmen

Der Sohn eines Polizisten verabscheute Waffen und Explosionen, muße aber als 007 über seinen Schatten springen.

zierten die nächste Tanne, einmal fuhren sie Beleuchter um, ein andermal knallten sie gegen einen Baum - Schaden je Boot 30.000 Mark.

Am 25. November wurde auf Jamaica die Friedhofssequenz und die Szene im Hotel "Sans Souci" sowie vier Tage später nahe Montego Bay die Jagd mit dem Doppeldecker-Bus gedreht. Das Abrasieren des Oberteils durch eine zu flache Brücke enstand mittels einiger Tricks. Die Szene einschließlich Ausstattung schlug mit 500.000 Dollar zu Buche, zumal Cain zwei auf Kugeln laufende Oberdecks anfertigen ließ, die ein Kran werfen mußte. Erst beim zweiten Mal gelang die Einstellung, in der das Busstück direkt vor ein verfolgendes Auto kracht und von ihm mitgetragen in den See rast. Saltzman kommentierte: "Wir geben viel Geld aus, aber man soll es auch sehen und fühlen. Hier wird nichts mit Spiegeln erzeugt. Viel von der Anziehungskraft der Bond-Filme rührt daher, daß fast nichts davon im Studio entsteht." Und Guy Hamilton ergänzte: "Wir müssen dem Publikum Dinge zeigen, die es nicht jeden Tag im Fernsehen sieht. Wir sagen ihm, daß es hier eine tolle Fahrt erlebt, daß es aber auch das Gehirn

Die lässige und ironische Art des Briten wurde von Journalisten häufig kritisiert.

schnappte nach meinem Assistenten, der sich jedoch rechtzeitig in Sicherheit bringen konnte. Ich gab ihm den Rest des Tages frei." Es folgten Szenen im French Quarter in New Orleans und ab dem 8. Januar 1973 Aufnahmen in Harlem. Zudem gab es eine wahre Zerstörungsorgie auf dem Lakefront Airport nahe New Orleans. Pilot Nigel Brendish, der in den Flughafenszenen mit der Cessna über das Gelände preschte und Bond mehrfach erfolgreich "vertrat", starb am 4. Dezember 1987, als er betrunken in einer vergleichbaren Maschine abstürzte. Zählt man alle Action-Sequenzen zusammen, dann gingen acht Flugzeuge, zwei Doppeldeckerbusse, 13 bis 27 (die Angaben schwanken beträchtlich) von 44 Motorbooten und 29 Autos im Wert von fünf Millionen Mark - meist Cadillacs und Chrysler - zu Bruch.

In den Pinewood-Studios zauberte die Ausstattung in der Zwischenzeit Solitaires Suite und das Zimmer, in dem sie die Karten legt, Bonds Bungalow auf Jamaica und seine teure Londoner Wohnung. Mit den Bildern auf dem John F. Kennedy-Flughafen in New York war "Live And Let Die" nach 84 Tagen abgedreht.

Für die Aufnahmen mit dem Lenkdrachen engagierten die Produzenten für 3.000 Dollar den kalifornischen Stuntman John Carter. Er hing an einem 7,4 x 5 Meter großen Segel und schwebte damit 240 Meter im freien Flug auf eine Meeresklippe zu, immer die Gefahr unerwarteter Windböen und der Klippen vor sich. "Ich hatte so etwas noch nie probiert und brauchte 26 Trainingsstunden", erzählte er.

Roger Moore führte Tagebuch und veröffentlichte die Erlebnisse in einem Taschenbuch (Erstauflage: 130.000 Exemplare), das in mehreren Ländern erschien und ihm 45.000 Mark an Tantiemen einbrachte. Trotz großer Hitze und hoher Luftfeuchtigkeit verlor er fast nie ein böses Wort. In Interviews spottete er über

unter dem Sitz lassen und nicht zu viele Fragen stellen soll. Denn wenn wir anhalten und zuviel erklären, verlieren wir Impulse." Während erster Erkundigungen auf Jamaica stieß das Team auf die Krokodilfarm, in der 1500 Tiere lebten. 86 von ihnen mußten drei Monate hungern, damit sie nicht einschliefen und auch wirklich mit ihren Mäulern nach allem schnappten, was sich bewegte. Am 7. Dezember doubelte der Farm-Besitzer Ross den Gangster Kananga, und er beliebte dabei schlicht zu scherzen: "Es war wirklich nicht gefährlich. Ich habe die ganze Zeit meine Alligator-Schuhe getragen." Erst im sechsten Anlauf klappte der Part fehlerlos. Syd Cain kommentierte die Arbeit: "Der Farmbesitzer fiel mehrfach in den Pfuhl, und einmal biß eines der Tiere in seinen Schuhabsatz. Während wir die Szene vorbereiteten und dachten, daß alle Tiere, mit Ausnahme der beschwerten, weggeschafft waren, hatte er zwei einfach 'vergessen'. Eines davon

Moore und sein Double während einer Drehpause in den Sümpfen Louisianas, Schauplatz der Motorbootverfolgungsjagd.

sich selbst: "Es ist herrlich, seine Kindheits-phantasien einmal so richtig voll ausspielen zu können und obendrein noch viel Geld dafür zu bekommen." Die Szene, in der Bond sich mit einer Flugabwehrkanone vor angreifenden Verfolgern wehrt, fiel dem Schnitt zum Opfer, findet sich aber auf allen Filmplakaten.

Beatles-Produzent George Martin, der das Soundtrack-Album produzierte, moniert in seiner Autobiographie "All You Need Is Ears", daß der Titelsong von Paul McCartney und den Wings kaum vorgekommen wäre. Hintergrund war, daß Saltzman das Stück gefiel, aber nach Interpretinnen wie Shirley Bassey oder Nancy Sinatra wieder eine Frau gefunden werden mußte. Martin erklärte so höflich wie möglich, daß in diesem Fall Paul kein Interesse an einer Mitwirkung hätte, so daß man sich auf einen Kompromiß einigte: Paul sang über den Titeln und die Sängerin

B. J. Arnau ihre Version inmitten des Films. Doch nur das Lied der Wings gelangte in die Charts - in England auf Platz 2 und in den USA auf Platz 1.

Budget, Sensationen und Anekdoten
"Live And Let Die" kostete zwischen sieben und zwölf Millionen Dollar, wovon allein das spektakuläre Bootsrennen knapp 2,2 Millionen beanspruchte.

Roger Moore, von einem amerikanischen Männermagazin gefragt, ob er nur mit einer Pistole 'bekleidet' für sie posieren würde, lehnte schlagfertig ab: "Ich brauche mindestens eine Maschinenpistole, um das Notwendigste zu bedecken."

In der "südafrikanischen Version" fehlte die komplette Sequenz mit der schwarzen Schauspielerin Gloria Hendry. United Artists nahm damit nach eigenen Angaben auf die

Roger Moore traf bei einer PR-Tournee auch die Präsidentin des Deutschen Bundestages, Frau Annemarie Renger.

Apartheidspolitik Rücksicht und erklärte: "Die Kontinuität der Handlung wird durch die herausgenommene Szene nicht gestört." Auch in Italien eliminierte man eine Schwarze: Das Art-Work des Plakats zeigte eine Rothaarige statt einer schwarzen Frau. Aus Zensurgründen mußten pikanterweise die Bikinis der gezeichneten Damen auf den US-Plakaten wesentlich breiter sein als auf den europäischen.

Der von Fleming erdachte Titel erlangte eine eigene Popularität. Mehrfach wurde er in ähnlicher Form für Fernsehproduktionen genutzt. Auf makabre Art und Weise warb der Verein "Dokumentationsstätte zu Kriegsgeschehen und über Friedensarbeit Sievershausen e.V.": Unter dem Motto "Leben und sterben lassen" zeigte er eine Ausstellung über Rüstungsexporte und die Dritte Welt.

Der Star-Astrologe Marc Henrie prophezeite Roger Moore einen sofortigen Erfolg mit Bond und sah "eine große Fernsehserie und ein zusätzliches Musical" voraus. "Ein gutes Omen" bewahrheitete sich, wie Ehefrau Luisa anmerkte. Moore bekam kurz vor der Verpflichtung als 007 eine neue Telefonnummer mit genau diesen drei Endziffern. Eine besonders skurrile Idee gebar die

"Bunte", indem sie Schwimmer Mark Spitz, den siebenfachen Goldmedaillengewinner bei den Olympischen Spielen in München, als Nachfolger für Sean Connery empfahl. 1972 verkaufte United Artists die ersten sieben Kinohits an den Fernsehsender ABC zum Stückpreis von 2,5 Millionen Dollar.

Premieren, Starttermine und Besonderheiten

Das Publikum des Landes, in dem "Live and Let Die" überwiegend gedreht wurde, kam in den Genuß der Welturaufführung. Am 27. Juni 1973 startete der Film in New York. Durch die Besetzung der Schurken mit Farbigen verlor Bond jedoch einen Teil seiner Anhängerschaft, vor allem unter den jungen Schwarzen, so daß er in den USA 12 Millionen Dollar weniger als der Vorgänger einspielte.

Die Europäer berührten solche Geschichten nicht. Die "Royal World Charity"-Premiere wurde am 6. Juli 1973 in London in Anwesenheit von Prinzessin Anne begangen. Der Publikumsrenner brachte in der englischen Hauptstadt in sechs Tagen 208.000 Mark (40.000 Mark mehr als bei "Diamantenfieber"), insgesamt 279.000 DM in der ersten Woche in London und 430.000 DM in Hongkong. Nach dreieinhalb Wochen hatten sich die Kosten in England bereits amortisiert. Am 14. September lief "Leben und sterben lassen" in 76 deutschen Kinos an. Roger Moore besuchte Hamburg, Bonn, München sowie Frankfurt und beehrte prominente Politiker wie die Parlamentspräsidentin Annemarie Renger und Außenminister Walter Scheel. Seine Antworten auf Anfragen der Journalisten offenbarten einen neuen Typus des "Geheimagenten", den er auch im "Hamburger Abendblatt" präsentierte:

"Wodurch sind Sie berühmt geworden?"
"Durch einen Irrtum."
"Welchen Frauentyp bevorzugen Sie?"
"Den femininen."

"Haben Sie alle Szenen im Film selbst gespielt, auch die gefährlichen?"

"Ich habe mich doubeln lassen, besonders in den Sex-Szenen."

Auf die Frage, wie er über die Krokodile gekommen ist, antwortete er: "Sehr schnell!" Das Ergebnis der Werbetour konnte sich nach den Fakten vom "Filmecho Filmwoche" sehen lassen: "7 Regional- und Überregionalsendungen bei ARD und ZDF, 12 Rundfunksendungen bei 9 Anstalten in einer Woche, Illustriertenberichterstattung mit 14,5 Millionen Auflage. Umsatz in der ersten Woche: 3,5 Millionen Mark."

Kritik

Scharfe Anwürfe kamen aus den USA, so nannte beispielsweise "Time" Bond ein "rassistisches Schwein". In einem Brief an das überwiegend von Schwarzen gelesenen US-Magazins "Ebony" wurde die Frage nach einem möglichen Boykott aufgeworfen: "Wir wollen weder einen schwarzen noch einen weißen James Bond. Beide sind Ausdruck einer Mentalität, die nichts mit unseren Problemen zu tun hat und die wir ablehnen. Aber wenn wir zwischen beiden zu wählen haben - 007 soll lieber weiß bleiben. Da wissen wir wenigstens, woran wir sind." Selbst die englische Presse wirkte unzufrieden. So notierte die "Financial Times": "Angebracht wären etwas weniger höflich-charmante Schülerscherze und mehr von Connerys aggressiver und boshafter Art." Die deutschen Medien äußerten sich ebenfalls nicht besonders wohlwollend. Schlagzeilen wie "Sterben lassen!", "Müder alter Mann" oder "Die Bond-Zeit ist vorbei" tauchten auf, und es hieß weiter, Roger Moore sei ein "unpersönlicher Langweiler", ein "Lord im Supermarkt", ein "Charming-Boy mit dem Flair eines erfolgreichen Seifenvertreters und allenfalls eine 4711". Die "Frankfurter Allgemeine Zeitung" vom 15. September 1973

konstatierte: "Man sieht, wie sehr Connerys darstellerische Kälte den Stil dieser Filme geprägt hat. Connerys Bond kam aus der Retorte, Roger Moore ist eher von der Stange gekauft. Er versucht's mit Charme, weil ihm Zynismus nicht zu Gesicht stehen würde." Zwei Tage später verkündete sie mißlaunig: "Aus den Bond-Märchen wird nun ein Bond-Zirkus. Moore ist im Gegensatz zu Connery ein äußerst mittelmäßiger Schauspieler, ohne darstellerische Präsenz, mit stereotyper Gestik." Noch vernichtender urteilte "Der Spiegel": Der Film "wirke wie ein müder Nachläufer zu den großen Pop-Parodien der bisherigen Bond-Filme. (...) Denn Roger Moore hat weder Sean Connerys schauspielerische Talente noch dessen spielerischen Sarkasmus im Umgang mit Feinden und Frauen: Harmlos und attraktiv-leer watet Moore, der dritte Bond-Darsteller, wie ein Dressman durch das Fleming-Unterholz der bösen Verwicklungen." Merkwürdig unentschlossen präsentierte der langjährige Feuilleton-Star Hans C. Blumenberg seine Meinung. Im "Kölner Stadt-Anzeiger" vom 8. September 1973 jubelte er. Dreizehn Tage später schrieb er in der "Zeit" einen Verriß. Hatte er Roger Moore zunächst als "überzeugend lässig, unterkühlt britisch und beiläufig ironisch" beschrieben und ihn mit "Der dritte Mann ist der Beste" gekrönt, so konnte man kurz darauf lesen, "er tänzele durch den Plot" und "sehe immer so unbeteiligt aus, als sei er eine Charge in einer Somerset-Maugham-Erzählung". In Köln fand sich die Blumenberg-Bemerkung, daß Regisseur Hamilton "die Handlung von Höhepunkt zu Höhepunkt jagt und erlesene Zirkusattraktionen von seltener Perfektion zelebriert", während es vom selben Autor bundesweit heißt, "die Handlung ist schließlich nichts anderes als ein beliebiger Anlaß für eine Folge von Salto Mortales."

Der Mann mit dem goldenen Colt/ The Man With The Golden Gun (1974)

Inhalt

Scaramanga, der höchstbezahlte Killer der Welt, schickt Bond eine Kugel, auf der die Nummer "007" eingraviert ist. Der Agent macht sich auf die Suche nach dem Absender, gelangt über Beirut, Macao und Hongkong an dessen Geliebte Andrea, die auf Befreiung von dem Gangster hofft. Mit Hilfe von Mary Goodnight findet er heraus, daß Scaramanga im Besitz eines Systems zur Umwandlung von Sonnenenergie in Elektrizität ist. "Solex" steht im Domizil des Verbrechers, einer Insel im chinesischen Meer. Dort läßt Bond sich auf ein Duell mit dem Gangster ein, bei dem dessen Diener Schnickschnack die Regie führt. Der Secret Service-Mann gewinnt, muß sich aber auf einer Dschunke noch einmal dem hinterlistigen Lakaien stellen.

Hintergründe

Der letzte Roman Ian Flemings, den er noch in der Klinik korrigierte, gilt allgemein als eines seiner schlechtesten Werke. Außer dem Titel und einigen Namen der Hauptcharaktere gibt es zwischen Buch und Film keine Gemeinsamkeiten mehr.

Ende 1974 zerbrach die langjährige Erfolgsgemeinschaft Saltzman/Broccoli endgültig an den seit 1966 schwelenden Streitigkeiten, ihrer Gier und der gegenseitigen Eifersucht auf die Erfolge des anderen. (Sean Connery) Ihr einstiges Abkommen über die von Produktion zu Produktion wechselnde Führungsrolle hatte neun Bond-Abenteuer ermöglicht. Saltzman, der aufgrund arger Verluste mit anderen Filmen dringend seine Finanzen sanieren mußte, bot seine Bond-Anteile United Artists für eine nicht genau bekannte Summe zwischen 26 und 36 Millionen Dollar an. Zwischenzeitlich drohte er Broccoli, seine Erlaubnis für die Realisierung von "Der Spion, der mich liebte" zurückzuziehen und mit seinen Rechten zu Columbia zu gehen, obwohl auch sein Ex-Partner auf die Anteile hoffte. Letztlich wäre durch die "Columbia-Konnexion" auch Albert Broccolis "Bond-Verbindung" zu United Artists gefährdet gewesen. Harry Saltzmans Taktik zahlte sich aus: Am 11. November 1975 bewilligte United Artists verärgert den geforderten Betrag und gab am 17. Dezember 1975 die neue Konstellation mit Broccoli als alleinigem Produzenten bekannt.

Dreharbeiten und Drehorte

Schon Ende 1972, als die Dreharbeiten für Roger Moores ersten Einsatz noch liefen, begann die Motivsuche in Indonesien, Kambodscha, Thailand und Singapur. Im Frühjahr 1973 übernahm Tom Mankiewicz die Arbeit an einem neuen Drehbuch, bat aber bereits im Spätsommer - nach Querelen mit Guy Hamilton - um Entlassung aus der Vereinbarung. Richard Maibaum sprang ein.

Moore unterzog sich vor Drehbeginn einer zwei Monate dauernden Kung Fu-Ausbildung bei dem gebürtigen Ungarn Lajos Jakob, dem einzigen Lehrer des mongolischen Kung Fu, der vier Schulen in London besitzt. Über seinen prominenten Eleven äußerte er sich sehr wohlwollend: "In nur 13 Lektionen hatte er sich schon den grünen Gürtel erworben. Normalerweise braucht man dafür mindestens 40 Lektionen. Glücklicherweise war er sehr fit und lernte sehr schnell." Für die Szenen, in denen er sich nebst Begleitern einer Gruppe von Kung Fu-Spezialisten stellen mußte, engagierte Harry Saltzman die gerade 15 Jahre alte Joie Pacharin-Traporn, Tochter eines Siamesen und einer Engländerin. Die Studentin war nicht nur besonders hübsch, sondern darüber hinaus auch noch Trägerin des schwarzen Gürtels im koreanischen Karate.

Im Herbst 1973 besuchte ein kleines Location-Team Hongkong, Macao und Bangkok. Schließlich starteten am 6. November 1973 auf der "Queen Elizabeth" in Hongkong die Dreharbeiten erst einmal mit einem Bond-Double. Moore stieß, durch andere Ver-pflichtungen noch verhindert, einige Tage später dazu. Mit seinem Eintreffen konnte der Beginn "offiziell" gefeiert werden, und Saltzman überraschte die Beteiligten mit einer Mammutparty im Hongkonger Hotel "Man-darin" und einer riesigen, aus Eis gegossenen 007-Ziffer. Dennoch hat Roger Moore diesen Aufenthaltsort nicht in bester Erinnerung. Als er ein paar Tage später vor dem Hoteleingang stand und gerade den Taxifahrer bezahlen wollte, wurde ihm die Brieftasche gestohlen. Die Crew drehte noch Szenen im Spielcasino "Macao Palace" und zog nach einem Inter-mezzo in London nach Thailand um. Dort arbeitete man ab Mitte April neun Tage lang im Golf von Siam auf der kleinen Kalksand-stein-Felseninsel Kao Ping-Kan in der Bucht von Phang Na - einem bizarren Naturschutz-gebiet. Da die Insel keinen Platz für die Beherbergung eines großen Produktions-stabes bot, mußte man tägliche Bootsfahrten von einer Stunde hin und einer Stunde zurück in Kauf nehmen. Reiseveranstalter werben in ihren Katalogen heute noch mit dem "James Bond Island". Im Juni liefen Aufnahmen in der Innenstadt von Bangkok. Der Auto-Spiral-sprung über einen Fluß entstand außerhalb der Stadt. Der berühmte schwimmende Markt und die "Klongs" (Kanäle) dienten rund um den 14. Juni als Kulisse für die Bootsszenen, bei denen Sampan-Schnellboote mit 4 Zylin-der-Toyota-Motoren zum Einsatz kamen. Die hohen Temperaturen von mehr als 40 Grad

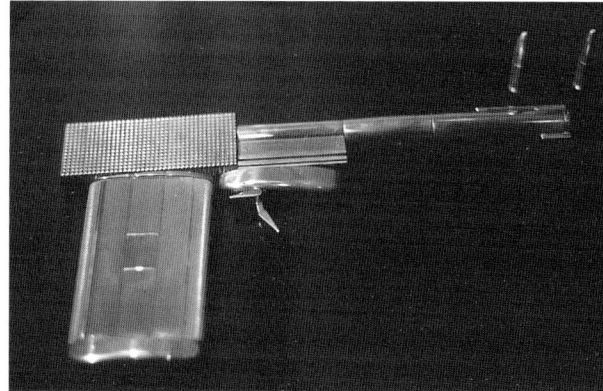

blieben nicht ohne Folgen: Der Bond-Darsteller nahm in vier Wochen zehn Kilo ab, so daß es gelegentlich Anschlußprobleme gab und Kostümbildner ständig seine Sachen ändern mußten. Im Restaurant des Hotels "Bangkok Oriental" feierte das 78köpfige Team im Juli den Abschluß der Dreharbeiten mit einer großen Abschiedsparty und einem Feuerwerk.

Budget, Sensationen und Anekdoten

Mit rund 13 Millionen Dollar war das Budget geringfügig höher als das der vorangegan-genen Produktion.

Die deutschen Medien hatten ihre liebe Not mit der Waffe des Bösewichts. Einmal war von einer "Flinte" die Rede, ein anderes Mal von einem "Gewehr". "Pistole" wäre der richtige Begriff gewesen, denn es war kein Colt, den Scaramanga benutzte. Dafür bekam der 1,93 Meter große Schauspieler ziemlichen Ärger mit dem Requisit, als er nach London zurückkehrte. Auf dem Flughafen Heathrow wurde er angehalten, weil er den "goldenen Colt" mit sich führte. Glücklicherweise ent-puppte sich das gute Stück als nicht schuß-fähiger Bausatz.

Christopher Lee ist mit dem Autor der Bond-Spektakel verwandt. Lees Mutter heiratete nach der Scheidung von seinem Vater den

Roger Moore fotografierte statt der Umgebung lieber seine Filmpartnerin Britt Ekland.

Bruder von Flemings Mutter. Die Stiefcousins schätzten sich und gingen gelegentlich miteinander Golf spielen. "Es hätte mir sehr viel Freude gemacht, wenn Ian mich als Scaramanga gesehen hätte." In seiner Autobiographie "Tall, Dark and Gruesome" berichtete Lee von einer witzigen Episode, die sich in Moskau zutrug. "Der Mann mit dem goldenen Colt" war der erste Bond, der in der Sowjetunion lief, wenn auch nicht im öffentlichen Kino, sondern in einer geschlos-

Das geflügelte Auto schaffte nur kleine Hüpfer, statt dessen flog ein ferngesteuertes Modell.

senen Veranstaltung für russische Offizielle. "Nach der Vorführung ging einer der Gäste zu Cubby Broccoli und sagte: 'Dieser Mann - Scaramanga - ist interessant.' Und nach einem durchbohrenden Blick fügte er hinzu: 'Aber inadäquates Training, Scaramanga wurde ermordet'".

Lee hatte schon 1949 mit Roger Moore in "Trottie True" gespielt. Auch als Sängerknaben waren die beiden Akteure aufgefallen. Am 18. Juli 1974 berichtete der Londoner "Daily Express" über einen langen Abend in dem Nachtclub "Annabelle" am Berkley Square, als beide Stücke aus "Don Giovanni" schmetterten. Für Lee kein Problem, denn er ist ausgebildeter Opernsänger.

Die Einstellungen mit dem 1,93 Meter großen Lee und dem weniger als 1,30 Meter kleinen Villechaize gestalteten sich nicht ganz einfach, denn der Kameraausschnitt mußte jedes Mal so gewählt werden, daß beide auch entsprechend ihrer Größe sichtbar wurden. Villechaize war ein großer Frauenliebhaber und kam häufig mit zwei oder drei asiatischen Schönheiten erst dann ins Hotel zurück, wenn die Crew morgens aufbrechen wollte: "Nur keine Angst, ich kann auch arbeiten."

Die Werbevertragsabschlüsse wurden offensichtlich zahlreicher. So pries Britt Ekland, wie ihre Vorgängerin Jane Seymour auch, Lux-Seife an, schrieb Roger Moore mit einem Waterman-Füller oder benutzte ein Colibri-Feuerzeug, da die Firma aus verschiedenen Bestandteilen - wie einem Manschettenknopf, einem Füller, einem Zigarettenetui und eben einem Feuerzeug - den "goldenen Colt" herstellte. Christopher Lee fotografierte mit Nikon-Kameras.

Eine Idee von Harry Saltzman war eine Elefanten-Stampede. Er sah die Tiere, die in den Zuckerrohrfeldern arbeiteten, fand heraus, daß sie eine schuhähnliche Fußbekleidung tragen, orderte 300 Paar dieser

Von links nach rechts: Hervé Villechaize, Britt Ekland, Christopher Lee, Maud Adams und Roger Moore.

"Schuhe" und ersann die Szene. Dann stellte sich heraus, daß sich die Sequenz nicht realisieren ließ, und die Produktion blieb auf den Tretern sitzen. Tom Mankiewicz: "Ich glaube, sie gehören United Artists, falls also jemand welche braucht ...? Aber ich weiß, daß sie sehr teuer waren."

Große Diskussionen gab es während der Dreharbeiten um eine Szene zwischen Andrea und Bond, als er ihr drehbuchgerecht den Arm umdrehen sollte, Moore das aber als zu brutal empfand. Schließlich beugte er sich und agierte wie geheißen.

Der Titelsong von Lulu wurde im letzten Moment geändert. Ursprünglich war es eine ganz langsame Melodie, doch dann entschied man sich, ihr mehr Tempo zu verpassen.

Premieren, Starttermine und Besonderheiten

Die "Royal World Charity"-Premiere fand am 19. Dezember 1974 in Anwesenheit von Prinz Philip statt. Am selben Tag startete "The Man With The Golden Gun" erfolgreich in den USA und einen Tag danach bereits in Deutschland in 100 Kinos und 70 Städten. Die deutsche Filiale der United Artists lud schon im Juni eine Gruppe von 40 Journalisten aus Deutschland, Österreich und der Schweiz zur Beobachtung nach Bangkok ein. Doch angesichts eines ausgeklügelten Ausflugsprogamms geriet das eigentliche Ziel fast zur Nebensache. "Zwei Tage im Flugzeug, drei Tage bei Dreharbeiten. Dazwischen fünf Tage in prunkvollen Tempeln ...", textete das ZDF über Martin Büttners 30minütige Dokumentation "Flug 007 Bangkok", die der Sender am

5. November 1974 ausstrahlte und die als "williger Werbeträger" gescholten wurde. Natürlich diente sie dem Verleih neben zahlreichen Printveröffentlichungen als willkommene Promotion. 750.000 Mark betrug der Werbeetat für Deutschland. Dazu zählte auch die geplante Beteiligung an einer Tournee von 40 Thai-Boxern, die aber nicht zustande kam. Das flugfähige Auto, das selbst bei abmontierten Tragflächen noch mit einer Breite von 3,60 Metern glänzte, wurde auf der Renn- und Sportwagenshow in Stuttgart ausgestellt.

Kritik

Früher setzten Bond-Filme Standards mit ungewöhnlichen Ideen, Schauplätzen und Storyelementen. Jetzt schien die Produktion nur auf die Welle des "Eastern", die seit Anfang der siebziger Jahre die Kinos überrollte, aufzuspringen. "Man lebt nur zweimal" war vielleicht wirklich noch ein Vorreiter dieser Entwicklung. Zum enttäuschenden Eindruck trug aber auch bei, daß Bond nicht mehr selbst zuschlug, sondern von zwei fünfzehnjährigen Mädchen verteidigt wurde. "Ohne wirklich neuen Schwung in ermüdende Klischeesituationen zu bringen" monierte

der "Tagesspiegel", und "Time" nannte ihn zurecht "uninspiriert, overtricky" und "es ist Zeit, sich zurückzuziehen." Der englische Kritiker John Westbrooke bezeichnete Roger Moore als "Wachs-Dummy", dessen Mimik sehr stark an Simon Templar erinnere. Sein Kollege Pat Sellers urteilte: "zweitklassig und leicht getrübt." In der Mai-Ausgabe des "The Deadly Hands of Kung Fu" hieß es, daß Bond nun schon mehr der Agentenparodie "Mini-Max" ähnele als der Romanfigur von Ian Fleming.

Die "Katholische Filmkritik" befand: "ohne jede Spannung". Dem "Playboy" fehlte es "wesentlich an Mädchen, an Sex und erotischem Flair", und das Blatt fügte hinzu, daß dieser "Comic Strip" wohl "eine Art Micky-Maus für Erwachsene" sei, und "in Entenhausen ist man bekanntlich puritanisch."

In Rußland gefiel die neue Machart. Für die "Literaturnaja Gaseta" hatte sich 007 "vom omnipotenten Superman zu einem heiteren, lässigen Gentleman" entwickelt, und die Rezensenten registrierten, daß der Agent "sittsam und züchtiger" geworden wäre. Die radikalsten Gegner umarmten plötzlich ihren einstigen Erzfeind - wohl kaum ein gutes Zeichen.

Der Spion, der mich liebte/
The Spy Who Loved Me (1977)

*Die größte Werbekampagne der gesamten Serie ließ
Moores dritten Einsatz zum Kassenknüller werden.*

Inhalt

Während Bond in den österreichischen Alpen
nur knapp einem Anschlag entgeht, gelingt es
einer unbekannten Macht, ein Ortungsgerät
für U-Boote der NATO in ihre Gewalt zu
bekommen. Ein britisches und ein russisches
Atom-U-Boot werden gekidnappt. Die Spur
führt in das Unterwasserlaboratorium von
Reeder Stromberg. Er befiehlt den Killern
Sandor und Beißer, jeden zu ermorden, der
mit den Plänen des Ortungsgerätes in Berührung gerät. Bond und die russische Agentin
Anya Amasova ermitteln zunächst in Ägypten,
dann in Sardinien und entdecken dabei das
Modell eines Tankers mit einem verdächtig
großen Bug. Auf der Suche nach dem Supertanker gehen sie an Bord des Atom-U-Bootes
"USS Wayne". Hier bewahrheitet sich, daß
Stromberg die U-Boote schlucken läßt, um mit
Hilfe der Raketen zwei Weltstädte auszulöschen. Der Top-Agent kann die Raketen
umprogrammieren, den Gangster töten und
Anya retten.

Hintergründe

Nach dem Bruch mit Harry Saltzman entschloß sich Cubby Broccoli, allein weiterzumachen und seinem Stiefsohn Michael G.
Wilson mehr Verantwortung zu übertragen.
Für "Der Spion, der mich liebte" übernahm er
nur Ian Flemings Titel, eine Verfügung, die der
Autor selbst getroffen hatte, da er das Werk
nicht mochte. In Australien war das Buch
lange Zeit verboten.
Nach den mäßigen Kritiken zum letzten Film
und den schlechteren Einspielergebnissen
suchte Broccoli nach neuem Schwung für die
Serie. Seine Überlegungen resultierten auch
aus der Ankündigung Kevin McClorys, Rechteinhaber und Produzent von "Feuerball", an
einem Remake dieses Bond-Abenteuers zu
arbeiten. Ausgerechnet Sean Connery hatte
Interesse an dem Projekt angemeldet und
schrieb mit Krimi-Autor Len Deighton an
einem Drehbuch. Broccoli brauchte eine origi-
nelle Idee. Zwölf Autoren versuchten sich
daran. Fünfzehn Entwürfe lagen alsbald vor,
darunter auch eine skurrile Idee von John
Landis. Bei ihm flieht Bond in der Anfangssequenz vor Verfolgern in eine Kirche und
versteckt sich, in entsprechender Haltung,
hinter dem Kreuz. Der strenggläubige Produzent tobte und entließ Landis.
Doch auch Kevin McClorys Pläne nahmen
Gestalt an. Es kam zu rechtlichen Streitigkeiten. Parallel dazu engagierte Broccoli
Regisseur Guy Hamilton. Veteran Richard
Maibaum schrieb ein neues Skript und sah
sich in Budapest Drehorte an. Seine Fabel offerierte eine Gruppe von Terroristen, die in das
ultramoderne Hauptquartier von SPECTRE
einbrechen, es übernehmen und Blofeld raus-
schmeißen. Als Bond ihnen am Ende

Die herzliche Art Moores erleichterte die PR-Tournee.

Serie, ich kann das Image nicht länger ertragen.' Ein Image irgendwelcher Art ist immer gut, denn sonst kennt dich keiner. Aber sie entscheiden sich immer erst dann, ob sie einen weiteren Film drehen, wenn sie in zwei Monaten das Geld wiederhaben."

Dreharbeiten und Drehorte

Im Juni 1976 wurden das neue Auto, der Lotus Esprit, Roger Moore und seine neue Partnerin Barbara Bach in London der Presse präsentiert. Fotos mit den neuen "007-Gespielinnen" auf und neben dem Auto wandern um die ganze Welt. Das Prinzip "Auto, Bond und Mädchen" sollte fortan so oder in ähnlicher Form den Drehbeginn ankündigen. Die vielen Drehorte erforderten zwei Stäbe, die zeitweise parallel arbeiteten. Im Juli 1976 begann das zweite Team etwa 20 km nördlich des Polarkreises, in Baffin Island/Kanada, mit Aufnahmen für die Anfangssequenz. Erst nach längerem Warten in dem kleinen Ort Pagnirtung war das Wetter so gut, daß John Glen, Regisseur der zweiten Crew, mit zwei Hubschrauberbesatzungen und Stuntman Rick Sylvester den gefährlichen Sprung drehen konnte. Alle anderen Skiszenen inszenierte Willy Bogner, der hier zu seinem zweiten Einsatz kam, in St. Moritz. Lewis Gilbert und Ausstatter Ken Adam reisten in dieser Zeit nach Okinawa zur Inspektion eines japanischen Bauwerkes, das den Supertanker doubeln sollte. Das Unterfangen scheiterte. Daraufhin baute Adam in Pinewood eine neue Halle - die "007-Stage". 550 Gäste, darunter auch zahlreiche Schauspieler wie John Mills, Kenneth Moore, Ann und Richard Todd, die Stars des Bond-Films und der ehemalige englische Premierminister Sir Harold Wilson, feierten am 5. Dezember 1976 die Eröffnung. Die Studio-Halle, seit acht Jahren die erste neugebaute in Westeuropa, kostete über drei Millionen Mark. Sie ist 103 Meter lang,

gegenübersteht, gestehen sie die geplante Auslöschung der alten Welt, um eine neue zu ermöglichen. Beißer stirbt am Ende in einem Hochofen. Doch Broccoli gefiel die politische Bedeutung nicht. Hamilton stieg aus, um "Superman" zu drehen, aufgrund von Streitigkeiten inszenierte ihn dann Richard Donner. Lewis Gilbert wurde als Regisseur verpflichtet und brachte gleich Christopher Wood als Autor mit.

Während die Gerichte nach Gemeinsamkeiten und Unterschieden der konkurrierenden Stoffe suchten, bereitete Broccoli Bond Nr. 10, den dritten mit Roger Moore, vor, der damit sein vertraglich festgeschriebenes Soll erfüllte und auch gleich bekanntgab, gerne weiterzumachen. In der "photoplay"-Ausgabe 4/77 sagte er Roy Pickard: "Ich bin immer glücklich, wenn ich arbeiten kann. Ich bin keiner von denjenigen, der sagt: 'Ich muß weg von dieser

43 Meter breit und zwölf Meter hoch und faßt 300.000 Liter Wasser. Broccoli kommentierte den Bau: "Ken und ich haben uns eine Reihe von Plätzen und Hallen angesehen, aber nichts entsprach unseren Anforderungen. Dann sprachen wir mit United Artists und schlugen ihnen vor, eine neue Halle zu bauen. Wir fragten Rank, die Besitzer von Pinewood, die uns erlaubten, die Halle auf dem Gelände zu errichten, wobei UA, wir und Eon die Kontrolle darüber behielten und sie vermieten konnten."

Die Idee des U-Boote schluckenden Supertankers basierte angeblich auf Howard Hughes "Glomar Explorer". Die Bewässerung sorgte im heißen und trockenen Sommer 1976 für Auseinandersetzungen, da einige englische Städte unter akutem Wassermangel litten und offen fragten, wo denn das viele kühle Naß herkam. Nur sehr wenige wußten, daß sich direkt unter der Halle ein riesiger Vorrat an Quellwasser befand und das Studio die Genehmigung besaß, bis zu 30 Millionen Gallonen für seine Zwecke zu nutzen.

Der 31. August 1976 galt als "offizieller" Drehstart. Das erste Team widmete sich zu Beginn den Studioaufnahmen in Pinewood. Am 28. September entschwand die Crew an die sardinische Küste, wo die aufwendige Autojagd mit dem Lotus Esprit entstand. Drei Monate verschlang allein die Planung, fünf Wochen drehte der Stab mit 70 Technikern, und vier Kameras fingen die Szenen aus verschiedenen Perspektiven ein. Im Hotel "Cala di Volpe", dem luxuriösen Ressort der Aga Khan, verwandelte sich die Hotelbar in eine Suite für 007.

Aufgrund der pro-israelischen Einstellung der amerikanischen Regierung gab es Schwierigkeiten mit der Drehgenehmigung durch die ägyptischen Behörden. Zur Vermittlung flogen Broccoli und Frau Dana vorab in das arabische Land und erhielten die Zustimmung.

Erneut wurde ein Bond-Film auch für den Spielzeughersteller 'Corgi Toys' zum Bestseller.

Am 11. Oktober zog die gesamte Mannschaft gen Ägypten. Drei Wochen tummmelten sich 125 an der Produktion Beteiligte zwischen den Pyramiden von Giseh, dem Tempel Ramses II. in Luxor, den Ruinen von Karnak, in den Straßen von Kairo und auf dem Nil. Nach Einstellungen im Hafen von Plymouth spürte die zweite Crew die Nummer Eins in Sardinien und Ägypten auf, um dort bei den Action-Sequenzen zu helfen. Dann arbeitete das zweite Team auf den Bahamas an den Unterwasser-Sequenzen. Kameramann Lamar Boren ("Feuerball" und "Man lebt nur zweimal") war hier im Einsatz. Michael G. Wilson, erstmals Special Assistant des Producers, kontrollierte. Gefilmt wurde außerdem im Golf von Biscaya, vor den Küsten von Frankreich, in Spanien und Portugal.

Am 13. Dezember 1976 feierte Curd Jürgens seinen 61. Geburtstag in den Studios und damit gleichzeitig den letzten Tag seines nur zwei Wochen dauernden Engagements. Bei den Aufnahmen zur letzten Konfrontation mit Jürgens verbrannte sich Roger Moore seinen Allerwertesten, als eine Sprengladung zu früh explodierte. "Es ging direkt durch meine

Bond wurde mehr und mehr zu einem Markenartikel, der als williger Werbeträger fungierte.

Marine-Uniform durch." Der Brite machte keinen Hehl daraus, daß er diese Erfahrung für "sehr unkomfortabel" hielt. "Die Krankenschwester hat es genossen, zweimal täglich den Verband zu wechseln." Ein Stuntman hingegen wurde bei der Explosion des Kontrollraums schwer verletzt. Ein herumfliegendes Bauteil traf ihn an Hals- und Nackenrücken und brannte dort weiter.

Roger Moore nannte die viereinhalb Monate dauernde Produktion "den lautesten aller Bond-Filme, eine kontinuierliche Explosion".

Budget, Sensationen und Anekdoten

14 Millionen Dollar betrug der Etat von "The Spy Who Loved Me".

Das "Wetbike", ein propellergetriebenes Glasfiber-Motorrad auf Kufen, hatte der 42-jährige Flugzeug-Ingenieur Nelson Tyler aus Los Angeles entwickelt. Das 50 PS starke Gefährt wurde im Sommer 1978 für knapp 9.000 Mark angeboten. Im August war die Erstauflage von 2.000 Stück bereits ausverkauft.

Eines der Sets, das authentisch nachgebaute Innere eines Polaris-U-Bootes, wurde im Anschluß an die Dreharbeiten im "Olympia Fun Fair", einem Teil des Wintergartenkomplexes im englischen Seebad Blackpool, ausgestellt. Später sollte auch noch ein Lotus Esprit aus "In tödlicher Mission" den Weg nach Blackpool finden.

Uhrenhersteller Seiko kreierte einen funktionierenden Alarm-Chronographen mit eingebautem Miniaturfernschreiber und übereignete ihn den Studios. Die Nachrichteneingabe aus der Ferne erwies sich damals noch als Science Fiction, aber 1995 stellte Swatch ein vergleichbares Modell, das Meldungen in einem Display anzeigt, auf der Computermesse "CeBiT" vor.

Die Dreharbeiten in der "007-Stage" mit der Einschienenbahn, auf der sich das Fahrzeug allein durch magnetische Anziehungskraft bewegte, liefen bis zum ersten Versuch mit dem Gefährt und Roger Moore relativ reibungslos. Lewis Gilbert erzählte: "Als wir es das erste Mal probierten, bewegte es sich nicht. Beim zweiten Mal flog es von den Schienen, obwohl Roger an Bord war und das Ding steuerte. Beim dritten Mal hörten wir ihn noch schreien: 'Wie hält man das verdammte Ding an? Fliegt es wieder aus den Schienen?' Also standen wir völlig verwirrt in diesem viele Millionen teuren Drehort, der weltgrößten Studio-Halle, und eine fantastische Erfindung wollte einfach nicht anhalten. Wir nahmen sechs alte Matratzen, legten sie auf das Ende der Schienen und endlich stoppte das Ding. Roger bewies viel Humor, war aber etwas nervös darüber, daß er nicht mehr anhalten konnte und mit dem ganzen Ding gegen die Mauer knallen würde."

Der Bond-Darsteller gab in einem Interview zu, daß ihm Bettszenen ein Greuel sind: "Wenn ich von einer Liebesszene aufschaue, sehe ich 60 Techniker um mich, die wie Fliegen an den Kameras und Scheinwerfern hängen. Da ist jede Intimsphäre futsch, das macht nur einem Exhibitionisten Spaß." Er schrieb sogar einen Leserbrief an den "Playboy" und beklagte sich, daß die Studios zumeist "furchtbar kalt" sind.

Auch erste Selbstzweifel tauchten bei ihm auf. So verriet er dem Journalisten Mario Cortesi: "Manchmal erwache ich schweißgebadet mitten in der Nacht und überlege, ob ich am folgenden Tag die Rolle überhaupt spielen kann. Ich bin unsicher, wie viele meiner Schauspielerkollegen. Aber mit der Zeit habe ich gelernt, daß ich die Rolle um so schwerer bewältige, je mehr ich mich von vornherein drum sorge."

Auf die Frage, was denn seine Kinder von ihrem Vater als Bond halten, ist der folgende Dialog überliefert: "Als 'Liebesgrüße aus Moskau' im Fernsehen lief und die Musik erklang, fragte mein jüngster Sohn Christian, dreieinhalb Jahre alt: 'Wo ist Daddy?' Dann trat Sean auf, und er sagte: 'Daddy ist unter der Maske!' Als meine Frau Luisa ihn fragte, wen er bevorzuge, Daddy oder James Bond, sagte er: 'James Bond!' Dafür liebe ich ihn."

Lewis Gilbert drehte übrigens zwei verschiedene Endszenen mit Richard Kiel. In der einen stirbt Beißer, in der anderen nicht. Broccoli veranstaltete zum Test dieses Finales eine Sneak-Preview. Nachdem das Publikum das Ende mit dem lebenden Beißer beklatschte, hat er das andere nie vorgeführt.

Premieren, Starttermine und Besonderheiten
Die ersten Bilder liefen bereits auf den Filmfestspielen in Cannes. Roger Moore und Barbara Bach kamen an die Côte d'Azur, um von der Meute Fotografen zu profitieren und die Werbetrommel zu rühren.

Prinzessin Anne, Mark Phillips, der Earl Mountbatten of Burma und Stars wie Michael Caine und Susan George beehrten die Londoner Weltpremiere am 7. Juli 1977 mit ihrer Anwesenheit. Einnahmen von 38.000 Pfund gingen an den "Variety Club of Great Britain" und den "King George's Fund For Sailors". Roger Moore, Barbara Bach, Richard Kiel, Caroline Munro und Curd Jürgens waren ebenfalls anwesend.

Als deutscher Starttermin stand der 26. August fest. Schon acht Tage früher kam Roger Moore via Rom nach Hamburg, um bei der Premiere im Hamburger City-Kino am Steindamm präsent zu sein und zahlreiche Promotion-Termine wahrzunehmen, zu denen auch ein Auftritt in der Rudi-Carrell-Show zählte. Am 25. August besuchte Bond-Gegnerin "Naomi" alias Caroline Munro München. In 80 Städten und 100 Kinos lief "Der Spion, der mich liebte" an und spielte bereits in der ersten Woche 5,2 Millionen Mark ein - mit einer Besucherzahl von einer Million.

Kritik
Schlagzeilen wie "Bei 007 bleibt kein Auge trocken", "Kniffe und Glamour", "Kasperles Klimmzüge", oder "James Bond ist nicht mehr der Alte" machten deutlich, in welche Richtung sich die einst knallharten Streifen

orientierten. Die Kritiker kanzelten Bond als altmodisch und überholt ab, konnten sich der Faszination der beeindruckenden Effekte aber nicht verschließen. Der "Hollywood Reporter" lobte die "so perfekte Unterhaltung, wie man sich das nur immer wieder wünschen kann". Der "New Yorker" bemängelte dagegen den "Chauvinismus" und vermißte die "Fröhlichkeit" der frühen Filme. Der "Kölner StadtAnzeiger" nannte ihn einen "angenehmen Sommeraperitif".

Nur die überregionalen Blätter verhehlten ihre Verachtung nicht. Die "Frankfurter Rundschau" geißelte die Machart: "Was als Ironie und Parodie des eigenen Genres und anderer aussieht, ist Zynismus. Ein Zerstörungssadismus herrscht hier, dem Menschen wie Dinge zu Spielgegenständen seiner lustvollen Vernichtungsstrategie werden."

Für "Die Zeit" blieb auch dieser Film nichts weiter als "Comic-Strip für Bildschirm-Geschädigte", denn "wie eine Zeichentrickfigur überlebt 'Beißer' alles - mit einem glitzernden Grinsen im Gesicht. Es ist die einzige authentische Gestalt in diesem Film: Er macht seine Arbeit und sagt kein einziges Wort." Die sachlichste Analyse lieferte ein amerikanischer Bond-Fan-Club. Im Vereinsmagazin "Bondage" vom Sommer 1979 heißt es - detailgetreu recherchiert - völlig zu Recht, daß dieses Bond-Abenteuer ein Remake von Lewis Gilberts früherem Einsatz bei "Man lebt nur zweimal" sei. Der Regisseur gab das später unumwunden zu, nur Broccoli war darüber stinksauer.

Moonraker - Streng geheim/ Moonraker (1979)

Eine Woche lang durften Journalisten Moore bei den Dreharbeiten in Rio de Janeiro beobachten.

Inhalt

Ein Moonraker-Space-Shuttle, das sich auf dem Rücken einer Boing 707 befindet, setzt sich plötzlich in Bewegung, und das Trägerflugzeug stürzt ab. Bond, knapp einem Anschlag entronnen, wird auf den Multimillionär und Besitzer des Shuttle, Drax, angesetzt. In den USA endeckt er mit Unterstützung der Raumfahrt-Expertin Dr. Holly Goodhead, daß Drax die Weltbevölkerung ausrotten will. Der Top-Agent findet Draxs Geheimlabor in Südamerika und kommt dessen Geheimnis auf die Spur. Der Gangster experimentiert mit der Erschaffung einer neuen Rasse. Ausgesuchte Paare sollen zu einer Stadt im All transportiert werden. Holly und 007 fliegen mit, treffen in der Raumstation auf Drax und den Beißer, verhindern die Pläne des Verbrechers und töten ihn.

Hintergründe

Der Roman wurde für die Filmversion erheblich modernisiert, nur die Namen der Hauptcharaktere, Drax und Holly Goodhead, blieben erhalten. Für die Hintergrundfakten konsultierten Produzent und Regisseur die NASA-Experten Eric Burgess und Harry Lang, einen früheren Assistenten Wernher von Brauns. Beide arbeiteten eng mit Ausstatter Ken Adam zusammen. Broccoli ließ sich angesichts dieser Kooperation zu dem Statement hinreißen: "Die Prämisse von 'Moonraker' ist nicht Science Fiction, sondern Science Fact." In einer PR-Mitteilung trumpfte das Studio mit gigantischen Zahlen auf: "32 Boote, fünf Gondeln, fünf Hubschrauber und acht verschiedene Transportvehikel, die insgesamt über 450.000 Liter Benzin verbrauchten, waren im Einsatz. Das Drehteam aß 4.900 Pfund Fleisch, 26.000 Schinken-Sandwiches, 27.000 Eier, 40.500 Brote, 3.060 Pfund Kartoffeln und trank 50.250 Flaschen Wein, Bier und Erfrischungen."

Dreharbeiten und Drehorte

Im Herbst 1977 schrieben Tom Mankiewicz und Christopher Wood das Drehbuch. Wood hatte im Vorfeld mit Broccoli und Adam ein Luftfahrtseminar in Houston absolviert. Gemeinsam besichtigten sie Raumstationen wie "Rockwell International" und "Ames Research Center", um sich über die geplanten Kolonien im Orbit zu informieren.

Am 14. August 1978 feierten die Beteiligten in Paris den Drehbeginn mit einer Party auf dem Boot "Ile de France". Die drei Studios Billancourt, Epinay und Boulogne bildeten die Produktionsbasis und beherbergten die riesigen Sets. Als Originalschauplatz für die Prügelei zwischen Bond und Chang diente eine verlassene Gipsmine, die über ein sich Hunderte von Metern erstreckendes Untergrundsystem in Livry-Gargan verfügte. Im September zog die Crew nach Venedig und

Moore ging baden - Dreharbeiten im Pariser Studio.

innerhalb von acht Wochen auf dem Pariser Epinay-Gelände die Raumstation und verbauten dafür 100 Tonnen Metall, zwei Tonnen Nägel, 25.000 Meter Holz und eine elektronische Ausrüstung, die für die Ausstattung von sechs Concorde gereicht hätte. Der hier verbrauchte Strom wäre für die Versorgung einer Stadt mit einer Million Einwohnern ausreichend gewesen.

Im Januar 1979 flog die Mannschaft ins völlig verregnete Rio de Janeiro, doch die Wassermassen waren nicht die einzige Unannehmlichkeit. Broccoli schilderte den deprimierenden Auftakt: "Als wir am ersten Abend Szenen des Karneval drehen wollten und 500 Statisten brauchten, gab es ausgerechnet einen Streik der Busfahrer - den ersten in der Geschichte der Stadt. Also sammelten wir 500 Leute von den Straßen zusammen und fuhren sie selbst zum Drehort."

In Rio erwarteten bereits 30 von United Artists eingeladene Journalisten sehnlichst Roger Moore, der sich aber in Paris erst einer Nierenstein-Operation unterziehen mußte.

An der Seilbahn am Zuckerhut kamen zwei Stuntmen zum Einsatz, einer von ihnen sprang tatsächlich von Bahn zu Bahn. Der nachträglich einmontierte Richard Kiel wirkte allerdings komisch. Ein anderer Kaskadeur ließ sich am Kabinenseil hinunter. Für einige Szenen benutzte man einen extra gebauten Wagen, der an Schienen hinabglitt. Da die Beine der Akteure nicht zu sehen waren, gelang die Illusion.

Eines Tages verletzte sich Roger Moore an Bord der Kabine so stark am Knie, daß die Realisierung der nächsten Termine offen schien. Doch der Darsteller biß die Zähne zusammen. Das war auch nötig, denn am 10. Januar offerierte United Artists in einer ganzseitigen "Variety"-Anzeige Lizenzprodukte - die Publicity-Maschinerie mit einem Etat von zehn Millionen Dollar hob ab.

drehte als erstes im Benediktiner Mönchskloster San Nicolo, dem Ruheort des San Nicolo de Bari. Danach entstand die Motorbootjagd. Die im Mittelteil mit Schaumstoff präparierte Gondel war von einer kleinen Werkstatt am Campo San Trovaso gebaut worden. "Bondola", von Adam entworfen, verfügte über zwei Motoren à 140 PS und ein Luftkissen. Trauriger weise fiel sie ein paar Jahre später einer Zerstörung zum Opfer. In der Motorboot-Szene ist auch Cubby Broccoli kurz zu sehen. Ohne sein Wissen hatte ihn das Team auf Zelluloid gebannt.

Für 500.000 Dollar erschufen 220 Techniker

Die Aufnahmen der südamerikanischen Wasserfälle von Iguaca mußten durch englische Studiowasserfälle erweitert werden, da sich bestimmte Kameraausschnitte nicht vor Ort realisieren ließen. Außerdem drehte das Team noch an den Maya-Ruinen in der versunkenen Stadt Tikal (Nord-Guatemala). Schließlich folgten Bilder in und bei Paris, auf dem Schloß Vaux le Vicomte in der Nähe von Melun und im Centre Pompidou.

Am 19. Februar 1979 gab der Produzent eine seiner berühmten Partys bei "Chez Regines". Acht Tage später waren die siebenmonatigen Dreharbeiten abgeschlossen. Nur eine mehr als 100 Leute umfassende Crew blieb noch in London (Pinewood und Shepperton) aktiv, um die komplizierten, sieben Millionen Dollar teuren Modell- und Trickaufnahmen herzustellen.

Die Anfangssequenz, in der sich zwei Menschen in der Luft um einen Fallschirm prügeln, entstand in 3000 Meter Höhe über der kalifornischen Wüste und teilweise im Studio Billancourt. Zusammengesetzt aus 90 verschiedenen Fallschirmsprüngen gilt sie als Meisterwerk. John Glen hatte zuvor Erfahrungen bei den Luftaufnahmen für "Die Wildgänse kommen" gesammelt. US-Stuntman Gerald F. Lombard doubelte Moore.

Das Casting der Mädchen übernahm die französische Direktorin Margot Capelier. Aus 600 Kandidatinnen erwählten Regisseur und Produzent sieben, die sich zum Filmstart in verschiedenen Magazinen ablichten ließen. Beatrice Libert (1975 "Miss Belgien") zog sich für "oui" aus, Catherine Serre für "Mayfair" und für den "Playboy", für den auch Corinne Clery, Irka Bochenko, Christina Hui, Nicaise Jean Louis und Françoise Gayat posierten.

Lamine Gueye, Skirennläufer aus dem Senegal, der an den Olympischen Spielen in Sarajevo teilgenommen hatte und in Paris jobbte, erhielt ebenfalls ein kleine Rolle.

Qualvoll für die beiden Darsteller gestaltete sich die Liebesszene zwischen Bond und Holly in der "Schwerelosigkeit". Um den Eindruck eines solchen Raumes zu erlangen, wurden sie in Metallkorsetts, die auf einen Gabelstapler montiert waren, gezwängt. Die für die Kamera nicht sichtbaren Maschinen schwenkten die "Liebenden" durch die Luft. "Der arme Roger hat mir leid getan. Er mußte verliebt wirken und hat schreckliche Schmerzen ertragen", kommentierte Lois Chiles das Martyrium, und Moore gestand: "Ich bin immer wieder überrascht, wenn ich die Nachrufe lese und sehe, daß ich nicht erwähnt werde."

Während der Dreharbeiten feierte der Brite seinen 52. Geburtstag. Das Team schenkte ihm einen riesigen Kuchen, aus dem eine schöne Blondine herauskam. Seinen vierten Einsatz kommentierte er trocken: "Es ist Formel-Schauspiel, und der Versuch, das Ganze zu verändern, sollte unterlassen werden. Ich kann gut verstehen, warum Sean Connery davon weg wollte, um mehr fordernde Rollen zu spielen. Aber ich höre nicht damit auf. Mir macht es Spaß." Gleichzeitig scherzte er, daß "die Filme jedes Mal schwerer zu machen sind, denn es ist jedes Mal ein Versuch, den neuen besser zu machen als den letzten. Oft frage ich mich, ob ich es bis zum letzten Akt überhaupt schaffe "

Budget, Sensationen und Anekdoten

Zwischen 25 und 30 Millionen Dollar verschlang das elfte Bond-Abenteuer. Broccoli produzierte in Frankreich, weil ihn die ständig steigenden Steuern ärgerten, doch am Ende zeigte sich, daß Umzug und Dreh in drei Pariser Studios die Ersparnis aufgefressen und acht Millionen Dollar zusätzlich gekostet hatten. "Moonraaker" blieb die einzige französisch/englische "Bond-Erfahrung".

Eigentlich sollte der in Rio lebende Posträuber Ronald Biggs Bonds Chauffeur spielen, doch

In Brasilien setzte man bei den Filmplakaten auf eigene, recht reißerische Gestaltungsideen.

Moore intervenierte: "Ich halte es nicht für einen Gag, jemandem eine Rolle zu geben, nur weil er ein Krimineller ist." Die Szene entfiel kurzerhand.

Im Blick auf die nächste Oscar-Verleihung schaltete die US-Dependance von United Artists in Branchenzeitschriften eine Reihe von Anzeigen und hoffte auf entsprechende Aufmerksamkeit - mit Erfolg. Der Film wurde für seine Spezialeffekte nominiert, verlor aber gegen "Alien".

Als der Top-Agent erstmals die Champagner-marke wechselte und von Dom Perignon auf Bollinger umstieg, konnten die Fabrikanten - vom plötzlichen Interesse überrannt - nicht mit der Herstellung nachkommen. Schon früher sorgte Bonds Genuß von Wodka Martini für Absatzerfolge, so summierten sich beispielsweise in England die Verkäufe zur 007-Blütezeit auf knapp 400.000 Liter pro Jahr. Eine Firma entwickelte einen speziellen "James Bond Vodka" mit Colt auf dem Verschluß. Bei den russischen "Erzfeinden" stiftete diese alkoholische Angelegenheit reichlich Verwirrung, aber vom Export ließ sich gut leben.

In neuseeländischen Zeitungen warb Roger Moore für Rasierapparate der Marke "National Super Razor". Aus dieser Zeit stammt eine witzige Begebenheit: Für eine Sondervorführung auf Dan Costellos "Beachcomber"-Insel nahe Fiji schrieben Einheimische mit Tausenden von Muscheln den Filmtitel in den Sand, und eine Gruppe Tagesausflügler stellte sich in Form der 007 dazu, um die Gäste zu begrüßen.

Premieren, Starttermine und Besonderheiten

Am 26. Juni 1979 feierte das Londoner Publikum die Weltpremiere in Anwesenheit des Duke of Edinburgh und der Stars Britt Eklund, Shirley Eaton, Roger Moore, Richard Kiel, Bernard Lee, Lois Maxwell, Toshiro Suga und Blanche Ravalec, dekoriert von Statisten in Raumanzügen und einem Shuttle. Die Erlöse gingen für wohltätige Zwecke an den "Old Ben" der "Nesvendors Benevolent Institution". Nach acht Tagen beliefen sich die Einnahmen auf 168.793 Dollar. Karten für die Vorstellungen waren bereits acht Wochen im voraus ausverkauft. "Moonraker" schwang sich in England zum erfolgreichsten Streifen des Jahres 1979 empor und geriet zum vierten "Bond" - neben "Der Spion, der mich liebte", "Leben und sterben lassen" und

Richard Kiel, der gigantische "Beißer", mit dem ehemaligen Torwart des deutschen Fußballteams, Sepp Maier.

"Diamantenfieber" -, der es unter die Top 20 der Dekade schaffte.

In "cinema" schrieb Elmar Biebl über die US-Uraufführung am 28. Juni in Hollywood: "Nach der Anfangssequenz schrien die Besucher 'Superman go home!'. Der Film wurde sieben Mal durch Applaus unterbrochen." 1000 Gäste waren zur Premiere im Samuel-Goldwyn-Theater geladen, über 400 zur Party in "Chasen's Restaurant" in Beverly Hills. Ein Vertreter des Bürgermeisters Tom Bradley erklärte den Tag zum "Moonraker-Tag", 40 Fotografen standen vor der Tür, während drinnen Sammy Davis jr., Paul Michael Glaser,

Tony Bennet, Dudley Moore, Gregory Peck, David Niven jr., Vincente Minnelli, John Philip Law, Nancy Sinatra, John Gavin, Zsa Zsa Gabor und Carl Weathers den großen Erfolg begossen.

In New York erlebte "Moonraker" am 2. Juli noch eine Premiere, bevor er zwei Tage später landesweit startete. Innerhalb von vier Tagen wurden in 865 Kinos 10,6 Millionen Dollar eingespielt. Nach elf Tagen betrug die Summe bereits 22.362.704 Dollar, nach vier Wochen 39 Millionen Dollar.

Zu einer Werbung ganz besonderer Art ließ sich Ronald Reagan hinreißen, als er sich im TV-Special "James Bond - The First 21 Years" für den Protagonisten begeisterte: "Er ist die moderne, zeitgemäße Version der großen Helden, die von Zeit zu Zeit in der Geschichte auftauchen. In der Vergangenheit gab es viele wie ihn: Pioniere, Soldaten, Gesetzesvertreter, Entdecker, die alle ihr Leben für das Gute einsetzten." Diesen Anfang benutzte eine lokale Fernsehstation in Washington für eine 30-Sekunden-Werbung in eigener Sache, besann sich aber aus Angst vor Geldstrafen eines Besseren und verzichtete auf weitere Ausstrahlungen.

Durch den parallelen Start des Space-Shuttle-Programms der NASA hoffte der Verleih auf zusätzliche, kostenlose Werbung, doch die Raumfahrtbehörde hielt ihre Planung nicht ein.

In Deutschland flimmerte der neue Bond ab 31. August in 125 Städten über die Leinwand. Kulenkampff präsentierte im September in seiner Show "Einer wird gewinnen" Roger Moore als Gast. Richard Kiel besuchte im gleichen Monat die "Rudi-Carrell-Show". "Bild am Sonntag" druckte die Romanfassung ab - merkwürdigerweise unter dem anderslautenden Titel "Das Halsband des Todes". Der Kassenknüller zählte mehr als drei Millionen Besucher und erhielt dafür am 20. Januar 1980 im Münchner Hotel "Bayrischer Hof" eine "Goldene Leinwand". Broccoli nahm die Ehrung entgegen, kündigte "For Your Eyes Only" als nächsten Titel an und spekulierte erstmals öffentlich über einen möglichen Ersatz für Roger Moore.

Kritik

Besonders unangenehm fiel auf, daß die Spannung der furiosen Anfangssequenzen nicht gehalten wurde und zunehmend die Werbung ins Bild rückte. So erklang das Thema, das Elmer Bernstein einst für "Die glorreichen Sieben" komponiert hatte und das inzwischen durch die Marlboro-Reklame zu zweifelhaftem Ruhm gekommen war. Bond-Gegner landeten in einer Plakatwand von British Airways, und auch die Seiko-Uhr, Dior und 7 Up fanden ausführliche Präsentations-möglichkeiten.

Der "New Musical Express" bezeichnete das Spektakel als "Moneyraker" und merkte zu Recht an: "Wie bei McDonalds ist es die Kunst, das Ganze zu verkaufen - ganz egal, wie krank man hinterher ist, beinahe jedes Mal geht man wieder hin, um noch mehr zu kriegen. (...) Der Film sieht nicht so gut aus wie 'Feuerball' im Fernsehen, aber was macht das schon."

Der "Spiegel" ächtete Rooger Moore als "prügelnde(n) Reisevertreter" mit dem "Sex-Appeal eines Edeka-Filialleiters" und monierte die gebremste Sexualität: "das Wort Gespielinnen fällt auf seine ursprünglich naive Bedeutung zurück. Nächstens wird Bond mit ihnen wohl Patiencen legen."

Der "Kölner Stadt-Anzeiger" urteilte: "Roger Moore wie gehabt: steif, keusch und kantig". Die "Frankfurter Rundschau" kommentierte vernichtend: "Die Hauptrolle spielt eine Holzpuppe, der man den Namen Roger Moore gegeben hat." Und laut "Süddeutscher Zeitung" "triumphiert(e) eine effektsichere Sensations- und Abenteuertechnik über eine kläglich dahinstolpernde Geschichte und über einen Titelhelden, der nicht einmal fähig ist, die Schatten zu füllen, die sein Vorbild hinterlassen hat."

Die intellektuelle deutsche Filmkritik erteilte reichlich Verrisse, während Amerikaner und Engländer sich überwiegend wohlwollend äußerten. Auf der britischen Insel wurden "Spaß und Kinounterhaltung" gewürdigt, und es war die Rede vom "besten Bond bisher". "Time" nannte ihn "unwiderstehlich unterhaltend, wie ein geistloses Spektakel nur sein kann". Für "Newsweek" verlor allerdings "die ganze Operation Bond an Tempo". Dafür hob "Variety" hervor: "Fast jeder, der mit dem Film zu tun hat, ist in Top-Form."

Am besten brachte es wohl die Jugendzeitschrift "siehste" auf den Punkt. Dort schrieben zwei zwölfjährige Hamburger Schüler: "James Bond - ein Typ zum Lachen!" und "Spitze! Selten so gelacht."

In tödlicher Mission/
For Your Eyes Only (1981)

Inhalt

Beim Untergang eines englischen Spionage-
schiffes vor Korfu geht das ATAC, ein Gerät
zur Steuerung der U-Boot-Flotte, verloren.
Bond begibt sich auf die Suche nach dem
Apparat. Er ermittelt nahe Madrid und trifft
auf Melina, die ihre vom Killer Gonzales
ermordeten Eltern rächen will. Die Spur führt
nach Cortina d'Ampezzo. Hier stellt sich heraus, daß der griechische Millionär Kristatos
mit den Russen Geschäfte macht und ihnen
das ATAC verkaufen will. Bond verhindert
einen Anschlag auf Melinas Leben, verbündet
sich mit dem Schmuggler Columbo, findet das
Gerät, verliert es aber wieder an Kristatos.
Dessen geheime Zuflucht befindet sich in
einem Felsen-Kloster, das Bond mit Hilfe von
Melina, Columbo und Bibi, dem Protegé des
Gangsters, erklimmt. An diesem Ort kommt
es zum letzten Kampf zwischen Kristatos,
Columbo und dem Käufer, dem russischen
General Gogol.

Hintergründe

Mehr Aufregung und Action, weniger
Spezialeffekte und Gags, so lautete die neue
Order. Trotz seines Erfolges mußte der
Vorgänger harsche Kritik, vor allem von den
Fans, einstecken. Auch Roger Moore begrüßte
den neuen Trend. Außerdem verdichteten sich
die Gerüchte, daß Connery einen "Bond"
plane, und bei der zu erwartenden Qualität
galt es, Paroli zu bieten. "Wir hören uns immer
die Kritik an", sagte John Glen, bisher
Regisseur des zweiten Teams, "aber man darf
auch den immensen Erfolg von 'Moonraker'
nicht vergessen." Am 15. Mai 1980, an seinem

*Nach den Dreharbeiten in Paris kehrte man jetzt wieder in
die Londoner Pinewood-Studios zurück.*

Geburtstag, erhielt er ein ganz ungewöhnliches Präsent: Ihm wurde die Regie angeboten,
und er akzeptierte sofort.

Das neue Abenteuer basierte auf Elementen
von Flemings Kurzgeschichten "For Your Eyes
Only" und "Risico" sowie einer nicht verwendeten Idee aus dem Roman "Leben und sterben lassen". Laut Broccoli griff die Fabel die
Tradition von "Liebesgrüße aus Moskau" und
"Goldfinger" auf. Drehbuchveteran Richard
Maibaum kehrte zum Team zurück, nachdem
bereits Tom Mankiewicz eine Idee abgeliefert
hatte, ihm aber die Zeit zur Ausführung fehlte,
da er bereits an einem anderen Projekt arbeitete. Eine Anmerkung sei noch zum Anfang
der Geschichte gemacht: Wenn sich Bond seines glatzköpfigen Widersachers mit Katze ent-
ledigt, deutet das Äußere auf Blofeld hin, sein
Name aber fällt nicht. Der Grund lag darin,
daß Rechte an dieser Figur, die erstmals in
"Feuerball" als Chef von SPECTRE auftauchte,
McClory gehörten.

Seit Ablauf des Vertrages von Roger Moore,
der bekanntlich die Verpflichtungen für drei
Filme enthielt und mit "Moonraker" erfüllt
war, mußte jeweils neu verhandelt werden -
ein von Mal zu Mal langwierigeres und kom-
plizierteres Spiel. So spekulierte man auch

öffentlich immer wieder über neue Namen, beispielsweise über Michael Billington, der in "Der Spion, der mich liebte" Anyas Freund spielte. Moore argumentierte für seine Person mit dem Erfolg seiner Rollenverkörperung und den immensen Publicitykosten für einen neuen Bond. Produzent Broccoli hielt dagegen, daß jeder austauschbar sei, und so ließ er in London heimlich Testaufnahmen mit potentiellen Nachfolgern machen. Das Taktieren der beiden, die sich gegenseitig schätzten und verstanden, hatte letztlich nur einen realen Hintergrund: die Höhe der Gage und der Gewinnbeteiligung. Am 23. Juli unterschrieb Roger Moore.

Koo Stark, ehemalige Pornodarstellerin und Ex-Freundin von Prinz Andrew, sollte ursprünglich eine der Gespielinnen von Roger Moore sein, doch die Idee wurde wieder fallengelassen. Musiker und Schauspieler Sting enthüllte später, daß man ihm eine Rolle als Bösewicht angeboten habe, er aber ablehnte.

Eine kleine, aber entscheidende Änderung vollzog sich bei den "credits", der Aufführung und Reihenfolge der Namen im Vorspann, auf Plakaten und in den Anzeigen. Erstmals hieß es: "Roger Moore As Ian Fleming's James Bond 007 in For Your Eyes Only". Beim Vorgänger lautete die Zeile noch "Roger Moore As James Bond 007 in Ian Fleming's Moonraker". Die veränderte Version war ein Schritt in die Richtung, neue Titel zu verwenden. Lediglich der Bond-Charakter wurde Fleming noch zugebilligt.

Dreharbeiten und Drehorte

Im Frühjahr 1980 lag ein vierseitiges Treatment von Richard Maibaum vor. Am 15. September starteten die Aufnahmen in der Villa Sylva in Kanoni auf Korfu und mit ihnen die Werbemaschinerie. Roger Moore im Kreise von elf Mädchen - so sah das Foto aus, das um die Welt ging.

Ursprünglich sollten Teile in Athen entstehen und Melina an der Akropolis arbeiten, doch "die Griechen waren dagegen. Sie wollen von einem Action-Helden keine Publicity für ihr Monument" (Broccoli). So drehten zwei Teams auf der Modeinsel Korfu, bei den Meteora-Klöstern und bei Kalambaka im Innern des Landes. Die zweite Crew (60 bis 70 Mann) realisierte die Autojagden, die in Spanien spielen, auf Korfu. Die Unterwasserszenen in Griechenland wurden auf den Bahamas produziert. Die Einstellungen mit den Beach Buggys an der Küste von Aghios Georgios klappten reibungslos, dagegen gestaltete sich die Verfolgungsjagd auf Korfu problematisch. Zum einen führte die Sperrung der Hauptverbindungsstraße der Insel zu zahlreichen Beschwerden durch Touristen, zum anderen war die Straße so schmal, daß sich einige Szenen nur unter Schwierigkeiten realisieren ließen. Glen schilderte die Lage: "Wir hatten eine Autojagd mit fünf oder sechs Komponenten geschrieben. Als wir nach Korfu kamen, stellte sich heraus, daß sich durch die schmalen Terrassen und Olivenhaine dort unglaubliche Möglichkeiten boten. Also änderten wir die ursprüngliche Idee und ließen die Autos querfeldein fahren." Die geradezu erstaunlichen Stunts des Lotus' in den Bergen wurden fallengelassen. Nach zwei Wochen Planung gelang eine neue Variante. Der "Entenüberschlag" geschah in dem kleinen Ort Pagli, der für die Umgebung außerhalb Madrids "doubelte".

Währenddessen arbeiteten Glen und das erste, 150 Mann starke Team bereits an den Meteora-Klöstern. Das ganze Areal besteht aus 24 riesigen, senkrechten Steinformationen, auf denen zum Teil griechisch-orthodoxe und byzantinische Mönche leben und einige unbewohnt sind. Die Geistlichen verweigerten jedoch jegliche Zusammenarbeit, stellten zur Behinderung Schilder auf, hängten Wäsche,

Das Plakatmotiv mit knapp behoster Dame sorgte für Aufregung und wurde in einigen Ländern verboten.

Tücher und Plastikfolien heraus. Der Sprecher der Mönche, Archimandrite Haritonas, begründete dieses Verhalten mit der vermeintlichen Störung der Heiligkeit durch diese Filme, die voll "von Sex, Gewalt und Mord" seien. Der Stab widersprach und erklärte, daß lediglich Kletterei en gedreht würden und daß die griechische Regierung ihre Zustimmung erteilt habe. Ein Tag ging verloren, dann lenkten die Mönche ein. Dennoch mußten einige Parts in künstlichen Dekorationen in den Londoner Studios nachgestellt werden. Einen anderen Teil verlagerte man auf einen unbewohnten Felsen und baute gleich einen Hubschrauberlandeplatz dazu. Die Klettertour doubelte wieder Rick Sylvester ("Der Spion, der mich liebte"). Fast 37 Meter tief fiel er von einem der Felsen hinunter. Derek Meddings, verantwortlich für die Special Effects, sagte dazu: "Wir mußten uns etwas einfallen lassen, um seinen Fall zu bremsen, damit das Seil, das um seinen Körper hing, ihn abfing - oder riß. Das Sicherheitssystem bestand aus hochschleudernden Sandsäcken." Noch ein anderer Stunt benötigte ein solch ausgeklügeltes Verfahren: Der am Rande des Kliffs hängende Mercedes wurde mit einer Seilanlage vertäut, die auf Kommando gelöst werden konnte. Drei Kameras nahmen die Szene auf, und man hatte Angst, daß die zahlreichen Zuschauer nicht ruhig sein würden, wenn der Wagen sich in Bewegung setzte. Roger Moore hatte gegen die Szene votiert, weil er sie als zu brutal empfand, ließ sich aber überreden.

Nach sechs Wochen flog das Team zurück nach London für Innenaufnahmen, zu denen auch die traditionelle Szene in "M's" Büro gehörte, bei der der schwerkranke Bernard Lee aber dieses Mal nicht beteiligt war. Lee starb im Alter von 73 Jahren in der Nacht vom 16. auf den 17. Januar 1981 in London an Krebs. Seinen kurzen Auftritt in Griechenland übernahm schon "Q". Im fertigen Film hieß es daher, "M" hätte einen Tag Urlaub. Seine

*Eine Ente mit Spezialmotorisierung, verstärkten Stoßdämp-
fern und Überrollbügel wurde zum heimlichen Star des Films.*

Dialoge sprachen der Verteidigungsminister und der Chef des Stabes. Weiterhin entstanden Bilder in dem verlassenen Gelände der Firma "Becton Gasworks" (Anfangssequenz mit dem Hubschrauber). Roger Moore jettete übrigens jeden Freitagabend für das Wochenende zu seiner Familie in die Schweiz.

Nach Abschluß der Londoner Arbeiten, kurz nach Neujahr, reisten 250 Mann in den Wintersportort Cortina d'Ampezzo. Starttermin war der 5. Januar. Ein leerstehendes Kinderheim erhielt die Funktion als Hauptquartier. Allein 15 Fahrer brachten jeden Tag die Teammitglieder von Ort zu Ort. Als kostenlose Ausrüstung bekam jeder ein paar feste Stiefel und einen warmen Daunenanorak. Susi Schmidl, Double von Lynn-Holly Johnson, berichtete über den Aufwand: "Ich erhielt einen mehrseitigen Vertrag über zweimal je eine Woche Filmengagement. Des weiteren einen Zusatzvertrag über die drehfreien Tage, ein Formular für das italienische Arbeitsamt, eine Verzichtserklärung auf Regreßansprüche, allgemeine Bedingungen für Anreise und Aufenthalt am Drehort, eine

Hotelliste mit sämtlichen Teilnehmern der Filmproduktion und schließlich eine spezielle Unfallversicherung für die Zeit der Filmaufnahmen." Man begann im olympischen Eisstadion. Temperaturen bis zu 18 Grad unter Null am Tage und bis zu minus 20 Grad in der Nacht machten nicht nur den Beteiligten, sondern auch dem Equipment schwer zu schaffen. Als die Schärfeziehung der Kameras versagte, wurden spezielle Schutzfolien besorgt. Manchmal froren die Schauspieler so sehr, daß ihre Dialoge etwas steif gerieten und wiederholt werden mußten. Danach sollte es eigentlich umgehend mit der Skijagd weitergehen, doch die plötzlich eintretende Wärme brachte die Mannschaft völlig aus dem Konzept. Es gab keinen Schnee mehr, und so holten 25 Laster das Weiß von den umliegenden Bergen in den Ort. "Ich will mich nicht zu sehr über den wenigen Schnee beschweren", sagte John Glen, "denn es war wunderbar, in der Wärme zu arbeiten, und für die Motorradfahrer war es manchmal leichter so. In einer Nacht gab es ganz plötzlich einen leichten Schneefall. Am nächsten Morgen bin ich mit der Crew ganz früh aus dem Hotel, um wenigstens eine gute Aufnahme von der verschneiten Stadt zu bekommen. So spiegelten wir dem Publikum vor, daß es dort wirklich verschneit war. Aber der restliche Schnee wurde herbeigeschafft."

In Cortina trat auch einmalig das Playboy-Mädchen Robbin Young, Siegerin im Bond-Girl-Wettbewerb, auf: Sie verkaufte dem Agenten einen Strauß Blumen. Die Aufnahmen dauerten vier Tage. Und noch eine weitere Gewinnerin kam zum Einsatz: Die australische Sängerin Debbie Newsome hatte in Sydney einen Wettbewerb für sich entschieden und durfte nun aus dem Blumenladen gehen, der extra gebaut wurde. Schließlich flog ein Motorradfahrer hinein, und das wollte man keinem der Läden der Stadt zumuten. An der

Bobbahn konnte immer nur am frühen Morgen und am späten Nachmittag gedreht werden, da tagsüber gerade ein Weltmeisterschaftslauf stattfand. "Die Betreiber waren auch nicht besonders glücklich darüber, daß die Motorrad-Spikes die Bahn beeinträchtigten", erinnerte sich Glen. Am 17. Februar 1981 überschattete ein schwerer Unfall die Arbeiten. Stuntman Paolo Rigon, der vorderste Mann im Viererbob, starb, als er an einer markierten Stelle aus dem Bob flog und gegen einen Baum knallte, weil der Stab sich in der Distanz verschätzt hatte. Das Unglück ereignete sich am letzten Tag. Die anderen Mitarbeiter erfuhren davon erst im Schneideraum. "Es war deswegen ein schrecklicher Schock, weil während der gesamten Produktion eine Reihe von gefährlichen Situationen auftraten und nichts schiefgegangen ist. Bei 'Im Geheimdienst Ihrer Majestät' drehte ich dreimal eine Szene, in der ein Bob aus der Bahn fliegt, und nichts ist geschehen." (John Glen)

Das Kielholen, beschrieben in "Leben und sterben lassen", galt als eine der kompliziertesten und gefährlichsten Szenen. Die Realisierung dieses Über-die-Korallen-Ziehen schilderte der Regisseur: "Wir hatten das erste und zweite Kamerateam in Griechenland, das zweite Team auf den Bahamas, und erstes und zweites Team im Wassertank. Um die ganze Sequenz aufzulösen, die auf der Leinwand gerade mal zweieinhalb Minuten dauert, benötigt man eine immense Vorbereitung und Gelder. Nur durch sehr genaue Festlegung der Abläufe in Storyboards war das möglich."

Während des fünftägigen Drehs an der Casino-Szene geschah folgende Begebenheit: Ein vierjähriger Junge, dem beide Beine fehlten und der gerade in den Ferien zu Besuch war, wollte unbedingt Roger Moore treffen. Es gelang ihm wirklich, ihn zu sehen und ihn anzusprechen. Der Darsteller fragte, ob er zur Premiere des Films komme, worauf der kleine Fan antwortete, daß er nur ein paar Pennies besitze. "Du gibst mir das Geld, und ich gebe dir ein Papier", entgegnete Moore. Der Junge verstand nicht recht, holte aber die Münzen heraus und bekam dafür ein dickes Bündel mit 20 Pfund-Noten, damals 90 Mark je Schein, in die Hand gedrückt.

Durch die verschiedenen technischen Probleme und Glens anfängliche Nervosität dauerten die Dreharbeiten länger als angenommen - insgesamt fünfeinhalb Monate. Doch Broccoli stand zu seinem neuen Regisseur und ließ ihn gewähren. Am Ende nahm man sich sogar noch die Zeit, eine amüsante und später sehr erfolgreiche Maggie-Thatcher-Parodie anzuhängen.

Budget, Sensationen und Anekdoten

Die Kostenangaben schwanken zwischen 26 und 28 Millionen Dollar.

In verschiedenen Ländern sorgte das Plakatmotiv für Ärger. Es zeigte gespreizte Frauenbeine und ein Stück des Po-Ansatzes. Dazwischen reckte ein kleiner Roger Moore seine Pistole. Konservative US-Zeitungen wie der "Boston Globe" und die "Los Angeles Times" schnitten einfach den oberen Teil ab, so daß die Beine nur noch ab dem Knie zu sehen waren. Die "Pittsburgh Press" bemalte sie mit Shorts. Auf den Philippinen mußte das Mädchen ebenfalls kurze Hosen tragen. In Montreal wurde diese Werbung verboten. Für zusätzliche Aufregung sorgten die Auseinandersetzungen von gleich drei Mädchen, die behaupteten, Modell gestanden zu haben, bis schließlich Fotograf Morgan Kane enthüllte, welche Kehrseite er aufgenommen hatte. Die 22jährige New Yorkerin Joyce Bartle (Agentur "Wilhelmina Models Inc.", New York City) posierte: "Es war sehr verwirrend, die eigenen Beine verteidigen zu müssen."

Eine witzige Anekdote ereignete sich während der Dinnerszenen auf der Hotelterrasse auf

Korfu. Julian Glover erzählte: "Nach acht oder neun Takes, die alle nicht zufriedenstellend verliefen, waren wir alle nervös und etwas ausgelaugt. Plötzlich kam Luisa, Roger Moores Frau, von hinten mit einer großen Platte Krebse und schüttete sie einfach auf den Tisch. Die Szene war ruiniert, aber jeder prustete vor Lachen. Danach klappte alles einwandfrei."

Der Hang zum Scherzen, gerade von Seiten des Bond-Schauspielers, bestätigte auch sein Stand-In Jim Linton, der hier nach "Moonraker" seinen zweiten Einsatz bekam: "Es ist nie langweilig. Roger kommt morgens an den Drehort und schaut, was zu tun ist. Dann geht er ins Make-Up, und ich stelle mich für ihn hin. Er kommt zurück, und der Rest wird von seinem wundervollen Sinn für Humor bestimmt."

In Griechenland wollte Luisa Moore eigentlich heimlich für ihren Mann eine Party zum 55. Geburtstag organisieren, verwarf aber die Idee, weil es taktisch unklug schien, sein Alter so groß zu feiern, während der Produzent sich nach einem jüngeren Nachfolger umsah.

Zu einem gefundenen Fressen für die Klatschspalten wurde die Enthüllung, daß eines der elf Models, das sich in der Villa auf Korfu mit dem Namen Caroline Cossey (Spitzname Tula) aalte, einst als Barry Cossey zur Welt kam und sich 1983 einer Geschlechtsumwandlung unterzogen hatte. Sie klagte am 27. September 1990 sogar vor dem Europäischen Gerichtshof, weil sie einen Mann heiraten wollte. Der Wunsch wurde jedoch abgelehnt. Und noch eine Meldung konnte die Boulevardpresse genüßlich breittreten: Während einer Kußszene mit Roger Moore fiel Carole Bouquet plötzlich in Ohnmacht, so daß ein Arzt gerufen werden mußte. Er konstatierte, daß ihre zu schnelle Atmung Sauerstoffmangel hervorgerufen hatte. "Üblicherweise fühle ich vorab, wenn es soweit ist, setze mich ruhig hin, blase eine Papiertüte auf und inhaliere. Ich bin froh, daß mir das Ganze nicht während der Wasserszenen passiert ist, denn wir waren drei Stunden im Wasser."

Anstelle von John Barry komponierte dieses Mal Bill Conti die Musik, denn Barrys Probleme mit der englischen Steuer erlaubten ihm lange Zeit nur die Arbeit in den USA.

In Holland gab es Probleme mit Video-Piraten, denen es gelang, das Kabelsystem in Amsterdam zu löschen und dafür vier Bond-Abenteuer einzuspeisen, darunter auch eine eigenartige Version von "In tödlicher Mission", die aus einem Trailer und verschiedenen hinzugefügten Schnipseln früherer Produktionen bestand. Zu dem Zeitpunkt war der Film in Holland noch gar nicht angelaufen. Kurz nach Veröffentlichung gehörte er zu den begehrtesten Titeln auf dem Schwarzmarkt. Für die Raubkopien, angeblich von bestochenen Vorführern hergestellt, zahlten Fans bis zu 500 Mark.

Premieren, Starttermine und Besonderheiten

In Anwesenheit von Prinzessin Margaret, Lady Diana Spencer, Prinz Charles und Countess Snowdon fand am 24. Juni 1981 die Weltpremiere im Londoner "Odeon" am Leicester Square statt. Die Einnahmen von 80.000 Pfund gingen an die "National Society for the Prevention of Cruelty to Children" (NSPCC) und die "Royal Society for Disability and Rehabilitation" (RADAR). Die Produktion sah der Aufführung mit gemischten Gefühlen entgegen, denn 1981 war zum "Jahr der Behinderten" erklärt worden. Einen Teil der Einnahmen erhielten auch entsprechende Organisationen, aber in den ersten Szenen erledigte James Bond gleich einen rollstuhlfahrenden Mann, und man fürchtete gerade von dieser Gruppe Kritik und Ablehnung. Doch genau das Gegenteil geschah. Sie freuten sich, daß es einem Behinderten beinahe gelungen wäre, den Agenten umzubringen. Cary Grant, Michael Caine und alle Hauptdarsteller kamen zur Premiere. Anschließend wurde in Richard Bransons neuem Nachtclub "Gardens" im Stadtteil Kensington gefeiert.

Nach einer Woche beliefen sich die Einnahmen in London schon auf 77.731 Pfund (knapp 315.000 Mark). In Südafrika, Holland und auf den Philippinen wurden Hausrekorde gebrochen.

In den USA startete "For Your Eyes Only" am 26. Juni in 1086 Theatern, ein Rekord für eine United Artists-Produktion. In zehn Tagen waren 17.283.007 Dollar eingespielt - so verkündeten es jedenfalls die Anzeigen.

In Deutschland eroberte sich der erfolgreichste Film des Jahres ab 6. August mit 160 Kopien die Kinos. Vorab tourten John Glen, Lynn-Holly Johnson und Bond-Girl Vanya Seager durch das Land. Willy Bogners und Wolfgang Jungingers Arbeit wurde ausführlich im "Aktuellen Sportstudio" gewürdigt.

Kritik

"In tödlicher Mission" war in vielerlei Hinsicht ein Remake von "Im Geheimdienst Ihrer Majestät". Der Vorwurf einiger Kritiker, es handle sich um eine einzige Verfolgungsjagd mit viel Werbung, bestand zu Recht, denn wieder konnten sich Firmen wie Lotus, Seiko, Yamaha, Citroen, Philips Oil und British Airways werbewirksam präsentieren. Auch die Anzahl der Momente, in denen Roger Moore im Studio anstatt vor Ort agierte, war gestiegen. Journalisten zählten gar 49 Doubles für den Briten und spotteten dementsprechend über sein Alter. Lob erhielt die Rückkehr zu irdischen Abenteuern. "Screen International" schrieb: "Gerade in der Zeit, als die Filme mehr zu Selbstparodien wurden, wird 007 hier zu einem nonchalanten Action-Mann mit Improvisationstalent anstatt Ausführender von Supertricks." "Variety" nannte ihn "einen der durchgehend erfreulichsten aller zwölf Bond-Filme. (..) Action mit Expertise und Aufregung, was selbst für diese außergewöhnlich gut produzierte Filmserie ungewöhnlich ist. Vielleicht der am besten inszenierte Film seit 'Im Geheimdienst Ihrer Majestät'". Für den "Spiegel" war er schlicht "irdischer, witziger, parodistischer" als die Vorgänger, und die "Hannoversche Allgemeine Zeitung" merkte an: "John Glen zelebriert erlesene Zirkusattraktionen von seltener Perfektion. (...) Man sieht geradezu, wie die Millionen verpulvern." Am besten traf es wohl David Denby in "New York", wenn er ihn als den "verschwenderischsten Hongkong Quickie der Filmgeschichte" bezeichnete.

Octopussy/ Octopussy (1983)

Inhalt

In Lateinamerika zerstört Bond das Waffen-lager der Gangster und entkommt im letzten Moment mit einem Mini-Jet. Zurück in London verfolgt er die Spur von 009, der mit einem Fabergé-Ei in der Hand und mit einem Clownskostüm verkleidet, in der DDR ums Leben gekommen ist. Das Ei entpuppt sich als Kopie, das Original soll bei "Sotheby's" ver-steigert werden. Bei der Auktion bietet der Agent mit und tauscht es unbemerkt aus. Das "falsche" Ei wird vom indischen Prinzen Kamal Khan erworben.

Bond fliegt nach Indien, lernt seinen Ver-bindungsmann Sadruddin kennen und stellt fest, daß Khan mit einer geheimnisvollen Frau namens "Octopussy" Geschäfte macht. Sie stehlen gemeinsam mit dem russischen General Orlov die Juwelen des Kreml und schmuggeln sie, getarnt in einem Zirkus-Wagen, durch Ostdeutschland zur US-Airforce-Basis ins westdeutsche Feldstadt. Der Transfer dient jedoch nur als Tarnung für den Transport einer Atombombe, deren Zündung als "Betriebsunfall" der Amerikaner deklariert werden soll, um so den Abzug aller atomaren Waffen aus den NATO-Ländern zu erreichen. An Bord eines Zuges kann Bond die Mörder von 009 zur Strecke bringen, danach Octo-pussy über den teuflischen Plan informieren, im Clownskostüm die Bombe entschärfen und die beiden Drahtzieher in einem Kampf zwi-schen Himmel und Erde erledigen.

Hintergründe

Die konkurrierende Produktion "Sag niemals nie" (mit Sean Connery) berührte jetzt ganz konkret die Arbeit am neuen Film. Broccoli und der Verleih wollten eher anfangen und eher im Kino sein. Es sollte ihnen gelingen. Dennoch gab es ab April 1982 wieder die übli-chen Gagen-Spielchen. Die Außenwerbung, die während des Filmfestivals in Cannes am Eingang des Carlton-Hotels hing, zeigte daher noch einen gesichtslosen Bond. Gerüchte über eine Besetzung mit Lewis Collins, Oliver Tobias und Christopher Reeve tauchten auf. Die Testaufnahmen mit James Brolin, die 1994 erstmals auf einer James-Bond-Convention in Los Angeles gezeigt wurden, fielen so gut aus, daß er zunächst einen Vertrag erhielt. Mitte Juli aber unterschrieb Moore dann endlich, so daß man Brolin auszahlte.

Die Geschichte wurde mehrfach umgeschrie-ben. Erste Entwürfe sahen vor, daß Octopussy eine Supergangsterin ist, die sich an Blofeld rächen will, weil der ihre Hände verkrüppelt hat. Sie trifft Bond, findet heraus, daß der immer noch auf Rache für den Tod seiner Frau sinnt und tut sich mit ihm zusammen. In einer anderen Version war OCTO-PC eine Super-waffe. Aufgrund der rechtlichen Auseinander-setzungen durfte SPECTRE nicht verwendet werden, so daß Autor Richard Maibaum wieder Veränderungen vornehmen mußte. McClory hatte einst Fleming gesagt, er solle sich einen neuen Gegner aussuchen, da es unmöglich so weitergehen könne, daß Bond immer nur gegen die Russen kämpft. So ent-stand SPECTRE.

In seinem ersten Kinoauftritt sollte der Tennis-spieler Vijay Amritraj in einer Fassung den Chef des indischen Geheimdienstes spielen, aber auch das wurde verworfen.

Lange Zeit hielten sich Gerüchte, Faye Dunaway würde die Titelrolle spielen, wohl auch deshalb, weil ihr Lebenspartner Terry O'Neill, einer der Fotografen, sie vorgeschla-gen hatte. Auch Sybil Danning kam ins Ge-spräch. Sie war schon bei "Moonraker - Streng geheim" in der engeren Auswahl gewesen, mußte allerdings aufgrund der englisch/französischen Ko-Produktion durch die Französin Corinne Clery ersetzt werden. Letztendlich verpflichtete man Maud Adams. Auch die Sängerin des Titelsongs stand nicht von Anfang an fest. Rita Coolidge löste dann Laura Branigan, die erste Wahl gewesen war, ab.

Das Skript basierte auf einer Idee von Michael G. Wilson. Geschrieben wurde es von Richard Maibaum und erstmals von George MacDonald Fraser, dem Autor der "Flashman"-Romane. In einem Interview für "Starlog" erklärte Regisseur John Glen, daß der Film "ziemlich genau aktuelle Zustände in Moskau wiedergibt. Als das Drehbuch entstand, hatten wir kaum Ahnung davon, daß Tatsachen mit im Spiel sind. Es gab einen großen Skandal um den Moskauer Staatszirkus, da er Juwelen nach Rußland schmuggelte. Breshnews Stiefsohn war darin verwickelt. Als sie seine Wohnung durchsuchten, fanden sie Juwelen im Wert von einer Million Dollar, und wie durch Zufall ist dies ein Teil unserer Geschichte".

Robert Brown übernahm die Rolle von "M" und wird sie bis zu Timothy Daltons zweitem Einsatz 1989 beibehalten. Auch Michaela Clavell, die Tochter des bekannten Autors James Clavell, war zum ersten Mal als Moneypennys Assistentin Penelope Smallbone zu sehen.

Zum Konkurrenzunternehmen "Sag niemals nie" äußerte sich Roger Moore mehrfach - und wie immer ironisch: "Sean spielt besser Golf, ich besser Tennis. Zudem rauche ich die teureren Zigarren." Ein anderer lakonischer Kommentar von ihm lautete: "Die machen ihren Film zufällig genau jetzt, wir machen unseren Film nach Plan - das geht schon seit mehreren Jahren so. Wir wissen nichts über ihren, sie nichts über unseren. Wir sind schon komische Spione."

Roger Moore kam für ein paar Tage auch nach Berlin.

Dreharbeiten und Drehorte

Im März 1982 wurde Cubby Broccoli bei der Oscar-Verleihung in Los Angeles Tribut für seine langjährige Arbeit gezollt. Er erhielt den "Irving G. Thalberg Award" für seine Verdienste. Am 18. Juni kam es zum entscheidenden Gerichtsbeschluß in London. Danach wußte Broccoli, daß er sich in Konkurrenz mit Connerys Bond-Film befand. Am gleichen Tag starb Curd Jürgens in Wien, knapp sechs Wochen später, am 30. Juli, Harold Sakata auf Hawaii - zwei Bond-Veteranen, die viel für die Serie getan hatten.

Am 10. August begannen um 9.40 Uhr die Dreharbeiten in der Berliner Friedrichstraße

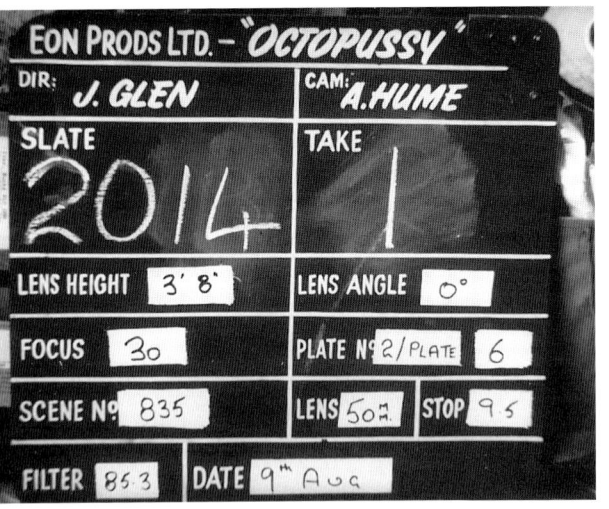

EON PRODS LTD. - "OCTOPUSSY"
DIR: J. GLEN   CAM: A. HUME
SLATE 2014   TAKE 1
LENS HEIGHT 3' 8'   LENS ANGLE 0°
FOCUS 30   PLATE N° 2/PLATE 6
SCENE N° 835   LENS 50?   STOP 9 5
FILTER 85.3   DATE 9th Aug

Das zweite Mal - nach "Diamantenfieber" - wurde in Deutschland gedreht.

am berühmten Grenzübergang Checkpoint Charlie mit Szene 2022. Ko-Produzent Michael Wilson war skeptisch. "Wenn die Wachen eine Filmcrew in der Nähe sehen, dann heißt dies im Militärjargon 'Zwischenfall' und bedeutet, daß es zwischen Offiziellen in Washington, Moskau und hier Diskussionen gibt. Glücklicherweise ist der 'Zwischenfall' eher von geringer Bedeutung. Die Bond-Filme waren in Rußland und den Ostblock-Staaten nicht öffentlich zu sehen, werden aber von Politikern und Filmschulen untersucht. Sie werden gesehen."

Vier Tage lang produzierte das erste Kamerateam (70 Mann) in Berlin. Am 14. und 15. August beschäftigte sich die zweite Crew mit der Autojagd auf der Avus und in einigen Seitenstraßen. Die Alfa-Romeo-Vertretung von Michael Heine stellte die Fahrzeuge. Der ehemalige Rallye-Fahrer bot auch gleich seine Dienste als Pilot an, mußte aber einsehen, "daß die Stuntmen doch über wesentlich mehr Erfahrung verfügen als ich".

Ein aus Bochum angereister Fan demonstrierte seine Verehrung ganz offenkundig durch das Nummernschild seines Autos: Er hatte auf Antrag das Kennzeichen BO-ND 007 erhalten.

Ab 16. August entstanden in London Szenen in M's Büro mit Miss Moneypenny und der neuen Assistentin Penelope Smallbone. Eine Woche später drehte man auf der US-Air Base "Upper Hayford" in Oxford, die für das deutsche Feldstadt "doubelte". Am 26. August folgten Szenen auf der RAF-Basis Northolt, die zum kubanischen Lager umgebaut wurde, und in einem kleinen Ort nahe Oxford. Die private Eisenbahnstrecke Nene Valley Railway war vom 6. bis 12. September Schauplatz der Zugsequenzen. Der kleine Ort Peterborough stellte Karl-Marx-Stadt (heute Chemnitz) dar. Die zweite Mannschaft blieb noch bis zum 17. September, während das erste Team parallel arbeitete und vom 13. bis 17. September das Auktionshaus "Sotheby's" und den Kiosk in der Londoner Bond Street aufnahm.

Anschließend ging es nach Indien, wo die Crew am 20. September eintraf. Dort verwandelte sich das Hotel "Lake Palace" auf der Insel Jagmandir in Udaipur ebenso zur Filmkulisse wie der ehemalige Palast des Maharadschas von Udaipur, Maharana Udai Singh, inmitten des Pichola-Sees und auch der Ort selbst, in dem eine Jagd mit dreirädrigen Motor-Rikschas inszeniert wurde. Der benachbarte Dschungel, in dem Bond zum Spielball einer Tigerhatz wird, mußte gleichfalls als Kulisse herhalten. Diese Szenen zu drehen, nahm übrigens ganze fünf Tage in Anspruch. Einer der Elefanten lud währenddessen - als besondere Pikanterie - seine Exkremente auf Roger Moores Stuhl ab, was der Star mit der trockenen Bemerkung kommentierte: "Wo ich hinkomme - Kritiker."

Unter Aufsicht von Ausstatter Peter Lamont baute eine Firma in Bombay in dreimonatiger Arbeit aus zwei ehemaligen Wracks Octopussys Prachtbarke mit einem Rumpf aus

Fiberglas. Auf dem Pichola-See wird Octopussy von ihrer Privattruppe gerudert, deren Anführerin übrigens Suzanne Dando spielt, Kapitän der britischen Gymnastik-Olympiamannschaft bei den Spielen in Moskau. Insgesamt weilten 200 Mann bei Temperaturen um 40 Grad vom 19. September bis zum 11. Oktober in Indien. Durchfall machte einigen Crewmitgliedern, inklusive Maud Adams, zu schaffen - für manchen nichts Neues, war er doch kurz zuvor schon an "Gandhi" beteiligt gewesen, der zum Teil auch in Udaipur entstand. Die Szenen in der Stadt gerieten nach Aussagen John Glens zum Alptraum. "Die Bürokratie wurde von den Briten erschaffen; wenn man also eine Dreherlaubnis haben wollte, dauerte das ewig. Im Regierungsbüro lagen drei Stapel mit Anträgen, jeder über 1,80 Meter hoch!"

Am 12. Oktober kehrte das Team via Bombay nach London zurück. Zwei Tage später begannen die Innenaufnahmen in Pinewood, und ab 15. November schlossen sich die Zirkuseinstellungen an. Hier traten - vor einem Publikum von mehr als tausend Statisten, darunter zahlreiche Schüler aus Schauspielklassen - einige der besten Tierdresseure und Solo-Artisten Europas auf. Das riesige Zelt, einst Eigentum des bekannten englischen Zirkus' von Robert Fossett und nun im Besitz der "Royal Ballet Touring Company", wurde am Nikolaustag infolge eines Anschlags zerstört.

Ab 14. Dezember wurden auf dem Studiogelände die Szenen des "indischen Markts" gedreht. Heiligabend flog Roger Moore nach Gstaad, um die Festtage mit seiner Familie zu verbringen. Am 3. Januar reiste er wieder an, und achtzehn Tage später war die Arbeit an "Octopussy" beendet. Am 9. Januar schon hatten Moore und Connery demonstriert, daß sie der angeblichen Konkurrenz gelassen entgegensahen: Sie trafen sich in einem Londoner

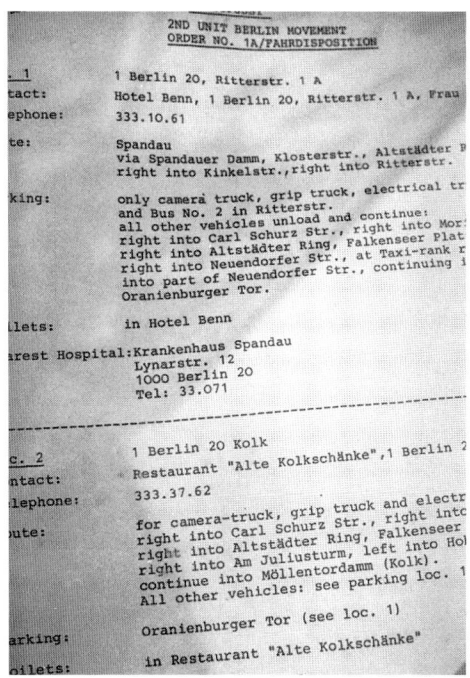

Ein sogenanntes "Call Sheet" beweist die minutiöse Vorabplanung, die immense Kosten sparte.

Restaurant zum Abendessen und ließen sich Arm in Arm fotografieren. Später erzählte Moore, daß sie mehrfach Stories über Stunts und Partner ausgetauscht hätten.

Technisches Highlight des Films war ein 3,66 Meter langer Mini-Jet mit einer Spannweite von 5,18 Meter. Seine Höchstgeschwindigkeit betrug über 600 km/h. Broccoli war auf die Maschine aufmerksam geworden, nachdem sie sämtliche vergleichbaren Rekorde von Miniaturflugzeugen überboten hatte. Die Action-Sequenz war ursprünglich für "Moonraker" geschrieben worden: Bond und das Mädchen sollten von Drax' Hauptquartier fliehen und in der Luft mit den sie verfolgenden Jets kämpfen. Broccoli hatte damals die Acro-Star - beziehungsweise die Bede-Jets (BD-5J), so benannt nach ihrem Erfinder J. Bede - für zwei Jahre gebucht, und nun erneuerte er diese Option. Die Szene wurde geändert, und

Ein thailändisches Plakat warb mit Einfallsreichtum für die verschlungenen Abenteuer von "Octopussy".

in der Luft befindlichen Flugzeug fand der Produzent nicht dramatisch genug. Daraufhin entwarfen die Kaskadeure eine Prügelei auf dem Dach der Beechcraft, für die jeder 10.000 Dollar erhielt. Dieses Finale, in dem sich Bond von einem Pferd auf den Jet schwingt und mit den beiden Piloten prügelt, wurde vor den Hauptdreharbeiten mit einem Double inszeniert. "Wir hatten Bond noch nicht besetzt, aber der Favorit trug dunkles Haar, also hat das Double dunkles Haar. Während der ersten Drehwoche gab es Gerüchte, daß Moore zurückkehren würde, also machten wir seine Haare heller. Lange Zeit war die einzige Maßgabe, daß der Mann etwa 1,83 Meter groß sei", erzählte John Glen dem "Daredevils".

Nach einer frühen Idee sollte Bond mit einem Löwen ringen und rund um einen Berg verfolgt werden. Dieser Insider-Gag symbolisierte MGM (Markenzeichen: ein brüllender Löwe), die von United Artists übernommen wurden, und die Paramount (Logo: Bergspitze), die ebenfalls schwankten. Der witzige Einfall richtete sich aber eigentlich nur an ein Fachpublikum und wurde deshalb gestrichen.

Budget, Sensationen und Anekdoten

"Octopussy" kostete mit 25 Millionen Dollar weniger als seine Vorgänger. Geringe Übernachtungskosten in Indien und Glens effektivere Arbeitsweise beförderten die pünktliche Fertigstellung des Films und damit die Reduzierung der notwendigen Ausgaben.

Produktion und Macher wurden während der Arbeit von einer Reihe von Unglücksfällen heimgesucht. So stahlen Autodiebe Broccolis Ferrari und ließen ihn zerstört stehen. In Wilsons Mercedes wurde dreimal hintereinander eingebrochen und der Wagen ausgeplündert. Bei den Zirkusszenen brach ein Tiger aus, die Crew flüchtete in seinen Zwinger. Das Flugzeug mit Assistent Tom Pevsner und Designer Peter Lamont an Bord wurde

der Eigentümer des Mini-Jets, J. W. "Corkey" Fornof, und dessen Werkspilot Bishop flogen das kleine Wunderwerk, das aufgrund des geringen Platzes weder über einen Schleudersitz noch einen Fallschirm verfügte. Für den Moment, in dem der Jet durch den Hangar schießt, wurde er mit einer langen Stange auf einen alten Jaguar montiert. Die typisch amerikanische Tankstelle entstand in Pinewood.

Die ersten Aufnahmen von den Stunts auf dem

gekidnappt. Von dieser Begebenheit erzählt die nachfolgende Anekdote: Ein amerikanischer Passagier, der neben Lamont saß, fragte ihn, was er beruflich mache. Als dieser entgegnete, er arbeite gerade an dem neuen Bond, kam als nächstes Frage: "Haben Sie nicht irgend was in der Tasche, das uns hier rausbringt?" Später warf sich der Ami auf den Flugzeugentführer, verhinderte Schlimmeres, und alle Passagiere gelangten wohlbehalten an ihre Ziele.

Stuntman Martin Grace wurde während der Prügelei auf dem Zug gegen einen Mast geschleudert, zerschmetterte sich das Becken und steckte monatelang im Gips. Nach einer Party, die zum Drehschluß in London stattfand, starben die beiden Bühnenarbeiter John Pinner und Anthony Clark. Sie hatten viel Whisky getrunken und sich zum Schlafen in einen Wohnwagen gelegt. Weil es so kalt war, ließen sie den Motor laufen und erstickten an den Abgasen. Der indische Schauspieler mit dem messerscharfen Yo-Yo fiel gleich am ersten Drehtag vom Balkon und brach sich beide Arme. Eine Woche später stand er mit großen Klebestreifen wieder vor der Kamera. In Hannover lockte der Filmstart nicht nur Besucher an: Bei einem Überfall auf die Kassiererin des "Theater am Thielenplatz" erbeuteten Diebe die gesamte Tageseinnahme und die Hauptschlüssel.

Die wohl skurrilste Pressemeldung lautete, daß es trotz aller Konkurrenz der beiden "Bonds" auch ein verbindendes Element gäbe: Sean Connerys Sohn Jason wäre in Roger Moores Tochter Deborah verliebt.

Als Loriot seinen "Ödipussi" ankündigte, wurde er häufig auf eine mögliche Verbindung zu 007 angesprochen, doch er verneinte und erwiderte, daß sein Film eher mit der "griechischen Mythologie als (mit) englischen Agenten zu tun habe".

Bond-Girl Janine Andrews zog sich für "Starlife" aus, Joni Flynn ebenfalls, die wie Maud Adams und Camella Thomas auch für "Mayfair" posierte. In den USA gab es, wie schon bei "Goldfinger", wieder Probleme mit dem Titel. Roger Moore meinte dazu: "Sie verstehen immer nur eine Bedeutung des Wortes 'pussy', und die ist sicher nicht die, die Fleming meinte."

Für eine Reihe von Schlagzeilen sorgte Bond-Girl Carolyn Seaward: Die ehemalige "Miss United Kingdom" hatte zuvor eine Beziehung mit Prinz Andrew.

Desmond Llewelyn wurde erstmals gedoubelt. In einer in Indien spielenden Szene, in der "Q" an einem See sitzt und angelt, sparte man die Reisekosten und nahm einfach jemand anderen.

Premieren, Starttermine und Besonderheiten

Die Weltpremiere von "Octopussy" fand am 6. Juni 1983 in London statt. Die Einnahmen gingen zu gleichen Teilen an den "Prince of Wales Charities Trust" und die "Stars Organisation for Spastics". Charles, Diana, Familie Roger Moore und sämtliche Hauptdarsteller, John McEnroe, Liza Minnelli, Tom Selleck, Jane Seymour, Lulu und Cilla Black waren zu Gast.

In England spielte die Produktion in fünf Wochen 426.773 Pfund ein - ein neuer Rekord. Nach zwei Tagen brach der Film in Südafrika 28 Hausrekorde. In den USA, wo er vier Tage nach dem Londoner Start anlief, übertraf er "Moonraker - Streng geheim" um 25 Prozent. Über 50 Millionen Dollar betrugen die Einnahmen innerhalb von sechs Wochen.

Vom 26. bis 28. Juli kamen vier der Bond-Mädchen und der Darsteller des "Q" aus London via Stockholm nach Hamburg, Berlin und München. Der Film erhielt das Prädikat "besonders wertvoll", startete am 5. August und entpuppte sich als exzellentes Geschäft.

Für eine besondere Werbung sorgten drei Millionen Plastiktragetaschen von Edeka, Horten und Kaufhof. Roger Moore bekam im heimischen Gstaad von der Redaktion der Zeitschrift "pop/Rocky" einen "Silbernen Hammerschlumpf" als "Star of the Year" überreicht.

Kritik

Der etwas zähe Fortgang der Handlung, die Überlänge und die teilweise albernen Gags stießen bei Fans und Rezensenten auf Ablehnung. Wenn Roger Moore sich eines mechanischen Krokodils bedient, aus dem Hintern eines Pferdes losfliegt, sich tarzanähnlich durch den Urwald schwingt und einem Tiger zuruft "du gehörst in den Tank", dann umschrieb das Wort "lächerlich" wohl am besten Einfälle dieser Art. In der Originalversion hieß es hier "SIT". Der Ausdruck bezog sich auf ein Wort von Barbara Woodhouse, einer in den USA populären Hundelehrerin. Der Gag war dort ein großer Lacher, er stammte von Roger Moore. Ein anderes Beispiel war sein Satz in Richtung einer Schlange: "Hiss Off" - ein Bezug zum gleichnamigen Disney-Charakter.

Die Engländer mochten das neue Bond-Abenteuer dennoch. Der "Evening Standard" nannte es "atemberaubend", und "photoplay" erklärte, "es besteht kein Zweifel daran, daß dieser Film einer der unterhaltsamsten ist. Er ist glatt, glänzend, hat wunderschöne Menschen und Drehorte. Die sich sehr oft über sich selbst lustig machende Geschichte bewegt sich mit einer so unglaublich großen Geschwindigkeit, daß sie einen dazu bringt, nach Luft zu schnappen." Der "Playboy" urteilte: "Das Drehbuch ist packend von der ersten Sequenz vor dem Film, die dem Publikum so richtig Spaß macht, bis hin zu einem atemberaubenden Finale in der Luft ." Der "Los Angeles Times" aber war das Ganze schlicht "20 bis 30 Minuten zu lang".

Die Deutschen äußerten sich wesentlich kritischer. Der "plärrer" sprach vom "Kasperle-Film für kalte Krieger", und die "Hannoversche Allgemeine Zeitung" merkte an, er wäre "wie ein Stuntmen-Zirkus aufgezogen". Große Teile der seriösen Kulturmedien nahmen den Streifen einfach nicht mehr zur Kenntnis, dafür räumten ihm aber Jugendmagazine wie "Bravo" oder "pop/Rocky" einen größeren Stellenwert ein und ergötzten sich an den vielfältigen Stunts. Bond war eindeutig zu einer waghalsigen Nummernrevue geworden.

Sag niemals nie/
Never Say Never Again (1983)

Sean Connery und Regisseur Irvin Kershner.

Inhalt

Bonds Chef "M" ist mit der Fitneß seines Helden unzufrieden und schickt ihn in eine Klinik außerhalb Londons. Hier findet 007 heraus, daß eine gewisse Fatima den amerikanischen Luftwaffenpiloten Petacci, der in der Lage ist, den Computer umzuprogrammieren, drogenabhängig gemacht hat. Bei einem Testflug verlassen zwei Cruise Missiles plötzlich ihre Bombenkammer, landen unbemerkt und werden von SPECTREs Adjutanten Maximilian Largo versteckt. Die Organisation fordert zehn Milliarden Dollar Lösegeld von den westlichen Regierungen, andernfalls würden zwei Hauptstädte in die Luft gesprengt. "M" schickt Bond auf die Bahamas. Dort begegnet er Fatima Blush, die Petacci ermordet hat und nun zweimal vergeblich versucht, auch Bond umzubringen. Bond folgt Largo nach Monaco, verliebt sich in dessen Partnerin Domino und entdeckt ein unterirdisches Grabmal, das als Versteck der Cruise Missiles dient. Dort kommt es zum tödlichen Finale zwischen Bond, Largo und Domino.

Hintergründe

Die rechtlichen Streitigkeiten, die sich schon über mehrere Jahre hingezogen hatten, kulminierten jetzt. Schon Mitte 1974 hatte der amerikanische Produzent Brian Foughs erklärt, er habe unveröffentlichtes Nachlaßmaterial von Fleming gekauft, das zu einem Drehbuch mit dem Titel "Love Kills Everybody" verarbeitet werden sollte. Zudem hatte Foughs schon Rechte bei einem ehemaligen Secret-Service-Mann und Kollegen Flemings erworben, der seinen Lebensabend auf den Bermudas ver-

brachte und nach Flemings Vorbild Spionagegeschichten schreiben wollte. Während man von Foughs nie wieder hörte, meldete sich "Feuerball"-Produzent Kevin McClory. Am 18. Juni 1982 kam es zwischen den gegnerischen Parteien - Ian Flemings Erben, Broccoli, dem Filmverleih UIP (die frühere United Artists) auf der einen und McClory mit Hollywood-Anwalt und Produzent Jack Schwartzman auf der anderen Seite - vor dem "Court Seven" des "Royal Court of Justice" in London zum Gerichtstermin. Dort wurde nochmals bestätigt, daß "Feuerball" auf einer Originalgeschichte von Ian Fleming, Kevin McClory und Jack Whittingham basiert und zunächst den Titel "Longitude 78 West" trug und daß McClory zehn Jahre nach dem Abdrehen von "Feuerball" ein Wiederverfilmungsrecht besitzt. Zudem besaß er die Rechte an neun weiteren Geschichten. Die Vorgeschichte also war "so spannend wie ein Bond-Film", wie Len Deighton später ausführte.

McClory konnte bereits 1975 Thriller-Autor Len Deighton und Sean Connery dazu bewegen, ein Drehbuch zu verfassen, das den Titel "James Bond of the Secret Service" trug. Connery stellte jedoch klar, daß er nur als

Autor aktiv werden wolle. Deighton sah sich die Unterlagen an. Später erklärte er gegenüber John Preston von "Time Out", seine Geschichte basiere "auf der Grundidee von Flemings Roman, sei aber substantiell unterschiedlich. Ich verwandte eine andere Umgebung und erinnere mich daran, eine Szene geschrieben zu haben, die in der New Yorker Kanalisation spielte. Die Kombination von Blut, Gold und Müll machte mich neugierig." Im selben Jahr griff McClory Broccoli erstmals an, da das Drehbuch von "Der Spion, der mich liebte" Ähnlichkeiten mit diesem Skript aufwies und zudem SPECTRE behandelte, eine Organisation, für deren Erfindung er die Urheberrechte besaß. So wurde das Drehbuch von Roger Moores Abenteuer geändert.

Aber auch McClory ließ umschreiben. Das neue Buch hieß "Warhead", er nannte das Ganze "den 'Krieg der Sterne' unter Wasser" und gab Drehorte wie die Bahamas, Okinawa und New York an. Paramount wollte finanzieren, Orson Welles sollte den Bösen spielen, Trevor Howard "M", Larry Hagman Felix Leiter. Jetzt verklagten die Fleming-Erben Paramount, weil das Studio nicht berechtigt wäre, diesen Film zu machen. Paramount wurde vorsichtig. Es gab Verhandlungen über Kompromisse, sogar Überlegungen, nach denen Roger Moore Bond spielen sollte und Connery "M". Verständlich, daß daraus nichts wurde.

McClory suchte einen neuen Financier, wurde von Lorimar abgewiesen, begeisterte aber den Anwalt Jack Schwartzman, der als geschäftsführender Vizepräsident für Lorimar tätig war. Der sah die Unterlagen durch und erwarb 1981 die Rechte und eine Option auf einen weiteren Stoff. Er bot Broccoli an, den Film zu präsentieren, wie das schon bei "Feuerball" der Fall gewesen war, doch der lehnte ab. Schwartzman gründete seine Ansprüche nicht auf dem Drehbuch "Warhead", sondern

einzig und allein auf den Rechten an dem Filmskript "78 Longitude West". Das Quellenmaterial wurde zum Ausgangspunkt des Films. Schwartzman stellte eine unabhängige Produktionsfirma auf die Beine, gab McClory einen Vertrag als Produzent und fragte, um Geldgeber zu finden, bei Connery nach, ob er sich vorstellen könne, die Hauptrolle zu spielen. Connery sagte "vielleicht".

Lorenzo Semple jr. wurde engagiert, um noch ein Drehbuch zu schreiben, und der ging dann auf Flemings Romanvorlage zurück. Semple hatte bereits überlebensgroßen Figuren wie "Batman", "Flash Gordon" oder "King Kong" Leben eingehaucht, den Thriller "Die drei Tage des Condor" geschrieben und auch schon mit Bond zu tun gehabt, als er für Produzent Gregory Ratoff an dem TV-Skript zu "Casino Royale" arbeitete.

Schwartzman bot die neue Story an, bekam Ablehnungen von elf Studios und entschied sich dafür, den Film durch unabhängige Financiers auf die Beine zu stellen. Die "Producers Sales Organisation" (PSO) bot den Film an und fand 26 Investoren. Im Oktober 1981 unterschrieb Connery für eine geschätzte Gage von dreieinhalb bis fünf Millionen Dollar, zusätzlich Gewinnbeteiligung und Mitspracherecht bei der Auswahl der Beteiligten. Im Februar 1982 besuchte er - gemeinsam mit seiner Frau - McClory auf den Bahamas und kaufte sich dort ein Haus. Schwartzman, der Francis Ford Coppolas Schwester Talia Shire geheiratet hatte, gründete "Taliafilm" sowie "Woodcote Productions" und begann sechs Wochen nach dem Drehstart von "Octopussy" in Nizza mit den Aufnahmen für "Sag niemals nie".

Auch als die Dreharbeiten schon in vollem Gange waren, unternahmen die Fleming-Erben noch einen kläglichen Versuch, den Film zu behindern. Am 15. Februar wurde

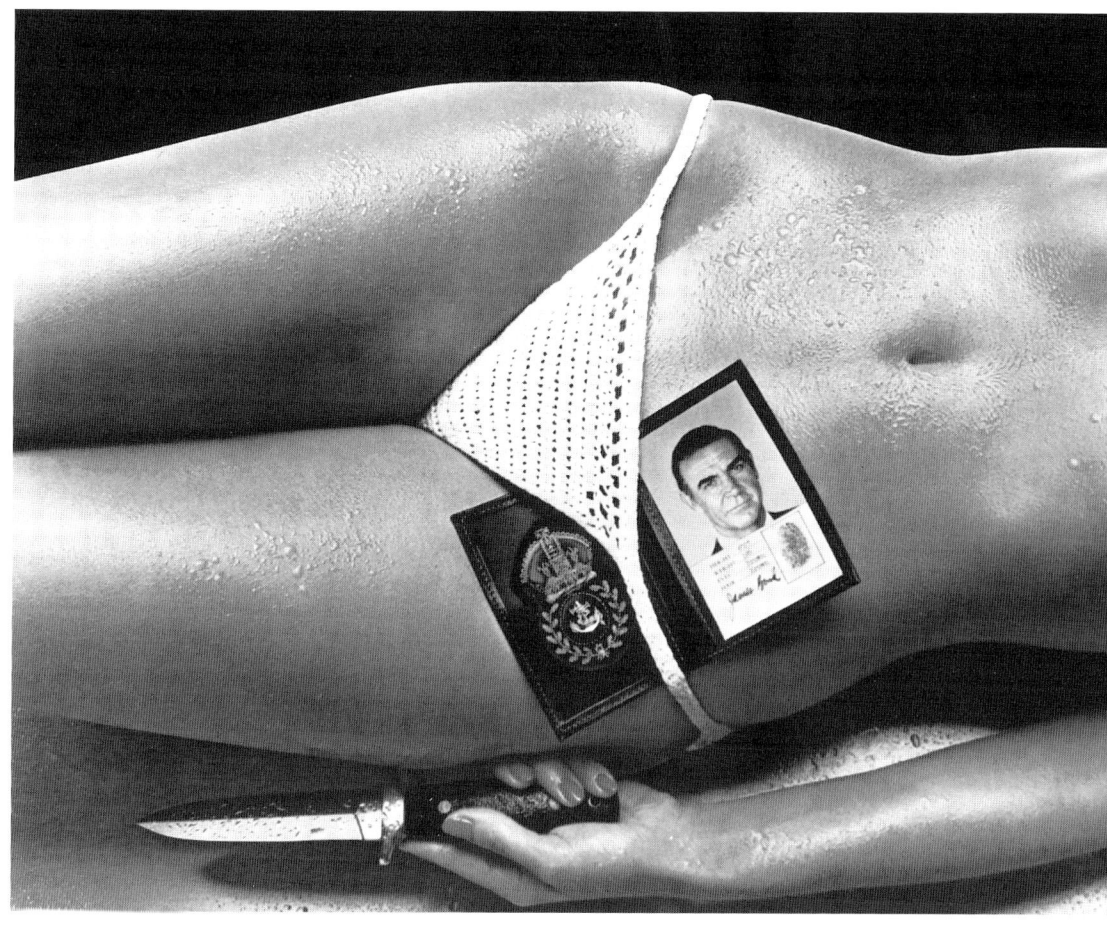

Das verheißungsvolle Vorankündigungsplakat.

darüber verhandelt. Am 10. März 1983 führte der Richter aus, daß es "unfair und ungerecht wäre, den Film jetzt noch stoppen zu wollen". Schwartzmans erste Intention war, etwa zur gleichen Zeit wie "Octopussy" in die Kinos zu kommen. Er versprach sich davon, daß Connery mehr Leute anziehen würde als Moore, doch aufgrund längerer Nachbearbeitung und gewisser Gerüchte, daß er mangels ausreichenden Budgets neue Geldgeber finden müsse, wurde nichts daraus. Broccoli verkündete, wenn "Sag niemals nie" zur selben Zeit herauskommen würde wie "Octopussy",

würde er drei alte Connery-Filme wiederveröffentlichen, "um ihm zu zeigen, wie Connery mal ausgesehen hat". Skurrilerweise stritten sich hier ehemalige Geschäftspartner, die auch mal familiäre Bande eingegangen waren. Broccoli war Taufpate von McClorys inzwischen 13jähriger Tocher Saoirse.

Für die Presse war der Kampf Bond gegen Bond ein gefundenes Fressen. Genüßlich breitete sie Vor- und Nachteile der beiden Kontrahenten aus. Über die Unterschiede äußerte sich Roger Moore: "Einige Leute ziehen Laurence Oliviers 'Hamlet' dem von

Barbara Carrera zelebrierte jeden ihrer Auftritte mit ausgefallener Kleidung.

John Gielgud vor." Und Connery: "Ich beginne meine Bond-Rolle ernst und versuche später, Humor hineinzubringen. Roger macht es von Anfang an auf die humorige Tour." Die herbeigeredeten Streitigkeiten zwischen den beiden Stars, die sogar beinahe mal in einem Nicht-Bond-Film gemeinsam gespielt hätten, existierten jedenfalls nicht. Dazu Roger Moore: "Es kam mal diese Idee auf. Mir machte es nichts aus, aber Sean lehnte ab. Er hatte Angst, daß man den Film mit den 'zwei Bonds' verkaufen würde."

Einen der wesentlichen Unterschiede zu "Feuerball" erfand Drehbuchautor Lorenzo Semple jr., als er textete, daß Bond aus dem Ruhestand zurückkehrt: "In einer Version des Skripts war Felix Leiter nicht dabei, sondern arbeitete für eine Ölgesellschaft, aber aus rechtlichen Gründen war das nicht erlaubt",

erzählte Semple der US-Zeitschrift "Starlog". Juristische Probleme gab es vor allem bei der Auslegung der Möglichkeiten, die das Wiederverfilmungsrecht einräumte. So hieß es erst, nur der Film dürfe als Basis dienen, dann aber durften auch nicht verwendete Elemente aus dem Buch eingebaut werden.

Schwartzmans Anwälte hatten vor allem Sorge, daß man "Sag niemals nie" nicht als Remake, sondern als eine Art aktuelle Fortsetzung bezeichnen könne. Also schrieb Semple zunächst einen 70seitigen Entwurf, den er Connery und Schwartzman schickte. Beiden gefiel er. So entstand das erste Drehbuch, in das Connery neue Ideen einbrachte. Man traf sich in Marbella. Ein zweites Buch entstand, Connery stimmte zu und behielt sich vor, nur mit einem von zehn auf einer Liste aufgeführten Regisseuren zu arbeiten. Ganz oben stand Richard Donner, doch der lehnte ab. Namen wie John Guillermin und Terence Young waren im Gespräch, dann einigte man sich auf Irvin Kershner. Doch es kam zum Streit, weil dieser Drehbuchänderungen wollte. Andere Autoren, unter anderem Francis Ford Coppola, aber auch Semple schrieben daran. Dann gefiel Connery die neue Version nicht.

Am Ende gab es nicht weniger als zehn Autoren an dem Skript, darunter die Briten Ian La Frenais und Dick Clement, die für einen englischen Touch sorgten, bis Semple schließlich genug hatte. Im fertigen Film wird er dennoch als alleiniger Autor geführt.

Dreharbeiten und Drehorte

Am 3. April 1982 veröffentlichte "Variety" die Namen der Hauptmitwirkenden des Films. Am 30. August kündigte Terry Semel, Präsident von Warner Brothers, an, daß man den Film in den USA, Kanada und dem United Kingdom verleihen würde. Broccolis Team bekam Konkurrenz.

Am 20. September 1982 war endlich der erste Drehtag von "Sag niemals nie" auf dem Flughafen von Nizza. Ab dem 25. Oktober wurde mit zwei Teams gearbeitet. Eins drehte in Villefranche-sur-Mer, wo die Zitadelle aus dem 17. Jahrhundert das Ambiente für den arabischen Sklavenmarkt bildete. Das Innere der alten Burg bei Largos Landsitz "Palmyra" wurde in den in Nizza gelegenen Studios "La Victorine" aufgenommen. Die gewaltigen Steilwände waren aus Pappmaché. Die Villa "Palmyra" selbst war die Villa der Rothschilds in St. Jean-Cap-Ferrat. Ein weiteres Team drehte derweil in Monaco Szenen im Spielcasino.

Einer der Action-Höhepunkte, die Motorradjagd, entstand zwischen Menton und Antibes. Für Connery fuhr Mike Runyard die schwarze Yamaha Turbo; er beschleunigte auf einem Rad, fuhr Treppen hinunter und schlitterte unter einem Lkw durch. Wenn er per Turboantrieb über einen vor ihm fahrenden schwarzen Camaro "fliegt", fährt er in Wirklichkeit über eine unsichtbare Rampe am Heck des Wagens. Eine ebensolche installierte man auch auf einem Lkw. Als Fatima versucht, 007 einzufangen, dreht dieser blitzschnell auf der Ladefläche und springt dann über die Verfolger hinweg - den kurzen Flug ermöglichte die Rampe. Barbara Carrera, die den gejagten Renault 4 Turbo steuert, mußte für die Aufnahmen erst lernen, ein Auto mit Gangschaltung zu fahren. Ein Fahrlehrer übte mit ihr in Monaco, als sich plötzlich ein mit Bananen beladener Lkw vor sie setzte und einige Kisten verlor. Sie wurde nervös, raste durch die Bananen, überholte gewagt und gab Gas. Der Lkw-Fahrer machte sich an die Verfolgung, bis der schockierte Fahrlehrer Barbara ins Lenkrad griff und in eine Seitenstraße abdrehte.

Nach vier Wochen Südfrankreich zog man in die Elstree-Studios in London um. Ab No-

Connery begab sich für den Film in die Obhut Al Giddings, eines weltbekannten Unterwasserkameramannes.

vember schlossen sich sechswöchige Unterwasseraufnahmen in Nassau an, zumeist in der Nähe des Clifton Pier. Produktionsbasis war das "British Colonial Hotel", das auch gleich filmgerecht verändert wurde. Die Produktion spendierte eine Open-Air-Bar, die an einen Steg angebaut wurde, um das erste Zusammentreffen zwischen 007 und Fatima bondgerecht zu inszenieren. Sie heißt seitdem "Never Say Never Again"-Bar. Im Ballsaal des Hauses ließ Kershner eine U-Boot-Dekoration bauen. Außerdem wurde die Penthouse-Suite des "Ambassador Beach Hotel", Heim des Playboy-Clubs, in die Luft gesprengt.

Die Produktion hatte von Anfang an, am meisten jedoch in Nassau, mit Wetterproblemen zu kämpfen, so daß sich die Dreharbeiten mehrfach verzögerten. Allein für die Aufnahmen mit den Haien benötigte das zweite Kamerateam sieben Wochen. Der erfahrene Kameramann Ricou Browning hatte die Oberaufsicht. Die Tiere wurden mit Pillen beruhigt und waren eine Zeitlang so stark gelähmt, daß man sie in jede gewünschte Position bringen konnte. Für die Wasserski-Szenen Barbara Carreras engagierte man eine professionelle Sportlerin. Die Schauspielerin selbst fuhr bei diesen Szenen in einem Boot, ihre Beine sind im Bildausschnitt nicht zu sehen. Art Director Les Dilley erwarb ein 30 Meter langes Frachtschiff, das er "altern" ließ und dann 15 Meter unter die Wasseroberfläche versenkte.

Sean Connery war trotz seiner 52 Jahre in gefährlichen Szenen mehrfach selbst im Einsatz. So tauchte er und schwamm durch das versenkte Schiffswrack. Er ritt in voller Geschwindigkeit über die Mauern des Forts in Südfrankreich und war auch stark in die Prügelszenen involviert. "Er hat einen wundervollen Sinn für Rhythmus", sagte Regisseur Kershner, "ein guter Tänzer."

Die Action-Szene auf der Balustrade des arabischen Forts ist eine gelungene Kombination von Aufnahmen, die an verschiedenen Orten entstanden sind. Der Sprung von Bond und Domino auf dem Pferd über das Kliff wurde in Südfrankreich gedreht. Der Sturz ins Wasser aus elf Meter Höhe fand jedoch auf den Bahamas statt, man baute extra einen Turm dafür. Stunt-Koordinator Vic Armstrong doubelte für Connery, mit Brusthaar-Toupet und aufgemalten Tätowierungen, Wendy Leech, mit blonder Perücke, für Basinger. Zum Glück hielt das Pferd instinktiv die Balance und stürzte nicht auf die Doubles. Für den tiefen Fall benutzte man ein etwa 30 Zentimeter großes Modell.

Die Aufnahmen der unter Wasser befindlichen Tempelanlage wurden in den Elstree-Studios in London gedreht. Bei einer Sprengung wurde Connery durch die Druckwelle meterhoch in die Luft geschleudert und landete unsanft, bekam aber nur ein paar Prellungen ab.

Für die Videospiel-Aufnahmen des elektronischen Kampfes um die Welt, "Domination" genannt, mußten die Akteure simulieren, denn das Holographie-Spiel - geschaffen von der US-Firma "Apogee" unter deren bekanntem Leiter John Dykstra - wurde erst später in die Bilder hineinprojiziert. Nach 19 Wochen Aufnahmen des Hauptteams, sieben des Unterwasserteams und fünf des Action-Teams war der Film Mitte Februar im Kasten.

Budget, Sensationen und Anekdoten

Mit einem Budget von geschätzten 36 Millionen Dollar war der Film beträchtlich teurer als Moores Bond, was nicht zuletzt auf die Unerfahrenheit des Produzenten Schwartzman zurückzuführen ist - und das, obwohl man viel gestellt bekam und wenig bauen mußte. Der exklusivste Drehort war die "Flying Saucer" genannte Yacht, die dem Waffenhändler Adnan Kashoggi gehört und von ihm auf den Namen seiner Tochter "Nabila" getauft worden war. Das Schiff ist fast 92 Meter lang, hat einen Hubschrauberlandeplatz, einen Swimmingpool, ein Kino, eine Diskothek, zwei Saunas und elf Gästesuiten auf fünf Ebenen, die durch drei Fahrstühle verbunden sind. Es fährt 18 Knoten und benötigte zwei Jahre Bauzeit. Weil Kashoggi ein großer Connery-Fan war, wurde die Yacht erstmals einem Filmteam zugänglich gemacht. Das Interieur konnte man jedoch nicht verwenden, es entstand in den Londoner Studios.

Stuntman Rocky Taylor war der einzige Mann, dem es gelang, bei beiden Bond-Filmen des Jahres 1983 mitzuwirken. In "Octopussy" war er auf dem indischen Markt aktiv, in "Sag niemals nie" wurde er im Finale von einer Kugel getroffen und stürzte vom Felsen.

Schauspieler Pat Roach, der Connery als Lippe im Fitneßraum der Klinik zusetzt, kaufte im Anschluß an die Dreharbeiten die "Folterbank", weil sich so viele Leute für seine Rolle interessierten und er ihnen zeigen konnte, was man alles damit machen kann. Der ungewöhnliche Titel des Films ist ein Gag, den Micheline, Connerys Frau, erfand, weil ihr

Mann stets mit "nie wieder" antwortete, wenn man ihn nach seiner nächsten Bond-Rolle fragte.

In der Woche, in der Schwartzman mit seiner Frau Talia Shire darüber diskutierte, ob er sich an den schwierigen Job eines Produzenten dieses Films wagen solle, bekam er vom örtlichen Postamt eine neue "Zip Code"-Nummer zugewiesen: Aus 90024 wurde 90077. "Wir sahen uns an und dachten: Jetzt haben wir keine Wahl mehr."

Premieren, Starttermine und Besonderheiten

In den USA startete der Film am 7. Oktober in 1550 Kinos und spielte am Startwochenende 9.725.154 Dollar ein. Das war das beste Ergebnis, das je ein Bond-Film verzeichnen konnte. Damit ließ er auch den ein paar Monate zuvor angelaufenen "Octopussy" hinter sich. In drei Tagen waren 15 Millionen Dollar eingespielt. In Frankreich und Italien lagen die Einspielergebnisse deutlich vor der Konkurrenz und übertrafen sogar "Die Rückkehr der Jedi-Ritter". Doch obwohl in vielen anderen Ländern ebenfalls Startrekorde erzielt wurden, hatte Roger Moores Einsatz bei der Endabrechnung die Nase knapp vorn.

Wie erst später bekannt wurde, haben sich Connery und Schwartzman während der Aufnahmen mehrfach angeschrien. Das war wohl auch der Grund dafür, warum der Produzent nicht zur Londoner Premiere erschien. Zu der Auseinandersetzung war es gekommen, weil Connery ihm vorgeworfen hatte, ungenügend vorbereitet mit der Produktion begonnen zu haben.

Als Promotion für den Film besuchte Connery in Begleitung seiner Frau oder seiner Partner verschiedene Premieren und/oder Fernsehshows. So gab es bei der europäischen Premiere am 17. November in Monaco eine Pressekonferenz, ebenso eine feierliche Premiere am 14. Dezember in London, an der

Caine, Connery und Moore im Restaurant "Spago's".

Prinz Andrew teilnahm. Als Connery im Rahmen der PR-Tournee gemeinsam mit Klaus Maria Brandauer zu Gast bei Fuchsbergers Show "Auf los geht's los" war, mußte er sich mit den merkwürdigsten Begebenheiten herumschlagen. Er kam aus Marbella nach Saarbrücken und wurde von dort nach Kaiserslautern gebracht. Erst wurde sein Auto von Fotografen, dann von einem silbernen Mercedes mit drei Männern verfolgt, die ihm offensichtlich eine Frau anbieten wollten. Dann verfuhr sich der Chauffeur, erreichte die Halle aber gerade noch rechtzeitig.

Für weitere Werbepower sorgte Barbara Carrera; sie kam zehn Tage vor dem deutschen Filmstart am 20. Januar zuerst nach Hamburg und dann zum Münchner Filmball, wo sie auch Brandauer wiederbegegnete.

Der Film kam mit 200 Kopien in die Kinos und war sofort ein Kassenknüller, doch trotz des großen Erfolges mußten Warner Brothers 1983 international eine Verschlechterung des Betriebsergebnisses hinnehmen.

Die Filmmusik von "Never Say Never Again" entwickelte sich bald zu einem gesuchten Sammlerstück, da man sich, aus welchem

Grund auch immer, entschlossen hatte, auf keinem der wichtigen Märkte - weder in den USA noch in Europa - eine LP zu veröffentlichen. Lediglich in Japan kam eine Platte heraus, deren Einstiegspreis von knapp 40 Mark sich gleich vervielfachte.

Kritik

Beinahe die einzigen Kritikpunkte, die sich der Film gefallen lassen mußte, waren seine (Über)-Länge von 134 Minuten in England beziehungsweise 137 in den USA, die fehlende typische Bond-Musik - denn auch dieses Thema durfte nicht verwendet werden, und Barry hatte es abgelehnt, den Soundtrack zu komponieren - sowie das enttäuschende Finale. Was einhellig gelobt wurde, waren die exzellente Besetzung und die durchweg grandiose Spielfreude, die zum Teil wunderbaren Dialoge und Gags, die nicht so lächerlich gerieten wie bei Moores Auftritten, und schließlich der realere Hintergrund.

"Vergiß es, Roger, deine Tage sind gezählt. James ist wieder da!" - "Wie gut, daß es noch wortbrüchige Männer gibt", oder schlicht: "Der beste Bond, den es je gab", das sind nur einige der Schlagzeilen, die den Film weltweit begleiteten. Schon an diesen wenigen Texten wird deutlich, daß die Kritik eindeutig auf Connerys Seite war. Der "tip" brachte es wohl auf den Punkt, als er schrieb: "Er spielt mit nunmehr 53 Jahren, unübersehbar künstlicher Haartracht und deutlichem Bauchansatz den 007 mit einer süffisanten, aus Ironie und innerem Abstand zum Sujet entstandenen Haltung, um die sich Moore vergebens bemühte. Dabei trägt er streckenweise so dick auf, daß es fast scheint, als habe Connery die Rolle nur übernommen, um dem Nachfolger zu zeigen, was eine Harke ist."

"Starburst" nannte den Film "superbe Unterhaltung" und hoffte auf eine Fortsetzung. Gene Siskel von der "Chicago Tribune" freute sich über "die Unmöglichkeit, die Uhr in die 60er Jahre zurückzudrehen" und darüber, daß "die vergessenswerten Filme mit Roger Moore wirklich vergessen" seien. Der "Spiegel" schlug in dieselbe Kerbe, als er schrieb, der Film "macht einem so richtig deutlich, wie sehr die Bond-Serie durch den geradezu mörderisch sympathischen Roger Moore zum Kinderkram verharmlost worden war."

"Bei diesem Bond macht Kino wieder Spaß", schrieb die "tz" München, und die "Los Angeles Times" freute sich: "James Bond macht endlich wieder Spaß: erfindungsreich, phantasievoll und spannend."

Im Angesicht des Todes/
A View To A Kill (1985)

Inhalt

In Sibirien gelingt es 007, einen Mikrochip aus den Händen des ermordeten Kollegen 003 an sich zu bringen. Zurück in London, wird er von "M" informiert, daß Großbritannien einen Mikrochip entwickelt hat, der sogar den magnetischen Impuls einer Atomexplosion übersteht, daß der KGB jedoch vermutlich einen Zugang zu den britischen Labors gefunden hat und die Russen eine Kopie dieses Mikrochips besitzen.

Verdächtigt wird Max Zorin, ein reicher Industrieller mit großem Einfluß. Bond beobachtet Zorin und seine Gefährtin May Day beim Pferderennen in Ascot, lernt durch "M" den Trainer Tibbett kennen und stellt fest, daß Zorins Rennpferde plötzlich unerwartete Leistungen vollbringen. Er läßt sich, getarnt als englischer Adliger, mit Tibbett als seinem Chauffeur, auf Zorins Gestüt einladen und nimmt Kontakt zu der amerikanischen Geologin Stacey Sutton auf. Bond und Tibbett lüften das Geheimnis der Pferde, werden aber enttarnt. Tibbett wird ermordet, Bond entgeht knapp einem Anschlag. Er folgt Zorin nach San Francisco und findet heraus, daß dieser ein Kartell der Mikrochip-Produktion plant und mit einer unterirdischen Explosion am St.-Andreas-Graben Silicon Valley überfluten will, um die Computerindustrie lahmzulegen und schließlich selbst zu übernehmen.

Es gelingt Bond mit Hilfe von Stacey, Zorins unterirdische Mine zu inspizieren, die Bombe loszuwerden und Zorins Zeppelin an der Golden Gate Bridge zu verankern, wo es zu einem dramatischen Finale kommt.

Tanya Roberts, Roger Moore, Grace Jones und Christopher Walken.

Hintergründe

Nachdem "Sag niemals nie" von Kritik und Publikum einhellig begrüßt wurde, war Roger Moore unsicher, ob er noch einen weiteren Film drehen sollte. Zwar äußerte er sich gegenüber Roderick Mann im "Sunday Express" über den großen Erfolg des Freundes: "Das ist das erste Mal, daß mir ein Film vorgeworfen wird, in dem ich nicht mitgespielt habe", aber die Nervosität schwang

Ein fröhlicher Roger Moore bei seinem letzten Bond-Einsatz.

zwischen den Worten mit. Broccoli ließ nicht ein Wort über Connerys Bond verlauten. Man hoffte darauf, daß Schwartzman und McClory nicht von weiteren Möglichkeiten Gebrauch machen würden. Das Gericht hatte dem Team ja die Rechte an zehn Geschichten zugesprochen, die seinerzeit gemeinsam mit Fleming entwickelt worden waren.

McClory verkündete auch gleich, daß der nächste Film "SPECTRE" heißen solle, und es mehrten sich Gerüchte, daß mit Pierce Brosnan Verhandlungen geführt würden. Das alles ärgerte Broccoli, so daß er beschloß, möglichst umgehend mit den Dreharbeiten zu beginnen und Roger Moore zu verpflichten. Der ließ sich nicht lange bitten und unterschrieb schon Mitte Dezember 1983. Dennoch wurden in der Presse auch Konkurrenten wie Pierce Brosnan, Tom Selleck, Mel Gibson, Lewis Collins und Ian Ogilvy, Roger Moores Nachfolger als "Simon Templar", gehandelt.

David Bowie, Ringo Starr, Rutger Hauer und wieder einmal Sting wurden als Gegenspieler Bonds favorisiert, doch alle vier lehnten ab. Am deutlichsten wurde Bowie, der dem "Rolling Stone" sagte: "Für einen Schauspieler ist das vielleicht eine interessante Rolle, aber für jemanden, der aus dem Rock kommt, ist das wie die Darstellung eines Clowns. Und ich will nicht fünf Monate lang zusehen, wie meine Doubles von den Bergen fallen." Schließlich fand man Christopher Walken, dem man die Haare heller färbte. Auch einen deutschen Auftritt gab es: Elke Ritschel, Model und Gewinnerin eines Preisausschreibens, durfte in einer Bootsdekoration laut aufschreien, als ein Stuntman hereinplatzte.

Der Filmtitel ist eine verkürzte Version von Flemings Geschichte mit dem Titel "From A View To A Kill", den dieser aus dem dritten Vers eines 1820 erstmals veröffentlichten Jagdliedes abgeleitet hatte. Dort heißt es: "From the drag to the chase. From the chase to the view. From the view to the death in the morning."

Die Geschichte erschien erstmals 1959 im "Daily Express" unter dem Titel "Murder before Breakfast".

Dreharbeiten und Drehorte

Vor Beginn der Dreharbeiten am 6. August 1984 brach am 27. Juni in der 007-Halle in Pinewood Feuer aus. Es geschah, während gerade an Ridley Scotts Film "Legende" gearbeitet wurde - allerdings in der Mittagspause, so daß niemand verletzt wurde. Da die Halle völlig abbrannte, verzögerte sich der Baubeginn für die Kulisse der Silbermine um zwei Wochen. Ein Großeinsatz der Bauarbeiter machte den Zeitverlust dann wieder wett.

Nach einwöchigen Studioaufnahmen in Pinewood drehte die Crew vom 13. August bis Ende September in Paris und Umgebung. Schauplätze waren der Eiffelturm, die Seine, Pont Alexandre III, "Bateau Mouche" sowie einige Straßen, auf denen sich eine furiose Autojagd abspielte, die von der Kaskadeurtruppe Remy Juliennes in Szene gesetzt wurde.

"Hauptspielball" ist ein Renault 12, der während der Jagd in zwei Teile zerbricht, aber dank speziell installiertem Vorderradantrieb weiterfährt. Diese Autojagd wurde in Frankreich so populär, daß Renault sie später für seine Anzeigenkampagne verwendete.

Der US-Stuntman B. J. Worth sprang für Grace Jones vom Eiffelturm. Die Sequenz sollte, wie schon der Mord mit dem giftigen Schmetterling, in "Moonraker - Streng geheim" Verwendung finden, paßte dort aber nicht ins Konzept. Zwei Wochen hielt man sich auf Schloß Chantilly, 41 km nordöstlich von Paris, auf, das als Zorins Anwesen diente. Die Rennbahn "Piste d'Avilly", der umliegende Wald und eine Autowaschanlage waren weitere Schauplätze.

Dann zog die Crew nach San Francisco um. Drei Kamerateams drehten unabhängig voneinander in der Stadt. Team 1 brauchte neun Tage für die Einstellungen mit den Hauptdarstellern, Team 2 drehte die Autojagd, Team 3 die sogenannten establishing shots (Totalen oder Halbtotalen am Anfang der Szenen) und weitere Stunts. Die Aufnahmen des brennenden Fahrstuhls entstanden später in London. Die starke Kooperation der Stadt erlaubte Aufnahmen, die noch nie zuvor möglich waren. Bürgermeisterin Diane Feinstein empfing Roger Moore und Frau zum Essen und übergab ihnen symbolisch den Schlüssel der Stadt. Robin Eickman, Filmkoordinator der Stadt, berichtete, daß die Bond-Crew etwa vier bis fünf Millionen Dollar dort ließ. Zusätzlich zahlte Eon Productions 200 Dollar pro Tag an den "Mayor's Youth Fund", 5000 Dollar für das "Muni Awards Program" und etwa 60.000 Dollar Lohn an die vielen Polizisten, die den Verkehr regelten, Straßen absperrten oder sich auf andere Weise um den Film verdient machten. Auch der Verkehr an der Golden Gate Bridge und sechs Buslinien wurden für vier Nächte umgeleitet. Über 500 Statisten agierten für 50 Dollar pro Tag, 75 örtliche Produktionsassistenten wirkten mit. 14 Autos gingen zu Bruch, 12 Polizeiwagen standen zur Verfügung. Für Zorins Hauptquartier sorgte die Chevron Motoroil Company in Richmond, einem Vorort gegenüber der Stadt. Dafür ließ Broccoli bei der Autojagd eine ihrer Tankstellen zerstören - so kam man werbeträchtig ins Bild. Ein Feuerwehrauto raste über die aufgeklappte Third Street Bridge. Hinter dem Steuer saß Remy Julienne. Für 500 Dollar Tagesgage für die Dreherlaubnis auf der Brücke und eine Versicherungsprämie von fünf Millionen Dollar für die Stuntmen auf der Brücke durfte gedreht werden. Die Versicherungssumme für eventuelle Unfälle bei der Autojagd betrug glatte 100 Millionen Dollar. Eine Hochseilartistin turnte als Double für Tanya Roberts 230 Meter über der Bay. Anfangs wollte der Manager der Brücke weder den Sprung mit dem Feuerwehrwagen, noch den Fall eines Dummys erlauben. Er legte sein Veto ein, um keine Selbstmörder zu animieren und wegen der Gefahr für den Verkehr, doch dann wurde er in letzter Minute von der Filmkommission der Stadt überstimmt.

Ende Oktober machte man wieder in England Studioaufnahmen und drehte ab Mitte November an mehreren Orten im Land, am 15. November auf der Pferderennbahn in Ascot, danach an einem wassergefüllten Steinbruch in Wraysbury in der Nähe von Staines, Oakland Mansion sowie in dem in Privatbesitz befindlichen "Amberley Chalk Pits Museum" in West Sussex nahe der Südküste. Der beeindruckende Tunneleingang "doubelte" für die Silbermine in San Francisco. Hier wurde Stacey Sutton via Zeppelin von Zorin gekidnappt. Nach weiteren Innenaufnahmen war man Anfang Januar nach fünfmonatigen Arbeiten endlich fertig.

Etwas Liebesgeplänkel in einem Wasserbottich, in dem Roger Moore und Fiona

In den 60er Jahren wurde in Deutschland mit fahrbaren Litfaßsäulen geworben - in Asien geschieht dies immer noch.

Fullerton herumplanschen, entpuppte sich als schwieriges Unterfangen. Weil der humorsüchtige Brite immer wieder seine Scherze mit der Partnerin trieb, war erst nach acht Stunden alles im Kasten - und Fiona völlig fertig. Moores Kommentar: "Jetzt bin ich wohl der sauberste Schauspieler der Welt."

Für die Eröffnungssequenz drehte Willy Bogner in Island an einem Gletschersee und Ausläufer des Vatna-Jökull-Gletschers sowie im Weiler von Hofn. Die Szene des getarnten Eisbergs wurde höchst gefährlich. Als die Crew sich auf einer schwimmenden Eisscholle niedergelassen hatte, bedeutete man ihr plötzlich vom Festland aus, schnell zu verschwinden. Nur Minuten nachdem alle wieder festen Boden unter den Füßen hatten, drehte sich die Scholle um die eigene Achse. Das kleine Team zog an die schweizerisch-italienische Grenze, wo die Scerscen-Inferiore-Gletscher zum Schauplatz wurden. In zehn Tagen war alles abgedreht.

Die Kosten der ersten sechs Minuten betrugen sage und schreibe 1,5 Millionen Dollar - das entspricht dem eineinhalbfachen Budget des ersten Bond-Films.

18 Stuntmen doubelten für Roger Moore. Als er wieder einmal einer Action-Sequenz aus sicherer Entfernung zusah, sagte er: "Warum soll ich ihn nicht noch mal spielen? Er bringt mich von der Straße und vermeidet, daß ich Banken ausraube."

Budget, Sensationen und Anekdoten

Das Budget von 25 Millionen Dollar entsprach genau dem von "Octopussy" zwei Jahre zuvor und war deutlich geringer als das von "Sag niemals nie" - ein Beweis für die effektive Produktion.

Eine komplette Sequenz wurde herausgeschnitten. Darin protestieren örtliche Fischer mit ihren Booten gegen Zorin Industries, deren Ölgeschäfte viele Ozeankrabben töteten. Als Grace Jones in einer Szene auf der Rennbahn einen 180 Pfund schweren Bösewicht, gespielt von Bogdan Kominowski, hochhob, wurde dieser aus Sicherheitsgründen an Seilen gehalten, obwohl die farbige Schauspielerin das ablehnte. "Meine Mutter hat mich immer davor gewarnt, Männer auf- und hochzuheben", war ihr Kommentar.

Ein sehr originelles Musikvideo des Duran-Duran-Titelsongs "A View To A Kill" entstand in drei Tagen rund um den Eiffelturm. Darin wird ein unauffälliger Bäckerwagen zum Kontrollzentrum. Drummer Roger Taylor überwacht innen die Aktion, Gitarrist Andy Taylor tappt als "Blinder" mit weißem Stock vorbei, Keyboarder Nick Rhodes hastet als Modefotograf umher, Bassist John Taylor erklimmt mit einem Fernglas, das sich als Maschinenpistole entpuppt, den Turm, und Sänger Simon Le Bon sprengt per Walkman Hubschrauber und Luftschiff, um sich dann als "Bon, Simon Le Bon" vorzustellen. Szenen aus dem Thriller ergänzen den originellen Kurzfilm, der von Kevin Godley und Lol Creme, den beiden Machern von "10 CC", gedreht wurde. Der Titelsong ist der zweite, dem es gelang, in den USA an die Spitze der Charts zu kommen. Bassist John Taylor behauptete später, daß Broccoli ihm die Nachfolge von Roger Moore als Bond angeboten hätte, was er jedoch abgelehnt habe. Letztlich stimmte diese "Bravo"-Information aber nicht. In der Originalfassung waren Zorin und May Day Geschöpfe Dr. Carl Mortners, eines ehemaligen Nazi-Arztes. In der deutschen Synchronfassung war es lediglich Zorin, und Dr. Mortner wurde zu einem polnischen "Zuchtberater".

Der Rolls Royce, der von Patrick Macnee gefahren wurde, war kein Filmrequisit, sondern gehörte Cubby Broccoli, der dementsprechend nervös war, daß dem Wagen etwas passieren könnte.

Was Roger Moore schon früher einmal geäußert hatte, wiederholte er nach dem großen Erfolg von "Sag niemals nie": "Ich kann die Worte 'Mein Name ist Bond, James Bond' nicht aussprechen, ohne an Connery zu denken." Zudem beklagte er sich über die langen Dreharbeiten und den Verschleiß an Kleidung. "Pro Bond-Film benötigen wir bis zu 18 Dinner-Maßjackets, die bei mir als Andenken im Schrank hängen", sagte er "BILD". Zu der Zeit, als Moore Publicity für den Film machte, erschien ein Interview mit Pierce Brosnan, in dem er sich darauf freute, Moores Nachfolger zu werden. Moores Kommentar: "Ich bin sicher, er wäre glänzend."

In einer Szene des Films wurde Bond im Rolls Royce versenkt, überlebte aber dank der Luft aus einem der Reifen. Dr. Thorsten Reese, Experte des Conti-Air-Safe-Systems bestätigte, daß das durchaus möglich sei, warnte jedoch vor Nachahmung: "Die normale Reifenluft muß Bond fürchterlich gestunken haben. Der Sauerstoffgehalt reicht zwar zum Atmen, doch Lösungsrückstände riechen stark."

Indiens Filmzensoren stellten den Film auf eine Stufe mit Sylvester Stallones "Rambo II", verboten ihn aber in erster Linie aufgrund seiner antirussischen Tendenzen und weil er "Beziehungen zu einem befreundeten Land belasten" könne. Die Zensur wurde aber später wieder aufgehoben.

Premieren, Starttermine und Besonderheiten

Am Mittwoch, dem 22. Mai 1985, wurde in San Francisco die Welturaufführung des Films begangen. Da etwa ein Drittel der Handlung dort spielt und die Stadt eine so immense Kooperation gezeigt hatte, entschloß sich Broccoli zu dieser netten Geste. Der Stuntman und Koordinator der Luftaufnahmen B. J. Worth sprang per Fallschirm ab, streifte eine Polizeibarrikade, landete aber sicher vor der City Hall und übergab einen Scheck von 100.007 Dollar an Roger Moore, der ihn an Bürgermeisterin Diane Feinstein weiterreichte. Die Gäste der Gala zahlten pro Person 150 Dollar Eintritt. Die Einnahmen gingen an verschiedene wohltätige Vereine der Stadt, unter anderem an zwei Kinderhilfsorganisationen. Anschließend gab es einen Empfang und die Premiere im "Palace of Fine Arts Theatre". Einen Tag später lief der Film in New York und ab Freitag landesweit in 1600 Theatern an. In der dritten Woche hatte er bereits mehr als 35 Millionen Dollar eingespielt, was ihn zum erfolgreichsten Start aller Bonds machte.

Am Mittwoch, dem 12. Juni, erlebte der Film im "Odeon"-Kino am Leicester Square in London seine europäische Premiere. 3000 kreischende Teenies sorgten für ein großes Chaos, als die fünf Jungs der Popgruppe "Duran Duran" zur Premiere kamen. Sie waren erst nach anfänglichem Zögern Broccolis für den Titelsong verpflichtet worden, weil er ihre Musik zu rockig fand. Lady Diana, die seit Jahren Fan der Band war, begrüßte seine Entscheidung. Gefeiert wurde in der "Inner

Temple Hall"; fünf Bars, benannt nach früheren Filmen, und ein riesiges Buffet standen bereit. Zum ersten Mal hatte man das Gerichtsgebäude für eine Feier geöffnet.

In Deutschland kam der Film am 9. August mit der Rekordzahl von 250 Kopien in die Kinos. Er hatte einen ganz besonderen Start, denn er war der erste, der an einem Donnerstag anlief, im Gegensatz zu den bis dato üblichen Spielwechseln am Freitag. Damit wollte man der größer werdenden Konkurrenz des Fernsehens begegnen, das am Freitag viele alte Filme ausstrahlte. Zudem bekam das Product Placement eine neue Dimension, tauchte doch in den deutschen Dialogen der bewußt plazierte Firmenname "Whiskas" auf. Zwecks Vorabpublicity kam Patrick Macnee nach Deutschland. Die ebenfalls angekündigte Grace Jones aber sagte kurzfristig ab. Die "Neue Revue" verloste Preise im Wert von 45.000 Mark: Renaults, Computer und Paris-Reisen.

In Frankreich sorgte ein Gag der dortigen Verleihfiliale für besondere Aufregung. 200 Journalisten bekamen eine Revolverpatrone ins Haus geschickt. In dem beiliegenden Brief war zu lesen: "Die nächste kommt nicht mit der Post." Im zweiten Brief stand: "Sie sind in Gefahr. Rufen Sie mich unter der Nummer 390007 an. Ein Freund." Unter der genannten Nummer meldete sich ein Anrufbeantworter mit einer kurzen Information: Der neue James-Bond-Film liefe bald an.

Kritik

Willy Bogners Ski-Sequenz ist ein furioser Start, aber der komplette Film ist mit 131 Minuten doch recht lang. Die Aktion in der Silbermine erinnert an den zweiten Teil der "Indiana Jones"-Serie, und da der Konkurrent einfach besser war, brachten die Bemühungen um eine sehenswerte Dekoration nicht die

erhoffte Wirkung. Unübersehbar ist zudem Roger Moores fortgeschrittenes Alter von 57 Jahren, über das sich mancher Kritiker lustig machte. Das reichte von "0070" bis zu "Im Angesicht des Alters" in der "Zeit". "Der Spiegel" schrieb, wenn auch charmanter: "Aber auch Roger Moore, dem es weit besser gelingt, seinen Bauch einzuziehen (er hat immer noch eine blendende Figur und einen hervorragenden Schneider), fällt ein Zweig der Bond-Tätigkeit immer schwerer, die Darstellung des Sex-Leistungssportlers nämlich."

"Newsweek" schlug in dieselbe Kerbe, wenn es hieß: "Roger sieht weniger wie ein Agent mit der Lizenz zum Töten aus, sondern eher wie ein Gentleman mit dem Gesuch, sich zurückzuziehen." Ein übereifriger Rechner fand denn auch heraus, daß 18 Stunt Doubles für Moore herhalten mußten. Aber viel schlimmer war wohl, daß man ihm den Verführer nur schwerlich abnehmen konnte. Auch wenn man die albernen Gags aus "Octopussy" glücklicherweise vermieden hatte, wurde deutlich, daß Bond eine Verjüngungskur benötigte.

Friedrich Luft schrieb in der "Welt": "Es sind wieder die alten bösen, aus raffinierten Drehbuchfingern gesaugten Lieder mit ihrer wiederholsamen Mechanik aus Gewalt, Ironie und Gigantomanie."

"USA Today" bezeichnete Jones und Walken als "zwei der besten Bösewichter der ganzen Serie, und wenn der Film sich ihnen mehr gewidmet hätte, dann wäre dies einer der besseren Teile der Serie geworden." Am treffendsten beschrieb wohl die englische "Daily Mail" das nicht enden wollende Phänomen Moore und Bond: "Es muß schon ein Mysterium um einen Mann sein, der 57 ist, nicht mehr ohne Brille bis zum Lauf seiner Walther-PPK-Pistole sehen kann, dessen elegante Anzüge das Bäuchlein diskret verdecken und der dennoch der kassenträchtigste Spion aller Zeiten ist."

Der Hauch des Todes/
The Living Daylights (1987)

Inhalt

Bei einem Test auf Gibraltar entgeht Bond nur knapp einem tödlichen Plan, nach dem westliche Agenten ermordet werden sollen. Er wird nach Bratislava geschickt, um dem russischen Agenten Koskov zu helfen, in den Westen überzulaufen. Koskov flieht vor einem Heckenschützen, der sich als die bezaubernde Cellistin Kara entpuppt. Schließlich wird er in einer Pipeline in den Westen geschmuggelt, wo er auspacken will, aber von dem Killer Necros unter den Augen des britischen Secret Service entführt wird. Bond reist erneut nach Bratislava, entdeckt Kara und findet heraus, daß ihr Anschlag auf Koskov ein Täuschungsmanöver war. Sie fliehen nach Wien und verlieben sich. Bond recherchiert in Tanger und erkennt, daß Koskov und der Waffen- und Drogenhändler Whitaker die Fäden ziehen und in Afghanistan Diamanten gegen Roh-Opium tauschen wollen. Mit Hilfe der Mujaheddin vernichten Bond und Kara die Drogen bei einem Kampf zwischen Himmel und Erde. Whitaker und Koskov werden getötet.

Hintergründe

Flemings Kurzgeschichte "The Living Daylights" wurde erstmals am 4. Februar 1962 in der Londoner "Sunday Times" veröffentlicht und erschien erst vier Jahre später in der Hardcoverausgabe des Buches "Octopussy". Als dann die Taschenbuchausgabe erschien, kam noch "The Property of a Lady" hinzu. Zuvor hatte das Magazin "Argosy" die Story unter dem Titel "Berlin Escape" veröffentlicht, wohl weil dem Herausgeber der ursprüngliche Titel nicht paßte.

Fleming beschreibt in seiner Kurzgeschichte, wie Bond einen Russen, der von einem Scharfschützen verfolgt wird, aus dem Osten herausschmuggelt. Dieser Teil der Handlung wurde für den Film übernommen, alle anderen Elemente sind frei erfunden.

Die Vorbereitungen für den Film begannen im Februar 1986. Mitte des Jahres wurden die Hauptrollen besetzt. Da man sich dazu entschloß, einen Nachfolger für Roger Moore zu finden, und die Presse davon Wind bekam, spekulierte man öffentlich über mögliche Kandidaten. Namen wie Tom Selleck, Mel Gibson, Pierce Brosnan, Jameson Parker ("Simon und Simon"), Don Johnson ("Miami Vice"), Simon McCorkindale ("Falcon Crest"), Bryan Brown ("F/X - Tödliche Tricks"), Sam Neill, Anthony Hamilton, Filmay Light, John James und Oliver Tobias wurden gehandelt. Wilson berichtete später, daß man Hunderte von Schauspielern getestet habe. Sie sollten folgende Voraussetzungen erfüllen: Sie mußten Briten sein oder aus einem Land des Commonwealth kommen, sollten gut aussehen und der Rolle physisch gewachsen sein sowie über mehrjährige schauspielerische Erfahrungen verfügen. Die Bewerber mußten drei Szenen aus früheren James-Bond-Filmen spielen. Fiona Fullerton und Annie Lambert engagierte man als ihre Partnerinnen. Schließlich blieben zwei Anwärter übrig: der Ire Pierce Brosnan, der durch die US-TV-Serie "Remington Steele" bekannt geworden war, und der Engländer Timothy Dalton, den Glen und Broccoli bereits nach "In tödlicher Mission" aufgesucht hatten, da damals unsicher war, ob Roger Moore weitermachen würde. Da Dalton aber für zu jung befunden wurde, entschied man sich für Pierce Brosnan und ließ Fotos anfertigen: Brosnan bei der Vertragsunterzeichnung neben John Glen, Broccoli und Wilson, Brosnan vor der 007-Halle in Pinewood, mit der Filmklappe von "The Living

Daylights". Dann aber plante Mary Tyler Moore, Chefin von "MTM Productions" und Produzentin von "Remington Steele", neue Folgen der Serie, obwohl die zu dem Zeitpunkt in den USA schon nicht mehr zu den Toptiteln gehörte, und sie beharrte auf Brosnans Vertragserfüllung.

Am Mittwoch, dem 6. August 1986, stand die Entscheidung fest: Der vierte James Bond heißt Timothy Dalton. Kurz zuvor erschien Broccoli im Londoner Haymarket Theatre und sah sich Dalton an, der dort mit Vanessa Redgrave in den beiden Shakespeare-Stücken "Der Widerspenstigen Zähmung" und "Antonius und Cleopatra" spielte. Als die Entscheidung fiel, war er jedoch gerade außer Landes. Er kam am Dienstagabend aus London nach Jacksonville, Florida, um dort neben Brooke Shields in "Brenda Starr" zu spielen. Die Zusage erhielt er telefonisch. Dalton bekam einen Vertrag für einen Film und eine Option für zwei weitere. Die Fotos mit Brosnan wurden nie veröffentlicht.

Dreharbeiten und Drehorte

Die Vorarbeiten für den Film begannen schon bei der österreichischen Premiere von "Im Angesicht des Todes". Regisseur John Glen und Marketingdirektor Jerry Juroe waren in Wien zu Gast und gingen auf Motivsuche. Als Bürgermeister Dr. Helmut Zilk von dem Interesse hörte, gab er gleich bekannt, man könne auch "gern die U-Bahn in die Luft sprengen", und sagte jede Form der Kooperation zu. Zudem schrieb er einen Brief an Eon Productions in London und lud Broccoli ein, sich Wien ausgiebig anzuschauen. Ab dem 16. September war dann eine Crew, bestehend aus Broccoli mit Frau Dana und Tochter Barbara, Ko-Produzent Michael G. Wilson, Regisseur John Glen und Associate Producer Thomas Pevsner in Wien. Burgtheater, Musikvereinssaal, Staatsoper, Stephansdom, Schloß

Schönbrunn, Prater und das berühmte Tor am Josefsplatz, Palais Pallavicini genannt, das im Film "Der dritte Mann" eine Hauptrolle spielte, wurden inspiziert. Auch ein Flug nach Salzburg wurde arrangiert. In abschließenden Interviews gab Broccoli bekannt, ziemlich sicher zu sein, daß man in Wien drehen würde, und so geschah es auch. Die Alternative Kopenhagen wurde fallengelassen. Richard Maibaum schrieb ein 80seitiges Treatment, "einen kurzen Roman", der noch von der späteren Filmversion abweicht. Ein Element davon war, Bonds Anfänge zu erzählen, seinen ersten Auftrag als junger Marineoffizier, wie er von seinem Großvater ermahnt wird, getreu dem Familienmotto "The World Is Not Enough" (Die Welt ist nicht genug) zu handeln, und zu schildern, wie er zu dem bekannten Agenten werden konnte. Doch Broccoli mißfiel das. Er wollte keinen Bond-Amateur, sondern einen agierenden Profi, der seinen Job erledigt. So entstand das Drehbuch, das dann verfilmt wurde.

Der 29. September 1986 war der erste Drehtag auf dem Felsen von Gibraltar, auf dem der kurze Film vor dem Film entstand. Gleichzeitig wurde schon in Pinewood gearbeitet. In der folgenden Woche, am 5. Oktober, wurde Dalton auf einer Pressekonferenz im Amtssitz des Wiener Bürgermeisters der Weltpresse vorgestellt. Dr. Helmut Zilk hatte das Rathaus an einem Sonntag geöffnet, um den Journalisten Gelegenheit zu geben, Stars und Macher des Films kennenzulernen. Dalton zeigte sich als hypernervös, hatte ständig die Hand vor dem Mund und nuschelte, versicherte aber, sich an Connerys Interpretation und Flemings Büchern zu orientieren. Teil des Pressetermins war auch das übliche Foto: Auto und Stars. Dieses Mal hatte Aston Martin ein brandneues Cabriolet vom Typ DBS V8 Volante und ein Coupé geliefert. Im Film diente Wien auch als Kulisse für Bratislava in der ČSSR, denn mit

Timothy Dalton umrahmt von 'Grenzsoldaten' in Wien.

einer Drehgenehmigung hatte es mal wieder nicht geklappt. Zwei Wochen war das 250 Mann starke Team in der Stadt. Paulinen-, Antoni- und Vinzenzgasse im 18. Bezirk, der Prater, die Steinspornbrücke, die Gasometer in Simmering, Schloß Schönbrunn, die Sofiensäle und die Volksoper wurden zur Kulisse. Im Hotel "Palais Schwarzenberg" diente der Kuppelraum als Schauplatz und wurde zur Rezeption umgebaut. Busse und Straßenbahnen wurden umgeleitet, das Riesenrad auf dem Prater drei Tage lang gesperrt. Das belichtete Material wurde zweimal täglich nach Pinewood geflogen, entwickelt und nach Wien zurückgebracht, wo es in einem provisorischen Vorführraum des Hilton begutachtet wurde. Der Wiener Schauspieler Christian Schmidt, bekannt durch den Film "Müllers Büro", agierte als Stand-In für Dalton. Alles lief problemlos, sogar die Sonne schien während der ganzen zwei Wochen. Nur einige Szenen im 18. Bezirk mußten nachgedreht werden. Dann flog das Team nach London zurück, und eine Woche später wurde in Marokko mit den Dreharbeiten begonnen. Fünf Wochen war man in Tanger und Quarzatate, zwischen Atlas-Gebirge und Sahara gelegen. Der millionenschwere Verleger und Militaria-Sammler Malcolm Forbes öffnete für Bond seine Villa. Der Besitzer der weltgrößten Sammlung von Miniatursoldaten brachte Wilson auf die Idee, den Waffenhändler Whitaker damit Kriege

*Von links nach rechts: Dana Broccoli, Albert R. Broccoli,
Helmut Zilk und Barbara Broccoli.*

nachspielen und Strategien entwickeln zu lassen. Der Saal mit lebensgroßen Figuren berühmter Feldherren entstand jedoch erst später in Pinewood unter der Anleitung von Peter Lamont. Etwa sechs Meilen außerhalb von Quarzatate liegt das Finnt Reservoir, das als Oase fungierte, in der Bond und Kara Kamran Shahs Friedenskämpfer treffen. Andere Drehorte waren die Ruinen von Id Boukhtir, die Kasbah im Bergdorf von Tamdakht sowie eine örtliche Luftwaffenbasis, die auf Anweisung von König Hassan für die Filmaufnahmen vorübergehend gesperrt wurde. Die Innenaufnahmen des Gebäudes, in dem die Handelskonferenz von Tanger stattfand, holte man im Dezember in der Elveden Hall in Thetford in der Grafschaft Norfolk nach. Im Januar 1987 wurde die Leistungsfähigkeit des zweiten Teams in Weissensee in Kärnten an der österreichisch-italienischen Grenze getestet. Bei Temperaturen von 25 Grad unter Null entstand die Verfolgungsjagd, bei der der Aston Martin seine Qualitäten unter Beweis stellen konnte. Der Wagen verfügte über Laserkanonen,

Raketenabfeuerung, einen Skiausleger, ausfahrbare Spikes, Raketenantrieb und ein Zieldisplay auf der Frontscheibe. Alle Tricks wurden nachträglich vom Special Effects Team im Studio nachgefilmt, auch jene Szene, in der ein Verfolgerauto im Eissee versinkt. Der erste 50-Meter-Sprung des Aston Martin über eine Schanze mißlang, weil der Stuntman zuviel Gas gab, aber der Wagen landete unversehrt in einem Haufen Kartons. Beim zweiten Anlauf klappte es dann. Zum explosiven Einsatz des bekannten Bavaria-Sprengmeisters Willy "Bum Bum" Neuner gehörte auch die Detonation von zwei Bootshäuschen. Ende Januar wurde die Naggler-Alm in Kärnten zum Schauplatz der Cello-Rutschpartie. Für die Abfahrtsszenen wurde die Piste gesperrt und eine provisorische Grenzkontrolle aufgebaut. Stefan Zürcher, der stellvertretende Produktionsleiter, drehte, indem er rückwärts auf Skiern vor dem Schlitten mit den Hauptdarstellern hersauste. Beide hatten Probleme mit der Balance und stürzten ein paarmal. Zum Abschluß bedankte sich die Produktion bei den Einwohnern von Weissensee mit einem Fest, bei dem die Feuerwerker "25 Jahre James Bond" in den Himmel schrieben. Am 2. Februar waren die Dreharbeiten in Österreich abgeschlossen. Nach einer Woche Pinewood war der Film am 13. Februar im Kasten.

Das Finale, in dem Dalton und Wisniewski unter einem Flugzeug an einem Gepäcknetz hängen, ist eine geschickte Montage. Zwei Stuntmen wagten sich tatsächlich in die Luft. Andreas Wisniewski hierzu: "Wir hingen drei Tage mit der unglaublichen Maschinerie, Windmaschinen und nachempfundener Landschaft ohne Leinen acht Meter über dem Boden. Das Ganze wurde so perfekt eingebaut, daß ich bei Einstellungen mit großer Entfernung gar nicht sagen könnte, wer von beiden der Stuntman und wer Wisniewski ist."

Während die Dreharbeiten noch in vollem Gange waren, schuf die Wirklichkeit ganz erstaunliche Parallelen. Unter dem Schlagwort "Irangate" wurde in den Vereinigten Staaten ein Waffenskandal bekannt, und kurz danach versuchte der sowjetische Außenminister Schewardnadse zum ersten Mal, mit den afghanischen Rebellen Verhandlungen aufzunehmen. Am 12. Dezember 1986 statteten Prinz Charles und Lady Diana den Studios in Pinewood einen Besuch ab. Dabei machte Charles mit seiner schlagkräftigen Ehefrau Bekanntschaft. Als man ihr eine aus Zuckerglas präparierte Flasche in die Hand drückte und Jeroen Krabbé vorschlug, sie doch auf Charles Hinterkopf zu zertrümmern, nutzte sie kurzerhand die Gelegenheit gleich selbst. Die Fotoserie ging um die ganze Welt. Bekanntschaft mit Maryam d'Abo machte Charles später noch bei anderer Gelegenheit. Auf einem Empfang während der Filmfestspiele in Cannes saßen sie an einem Tisch.

Das 13. Festival des amerikanischen Films in Deauville sollte ursprünglich mit "Superman" oder dem Bond eröffnet werden, und beide Verleiher kämpften erbittert darum, doch dann fällte die Leitung ein salomonisches Urteil und begann mit "Man on Fire".

Regisseur John Glen und die Hauptdarsteller Timothy Dalton und Maryam d'Abo während einer Drehpause in Wien.

Dreharbeiten im 18. Wiener Bezirk, der für tschechische Straßenzüge hergerichtet wurde.

Budget, Sensationen und Anekdoten

Mit einem Budget von 30 Millionen Dollar war "Der Hauch des Todes" geringfügig teurer als sein Vorläufer und das, obwohl die Gage Daltons weitaus niedriger war als die von Roger Moore.

"Kim" Andrea Stockinger, 20jähriges österreichisches Fotomodell und ehemalige "Miss Austria", wurde für drei Drehtage verpflichtet. Sie erhielt eine Gage von 50.000 Schilling und sollte in einer Szene im Hotel "Palais Schwarzenberg" Maryam d'Abo ein Cartier-Kleid verkaufen. Sie sagte sofort einen großen Fotoauftrag ab und drehte die Szene. Öster-

reichische Boulevardzeitungen dichteten ihr sogar eine Affäre mit Dalton an. Schließlich ist sie durch unglückliche Verwicklungen im fertigen Film dann gar nicht zu sehen. Die Sequenz erschien John Glen zu lang und fiel dem Schnitt zum Opfer. Der österreichische Verleih bemühte sich noch, wenigstens eine verlängerte "Landesversion" zu erreichen, doch die Produktion lehnte ab. Auch andere Szenen verschwanden im Schneideraum, so jene, wo sich Dalton auf der Flucht vor den

Verfolgern in Tanger einen Teppich schnappt, ihn über Telefondrähte wirft, damit auf ein gegenüberliegendes Dach rutscht und von dort auf ein vorbeifahrendes Motorrad springt. Ein Mord in der Wiener Geisterbahn flog ebenfalls raus.

Nach Auskunft der "Cartier"-Pressedame Ute Schrader stellte die Firma Schmuck im Wert von zehn Millionen Dollar für die Auslagen des Hotels "Palais Schwarzenberg" zur Verfügung, darunter das Collier "Shanghai" mit 324 Brillanten, fünf ovalen Rubinen, 32 Navette-Diamanten und vier birnenförmig geschliffenen Diamanten von insgesamt 77 Karat, sowie eine Pantherbrosche, einen großen Smaragd, auf dem ein Panther aus Saphiren sitzt, den Schwanz um den Smaragd geringelt - der ehemalige Jackenknopf eines Maharadschas.

In London tauchten knapp 45minütige Video-Raubkopien ohne Action-Szenen auf. Trotz der Kürze und eines Preises von etwa 450 Mark pro Kopie war die Nachfrage groß. Die Monogamie Bonds führte zu allerhand Wirbel in der Presse, die flugs zu dem Schluß kam, daß in den Zeiten von Aids auch ein Bond kürzertreten muß, doch Timothy Dalton tat dieses Gerede darüber als "Quatsch" ab.

Bei den Dreharbeiten in Quarzatate war auch der aus Barsinghausen bei Hannover stammende Gitarrist Klaus-Peter Sornik dabei. Er machte gerade in Marrakesch Urlaub, wurde aufgrund seiner Erscheinung angesprochen und für 14 Drehtage verpflichtet. Er schlüpfte in die Uniform eines sowjetischen Luftwaffengenerals und bekam dafür 100 Mark Tagesgage. Dalton kriegte durch eine zu früh losgegangene Detonation eine volle Ladung Sand ins Gesicht, konnte aber trotzdem weitermachen. In Wien zeigte sich Dalton spendabel. Dem Fiaker-Kutscher Rudolf Glück gab er ein Trinkgeld von 500 Schilling und schrieb auf beide Seiten des Scheins ein Autogramm. Angeblich sollte Madonna als KGB-Doppelagentin mitwirken und den Titelsong schreiben, sie lehnte aber Broccolis Angebot ab, als der ihren Wunsch abschlug, auch Freund Sean Penn im Film unterzubringen. Dafür waren erstmals in einem Bond-Film gleich drei Songs zu hören. Neben der Titelnummer von "a-ha", deren Videoclip in der leeren "007-Stage" in Pinewood entstand, gibt es noch zwei von Chrissie Hynde und den Pretenders.

Premieren, Starttermine und Besonderheiten

Am 29. Juni 1987 fand im Londoner "Odeon"-Kino am Leicester Square in Anwesenheit von Prinzessin Diana und Prinz Charles die Welturaufführung statt. Aston-Martin-Fan Charles schaute sich das vor der Tür postierte Auto an, dann ließen beide Hunderte von Luftballons steigen. Knapp 5.000 Schaulustige standen an diesem Montagabend vor der Tür. Alle Darsteller und Macher, aber auch Joan Collins, Patrick Macnee und Prinz Andrews Frau Sarah waren zu Gast. Die über 1.000 geladenen Kinobesucher spendeten bei mehreren Action-Szenen langen Beifall, Daltons Darstellung wurde gutgeheißen und anschließend im "Inns Of Court" gefeiert. Es gab Speisen an "Koskovs Gourmet Buffet", Wodka Martini an der "James Bond 007 Bar". Auch Pierce Brosnan und Frau waren geladen, kamen aber nicht. Die englische Boulevardpresse versuchte verzweifelt, ihm Kommentare über den Film zu entlocken, doch das Paar verschwand für zwei Wochen ins Landesinnere. Der Film war vom Start weg ein Riesenerfolg und erzielte mit einem Einspielergebnis von 139.599 Pfund im "Odeon"-Kino und 41.887 Pfund im "Marble Arch" (zusammen 555.347 Mark) in der Startwoche Hausrekord.

In Washington wurde am 30. Juli die US-Premiere begangen, mit einem Aston Martin vor dem Kino, mit Hauptdarstellern und hochkarätigen Gästen wie einigen Mitgliedern der Kennedy-Familie, da die Einnahmen den wohltätigen Organisationen "Facing The Challenge" (für körperlich und geistig Behinderte) und "Very Special Arts" (Kunstprogramme für Behinderte) zugute kommen sollten, denen die Kennedys vorstanden. Nach der Vorführung wurde im Grand Hotel gefeiert. Der Film startete einen Tag später, er war anfangs erfolgreicher als jeder 007-Vorgänger und sprang sofort auf Platz 1.

Timothy Dalton stellte sich vom 15. bis 18. Juli in Hamburg der deutschen Presse. Zur Deutschland-Premiere am 12. August im Frankfurter Kino "Royal" waren der Berliner Tänzer und Schauspieler Andreas Wisniewski, der im Film den Killer Necros verkörpert, Regisseur John Glen und Darsteller Art Malik zu Gast. Einen Tag nach dem deutschen Filmstart mit 280 Kopien feierten sie in Wien im "Gartenbau"-Kino; Dalton schickte ein Telegramm aus Australien. Kurz darauf versteigerte man 25 Bond-Requisiten, wie das Nummernschild des Wagens, und erzielte 120.000 Schilling für wohltätige Zwecke. Am 13. April 1988 erhielt der Film beim Filmtheater-Seminar in Baden-Baden als 150. die Goldene Leinwand für über 3,1 Millionen Besucher. Der Werbeetat von etwa zwei Millionen Mark hatte sich ausgezahlt. Der Streifen spielte weltweit 190 Millionen Dollar ein, wovon der Löwenanteil in Europa, Südostasien und Japan und nur 55 Millionen in den USA verdient wurden.

Kritik

Die in vielen Punkten erreichte Neubelebung der Serie hat ihr gutgetan. Bond ist romantisch, Kara die einzige Frau, die er verführt, und auch die liegt ihm nicht gleich zu Füßen. Es gibt keinen einzigen albernen Gag mehr, und die Action resultiert aus der Geschichte und wirkt nicht wie irrationales Stunttheater.

Schlagzeilen der Weltpresse wie "Der neue Bond ist ganz der alte", "Jünger und vor allem glaubwürdiger", "Zurück zu den Anfängen", "007, wie er bei Fleming steht", "Bringt neuen Schwung in den 'Secret Service'", "Bond mit 25: zurück zur Basis" bestätigen, daß die Veränderung richtig war. Als Manko muß dagegen die Besetzung mit Caroline Bliss als neue Miss Moneypenny gewertet werden, der zudem kaum Gelegenheit geboten wurde, ihre Rolle zu entwickeln. Ansonsten war die Reaktion auf den Film durchweg positiv, und auch Timothy Dalton bekam zu Recht gute Kritiken. Der zweifelhafte Eindruck, den er bei der Einführungspressekonferenz in Wien gemacht hatte, war vergessen. "Newsweek" schrieb: "Der neue Mann ist intensiv, macho und fast glaubwürdig - genau der Mann, um die Nostalgiefreunde anzulocken, die James Bond den Kindern überlassen haben." Die "Hannoversche Allgemeine Zeitung" nannte den Film "erheblich besser als die letzten Jahre". Die "Frankfurter Allgemeine Zeitung" schrieb am 13. August 1987: "Der überrumpelnde Spaß am Bond-Film steckt abermals in der Virtuosität der Kamera und der Cutter, in den Verblüffungen der Action und der Stunts zu Lande, zu Wasser, in der Luft, im Schnee, auf dem Eis, in der Enge einer Küche und in der Weite des Himmels. Es ist bester Bond ..." "Variety" schrieb, er sei "genau das richtige Ticket für James Bonds 25. Leinwand-Geburtstag. Der Film wird kaum zu überbieten sein. Jeder scheint sich dieses Mal mehr Mühe gegeben zu haben." Der "Playboy" resümierte: "Dieser Meilenstein-007-Film trägt dazu bei, daß die Bond-Kassenerfolge traditionell auf der Überholspur bleiben." Und genau das geschah. Die "tz" in München brachte es wohl auf den Punkt, als sie schrieb: "Der Darsteller mit der Seriennummer 004 kommt Ian Flemings Vorlage 007 schon sehr nahe - Connerys kleiner Bruder."

Lizenz zum Töten/
Licence To Kill (1989)

Inhalt

Kurz vor den Hochzeitsfeierlichkeiten für seinen alten Kollegen Felix Leiter in Florida gelingt es Bond, den gefürchteten Drogendealer Franz Sanchez zu stellen, der jedoch beim Transport in ein anderes Gefängnis befreit wird und sich an Leiter rächt. Er tötet dessen junge Frau und verletzt Leiter schwer. Bond findet den Verräter, tötet ihn und vernichtet eine Lieferung Kokain. Obwohl ihm sein Chef "M" die Lizenz entzieht, macht er sich weiter auf die Suche nach dem Drogenboss, trifft auf die attraktive Pilotin Pam Bouvier und reist mit ihr nach Isthmus City, der Zentrale von Sanchez, der über einen Fernsehprediger die Preise für Kokain festsetzt. Bond empfiehlt sich Sanchez als "Problemlöser", gelangt in dessen Privatresidenz und sorgt dafür, daß Mitarbeiter Krest als Betrüger dargestellt und ermordet wird. 007 kommt in Sanchez' Drogenlager und kann mit Pams Hilfe die Kokainlabors und die Drogentransporter zerstören.

Hintergründe

Im April 1988 gaben Eon Productions bekannt, daß Dalton ein weiteres Mal James Bond spielen würde. Zu der Zeit war ein Team, bestehend aus Ko-Produzent Michael Wilson, Production Designer Peter Lamont und Special Effects Supervisor John Richardson, bereits in Mexiko, um die Dreharbeiten vorzubereiten. Als Titel wurde "License Revoked" angegeben und so auch bei den Filmfestspielen in Cannes an der Front des "Carlton" plakatiert. Damit war erstmals ein neuer Titel gewählt worden, der weder auf Flemings noch auf Gardners Material beruhte. Wilson hatte schon früher angedeutet, daß er die noch zur Verfügung stehenden Fleming-Titel "Quantum of Solace", "The Property Of A Lady", "Risico" oder "The Hildebrand Rarity" nicht als zündend empfand, und da der Vertrag mit der Erbengemeinschaft des Autors erlaubte, auch eigene Titel zu verwenden, machte man jetzt davon Gebrauch. Dennoch tauchten Elemente aus Fleming-Geschichten auf. Aus dem Buch "Leben und sterben lassen" stammt die Verstümmelung Felix Leiters, aus der Kurzgeschichte "The Hildebrand Rarity" der Marinebiologe Milton Krest.

Noch während der Dreharbeiten wurde zweimal umgetitelt, erst in "License To Kill", dann in "Licence To Kill" mit "c". Dazu Timothy Dalton: "Die Marketingleute haben mir gesagt, daß das amerikanische Publikum mit dem Begriff "Revoked" nichts anfangen beziehungsweise ihn mißverstehen könne." Unglücklicherweise war ein Titelschutz nur mit Ausnahme von Italien möglich, da hier der allererste Bond-Film "Licenca d'Uccidere" hieß, so daß man jetzt den Titel "Vendetta Privata" fand.

Ursprünglich sollte Joan Collins eine Hauptrolle spielen, doch daraus wurde genausowenig etwas wie aus der Besetzung des Bösewichts mit Gene Simmons. Weil der wegen anderer Verpflichtungen absagen mußte, engagierte man Robert Davi. Auch der Schauplatz Rußland wurde wieder verworfen. Seit vielen Jahren bemühte sich Broccoli hier schon um eine Drehgenehmigung, hatte aber wieder keinen Erfolg.

Der Sänger Rick Astley wurde lange Zeit von englischen Tageszeitungen für das Titellied favorisiert. Aber nicht er, sondern die farbige Sängerin Gladys Knight kam zum Zuge.

Zum zweiten Mal, nach "Leben und sterben lassen", war David Hedison als Felix Leiter zu sehen. Pedro Armendariz jr., der Sohn des

gleichnamigen Darstellers, der in "Liebes-
grüße aus Moskau" Bond in der Türkei zur
Seite steht, spielt den Präsidenten der fiktiven
Republik, in der Sanchez sein Unwesen treibt.
Die bekannte Floskel "Bond, James Bond"
taucht im Film nicht auf, das Büro des Secret
Service ist kaum zu sehen, Moneypenny hat
nur einen Mini-Auftritt, lediglich "Q" ist in
großer Form, allerdings deutet die reduzierte
Ausrüstung darauf hin, daß die technischen
Highlights aus den Roger-Moore-Filmen bei
Dalton keinen Platz finden.

Dreharbeiten und Drehorte

Montag, der 18. Juli 1988 wurde für Familie
Broccoli ein Tag mit besonderem Stellenwert,
denn in New York wurde der Mädchentrakt
des "Variety Boys and Girls Club of Queens"
nach ihnen benannt und hieß ab sofort "Dana
und Albert Broccoli Building". Das Haus liegt
in der Nähe des Ortes, in dem Cubby Broccoli
aufwuchs.
Am selben Tag begannen die Dreharbeiten für
"Lizenz zum Töten" in Mexico-City. Zum
zweiten Mal waren nicht die Londoner
Pinewood-Studios, sondern die Churubusco-
Studios in Mexico-City, die 1942 von Howard
Hughes erbaut worden waren und in denen
einst "Viva Maria!", "Old Gringo" und "Der
Wüstenplanet" entstanden, Produktionsbasis.
Sieben Hallen wurden angemietet. Lediglich
die Nachbereitung fand in Pinewood statt. Aus
Kostengründen wich man in das 2200 Meter
hoch gelegene Mexico-City aus und fügte
damit der britischen Filmwirtschaft einen
erheblichen Verlust zu. Angeblich sparte man
auf diese Weise fünf Millionen Dollar. Mehrere
Jahre später gab Ko-Produzent Michael Wilson
zu, daß "der Mangel an guten Technikern sich
negativ auf den Film auswirkte". Die Crew
wurde im örtlichen Grand Hotel untergebracht, gleichzeitig "doubelte" es für die Spiel-
casinos der fiktiven Stadt Isthmus City. Das

*Ein symptomatisches Bild, denn der Film wirkt in vielerlei
Hinsicht so, als wäre er nicht ganz komplett.*

gegenüberliegende Teatro de la Ciudad stand
Modell für die Außenfront von Sanchez'
Hauptquartier.
Vom 1. bis 25. August drehte man in Florida,
in Key West, in der Villa Ernest Hemingways
und auf dem Sugarleaf Key Airport. Für die
Massenszenen wurden 800 Statisten ausge-
sucht, die 30-Sekunden-Interviews mit dem
Casting-Director absolvieren mußten. Ob-
gleich man nur 60 Dollar pro Tag zahlte, bildeten sich lange Schlangen vor dem Besetzungsbüro. Auch Bob Martinez, der Gouverneur von
Florida, kam zum Filmeinsatz. Er schnupperte
als Zollinspektor Filmluft.
Die Unterwasserszenen entstanden an der
karibischen Küste nahe Yucatan, vor der Isla

Mujeres. Kameramann Ramon Bravo, auch ein bekannter mexikanischer Schriftsteller, der bereits sieben Romane veröffentlicht hatte, drehte mit einem 16köpfigen Team die Szenen mit den drei Tigerhaien. Zudem wurden Bilder der Tempelanlagen von Chichen Itza und Tulum und Szenen in Vera Cruz in die Handlung eingebaut. Ein in der Nähe tobender Wirbelsturm beeinträchtigte die Aufnahmen zum Glück nicht. Dafür machte ein Mini-U-Boot Probleme, da es immer mal wieder zur Wasseroberfläche strebte. Vom 24. bis 30. Oktober wurde auf der kurvigen Küstenstraße Baja California, etwa 50 Meilen westlich von Mexicali in Richtung Tijuana, die Lkw-Verfolgungsjagd gedreht. Konzipiert worden war sie von dem französischen Spezialisten Remy Julienne und dem Piloten "Corkey" Fornof, der bereits in "Octopussy" für Bond geflogen war. Zehn Laster zum Stückpreis von 100.000 Dollar wurden von der Produktion erworben, zwei gingen zu Schrott. Die Firma "Kenworth Trucks" machte im Anschluß an die Dreharbeiten mit speziell hergestellten Videos für ihre Fahrzeuge Reklame. Nach 18 Wochen war der Film am 18. November 1988 dann abgedreht.

Während der Aufnahmen gab es mehrfach Auseinandersetzungen zwischen Glen und Dalton über die künstlerische Ausgestaltung der Rolle. Außerdem redeten Mitarbeiter darüber, daß sich Dalton in Mexiko mit Hotelgästen anlegte, gegenüber einem Barmann unhöflich wurde, Autogrammwünsche zurückwies und bei einem Dinner mit dem Gouverneur Floridas früher als schicklich verschwand.

Ursprünglich beruhte Sanchez Tarnorganisation, die religiöse Geldsammelstelle, auf einfachen amerikanischen Evangelisten-Vereinigungen, doch Broccoli befürchtete Auseinandersetzungen mit religiösen Gruppen in den USA, so daß man das änderte.

Die große Schlußexplosion der Lkws wurde zu einer schwierigen Aktion, und Dalton gestand wiederholt, daß er selbst Angst gehabt hatte: "Bei der Vorbereitung stand die Crew in sicherer Entfernung hinter dicken Plexiglasscheiben. Als ich losrannte und es knallte, sah ich nur noch, daß einige von ihnen ganz verschwunden waren."

Budget, Sensationen und Anekdoten

Das Problem mit dem Titel war nicht das einzige, das die sonst so reibungslos agierende Marketing- und PR-Abteilung dieses Mal zu bewältigen hatte. Auch um die Plakat- und Anzeigenwerbung wurde gerungen. Im Sommer 1989 engagierte Cubby Broccoli Donald Smolen, den ehemaligen Chef der Marketingabteilung von United Artists - der von 1965 bis 1975 alle Bond-Plakate und Werbekampagnen entworfen und sich inzwischen mit einer Agentur selbständig gemacht hatte, um, wie er sagte, "das Image von Bond etwas aufzupolieren".

Für eine sechsstellige Dollar-Summe beauftragte Smolen Plakatdesigner und Fotografen und legte Broccoli sechs Entwürfe vor. Das US-Magazin "Premiere" beschrieb sie als "Bond Noir" - mit einem Foto Daltons von Douglas Kirkland, als "Elle Bond" - mit einem Foto von Dalton, der seine beiden Partnerinnen hochhebt, als "Ronrico Bond" - mit einem grimmig dreinschauenden Dalton, der vor seinen Partnerinnen auf einer Palme sitzt, als "Dirty Jimmy" -- mit einer Bob-Peak-Zeichnung von Dalton, der schießt wie einst "Dirty Harry", als "Brando Bond" - mit einer Peak-Zeichnung, die an Brandos "Apocalypse Now" erinnerte, und als "Girls, Guns and Gold" - mit einer Peak-Zeichnung, die aussah wie eine Kombination aus "Elle" und "Brando". Keiner der Entwürfe wurde umgesetzt, nur das Budget mußte erhöht werden - nun waren es schon 36 Millionen Dollar.

Die Frankfurter Stewardess Claudia Roux sollte eine Rolle im Film erhalten, wollte aber 3000 statt der angebotenen 100 Mark Tagesgage. Die Chinesin Diana Lee, obwohl nur etwa 20 Sekunden im Film zu sehen, erlangte einen gewissen Bekanntheitsgrad, als sie sich für den "Playboy" auszog.

Das US-Boulevardblatt "Globe" berichtete, daß Timothy Daltons Name auf einer "Todesliste linksradikaler mexikanischer Terroristen" stünde und der Polizeichef von Mexico-City, Enrique Ramirez, zusätzlichen Personenschutz angeordnet und ihm eine gepanzerte Limousine und eine Eskorte gestellt hätte. Dalton hätte deshalb auch dreimal in zwei Wochen das Hotel gewechselt. Das US-Boulevardblatt "Star" dichtete ihm eine Affäre mit Cubbys Tochter Barbara Broccoli an.

"I've got a licence to kill ...", textete eine Werbeagentur neben ein Foto von Ex-Stasi-Chef Erich Mielke und warb damit für den Berliner Privatsender "r.s.2", ehemals Rias 2. Mielke klagte auf Unterlassung und gewann. Der Texter war Olaf Schumann, einstiges Mielke-Opfer.

Premieren, Starttermine und Besonderheiten

Die Weltpremiere des Films wurde am 13. Juni 1989 in London in Anwesenheit von Prinz Charles und Lady Diana begangen. Stars und Crew waren versammelt, aber auch Prominente wie Jane Seymour, Britt Ekland, Patrick Swayze und Frau, Terry Jones, Vanessa Redgrave und Tochter Joely Richardson erschienen. Die Einnahmen gingen zugunsten des Princes Trust. Anschließend wurde in der "Inner Temple Hall" im "Victoria Embankment" gefeiert, die - nach der Premiere von Daltons erstem Bond - nun zum zweiten Mal für einen gesellschaftlichen Anlaß geöffnet wurde. Die englische Boulevardpresse fand schnell heraus, daß Diana dasselbe schulterfreie weiße Kleid von Dior schon sechs Jahre

Auf den Filmfestspielen in Cannes im Mai 1988 wurde noch der Arbeitstitel "License Revoked" angekündigt.

zuvor bei der Premiere von "Octopussy" getragen hatte.

Der US-Start war am 14. Juli, in Deutschland lief der Film am 10. August an, doch niemand kam zuvor auf PR-Tournee, auch dies sicherlich ein Grund, warum das Ergebnis hinter dem der Vorgänger zurückblieb.

Nach 13 Tagen hatte der Film in England bereits 50 Prozent mehr eingespielt als sein Vorgänger, aber der Anfangserfolg hielt nicht lange an. Dadurch, daß die englische Zensur den Film erst ab 15 freigab, verlor man einen wichtigen Teil des Publikums. Dennoch standen die Macher zu ihrem Film und begründeten die zahlreichen Brutalitäten mit dem Thema Drogenhandel.

Abgeschlagen landete der Film in der Jahresendabrechnung hinter "Indiana Jones und der letzte Kreuzzug", "Falsches Spiel mit Roger Rabbit", "Batman", "Rain Man" und "Die nackte Kanone" auf dem sechsten Platz. In Deutschland wurde er fünfter, lockte aber nur knapp 2,5 Millionen Besucher in die Kinos und verpaßte damit seit vielen Jahren erstmals wieder eine "Goldene Leinwand". Besonders prekär war das US-Ergebnis. Nach sechs

Wochen standen erst 32 Millionen Dollar auf der Habenseite und das bedeutete Platz 20. Insgesamt kamen nur wenig über 40 Millionen zusammen - das schlechteste Ergebnis seit 1969.

Kritik

Daltons Einfluß auf den Film und Broccolis Zugeständnisse sind überdeutlich zu spüren. Das gemeinsame Ziel, dort anzuknüpfen, wo Connery 1963 bei "Liebesgrüße aus Moskau" aufgehört hatte, war lange umstritten und erhielt an der Kinokasse eine deutliche Abfuhr. Manche Szenerien wirken vertraut, einige Schauplätze ähneln sich sehr.

Szenen mit Haien sah man bei "Feuerball", "In tödlicher Mission" und "Sag niemals nie" schon besser, Akrobatik auf Flugzeugen war noch durch "Octopussy" präsent, eine Verfolgungsjagd mit Überlandtrucks zeigte Elemente aus "Diamantenfieber" und "Jäger des verlorenen Schatzes" und war vielleicht als einzige Aktion spektakulär im Bondschen Sinne. Einen blutverschmierten Bond sah man bei "Feuerball", auch wenn da ein Bein- oder Rückenschuß schon viel war. Ein zerschmetterter Kopf, ein Kampf Mann gegen Mann mit Machete, ein hilfloser Bond: das alles kam schlecht bei einem Kinopublikum an, das Roger Moores Scherzchen noch in Erinnerung hatte.

Die blutige Rachegeschichte war zudem nur bedingt glaubwürdig, denn zum einen verkraftete Bond den Tod seiner Frau in "Diamantenfieber" wesentlich leichter als den von Leiters Frau und dessen Verstümmelung, und zum anderen war Leiters Figur und seine Beziehung zu Bond in früheren Filmen kaum entwickelt, so daß eine so enge Freundschaft gar nicht motiviert war. Jedenfalls spalteten Vor- und Nachteile dieses wirklich "neuen" Bond Kritiker- und Publikumsmeinung.

Schlagzeilen wie "der brutalste Bond, den es je gab", "bei 007 fliegen diesmal die Fetzen", "der beste Bond ohne Connery" sagen viel über die lebhafte Diskussion. Die "Frankfurter Allgemeine Zeitung" schrieb, der alte Bond sei "tot". "Newsweek" urteilte: "Wilson und Maibaum haben Bond zu einer Killermaschine gemacht. Dalton ist ein feiner Schauspieler, der Bond noch nicht seinen eigenen Persönlichkeitsstempel aufgedrückt hat". Und "Variety" lobte: "Ein Film, der unter den besten rangiert."

Offenkundig war jedenfalls, daß "Lizenz zum Töten" sich in einem starken Kinosommer gegenüber der Konkurrenz von "Batman" und "Indiana Jones" geschlagen geben mußte, und daß einer sich darüber ganz diebisch freute: Sean Connery hatte als Professor Jones an der Seite von Filmsohn Harrison Ford dem ehemaligen Brötchengeber Broccoli kräftig eins auswischen können.

GoldenEye/
GoldenEye (1995)

Inhalt

Vor neun Jahren, noch zur Zeit des Kalten Krieges, erledigte 007 gemeinsam mit dem Kollegen 006 einen besonderen Auftrag: Sie zerstören eine russische Nervengasbasis in Sibirien. Da 006 zurückbleibt, macht Bond sich Vorwürfe. Jetzt erfährt er von "M", daß es der russischen Mafia mit Hilfe eines Computerprogramms gelungen ist, Weltraumsatelliten zu steuern. Selbst Eingriffe ins tägliche Leben sind möglich, wie etwa der Zugriff auf Konten. Satellitenbasen und MIG-Kampfbomber sind außer Kontrolle.

Bond recherchiert in Monaco und lernt die Killerin Xenia kennen, kann aber nicht verhindern, daß sie einen "Tiger"-Helikopter der NATO stiehlt. Gemeinsam mit der Computerspezialistin Natalya und dank der Hilfe des CIA-Agenten Jack Wade entdeckt 007 in St. Petersburg, daß die russische Mafia die dortigen Machthaber unterwandert hat und daß 006 übergelaufen ist. Dieser und der russische General Ourumov sind Mitglieder der Geheimorganisation "Janus" und ziehen inzwischen die Fäden.

Natalya wird gefangengenommen, Bond folgt ihr per Panzer durch St. Petersburg und kann sie aus einem russischen Militärzug befreien. Sie werden nach Kuba geschickt, wo die Basis der Satellitensteuerung vermutet wird. Beim Flug über die Insel werden sie von einer Rakete getroffen. Im Dschungel entdecken beide ein unter einem See getarntes, gigantisches Teleskop und entern es. Nun kommt es zur großen Abrechnung mit Doppelagent 006 alias Trevelyan.

Hintergründe

"Lizenz zum Töten" spielte weltweit etwa 150 Millionen Dollar ein, davon aber nur 40 in den USA. Mark de Overvain, Vice President International Promotions von UIP in London, bestätigte, daß das meiste Geld mit James Bond in Europa und nicht in den USA verdient wurde. Natürlich war es ärgerlich, daß die einstige Einnahmequelle USA fast versiegt war. Angelastet wurde dies Timothy Dalton und seiner mangelnden Ausstrahlung auf Frauen. Dennoch stand Broccoli zu ihm, und während der Filmfestspiele im Mai 1990 prangte an der Außenfront des "Carlton" in Cannes ein Plakat, das den neuen Bond mit Dalton ankündigte, aber noch keinen Titel verriet. Der Start war für den Juni 1991 avisiert, aber unvorhergesehene Ereignisse kamen dazwischen. Im Oktober 1990 war MGM/UA mit Pathé fusioniert und stand nun unter dem Kommando des italienischen Finanzjongleurs Giancarlo Paretti und der Bank Credit Lyonnais. Um dringend benötigte Gelder flüssig zu machen, verkaufte Paretti Fernsehrechte seines Filmstocks, unter anderem auch der 007-Filme, an europäische Stationen zu sehr günstigen Konditionen. Broccolis Firma Danjaq S. A. verklagte ihn, zum einen, weil Broccoli nicht gefragt worden war, zum anderen, weil er nicht partizipierte und schließlich, weil ihm der ausgehandelte Preis mißfiel. Man drohte, den Verleihvertrag zu kündigen und sich einen neuen Distributor zu suchen. Daraufhin strengte MGM-Pathé eine Gegenklage an und behauptete, daß Danjaq S. A. verkaufsbehindernde Aktivitäten in bezug auf die TV-Rechte betreibe. Während die Auseinandersetzungen noch im vollen Gange waren, gab es auch Drehbuchprobleme. Aufgrund von Differenzen zwischen Broccoli, Glen und Maibaum verließen die beiden Veteranen im Dezember 1990 das Team, wohl auch deshalb, weil Glen und Dalton sowieso nicht die besten Freunde waren. Am 11. Januar starb Maibaum, der langjährige Autor oder Ko-Autor der Serie, in Los Angeles. Ein geplanter Drehbeginn im Herbst kam nicht zustande, da die Story-Ideen Broccoli mißfielen. Dafür startete die Zeichentrick-Fernsehserie "James Bond jr." in den USA, entpuppte sich aber als kein großer Renner. Der "Miami Vice"- und "Wiseguy"-Autor Alfonso Ruggiero lieferte eine Überarbeitung des ersten Entwurfs von Michael G. Wilson, die allerdings in Ungnade fiel. Ein neues Skript der englischen Autoren William Osbourne und William Davis stieß ebensowenig auf Gegenliebe, und auch andere im Gespräch befindliche Schreiber wie John Byrum ("Auf Messers Schneide") sowie Gloria und Willard Huyck ("Howard - ein tierischer Held") hatten ebenfalls keinen Erfolg.

1993 wurde auf den Filmfestspielen in Cannes offiziell bekanntgegeben, daß Michael France, dem Autor von "Cliffhanger" und ehemaligen Herausgeber eines Bond-Fanzines, eine Frist von vier Monaten eingeräumt worden war, um ein neues Buch zu verfassen - geschätzte Gage 300.000 Dollar. Im Herbst zuvor hatten MGM/UA und Danjaq S. A. ihre Streitigkeiten beigelegt, zumal Paretti aus der Firma ausgeschieden war. Bald danach sickerten Informationen über Frances Story durch. Man sprach von Drehorten wie Hongkong, Moskau und der chinesischen Mauer, auf der eine Verfolgungsjagd stattfinden sollte, auch Kopenhagen wurde diskutiert, und es gab Gerüchte, wonach ein auf Trickeffekte spezialisiertes Unternehmen, das zur Walt Disney Company gehörte und vor allem für die sogenannten "Themenparks" arbeitete, den Auftrag erhalten habe, "den weitestgehend menschenähnlichen Roboter" zu bauen, der alles bisherige in den Schatten stellen sollte. Doch auch daraus wurde nichts.

Als Regisseure wurden Ted Kotcheff, John Landis und George Pan Cosmatos gehandelt, nachdem man von der Reaktivierung aller drei Veteranen - Lewis Gilbert, Guy Hamilton und Peter Hunt - Abstand genommen hatte. Anthony Hopkins wurde mehrfach die Rolle des Bösewichts angeboten, er gab aber bekannt, daß ihn "das nicht interessieren" würde.

Zu alldem war von offizieller Seite außer den Worten "schon möglich" nichts zu hören. Das einzige, was bekannt wurde, war, daß der US-Produzent Joel Silver, der mit Action-Serien wie "Stirb langsam" und "Lethal Weapon" Erfolge feierte, versuchte, die Bond-Rechte zu kaufen, um Mel Gibson zu besetzen. Dieser sagte in einem Interview mit dem Londoner "Sunday Express Magazine": "Es macht mir Spaß, in den Zeitungen zu lesen, daß ich der nächste James Bond bin, aber ich bin es nicht." Aber auch das Skript von France konnte noch nicht alle begeistern. Zudem kam mit "True Lies" zumindest ansatzweise ein Bond-Verschnitt in die Kinos, in dem Parallelen zu Frances Drehbuch auftauchten, wenn auch Ko-Produzent Wilson das nicht wahrhaben wollte: "Als ich den Film sah, hatte ich das Gefühl, es wäre eine Parodie auf James Bond, aber nach zehn Minuten ging alles sowieso in eine ganz andere Richtung." Jedenfalls erfuhr das Drehbuch weitere Veränderungen. Sowohl Simon L. Aturif als auch Bruce Feirstein schrieben noch an der Geschichte, doch nur Feirstein wird auch in den endgültigen Credits geführt. Für die allerletzte Fassung sorgte dann der englische Autor Jeffrey Caine, der seine Ko-Autoren nie getroffen hat, sondern vor allem auf dem Skript von France aufbaute - daher heißt es im Titel: "Story by Michael France." Seine Zielstellung beschrieb Caine so: "Einige frühere Filme, vor allem der letzte, haben sich zu sehr von Flemings Grundidee entfernt. Das war nicht gut. Bestimmte Fakten und Elemente müssen einfach wieder auftauchen. Und dann muß die Konzeption stim-

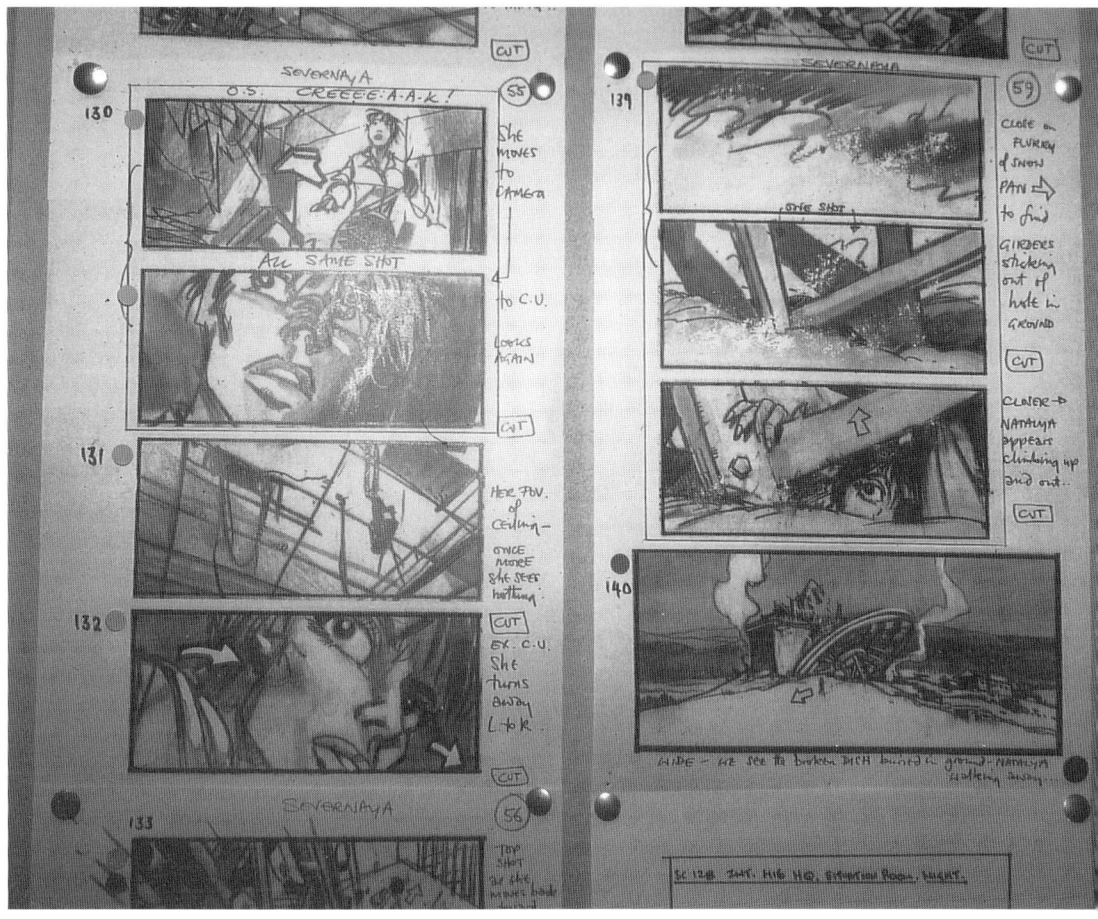

"Storyboards" bieten schon vor Drehbeginn einen Eindruck von der visuellen Umsetzung des Skripts.

men. Man kann nicht einfach Action an Action reihen. Die Leute sind übersättigt von Morphing, digitalen Effekten und Supertricks. Sie wollen sehen, wie Menschen handeln, und wie sie reagieren, wenn sie in Not sind. Wir fordern weder Schwarzenegger heraus noch andere Darsteller und Charaktere wie Mel Gibson und seine 'Lethal Weapon'-Reihe oder Harrison Ford und Jack Ryan. Sie fordern uns heraus. Es war Cubby Broccoli, der dieses Genre erfunden hat. Sie haben uns kopiert, aber mit 'GoldenEye' werden wir einen neuen Maßstab setzen."

Caine wollte so aktuell wie möglich sein und die Geschichte der neuen politischen Situation in der Welt anpassen. Deshalb kam die Infiltration der russischen Militärs durch die nationale Mafia gerade recht, zumal man in jüngster Zeit immer häufiger von neuen Delikten wie Uranschmuggel hörte.

Am 12. April 1994 gab Timothy Dalton in London seinen Entschluß bekannt, nie wieder Bond zu spielen. Als Grund nannte er, daß ihm der jahrelange Rechtsstreit zu schaffen mache. "Seit dem letzten James-Bond-Film sind sechs Jahre vergangen und acht, seit ich

Nach einer Marketingstudie lieben die Fans an Bond vor allem die schnellen Autos.

weltweit mit '007' identifiziert werde. Ich glaube, es ist an der Zeit, sich als Schauspieler neuen Aufgaben zu stellen."

Da nun die Suche nach einem Nachfolger begann, verzögerten sich die Dreharbeiten nochmals. Am 8. Juni 1994 wurde Pierce Brosnan in London der Weltöffentlichkeit als fünfter Bond-Darsteller vorgestellt. Exakt um 12.35 Uhr am 1. Juni teilte ihm sein Agent Fred Spector mit, daß er die Rolle habe.

Am 22. Januar 1995 wurden erste Einblicke in die Produktion gestattet. Man führte Journalisten durch die Studiohallen, zeigte Modellbauten und Dekorationen, das komplette Miniaturset einer sibirischen Satellitenanlage, russische Panzer, eine Replik des "Tiger"-Helikopters und sämtliche Storyboards. Zudem bot sich Gelegenheit für die üblichen Fotos: Bond, Mädchen und Autos. So posierten Brosnan und Kollegen vor dem silbernen

Aston Martin DB 5, der durch "Goldfinger" berühmt wurde, und vor einem gelben Ferrari 355 GTS, der für Xenia gedacht war. Doch nicht jedes Geheimnis wurde gelüftet. In einer großen braunen Kiste sollte sich angeblich der neue BMW Z3 Roadster befinden. Zu seiner Bewachung hatte man einen uniformierten Mann mit Deutschem Schäferhund abgestellt. Ursprünglich sollte 007 mit dem aktuellen Aston Martin DB 7 an die Front ziehen, und beim Gang durch die Studiohallen waren auch noch Fotos eines Fahrzeugs in Rotmetallic zu sehen. Doch da BMW Anteile an Rolls Royce hat, wählten die Filmemacher im Dezember in München einen BMW Roadster in Atlanta-Blau aus. Er erhielt allerdings weder Raketen noch Schleudersitz - das hatte sich der Autohersteller verbeten -, war dafür aber mit modernster Elektronik ausgestattet. Vier Wochen vor Drehbeginn war der

Vertrag mit BMW perfekt. Schon früher war man gut zusammen gefahren: Für die Berliner Szenen von "Octopussy" hatte BMW Polizeiwagen der 5er Baureihe gestellt.

Dreharbeiten und Drehorte

Am 16. Januar begannen in den ehemaligen Rolls Royce-Werken in Leavesden bei Watford, südlich von London, die damit zum größten Filmstudio Europas wurden, die auf 18 Wochen veranschlagten Dreharbeiten. Der Umzug war notwendig geworden, da sich Pinewood als zu klein erwiesen hatte und zudem ausgebucht war. Die Hallen umfaßten eine Fläche von 1,25 Millionen Quadratmetern, das Freigelände konnte mühelos mehrere Großproduktionen aufnehmen, denn in dem ehemaligen Flugzeughangar wurden im Zweiten Weltkrieg auch mal "Mosquito"-Bomber gebaut. Knapp sechs Monate vor dem Umzug begannen die ersten Mitarbeiter des 400 Mann starken Teams mit den Vorbereitungen. Sie rüsteten die Hallen um, bauten Büros und schufen 25 Sets, legten Leitungen und sorgten für die Infrastruktur. Zuerst wurde Testmaterial gedreht, um herauszufinden, ob die Tonaufnahmen keine unerwünschten Nebengeräusche hatten und ob das Prasseln des englischen Regens auf die Studiodächer nicht den Klang beeinflußte. Auch Testfahrten mit Panzern wurden gemacht, wobei sich herausstellte, daß die herkömmlichen kettengetriebenen Fahrzeuge viel zu langsam für eine Verfolgungsjagd waren, weshalb man ihnen Rollen verpaßte. Am 24. Januar war Topfotograf Terry O'Neill aktiv, um mit Brosnan für ein mögliches Teaser-Poster nach Entwürfen von Eon und UIP Porträts zu machen. Einen Tag später waren potentielle Lizenznehmer am Set, von denen man Investitionen, Marketing- und Werbekooperation erwartete, und am 26. Januar flog das Team nach Puerto Rico, um

das große Finale auf dem Teleskop, den Einsatz des BMWs und eine Strandszene mit Bond und Natalya zu drehen. Danach folgten Innenaufnahmen in London, so die Werkstatt von "Q" am 9./10. Februar oder ein russischer Computershop einen Tag später. Am 23. Februar und vom 1. bis 4. März drehte das zweite Team Szenen der Autojagd mit dem Aston Martin und dem nunmehr roten Ferrari (bei Drehbeginn hatte man einen gelben Wagen vorgestellt) unter der Leitung des Autokaskadeurs Remy Julienne in Monaco und Gréolières, in den nahegelegenen Bergen, eine Stunde von Nizza entfernt. Remy Julienne bezeichnete die Sequenz als "Spielchen zwischen Bond und Xenia", an dem ein Heuwagen, ein Lkw und eine Gruppe Fahrradfahrer mitmachten. Während des Drehs kam es zu einer leichten Kollision, bei der einer der drei DB 5 etwas abbekam, aber dank des mitgereisten englischen Spezialistenteams schnell repariert werden konnte.

Vom 24. bis 28. Februar und am 6. März war das erste Team in Monaco tätig, um Szenen im Hafen vor dem Casino und den Diebstahl des "Tiger"-Helikopters zu drehen. Es ist das einzige Exemplar in der Welt, das sogar Loopings dreht. Er wurde für eine Woche von der NATO zur Verfügung gestellt und ist sonst auf einem Flugzeugträger an der französischen Westküste stationiert. Das Monaco Business-Center wurde zur Basis, das Hotel "Abella" zur Unterkunft. Am Freitag, dem 24. Februar lief um die Mittagszeit das Kriegsschiff "Le Lafayette" im Hafen ein, und zwei Stunden später landete der Hubschrauber. Am nächsten Morgen berichtete die Zeitung "Nice-Matin", das seltene Stück wäre für eine Militär-Ausstellung bestimmt. Der Trick funktionierte, denn die Schaulustigen interessierten sich daraufhin kaum für die vielen als Offiziere verkleideten Statisten, die bei Ankunft des "Tigers" klatschten. Am Sonntag gab "Nice-

Matin" die wahre Bestimmung bekannt, und Tausende säumten daraufhin die Balustrade - gerade richtig, denn für den Tag waren Flugszenen angesetzt, und da konnte man staunende Menschenmassen gut gebrauchen. Nach einem Zwischenstop für die Aston-Martin-Bilder und für Bonds Ankunft vor dem Casino flog das Team wieder nach London.

Ende März war dann Stuntman Wayne Michaels wieder im Einsatz. B.J. Worth, der bereits für Grace Jones vom Eiffelturm gesprungen war, beaufsichtigte und koordinierte den Dreh. Er sprang am Bungee-Seil von einem Staudamm in Locarno. Sein Kommentar: "Ich habe mich in 60 Filmen nicht einmal verletzt, aber bei Stunts wie diesem kann man sich auch nicht verletzen - nur sterben." Weitere Einstellungen entstanden in Interlaken. Für zwei Montage (3. und 10. April) war die in Privatbesitz befindliche Eisenbahnstrecke Nene Railway, an der schon Bilder für "Octopussy" entstanden, erneut Drehort. Diesmal wurden die altertümlichen Wagen in der Nähe von "Bridge 62" zu einem düsteren rollenden Depot umgebaut. An Bord Bond und Natalya, die sich dank neuester Uhrentechnologie befreien können, bevor der Zug explodiert.

"GoldenEye" entstand im Gegensatz zu allen Vorgängern zu über 60 Prozent im Studio. Das heißt nicht, daß es mit St. Petersburg, Puerto Rico und Südfrankreich keine exotischen Schauplätze gibt, aber häufig war nur das zweite Kamerateam oder ein kleiner Trupp, der für besondere Action-Momente zuständig war, außerhalb des Landes aktiv. Als das zweite Team, das seit dem 23. April in St. Peterburg drehte, mit Problemen konfrontiert wurde, die bestimmte Einstellungen mit sich brachten, und davon Wind bekam, daß dunkle Gestalten es auf die teure Ausrüstung abgesehen hatten, verzichtete man darauf, die Stars in die Stadt zu bringen. Man erweiterte lieber die Straßenzüge auf dem Studiogelände und die

Dekorationen in den Hallen, um gefahrlos in England weiterzuarbeiten. Ursprünglich waren für das erste Team acht und für das zweite 21 Tage in St. Petersburg geplant. Letztendlich war dann nur die zweite Crew in Rußland, und dies auch nur elf Tage. Kurz vor Drehschluß überschlug sich in Leavesden noch ein Landrover, und ein Mann mußte mit Augenverletzungen ins Krankenhaus.

Am 1. Juni war der Film abgedreht. Eine Szene mit einer unter einem Helikopter rotierenden Säge, die Bond zusetzt, wurde zwar gefilmt, aber nicht verwendet.

Budget, Sensationen und Anekdoten

Mit einem Budget von 50 Millionen Dollar ist "GoldenEye" der teuerste Bond aller Zeiten. Eine Marketingstudie, die von der "National Research Group" in London erstellt wurde und sich mit der Frage beschäftigte, was die Leute über Bond wissen und an ihm schätzen, erbrachte folgende Ergebnisse: Von den befragten 800 Menschen im Alter zwischen zwölf und 49 Jahren kennen 96 Prozent 007, sie beschreiben ihn als Verführer, Macho und als äußerst clever. Die Attribute, die ihnen zuerst zu James Bond einfielen, waren schnelle Autos, gefolgt von guter Kleidung und Cocktails. Zudem verbanden sie mit seinem Namen viele technische Tricks und schöne Frauen.

Die englischen Boulevardblätter bedauerten kurz nach der Führung durch die Studiohallen in Watford den Verlust der britischen Identität von 007 und klagten über den "Euro-Bond" mit italienischem Anzug, Schweizer Uhr und deutschem Auto. Doch diese Vorgehensweise machte Sinn: Sieht man sich die Einspielergebnisse in Europa an, wird deutlich, daß nicht die Engländer am liebsten Bond-Filme sehen. An erster Stelle steht - im Verhältnis zur Bevölkerungszahl - Deutschland. Erst danach folgen das britische Königreich, dann Frankreich, Japan, Holland und Italien.

Desmond Llewelyns Problem, sich mit fortschreitendem Alter die Texte zu merken, war dieses Mal besonders offenkundig. Das Team half "Q", indem man ihm die Sätze auf die Wand schrieb. Er machte eifrig davon Gebrauch - und schaute immer an Brosnan vorbei. Nach zwölfmaligem Einsatz von John Barry und je einem von Bill Conti, Marvin Hamlish, Michel Legrand, George Martin und Michael Kamen wurde erstmals Eric Serra, bekanntgeworden als Hauskomponist von Luc Besson für dessen Filme "Nikita", "Im Rausch der Tiefe", "Atlantis" und "Leon - der Profi", verpflichtet, um die Musik für einen Bond-Film zu komponieren. Außer dem Soundtrack steuerte er den abschließenden Song des Films bei, den er selbst vorträgt.

Bei Testvorführungen waren die Reaktionen auf den Score jedoch so schlecht, daß zwei Sequenzen komplett neu gemischt und - anstelle Serras elektronischer Töne - mit traditionellen Klängen versehen wurden.

Der bei Drehstart bekanntgegebene Titel "Goldeneye" wurde geringfügig in "Golden-Eye" geändert, da die erste Version bereits in einem englischen Fernsehfilm über Ian Flemings Leben verwendet wurde. Es war der Name des Hauses auf Jamaica, in dem der Autor alle seine Romane schrieb. Er selbst hatte ihn von Carson McCullers Roman "Reflections In A Golden Eye" entlehnt. Zusätzlich wurde das Logo mit einem Kreis über dem "E" neu gestaltet.

Dame Judi Dench als neue "M" war ein Zugeständnis an die aktuellen Verhältnisse in England, denn seit zwei Jahren steht dem Britischen Secret Service MI 6 eine Frau vor.

Neu an diesem Bond ist die sogenannte political correctness. So darf 007 nicht mehr rauchen, und die Bikinischönheiten sind auch verschwunden. Moderne, unabhängige Frauen mit gleichberechtigten Rollen waren gefragt, der Begriff "Bond Girl" verpönt, statt dessen gab es "Bond-Damen" oder "Bond-Frauen". So tritt Miss Moneypenny im schwarzen Cocktailkleid auf und erteilt 007 eine Abfuhr, und "M" bezeichnet ihn als "Relikt des Kalten Krieges und misogynen Dinosaurier". Xenia versucht sogar, den Agenten während einer Liebesszene im Bad zu ermorden. Um nicht wieder wie bei "Lizenz zum Töten" so viele Zuschauer durch die untere Altersgrenze zu verlieren, war für Regisseur Martin Campbell laut Ko-Produzent Wilson die Richtlinie vorgegeben, "die Altersgruppe ab 13 aufwärts anzusprechen".

Der Film verzeichnet zwei Inside-Jokes. So taucht in der Szene, in der General Ourumov bei Verteidigungsminister Mishkin zum Rapport erscheint, Ko-Produzent Wilson mit auf. Und einer der Monitore von Computerhacker Boris zeigt die Zeile "Pevsner Commerzbank". Tom Pevsner ist einer der langjährigen "Associate Producer" der Serie. Außerdem sind zwei Familienmitglieder vor und hinter den Kulissen aktiv: Kate Gayson, die 26jährige Tochter von Eunice Gayson, ist in der Casino-Sequenz zu sehen. Roger Moores Sohn Christian ist "3. Assistant" (Roger selbst besuchte am 1. Juni den Drehort), Pierce Brosnans Sohn Christopher "3. Assistant Director" des zweiten Kamerateams.

Nachdem die Rolling Stones das Angebot abgelehnt hatten, den Titelsong zu schreiben und zu singen, akzeptierte Tina Turner. Das Stück "GoldenEye" wurde von den U2-Mitgliedern Bono Vox und "The Edge" geschrieben und am 23. Oktober veröffentlicht.

Premieren, Starttermine und Besonderheiten
Ursprünglich sollte die "Royal World Charity Premiere" am 1. Dezember 1995 in London stattfinden, doch die amerikanische United Artists-Spitze setzte sich durch und bestand auf einer US-Uraufführung, um das kassen-

trächtige "Thanksgiving"-Wochenende aus-
zunutzen. Daher erlebte "GoldenEye" am
Montag, dem 13. November, in der "Radio
City Music Hall" in New York vor 6.000 Gästen seine triumphale Premiere. Ein 80-Perso-
nen-Orchester stimmte mit alten Bond-Songs
auf den Abend ein. Zunächst kam der
81jährige Darsteller des "Q", Desmond Llewelyn, auf die Bühne und leitete zu Pierce
Brosnan über, der seine Partnerinnen sowie
Sean Bean vorstellte. Während des Films gab
es dann mehrfach Szenenapplaus. Im Anschluß an die Vorführung feierte das illustre
Publikum mit Stars wie Kathleen Turner, Lauren Bacall, Maud Adams und Geoffrey Holder
im "Museum of Modern Art", und mit einem
Vertrag für zwei weitere Bonds hatte auch
Pierce Brosnan - an der Seite seiner Freundin
Keely Shaye-Smith und seiner drei Kinder -
reichlich Grund zur Freude. Am Vormittag
hatte BMW bereits seinen brandneuen Z3-
Roadster vorgestellt, am Abend standen dann
20 Wagen an der Eislaufbahn nahe dem
Rockefeller Center, wo sie von staunenden
Passanten umringt wurden.

Am Tag vor der Premiere war die Bond-Crew
bereits bei einer Bond-Convention im "Hud-
son Theatre" des "Millenium"-Hotels von 800
Fans begeistert gefeiert worden. Auch verging
kaum eine der zahlreichen Talkshows ohne einen Bond-Star als Gesprächspartner. Der
Werbefeldzug für den jüngsten Bond-Film
übertraf die früheren Kampagnen bei weitem
- Insider sprechen von einem 40- bis 50-Mil-
lionen-Dollar-Budget allein für die USA. Zudem ist das Interesse der Amerikaner gerade
an Brosnan immens, viele haben ihn noch aus
seiner Zeit als "Remington Steele" ins Herz geschlossen.

Die Engländer feierten erst acht Tage nach der
US-Premiere ihren "GoldenEye"-Start unter
königlicher Schirmherrschaft im Londoner
"Odeon"-Kino. In Deutschland gab es am
5. Dezember zunächst eine festliche Uraufführung im großen Saal des Münchner "Ma-
thäser"-Filmpalasts, ehe der Film am 28. Dezember - ab 0.07 Uhr - bundesweit in die
Kinos kam.

Kritik

Von wenigen Ausnahmen abgesehen, ist der
Film leider eine Enttäuschung. Nach einer
spektakulären Eröffnungssequenz und einer
zünftigen Autojagd folgen die weiteren Höhepunkte erst in großem Abstand. Die Panzer-
szene ist sehenswert, und auch die Schlußak-
tion ist gelungen, aber alles andere ist ziemlich
langatmig. Wenn ein "Bond für die Neunziger", wie Brosnan den Helden bei der ersten
Pressekonferenz beschrieb, bedeutet, daß der
Mann seine Angelegenheiten nur noch mit der
MP regelt und nicht mehr mit dem Kopf, dann
sehnt man sich bald nach dem Bond der Sechziger zurück. Allzu viele Schießereien und
zahlreiche überflüssige Dialoge trüben den
Genuß. Die Musik von Eric Serra ist schlichtweg mißlungen. Eine selbstbewußte, zuweilen freche Miss Moneypenny fügt sich nicht in
das über 30 Jahre gewohnte Bild; eine "M", die
007 ein "Relikt des Kalten Krieges" nennt, läßt
die Frage aufkommen, was diese Kritik bei
ihrem besten Mann soll. Die vielen Dreh-
buchüberarbeitungen und -kürzungen sind
dem Skript nicht gut bekommen. Obwohl
Brosnan ein würdiger Nachfolger Connerys
ist, ist er doch nicht die große Entdeckung des
Films. Die ist vielmehr David Kleinman, der
Schöpfer des Vorspanns, dem mit dem Bild
der zerfallenden Sowjetunion ein Highlight
gelungen ist. Der Nachspann kündet - wie
schon seit 1962 Tradition - mutig an: "James
Bond will return". Hoffentlich! Aber dann mit
einem anderen Regisseur.

Der Morgen stirbt nie /
Tomorrow Never Dies (1997)

Inhalt

James Bond gelingt es, am Khyber-Paß einen internationalen Markt für gebrauchte Waffen zu zerstören. Einer der Händler ist Henry Gupta, der Geschäfte mit dem weltweit operierenden Medienzar Elliot Carver macht. Carver ist Eigentümer der Zeitung "Tomorrow" (in Deutschland: "Der Morgen") und bereitet die Inbetriebnahme eines weltumspannenden Satelliten-Nachrichtennetzes der Carver Mediengruppe vor. Um gleich mit einer Sensation hohe Auflagen zu erreichen, läßt er im Chinesischen Meer eine britische Fregatte zerstören, filmt den Untergang des Schiffes und die Ermordung der Besatzung. Er schiebt den Fall den Chinesen in die Schuhe, um einen Krieg zu provozieren und – um als erster darüber zu berichten. Bond wird zu Carvers Hauptquartier nach Hamburg geschickt, wo er dessen Ehefrau Paris, mit der er früher eine Affäre hatte, im Hotelzimmer tot auffindet. Bond entkommt Carvers Häschern und verbündet sich mit der chinesischen Sicherheitsagentin Wai Lin. Beide ermitteln in Carvers südostasiatischer Residenz weiter, werden verhaftet, können aber fliehen. Der Showdown findet auf dem Stealth-Boot des Medienmoguls im Südchinesischen Meer statt.

Hintergründe

Bereits im Dezember 1995 erhielt Bruce Feirstein den Auftrag zu einem neuen Drehbuch und reiste ab Januar 1996 um die Welt, um das Projekt vorzubereiten. Im Mai tauchten die üblichen Besetzungsgerüchte auf, nach denen Salma Hayek, die "Species"-Hauptdarstellerin Natasha Henstridge, die Italienerin Monica Belluci oder gar Sharon

Stone als Bond-Girls verpflichtet werden sollten. Auch den Titelspekulationen wurde wieder Tür und Tor geöffnet; die beiden Fleming-Kurzgeschichten "The Property of a Lady" und "Risico" wurden ebenso genannt wie "Aquator", "Dreamweaver", "Hot on Ice", "Avata/Avatar", "Shamelady", "Shatterhand", "Ladydawn" und "Zero Windchill".

Frühe Drehbuchentwürfe erzählen eine andere Geschichte als der fertige Film. So war eine Kletterei an einem Eisfall in Norwegen Bestandteil der Eröffnungssequenz. Location Manager Leonhard Gmür hatte sich bereits längere Zeit mit dem Thema beschäftigt. Aufgrund der zu hohen Gefahren und des immensen Aufwands wurde die Szene jedoch verworfen. Man entwickelte eine abgeschwächte Version an einer vereisten Wand, von der sogar Storyboards entstanden. Doch auch sie wurde abgelehnt, so daß der Film nun auf dem Hochplateau am Khyber-Paß beginnt. Bonds Gegner sollte ursprünglich ein gewisser Elliot Harmsway sein, der in Hongkong residiert und schockiert darüber ist, daß die Briten die Stadt an die Chinesen zurückgeben. Ein weiteres Thema war die Beschlagnahme der britischen Goldvorräte. MGM bemängelte jedoch die Politiklastigkeit der Story und die Tatsache, daß der Film zu sehr auf den Moment der Übergabe der britischen Kronkolonie Hongkong an China begrenzt sei. Als Titel für die erste Fassung war "Tomorrow Never Lies" vorgesehen, aus dem aufgrund eines Übertragungsfehlers einer Sekretärin "Tomorrow Never Dies" wurde. Der Titel gefiel vielen Machern so gut, daß man ihn beibehielt, aber erst am 10. März 1997 offiziell bekanntgab. "Star-Trek"-Veteran Nicholas Meyer schrieb einen zweiten Entwurf des Drehbuchs und Daniel Petrie jr. einen dritten. Dann wurde Feirstein wieder einbezogen, überarbeitete alles bis zum Schluß und lieferte das "Final Shooting Script".

Nach dem weltweiten Erfolg von "GoldenEye" hatten die Produzenten Martin Campbell erneut die Regie angeboten, doch der lehnte ab. Im Juni 1996 kündigte er einen Western an und inszenierte statt dessen "Die Maske des Zorro" für Spielbergs Dreamworks SKG. So engagierte man im September den Briten Roger Spottiswoode, langjähriger Cutter von Sam Peckinpah, der so unterschiedliche Filme wie "Under Fire" und "Scott und Huutsch" gedreht hatte. Im Januar 1997 wurde bekanntgegeben, man habe Jonathan Pryce und Michelle Yeoh verpflichtet und von Anthony Hopkins erneut eine Absage erhalten, nachdem er bereits die Mitarbeit an "GoldenEye" abgelehnt hatte. Damals war eine frühere Drehbuch-Version so angelegt gewesen, daß Hopkins Bonds Ausbilder spielen sollte, der ihn später betrügt. Als man dann Sean Bean verpflichtete, schrieb man die Rolle auf einen Jüngeren um. Die erneute Absage von Hopkins begründete sein Agent damit, daß Hopkins in seiner Rolle als Hannibal Lecter in "Das Schweigen der Lämmer" den ultimativen Bösewicht verkörpert habe und dieser Typ auch durch einen 007-Film nicht zu übertreffen sei.

Zwischenzeitlich arbeitete ein Team von vier Autoren, unter ihnen David Campbell Wilson, in einem Londoner Hotel an neuen Ideen und den häufigen Änderungswünschen von Regisseur Spottiswoode. Der Streit zwischen Autoren und Regisseuren eskalierte so weit, daß man tagelang nicht miteinander sprach, wie Feirstein in einem bissigen Artikel formulierte. Am 23. Dezember, nachdem der Film bereits in vielen Kinos angelaufen war, meldete die Agentur Reuters, drei Drehbuchautoren hätten die Produzenten vor einem US-Gericht wegen Ideendiebstahl verklagt. Als Begründung führten sie an, sie hätten die Story-Idee vor eineinhalb Jahren in Hollywood unter anderem auch an Feirsteins

Frau geschickt. Ob sie die Klage zurückzogen oder recht bekamen, wurde nie bekannt. Gefordert hatten sie fünf Millionen Dollar.

Dreharbeiten und Drehorte

Die Dreharbeiten waren auch diesmal von zahlreichen Irritationen begleitet, die damit begannen, daß man kein Studio fand, in dem die gigantische Produktion hätte realisiert werden können. Leavesden war für die erste "Star-Wars"-Episode gebucht, Pinewood für andere große Filme. Also baute Eon Productions einen ehemaligen "Kwik-Save"-Warenhauskomplex bei St. Albans um, eine Stunde nördlich von London gelegen. Aus den Frogmore Studios wurden bald "Eon Studios". Die Inneneinrichtung des Stealth-Bootes baute man in der 007-Stage in Pinewood. Die Vorproduktion für "Tomorrow Never Dies" begann im Herbst 1996, erste Außendreharbeiten folgten vom 20. Januar bis 4. Februar in den eiskalten, verschneiten französischen Pyrenäen, dem Skigebiet von Pyresourde. Auf dem Hochplateau, einem der höchstgelegenen Flugfelder Europas, wurden die Khyber-Paß-Szenen gedreht. Die Crew wohnte in dem kleinen Thermalbad Luchon. Verschiedenen Medienberichten zufolge kostete allein die Anfangssequenz, in der Bond drei von vier tschechischen L-39-Kampfflugzeugen und zahlreiche Fahrzeuge lahmlegt, rund zehn Millionen Mark. Pierce Brosnan reiste übrigens nicht in die Pyrenäen, da er am 13. Januar 1997 zum zweiten Mal Vater wurde. Seine Lebenspartnerin, die Journalistin Keely Shaye-Smith, brachte einen Sohn mit dem Namen Dylan Thomas zur Welt. Brosnans Double Douglas James übernahm den Job. Die Großaufnahmen mit Brosnan selbst entstanden auf dem Studiogelände. Anfang März wurde gemeldet, daß die vietnamesische Regierung die geplanten Dreharbeiten in Ho-Chi-Minh-Stadt abgelehnt und der Produktion "Antikommunismus" vorgeworfen habe. Offiziell hieß es zwar, die Stadtverwaltung besäße nicht die passende Infrastruktur für eine 200köpfige Filmcrew, doch munkelte man, die chinesische Regierung habe Druck auf Vietnam ausgeübt. Das Team habe erst in der Abflughalle des Londoner Flughafens davon erfahren, berichtete "Variety". Nur zwei oder drei der Filmschaffenden waren im Land, um die Stadt und die Ha-Long-Bucht zu begutachten. Man war gezwungen umzudisponieren und entschloß sich für Thailand.

Am 1. April begannen die Dreharbeiten des ersten Teams in England: im Hafen von Portsmouth auf einer Fregatte. Auf den US-Luftwaffenbasen in Mildenhall und Lakenheath, etwa 110 Kilometer nordöstlich von London, entstanden Szenen mit Brosnan und Joe Don Baker, der wieder als Jack Wade auftrat. In Mildenhall wurde ein Teil einer Hercules-Maschine für den Fallschirmsprung nachgebaut, Lakenheath stellte Okinawa dar. Am Sonntag, den 23. März 1997, kam Brosnan samt Partnerin und dem neun Wochen alten Sohn nach Hamburg, um PR für seinen Katastrophen-Film "Dante's Peak" zu machen und um am darauffolgenden Dienstag Szenen auf dem Hamburger Flughafen Fuhlsbüttel zu drehen. Dort begegnet er "Q", bekommt seinen Mietvertrag und entdeckt die Schlagzeilen von "Der Morgen". Nach Drehortbesichtigungen in mehreren europäischen Städten hatte man sich für Hamburg entschieden, dessen Innenstadt ideale Bedingungen für die Verfolgungsjagd bot. Nach einem Tag war die kurze Begrüßung und Übergabe der Papiere im Kasten. Zuvor hatte das Team die Enthüllung des Fahrzeugs gedreht: am 22. April auf dem kleinen englischen Flughafen Stansted bei London. Einen Tag später verkündeten Eon und BMW gemeinsam den Einsatz der neuen Limousine vom Typ 750 iL in "Aspen Silver". Im März und April drehte das Team Innenauf-

Michelle Yeoh steht wie im Film "Der Morgen stirbt nie" Pierce Brosnan zur Seite. Hier bei der Premiere in Hamburg.

nahmen des Stealth-Bootes in der 007-Stage in Pinewood, und zwischen dem 2. und 4. Mai wurde das Hauptquartier von IBM im englischen East Bedford in Middlesex zu Carvers Hamburger Medienhochhaus umgestaltet. Anfang Mai flog die Crew zu siebenwöchigen Aufnahmen nach Thailand. Am 18. Mai fand eine Pressekonferenz im Bangkok Oriental Hotel statt, auf der Pierce Brosnan angesichts von Temperaturen um die 40 Grad mit den Worten: "Wasser, Wasser, heiß, heiß, heiß, es ist wirklich heiß hier" begann, was zu einem großen Lacher führte. In Bangkok entstand die Motorrad-Verfolgungsjagd sowie die Szene an und in Carvers Medien-Hochhaus, das der Sinn Sathorn Tower in Bangkok darstellte. Der Sprung vom Turm, die sogenannte Banner-Sequenz, wurde teilweise in den Studios gedreht, in denen man Elemente des Gebäudes nachgebaut hatte. Die zweiwöchigen Dreharbeiten der Motorradjagd kosteten allein vier Millionen Dollar. Für das Finale baute man in Frogmore eine komplette Straße nach. Vom 9. bis 25. Juni war die zweite Etage des Parkdecks des Brent Crossing Shopping Centers Teil des explosiven Geschehens, dort entstanden die Innenaufnahmen der Parkhaus-Verfolgungsjagd mit Bonds BMW. Am 16. Juni kam es beinahe zu einem Unglück. Drei brennende Pkws waren für die Sicherheitsanlage zuviel, die Feuerwehr kam und löschte den Brand, das Haus wurde zum Teil evakuiert. Vom 18. bis 22. Juli war erneut Hamburg Schauplatz dieser Sequenz. Realisiert wurden eine Kletterei am Hotel Atlantic und der Stunt, in welcher der Wagen in die Autovermietung fliegt.

Die Hotelszenen, in denen Bond von Dr. Kaufman bedroht wird und sich mit Paris Carver einläßt, waren zuvor an einem geschichtsträchtigen Ort entstanden, dem "Stoke Poges Golf Club" außerhalb von London, in dem einst wichtige Teile von "Goldfinger" gedreht worden waren. Zwischenzeitlich arbeitete die Modelbau-Unit unter der Leitung von John Richardson sieben Wochen in den Fox Baja Studios im mexikanischen Rosarito. In dem gigantischen Becken entstanden der Untergang der Fregatte H.M.S. Devonshire und der entscheidende Kampf zwischen Carvers Boot und der britischen H.M.S. Bedford. Vor Floridas Küste nahe Key Largo war der langjährige Aerial-Unit Koordinator B.J. Worth verantwortlich für den HALO-Jump genannten Fallschirmsprung. HALO steht für "High Altitude Low Opening" und bedeutet, daß der Springer den Schirm erst kurz vor dem Einschlag ins Wasser öffnet, um nicht vom Radar erfaßt zu werden. "Es war alles Kamera-Magie", sagte Worth später in einem Interview. "Sie glauben doch nicht ernsthaft, daß ich aus einer Höhe von 29.000 Fuß abspringen würde?"

Erst am 5. September 1997 war der Mammut-Dreh abgeschlossen, drei Wochen später als geplant. Bereits nach acht Tagen wurden Previews durchgeführt und Kürzungen vorgenommen.

Auch um den Interpreten des Titelsongs rankten sich wieder einmal Gerüchte. Die Spice Girls, INXS, Bryan Adams (wohl auch wegen seiner Freundin Cecilie Thomsen, die als Linguistik-Professorin Bergstrom mitwirkt) oder die Rolling Stones wurden genannt, obwohl sie schon die Mitwirkung an "GoldenEye" abgelehnt hatten. Letztendlich blieb Eon der alten Tradition treu, eine Frau zu verpflichten, und engagierte Sheryl Crow.

Budget, Sensationen und Anekdoten

Britischen Medienberichten zufolge war das Budget bereits im Juni 1997 um etwa 20 Millionen Dollar überzogen. Aus dem geplanten Etat von 70 bis 85 Millionen Dollar wurden am Ende rund 100 Millionen, doch dank des enormen Einsatzes vieler Firmen war das zu verschmerzen. Im Oktober meldete "Variety", daß MGM/UA's Produktpartner eine 100 Millionen Dollar teure Werbekampagne starten würden, um auf ihr Engagement in dem Bond-Film hinzuweisen. Später erhielt MGM/UA für die TV-Rechte von CBS allein 20 Millionen Dollar. Für "GoldenEye" hatte NBC lediglich zwölf Millionen Mark bezahlt.

Englische und US-Zeitungen berichteten von Auseinandersetzungen mit Regisseur Spottiswoode, der als zu langsam und zu herrisch bezeichnet wurde und überdies ständig Änderungen am Drehbuch durchführen ließ. Man warf ihm vor, "unschlüssig" zu sein. Sowohl Jonathan Pryce als auch Teri Hatcher beschwerten sich darüber, daß ihre Rollen gegenüber dem ersten Drehbuch immer kleiner wurden. Die Gerüchteküche brodelte, und der Gescholtene merkte sarkastisch an: "Diese Blätter sind dafür bekannt, akkurat zu recherchieren."

Das BMW-Kennzeichen B-MT 2144 erwies sich als falsche Reproduktion eines deutschen Pkw-Kennzeichens, Buchstabenabstand und Schrifttyp stimmen nicht, TÜV und ASU-Plakette sind fehlerhaft. Als das bekannt wurde, beschimpfte Ausstatter Allan Cameron lauthals die dafür verantwortlichen Mitarbeiter. In der Szene, in der während der Fahrt die Stahlnägel herausfallen, enthüllt ein Anschlußfehler, daß man offensichtlich bei den in London gedrehten Action-Szenen verschiedene Fahrzeuge benutzt hat: Die Reifen haben unterschiedliche Felgen. Bei der Übergabe des Mietvertrags spricht Brosnan auch in der Originalfassung deutsch. Den Satz "Mein Büro hat ein Auto reserviert" übte der Ire mit Hilfe eines Dialogue Coach. Die Parkhaus-Sequenz enthielt ursprünglich noch weitere Elemente: Bond klettert während der Fahrt auf den Fahrersitz, vollführt mit angezogener Handbremse einen U-Turn vor den Verfolgern, und das Navigationssystem kommentiert: "Rocket attack! Please turn right!" Die Rakete trifft tatsächlich - einen verfolgenden Jaguar der "Bösen".

Die Szene, in der "Q" seinem Kollegen 007 den neuen Dienstwagen übergibt, spielte ursprünglich auf die britische Nobelmarke an, denn der alte Mann öffnet erst die falsche Kiste, in der ein fauchender Jaguar erscheint - ein Seitenhieb auf den konkurrierenden Autohersteller, der sich wieder den Münchnern geschlagen geben mußte. Doch die Szene schaffte es nicht in den fertigen Film - man weiß ja nie, ob Eon und Jaguar nicht irgendwann einmal Partner werden. Auch der Schlußgag der Leihwagen-Sequenz wurde geschnitten. Laut Storyboard betritt Bond nach dem Sprung eine Avis-Filiale und sagt lässig zu einer Mitarbeiterin: "Der Schlüssel steckt." Geoffrey Robinson, Mitglied des britischen Parlaments und früherer Vorstand von Jaguar, hatte Eon aufgefordert, die britische Autoindustrie stärker zu unterstützen, als er erfuhr, daß neben Jaguar auch Bentley darum kämpfte, im Film präsent zu sein.

Gekürzt wurde eine Action-Sequenz mit einem Gabelstapler, der Zeitungspapierrollen transportiert und 007 bedroht (die soge-nannte Printworks Sequenz). Obwohl sie vollständig ausgearbeitet, also niedergeschrieben und gezeichnet war, blieben nur 40 Sekunden von ihr übrig. Auch die Motorradjagd wies ursprünglich noch andere Szenen auf. So fahren Bond und Wai Lin über Bootsdächer, geraten in eine Sackgasse, wo ihnen die drehenden Rotorblätter so nahekommen, daß sie nicht mehr fliehen können. Sie ergreifen eine Wäscheleine, befestigen einen Stein daran und schleudern ihn in den Rotor. Als der Helikopter auf sie zu stürzen droht, tauchen sie in einen Springbrunnen ab. In einer anderen Szene erscheinen sie überraschend im Schlafzimmer eines Pärchens und krachen gegen das Bett, woraufhin sie (auf ihm sitzend) mit einem langen Lustschrei zum Orgasmus kommt. Was die Zensur wohl dazu gesagt hätte?

Bei der Veröffentlichung der Pressefotos zum Film unterlief den Machern ein peinlicher Fehler. Sie gaben ein Foto heraus, auf dem zu sehen ist, wie das Motorrad über den Hubschrauber fliegt - allerdings ohne rotierende Rotorblätter. Der französische Stuntman Jean-Pierre Goy und die Stuntwoman Wendy Leech, Frau des Stunt-Koordinators Vic Armstrong, die beide auch in dem Connery-Film "Verlockende Falle" gearbeitet hatten, waren tatsächlich über den Helikopter geflogen. Der aber war fest montiert, und die sich drehenden Rotorblätter wurden erst nachträglich am Computer integriert.

In der deutschen Fassung tauchten unterschiedliche Schreibweisen des Zeitungs-Titels auf: Mal wird "Morgen" in Anführungszeichen gesetzt, mal nicht, mal in Versalien geschrieben. Einige der Titelseiten von Carvers Zeitung "Tomorrow" wurden nachträglich retuschiert, da sie ursprünglich auch Geschichten über eine Reise von Lady Diana aufwiesen, die bei Erscheinen des Films bereits ums Leben gekommen war. Von den Medienmoguln, auf

Nie mehr wird sie Deutschland besuchen.
Die wegen des Unfalltodes von Lady Diana zu retuschierende
Titelseite des "Morgen"

deren Biographien die Film-Story zum Teil basiert, sind kaum Reaktionen bekannt. Weder Rupert Murdoch noch Leo Kirch meldeten sich zu Wort; lediglich Ted Turner gab in einem "Spiegel"-Interview zu: "Natürlich gibt es Medienzaren, die die Ereignisse in ihrem Interesse manipulieren", ergänzte jedoch: "Ich gehöre nicht dazu."

Christian Moore, Rogers Sohn, der als Assistent bei der Produktion mitwirkte, kündigte gemeinsam mit fünf Kollegen Anfang Juni 1997 seinen Job, weil er unter der "despotischen Regie" von Roger Spottiswoode nicht arbeiten könne.

Am 27. Juni 1996 starb Produzent Albert R. Broccoli in Los Angeles; er hatte zuletzt im Rollstuhl gesessen und niemanden mehr empfangen. Am 17. November wurde ihm zu Ehren im Londoner "Odeon"-Kino am Leicester-Square eine "Celebration of Life and Work" veranstaltet, bei der erstmals drei Bond-Darsteller gemeinsam auftraten: Roger Moore, Timothy Dalton und Pierce Brosnan. Viele Mitwirkende der Serie waren zu Gast,

Filmausschnitte waren zu sehen und persönliche Erinnerungen zu hören - ein bewegender Vormittag, der viele Anwesende zu Tränen rührte.

Premieren, Starttermine und Besonderheiten
Schon frühzeitig hatte United Artists bekanntgegeben, daß man am 20. November in den US-Kinos starten wolle, doch zahlreiche Verzögerungen verhinderten dies. So fand die Welturaufführung am 9. Dezember 1997 im "Odeon"-Kino am Leicester Square in London statt, ausgerichtet vom "King George's Fund for Sailors", dem die Einnahmen zugute kamen. Einen Tag später wurde in Paris gefeiert und am 12. Dezember in Hamburg. Das "Cinemaxx" am Dammtor wurde zum Premierenkino und einer der Schauplätze, das Hotel Atlantic, zum Ort der Party. Gäste waren Pierce Brosnan, Michelle Yeoh, Jonathan Pryce, Götz Otto, Roger Spottiswoode und Michael Wilson; entgegen ihrer Ankündigung war Barbara Broccoli nicht erschienen. Pierce Brosnan und Götz Otto waren bereits am 10. November zu Interviews in München gewesen. Brosnan hatte geäußert, daß er gerne Martin Scorsese oder Quentin Tarantino als Bond-Regisseure sehen würde, "doch die Produzenten haben nur gelächelt". Außerdem vertrat er die Meinung, daß es "Bond-Filme noch in 50 Jahren geben" werde. Am 13. Dezember war Brosnan bei "Wetten, daß ...?" zu Gast.

Bevor der Film am 18. Dezember in die deutschen Kinos kam, gab es Probleme mit der Freiwilligen Selbstkontrolle. Die Firma UIP (United International Pictures), welche die Bond-Filme in Deutschland verleiht, beantragte die Altersgrenze zwölf, doch der Film wurde erst ab 16 Jahren freigegeben, was - wie bei "Lizenz zum Töten" - zu Einnahmeverlusten führte. Der Film konnte mit 1,5 Millionen Besuchern am ersten Wochenende zwar einen Superstart für sich verbuchen, die insgesamt

4,47 Millionen Zuschauer waren aber deutlich weniger als die 5,5 bei "GoldenEye". Schon zuvor hatte sich der britische Zensor in Gestalt von James Ferman vom "British Board of Film Classification" beschwert, der Film sei "zu gewalttätig für das angestrebte Publikum". "Um mit Hollywoods Action-Abenteuern zu konkurrieren, werden immer höhere Ebenen der Gewalt akzeptiert", hieß es. Mehrere Schnitte führten zumindest dort zu einer Freigabe ab zwölf Jahren.

In den USA startete der Film erst am 19. Dezember, nachdem es am 16. Dezember eine große Premiere im Dorothy Chandler Pavilion in Los Angeles gegeben hatte, dem Ort, an dem zahlreiche Oscar-Verleihungen stattfanden. Am Kinostart-Wochenende verkündete MGM/UA Einspielergebnisse von 25,1 Millionen Dollar, und nach vier Wochen gelang es auch diesem 007-Film, die magische 100-Millionen-Dollar-Grenze zu überschreiten. Nach 22 Wochen Laufzeit waren es 125,2 Millionen in den USA und Kanada - und 343,3 weltweit. "GoldenEye" hatte nur die Hälfte gekostet und 351,2 Millionen Dollar eingespielt. Gegen die Jahrhundert-Konkurrenz "Titanic" konnte der Film sich nicht durchsetzen.

Am 4. September 1998 veröffentlichte "Screen International" eine "International Star Chart 1998", die ermittelte, welche Stars dank welcher letzten drei Filme weltweit die höchsten Einspielergebnisse vorweisen konnten. Hier lag Pierce Brosnan immerhin auf Platz vier, nach Leonardo DiCaprio, Kate Winslet und Will Smith, aber vor Tom Hanks, Tom Cruise und Bruce Willis. Sean Connery belegte den 12. Platz.

Kritik

Der Film wurde von der Kritik weitgehend als perfekt konfektionierte, aber austauschbare Unterhaltung angesehen, wobei unangenehm auffiel, daß den Machern besonders zum Ende nicht mehr eingefallen war, als einen beidhändig mit der MP dauerfeuernden Bond zu präsentieren, der alles niedermäht. Das gäbe es bei "Face Off" schon besser und wirke doch mit der Zeit sehr ermüdend. "Annehmbar", resümierte "Die Zeit". Frauke Hanck schrieb in der "AZ": "Wem es genügt, eine perfekte Actionszene nach der anderen zu sehen, ganz ohne raffinierte Sinnzusammenhänge - der wird an diesem freundlichen 007-Stück Freude haben. Weit liegen sie zurück, die Liebesgrüße aus Moskau." Janet Maslin kritisierte in der "New York Times" das "humorfreie Drehbuch" und bemängelte, daß "das Publikum gelangweilt sein muß, ständig auf Sponsorlabel zu schauen". Bei Joachim Kürten im "Kinofenster 1/98" der "Bundeszentrale für politische Bildung" heißt es: "Während der großangelegten Präsentation des neuen Nachrichtenkanals von Oberbösewicht Carver muß Bond nur an den Stromkasten gehen und den 'Saft abdrehen'. So einfach ist das, wenn man James Bond heißt und auf der richtigen Seite steht. Mit Logik hat das alles wenig zu tun, dafür viel mit den Regeln des Genrekinos und des Spionagefilms. (...) So siegt im Finale stets die Fantasy über die Logik." Und der "tip" konstatierte: "Am Schluß siegt eh die 007-Formel über alle Inhalte oder, wie Bond seinem Widersacher überflüssigerweise erklärt: Die Leute kriegen, was sie wollen. Recht hat er."

Das Statement bringt die Vor- und Nachteile der Serie auf den Punkt - und findet sich diesmal konsequenterweise auch in der Eigenwerbung wieder: Der Vorab-Trailer, der im Sommer 1997 in die Kinos kam, enthielt die markanten Worte: "Bond, James Bond ... You know the rest."

Die Welt ist nicht genug /
The World Is Not Enough (1999)

Inhalt

Der Ölmilliardär Sir Robert King, ein guter Freund von "M", wird von Terroristen ermordet und das Hauptquartier des britischen Geheimdienstes MI 6 an der Londoner Themse Ziel eines Anschlags. Bond wird beauftragt, Kings Tod aufzuklären und dessen Tochter Elektra zu beschützen. In den verschneiten Bergen des Kaukasus entgehen beide nur knapp einem Luftangriff. Die Spur führt nach Baku, der Hauptstadt von Aserbaidschan am Kaspischen Meer, wo sich herausstellt, daß Elektra gemeinsame Sache mit dem Terroristen Renard macht. Renard hat von einem früheren Kampf eine Kugel im Gehirn behalten, die ihn schmerzunempfindlich macht. Er verübt Anschläge mit dem Ziel, die Ölversorgung der Welt zu gefährden. Beide wollen ein Atom-U-Boot in den Bosporus schaffen und dessen Nuklearreaktor zur Explosion bringen, um als einzige Öl vom Kaspischen Meer in den Westen liefern zu können. Bond verbündet sich mit der Nuklearwaffen-Spezialistin Dr. Christmas Jones, ermittelt in Baku und Istanbul und trifft Waffenhändler Valentin Zukovsky wieder, der ihm seine Hilfe anbietet. Der Showdown findet an Bord des Atom-U-Bootes im Bosporus statt.

Hintergründe

Am 13. Oktober 1997, noch vor dem Start von "Tomorrow Never Dies", platzte in der Bond-Welt eine Bombe. Sonys Columbia Pictures kündigte eine eigene 007-Serie an und beanspruchte eine Beteiligung an den geschätzten drei Milliarden Dollar Einnahmen aus den letzten 18 Filmen. Was war geschehen? Wieder einmal waren es die Streitigkeiten um die "Thunderball"-Rechte von Kevin McClory, der sich im Laufe des Jahres mit Sony zusammengetan hatte, welche die Gerüchte nährten, im Herbst 1999 würden abermals zwei Bonds aufeinanderprallen. Nach der Vereinbarung zwischen McClory und Sony erhielt der Ire zwei Millionen Dollar für die Rechte und 15 Millionen Dollar, sollte es zu einer Bond-Serie kommen. Am 17. November 1997 hatte MGM/UA Sony vor dem US District Court in Los Angeles auf 25 Millionen Dollar Schadensersatz verklagt – nicht zuletzt, weil die Sony-Ankündigung kurz vor MGM's Börsengang publiziert worden war und damit dem Aktienverkauf geschadet hatte. Pikant war auch die Tatsache, daß John Calley nun Sonyvorstand: Der frühere Produktionsboß von United Artists hatte "GoldenEye" mitverantwortet, war Präsident von Warner Bros. gewesen und hatte "Never Say Never Again" durchgesetzt. 1996 war er Chef von Sony geworden. Nun warf man ihm vor, geistiges Eigentum gestohlen zu haben; den japanischen Eigentümern von Sony soll er sogar versprochen haben, als Dank für den Chefsessel ein "bedeutendes Franchising" mitzubringen. MGM brachte zudem vor, die Urheberrechte von "Thunderball" seien am 30. Oktober 1997 abgelaufen. Nach einer Erneuerung gehörten nun auch diese Rechte paritätisch MGM und Danjaq, da beide Firmen sie von den Fleming-Erben erworben hätten. McClory argumentierte, daß er mit Fleming gemeinsam "Thunderball" entwickelt habe, also auch Urheber des "kinematographischen James Bond" sei. MGM/UA's Anwalt Pierce O'Donnell hielt dagegen, der kinematographische Bond sei bereits in drei früheren Filmen konstruiert worden. MGM/UA's Chef Frank Mancuso bezeichnete die Argumentation McClorys als "Wahnvorstellung".

Am 26. Februar 1998 fand eine Anhörung vor dem Disctrict Court statt. Am 6. April sollte eine Entscheidung fallen, doch der Termin verstrich ergebnislos. Im Mai ließ Sony verlauten, daß man weder einen neuen Bond-Film entwickle, noch Autoren engagiert habe. Zuvor hatte das Gericht der Firma entsprechende Vorbereitungen verboten, denn es war bekannt geworden, daß Roland und Ute Emmerich sowie Dean Devlin an der Idee zu einem neuen Bond-Film arbeiteten. Bei ihrer PR-Tournee für "Godzilla" sagte Roland Emmerich, daß er sich sowohl mit Pierce Brosnan als auch mit Sean Connery getroffen habe und man die Idee verfolge, den Schotten als Bonds Ausbilder auftreten zu lassen. Doch aus der Umsetzung wurde nichts. MGM/UA und Danjaq fürchteten diese gewichtige Konkurrenz natürlich sehr, zumal in der Branche bekannt wurde, daß es Gespräche zwischen Sony und Sean Connerys Firma "Fountainbridge Films" gegeben habe. Im Februar 1999 kam es tatsächlich zu einer Einigung über die Entwicklung mehrerer Filme. Über deren Inhalt wurde jedoch bisher nichts bekannt. Als Resultat aus diesem vorläufigen Sieg kündigten MGM/UA und Danjaq im Mai 1998 an, man wolle gemeinsam eine Reihe von Bond-Produkten vermarkten.

Am 28. Juli 1998 gab das US-Gericht unter Vorsitz von Richter Edward Rafeedie bekannt, er sei "zu 99,9 Prozent überzeugt", daß es MGM/UA gelingen werde, ein vorläufiges Verbot gegen einen konkurrierenden Bond-Film zu erwirken. Seiner Meinung nach handele es sich bei den sogenannten Filmscripts, die zu dem Roman "Thunderball" geführt hatten, lediglich um "Ableitungen", aus denen sich keine Rechte herleiten ließen. In diesem Sinne wurde auch am 11. Januar 1999 entschieden, nachdem der ursprünglich angesetzte Termin 15. Dezember 1998 erneut verschoben worden war und eine weitere Anhörung am 28. Dezember ebenfalls positiv für MGM ausgefallen war. Am 3. Dezember hatte MGM/UA

Den meisten wäre er mehr als genug: Der BMW Z8 mit Pierce Brosnan in "Die Welt ist nicht genug"

bekanntgegeben, die weltweiten Vertriebsrechte von "Sag niemals nie" von Taliafilm erworben zu haben. In einer letzten, elf Stunden dauernden Anhörung am 29. März 1999 unterlag Sony schließlich vor Gericht, und MGM/UA und Danjaq erhielten das uneingeschränkte Recht, weiterhin als einzige James-Bond-Filme produzieren zu dürfen. Sony mußte außerdem erklären, keinerlei Versuche zu unternehmen, außerhalb der USA einen 007-Film zu realisieren. Das Unternehmen wurde zu einer Strafe in Höhe von fünf Millionen Dollar verurteilt. Da Sony jedoch gleichzeitig bestimmte Rechte an "Casino Royale", Flemings erstem Roman, MGM/UA für zehn Millionen Dollar verkaufte, blieb dem unterlegenen Unternehmen ein Plus von fünf Millionen Dollar. Unabhängig davon strebte MGM/UA eine Klage gegen John Calley persönlich an. Der Prozeß begann am 6. April.

McClory war mit dem Ergebnis unzufrieden. Nach dem verlorenen Prozeß warf er Sony vor, ohne ihn mit MGM/UA "einen Deal ausgehandelt zu haben". Er kündigte an, allein gegen den Konkurrenten vorzugehen, und beanspruchte zudem eine Beteiligung an den Gewinnen der Bond-Filme der letzten 35 Jahre. Am 5. April schaltete er in "Variety" eine Anzeige, wonach die Vorproduktion an "Warhead 2001" (ehemals "Warhead 2000 A.D.") begonnen habe. Nach dem letzten Stand der Berichterstattung plant McClory nun mit australischen und deutschen Partnern den 65 Millionen Dollar teuren Film, da er in den USA keinerlei Rechte mehr hat. Eine tatsächliche Realisierung ist jedoch zweifelhaft.

Trotz all dieser Querelen ging die Vorproduktion des neuen 007-Films, der als "Bond 19" angekündigt wurde, voran. Aufgrund des Drucks auf alle Beteiligten hatte man sich vorgenommen, möglichst schnell eine Story zu entwickeln und mit einer hochkarätigen Besetzung gegen den geplanten Sony-Bond anzutreten. Im Januar 1998 wurden die beiden Autoren Neal Purvis und Robert Wade engagiert, um eine Story-Idee zu liefern. Bruce Feirstein wurde für Überarbeitungen und Dialoge konsultiert, der später verpflichtete Regisseur Michael Apted zog noch seine langjährige Autorin Dana Stevens hinzu. Purvis und Wade hatten 1991 die Komödie "Let Him Have It" mit Christopher Eccleston und Tom Courtenay verfaßt sowie die Gangsterstory "Plunkett & Macleane". Neal Purvis äußerte sich in der "Times": "Wir fanden, daß einige der Kernelemente der von Fleming geschaffenen Figur verlorengegangen waren. Wir fanden, daß es besser wäre, wenn Bond nicht à la 'Der Morgen stirbt nie' mit einem Maschinengewehr auf Leute ballert, sondern eine Walther PPK aufhebt und nur einen Schuß abfeuert. Wir wollten auch sein Innenleben mehr ausleuchten." Weiter heißt es in dem Interview: "Wir dachten, daß der Erfolg dazu führte, den Formel-Bond zu wiederholen, aber die Produzenten ermutigten uns, die Figur in eine andere Richtung zu führen."

Erste Titel wie "Millenium Dome", "Dangerously Yours" und "Pressure Point" tauchten auf; auch "Aquator" wurde wieder genannt, mit einem gewissen Sean Connery als Bösewicht ... Im Sommer und im Dezember 1998 erschienen Anzeigen in Branchenmagazinen mit der Ankündigung, "Bond 19" werde entstehen. Erst während der Dreharbeiten wurde der Titel "The World Is Not Enough" bekanntgegeben. Das Motto geht auf Flemings Recherchen zu dem 1963 erschienenen Roman "On Her Majesty's Secret Service" zurück, für den er sich im Londoner Amt für Heraldik erkundigte, und findet sich im Familienwappen der Bonds wieder. Nach Flemings Recherchen reicht der Stammbaum der Familie bis ins Jahr 1387 zurück; das Wappen basiert auf Sir Thomas Bond, der 1734 starb. Im August kamen Gerüchte auf, der Film erzähle die Geschichte eines Terroristen, der am Abend des ausgehenden Jahrhunderts einen Anschlag auf die rund 10.000 Gäste des Millenium Dome plane. Eon dementierte. Zukovsky (damals noch fälschlicherweise Zukofsky geschrieben), der Waffendealer aus "GoldenEye", sollte Bonds Widersacher sein. Aber auch das stellte sich als Fehlinformation heraus.

Celine Dion brachte sich als Bond-Girl ins Spiel, Ewan McGregor als Bonds Sohn. Für die Rolle als Elektras Bodyguard Gabor war der englische Schauspieler Vinnie Jones im Gespräch. Meat Loaf war als Renard angedacht, und Spice-Girl Victoria Adams hoffte auf eine Rolle. Statt dessen erhielt der britische Rock- und Pop-Künstler Goldie die Rolle von Zukovskys Killer und Chauffeur. Für humoristische Elemente sorgten Serena Scott Thomas als Krankenschwester Dr. Molly Warmflash (Wärmflasche) - Bond wird ernsthaft verletzt und trägt zeitweilig den Arm in einer Schlinge - und John Cleese als "R", dem neuen Assistenten von "Q". Nach Aussagen von Eons früherem Pressesprecher Gordon Arnell kämpfte er seit Jahren um eine Rolle bei 007 und wäre gerne der "bad guy" geworden. Nicht unerwähnt bleiben soll der verzweifelte Versuch der TV-Moderatorin Verona Feldbusch, eine Filmrolle von Rang zu ergattern, der einem Hilfeschrei glich - "Veronas Welken", schrieb "Die Woche" treffend. Richtig ist allerdings, daß das deutsche UIP-Büro versucht hat, sie in dem Film zu "plazieren". Als die Macher von ihrer "Peep"-Vergangenheit erfuhren, nahmen sie Abstand.

Am 9. Dezember meldete "Daily Variety", Denise Richards würde die Rolle der Dr. Christmas Jones übernehmen, zwei Tage später kündigte die Agentur Personality in Paris die Besetzung dieser Rolle mit Sophie Marceau an. Am 8. Januar wurde in London bekanntgegeben, Robert Carlyle sei als Terrorist Renard verpflichtet worden. Informationen der "BamS" vom 10. Januar 1999 zufolge erhielt Claude-Oliver Rudolph die Rolle des Bösewichts Akakievich. Nach einem Vorsprechen Ende November vor der Casting-Agentin in Berlin hatten sich auch Heinz Hoenig und Michael Mendl Hoffnungen gemacht. Hoenig meinte später: "Das kann man alles vergessen. Die sind zwar an mich herangetreten, aber ich habe denen prophezeit, daß sie Schwierigkeiten kriegen, weil ich im Anzug genauso gut aussehe wie James Bond. Außerdem bin ich froh, wenn sie mich nicht nehmen, weil es meinen Terminplan für das nächste Jahr auseinanderreißen würde."

Dreharbeiten und Drehorte

Die Dreharbeiten für eine 170 Mann starke zweite Crew begannen am 11. Januar 1999 im Skigebiet La Flégère bei Chamonix in den französischen Alpen, wo die kaukasischen Szenen gedreht werden sollten. Neun Tage später kam die erste Crew hinzu. Auch Pierce Brosnan und Sophie Marceau wurden erwartet, doch schlechte Witterungsverhältnisse

und die Gefahr von Lawinen, die in der Umgebung bereits zu einer Reihe von Toten und Verletzten geführt hatten, zwangen zur Umdisponierung. Ursprünglich war die Schweiz als Drehort vorgesehen gewesen, doch angesichts der vielen geplanten Stunts und Explosionen - in einer Szene werden Bond und Elektra von Renards Killern aus der Luft mit vier lenkbaren, bewaffneten Paraglidern angegriffen - lehnte man die Genehmigung aus Gründen des Umweltschutzes ab. Als der britische Produktionschef versprach, "die Belastung in der geschützten Region so gering wie möglich" zu halten, gaben die Stadtväter von Chamonix ihre Einwilligung. Anfang Februar hatte eine in der Nähe niedergegangene Lawine elf Menschenleben gefordert. Die Versicherungsgesellschaften der Produktion wurden von Tag zu Tag nervöser und untersagten den Stars die Reise in die Alpen. "Sogar Bond kann nicht gegen das Wetter gewinnen", bemerkte Vic Armstrong ironisch. So wurden die Aufnahmen mit den Hauptdarstellern erst im März gedreht.

Ende Januar entstanden in den Pinewood-Studios die Tschetschenien-Szenen, in denen Claude-Oliver Rudolph auftritt, Bond Renard mit der Waffe bedroht und beide in einem Tunnel kämpfen. Anfang Februar wurde in dem schottischen Schloß Eilean Donan gedreht, das als Hauptquartier von MI 6 in Schottland fungiert und "Thane" heißt. Das Gebäude diente bereits in "Braveheart" und "Highlander" als Filmkulisse. "M's" Büro wurde in Pinewood nachgebaut, an der Wand hängt ironischerweise ein gemaltes Portrait seines Vorgängers Bernard Lee.

Am 16. Februar 1999 gaben die Stars im Hotel Carlton in Bilbao eine Pressekonferenz. Dort wurde auch die Italienerin Maria Grazia Cucinotta vorgestellt, die als "Cigar Girl" auftritt und eine Terroristin spielt. An den drei darauffolgenden Tagen drehte die Crew am

Guggenheim Museum, auf der Mazarredo Avenue und der Iparraguire Straße den Sprung aus dem Fenster einer Bank sowie eine Verfolgungsjagd per Auto. Zu den ursprünglichen Planungen, in Kuba und der Schweiz zu drehen, sagte Regisseur Apted: "Wir wollten an einem sehr schönen und zeitgemäßen Ort beginnen und haben deshalb Bilbao und das Museum ausgewählt." Als Fans "We love 007" auf ein Transparent schrieben und an einem Balkon anbrachten, kommentierte Brosnan den Andrang der Massen: "Das ist wie Beatlemania und ein Sprung zurück in die 60er Jahre."

Am 5. März entstanden im Werk des Telefonherstellers Motorola Ltd. im englischen Swindon - eine neue Form von Product Placement - diejenigen Szenen, die in einer Ölstation in der Türkei spielen. Am 30. März, Ostern (3. bis 5. April) und an weiteren Wochenenden inszenierte die zweite Crew an und auf der Londoner Themse eine aufwendige Motorbootjagd. Beteiligt waren 15 umgebaute Bentz-Boote, die von der in Idaho ansässigen Firma mit 315 PS starken Corvette-Motoren ausgerüstet worden waren. Im Film ist nur eines zu sehen. Der Auftrag kam für die kleine Firma so überraschend, daß man Leute anstellen mußte, die sieben Tage pro Woche arbeiteten. "Sie machten uns klar, daß der Preis nicht das Wichtigste wäre, aber bestanden darauf, daß wir zu einem bestimmten Zeitpunkt fertig zu sein hätten. Sie sagten, eine fehlende Stunde koste sie 35.000 Dollar", erklärte Darell Bentz, der Präsident der Firma. Allein die Luftfrachtkosten für vier Boote beliefen sich auf 25.000 Dollar. Für Sprünge und eine Drehung über die Längsachse war der Rumpf verstärkt und erweitert worden. Nur sechs Boote waren voll funktionstüchtig, die übrigen wurden für Unfälle und Explosionen genutzt. Eines wurde später bei der Cinema-Expo in Amsterdam ausgestellt.

Auch das "Cigar Girl", das den Anschlag auf MI 6 und King verübt, rast mit einem Schnellboot die Themse entlang. Die Londoner Firma "Sunseeker" hatte es umgebaut und mit einer zwei Meter langen Kanone bewaffnet, die goldene Kugeln abfeuert. Der ersten Drehbuchfassung zufolge fliegt 007 mit einer neuen Version des aus "Feuerball" bekannten Jet-Packs hinter ihr her, doch rechtliche Auseinandersetzungen führten zu einer Umdisponierung. So fuhr Stuntman Wade Eastwood als einer von vier kurzfristig ausgebildeten Fahrern für Brosnan eines der Bentz-Boote. Weiterhin wurde ein Kampf auf dem Dach des Millenium Dome eingebaut, denn die Killerin will in einem Ballon fliehen. Sarah Donahue doubelte dabei Maria Gracia Cucinotta. Die gesamte Sequenz benötigte 34 Drehtage und kostete etwa 21 Millionen Mark. Am 1. April ging ein Stunt schief, als das Double (Gary Powell anstelle von Wade Eastwood) eine geplante Marke verfehlte und den Sprung aus dem Boot an das Seil des Ballons verpatzte. Das Boot überschlug sich, verletzt aber wurde niemand. Am aufwendigsten waren die Explosionen am Wochenende des 24./25. April nahe der Isle of Dogs und den West India Docks in den Docklands, als die "Sunseeker" Absperrungen durchbrach. Ansonsten verliefen die Szenen reibungslos. Weitere Aufnahmen entstanden in Medway. Am 6. und 14. Mai mußte Brosnan selbst ins Boot, denn die Jagd führte zum Teil durch ein Restaurant und einen Fischmarkt, und nicht alle Szenen waren mit Doubles zu lösen.

Am 6. April kamen Sophie Marceau und Pierce Brosnan per Privatjet in Baku an, drehten am nächsten Tag in Bibi-Heibat, den alten Ölfeldern außerhalb Bakus, und gaben einen Tag später in einem Kino eine Pressekonferenz. Gedreht wurde in den folgenden Tagen nicht nur in Baku, sondern auch 30 Kilometer außerhalb in den Bergen von Neft Dashlary, wo auch der neue BMW erstmals zum Einsatz kam. Schon am 5. Januar hatte eine Sprecherin von Eon angekündigt, daß man in der aserbaidschanischen Hauptstadt drehen werde. Großen Medienwirbel verursachte die Meldung allerdings nicht. Nach Informationen des 007-Fans Ismail Imanov "wußte niemand etwas über den Bond-Besuch. 'Wer ist James Bond?' fragte jemand."

Auf dem Freigelände der Pinewood Studios war inzwischen eine 90 mal 120 Meter große Ölförderanlage in und über einem Becken mit schwarzgefärbtem Wasser errichtet worden. Mitte Mai drehte das Team in Zentralspanien, in dem kleinen Ort Quenka und nahe der Orte Bardenas Reales und Tudela. Die Landschaft weist Ähnlichkeiten mit Wüstenlandstrichen auf, so daß die Szenen auf der russischen Abschußbasis und in der Türkei hier (und in Studios) gedreht wurden, aufgrund des Risikos allerdings ohne Stars. Mitte Mai entstand im englischen Elstead eine aufwendige Action-Szene, in der 007 im BMW von Helikoptern mit zehn rotierenden Sägen gejagt wird. Am 26. Juni wurden die Dreharbeiten abgeschlossen.

Am 3. August lagen im englischen Reading Testscreenings vor. Die noch nicht endgültige, immerhin 144 Minuten lange Fassung enthielt weder einen Vorspann noch den Titelsong. Seit Monaten hatte es Gerüchte um den Interpreten gegeben, im Gespräch war Lauryn Hill. Daß man schließlich die Band Garbage verpflichtete, darf als eine mutige Entscheidung gelten. Die wenigen Testseher begrüßten vor allem die schauspielerische Leistung von Robert Carlyle; Sophie Marceau schnitt in der Beurteilung weniger gut ab. Positiv erwähnt wurde auch der Humor des Films. Speziell der Rollenname "Christmas" von Denise Richards hatte die Autoren zu 007-Sprüchen à la "This time Christmas came early" nach der Liebesnacht animiert.

Budget, Sensationen und Anekdoten

Obwohl Budgetzahlen bei dieser Produktion nicht vorab bekanntwurden, ist von einem Etat zwischen 80 und 110 Millionen Dollar auszugehen, wobei die investierte Summe wiederum durch zahlreiche Merchandising- und Promotion-Partner abgedeckt ist. Offensichtlich wurde mit einer Reihe von ihnen, wie auch mit Pierce Brosnan, eine Vereinbarung über drei Filme geschlossen, um eine gewisse Kontinuität im Charakter von James Bond zu wahren - man denke nur an BMW-Fahrzeuge, Omega-Uhren, Walther-Pistolen, Brioni-Anzüge und die zum großen Teil europäischen Hersteller. Doch auch hier finden sich Ausnahmen, denn Telefonhersteller Motorola überbot dieses Mal Nokia und schaffte es sogar, das Werk im englischen Swindon in den Film mit einzubeziehen - auch wenn es nicht als solches zu erkennen ist. Aber nicht nur die Hersteller profitieren von der Wiederbelebung der Serie, sondern, verdientermaßen, auch Hauptdarsteller Pierce Brosnan. Nach 1,8 Millionen Dollar Gage für "GoldenEye" kassierte er nun elf Millionen und konnte sich dank seiner Popularität erlauben, auf die andere Seite der Kamera zu wechseln. Mit seiner Gesellschaft "Irish Dreamtime Inc." produzierte er die Filme "Der amerikanische Neffe" und "Die Thomas Crown Affäre". Letzterer lief am 6. August 1999 in den USA an; Brosnan spielt, wie Sean Connery im selben Jahr in "Verlockende Falle", einen Kunstdieb.

Im Februar 1999 kündigte Brosnan an, er werde dafür sorgen, daß James Bond nicht mehr rauche. Schon in "Der Morgen stirbt nie" hatte er zwar eine Zigarette gehalten, aber nicht daran gezogen. Jetzt wurde aufgrund seines Wunsches sogar im BMW Z 8 der Aufkleber "Please don't smoke" angebracht. Nach einem Bericht des Magazins "Men's Health" ist 007 aufgrund seines laxen Lebensstils ohnehin längst nicht mehr in der Lage, seinen

Job angemessen auszuführen. "Er ist längst impotent und durch einen Leberschaden verkrüppelt. Durch seinen Alkoholkonsum ist er ein kranker Mann und hat keine Lizenz zum Töten mehr, sondern sich selbst getötet", heißt es in dem Magazin.

Während der Dreharbeiten der Bootsjagd auf der Themse kam es zu Problemen mit der englischen Regierung. Eine Sitzung von Mitgliedern des Houses of Parliament wurde so gestört, daß man sich beschwerte. Schließlich schritt die für den Film zuständige Ministerin Janet Anderson ein, und auch Außenminister Robin Cook meldete sich zu Wort. Von offizieller Seite hieß es: "Nach dem, was Bond alles für uns getan hat, ist die Dreherlaubnis das mindeste, was wir für ihn tun können." Um keinen Ärger mit dem Umweltschutzbehörden zu bekommen, wurde unter Wasser ein sogenanntes Fish Guidance System installiert, das die Fische in bestimmte Bereiche zurückdrängte.

Am 9. Mai 1998 eröffnete im Kings Dominion Park im amerikanischen Doswell in Virginia eine neue Sehenswürdigkeit. "License to Thrill" ist der Name des vierminütigen Rides, der sowohl Ausschnitte aus Bond-Filmen als auch Simulationen beinhaltet. Die Manager des zu Paramount gehörenden Vergnügungsparks hatten zwei Tage zuvor zu einer Premiere eingeladen, zu der Desmond Llewelyn erschienen und der langjährige Aerial-Unit Koordinator B.J. Worth per Fallschirm eingeflogen war. Er hatte auch Szenen für die Attraktion gedreht; die Dialogtexte stammten von Bruce Feirstein.

Vom 19. Juni bis 18. Oktober 1998 zeigte das Roemer-Pelizaeus-Museum in Hildesheim die Ausstellung "James Bond. Die Welt des 007", die in veränderter Form bereits in England und Schottland zu sehen gewesen war. Das Engagement des Museums, Sonderveranstaltungen und die Unterstützung durch Privat-

sammler haben sicher zu dem Erfolg von knapp 100.000 Besuchern beigetragen. Angemerkt werden muß jedoch, daß eine Reihe von Fehlern den Genuß für Spezialisten trübte. Teile der Ausstellung waren in abgewandelter Konzeption vom 25. November 1998 bis 28. Februar 1999 in der Reithalle in Ludwigsburg zu sehen und wurden von 40.000 Personen besucht. Zahlreiche Querelen zwischen dem Veranstalter "Hildebrand", Eon und örtlichen Unternehmern führten dazu, daß eine weitere geplante Ausstellung in Hamburg nicht zustande kam. Die "Hildebrand Ltd." ging inzwischen in Konkurs.

Premieren und Starttermine

Bereits im Januar 1998 war der US-Start-Termin 19. November 1999 von Larry Gleason, dem MGM-Präsidenten für Distribution, festgelegt und auf den ab April verbreiteten Teaser-Plakaten angekündigt worden. Die englische Premiere soll am 22. November in London stattfinden, die deutsche am 24. November, eventuell in Berlin. Kinostart in Deutschland ist am 9. Dezember.

Kritik

"Limitiert wie die Ölvorkommen sind auch die Variationsmöglichkeiten der ungebrochen gewinnträchtigen Agentenserie", schrieb Peter Koberger in "Blickpunkt Film" und brachte auf den Punkt, was zu erwarten war: Es wurde wenig geschüttelt, und nichts rührt sich, denn Formel bleibt Formel oder - um noch einmal den Text zu zitieren: "Vom kinetischen Prolog bis hin zur obligatorischen finalen Intimbelohnung Bonds bleibt alles beim alten." Die Auftaktsequenz ist ein wenig länger als sonst, die Frauenrollen sind etwas vielschichtiger und die Skisequenz sicher das langweiligste Action-Moment der gesamten Serie. Und wer Denise Richards die promovierte Nuklearwaffenexpertin abnimmt, glaubt bestimmt auch, daß Lara Croft - Vorbild in puncto Kleidung - die Schwester von Mona Lisa ist. "Der tricktechnische Einfallsreichtum droht mittlerweile an seiner eigenen Routine zu ersticken", hieß es im "filmdienst". Die "SZ" stellte fest, daß "alle Action-Szenen dem gleichen Prinzip folgen: Der neue Bond ist ein Sampler der alten Bonds". Und da sich "Bondfilme inzwischen der Kritik entziehen", wie der "tip" bemerkte, bleibt nur noch zu erwähnen, daß die meisten Rezensenten dem "seelenlosen Spektakel" ("Der Spiegel") nicht viel abgewinnen konnten, ausgenommen den darstellerischen Leistungen. Speziell Sophie Marceau, Robert Carlyle und John Cleese wurden häufig hervorgehoben. "Eine famose Mischung aus Opfer und Täter, Unschuldsengel und Femme fatale", attestierte etwa "epd Film" der Französin. "Nicht anzunehmen, daß die Welt von diesem aufwendigen Remix genug haben wird", bilanzierte Peter Koberger, und Lars-Olav Beier schrieb, daß sich "am Ende, nach vielen Variationen des Immergleichen sich alles in Wohlgefallen auflöst". Genau das ist das Problem der Serie. Selten wurde es so deutlich erwähnt.

Stirb an einem anderen Tag /
Die Another Day (2002)

Inhalt

James Bond (Pierce Brosnan) fährt, als Diamantenhändler getarnt, nach Korea, um gegen den Nordkoreaner Colonel Moon (Will Yun Lee) zu ermitteln. Er sieht sich dessen Killer Zao gegenüber, den er bei einem Kampf schwer verletzen kann, wird aber nach einer Verfolgungsjagd mit Hovercrafts in der demilitarisierten Zone zwischen Nord- und Südkorea gefangengenommen. Erst nach langer Zeit wird er aus dem Gefängnis entlassen, enttäuscht, daß seine Chefin "M" (Judi Dench) sich nicht um seine Rettung gekümmert hat. Und es kommt noch härter für Bond: An seiner Stelle ermittelt jetzt seine Kollegin Miranda Frost (Rosamund Pike) in der Sache. Bond fliegt nach Kuba, wo Zao vermutet wird. Dort lernt er die aufregende Agentin Jinx (Halle Berry) kennen, die für die National Security Agency (NSA) unter der Leitung von Damien Falco (Michael Madsen) ermittelt. Dieser traut Bond nicht, weil er mehrere Monate in koreanischer Gefangenschaft verbracht hat.

Es stellt sich heraus, daß der britische Milliardär Gustav Graves in den Fall verwickelt ist, er entweder mit Colonel Moon gemeinsame Sache macht oder an seiner Stelle auftritt. Denn Moon ist es gelungen, mittels gentechnischer Veränderungen das Gesicht von Graves anzunehmen. Der Brite residiert in einem Eispalast in Island und hat die neuartige Superwaffe "Ikarus" entwickelt, die mit der Energieleistung der Sonne in der Lage ist, vom Weltraum aus Dinge auf der Erde einzuschmelzen. Nachdem Bond und Jinx in Island einem Angriff der Waffe nur knapp entrinnen können, kommt es in Korea zum Showdown um die Herrschaft von Moon und der Welt.

Die Waffe hält er weiter in der Hand, auch wenn sie manchen Wettbewerbern nicht sichtbar erscheint. Brosnan im Mai 2002 in Cannes.

Hintergründe

Nach der Promotion-Tournee von "Die Welt ist nicht genug" setzten sich die Verantwortlichen zusammen, um über das weitere Vorgehen zu beraten. Pierce Brosnan machte deutlich, daß er sich eine größere Pause wünsche, um sich seiner Familie und seiner Produktionsfirma zu widmen und andere Filme zu drehen. Broccoli und Wilson besprachen sich mit verschiedenen Lizenznehmern. Auch wenn man bissigen Kommentaren über zuviel Werbung im letzten Film entgangen war, gab es Verärgerung. Eine bereits gedrehte Szene mit dem Aston Martin DB 5, in dem Bond von Miss Moneypenny zur Beerdigung von Sir Robert King gefahren wird, war der Schere zum Opfer gefallen, und so konnte Corgi Toys keine Neuauflage des Spielzeugmodells verkaufen. BMW, Omega und Brioni meldeten zwar Interesse an einer erneuten Zusammenarbeit an, doch die Produzenten überlegten, wie sie den stagnierenden Einnahmen mit einer zündenden Idee zu neuem Schub verhelfen könnten. Am Ende einigte man sich darauf, eine größere Pause einzulegen, das Konzept zu überdenken und Regisseur Michael Apted, der in Interviews mehrfach verlauten ließ, gerne wieder einen Bond-Film drehen zu wollen, erst einmal abzusagen. Zudem mußte man sich mit 20th Century Fox einigen, dem neuen Vertriebspartner für den Markt außerhalb der USA. Der Vertrag mit dem Verleihverband UIP war ausgelaufen, und so war klar, daß der nächste Film mit einem anderen Partner in die Kinos gebracht werden mußte. In den USA liegt die Distribution unverändert bei MGM. Der Vertrag mit 20th Century Fox trat am 1. November 2000 in Kraft und ist zunächst bis Januar 2003 befristet. Bereits am 1. Februar 2000 hatte Fox die Video- und DVD-Distribution übernommen. So erschienen die Filme in Deutschland bei "Fox Home Entertainment" und nicht mehr bei "Warner Home Video".

Zunächst bestimmten neue Rechtsstreitigkeiten die Bond-Film-Historie, die Eon im Hinblick auf das bevorstehende 40. Jubiläum der Filmserie äußerst ungelegen kamen (zur Vorgeschichte siehe "Hintergründe" auf Seite 214). Unzufrieden mit dem Prozeßverlauf zwischen Sony und MGM, hatte der irische Produzent Kevin McClory Sony beschuldigt, einen Deal mit dem Konkurrenten ausgehandelt zu haben. Der Vorsitzende Richter gab McClory Zeit, sich bis zum 3. Mai 1999 zu äußern, ob er weitere Ansprüche geltend machen wolle. Der sah sich weiterhin als ursächlich beteiligt an der Entwicklung der Filmfigur James Bond und beanspruchte entsprechend seinen Anteil an deren Vermarktung. Allein für die Fernsehrechte von "Der

Morgen stirbt nie" hatte CBS in den USA 20 Millionen Dollar gezahlt. Doch am 31. März 2000 schmetterte Richter Edward Rafeedie vor dem US Disctrict Court in Los Angeles McClorys Ansprüche ab, der bei zwei Anhörungen am 28. und 30. März nicht erschienen war. Als Begründung führte Rafeedie an, daß McClory erst 1997 seine Ansprüche geltend gemacht habe, und damit viel zu spät. Zwar habe er 1976 Danjaq - die Firma, die die Lizenzrechte der Bond-Figur besitzt - verklagt, weil er bestimmte Plagiate in dem damaligen Drehbuch von "Der Spion, der mich liebte" ausgemacht haben wollte, aber seine Behauptung, die Kinofigur James Bond durch seine Entwürfe von "Feuerball" gemeinsam mit Ian Fleming kreiert zu haben, habe er jahrelang nicht gerichtlich durchzusetzen versucht. "Eine zumindest 36jährige Verspätung", stellte der Richter fest und wies McClorys Klage ab.

Da sich sonst nichts tat an der Spionagefront, eröffneten im Frühjahr 2001 vor allem die britischen Boulevardblätter eine neue Runde im Kandidatenkarussell für den nächsten Bond-Film. Da wurde von Gesprächen zwischen Barbara Broccoli, Colin Wells, Gerald Butler, Jeremy Northam und Clive Owen berichtet, da tauchten Akteure wie Colin Salmon und Cuba Gooding jr., Catherine Zeta-Jones (als potentielles Bond-Girl), Kevin Spacey oder Nigel Havers (als Bösewicht) in den Klatschspalten auf. Dougray Scott äußerte sich zu den Spekulationen um seine Person: "Es ehrt mich sehr, daß Leute in Erwägung ziehen, ich wäre gut genug für die Rolle, aber ich könnte nicht besser sein als Sean Connery. Um ehrlich zu sein, glaube ich nicht, daß ich sanft genug sein könnte. Ich kann noch nicht mal einen der Bösen spielen, denn das war ich schon in 'Mission Impossible II'". Plötzlich galt Robbie Williams als aussichtsreicher Kandidat. "Das Seltsame ist, wenn Sie in meinen Briefkasten schauen, bekommen Sie den Eindruck, daß einfach jeder Mann auf dieser Erde denkt, er sei der perfekte James Bond", beklagte sich Besetzungs-Chefin Debbie McWilliams über die vielen Bewerbungen. Mit Details hielt sie sich zurück. Für Russell Crowe äußerte sie Sympathie, wurde aber in bezug auf Robbie Williams deutlich. "Er ist für die Rolle ungeeignet", erklärte sie gegenüber der BBC. "Ein Bond-Darsteller muß umwerfend gut aussehen und unglaublich fit sein." Und der war schließlich bereits gefunden und hatte kein Interesse, die Pistole an den Nagel zu hängen: Im März 2001 ließ Pierce Brosnan verlauten, er wünsche sich den nächsten Film als den "überraschendsten und realistischsten von allen, die ich gedreht habe". Im selben Monat bestätigten die Produzenten Gespräche mit Whitney Houston, doch kam es zu keiner Verpflichtung. Permanente Spekulationen über den Drogenkonsum der Diva paßten auch nicht zur Familientauglichkeit des Gentleman-Agenten. Auch das deutsche Model Nadja Auermann bestätigte, daß ein Angebot vorläge: "Allerdings gab es immer zeitliche Probleme, oder ich war gerade schwanger."

Gerüchte über populäre Themen werden gerne verbreitet. Diesmal existierten angeblich zwei Drehbuchfassungen des neuen Films. Die eine hieß "Terminus" und handelte von einem ehemaligen SAS-Agenten, der rund um den Globus IRA-Zellen postiert hat, die mit chemischen Waffen die Welt terrorisieren sollen. Die andere Variante, noch ohne Titel, verband Action-Szenen wie eine Motorradjagd in der Karibik mit einer Hubschrauberjagd in den Straßenschluchten Manhattans. Im Juli 2001 war zu hören, daß Neal Purvis und Robert Wade, die Ko-Autoren von "Die Welt ist nicht genug", einen ersten Drehbuchentwurf vorgelegt hätten, der mit den erwähnten Szenen nichts gemein habe. Auch die Titel "Beyond The Ice", "Final Assign-

ment", "Black Sun", "Cold Eternity" oder "Double Cross", die im Internet kursierten, seien falsch. Tatsache war, daß MGM "Double Cross" und Eon www.BondXX.com schützen ließ. Die Figur des Colonel Moon, über die früh spekuliert wurde, erinnert an den Originaltitel des Bond-Romans "Colonel Sun", den Kingsley Amis 1968 unter dem Pseudonym Robert Markam verfaßte. Darin ging es allerdings um einen chinesischen Oberst. Währenddessen erzählte die 17jährige französische Popsängerin Alizée dem Magazin "Der Spiegel", sie könne sich vorstellen, "Karriere als Bond-Girl zu machen". Als durchsickerte, daß eine der weiblichen Hauptfiguren eine "Top-Sportlerin" sein sollte, machten sich die englische Kickboxerin und Sportmoderatorin Kirsty Gallacher und die bulgarische Boxerin Daisy Lang Hoffnungen, die sich nicht erfüllten. Auch der Deutsche Thomas Kretschmann, der in Filmen wie "Die Bartholomäus Nacht", "U-571", "Blade 2" und "Der Pianist" internationale Filmerfahrung sammeln konnte, fiel durch. Er wurde zwar zum Vorsprechen eingeladen, aber abgelehnt. Auch Udo Kiers Hoffnung erfüllte sich nicht. Der Zeitschrift "TV-Movie" sagte er, es sei sein größter Wunsch, "einmal den Bösewicht in einem James-Bond-Film zu spielen". Eine deutsche Beteiligung aber kam diesmal nicht zustande, zumal BMW als Sponsor ausgeschieden war. Eon schloß einen Vertrag mit Ford ab.

Die Besetzung gestaltete sich weiterhin als schwierig. Zwei nordkoreanische Schauspieler, unter ihnen der populäre Kim Yeongcheol, wurden gefragt, lehnten aber ab, da sie Probleme in den Beziehungen zwischen Nord- und Südkorea vermeiden wollten. In-Pyo Cha, ein weiterer Kandidat für die Rolle des Colonel Moon, lehnte ab, weil er das Drehbuch als "antikoreanisch" einstufte. Man hatte ihm erklärt, der Film habe nichts mit der aktuellen politischen Situation zu tun. Doch nachdem er das Drehbuch gelesen hatte, reagierte In-Pyo Cha unwirsch: "Wie erwartet, benutzt Hollywood wieder einmal die Probleme eines Landes, um andere zu unterhalten." So verpflichtete Eon den koreanisch/amerikanischen Akteur Yune Seong-sik, der unter dem Namen Rick Yune in Filmen wie "Schnee der auf Zedern fällt" und "The Fast and the Furious" mitgewirkt hatte. Die Amerikanerin Halle Berry sagte erst zu, nachdem ihr Drehplan mit dem des geplanten zweiten Teils von "X-Men" abgestimmt worden war, in dem sie ebenfalls mitwirkte. Das paßte auch im Hinblick auf die Vermarktung, denn Berry ist eine der Repräsentantinnen des Kosmetikkonzerns Revlon, der umgehend einen Promotionsvertrag mit MGM ankündigte. Die Produktion bekam im März 2002 einen zusätzlichen Publicity-Schub, als Berry für ihre Rolle in "Monster's Ball" einen Oscar erhielt. Weiter wurden die weitgehend unbekannte Engländerin Rosamund Pike und ihr Landsmann Toby Stephens verpflichtet. Die meisten Verträge wurden im Dezember 2001 unterschrieben, so daß die Gerüchte in bezug auf die Besetzung Anfang 2002 verstummten.

Auch um den Regiesessel gab es großes Gerangel. Im Sommer 2001 berichtete der "Hollywood Reporter", daß Stephen Hopkins ("Blown Away", "Lost in Space") und Stuart Baird ("Einsame Entscheidung", "Auf der Jagd") auf der Liste möglicher Regisseure stünden. Auch Tony Scott ("Crimson Tide", "Spy Game") und Brett Ratner ("Rush Hour") meldeten Interesse an. Einer US-Quelle zufolge setzten sich Brosnan und MGM für Ratner ein, der jedoch ernüchtert feststellen mußte, daß man als Amerikaner "keine Chance" hatte. Ende Juli sickerte durch, man führe auch mit dem Neuseeländer Lee Tamahori Gespräche, der mit dem Drama "Die letzte Kriegerin" und zwei Thrillern mit Mor-

Die neuen Damen an Bonds Seite: Rosamund Pike und Halle Berry. Ein immer wieder gerne genommenes Motiv.

gan Freeman bekannt geworden war. Im August fiel die Wahl auf ihn, so daß die Vorbereitungen für den Jubiläums-Bond beginnen konnten. Bedroht wurden sie durch einen Streik britischer Schauspieler, der von der Gewerkschaft für das kommende Frühjahr anberaumt war und die Dreharbeiten empfindlich gestört, wenn nicht ausgesetzt hätte. Ende November erlaubte die Gewerkschaft "Equity" Eon jedoch, den Film planmäßig zu beginnen.

Dreharbeiten und Drehorte

Am 11. Januar 2002 luden Eon Productions und MGM zu einer Pressekonferenz und einem Set-Besuch in die Londoner Pinewood Studios, um den Drehstart des Bond-Films bekanntzugeben. Auf der Pressekonferenz wurde eine Mappe mit der Aufschrift "Bond 20" verteilt, die mit dem Aufkleber "Working Title" versehen war. Die nicht gerade professionelle Präsentation war nur ein Teil der eher peinlichen Veranstaltung, denn weder hatte man einen offiziellen Titel, noch gaben die anwesenden Akteure und Macher Gehaltvolles von sich. Brosnan rief scherzend die Journalisten zum Mitmachen auf: "Wenn Sie irgendeinen Vorschlag haben, sagen Sie uns doch Bescheid." Bond-Spezialisten wissen, daß der Film nicht das 20. Bond-Abenteuer ist. Vielleicht war das Ganze nur ein Marketingschachzug, denn der 20. Film in 40 Jahren läßt sich besser vermarkten.

Neben der Pressekonferenz wurden wieder die üblichen Fotomöglichkeiten geboten. Diesmal standen ein silberner Aston Martin V12 Vanquish und ein grünes Jaguar-XK-8-Cabrio auf der Bühne. Es ist schon erstaunlich, wie sehr sich Bilder und Vermarktungsstrategie im Laufe der Jahre gleichen. Wenn man davon absieht, daß Auto und Akteure wechseln, werden Bond-Filme seit 1977 mit immer demselben Motiv angepriesen. Damals standen Barbara Bach und Roger Moore vor einem weißen Lotus Esprit. Aber nicht nur die ungelöste Titelfrage ließ manche Medienvertreter verärgert oder ratlos wieder abreisen, auch nicht geladene Gäste waren frustriert: Die weltweit publizierte Ankündigung, das "Ereignis" könne live am Computer verfolgt werden, konnte aufgrund technischer Schwierigkeiten nicht umgesetzt werden.

Tatsächlich hatten die Dreharbeiten längst begonnen, denn bereits Ende Dezember 2001 hatte das zweite Aufnahmeteam vor Hawaii Szenen mit Wellenreitern auf Surfbrettern gedreht. Die Surfprofis Laird Hamilton, Dave Kalama, Darrick Doerner, Rush Randle und Brett Lickle kämpften zweieinhalb Tage mit meterhohen Wellen. Sie trugen Nachtsichtgeräte, um eine Geheimdienstoperation nachzustellen. Nach dem Ortstermin in Pinewood wurde ab dem 14. Januar einige Wochen in London gedreht. Ausstatter Peter Lamont und sein Team hatten ab Oktober 2001 zehn Sets errichtet, dessen größtes ein riesiger Eispalast in der 007-Halle war. Außerdem entstanden auf dem Freigelände Colonel Moons Palast, das Hauptquartier von Zaos koreanischer Ar-

mee und Teile der koreanischen Grenzanlagen sowie in den Hallen Blades Health Club, M's Büro, ein Teil der Londoner Untergrundbahn und Bonds Zelle. Begonnen wurde mit Außenszenen vor Moons Palast und Teilen der Pre-Title-Sequenz, in der Bond gefangengenommen wird. Bei diesen ersten Action-Aufnahmen wurde Pierce Brosnan am 15. Februar verletzt. In einer Szene mit zehn verschiedenen Hovercrafts verdrehte er sich sein Knie so stark, daß er zur Behandlung nach Los Angeles geflogen wurde und die Produktion zwei Wochen ohne ihn weitermachen mußte.

Nach den Arbeiten im Studio folgten eine Reihe von Außenaufnahmen in England. Die Küste von Holeywell Bay nahe Newquay in Südwestengland stellte Ende Februar für zwei Tage und Nächte koreanisches Militärgebiet dar. Die Küste, die als Surfparadies gilt, war bereits 1983 Schauplatz der Agentenkomödie "Top Secret" mit Val Kilmer gewesen. Auf einer Brücke in der Grafschaft Berkshire fand ein Agentenaustausch statt; im Film spielt die Szene an der Grenze zwischen Nord- und Südkorea. Die gewaltigen Gewächshäuser des sogenannten Eden Project nahe St. Austell in Südwestengland dienten ebenfalls als Filmkulisse. Schon bei ihrer Eröffnung im März 2001 hatte Christopher Redman im "Time Europe Magazine" geschrieben, die Biodome genannten Gewächshäuser erinnerten an das "Finale am Jüngsten Tag eines James-Bond-Films". Doch bevor man tatsächlich dort drehte, arbeitete das zweite Aufnahmeteam Ende Februar noch an der Küste, wo die Ausstatter Grenzanlagen mit Beobachtungstürmen errichtet hatten. "Please be aware that Hovercrafts are being tested and filmed in this area. We apologise for any inconvenience caused" (Bitte beachten Sie, daß Hovercrafts in diesem Gebiet getestet und gefilmt werden. Wir bedauern alle verursachten Unannehmlichkeiten) stand auf einem Schild. Stuntman George Cottle doubelte für Brosnan. Explosionen, Schießereien und der Geräuschpegel von drei großen Hovercrafts störten die Ruhe an der sonst so beschaulichen Küste.

Anfang März war dann ein etwa 100 Personen starkes Team im Eden Project aktiv, um vor und nach den Öffnungszeiten für Besucher dreimal zwölf Stunden zu drehen. Vom 3. bis 5. März agierte Schauspieler Toby Stephens als Bösewicht in den gigantischen Gewächshäusern, die im Film eines seiner Domizile darstellen. "Dies ist ein phantastischer Ort und purer James Bond", sagte Regisseur Lee Tamahori dem englischen "Guardian". Neben Schießereien und Explosionen drehte er unter anderem eine Szene, in der ein Stunt-Double von Halle Berry sich von dem 55 Meter hohen Dach eines Biodomes abseilt. Probleme bereitete der Crew vor allem die Akklimatisierung ihrer Ausrüstung, da Kameras und Linsen etwa eine Stunde benötigten, ehe sie in den subtropischen Temperaturen funktionierten. Am Dienstag, dem 12. März, gaben MGM und Eon Productions den offiziellen Titel des Films bekannt: "Die Another Day". Nach weiteren Innenaufnahmen in Pinewood und dem dort entstandenen Eispalast, der dem sogenannten "Icehotel" im schwedischen Jokkasjärvis nachempfunden ist, reiste ein Team von rund 250 Personen Anfang April ins südspanische Cadiz, das als Kulisse für Havanna diente. Zunächst behinderte das Wetter die zu drehenden Strandszenen, denn es stürmte und schüttete. Am Stadtstrand in Caleta trifft Bond auf Jinx, die mit orangefarbenem Bikini und weißem Dolch den Fluten entsteigt wie 1962 Ursula Andress. Im Film sollte es weitere Anspielungen auf die 40jährige Tradition der Reihe geben. So entdeckte 007 das Buch "Birds of the West Indies" des Vogelkundlers James Bond. Rund 550 hispanisch aussehende Statisten sorgten in Cadiz dafür, daß

Die Promotion läuft an: Der neue Aston Martin vor dem "Carlton" in Cannes.

karibisches Flair aufkam. Am 6. April holte die Wirklichkeit das Abenteuer ein. Bei einer Explosionsszene mit einem Hubschrauber bekam Halle Berry Dreck und Splitter einer Rauchbombe ins linke Auge. Sie mußte umgehend ins Krankenhaus gefahren und behandelt werden.

Noch während der Produktion lief die Werbung an. Am 4. Mai wurde das Vorankündigungsplakat vorgestellt, das wie bei "Die Welt ist nicht genug" und "Im Geheimdienst Ihrer Majestät" auf Bonds Gesicht verzichtete. Statt dessen war lediglich eine Waffe zu sehen, die mit rauchendem Schalldämpfer auf einem Eisblock liegt. Sie bot sogleich Anlaß zu vielen Spekulationen, denn eine Walther PPK oder P 99, wie sie zuvor benutzt worden waren, war das nicht. Für die Filmfestspiele in Cannes ließ die Produktion zwei Aston Martin Vanquish, ein Jaguar-XK-8-Cabrio und einen Range Rover an die Cote d'Azur fliegen. Einer der Sportwagen wurde vor dem Carlton-Hotel in einer Eislandschaft präsentiert, die anderen standen in der Einfahrt des sogenannten "Palais des Bulles", der Villa von Modeschöpfer Pierre Cardin. Sie wurde am

18. Mai Schauplatz einer spektakulären Party, die MGM und MTV veranstalteten. Ein Teil des sensationellen Anwesens war in ein Spielcasino verwandelt worden. Jeder der etwa 1.200 Gäste erhielt ein schwarzes Eintrittskärtchen, das mit dem eigenen Fingerabdruck versehen war und von einem Fingerprintscanner gelesen werden konnte, sowie 1.000 Spieldollar, mit denen er zocken und Dinge gewinnen konnte, die von den Promotionspartnern Philips, Samsonite, Swatch und Jaguar zur Verfügung gestellt worden waren. Auch Brosnan hielt sich ein Wochenende in Südfrankreich auf und stellte sich den Fragen einiger Journalisten. Die Pressetermine absolvierte er - wenn auch ohne Waffe - in Agentenpose und warb für seine neue Eigenproduktion "Evelyn", die er mit Bruce Beresford in Irland gedreht hatte. Ende Juni erhielt der Ire auf der "Cinema Expo", der Messe der Filmbranche in Amsterdam, eine Auszeichnung als "Internationaler Star des Jahres". Dort wurden mehr Bilder veröffentlicht, als im ersten Teaser-Trailer zu sehen waren, der bereits in vielen Kinos vor "Star Wars Episode 2" lief. Cannes erlebte auch die Wiederkehr von Kevin McClory, der zwar nicht persönlich auftauchte, aber in der "Screen"-Ausgabe vom 10. Mai 2002 ankündigte, James-Bond-Rechte verkaufen zu wollen. Eine Woche später wurde in einer ganzseitigen Anzeige darauf hingewiesen, potentielle Interessenten könnten sich an eine Amsterdamer Firma wenden, um die Rechte an "Feuerball" und Drehbüchern von Ian Fleming, Len Deighton, Sean Connery und anderen zu erwerben. Ob es zu Verhandlungen kam, ist nicht bekannt.

Davon unbeeindruckt gingen die Arbeiten an "Die Another Day" planmäßig weiter. Im Mai und Juni wurde mehrfach in der Londoner Innenstadt gedreht. So entstanden Szenen außerhalb des "Reform Club" nahe Trafalgar Square, der im Film als "Blade's Club" fun-

giert. Er taucht bereits in dem Roman "Moonraker" auf und wird bevorzugt von "M" aufgesucht. Für eine Fechtszene, die in den Studios inszeniert wurde, engagierte die Produktion Bob Anderson, der 1952 als Lehrer von Errol Flynn begann und Sean Connery für den ersten "Highlander"-Film instruierte. Obwohl er sich schon mehrfach zurückziehen wollte, konnte Anderson dieses Angebot nicht ausschlagen. Stuntman Alan Hewitt sprang für Toby Stephens mit einem Fallschirm ab und landete auf dem Rasen des Buckingham Palace, um auf spektakuläre Weise eine Pressekonferenz zu eröffnen.

Anne Bennett, Pressechefin von Eon, hatte zwar in Cannes optimistisch angekündigt, der Film werde Ende Juni abgedreht sein. Doch mußte der Terminplan revidiert werden, denn einige Aufnahmen gestalteten sich langwieriger als vorgesehen. So hielt sich das zweite Aufnahmeteam unter Leitung von Vic Armstrong im Mai in Island auf, um auf dem zugefrorenen Jökulsárlón-Eissee eine Autoverfolgungsjagd zu inszenieren. Doch da das Eis nicht dick genug war, mußten die Tricktechniker zaubern und Ende Juni in den "Blue Egg Studios" in Gloucestershire eine künstliche Eisfläche erschaffen. Drei Wochen vergingen alleine damit, realistisch wirkende Eisberge zu konstruieren. Mitte Juli war der Film abgedreht, und die Nachbearbeitung konnte beginnen.

Budget, Sensationen und Anekdoten

Über das tatsächliche Budget schweigen sich die Verantwortlichen aus, aber Brancheninsider vermuten, daß es sich auf 100 bis 110 Millionen Dollar beläuft. Trotz geringerer Reisekosten - viele Szenen entstanden in England und den dortigen Studios - und kräftiger Unterstützung von Sponsoren, wie etwa dem Autohersteller Ford, der eine ganze Flotte von Autos bereitstellte, ist diese Summe durchaus realistisch und mit dem Vorgänger vergleichbar. 340 Pfund steuerte Großmutter Williams aus Cornwall bei, die ihrem elfjährigen Enkel Michael einen Traum erfüllte. Auf einer Auktion in einer örtlichen Schule wurde ein Besuch der Dreharbeiten im Eden Project in Cornwall versteigert - Oma Williams bekam als Höchstbietende den Zuschlag. Michael war begeistert, auch wenn Pierce Brosnan bei seinem Besuch nicht anwesend war. Sein Lieblings-Bond war ohnehin Roger Moore in "Moonraker".

Daß James Bond nicht jede Frau bekommt, die er gerne haben möchte, bewies Teofila Martinez, die 55jährige Bürgermeisterin der spanischen Stadt Cadiz. Sie sollte in einer Szene dem pflegebedürftigen Brosnan weibliche Fürsorge zukommen lassen, doch die resolute Dame lehnte ab. Der Ire nahm es gelassen und vermutete, das Eis zwischen ihnen sei einfach noch nicht gebrochen. "Noch ist Zeit, Teo, wir lernen uns doch gerade erst kennen", lockte er auf einer örtlichen Pressekonferenz, aber Frau Martinez widerstand den Annäherungsversuchen. Sie wäre lieber Statistin, fauchte sie zurück.

Am 19. März 2001 gewann Komponist Monty Norman einen Prozeß gegen die Londoner Tageszeitung "The Sunday Times", die in einem Artikel im Oktober 1997 behauptet hatte, nicht Norman habe das Original des Bond-Themas komponiert, sondern John Barry. Norman hatte geklagt, da der Artikel seine Karriere beschädigt habe. Es wurde behauptet, Barry wäre nach sechsmonatiger Arbeit Normans an der Musik zu "Dr. No" hinzugezogen worden, weil Norman über keine Inspiration mehr verfüge. Weiter hieß es, Barry könne keine offizielle Nennung seines Namens im Vorspann oder auf dem Album erwarten, da dies dem Vertrag mit Norman widerspräche. Nach vierstündigen Verhandlungen gewann Monty Norman den Prozeß

und erhielt 30.000 Pfund (circa 50.000 Euro) Schadenersatz.

Zwei Bond-Filme dienten kriminellen und wagemutigen Gestalten als Vorbild, die in London und Paris beweisen wollten, was sie den Abenteuern von 007 abgeguckt hatten. Angelehnt an Szenen aus "Die Welt ist nicht genug", hatten fünf Männer im November 2000 Diamanten im Wert von 560 Millionen Euro aus dem Millennium-Dome gestohlen. Sie drangen mit Gasmasken und einem Bulldozer in das Gebäude ein und wollten mit einem Schnellboot über die Themse fliehen, wurden jedoch vorher erwischt. Im August desselben Jahres sprangen zwei junge Franzosen mit einem Gleitschirm von der obersten Etage des etwa 300 Meter hohen Eiffelturms in Paris. Vier weitere Männer konnten gerade noch daran gehindert werden zu springen. Sie hatten sich an einer Szene aus "Im Angesicht des Todes" orientiert.

Eine Bond-Parodie der besonderen Art wurde ab Oktober 2001 im Schauspielhaus in Dresden aufgeführt. "Bondage: Agent entfesselt" war der Titel eines Stückes, das Regisseurin Friederike Heller und Dramaturg Marcel Luxinger inszenierten. Es handelt von drei jungen Leuten, die über Politik und Wirtschaft streiten und einen Rollenwechsel zu Bond-Girl, Schurke und Sekretärin vollziehen, als der Agent Ihrer Majestät plötzlich aus dem Nichts auftaucht. Mit dem Satz "Die Welt könnte so einfach sein" erschießt Bond seine Mitspieler. Die "FAZ" nannte die Inszenierung "leichthändig verschmitzt" und den Hauptakteur einen "Hasardeur im Smoking", der mit der "Besessenheit eines Don Quichotte und der Intelligenz einer Champagnerflasche" gesegnet sei.

Im Frühjahr 2002 kam eine Barbiepuppe als Geheimagentin auf den Markt, die zwar über keine Q-Tricks verfügt, aber über frauenspezifische Waffen. Als der amerikanische Künstler Tom Forsythe ein Jahr zuvor eine Puppe nackt mit ausgestreckten Beinen in ein Cocktailglas drapiert und daraus eine Fotoserie kreiert hatte, um Rollenklischees zu parodieren, zog der Puppenhersteller Mattel vor Gericht - und verlor. Barbie darf weiter "gerührt" präsentiert werden, auch wenn Mattel sich schüttelt.

Der dänische Filmemacher Lars von Trier ("Dancer in the Dark", "Idioten", "Breaking The Waves") gestand im Mai 2001, er würde gerne mal einen Bond-Film inszenieren. Er sei schon immer der Meinung gewesen, "daß Flemings Bücher besser sind als die Filme. Sie spielen vor einem ernsthaften Hintergrund und sind viel perverser". Auf die Frage, wie er 007 sehe, antwortete der Dogma-Filmer, es sei "offensichtlich, daß Bond homosexuell ist, und sein Genuß, Schmerzen zu ertragen, eine seiner Schwächen".

Daß auch Bond-Filme keine garantierten Kassen- oder Quotenerfolge sind, mußte der amerikanische Fernsehsender ABC im Frühjahr 2002 erfahren. ABC hatte Mitte 2001 die Rechte an zwölf Filmen erworben und geplant, sie im Herbst auszustrahlen. Aufgrund der Terroranschläge des 11. September war das Vorhaben verschoben worden. "Dr. No" machte am 26. Januar 2002 den Anfang, aber nach acht Ausstrahlungen stellte ABC die Reihe ein. Nur durchschnittlich sechs Millionen Zuschauer hatten die Serie gesehen; "Liebesgrüße aus Moskau" bildete mit 7,1 Millionen den Höhepunkt. Im Herbst 2002 wollen die Viacom-Sender TNN, CBS und UPN einen neuen Anlauf wagen. Sie haben 30 Millionen Dollar für die Rechte bezahlt.

Wer seine Party mit einem echten James Bond oder zumindest einem Bond-Schurken verschönern will, sollte sich vorher die Tarife anschauen. Roger Moore berechnet durchschnittlich 25.000 Dollar pro Auftritt, zuzüglich First-Class-Flug und Aufenthalt im Top-Hotel für sich und seine Ehefrau. Die Schurken sind da günstiger: Julian Glover reist gerne zu Filmbörsen und nimmt zwischen fünf und 15 Euro pro Autogramm auf einem Foto von sich. Zeigt ihn das Bild mit dem "Star", erhöht sich der Betrag auf 20 Euro. Richard Kiel ist ähnlich bescheiden, aber ein passendes Hotelbett zu finden kann das Budget schnell sprengen. Der Mann geht zwar inzwischen ein wenig gebeugt, mißt aber immer noch über 2,10 Meter.

James Bond ist wieder einmal unterwegs, nicht nur die Welt zu retten, sondern auch den angeschlagenen Filmriesen MGM. Im Gegensatz zu anderen Filmstudios wie Columbia oder Warner Brothers hat das Haus mit dem brüllenden Löwen im Logo 2002 bisher nur finanzielle Flops produziert. "Das Tribunal" mit Bruce Willis erwies sich ebenso wie "Windtalkers" mit Nicolas Cage und das Remake von "Rollerball" als Kassengift. Die Situation ist mit der des Jahres 1999 vergleichbar: In den USA spülte "Die Welt ist nicht genug" 126,9 Millionen Dollar in die Kassen von MGM, danach kam lange Zeit nichts. Es folgten der Brosnan-Film "Die Thomas Crown Affäre" mit 69,3 und "Stigmata" mit 50 Millionen Dollar. Alle anderen neuen Filme schafften es nur auf Einnahmen zwischen 13.000 und 22 Millionen Dollar - eindeutig zu wenig für MGM.

Daß auch Filmhandlungen Wirklichkeit werden können, mußte der britische Geheimdienst am 20. September 2000 erfahren, als eine Splittergruppe der IRA einen Anschlag auf das Hauptquartier von MI 6 an der Themse in London verübte, ähnlich wie in "Die Welt ist nicht genug". Anders als im Film, in dem ein riesiges Loch in der Außenwand klafft, gelang dies der IRA nicht, da das Gebäude bombensicher und die Fenster dreifach panzerverglast sind. Glücklicherweise entstand nur geringer Sachschaden.

Einen Schaden ganz anderer Art befürchteten

MGM/UA und die Bond-Produzenten, nachdem die Macher der dritten Austin-Powers-Folge ihren Titel "Goldmember" bekanntgaben. Sie verklagten diese, da es sich um eine "unautorisierte Parodie" auf "Goldfinger" aus dem Jahr 1964 handele. "Unzulässig", urteilte denn auch die dreiköpfige Jury der "Motion Picture Association of America" (MPAA), woraufhin Produktionsfirma New Line Plakate und anderes Werbematerial der Austin-Powers-Folge zurückzog. Wahre Größe bewiesen die Bond-Macher mit der Klage nicht, denn zuvor waren Titel wie "Live And Let Shag", "You Only Shag Thrice", "Never Say Member Again" und "License To Shag" angemeldet worden, ohne daß jemand sich aufgeregt hätte. Als New Line 1997 "The Spy Who Shagged Me" ankündigte, mußten sie sich ebenfalls einer Klage erwehren und gewannen. Die MPAA hatte an dem Titel nichts zu beanstanden. Im April 2002 einigten sich MGM/UA und die Produzenten von "Goldmember" nach elfstündigen Verhandlungen und vereinbarten, daß New Line kostenlos Trailer von "Die Another Day" vor "Goldmember" und der zweiten Folge von "Herr der Ringe" schalten müsse. Offenbar benötigt MGM/UA schon werbliche Hilfe von Bond-Parodien, um das Original zum Erfolg zu machen. Früher hatten sie behauptet, man könne keine Parodie parodieren, doch der finanzielle Erfolg des Films "Austin Powers - Spion in geheimer Missionarsstellung" von über 306 Millionen Dollar hat die sonst so selbstsicher auftretenden Produzenten wohl erschaudern lassen. Ab 26. Juli 2002 werden sie noch mehr zittern, denn dann kommt "Austin Powers in Goldständer", so der deutsche Titel, in die US-Kinos.

Premieren und Starttermine

Im Juni wurde der Termin für die Welturaufführung des Films bekanntgegeben: 18. November 2002. Sie wird wieder als Charity-Premiere angelegt sein, deren Einnahmen dem "Cinema and Television Benevolent Fund" zugute kommen, einer Hilfsorganisation für ehemalige Schauspieler. Nicht nur Prince Charles wird in der Royal Albert Hall erwartet, sondern sogar Queen Elizabeth. Sie enthüllte im Januar, daß sie sich gelegentlich mit Geheimagenten zum Tee treffe. Nach Informationen des Magazins "People" sei sie sporadischer Gast in der Zentrale des britischen Geheimdienstes MI 6, lasse sich unterrichten und lausche den "einfach faszinierenden" Geschichten der Agenten.

Rund um den 40. Geburtstag der Serie sind eine Reihe von Veranstaltungen geplant. Bereits am 23. März eröffnete das "National Museum of Photography, Film & Television" im englischen Radford eine Ausstellung mit verschiedenen Requisiten, die bis 1. September 2002 zu sehen sein wird und anschließend nach London wandert. Das US-Branchenmagazin "Variety" plant für den 18. November eine Sonderausgabe. Die "British Comedy Society" wird im November in einer Veranstaltung in Pinewood den Humor in den Bond-Filmen würdigen. In den USA und Großbritannien startet "Die Another Day" vier Tage nach der Uraufführung am 22. November; andere Länder werden folgen. In Deutschland wurde der Filmstart vom 5. Dezember auf den 28. November vorgezogen. Über den Premierenort wird zur Zeit noch spekuliert. Möglicherweise wird es Frankfurt sein, wo der neue deutsche Verleiher 20th Century Fox seinen Sitz hat. In der Mainmetropole hat seit dem 12. August 1987 ("Der Hauch des Todes") keine 007-Premiere mehr stattgefunden.

Die Zukunft

"Um die Sache kurz zu machen: Ich drehe noch einen fünften Bond-Film." Mit diesen

Von links nach rechts: Michael Wilson, Barbara Broccoli, Toby Stephens, Rosamund Pike, Pierce Brosnan, Lee Tamahori, Halle Berry und Rick Yune.

knappen Worten trat Pierce Brosnan bei der Eröffnungspressekonferenz des jüngsten Bond-Films am 11. Januar 2002 in Pinewood allen Spekulationen entgegen, er werde bald aufhören. "Was danach kommt, weiß ich noch nicht", sagte er, aber es ist durchaus realistisch, daß der Ire auch 2006 nochmals im Dienst Ihrer Majestät steht. Er wäre dann 53 Jahre alt - wie Sean Connery, als er in "Sag niemals nie" eine glaubwürdige Interpretation der Rolle ablieferte. Mehrfach äußerte Brosnan, daß ihm die Rolle "viel Spaß" mache, er "gutes Geld" verdiene und ihm "der Schuh passe". Die Rolle bietet ihm finanzielle und künstlerische Freiheiten, sich auch auf anderen Feldern zu engagieren. Mit den Produzenten versteht er sich gut, und seine Gage ist ständig gestiegen. Insider sprechen von 20 bis 25 Millionen Dollar für den aktuellen Film. Zudem liebt ihn das Publikum. Warum also aufhören? Lediglich mangelnde Fitneß und Glaubwürdigkeit könnten eines Tages zum Ende des Engagements führen. Aber das kann

noch dauern. Im Dezember 2001 äußerte Brosnan gegenüber "Entertainment Tonight": "Es könnte noch einen sechsten oder siebten Film mit mir geben."

Nachdem Produzent Kevin McClory nun auch den letzten Prozeß um die Wiederverfilmung der "Feuerball"-Geschichten und seiner Ableger in den USA verloren hat, ist mit einer ernsthaften Konkurrenz, wie sie von Sony geplant war, nicht mehr zu rechnen. Aber andere springen auf den Zug hochkarätig besetzter und aufwendig inszenierter Spionagethriller auf. Filme entstehen, mit denen sich die Bond-Macher an der Kinokasse messen lassen müssen: "Mission Impossible" und "Drei Engel für Charlie" werden fortgesetzt; die von Clive Cussler geschriebenen Abenteuer rund um Dirk Pitt starten mit "Sahara"; "I Spy" (Tennisschläger und Kanonen) mit den Darstellern Eddie Murphy und Owen Wilson ist im Entstehen; an "Modesty Blaise" und "Solo für O.N.C.E.L." wird gearbeitet. Auch andere Produzenten haben festgestellt, daß das Genre nicht kampflos einem Briten überlassen werden sollte. Der immense Erfolg der Austin-Powers-Reihe - zumindest in den USA - hat gezeigt, daß originell gemachte Spionageparodien viel Geld einspielen können, von den Nebeneinnahmen durch die vielfältigen Merchandisingartikel ganz zu schweigen. Wenn die James-Bond-Produzenten sich dieser Angriffe bewußt sind, haben sie eine Chance, die Serie im neuen Jahrtausend erfolgreich fortzuführen. Aber sie sollten einsehen, daß immer größere Budgets keine Lösung für die mehr und mehr formelhaften Filme sind. Die Einnahmen stagnieren seit "GoldenEye", lediglich der finanzielle Einsatz steigt. Jetzt ist Originalität gefragt - oder eine radikale Änderung.

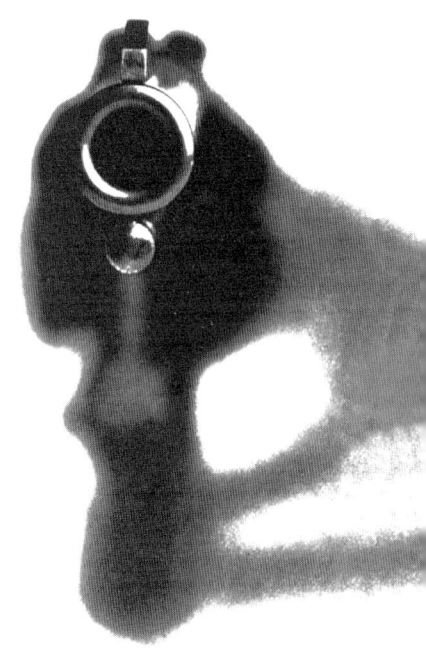

Mythos 007
Die Erfolgsformel
der James-Bond-
Filme

Die James-Bond-Formel

Ende der 50er und Anfang der 60er Jahre, bevor die James-Bond-Abenteuer in die Kinos kamen, bestimmten ganz andere Genres als Spionagefilme die Leinwände. Ab 1958 feierte die englische Hammer-Produktion mit der Umsetzung der Dracula-Reihe und ihrem Hauptdarsteller Christopher Lee Erfolge. Des weiteren kamen aus England vor allem zwei Genres. Zum einen Komödien rund um die schrullige Miss Marple, die Gag-Serie "Carry on" (in Deutschland unter dem Titel "Ist ja irre ..." erschienen), von der ab 1958 immerhin 29 Filme entstanden, und die "Doctor in the House"-Serie (in Deutschland: "Aber Herr Doktor ..."), ebenfalls sehr leichte Unterhaltung mit Dirk Bogarde in der Hauptrolle. Zum anderen entstanden, teilweise unterstützt vom British Film Institute, sogenannte 'kitchen sink dramas'. Hinter dem Begriff verbargen sich Produktionen, die sich mit den alltäglichen Problemen der englischen Arbeiterklasse auseinandersetzten. Bald wurden Bewegung und Regisseure dieser Filme unter dem Begriff "Free Cinema" zusammengefaßt. Leute wie Tony Richardson ("Blick zurück im Zorn", "Bitterer Honig", "Die Einsamkeit des Langstreckenläufers"), Lindsay Anderson ("Lockender Lorbeer"), Karel Reisz ("Samstagnacht bis Sonntagmorgen") und John Schlesinger ("Nur ein Hauch Glückseligkeit") belebten dieses Genre mit verschiedenen Stories. Bond-Co-Produzent Harry Saltzman produzierte mit seiner Firma "Woodfall" einige der Filme und konnte bald auf eine finanzielle Basis zum Erwerb der 007-Rechte zurückgreifen. Das "Free Cinema" hatte sich zum Ziel gesetzt, die lethargische britische Filmindustrie aus ihrem Dämmerschlaf zu reißen und mit eigenständigen Arbeiten für ein neues britisches Selbstbewußtsein und Identität zu sorgen. Auszeichnungen und kommerzielle Erfolge heimsten entweder Monumentalfilme und Großproduktionen wie "Ben Hur" (elf Oscars), "Spartacus" (vier Oscars), "West Side Story" (zehn Oscars), "Lawrence von Arabien" (sieben Oscars) oder die inspirierten Werke der französischen "Nouvelle vague" ein.

Mitten in jene Phase platzte Ende 1962 der erste James-Bond-Film, dessen Hauptfigur zu keinem anderen aktuellen Leinwandhelden in Konkurrenz stand und dadurch sofort ungeheuer erfolgreich wurde. "Ich glaube", meinte Sean Connery, "der Zeitpunkt war genau richtig. Bond betrat in dem Moment die Szene, als die Leute genug hatten vom Krieg, von Rationierungen, von grauen Zeiten und gebrauchten Klamotten. Und plötzlich taucht dieser Typ auf, mit guter Kleidung und tollen Autos, der Wein trinkt und schöne Frauen um sich hat, der wie ein heißes Messer durch die Butter geht. Bond ist wie ein tägliches Überlebenspaket. Die Männer beneiden ihn um seinen Erfolg, und die Frauen finden ihn aufregend." Harry Saltzman sah es genauso: Man kann den Erfolg auf eine Formel bringen: "Die Männer wollen so sein wie Bond, und die Frauen möchten ihm nahe sein und von ihm verführt werden."

Bond vereinigt nicht nur ein paar Fähigkeiten eines Mannes in sich, sondern mindestens ein Dutzend menschlicher und übermenschlicher Eigenschaften in einer Person. Er sieht blendend aus und ist durchtrainiert. Er bewegt sich in feinen Clubs genauso wie im Brackwasser mit einer unnachahmlichen Eleganz und trägt stilvolle, maßgeschneiderte Kleidung. Er beherrscht mehrere Sprachen, besucht exotische Schauplätze, bedient sich neuester technischer Finessen und besticht durch eine Mischung aus Charme, Roheit, Aktionismus, Einfallsreichtum, Sadimus und Sarkasmus. Er besitzt die Lizenz zu töten und macht von der Schußwaffe Gebrauch. Zudem ist er ein Genußmensch, kann in noblen Restaurants ausgewählte Menüs bestellen und verfügt über unbegrenzte Mittel. Er fürchtet keine körperlichen Schmerzen und ist lediglich seinem Auftrag, seinem Chef und dem britischen Königreich verpflichtet. Zusammengefaßt kann man sagen, daß Bond einer völlig neuen Figur ein Gesicht verlieh und daß die Macher der Filmserie rund um diese Figur einen Formelfilm konzipierten, der nach dem immer gleichen Muster abläuft. Diese Struktur unterscheidet sich so erheblich von den Romankonstellationen und Ereignissen, die Ian Fleming ersonnen hat, daß man von zwei völlig verschiedenen Bonds sprechen muß.

Bonds Film-Formel

Jeder Bond-Film läuft, mit Ausnahme der lizenzrechtlich einwandfreien, aber nicht an die Serie angelehnten Parodie "Casino Royale" und dem Remake "Sag niemals nie", stets nach demselben Schema ab.

1. Das Logo erscheint. Bond wird von einem Pistolenlauf verfolgt, dreht sich blitzschnell um und schießt. Danach läuft Blut über die Leinwand. Dieses Logo wird mit den wechselnden Darstellern jeweils aktualisiert.

2. Der Film vor dem Film, eine zum Markenzeichen gewordene kurze Action-Sequenz, die inzwischen in anderen Filmen ("Indiana-Jones") kopiert wurde, komprimiert all das, was Bond leisten kann, in den ersten Minuten. Das Ende ist meist ein Gag.

3. Der Vorspann des Films erscheint als ein mit neuesten optischen Raffinessen verfeinerter Videoclip, der sich zum Teil an Motiven des Films orientiert.

4. Bond im Büro. Er wird von "M" instruiert, von "Q" ausgerüstet und schäkert mit Miss Moneypenny. Gegenüber seinem Chef und hochrangigen Regierungsvertretern zeigt er Respekt.

5. Bond auf Reisen. Im exotischen Einsatzgebiet trifft er auf eine Frau, flirtet mit ihr und beginnt zu spionieren.

6. Bond und das Böse. Er begegnet entweder einem Killer oder dem Bösewicht selbst. Nach ersten Untersuchungen deckt er Teile seines Plans auf.

7. Action-Szene. Zumeist ein fehlgeschlagener Mordanschlag auf Bond, bei dem zum ersten Mal eine technische Raffinesse eingesetzt wird. Bond entkommt im letzten Moment.

8. Bond trifft Verbündete. Gemeinsam mit einem Agenten-Kollegen oder einer Gespielin wird ermittelt - und man kommt sich gegebenenfalls näher. Strand-, Pool-, Restaurant- oder Casino-Szenen sind fester Bestandteil.

9. Action-Szene. Die Frau oder der Verbündete sterben oder werden gefangengenommen. Sehr beliebt ist das Motiv des Opfertods eines Verbündeten, was die Motivation des Helden noch erhöht.

10. Bond dringt in das Hauptquartier des Bösen ein. Weitere Untersuchungen.

11. Action-Szene. Kampf mit dem Killer. Manchmal wird Bond gefangengenommen, entkommt aber den Häschern wieder, da man ihn auf ungewöhnliche Weise aus dem Weg räumen will.

12. Finale. Bond durchkreuzt die Pläne des Bösen, der zumeist nach Weltherrschaft

strebt, zerstört dessen Hauptquartier und rettet die Frau.

13. Liebesszene. Endlich alleine mit der Frau, verführt er sie. Ein Schlußgag schließt sich an.

14. Der Nachspann kündigt an, daß James Bond zurückkehren wird.

Variationen und Veränderungen

In dem Film "Im Geheimdienst Ihrer Majestät" (1969) verliebt sich Bond so sehr, daß er seinen Job aufgeben will, Gefühle zeigt und heiratet. Zum Schluß wird seine junge Ehefrau erschossen. In dem Film "Lizenz zum Töten" (1989) kämpft Bond nicht gegen einen Superbösewicht, sondern einen eher "herkömmlichen" Drogendealer, er quittiert den Dienst und handelt aus persönlichen Rachegefühlen, da der Gegner seinen Kollegen Felix Leiter verstümmeln ließ. Damit durchbrach Bond zweimal die Formel. Diese zu extremen Variationen des James-Bond-Schemas wurden von den Zuschauern nicht goutiert, weshalb beide Filme hinter den Erwartungen der Macher zurückblieben.

Kleinere Variationen der Formel und Zugeständnisse an aktuelle Filmtrends gab es allerdings schon häufiger in der Geschichte der Serie. Man veränderte verschiedene strukturelle Aspekte in ihrer Ausführlichkeit, tat dies jedoch sehr behutsam. So wurden die dem Zuschauer liebgewordenen Dinge erweitert und die kritisierten Elemente ausgemerzt. Nach dem Erfolg der Tricktechnik in "Goldfinger", insbesondere durch den Aston Martin DB 5 bedingt, wurden die Kabinettstückchen ausgedehnt, und Bond zog mit immer mehr Spielereien an die Front. Zudem erhöhte sich eine Zeitlang die Anzahl der weiblichen Mitwirkenden, und die Filme wurden mit dem immer gleich wirkenden Image verkauft: Bond, umringt von lauter schönen Mädchen.

Nach "Der Spion, der mich liebte" sollte "In tödlicher Mission" verfilmt werden, da aber Science-Fiction-Abenteuer nach dem Kassenmagneten "Krieg der Sterne" gerade eine Renaissance erlebten, schwenkte man um und drehte mit "Moonraker - Streng geheim" Bonds Ausflug in den Weltraum. Als Fans und Kritik das neue Terrain bemängelten, kehrte man mit einem neuen Regisseur und mehr Action zu einem bodenständigen Film zurück. Hinzu kam, daß man damit zu weiten Teilen einen alten Stoff ("Im Geheimdienst Ihrer Majestät") neu verfilmte, die seinerzeit gemachten Fehler aber vermied. Es war nicht die einzige Wiederverfilmung einer bereits verwendeten Geschichte. Auch wenn die Macher dies vehement bestreiten, gibt es doch eindeutige Parallelen zwischen "Man lebt nur zweimal" (1967) und "Der Spion, der mich liebte" (1977) sowie Elemente aus "Goldfinger" (1964), die in dem 1985 gedrehten Film "Im Angesicht des Todes" wieder auftauchen.

Variationen finden sich somit nur noch in der Art der Stunts und in den Schauplätzen, nicht mehr in der spätestens seit "Goldfinger" (1964) feststehenden Mischung. Damit zumindest bei den Stunts Einmaligkeit garantiert und sichergestellt ist, daß man sie nicht in gleicher Form bei der Konkurrenz wiedersieht, werden die Stuntmen mit Exklusiv-Verträgen an die Produktion gebunden. Ihre Fähigkeiten bestimmen das Drehbuch. Es wurden immer mal wieder Sequenzen erdacht, in Form von Storyboards festgehalten und dann aus unterschiedlichen Gründen verworfen oder erst in einen der nächsten Filme integriert. So war die Anfangssequenz mit dem Mini-Jet aus "Octopussy" (1983) ursprünglich für "Moonraker - Streng geheim" (1979) geplant. Auch die Sequenz des "Kielholens", bei dem Bond und Melina in dem Film "In tödlicher Mission" (1981) über die

Klippen geschleift werden, existierte bereits einige Jahre zuvor, wurde aber wegen des Risikos verworfen. Ähnlich erging es einer Verfolgungsjagd mit Lkws, die für "Lizenz zum Töten" (1989) inszeniert wurde. Regisseur John Glen hatte bereits 1981 damit experimentiert. Derzeit sind folgende Sequenzen bekannt, die noch nicht realisiert wurden, aber schon mehrfach zur Disposition standen: eine Verfolgungsjagd mit Eisseglern auf einem zugefrorenen See und eine Kletterei an Eisfällen. Die mehrfach verschobene Sequenz mit rotierenden Sägen an einem Hubschrauber wurde in veränderter Form in dem Film "Die Welt ist nicht genug" verwendet.

So bleibt das für die wahren Fans vermutlich ernüchternde Fazit, daß James-Bond-Filme seit langem nur noch ein Flickwerk aus austauschbaren Einzelsequenzen sind, die nach einem - offensichtlich gut funktionierenden - Schema ablaufen. Die Beteiligten, die versucht haben, dieses Schema zu durchbrechen, sind damit immer wieder gescheitert und arbeiten nicht mehr bei der Produktion. So hatte Regisseur Guy Hamilton einst vorgeschlagen, Bonds Alter (das von Roger Moore) zu berücksichtigen, ihn etwa bei einer Verfolgungsjagd zu Fuß verschnaufen zu lassen, so daß er sich etwas Neues einfallen lassen muß, um den Bösen zu erwischen - eine Idee, die Wolfgang Petersen in dem Film "In The Line of Fire" mit Clint Eastwood umsetzte. Doch Hamiltons Vorschlag wurde von Produzent Broccoli abgelehnt. "Du willst doch nicht das Huhn schlachten, das goldene Eier legt", war seine Antwort. Schließlich muß die Marke Bond erhalten bleiben, und einige Beteiligte werden sich ein Leben lang Begriffen wie Bond-Girl, Bond-Regisseur oder Ex-Bond nicht mehr entziehen können - auch wenn sie alle nur als kleinste Teilchen an dem seit über 30 Jahren immer gleichen Film arbeiten.

Marketing und Umfragen bestimmen den Film

Eine 1989 in London erstellte Marketingstudie von der National Research Group, bei der jeweils 800 Menschen zwischen 12 und 49 Jahren in sechs Ländern befragt wurden, erbrachte folgendes Ergebnis: 96 Prozent kennen 007. Sie beschreiben ihn als Verführer, als Macho und als äußerst clever. Zudem verbinden sich mit ihm viele technische Tricks und schöne Frauen. Die Produkte, die den Befragten als erste zu James Bond einfielen, waren schnelle Autos, danach gute Kleidung und Cocktails. An diesem Ergebnis orientiert, plante man den 1995 entstandenen Film "GoldenEye" wie auf dem Reißbrett. Es gab drei Autos und Maßanzüge von einem neuen Schneider. Nach langer Zeit war wieder einmal der berühmte Spruch "Wodka Martini, geschüttelt, nicht gerührt" zu hören, und Bond nimmt den Drink auch zu sich. Auch die Besetzung gehört zur Formel. Untersuchungen haben belegt, daß 60 Prozent aller 007-Gelder in Europa und Südostasien verdient werden, nur 40 Prozent in den USA. An erster Stelle, im Verhältnis zur Einwohnerzahl, steht Deutschland. Erst danach folgen das britische Königreich, Frankreich, Japan, Holland und Italien. Also kreierte man einen Euro-Bond: die Frauen kamen aus Holland (Famke Janssen), Schweden (Izabella Scorupco) und England (Samantha Bond, Judi Dench), die Autos aus England (Aston Martin), Italien (Ferrari) und Deutschland (BMW), die Männer aus England (Sean Bean, Alan Cumming, Desmond Llewelyn), Irland (Pierce Brosnan), Frankreich (Tcheky Karyo) und Deutschland (Gottfried John). Nur der Darsteller Joe Don Baker stammt aus den USA.

So hat jedes wichtige Land 'seinen' Star für Interviewtourneen griffbereit. Und auch der Filmstart in der Weihnachtszeit ist genau kalkuliert. "Feuerball", immer noch der erfolgreichste aller Bond-Filme, kam am 17. Dezember 1965 in die Kinos. Auch Connerys Comeback "Diamantenfieber" erschien 1971 zum Fest. "GoldenEye" startete weltweit zwischen dem 13. November und dem 28. Dezember 1995 in den wichtigsten Ländern, und auch "Der Morgen stirbt nie" und "Die Welt ist nicht genug" kamen jeweils zum Ende des Jahres in die Kinos. Co-Produzent Michael Wilson hat mir in einem Gespräch die Strategie bestätigt: "Wir haben eine intensive Marketing- und Merchandising-Studie für Deutschland in Auftrag gegeben, um herauszufinden, was die Bürger und nicht unbedingt die Kinogänger an Bond mögen. Anhand dieser Ergebnisse machen wir den Film."

Zu Lande, zu Wasser und in der Luft - Autos, Stunts und Attraktionen

Autos und Motorräder spielen in den Büchern wie in den Filmen eine wesentliche Rolle. Man kann sagen, daß sie in beiden Fällen essentieller Bestandteil des Erfolges der Figur James Bond sind. In der Anfangsphase haben sich die Filmemacher sogar von den Romanen inspirieren lassen, Flemings Ideen allerdings nur ansatzweise übernommen und sie dann fortgeführt. Er selbst war ein Autonarr.

Flemings Autoleidenschaft

Flemings erstes Fahrzeug war ein gebrauchtes Douglas Motorrad, Baujahr 1924, das er während seiner Eton-Schulzeit erwarb, aber nur heimlich nutzte, da der Besitz für Schüler damals nicht erlaubt war. Sein Interesse für Autos begann, als sich sein reicher Schulfreund Ivar Bryce zunächst einen Bugatti und dann einen Lancia Lambda kaufte. Es wuchs, als Fleming 1930 für Reuters über das 24-Stunden-Rennen von Le Mans berichtete, viel Zeit bei Bentley verbrachte und eine Freundschaft zu Amherst Villiers und den Mechanikern aufbaute. Villiers lieferte damals den Kompressor für Tim Birkins Bentleys. "Er ist ein Ingenieur von allerhöchster Qualität, und von ihm stammt der Amherst Villiers Kompressor für den 4½ Liter Bentley, den Bond fuhr", erzählte Fleming voller Enthusiasmus später dem amerikanischen Botschafter in London, David Bruce. Das Rennen zwischen den britischen Bentleys und den deutschen Mercedes Roadstern fand 1955 Eingang in den Roman "Moonraker". Darin fuhr Bond einen 4½ Liter Bentley, Baujahr 1933, mit Aufbau von Amherst Villiers und hochmoderner Innenausstattung. Nach dem Filmerfolg von "Dr. No" und im Hinblick auf seinen nächsten

Roman "Goldfinger" überlegte Fleming, seinem Romanhelden ein anderes Auto mitzugeben, und er schrieb in einem Brief an Whitney Straight, den damaligen Geschäftsführer von Rolls Royce: "In Verbindung mit James Bonds neuem Auto würde ich mir eine Mischung aus einem Continental Bentley und einem Ford Thunderbird wünschen - ein kleines Cockpit mit einer langen Haube und hinten ein langes Heck." Er erkundigte sich nach den besten Designern für eine solche Karosse, die zudem auf Knopfdruck in ein Cabriolet zu verwandeln sein müsse. In "Goldfinger" stattete er Bond dann mit einem Aston Martin DB III aus (die genaue Bezeichnung ist DB Mark III oder DB 2/4 Mark III). Das Auto wurde von März 1957 bis Juli 1959 gebaut. Es entstanden nur 551 Stück; 351 davon wurden in die USA exportiert.

Seit dem 19. Lebensjahr besaß Fleming einen Standard Tourer. Er liebte es, längere Fahrten auf kurvigen Landstraßen zu unternehmen, schätzte das "Klicken des Kilometerzählers wie das Umschlagen von Buchseiten" und beschrieb das Fahren einmal als eine "köstliche Wahrnehmung neuer Sehenswürdigkeiten, gepaart mit dem Duft des Auslands abseits der Straßen". Er resümierte: "Es wirkt sensationell, wenn man so ehrenvoll für die Arbeit eines langen Tages entschädigt wird. Nur wenige Frauen verstehen das. Möglicherweise sind es deswegen arme Biester, weil sie nur Beifahrer sind."

Während seiner Zeit in Kufstein, Kitzbühel und München, von 1927 bis 1928, fuhr er einen Morris Oxford. 1929 leistete er sich das nächste Auto: einen schwarzen zweisitzigen Buick, der ihm während seines Studiums in Genf gute Dienste leistete. Nach Aussagen seiner Biographen Richard Gant und Andrew Lycett gab er zu Beginn des Krieges sein "vielgeliebtes rotes Graham Paige Cabriolet patriotisch an einen Rettungsdienst weiter und er-

Flemings Auto-Leidenschaft führte zu einer Mischung aus englischen und amerikanischen Wagen: 2¹/₂ Liter Riley 1952, Ford Thunderbird 1955, Studebaker Avanti 1962.

setzte es durch einen Opel aus zweiter Hand". Bei einem Luftangriff auf London, den er Sekt trinkend in einem Restaurant mit dem Kollegen Sefton Delmer vom "Daily Express" erlebte, wurde sein Wagen so in Mitleidenschaft gezogen, daß er ihn einem der zu Hilfe eilenden Feuerwehrleute schenkte. Im Frühsommer 1952 kaufte sich Fleming einen neuen schwarzen 2¹/₂ Liter Riley, den er mehrfach auf seinen Reisen nutzte: Er ließ ihn einschiffen und nahm ihn dann in der Nähe seines Zielortes in Empfang. So besuchte er zum Beispiel Somerset Maugham in Cap Ferrat in Südfrankreich, übernahm den Wagen in Le Touquet und fuhr von dort aus an der Riviera entlang. Im Dezember desselben Jahres schwärmte er seinem Freund Ivar Bryce von

einem 2¹/₂ Liter Bentley Continental vor, den er gefahren hätte, sich aber nicht leisten könnte, und schickte ihm einen Prospekt über den Wagen. "Dieses Auto ist ganz sicher ein Traum", heißt es in einem Brief an Bryce. "Das einzige Manko, das ich ausmachen konnte, ist, daß der Kofferraum zu klein ist und man die hinteren Sitze für weiteres Gepäck nutzen muß. Was die Farben betrifft, haben sie ein neues und sehr attraktives Lugano-Blau im Angebot, das mir sehr gut gefällt und das ich nur als sehr dunkles Blau, gemischt mit viel Grau, beschreiben kann. Mir gefällt die Idee, den Wagen mit schwarzen Kotflügeln und grauem Elefantenleder auszustatten." Zudem schlug er vor, man sollte einen "großen Teil des Chroms schwarz lackieren und nur die Motorhaube so lassen." Bryce stimmte mit Fleming überein und akzeptierte sogar dessen Idee, alle Schriftzüge des Herstellers zu entfernen. "Wenn du all dieses Geld bezahlt hast, warum auch noch Rolls Royce eine kostenlose Werbung verschaffen?" sagte er dazu.

Als nächstes fuhr er einen sogenannten Studillac, einen zweisitzigen Studebaker mit Cadillac-Motor, den er im Herbst 1954 bei einem Bekannten, dem reichen Erben William Woodward, entdeckt hatte. Später leistete er sich einen viersitzigen "Studillac". Nach dem Verkauf der Filmrechte von "Casino Royale" an Gregory Ratoff erwarb Fleming im April oder Mai 1955 für 3.000 Pfund (etwa 35.200 Mark) einen schwarzen zweisitzigen Ford Thunderbird mit Fordomatic-Getriebe, Soft- und Hardtop und 190 PS Leistung, den seine Frau Anne haßte, denn er sei "über dem, was wir uns leisten können, und unter dem, was zu unserem Alter paßt". Doch Fleming konterte: "Sie hat eine Krankheit mit dem Namen 'Thunderbird Nacken' erfunden, und die Wahrheit ist, daß sie gegenüber amerikanischen Kunstwerken Vorurteile hat und auch gegenüber allen Kunstwerken, gleich welcher

Art." Flemings Autoleidenschaft und Annes Ablehnung führten zu konstanten Auseinandersetzungen, die darin gipfelten, daß sie eines Tages Zucker in den Tank einfüllte, was sich nicht unerheblich auf die Leistung des Wagens auswirkte. Sie selbst träumte von einem grauen Sunbeam Talbot, den Fleming geringschätzig so beschrieb: "Das Interieur sieht so aus, als sei der Wagen als Müllkarren für den Zirkus benutzt worden." Mehrere Jahre später schwärmte der Autor immer noch von seinem Thunderbird, als er in einem Artikel für den "Spectator" die folgenden Worte fand: "Es ist wahr, daß dies kein Präzisionsinstrument ist wie die englischen Sportwagen, aber das sehe ich eher als Tugend und Vorzug. Bei der Konstruktion ist der mechanische Spielraum für Fehler größer, aber alles macht einen soliden Eindruck. Die Maschine, eine niedertourige Mercury V-8 mit fünf Litern Hubraum, vermittelt niemals den Eindruck von Streß oder Druck. Wenn man gelegentlich über 100 fährt, dann ist man sich nicht nur bewußt, daß man noch 20 Meilen extra in Reserve hat, sondern man hat auch das Gefühl dafür. Was die Beschleunigung betrifft: Wenn bei rund 3.000 Umdrehungen die zwei weiteren Klappen des Vierfachvergasers hinzukommen, dann ist das wie ein Tritt in den Rücken."

Vier Jahre später liebäugelte er bereits wieder mit einem neuen Gefährt und schrieb an seinen Bonner Korrespondenten Antony Terry, daß er sich für einen Mercedes 220 SE interessiere, aber nicht genau wisse, ob es davon auch eine offene Version gäbe, und er möge doch beim Hersteller mal nachfragen. Dieser sandte ihm einen Katalog, und Fleming reiste umgehend nach Deutschland, besuchte Bonn, Ost-Berlin und Hamburg, um sich dann doch wieder einen Thunderbird, wenn

auch einen Viersitzer mit einer Sieben-Liter-Maschine und zahlreichen Extras, wie einer Servolenkung, zuzulegen. Damit bereiste er Ostende, Antwerpen, Haarlem, Wilhelmshaven, Bremen, Hamburg, Berlin, Salzburg und Wien für weitere Folgen seiner Artikelserie "Thrilling Cities".

Im Sommer 1962 schaffte er sich einen frühen schwarzen, von Raymond Loewy entworfenen Studebaker Avanti mit Kompressor an, den er als "eine Bombe von Motor" bezeichnete. Er hatte eine schwarze Lederinnenausstattung und elektrische Fensterheber. Der amerikanische Automobilautor Ken Purdy versuchte ihn zwar zu überzeugen, sich einen Mercedes 230 SL zu kaufen und stellte ihm sogar den berühmten Rennfahrer Stirling Moss vor, doch Fleming blieb bei seinen amerikanischen oder britischen Wagen und schwor weiterhin auf die Mixtur zwischen europäischem Design und amerikanischer Power. Er fuhr auch mal leihweise einen Bentley, der später in John Bentleys Eigentum überging, besaß ihn aber nie. Es ist ein 4½ Liter Sports Tourer, der auch mal von Formel-1-Pilot Phil Hill gefahren wurde. Ein Auto dieses Typs taucht übrigens zu Anfang des zweiten Spielfilms "Liebesgrüße aus Moskau" auf, als Bond sich mit einem Mädchen beim Picknick vergnügt. Auch in "Sag niemals nie" hatte ein Bentley einen Kurzauftritt. Damit fährt Bond zur Klinik "Shrublands".

Fleming galt als zügiger, aber sicherer Fahrer und war nur ein einziges Mal in einen Unfall verwickelt, als er im Alter von 20 Jahren mit seinem Morris Oxford zwischen München und Kufstein mit einem Zug kollidierte, beide Parteien jedoch außer Blechschäden nichts davontrugen. Über den Verbleib von Flemings Fahrzeugen ist nichts bekannt.

Bonds Filmfahrzeuge

Im ersten Spielfilm "James Bond - 007 jagt Dr. No" - der Fernsehfilm "Casino Royale" kam ohne Autos aus - fährt Bond ein Cabriolet vom Typ Sunbeam Alpine und wird von einem Taxifahrer mit einem Chevrolet Bel-Air vom Flughafen im jamaikanischen Kingston abgeholt. Beides sind jedoch unscheinbare Serien-Modelle und daher kaum der Erwähnung wert. Auf die Kinoserie bezogen, ist erst der dritte Film von besonderem Interesse.

Der Aston Martin DB 5 aus "Goldfinger" und "Feuerball"

In vielen technischen Erfindungen waren und sind die James-Bond-Filme bahnbrechend. Fleming hatte so prominente Leser wie Allen Dulles, der 1953 Chef des CIA wurde, und Präsident Kennedy. Häufig fragten Geheimdienste bei Fleming an, ob er ihnen die im Buch beschriebenen Spezialwaffen nicht einmal vorführen könne. In einem in der Zeitschrift "Life" erschienenen Nachruf auf Fleming schrieb Dulles, daß ihn besonders ein Funkgerät interessierte, das Bond in die vom Gegner benutzten Wagen einbaute, um die feindlichen Autos dann in gebührendem Abstand zu verfolgen. Dulles beauftragte seine Mitarbeiter, dies als ernsthaftes Projekt zu bearbeiten, aber es stellte sich heraus, daß das Gerät in großen Städten ständig Probleme mit sich brachte. Dennoch räumte Dulles ein, daß ihn die Ideen Flemings immer anregten. Die beiden Filmproduzenten Harry Saltzman und Albert R. Broccoli führten diese Tradition fort. Sie garantierten den Erfindern tollkühner Autoeskapaden oder bahnbrechender Stunts immense Honorare, unter der Bedingung, sie erst zwei Jahre nach der Filmpremiere wieder vorzuführen. Was Fleming nicht mehr erlebte und der CIA nicht zu realisieren vermochte, wurde 1964 für "Goldfinger" Filmwirklichkeit. Das beschriebene Ortungsgerät war eine der technischen Sensationen des Stars von "Goldfinger" - dem modifizierten Aston Martin DB 5, der inzwischen als das "James-Bond-Auto" in die Film- und Autogeschichte eingegangen ist.

Fleming hat im Roman den Wagen so beschrieben: "Man hatte ihm den Aston Martin DB III oder einen Jaguar 3,4 angetragen. Beide hätten zu seiner Rolle als wohlhabender, abenteuerlustiger junger Mann gepaßt, aber der DB III hatte gewisse Extras, die von Nutzen sein konnten: Schalter, um bei nächtlicher Verfolgung Form und Farbe der Front- und Decklichter zu ändern, verstärkte Stoßstangen zum Rammen, einen Colt 45 mit langem Lauf unterm Führersitz, ein Empfangsgerät, abgestimmt auf einen Sender namens Homer, und eine Menge Hohlraum, den kein Zollbeamter entdecken würde." Die für die Spezialeffekte des Filmes zuständigen Mitarbeiter Ken Adam und John Stears wollten sich damit jedoch nicht zufriedengeben und besuchten im Herbst des Jahres 1963 die Aston Martin Werke in Newport Pagnell, um mit den Ingenieuren einige Modifizierungen zu besprechen. Dudley Gershon, damaliger Engineering Director von Aston Martin, war von der Idee, ein Spezialfahrzeug zu bauen, wegen des zusätzlichen Zeitaufwandes zunächst nicht sonderlich begeistert. Er vertraute jedoch Adams Aussage, daß ein Erfolg des Wagens enorm publicityträchtig sein würde, und ließ sich umstimmen. Auch Steve Heggie, damals Executive Director, befürwortete das Projekt und hoffte auf eine kräftige Eigenwerbung. Man sollte sich nicht getäuscht haben. Die Filmleute überzeugten die Ingenieure davon, daß der Wagen aussehen sollte wie jedes andere Serienfahrzeug, dessen Innenleben dage-

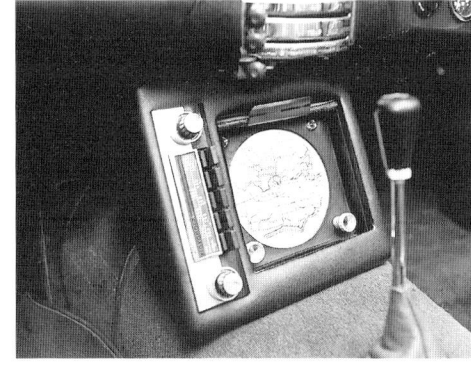
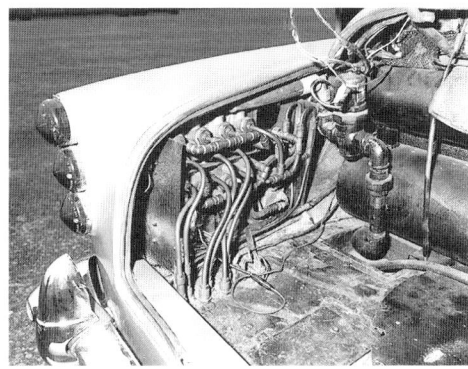
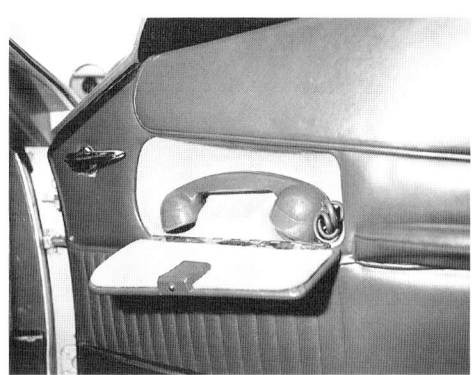

Die Sonderwünsche der Filmproduktion stießen bei der Firma Aston Martin zunächst auf Ablehnung, aber dann bauten sie den DB 5 doch noch wunschgemäß um.

gen sollte Bonds Gegner abschrecken, sich noch einmal mit ihm einzulassen. Man entschied sich für das damals schnellste Pferd im Stall: einen Aston Martin DB 5 in Silbermetallic (nach Werksangaben: "Silver Birch"). Laut Drehbuch sollte Bond mit dem Auto flüchten und sich dann mit ihm verteidigen. Dazu wurden folgende Extras in das Fahrzeug mit dem Nummernschild "BMT 216 A" eingebaut: Zwei Maschinengewehre, die hinter den Lampen für das Standlicht hervorgefahren kamen. Die Schüsse wurden simuliert: Ein elektrischer Motor verteilte und entzündete Tropfen von Acetylen-Gas, die sich in die Röhren der MGs entluden. Rauchkanister der Armee, angeschlossen an die Auspuffanlage, sorgten für eine Vernebelung nach hinten. Eine Stahl-

platte fuhr bei Bedarf aus dem Heck heraus und schützte die Insassen vor heranfliegenden Kugeln. Tatsächlich konnte sie einem echten Kugelhagel nicht standhalten. Ein elektrisch drehbares Nummernschild hatte die Kennzeichen von Großbritannien, Frankreich und der Schweiz parat. Im Film heißt es sogar "für alle Länder", aber drei waren nur möglich. Zudem gab es elektrisch ausfahrbare Reifenaufschlitzer, die jedoch der Trick- und Schnittechnik zuzuschreiben sind. Sie ähneln dem Streitwagen aus "Ben Hur", wurden auf die Radnabe aufgeschweißt und drehten entgegengesetzt zur Fahrtrichtung. Ausfahrbar waren sie jedoch nicht. Als Schleudersitz, der einen unliebsamen Gegner aus dem Dach katapultierte, fungierte ein Aggregat aus einem

Kampfflugzeug, das nur für die entsprechende Szene montiert wurde, da es wesentlich größer ist als ein normaler Sitz. Für die sonstigen Fahraufnahmen benutzte man die übliche Ausstattung. Der Schleudersitz wurde durch Druckluftzylinder aktiviert und schmiß eine Puppe etwa zehn Meter hoch durch die Luft. Und für Flemings Peilvorrichtung - den "Radarschirm" - behalf man sich mit einem erleuchteten Ausschnitt aus einer Landkarte und einem Punktstrahler unter einer Radioattrappe. Ein Ölsprüher befand sich hinter dem hinteren rechten Blinker. Eine weitere Kammer auf der anderen Seite diente dazu, Dreizack-Nägel per Druckluft auf die Straße zu pusten. Aus Angst, Kinder könnten diese Idee übernehmen, verzichtete man im späteren Film auf den Einsatz dieser Waffe. Nur kurz angedeutet wurden die vorderen "Ramm-Stoßstangen", die elektrisch angetrieben etwa 18 inch (ca. 46 cm) aus der Stoßstange herausgefahren werden konnten. Dudley Gershon erwähnt in seinem Buch "Aston Martin 1963-1972" sogar noch weitere Spielereien, etwa ein Kästchen mit verschiedenen Handfeuerwaffen, Messern und Granaten, und betrachtete die ganze Aktion als "eine beeindruckende Show", doch auch das Kästchen war im fertigen Film nicht zu sehen. Insgesamt wog das Auto etwa 300 Pfund mehr aufgrund der zahlreichen Motoren und Installationen, und der Kofferraum war so gut wie voll. Dennoch hat die angegebene Leistung von 330 PS, die zu einer Höchstgeschwindigkeit von 232 km/h führte, kaum darunter gelitten. Der Wagen wurde wie geplant im April 1964 fertig, so daß die Dreharbeiten mit dem automobilen Hauptdarsteller ohne Verzögerung beginnen konnten. In Andermatt in der Schweiz und am nahegelegenen Furka-Paß war der DB 5 ab 6.Juli 1964 im Einsatz. Hier entstanden die Szenen, in denen Bond Goldfingers Rolls Royce verfolgt und

den Reifenaufschlitzer verwendet, um die Besitzerin eines wunderschönen weißen Ford Mustang Cabriolets kennenzulernen - übrigens das erste Auto dieses Typs, das nach Europa kam. Die Verfolgungsjagd, bei der asiatische Häscher 007 in einem schwarzen 190er Mercedes jagen, war bereits zuvor in England in der Gegend von Black-Park und in den Pinewood Studios, die als Double für Goldfingers Firma "Auric Enterprises" herhielten, in Szene gesetzt worden. In den engen Gassen zwischen den Studios wurden die Action-Sequenzen ohne Sean Connery mit einer Hochgeschwindigkeitskamera gefilmt. Der Hauptdarsteller erschien erst am 19. Mai für die Nahaufnahmen zu den Dreharbeiten. Alles verlief reibungslos. Bei der Premiere des Filmes im Londoner "Odeon"-Kino am Leicester Square stand einer der Aston vor der Tür. Nachdem sich herausstellte, daß "Goldfinger" ein immenser finanzieller Erfolg werden würde und man eine Flut von Anfragen bekam, den DB 5 auszustellen, baute man für Werbezwecke noch zwei Replicas des Wagens, die zum Teil über andere Ausstattungsdetails verfügten. Einer davon besaß ein Telefon, das in die Tür der Fahrerseite eingebaut war, einen besonderen Reservetank und eine sehr luxuriöse Innenverkleidung aus Antilopenfell. Alle drei Fahrzeuge wurden auf zahlreichen Auto-Shows und Wohltätigkeitsveranstaltungen ausgestellt und entpuppten sich als die besten Publicityträger, die der kleine Autobauer je hatte. Im Rahmen einer großen PR-Tournee kam der Wagen im Januar 1965 sowohl nach Frankfurt als auch nach Stuttgart und Köln. In Frankfurt wurde er, vom AvD eskortiert, von Gert Fröbe nach Höchst gefahren. Auf dem Stuttgarter Gelände der Firma Porsche demonstrierte Bond-Double und Fahrer Mike Ashley die Waffen des Wagens an einem Autowrack und wurde dabei vom Südfunk TV gefilmt. Dudley

Gershon erinnert sich, daß das Kundeninteresse so stieg, daß man mühelos 50 Wagen pro Woche hätte verkaufen können, aber nur elf die Fertigungshalle verließen. "Plötzlich kannte bereits jeder zehnjährige Junge den Namen Aston Martin. Sogar noch 1970, also sechs Jahre nach der Produktion von 'Goldfinger', sorgte einer der drei DB 5 für kostenlose Werbung." Gershon bezieht sich auf ein Erlebnis am Rande einer Sportwagenausstellung in Atlantic City. Zu dieser Zeit waren die drei Fahrzeuge bereits an Sammler verkauft worden, da man der Meinung war, daß die früher so werbewirksamen Touren der Autos nicht mehr viel einbrachten. Gershon wohnte zufällig in dem Hotel, in dem die Ausstellung stattfand, und entdeckte eines der Fahrzeuge wieder, das ein Jahr zuvor verkauft worden war. "Nach einem kurzen Gespräch mit dem Manager der Präsentation stellte der einen Kontakt zu NBC Television her, die mich zu einem etwa zehnminütigen Live-Interview über die Geschichte des Autos einluden", erinnert sich Dudley Gershon. "Hätten wir damals einen Werbespot geschaltet, hätten wir etwa 30.000 Pfund (1970 ca. 262.000 Mark) dafür bezahlt."

Anfang 1965 kam eines der drei Fahrzeuge bei Bonds nächstem Auftritt, in "Feuerball", wieder zum Einsatz. Für die sogenannte Pre-Title-Sequenz - den kurzen Film vor der eigentlichen Handlung - durfte er außerhalb des nahe Paris gelegenen Schlosses Château d'Anet seinen Gegnern noch mal zeigen, was in ihm steckt: Auf der Flucht vor schießenden Verfolgern fuhr wieder die Rückwand heraus, und aus zwei Röhren unterhalb der Stoßstange ergossen sich starke Wasserstrahlen über die drei herannahenden Gangster. Zuvor hatte man den DB 5 für die Dreharbeiten zu "Feuerball" optisch überarbeitet. Das war auch notwendig geworden, da der Wagen un-

ter zahlreichen Werbe- und Promotiontouren stark gelitten hatte. Ab dem 16. Februar 1965 stand das Bond-Auto wieder vor der Kamera. Allein der Name "James Bond" führte damals zu einem Enthusiasmus, der heute kaum noch vorstellbar ist. Als Sean Connery am Abend der Premiere in dem Wagen, begleitet von einer Motorradeskorte, die aus 60 nur mit Goldfarbe bekleideten Damen bestand, zum Pariser Kino "Marignan" fuhr, glich die Fahrt über die Champs Elysées einem Triumphzug. Die Menge schrie und applaudierte auf der ganzen Strecke. Als Connery aussteigen wollte, wurde er von dem kreischenden Publikum fast erdrückt. Der Aston Martin, der zuvor im Pariser "Salon de l'Auto" ausgestellt war, bekam erste Kratzer. Als er während einer triumphalen Tournee in ganz Italien ausgestellt wurde, mußten die Betreuer in Mailand mit dem guten Stück sogar flüchten. Besessene Fans hatten damit begonnen, Zubehörteile und Griffe mit bloßen Händen abzureißen. Ein auf der Durchreise befindlicher Scheich wollte den Wagen sofort kaufen und bot 60 Millionen Lire, obwohl er umgerechnet doch nur 28 Millionen Lire gekostet hatte. Ein indischer Maharadscha bot 100.000 Dollar, und auch Sammy Davis jr. meldete Interesse an. Als die Anfrage abschlägig beschieden wurde, kaufte er sich eine Standardausführung des Wagens. In San Francisco nutzte eine Striptease-Tänzerin namens "Miss Exotica" den Wagen, um auf und neben ihm ihre Blößen zu präsentieren.

Nach dem Kurzauftritt in "Feuerball" - sicherlich ein Dankeschön an die Firma Aston Martin, die sich so spontan entschlossen hatte, das von den Filmleuten initiierte Projekt zu verwirklichen - waren keine weiteren Filmeinsätze des DB 5 geplant, und erst Anfang der 80er sorgten die zehn Jahre zuvor an Sammler verkauften Fahrzeuge wieder für Aufsehen.

Ein Streit unter gleich vier mutmaßlichen Eigentümern des Original Aston Martin DB 5 aus dem James-Bond-Film "Goldfinger" beschäftigte Filmjournalisten und Autosammler gleichermaßen. Was war geschehen? Zunächst muß angemerkt werden, daß nur ein Wagen jemals über das offizielle Nummernschild "BMT 216 A" verfügte, und zwar ein am 1. Mai 1963 von der Firma Aston Martin zugelassenes Exemplar (Chassis DP 216/1), das später auch im Film zu sehen war. Es war damals noch ein roter ("Dubonnet Red") Wagen, der für die Dreharbeiten extra umlackiert wurde. Da zwei Replicas für Werbezwecke gebaut worden waren und jetzt ein viertes Auto auftauchte, wurde erst fast 20 Jahre nach den Dreharbeiten klar, daß während der Aufnahmen mindestens zwei identische DB 5 benutzt worden waren - und wie sich später herausstellen würde, waren es sogar vier. Diese Fahrzeuge hatten selbstverständlich andere offizielle Zulassungen. Das Rätsel erklärt sich damit, daß bei der Verfolgungsjagd in "Goldfinger" auf dem Gelände der Londoner Pinewood Studios ein Wagen so stark beschädigt wurde, daß man sich bis zur Reparatur mit einem identischen Auto behelfen mußte. Zudem wurde bei einem anderen Wagen das Dach aufgeschnitten, um die Szenen im Innenraum zu drehen. Ein weiteres Auto verwendete man in der Verfolgungsjagd, so daß sich die Gesamtzahl des "einzig wahren" James-Bond-Autos auf sechs erhöhte. Etwas konfus die Historie dieses berühmten Agentenwagens - aber spannend.

Der Wagen mit dem aufgeschnittenen Dach und der in Mitleidenschaft gezogene Verfolgungsjagd-Wagen wurden übrigens niemals öffentlich eingesetzt. Beide verschwanden in den Produktionshallen von Newport Pagnell. Über den Verbleib von fahrtüchtigen, "heilen" Fahrzeugen und der beiden Werbereplicas ist bis jetzt folgendes bekannt: Gavin H. N. Keyzar, Mitglied des "Aston Martin Owners Club" in England, kaufte den "BMT 216 A", ließ aber die zusätzliche Bond-Ausrüstung - unvorstellbar, aber wahr! - entfernen. Die Arbeiten begannen am 25. April 1968. Am 16. August übernahm er den Wagen, der dann mit dem neuen Kennzeichen "6633 P" ausgeliefert wurde. Nachdem auch die Replicas veräußert worden waren und bei Weiterverkäufen hohe Summen erzielten, ließ Keyzar Ende 1970 - unvorstellbar, aber ebenfalls wahr! - von einem Bekannten die Bond-Ausstattung wieder installieren, auch wenn diese nicht hundertprozentig dem Original entsprach, und annoncierte den "neu erschaffenen" Wagen im Dezember für 8.000 Pfund (fast 70.000 Mark). Gekauft wurde er im Januar von dem amerikanischen Juwelier und Auto-Sammler Richard Losee aus Utah. 1974 erwarb er auch "Goldfingers" von Oddjob gesteuertes Auto, den Rolls Royce Phantom III Sedance de Ville. Beide Wagen standen die meiste Zeit oder wurden gelegentlich ausgestellt, nur der DB 5 erhielt in der 1981 entstandenen Komödie "Auf dem Highway ist die Hölle los" (Cannonball Run) noch eine Filmrolle. Darin karikiert Roger Moore sein Bond- und Playboy-Image. Im Gegensatz zu seinen sieben 007-Abenteuern durfte der Brite, hier in der Rolle des Seymour Goldfarb, sogar den durch Connery weltbekannt gewordenen Wagen fahren. Für die Wiederholung der berühmten Szene mit dem Schleudersitz behalf man sich jedoch mit einem Trick und verwendete einen Aston Martin vom Typ DB 4 GT.

Zwölf Jahre später war Losee der Schätze überdrüssig und bot beide Fahrzeuge an. Bei einer Auktion der New Yorker Filiale von Sotheby's fanden sich am 28. Juni 1986 neue Besitzer. Anthony Z. Pugliese III, Präsident der "Filmtrek Pictures" aus Boca Raton in Florida, ersteigerte das Fahrzeug mit der Zulassung "6633 PP" für 250.000 US-Dollar (275.000

Dollar mit Zuschlägen). Es stellte sich heraus, daß dieser Wagen der erste gebaute DB 5 ist und noch über einen Prototyp des Motors verfügt. Er trägt die Chassis Nr. DP 216/1 und die Motornummer 400 P/4. Mr. Pugliese versprach, den Wagen in einem weiteren Film als Hauptdarsteller einzusetzen, woraus jedoch nie etwas wurde. Für den Rolls zahlte Steven Greenberg, Miteigentümer der New Yorker Disco "Palladium", 110.000 US-Dollar (mit Zuschlägen 121.000). Greenberg besitzt den Rolls immer noch, aber Puglieses DB 5 wurde in der Nacht vom 23. auf den 24. Juni 1997 aus einem Hangar in Florida gestohlen und ist seitdem verschwunden.

Im September 1969 kaufte Jerry Lee aus Philadelphia, Besitzer einer lokalen Radiostation, den noch im Werk verbliebenen Wagen, der für die Straßenszenen in "Goldfinger" und "Feuerball" eingesetzt worden war (Chassis Nr. 1486/R). Er trug nun das Nummernschild "BMT 216 A", wurde für Fahrten jedoch mit dem Straßenkennzeichen "FMP 7 B" ausgerüstet. In erbarmungswürdigem Zustand hatte der Wagen total verschmutzt in einer Ecke der Werkstatthallen der britischen Nobelschmiede gestanden; zwei Ersatzräder hatte man einfach auf die Rücksitze gestellt. Auch Lee betrachtete sein Auto mehr als geschäftliche Investition denn als Sammlerobjekt und stellte es mehrfach aus. Der letzte öffentliche Auftritt des Wagens fand auf der New York Auto Show 1981 statt. Seitdem hält Lee den Wagen in seinem Haus in Philadelphia unter Verschluß.

Über die beiden Replicas ist folgendes bekannt: Zunächst waren sie kurz in einer Hand, denn im Januar 1969 erwarb der Engländer Anthony Bamford sowohl den Wagen mit der Chassis-Nr. 2017/R als auch den mit der 2008/R für lächerliche 1.500 Pfund (knapp 14.100 Mark) direkt von Eon Productions, da man damals keine Verwendung dafür sah.

Nur drei Monate später tauschte Bamford den 2017/R mit dem Londoner Financier Kenneth Luscombe-Whyte gegen einen 1964er Ferrari GTO, was Bamford zu einem schwerreichen Mann machte. Schon im September gab Luscombe-Whyte den Wagen wieder ab, da ihm ein unglaublich attraktives Angebot unterbreitet worden war. Der Interessent, der kanadische Restaurantbesitzer Frank Baker aus Vancouver, zahlte nicht nur den geforderten Preis (über den man Stillschweigen vereinbarte), sondern auch noch eine Überfahrt des Ehepaares nebst Aston Martin mit der "QE2" genannten "Queen Elizabeth". Baker stellte den Wagen 13 Jahre lang in einer Glasbox vor seinem Restaurant "The Attic" aus. Dieser Wagen wurde am 8. Juli 1984 auf einer Auktion in Newport Beach in den USA verkauft und brachte es auf die stolze Summe von 80.000 US-Dollar. Der neue Besitzer heißt Dick Barbour, sammelt Autos und historische Rennwagen und stammt aus San Diego. Als langjähriger Porsche-Pilot hat er klassische Autorennen in Sebring, Daytona, und Le Mans gewonnen. Der DB 5 wechselte noch zweimal den Besitzer, am 22. August 1985 erzielte er stolze 150.000 Dollar. Im März 1986 wurde er erneut auf einer Auktion angeboten, aber nicht verkauft. Letztendlich erwarb das Holländische Automobilmuseum in Ramadonksveer die Replica mit der Chassisnummer 2017/R. Das Fahrzeug ist eine der Attraktionen des Hauses, hat nur 16.600 Meilen auf dem Tacho und wurde für eine aufwendige Story des englischen Magazins "Supercar Classics", Ausgabe 8/1990, wieder bewegt.

Die zweite Replica für Werbezwecke (2008/R) wurde schließlich vom Smoky-Mountain-Automuseum in Tennessee erworben und steht dort seit 1971 in einem Drahtkäfig.

Doch die verzwickte Geschichte des berühmten Aston Martin DB 5 wäre nicht komplett,

Mini- und Maxi-Aston friedlich vereint bei einer Autoshow im englischen Coventry, 1993.

würde man die vielfältigen Spielzeugautos vergessen, wovon eines sogar in königlichem Besitz ist. Im Herbst 1965 wurde das Werk in Newport Pagnell davon unterrichtet, daß Königin Elizabeth und der Duke von Edinburgh beabsichtigten, sich im April des folgenden Jahres die Firma Aston Martin einmal persönlich anzusehen. Man fühlte sich geehrt und beschloß, dem Sproß der Familie, Prinz Andrew - damals sechs Jahre alt -, ein besonderes Präsent zukommen zu lassen. Und was lag da näher als eine Spezialausgabe des James-Bond-Wagens? Erste Überlegungen von David Brown und Motorenbauer Tadek Marek von Aston Martin zielten noch auf ein pedalgetriebenes Spielzeugauto, doch letztendlich wurde daraus ein batteriegetriebenes Fahrzeug in Form eines Cabriolets im Maßstab 1:3. Als Farbe wählte man das Silbermetallic des schießenden Vorbilds und ahmte zudem viele Details des großen Bruders nach. Sogar die Bond-typischen Extras wären möglich gewesen, doch aus Rücksicht auf die Flure des Buckingham Palace verzichtete man auf Maschinengewehre und Ölspritzer. Nur Wasser konnte der Mini-Aston von sich geben. Zwei Elektromotoren und eine Batterie sorgten für einen Aston-untypischen langsamen Vortrieb von fünf Meilen pro Stunde. Bewundernswert

an dem ganzen Projekt ist vor allem, daß es der Autoschmiede gelang, alle Instrumente, Knöpfe und Details maßstabgerecht zu verkleinern und dennoch ein vollfunktionierendes Fahrzeug auf die Räder zu stellen, das nicht nur in den Augen eines Sechsjährigen für Begeisterung sorgen sollte. Der Aufwand lohnte sich in jeder Hinsicht. Her Majesty und His Royal Highness waren mehr als angetan von dem ungewöhnlichen Geschenk, und Klein-Andrew zeigte für nichts anderes im Werk mehr Interesse. Jetzt steht das Auto im königlichen Schloß Sandringham. Bis zum heutigen Tage scheint die Beziehung zwischen dem Königshaus und Aston Martin Früchte zu tragen. Andrews großer Bruder, Prinz Charles, hat einen Aston Martin DB 6 Volante in seiner Garage.

Nach Aussagen des "Aston Martin Owners Club" wurde ein weiteres Modell im Maßstab 1:3 für Prinz Reza, Sohn des Schahs von Persien, gebaut. Beide Autos werden in den Unterlagen als sogenannte "007 Specials" geführt und wurden mit eigens angefertigten Bedienungsanleitungen ausgeliefert.

Nicht nur an der Film-, sondern auch an der Spielzeugfront entpuppte sich der DB 5 als ein Kassenschlager. Das beliebteste Weihnachtsgeschenk des Jahres 1965 ging allein in Deutschland eine Million mal über die Ladentische. Weltweit verkaufte die Produktionsfirma "Corgi Toys" über sieben Millionen Stück des Modells im Maßstab 1:43, das bis auf einen Punkt authentisch war: als Farbe wählte man Gold anstatt des bekannten Silbermetallic, obwohl der Karton etwas anderes suggerierte. Die Ausstattung: auf Knopfdruck öffnete sich das Dach und der Beifahrer flog heraus, bei einem weiteren Knopfdruck kamen die Maschinengewehre zum Vorschein, bei einem Druck auf den Auspuff sprang die "kugelsichere Rückwand" aus dem Heck.

Corgi setzte große Stücke auf die Beweglich-keit und investierte 4.500 Pfund an Entwick-lungskosten. Mit insgesamt 29 Teilen im Ge-gensatz zu den sonst üblichen 14 Teilen wurde es das bis dato aufwendigste Modell der Firma. Als Draufgabe fungierte ein aufwendi-ger Karton, der außer einem "007"-Aufkleber noch ein Tütchen mit "Secret Instructions" barg, die die Bedienung erklärten. Der im-mense Erfolg des Corgi-Modells mit der lau-fenden Nummer 261 beschäftigte umgehend mehrere englische Boulevardzeitungen, wie "The Sun" und den "Daily Mirror", die her-ausfanden, daß in einem Geschäft bis zu tau-send Autos pro Tag verkauft wurden und an-dere aufgrund der Nachfrage erst nach dreieinhalb Monaten liefern konnten, so daß Corgi die Produktion verdoppelte. Im Früh-jahr 1968 kam dann eine überarbeitete Ver-sion in Silber auf den Markt, die zudem über herausziehbare rote (!) Reifenschlitzer ver-fügte. Zusätzlich gab es drehbare Nummern-schilder. Dieses Modell mit der Nummer 270 (später 271) wurde im Laufe der Jahre immer wieder überarbeitet - eines hatte sogar Kotflü-gelverbreiterungen - und ist weiterhin erhält-lich. Der neue Maßstab ist 1 : 36. Zudem gab es noch kleinere Modelle - auch mit Schleu-dersitz - von Husky und Corgi Juniors sowie großformatige Ausführungen des Agentenwa-gens von Gama, Gilbert Toys und zahlreichen asiatischen Firmen, die unlizensiert herge-stellt wurden. Für Modellbaufreunde bot die Firma Airfix zwei verschiedene Autos im Maßstab 1 : 24 zum Zusammenbau und Au-rora eines in 1:25 an. Der besondere Clou auf dem Spielzeugmarkt ist jedoch eine "James Bond Car Race"-Autorennbahn von "Scalex-tric" und eine große, aus sechs zusammen-steckbaren Teilen bestehende Autorennbahn von "Gilbert Toys" - auch dabei war jeweils ein Aston Martin mit von der Partie.

Schon 1965 kamen die ersten Spielzeugmodelle des Aston Martin auf den Markt. Einige werden bis zum heutigen Tage nahezu unverändert gebaut.

Der Aston Martin DB 5 aus den Brosnan-Bond-Filmen

Für Pierce Brosnans ersten Bond-Einsatz ka-men im Februar 1995 drei Aston Martin DB 5 (die Kennzeichen waren AJU 519B, JBZ 6007, FBH 281 C, aber nur die Nummer BMT 214 A ist zu sehen) zum Einsatz: zwei für die Stunt-szenen und einer für die Fahraufnahmen mit dem Hauptdarsteller. Dieser Wagen, dem man das Kennzeichen "BMT 214 A" gab, war in so perfektem Zustand, daß er schon bei mehre-ren Autoausstellungen in England Preise ge-wonnen hatte - die Versicherungssumme be-trug 100.000 Pfund (etwa 250.000 Mark). Er wurde von dem Film-Ausstatter Peter Lamont gemietet. Den ersten Auftritt hatte das perfekt restaurierte Auto übrigens bei einer großange-legten Pressekonferenz und einem Set-Besuch am 22. Januar 1995, veranstaltet für die Welt-presse in den Studios Leavesden, um die neue Besetzung kennenzulernen. Die anderen bei-den Autos, die damals nicht zu sehen waren, stammten aus dem Bestand eines Sammlers, der seine Wagen beim Aston-Martin-Händler Roger Bennington in Long Stratton unterge-stellt hatte. Da die Entscheidung, einen klas-sischen DB 5 anstatt eines neuen DB 7 zu ver-wenden, erst sehr spät bekanntgegeben wurde, hatten die Mechaniker der Stratton

Ein englischer Klassiker in den Filmstudios in Leavesden.

weil er der Meinung war, daß "eine Hinwendung zu den Klassikern besser wäre, weil jeder sich an diesen Aston Martin erinnert". Die Sequenz wurde von dem bekannten französischen Stuntmen Remy Julienne und dessen Truppe inszeniert. Der Wagen mit dem Kennzeichen "BMT 214 A" ist inzwischen im Besitz des "Cars of the Stars Museum" in Nordengland. Die beiden anderen Wagen sind in englischem Privatbesitz.

Kurz vor Drehbeginn von "Der Morgen stirbt nie" in Hamburg kündigte Co-Produzent Michael Wilson an, daß aufgrund von Verträgen mit BMW in Zukunft Fahrzeuge der weißblauen Marke im Vordergrund stehen. Da der DB 5 nicht ganz verbannt werden sollte, wurde zwei kurze Szenen in Oxford und London gedreht. Auch in "Die Welt ist nicht genug" hat das Fahrzeug einen Kurzauftritt. Nach offizieller Sprachregelung ist er Bonds Privatwagen, während die BMWs als Dienstwagen fungieren.

Düsenrucksack "Jet-Pack" aus "Feuerball"
Die Beschäftigung mit technischen Neuerungen war ein Hobby des Produzenten Harry Saltzman. Daher ist es nicht verwunderlich, daß er auf die Idee für einen Auftritt des Ein-Mann-Düsenrucksacks kam. Er hatte entdeckt, daß das Gerät in der US-Armee getestet wurde, und er prüfte, inwiefern es filmtauglich war. Das Aggregat wurde 1961 vom Erfinder Wendell F. Moore von der US-Firma Bell Aerosystems entwickelt und taugte nur zu Luftsprüngen von 21 Sekunden Dauer, jedoch brauchte man nur zehn Sekunden für den Steigflug. Der Düsenrucksack besteht aus einem tragbaren Triebwerk, dessen Antriebsgase seitlich an den Schultern ausströmen. Flugrichtung und Schubkraft werden mit Drehgriffen gesteuert, die der Technik eines Motorrads entsprechen. Weiterentwicklungen von Bell verwendeten dann den kleinsten

Motor Company nur zehn Tage Zeit, um die Autos so herzurüsten, daß sie wie ein Ei dem anderen glichen. Die Mechaniker hatten am Set in Gréolières in Südfrankreich und in Monaco einen Transporter der Firma dabei, der Ersatzteile im Wert von 35.000 Pfund (knapp 88.000 Mark) für eventuelle Schäden mit sich führte. Das war auch nötig, da einer der Stuntmen mit seinem Wagen auf den vor ihm kreuzenden Ferrari 355 GTS auffuhr und eine Tunnelwand streifte. Doch dank einer Blitzreparatur konnte der Schaden vor Ort behoben werden, so daß die Aufnahmen pünktlich nach fünf Tagen abgeschlossen wurden. Brosnan hatte mit dem Handling des Aston Martin Probleme. Zunächst fuhr er mit angezogener Handbremse los, und bald kamen "riesige Rauchwolken" aus dem Heck, wie Regisseur Martin Campbell bei einem Gespräch in München enthüllte. "Dann brach er das Lenkrad ab, der Besitzer kollabierte, und nach dem achten Take waren wir dann endlich soweit. Es war wie in einem Laurel-und-Hardy-Film." Campbell war es auch, der den DB 7 ablehnte,

Düsenmotor der Welt, der mit dem Flugzeug-Treibstoff Kerosin gespeist wird, und bei dem ein kühlender Luftstrom die Verbrennungshitze vom Rücken des Fliegers und von den Treibstofftanks fernhält. Über die sensationelle Erfindung berichtete kurz nach der Premiere nicht nur eine Reihe technischer Fachzeitschriften, sondern Mitte 1969 auch der "Spiegel". Bei den Dreharbeiten, die beim Château d'Anet außerhalb von Paris stattfanden, trug Connery eine speziell beschichtete Dacron-Jacke, deren Farbe nicht ausbleicht, wenn sie mit dem konzentrierten Wasserstoffperoxid in Berührung kommt. Zumeist wurde er jedoch auf einem Kran zur Erde gelassen, und ein Stuntman überflog das ehrwürdige Gemäuer mit einer Weiterentwicklung des ersten Flugaggregats, die bereits Luftsprünge von vier Minuten Länge ermöglichte und in Höhen von 300 bis 600 Fuß (ca. 91 bis 182 Meter) vordringen konnte.

"Raketenmann" Kinnie Gibson war der Star beim Auftakt der Olympischen Sommerspiele 1984 in Los Angeles, als er mit einer Neuentwicklung von Bell während der Eröffnungsfeier ins Stadion einschwebte. Deutsche Karikaturisten machten sich kurz danach über die Maschine lustig. Frei nach dem Motto: "Anfragen aus der DDR, wie weit man mit dem Ding fliegen kann."

Schießendes Motorrad BSA 650 ccm Lightning aus "Feuerball"

Motorräder spielten mehrfach in James-Bond-Filmen wichtige Rollen. In den Filmen "Feuerball", "In tödlicher Mission", "Sag niemals nie", "GoldenEye" und "Der Morgen stirbt nie" sind Zweiräder in Aktion.

Der gefährlichste Einsatz war gleich 1965, bei den Dreharbeiten für "Feuerball" auf der englischen Rennstrecke von Silverstone. Dort inszenierte Regisseur Terence Young eine Action-Sequenz für den vierten 007-Film. Laut Drehbuch wird Bond (Sean Connery) im Aston Martin DB 5 von dem Spectre-Agenten Count Lippe in einem schwarzen Ford Skyliner verfolgt. Als der Fahrer anfängt zu schießen, rast plötzlich von hinten ein Motorrad heran, feuert zwei Raketen ab, trifft zielsicher das Heck des Ford, so daß der ins Schleudern kommt und am Rande der Fahrbahn explodiert. Für das Zweirad wählte man eine BSA 650 ccm Lightning, die auf beiden Seiten der Vollverkleidung zwei sogenannte Ikarus-Raketen verbarg, die durch einen elektrischen Impuls ausgelöst wurden. Sie hatten eine Reichweite von einer halben Meile. Special-Effects-Techniker John Stears, der für die Arbeit an diesem Film einen Oscar erhielt, installierte vier Raketen, die in der Herstellung jeweils nur zehn Dollar kosteten, und benutzte eine bei der Artillerie erprobte Technik. Die Zündung erfolgte durch eine Patrone Kaliber 38. Die Raketen detonierten erst beim Aufschlag auf das Blech. Zwei enthielten Napalm, zwei Schwarzpulver.

Stuntman Bob Simmons, der Connery in allen gefährlichen Szenen doubelte, übernahm den Part des Ford-Fahrers. Da man Guy Doleman, dem Darsteller des Lippe, nicht zumuten wollte, selbst zu fahren, installierte man einen Dummy auf dem Fahrersitz und baute für Simmons eine Plattform auf der Beifahrerseite, die Tür wurde entfernt. So war er nicht zu sehen, konnte aber dennoch steuern. Genügend Abstand zum Fahrersitz war auf jeden Fall wichtig, denn hinter dem hatte John Stears zwei fünf Gallonen schwere Tanks mit Benzin deponiert, die in Cordite eingewickelt und von Simmons nur durch eine extra breite Sicherheitsglasscheibe getrennt waren. Die Raketen waren zwar echt, aber es war nicht sicher, ob Simmons' Auto auch im rechten Moment explodiert. Es war abgemacht, daß er die knallige Fracht hinter sich mit einem verdeckten Schalter zündete. Von einem voraus-

John Stears, Schöpfer der Spezialeffekte für "Feuerball", ersann auch das schießende Motorrad und erhielt für seine Arbeit einen Oscar.

fahrenden Kameralaster wurde alles aufgenommen. Die geplante Explosion kam im rechten Moment. Simmons entstieg wohlbehalten dem Seitenbrett, doch Regisseur Terence Young war nicht zufrieden, da das Licht gewechselt hatte, und so wurde drei Tage später nochmals gedreht. Der Start verlief wie geplant. Stears: "Das Auto fuhr etwa 60 bis 70 km/h und das Motorrad etwa 100 km/h, um rechtzeitig von den Trümmern wegzukommen." Doch dann kam es zu Komplikationen. Nach der großen Detonation des wiederhergestellten Wagens hüllte ein Flammenmeer den Stuntman ein. Sein Rücken begann zu brennen. Er fuhr schneller, aber es half nichts. Deshalb sprang Simmons vom Auto, das immerhin fast 70 km/h fuhr, überschlug sich ein paarmal und landete am Rande der Strecke in den Büschen. Entsetzt raste die Crew hinter dem brennenden Wagen her, sah,

daß aus dem Dummy die Flammen loderten, und vermutete Simmons noch im Auto. Erst als dieser angekohlt, aber wohlbehalten aufstand, war der Schock überstanden.

Der Toyota 2000 GT aus "Man lebt nur zweimal"

Im Sommer 1964 gab es erstmals Überlegungen von Toyota, ein Sportcoupé zu bauen, das sowohl die Leistung eines echten Gran Tourisme Autos erreichen als auch für den Renneinsatz verwendbar sein sollte. Die Idee galt damals als revolutionär, da gerade die japanische Autoproduktion eher für biedere Familienkutschen bekannt war als für rassige Zweisitzer. Unter der technischen Leitung von Toyotas Jiro Kawano entstand in den folgenden eineinhalb Jahren ein nur 1,16 Meter hohes Coupé, das bei seiner Premiere auf der 12. Tokio Motorshow im Oktober 1965 für Furore sorgte. In dem Kastenrahmen verbarg sich ein Reihensechszylinder-Motor mit zwei Litern Hubraum und zwei Nockenwellen, der dem Auto zu einer Höchstgeschwindigkeit von 220 km/h verhalf. Dafür sorgten 150 PS bei 6.600 Umdrehungen. Zudem gab es feinste technische Extras: Einzelradaufhängung vorn und hinten, Dunlop-Scheibenbremsen vorn und hinten, fünf Gänge. Doch auch der Nachteil des Projektes soll nicht verschwiegen werden. 2,38 Millionen Yen (damals etwa 20.000 Mark) sollte der japanische E-Type kosten, und das war für den Durchschnittsbürger einfach zuviel. Pate beim 2000 GT stand das Familienmodell "Crown", das gerade die Hälfte kostete. Die Kritiker waren trotz des hohen Preises begeistert, die Publikumsreaktionen geradezu enthusiastisch, und die Leistung des Autos verdiente wohl auch diese Reaktionen. Auch der Renneinsatz zeigte bald darauf, daß der elegante GT kein Schwächling war. Bis zum Oktober 1966 wurden 13 nationale und drei internationale Langstreckenrekorde auf der Rennstrecke Yatabe bei Tokio aufgestellt. Im Mai 1967 begann dann der Verkauf, wobei hinzugefügt werden muß, daß man neben der äußeren Linienführung auch für ein besonders behagliches Inneres sorgte. Hatten sich bei der ersten Präsentation noch einige Stimmen über die beiden fast senkrecht stehenden Hauptscheinwerfer aufgeregt (die US-Norm, nach der diese eine Mindesthöhe von 24 Zoll haben müssen, bedingte diese Gestaltung), so sprachen die zwei großen und fünf kleinen Rundinstrumente, die Rosenholzauflagen am Armaturenbrett und die serienmäßige Ausstattung mit Radio und Motorantenne vor allem die luxusverwöhnten Kunden an. Doch trotz der begeisterten Reaktionen endete die Produktion bei einer Zahl von 337 (andere Quellen sprechen von 351) Autos. Im Oktober 1967 lief der letzte Toyota 2000 GT vom Band.

Doch für zwei dieser Autos war ein ganz besonderer Lebenslauf vorgesehen, und deren Geschichte ist bis heute spannend und nicht ohne Rätsel und Ungereimtheiten. Nach dem immensen Erfolg des Aston Martin DB 5 in "Goldfinger" und dessen Kurzauftritt in "Feuerball" planten die Produzenten der James-Bond-Serie, Albert R. Broccoli und Harry Saltzman, beim fünften Film mit ähnlichen technischen Kabinettstückchen aufzuwarten, zumal die Anzahl der James-Bond-Ableger ständig größer wurde und Agenten wie Jerry Cotton oder 3S3 ebenfalls erfolgreich auf der Spionagewelle schwammen. Ursprünglich plante man, "Im Geheimdienst Ihrer Majestät" zu verfilmen. Da aber der Ausbau eines vorgesehenen Drehortes länger währte als gedacht, besann man sich auf "Man lebt nur zweimal", der zu großen Teilen in Japan gedreht werden sollte.

Drehbuchautor Roald Dahl hatte für die Story ursprünglich drei Verfolgungsjagden erdacht, in denen auch wieder ein speziell für den Film gebautes Auto eine Rolle spielen sollte. Unumstrittener Star wurde jedoch der waffenstrotzende Minihubschrauber "Little Nellie", was ein dem Aston Martin vergleichbares Equipment für den Wagen ausschloß. Schnell reduzierte man auf nur eine Autojagd und zog als mögliche Fahrzeuge den Toyota und den ersten Camaro von General Motors in Betracht. Broccoli, der schon lange vor Drehbeginn in Japan weilte, entschied sich jedoch für den Toyota, falls die Möglichkeit bestünde, ihn als Cabriolet zu bekommen. Die Ingenieure des japanischen Konzerns willigten ein und machten sich daran, zwei Autos aus der Serie zum Cabrio umzubauen. Somit wurde das Bond-Auto das erste japanische Cabriolet überhaupt. Das Äußere des Wagens wurde zudem bis zur Premiere des Filmes im Juni 1967 geheimgehalten. Zuständig für die Arbeiten an den Fahrzeugen war damals Toshihiro

Autoren-Auslese

Liebesroman Nr. 111

Johanna P. Christian
Das Lächeln deines Mundes

Deutschland DM 1.20, Schweiz sFr. 1.50, Österreich S 9.–

Aki zwar am Steuer, aber das Auto lenken konnte sie nicht. Die Fahraufnahmen übernahm ein Stuntman.

Okada, heute einer der ältesten Produktingenieure bei Toyota. "Nachdem sich die Filmfirma dazu entschlossen hatte, unser Modell zu wählen, suchte mich Jiro Kawano auf und erzählte mir, daß wir nicht viel Zeit hätten, um das Auto umzubauen. Er bat mich, einige Zeichnungen anzufertigen, um sie Broccoli zu zeigen", sagte Okada dem Journalisten Peter Nunn. Man machte sich an die Arbeit, und schon nach zwei Wochen war das erste der beiden offenen Modelle zu Probefahrten bereit. Es entstand unter der Leitung von Okada im "Toyopet Service Center", einem Entwicklungsbüro in Tsunashima außerhalb des Werkes bei Yokohama. "Ich erinnere mich daran, daß das Auto sehr schnell entstand. Die Frontsäulen und die Scheibe blieben erhalten, aber der hintere Teil des Autos wurde komplett ver

ändert. Nur die Stoßstangen und die Rückleuchten wurden beibehalten. Ich war wirklich überrascht, wie schnell das alles ging", sagte Okada. Die Kürze der Umbauzeit läßt schon darauf schließen, daß für dieses Auto besondere Maßstäbe galten, legte man doch üblicherweise mindestens ein Jahr an reiner Entwicklungszeit für eine offene Version zugrunde. Doch glücklicherweise war das Chassis des 2000 GT sehr massiv, so daß die Konstrukteure vor keine größeren Probleme gestellt wurden. Dennoch ist es kein vollwertiges Cabriolet geworden, denn auf das versenkbare Dach hatte man wegen der Kürze der Zeit schlichtweg verzichtet. Statt dessen behalf man sich mit einem kleinen Buckel, der zumindest andeutet, daß sich darunter ein Dach befindet.

Im Film dient der offene Zweisitzer dann nicht einmal Bond selbst, sondern dessen Mitarbeiterin Aki, gespielt von der japanischen Schauspielerin Akiko Wakabayashi. Der Wagen verfügte jedoch über einige für die damalige Zeit revolutionäre Extras. Passend zur technikbegeisterten Nation Japan rüstete man das Auto mit folgenden elektronischen Spielereien aus: Farbfernsehkameras und -empfänger, wobei die Kameras jeweils hinter den Nummernschildern installiert wurden und alles aufnahmen, was sich vor oder hinter dem Fahrzeug befand, einem drahtlosen Telefon, einem HiFi-Empfänger, einem Tonband, das sich selbst einschaltet, sobald Stimmen ertönen, einem Videorecorder im Handschuhfach sowie einem Mini-Farbfernseher.

Für die Spezialeffekte war von seiten des Filmteams John Stears zuständig. Betrachtet man den fertigen Film, so stellt man fest, daß der 2000 GT nur in drei kurzen Szenen zu sehen ist, die zusammen nicht einmal sechs Minuten ausmachen. Für die Aufnahmen selbst wurden dann allerdings zwei identisch aussehende Fahrzeuge benutzt: das eine für die

Auf den Spuren von James Bond

Vor dem Start zum „Großen Preis von Deutschland" auf dem Nürburgring wandelte Bundesverkehrsminister Leber auf den Spuren von James Bond, als er sich ans Steuer eines Toyota 2000 setzte.

Der Bundesverkehrsminister im Dienste der PR. Georg Leber setzte sich am Nürburgring in das Toyota Cabriolet.

Außenaufnahmen in Tokio, das andere für die Dreharbeiten in den Londoner Pinewood Studios. Doch gerade um diese Aufnahmen ranken sich Gerüchte und Widersprüchlichkeiten. Zum einen wirken die elektronischen Innereien im hinteren Teil des Wagens unter dem 'Buckel' zu umfangreich, als daß es möglich gewesen wäre, diese Anlagen in den kleinen Toyota zu stopfen. Denkbar ist also, daß für diese Aufnahmen das Interieur eines anderen Autos herhalten mußte. Zum anderen war die Schauspielerin Akiko Wakabayashi des Autofahrens gar nicht mächtig und mußte also in den wirklichen Fahraufnahmen gedoubelt werden. Sie saß lediglich im Studio hinter dem Steuer und tat so als

ob. Außerdem wurden viel mehr Aufnahmen gedreht als hinterher verwendet wurden. Das ist bei Filmaufnahmen eigentlich nichts Ungewöhnliches, aber wenn man bedenkt, daß das ganze Filmteam frühmorgens in der "Ginza" - Tokios Prachtstraße - drehte, dafür mehrere Straßenzüge absperren ließ und später keine Sekunde davon verwendete, dann verwundert das schon. Etwas enttäuscht darüber zeigte sich auch Toshihiro Okada, selbst wenn er einräumt, daß das dem Verkauf des herkömmlichen Modells wohl auch nicht mehr genützt hätte.

Für kräftigen Rummel und gute Promotion des Filmes sorgten die Wagen auf jeden Fall. Während ein Fahrzeug durch Japan und die USA reiste, wurde das andere auf den Autosalons von London, Brüssel, Paris, Amsterdam und Genf gezeigt. Am 5./6. August 1967 machte es sogar eine kurze Zwischenstation auf dem Nürburgring. Dort drehte Karin Dor - im Film die Darstellerin der Sekretärin Helga Brandt und Bonds Widersacherin - gemeinsam mit AvD-Präsident Alfons Fürst von Metternich vor 450.000 Zuschauern eine Runde. Und auch der damalige Bundesverkehrsminister Georg Leber nahm in diesem Wagen Platz. So wurde der Große Preis von Deutschland zur reinen PR-Veranstaltung des Filmverleihs United Artists, und sinnigerweise verteilte man 250.000 Handzettel an die Autofahrer mit dem Aufdruck: "'Man lebt nur zweimal', das behauptet er. Aber Sie sind nicht James Bond. Wir vom AvD sagen: Man lebt nur einmal. Fahre deshalb vorsichtig und mit Happy-End."

Kein Happy-End gab es allerdings für die beiden seltenen Autos. Ein Modell fungierte zwischenzeitlich als Kurswagen für den Fuji-Rennkurs, während das andere Modell in blauer Lackierung wieder auftauchte und zu Publicity-Zwecken die Aufschrift: "Gebraucht von 007 in: You Only Live Twice" trug. 1977 wurde einer der beiden Wagen in Hawaii wieder aufgefunden, zur Toyota-Zentrale zurückgebracht und erst Jahre später restauriert. Er steht jetzt in der Tokioter "Kaikan"-Ausstellungshalle, aber der allgemeine Zustand des Autos ist bedauernswert. Der Wagen wurde seit Jahren nicht bewegt, ist stark verschmutzt, und es fehlen einige Teile, wie das komplette Handschuhfach und der Schaltknopf. Das Öffnen der Motorhaube ist auch nicht mehr möglich. Das andere Exemplar gehört einem Sammler, der 1987 damit einen Unfall erlitt. Ursprünglich war geplant, das Fahrzeug auf der Essener Motorshow 1988 im Rahmen einer kleinen Bond-Ausstellung zu präsentieren, doch wegen des Malheurs fehlte der Toyota.

Aufgrund des großen Erfolges mit dem "Goldfinger"-Modell versuchte die Herstellerfirma Corgi verständlicherweise, an diesen Erfolg anzuknüpfen, und erstellte ein Modell des Toyota 2000 GT im selben Maßstab. Da ihnen das Original allerdings zu "friedlich" erschien und über keinerlei bewegliche Teile, wie sie der Aston Martin hatte, verfügte, verpaßte man ihm vier kleine gelbe Raketen, die aus dem Kofferraum des Autos herausschossen, wenn man das Modell an den vier Rädern belastete. Doch diesen Raketenzusatz hat es weder als Planung noch als Extra für eines der beiden echten Autos gegeben. Der Verkaufserfolg des Modellautos ließ ebenfalls zu wünschen übrig. Es ist aber inzwischen ein gesuchtes Sammlerstück.

Flugfähige Autos aus
"Der Mann mit dem goldenen Colt"

Es scheint unwahrscheinlich, wenn man die Szene das erste Mal sieht, aber es war kein Trick: Bond und Sheriff Pepper verfolgen Scaramanga und dessen Assistenten Schnick Schnack. Die Widersacher drohen ihnen auf der anderen Seite des Flusses zu entkommen.

Eine verfallene Brücke scheint die Lösung. Bond setzt ein Stück zurück, gibt Gas und schießt per 360-Grad-Spiralsprung über den Flußarm, um wohlbehalten auf der anderen Seite zu landen. Augenzeuge Christopher Lee: "Ich konnte es nicht fassen. Es sah so leicht aus, daß jemand vorschlug, es gleich noch mal zu machen, aber das ließ man dann doch lieber sein." Die Idee stammte von einer Stunt-Show des New Yorkers Jay Milligan. Ein Computer im Aeronautischen Laboratorium der örtlichen Cornell University (CAL) wurde vorab mit Daten gefüttert. Das Institut arbeitet für das US-Büro für öffentliche Verkehrswege und verfügt über allerlei Daten bezüglich Autozusammenstöße, Straßenführungen, Bodenbeläge und Kurventechniken. Anhand dieser Daten berechnete der Computer die Abmessungen der Rampe, gab Teakholz vor, bestimmte das ideale Auto - einen AMC Hornet Hatchback Spezial (AMC steht für das US-Automodell American Motors Cassini Coupé) - und gab das Gewicht vor, denn Auto und Fahrer mußten genau 1460,06 kg wiegen. Der Abstand von Rampe zu Rampe mußte exakt 15,86 Meter betragen. Die Absprunggeschwindigkeit wurde auf 64,36 km/h festgelegt. Sieben Tests wurden vorab durchgeführt. Sensationsdarsteller Jay Milligan witterte das große Geschäft, als er hörte, daß William Milliken, einer der Direktoren der CAL, an dem Experiment arbeitete, und wollte den Stunt in eine seiner Shows einarbeiten. Fahrer Chick Galliano führte den Clou in Houston, Texas, erstmals vor. Alle Sprünge klappten ohne Probleme. Als Bond-Produzent Cubby Broccoli von der Geschichte hörte, kaufte er Milligan die Idee ab. Dieser durfte den Stunt zwei Jahre lang nicht durchführen. Bei den Dreharbeiten überwachte Milligan die Szene. Sein Fahrer, Stuntman Loren "Bumps" Willert, saß stellvertretend für Bond im Wagen. Sechs Kameras nahmen den Moment auf. Sicherheitshalber waren zwei Froschmänner im Wasser, standen ein Notarztwagen und ein Kran bereit, aber alles klappte wie am Schnürchen. Ursprünglich war geplant, daß auch die verfolgenden Polizeifahrzeuge über die Brücke springen, nur eben nicht wohlbehalten auf der anderen Seite ankommen sollten. Doch aufgrund der knapp werdenden Zeit und des feststehenden Premierendatums verzichtete man darauf.

Die Basis für das flugfähige Gefährt war ebenfalls von AMC, allerdings ein Auto vom Typ "Matador Coupé". Das komplette Gerät war mit dem Flugleitwerk 9,15 m lang, 12,80 m breit und 3,04 m hoch und wurde mehrfach auf Auto-Shows ausgestellt. Im Film schwebte es von Bangkok bis zu einer Insel im Chinesischen Meer, aber in Wirklichkeit konnte es nur etwa 500 Meter zurücklegen und wurde daher bei einem Teil der Aufnahmen durch ein etwa ein Meter langes ferngesteuertes Modell ersetzt.

Der ehemalige Marineoffizier Moulton Taylor aus Kalifornien nahm das Filmfahrzeug zum Anlaß, um über Flugeigenschaften nachzudenken. Er konstruierte ein Auto mit ausfahrbaren Tragflächen und einem Propeller, das innerhalb von fünf Minuten zu einem Flugzeug umgerüstet werden kann.

Lotus Esprit aus "Der Spion, der mich liebte" und "In tödlicher Mission"

Ende 1975 wurde auf der Earls Court Motor-Show in London der neueste Entwurf aus dem Hause Lotus vorgestellt - der von dem Italiener Giorgio Giugiaro gezeichnete "Esprit". Doch nicht nur die Fachwelt war beeindruckt, sondern auch Produzent Broccoli, der ein Vorserienmodell direkt vor den Londoner Pinewood Studios vorfand, das ein Lotus-Verantwortlicher dort geparkt hatte. Don McLauchlan, PR-Mann von Lotus, war näm-

Schon lange Zeit vor "Der Spion, der mich liebte" fuhr James Bond Lotus. 1966 stieg Peter Sellers für "Casino Royale" in einen solchen englischen Rennwagen.

lich zu Ohren gekommen, daß die Vorbereitungen für ein neues 007-Abenteuer angelaufen waren, für das er zu gern den neuen Wagen zur Verfügung gestellt hätte. Die Erfahrungen mit anderen Fahrzeugen in früheren Filmen hatten gezeigt, daß der Publicity-Effekt enorm war. "Wenn man die ganze Sache mal zusammenrechnet, so hat uns die Mitarbeit an dem Film etwa 14.000 Pfund (etwa 56.000 Mark) gekostet, und das entsprach damals etwa einer farbigen Anzeigenseite in der 'Sunday Times'", erinnerte sich McLauchlan an seinen Filmeinsatz. Ein lächerlicher Betrag!

Eines der tauchfähigen Fahrzeuge in den Londoner Pinewood-Studios. So kam der von Giorgio Giugiaro gezeichnete Wagen noch besser zur Geltung. In Asien entstand ein tauchfähiges Spielzeugmodell.

Für den Film plante man eine aufwendige Verfolgungsjagd, bei der sich der Wagen in ein U-Boot verwandelt. Die erste Idee dafür kam von dem New Yorker Comic-Buch-Autor Cary Bates, der Broccoli einen Drehbuchentwurf präsentierte und das Auto "Esther Williams" taufte - nach der gleichnamigen Schwimmerin. Das Buch wurde verworfen, das Auto gebaut. Zuständig für die Ausführung der Drehbuchidee, die dann vom Autor Christopher Wood weitergesponnen wurde, waren der deutschstämmige Produktionsdesigner Ken Adam und der Trickexperte Derek Meddings. Intern erhielt das Projekt dann den Namen "Wet Nellie", eine Anspielung auf den waffenstrotzenden Hubschrauber in "Man lebt nur zweimal". In Zusammenarbeit mit Lotus ging man an die Arbeit. Das Werk lieferte zwei straßentaugliche Serienmodelle, die lediglich mit einem zusätzlichen Blech unter dem Kühler ausgestattet waren, um die Autos vor den rauhen Straßen der Costa Smeralda in Sardinien zu schützen, wo diese Sequenzen gedreht werden sollten. Zusätzlich wurden sechs weitere Karosserien angeliefert, wovon eine für Unterwasserszenen abgedichtet wurde.

Doch zunächst zu den Straßenszenen: Mc Lauchlan und der Chef der Testfahrer, Roger

Becker, wurden von Lotus nach Sardinien entsandt, um Roger Moore in den gefährlichen Szenen zu doubeln. An der kurvenreichen Costa Smeralda, nahe San Pataleo, drehte das zweite Aufnahmeteam die Verfolgungsjagd zu Lande. Laut Drehbuch war vorgegeben, daß der Lotus von einem schwarzen Ford Taunus verfolgt wird und aus vier Düsen hinter dem Nummernschild Zement versprüht, um dem Taunusfahrer die Sicht zu nehmen. Der 'Zement' war übrigens nichts weiter als grauer Hafermehlbrei, der aus einem mit einer Schlauchvorrichtung beladenen Lkw abgespritzt wurde. Der Taunus flog dann, für die Kamera unsichtbar an einem Kran befestigt, die Böschung hinunter und landete im Dach eines Hauses. Eine extra installierte Metallrutsche sorgte für den Effekt. Verschiedene Straßen mußten gesperrt werden. Um die Aufnahmen reibungslos und möglichst unkompliziert in den Kasten zu bekommen, organisierte die Filmcrew einen Transportservice für die Ortsansässigen und Urlauber, die sich gerade in Sardinien aufhielten. So kam jeder zum Strand, mancher erhielt sogar eine Statistenrolle.

Die Verwandlung des Lotus in ein U-Boot erwies sich schon als wesentlich komplizierter.

Da das Drehbuch vorsah, daß Bonds Auto universell einsetzbar sein mußte, entschloß man sich zur Ausstattung mehrerer Fahrzeuge mit jeweils verschiedenen Funktionen. Federführend war Ken Adam. Er beauftragte zunächst die in Florida beheimatete Firma "Perry Submarines", ein Fahrzeug entsprechend abzudichten. Außerdem wurden wasserdichte Modelle hergestellt, die nur ein Viertel der Originalgröße hatten, um die einzelnen Szenen des Tauchvorgangs filmen zu können. Die komplette Sequenz erforderte letztlich verschiedene Autos, doch zum besseren Verständnis sollte man den Auftritt des Wagens in einzelne Bilder unterteilen:

1. Als der Lotus vom Pier ins Wasser raste, hatte man das an Stahlseilen geleitete Fahrzeug mittels Kompressor-Luftrakete auf eine Geschwindigkeit von 70 km/h beschleunigt. Im Fahrzeug saßen Dummies.

2. Bei der wundersamen Verwandlung zum U-Boot wurde ein 1,20 Meter großes Modell eingesetzt. Die Räder klappten nach innen, Flossen und Periskop kamen heraus. Gefilmt wurde auf den Bahamas.

3. Der über dem U-Boot kreisende Hubschrauber war ein ferngesteuertes Modell. Doch in der Aufnahme, in der er auf dem Monitor des Autos zu sehen ist, hing ein echter Hubschrauber an einem Kran am Pier in Sardinien. Aus dem tauchfähigen Auto in Originalgröße wurde dann eine Rakete abgeschossen, und das etwa 1,50 Meter große Modell des Helikopters explodierte. Die Bewegung des Lotus unter Wasser vollführte der Wagen in Originalgröße. Ein innen versteckter Taucher bediente die vier batteriegetriebenen Motoren, die eine Höchstgeschwindigkeit von maximal zehn Knoten ermöglichten. Das Filmteam wollte die Aufnahmen ohne austretende Luftblasen haben und machte verschiedene Versuche mit sogenannten Rebreathern, kleinen Geräten, mit denen man

für kurze Zeit blasenfrei unter Wasser atmen konnte. Aus Sicherheitsgründen verwarf man dies jedoch, der 'Fahrer' trug wieder seine normale Tauchausrüstung. Die Verteidigung des Lotus gegen Angriffe erfolgte durch Raketen, Farbvernebelungsanlage und Minen. Bedient wurden die Auslöser von innen durch den Taucher.

4. Als der Lotus zur Nachbildung der Unterwasserstation "Atlantis" fuhr, kam wiederum ein Modell im Maßstab 1:4 zum Einsatz. Teilweise wurde es ferngesteuert, streckenweise wurde es auf am Meeresgrund verlegten Gleisen 'gefahren'.

5. Bei der unvergeßlichen Szene, in der der Lotus aus dem Wasser auftauchte und den Strand hinauffuhr, wurde ein mit einer Schiffsschraube versehenes Fahrzeug auf versteckten Gleisen aus dem Meer gezogen. Insgesamt wurden rund 20 Meter Gleise unter Wasser verlegt.

Mechaniker, Techniker, Stukkateure und Zimmerleute arbeiteten mit Gips und Holz etwa vier Monate an der gesamten Sequenz. Zwei Kamerateams, eines unter der Leitung des Unterwasserspezialisten Lamar Boren, waren dann noch einmal so lange im Einsatz. Die Stars, Barbara Bach und Roger Moore, haben die Bahamas für die Aufnahmen nie gesehen. Sie kämpften im abgedichteten Auto im Tauchbecken auf dem Gelände der Pinewood Studios in London.

Die ganze Beteiligung von Lotus währte ein Jahr. Ken Adam, Derek Meddings und das Team wurden für den Oscar nominiert, zogen jedoch gegen die starke Konkurrenz von "Krieg der Sterne" den kürzeren. Derek Meddings erhielt den 1. Preis der International Union of Cinema Technical Association für seine Modelle und die mechanischen Raffinessen des Films. Das "Original-James-Bond-Auto" - auch wenn es ein solches gar nicht gab - verschönerte den Eingang zum Londoner

Die Straßenversion des Lotus Esprit hatte Überhitzungs-probleme. Roger Moore klagte über die Enge im Wagen und schwärmte vom Aston Martin DBS aus der Fernsehserie "Die 2".

"Odeon"-Kino, wo am 7. Juli 1977 die Welt-uraufführung stattfand. Eines der beiden straßentauglichen Autos wurde später an-onym verkauft. Das andere ist weiterhin im Einsatz. Lotus PR-Mann Don McLauchlan be-nutzte den Wagen mit dem Kennzeichen "PPW 306 R" jahrelang als Dienstwagen. Jetzt fährt ihn ein Kollege.

"In tödlicher Mission"

Für Roger Moores fünften Einsatz forderte das Drehbuch zwei Fahrzeuge. Zunächst bediente sich Bond auf Korfu eines weißen Esprit Turbo, der sich, als ihn die Gegenseite aufbre-chen will, selbst zerstört.

Die Dreharbeiten begannen am 15. Sep-tember 1980 auf Korfu. Da die beiden Kame-rateams den Wagen an mehreren Stellen der Insel gleichzeitig benötigten, mußten zwei weiße Fahrzeuge dorthin verschifft werden. Zusätzlich wurde ein rund 4.000 Pfund (ca. 16.000 Mark) teures Chassis angeliefert, das fachgerecht in die Luft gesprengt wurde. Die Autos, beide für den Film mit der Zulas-sungsnummer "OPW 654 W" versehen, wur-den nach getaner Arbeit wieder nach England transportiert. Am 5. Januar 1981 begann für Lotus der zweite Teil der Dreharbeiten, die

sich von ursprünglich einer auf fünf Wochen verlängerten, weil der Schnee erst per Lkw aus den Bergen herbeigeschafft werden mußte. In Cortina standen dann dieselben Fahrzeuge, die nun in Kupfermetallic umlackiert worden waren, bereit - jetzt mit dem Kennzeichen "OPW 678 W". Die Innenausstattung mit feinstem braunem Connolly-Leder war die-selbe geblieben. Lediglich ein Dachträger für vier Paar Ski wurde - nicht von den Film-, son-dern von den Lotus-Technikern - zusätzlich angebracht. Die Antenne mußte entfallen, da sie bei den Aufnahmen gestört hätte, und die Bremslichter wurden abgeklemmt - James Bond bremst ja nie, der gibt höchstens Gas. Bei Temperaturen von bis zu 18 Grad unter Null war der Wagen dann nur in zwei kurzen Szenen zu sehen, einmal bei der Ankunft in Cortina vor dem Hotel Miramonti, dann vor dem Eisstadion. Eines der Autos wurde im Anschluß verkauft, das andere diente fortan Publicity-Zwecken und bekam noch einen identischen Bruder in Kupfermetallic, da das Interesse daran so immens war. Auftritte gab es unter anderem 1988 auf der Motorshow Es-sen und bei der Einweihung der Lotus-Händ-ler-Filiale Autohaus Kappner in Speyer 1994. Eines der Autos stand im Lotus-Werksmu-seum in Norwich, bis es gemeinsam mit einem der weißen Lotus-Esprit aus "Der Spion, der mich liebte" am 25. Juli 1998 im britischen Silverstone bei einer Auktion des gesamten Lotus-Museum-Bestandes von "Coys of Ken-sington" versteigert wurde. Der Esprit erzielte 96.600 DM, der Esprit Turbo 75.900 DM. Der zweite Wagen befindet sich im "Cars of the Stars"-Museum in Keswick, der dritte in eng-lischem Privatbesitz.

Citroën 2 CV aus "In tödlicher Mission"

Eine von den Drehbuchautoren Richard Mai-baum und Michael G. Wilson erdachte Auto-jagd war ursprünglich für Bonds Lotus Esprit geschrieben worden, aber als man die kurvigen Straßen am Drehort Korfu genauer inspizierte, wurde diese Idee verworfen, und man gab Bonds Partnerin Melina, gespielt von Carole Bouquet, auch ein Auto mit. Als ein Gangster Bonds Lotus Esprit Turbo aufbrechen will und dabei samt Auto in die Luft fliegt, können die beiden nur auf Melinas Auto zurückgreifen - eine knallgelbe Ente, korrekte Typenbezeichnung Citroën 2 CV. Äußerlich wirkte das Vehikel wie jedes andere des millionenfach gebauten Kultgefährts. Nur innerlich war für den Sondereinsatz einiges verändert worden. So verfügte es über ein Citroën-GS-Triebwerk, einen Vierzylinder-Boxermotor mit 1015 cm³ und 54 anstatt der sonst üblichen 29 PS. Dafür mußte das Chassis etwas nach vorn verlängert werden. Getriebe- und Kupplungsgehäuse wurden modifiziert, ein spezieller Träger trug dazu bei, das nach vorn versetzte Kupplungsausrücklager zu halten. "164 km/h Höchstgeschwindigkeit haben wir gemessen", verriet Konstrukteur Ken Sheppard der Zeitschrift "auto motor und sport". Zudem gab es weitere innere Veränderungen, die dafür sorgten, daß der Studentenrenner an der 007-Front zu erstaunlichen Kapriolen fähig war. So wurden wie beim Modell 2 CV Cross Spezial-Stoßdämpfer installiert, extrastarke Stabilisatoren begrenzten das sonst übliche Schaukeln und verhinderten die starke Neigung zur Seite. Ein Überrollbügel schützte die Stuntmen. Da aufgrund der besonderen Motorisierung auch der Auspuffklang plötzlich ein anderer war, kam eine speziell abgestimmte Auspuffanlage hinzu, die sich anhörte wie die von einem Serienfahrzeug. Die Sitze hatten Kunststoffbezüge, auch Statik-Gurte wurden eingebaut. Auto-Tester Klaus Westrup, der eine der Bond-Enten am 25. November 1981 durch Köln bewegen durfte, machte sogar noch mehr Besonderheiten aus. In einem Artikel heißt es: "Wo ist der Anlasser? Nach zwei Mi-

Statt mit den ententypischen 29 PS sauste diese Ente mit 54 PS an die Front und brachte es auf immerhin 164 km/h. Ein extra installierter Überrollbügel dämpfte die zahlreichen Überschläge.

nuten werde ich fündig: Die Zündung läßt sich mit einem links unter dem Armaturenbrett postierten Zugschalter anknipsen, der Anlasser setzt sich nach zufälligem Drücken jenes Knopfes in Bewegung, mit dem üblicherweise die Bremsflüssigkeit überwacht wird. Über einen Durchbruch in Höhe der Armaturenbrett-Ablage, durch den das Geröhre nach vorn in Richtung Plattformrahmen verschwindet, sieht man ins Freie."

Timothy Daltons Stand-In in Wien war der österreichische Schauspieler Christian Schmidt - bekannt aus dem Film "Müller's Büro".

Insgesamt kamen vier identische Modelle zum Filmeinsatz, die die britische Citroën-Niederlassung in Slough herrichtete. Gedreht wurde ausschließlich auf der griechischen Insel Korfu, auch wenn ein Teil der Handlung nahe Madrid in Spanien spielt und ein der Ente entgegenkommender Bus ein entsprechendes Richtungsschild trägt. Die Sprünge wurden dank extra angebrachter Rampen auf den kurvigen Straßen im Inneren der Insel gedreht, der Überschlag in dem kleinen Ort Pagli. Das Stuntteam von Remy Julienne sorgte für die Realisierung der gesamten Sequenz. Er und sein Sohn fuhren die Ente selbst. Seine Kollegen machten ihm bei einer spannenden und zugleich komischen Ver-

folgungsjagd mit mehreren schwarzen Peugeot 504 das Leben schwer.

Nach dem actionreichen Einsatz in "freundlicher Mission", wie es in einem Artikel hieß, wurden die Wagen, die alle das identische Kennzeichen M 1026 A trugen, nach Slough zurückgebracht. Zwei wurden repariert, wieder aufgebaut und anonym verkauft. Ein Wagen blieb in England, einer ging an das Mutterhaus in Frankreich und steht inzwischen im werkseigenen Museum. Wer ein ähnliches Fahrgefühl wie James Bond erleben wollte, dem erfüllten die Citroën Cars Ltd. in Slough nahe London zumindest annähernd diesen Wunsch. Eine limitierte Auflage von 300 knallgelben Enten wurde inklusive 007-Auf-

Mit Raketen, Laserstrahl, Spikes, ausfahrbaren Kufen und Raketenantrieb ausgerüstet, zeigte der Aston Martin DBS V8 Vantage auf dem Weißensee in Österreich seine Feuerkraft.

klebern und simulierten Einschußlöchern angeboten. Zusätzliche Extras gab es jedoch nicht, dafür war der Preis mit dem aller anderen Enten identisch.

Die Aston-Martin-DBS-Modelle und der V8 Vantage aus "Der Hauch des Todes"

Nach den großen Erfolgen in "Goldfinger" und "Feuerball" waren Fahrzeuge vom Typ Aston Martin in den nächsten Folgen der Bond-Serie nur in Nebenrollen vertreten. So ist George Lazenby in "Im Geheimdienst Ihrer Majestät" (1969) mit einem Modell DBS an der portugiesischen Küste und in England unterwegs, aber der Wagen mit dem Kennzeichen "GKX 8 G" (Chassis-Nr. 5234/R) verfügte nach Aussagen des Aston Martin Owners Club nur über eine "spezielle Ma-

Nicht jeder Sprung über die Rampe gelang. Zwei Autos wurden völlig zerstört.

schine, die in der Entwicklungsabteilung installiert wurde", hatte sonst aber keinerlei erkennbaren Spezialeffekte. Der Wagen befindet sich inzwischen in Australien. Der zweite bei den Dreharbeiten eingesetzte Wagen (Chassis-Nr. 5109/R), der heute das Kennzeichen "FBH 207 G" aufweist, ist in England geblieben.

Auch zwei Jahre später, in dem 1971 gestarteten Film "Diamantenfieber", war ein DBS zu sehen, allerdings nur, wenn die Zuschauer

Überreste in den Londoner Pinewood-Studios. Seit über zehn Jahren stehen die extrem teuren Karossen in einem Depot und verrotten langsam.

nicht gerade zufällig wegsahen. In "Q's" Workshop wird er gerade mit Raketen bestückt, aber eingesetzt wurden weder sie noch der Wagen. Dafür entpuppte sich Timothy Daltons erster Einsatz an der 007-Front als ein Großauftrag für den britischen Hersteller nobler Automobile.

Zwei Fahrzeuge kamen zum Einsatz, eine offene, "Volante" genannte Version und zwei geschlossene. Das Cabrio mit der Chassis-Nr. V8 VOR 12070 und dem Kennzeichen B 549 WUU gehörte damals dem früheren Geschäftsführer von Aston Martin, Victor Gauntlett, der es zunächst für einen Fototermin und eine Pressekonferenz zum Drehstart in Wien am 5. Oktober 1986 zur Verfügung stellte. Später entstanden dann noch Szenen im englischen Stonor Park in der Nähe von Henley-on-Thames. Kurz nachdem Bond dort mit seinem Volante vorgefahren war, wurde der Russe Georgi Koskov durch den KGB-Mann Necros gekidnappt.

Für die Dreharbeiten war das geschlossene Fahrzeug (ehemaliges Kennzeichen "HLF 53 T") in Wien und auf dem zugefrorenen österreichischen Weißensee in Oberkärnten im Einsatz und wurde dafür vorab mit diversen Extras, wie einem Raketenantrieb (auch wenn eine riesige Gasflamme dies nur andeutete),

Stahlspikes und einer Vorrichtung zum Zerschneiden von Eisschollen, ausgerüstet. Das Zerschneiden der Eisscholle führte dazu, daß einer der Verfolger-Ladas einbricht und Bekanntschaft mit dem eiskalten Wasser macht. Diese Szene wurde später im künstlichen See in den Studios von Pinewood gedreht, da das Eis des Weißensees im Frühjahr 1987 eine Stärke von 60 Zentimetern aufwies. Weitere Extras im DBS V8: Er konnte Raketen abfeuern; ein Zieldisplay erschien auf der Windschutzscheibe; aus den Zierleisten wurden Schneekufen, die dafür sorgten, daß der Aston Martin auf dem Eis weiterhin eine gerade Spur zog. In Wirklichkeit sind die Kufen nur neben den Reifen absenkbar und alles andere als sicher. Für die ausfahrbaren Spikes und den Laserstrahl, der aus der Felge abgefeuert wurde, um die verfolgenden Polizei-Ladas auseinanderzusägen, sorgte die Tricktechnik. Der Effekt wurde, wie viele andere auch, im Studio manipuliert. In dieser Sequenz wurde Dalton vom französischen Fahrer Georges Côte gedoubelt; dessen Lebensgefährtin Brigitte Magnin doubelte Maryam d'Abo. Côte übernahm auch den gefährlichsten Stunt der ganzen Sequenz, allerdings saß da ein Dummy mit blonder Perücke an seiner Seite. Es war der Sprung über einen Staudamm in das dahinterliegende Waldgebiet. Dafür baute das Team eine auf einer Seite grau angestrichene Holzrampe, die so den Eindruck eines Staudamms vermittelte. Um den Sprung abzufedern, wurde ein großer Kartonhaufen bereitgestellt. Zudem hatte man wegen der Explosionsgefahr den Tank fast leergepumpt. Côte beschleunigte auf circa 120 Stundenkilometer, flog ein bißchen zu weit, streifte aber glücklicherweise noch die letzten Kartons, landete unsanft und stieg nach einem Moment, in dem der Crew der Atem stockte, unverletzt aus. Die Sequenz wurde von Stuntman Remy Julienne überwacht, der es sich nicht nehmen ließ, den

Dreharbeiten mit einer Mercedes Limousine für "Octopussy" am ehemaligen Berliner Grenzübergang Checkpoint Charlie.

zweiten Sprung mit dem Lada selbst auszuführen. Er schaffte es, daß der Wagen in "einem schönen Bogen über die Rampe mitten in die Sicherheitspolster" flog, wie der Journalist Patrick Zeilhofer schrieb.

Bei der Welt-Premiere, am 29. Juni 1987 im Londoner "Odeon"-Kino am Leicester Square, stand dieser Wagen vor der Tür und wurde von Desmond Llewelyn, dem Darsteller des "Q", Charles und Diana vorgeführt.

1988 verkaufte das Werk das Cabrio an einen englischen Privatmann, der in den West-Midlands lebt. Im Sommer 1990 wurde der Wagen über den Aston-Martin-Händler Chapman Spooner in Aldridge offeriert und an einen Millionär in Redditch für 175.000 Pfund (502.250 DM) verkauft. Das andere Auto befindet sich noch im Besitz der Produktionsfirma Eon Productions.

Zusätzlich zu den Aston-Martin-Modellen waren auch zwei Audi 200 Quattro in steingrauer Metallic-Lackierung in Wien und Marokko im Einsatz. Eine Stuntszene mit einem Land Rover wurde in zwei Teilen, zunächst Ende September und Anfang Oktober 1986 in Gibraltar und im Dezember desselben Jahres an der Steilküste des englischen Beachy Head in der Nähe von Eastbourne in Sussex, inszeniert. Hier flog der Land Rover effektvoll über die Klippen, um dann während des Falls zu

explodieren. Die Szenen wurden mit veränderter Bildfrequenz gedreht, um dem Wagen zu scheinbar höherer Geschwindigkeit zu verhelfen.

Deutsche Autos im 007-Einsatz und der BMW Z 3 Roadster aus "GoldenEye"

Deutsche Autos haben in James-Bond-Abenteuern oder bei der Vermarktung der Filme über viele Jahre hinweg Nebenrollen gespielt. So verfolgten schwarze Mercedes 190 Coupés Bonds Aston Martin 1964 in "Goldfinger". Bei der Promotion des Films "Man lebt nur zweimal" wurde 1967 eine Flotte von sieben BMW-Modellen vom Typ 2000 CS verwendet. In Kooperation mit der Autovermietung Hertz fuhren eigens aus Japan eingeflogene Damen in diesem Wagen durch Deutschland und Österreich. Die Kosten trugen der Filmverleih United Artists sowie fünf deutsche und zwei österreichische Tageszeitungen. 1969 war es wieder eine schwarze Mercedes-Limousine, die als Verfolgerauto, mit Irma Bunt und drei weiteren "Bösen" an Bord, herhalten mußte. Später wird aus diesem Wagen heraus Bonds Frau erschossen.

1983 waren dann bei "Octopussy" sowohl BMW als auch Mercedes und ein VW im Einsatz. Die Stuttgarter sorgten für den spektakulärsten Auftritt. Sie lieferten erneut ein schwarzes Auto vom Typ 250 SE, das in zwei Sequenzen zu sehen ist. Von einem Fahrer chauffiert und mit Bond (Roger Moore) und dessen Chef "M" (Robert Brown) im Fond, überquert der Mercedes am Checkpoint Charlie die deutsch-deutsche Grenze. Zum anderen wird Bond in eine Verfolgungsjagd in der Nähe des Bahnhofs von Karl-Marx-Stadt verwickelt (gedreht wurde im englischen Peterborough) und entkommt, indem er kurzerhand auf den Schienen weiterrast. Damit der Gag gelang, verbreiterten die Special-Effects-Techniker die Achsen des Fahrzeugs. Als plötzlich ein Zug entgegenkommt, verläßt 007 via Schiebedach den Innenraum des Autos, klettert auf das Dach und springt auf den neben ihm fahrenden Zug. Martin Grace doubelte hier für Roger Moore. Der in Mitleidenschaft gezogene Mercedes wird noch durch die Luft geschleudert und landet schließlich in einem Teich. Eine eigens konstruierte Rampe besorgte den Effekt.

Bei einer Verfolgungsjagd auf der Berliner Avus war die Polizei in BMW-Autos der 5er-Reihe unterwegs. Zudem mußte Roger Moore drehbuchbedingt einmal kurz in einen VW Käfer einsteigen. Als man BMW 1989 erneut fragte, ob das Unternehmen für Timothy Daltons zweites Abenteuer, "Lizenz zum Töten", eine 7er Limousine zur Verfügung stellen möchte, winkten die Bayern ab. Laut Drehbuch sollte zum Teil an der Baja California in Mexiko inszeniert werden, wo der Wagen eine Lkw-Kolonne zu stoppen hatte, was den sensiblen Münchnern jedoch als "zu aggressiv" galt. So fuhr der Bösewicht Sanchez Maserati. Im Sommer 1994 fragte man wieder bei deutschen Autobauern an. Für "GoldenEye" liefen die Vorbereitungen, Autos waren ein wichtiger Bestandteil des Erfolges, und man hatte noch eine mobile Nebenrolle zu besetzen. Nach einem Besuch der Produzenten im Münchner BMW-Design-Zentrum fiel im Herbst die Entscheidung, den neuen Z 3 Roadster zu verwenden. Damals waren außerdem noch der Mercedes SLK, ein japanischer und mehrere englische Hersteller im Rennen, doch nach Angaben von Gordon Arnell, Director of Publicity der Produktionsgesellschaft Eon Productions, "hatten die englischen Hersteller nicht das richtige Auto parat", und da Mercedes mit dem SLK nicht rechtzeitig fertig wurde, kam der BMW zum Einsatz. Wichtig für die Entscheidung war auch das gemeinsame Marketingziel. Beide Parteien wollten Kunden ansprechen, die nicht älter als 30

Jahre sind. Da man verabredete, in den für beide Seiten wichtigen Märkten wie den USA, Deutschland und Japan Kino- und Verkaufsstart zu koordinieren, war man sich schnell handelseinig.

Verabredet wurde eine finanzielle Beteiligung der Autobauer insofern, als BMW in einer weltweiten Kampagne für den Wagen von November 1995 bis März 1996 auf den Film eingeht. So wurde man nicht etwa Lizenznehmer, sondern Marketing-Partner. Die exakten Summen dieser Aktivitäten wurden verständlicherweise geheimgehalten und boten daher im Laufe der Zeit immer wieder Anlaß zu wilden Spekulationen. Folgende Beträge tauchten in der Presse auf:

BMW bezahlte Zehntausende Dollar
- laut US-"Today" 1.2.1995
BMW bezahlte 20 Millionen Mark
- laut "TV-Movie" 3/1996
BMW bezahlte 20 Millionen Dollar
- laut US-Medien
BMW bezahlte über 40 Millionen Dollar
- laut "Wiesbadener Kurier" 27.1.1996
- laut "Schwarzwälder Bote" 19.2.1996
- laut "Saarbrücker Zeitung" 13.4.1996

BMW-Chef Bernd Pischetsrieder dementierte jegliche Bezahlung, räumte aber in der "Süddeutschen Zeitung" ein, daß es eine gegenseitige Unterstützung in der Werbung gebe. Und PR-Direktor Richard Gaul ergänzte: "Wir haben für die Dreharbeiten zwei Prototypen zur Verfügung gestellt. Geld ist aber nicht geflossen, das machen wir nie."

BMW hat darauf bestanden, daß man dem Unternehmen vorab das Drehbuch vorlegt. Pressechef Johannes Schultz in der "FAZ": "Die Bond-Leute waren über den Wunsch, das Drehbuch zu lesen, ziemlich verwundert, haben dann aber doch eingewilligt." Dann kam das Drehbuch, von einem weiblichen Boten nach München gebracht, und Schultz durfte mit einem Kollegen von der Marketing-Abteilung unter Aufsicht das Script lesen. "Etwa drei Stunden haben wir gebraucht. Die ganze Zeit saß die Frau von der Filmgesellschaft in einer Ecke des Zimmers, in dem wir das Drehbuch gelesen haben." Nach eigenen Angaben wurden darüber, wie der Auftritt des Wagens aussieht, "keine Vorgaben gemacht. Außerdem hatten wir sowieso keinen Einfluß auf das Drehbuch." Es gilt aber als sicher, daß man sich Dinge wie einen plötzlichen Ausfall des Pkws oder die Einbindung in aggressiv wirkende Aktionen verbeten hat. Auch die Beteiligung an der Autojagd mit dem Ferrari lehnte man ab. Schultz bezeichnete das Ganze als "so pubertär". Zudem wäre es unglaubwürdig gewesen, denn der kleine Roadster mit seinen 140 PS hätte mit dem 380 PS starken Italiener nicht mithalten können. Für Action-Szenen dieser Art bot BMW der Produktion auch einen McLaren F 1 an, der zu den Studios nahe London gebracht wurde und mit dem man dort auch fuhr, aber Regisseur Martin Campbell lehnte einen Einsatz ab, denn schließlich sei der "Aston Martin der wahre Bond-Wagen".

Am 22. Januar 1995 wurde dann die Mitwirkung von BMW bei einer Pressekonferenz anläßlich des Drehstarts von "GoldenEye" in den englischen Studios von Leavesden - übrigens ehemalige Rolls-Royce-Hallen - offiziell bekanntgegeben. Eine große braune Kiste mit einem weiß-blauen Emblem, die zwischen einem Aston Martin DB 5 in Silbermetallic und einem gelben Ferrari 355 GTS stand, verriet zumindest den Einsatz eines Fahrzeugs, wenn auch nicht das Aussehen des Modells. Zusätzlich stand ein Wächter mit deutschem Schäferhund neben dem mysteriösen Holzverhau, der übrigens leer war.

Die wie immer patriotischen und zum Teil antideutsch eingestellten britischen Boule-

Desmond Llewelyn, der Darsteller des "Q", erklärt die Geheimwaffen des BMW Z 3.

vard-Zeitungen waren entsetzt. Im "Daily Telegraph" stand zu lesen: "Machen Sie sich auf einen Schock gefaßt, einen wirklichen Schock." Der "Independent" schrieb: "Bond-Erfinder Ian Fleming würde sich im Grabe umdrehen", und im Magazin "Top Gear" hieß es: "Daß BMW uns Rover weggekauft hat - gut. Daß sie Motoren für Rolls Royce bauen - okay. Aber James Bond ohne Aston Martin - das ist zuviel. Wie kann Englands Top-Agent gegen das Böse kämpfen, wenn er ein deutsches Auto fährt?" Allerdings entstanden alle diese Texte zu einer Zeit, als noch nicht bekannt war, wie groß denn der Auftritt des BMW sein würde. Nach der Premiere des Films verstummte die Kritik. Es waren eher die bayrischen Autobauer, die Spott über sich ergehen lassen mußten, da die Aktionen des Wagens sich nur auf zwei kurze Szenen beschränkten. Zum einen wurde er in "Q's" Werkstatt 007 vorgeführt. Jedoch kamen die dort erwähnten Extras wie etwa "Stinger Raketen hinter den Scheinwerfern" im Verlauf des Films überhaupt nicht zum Einsatz. Zum anderen fährt der Wagen im schönsten Sonnenlicht eine Straße am Drehort Puerto Rico entlang, wird von einem landenden Flugzeug gebremst und von Bond an seinen Kollegen Jack Wade übergeben. "Wie aus einem Werbespot", krittelten Autojournalisten zu Recht. Die Szenen in Puerto Rico, das für Kuba herhalten mußte, entstanden vom 29. Januar bis zum 2. Februar 1995, die Londoner Innenaufnahmen am 9. Februar.

Für die Dreharbeiten lieferte BMW zwei handgefertigte Vorserienmodelle, die nach Schätzungen von Insidern jeweils über 100.000 Mark kosteten. Hinzu kamen Transportkosten und ein sehr großer Begleitschutz inklusive Equipment, damit keine Fotos vor der offiziellen Premiere des Films an die Presse gelangten. Eigens dafür wurden in Puerto Rico riesige Reflektoren aufgebaut, um Fotografen zu blenden. "Während dieser Dreharbeiten kam plötzlich ein Hubschrauber angeflogen, woraus ein Fototeam Bilder von den Filmaufnahmen schoß. Die Bilder sind dann in einer örtlichen Tageszeitung gedruckt worden. Gott sei Dank nicht mit dem Hinweis, daß Bond den neuen Z 3 fährt. Die haben den Knaller nicht erkannt", so BMW-Pressechef Johannes Schultz zur "FAZ".

Am 13. November 1995, dem Tag der Welturaufführung von "GoldenEye" in der New Yorker Radio City Music Hall, wurde der Z 3 Roadster im Central Park von "Q"-Darsteller Desmond Llewelyn und Star Pierce Brosnan der Presse vorgestellt. 20 Exemplare standen abends nahe dem Kino neugierigen Blicken zur Verfügung. Die Autobauer warben recht aggressiv: Zum einen mit Anzeigen, die den Wagen in einer wilden Verfolgungsjagd vor einem Panzer flüchtend zeigten, zum anderen mit spaßigen Texten wie: "In seinem neuen Film hat James Bond eine Affäre mit einer Schwedin, einer Russin und einer Bayerin", "Bonds Have More Fun" oder "Der Mann, der jedes Auto fahren kann, wählt einen BMW". Man warb aber auch mit überheblichen und sogar sachlich falschen Zeilen wie: "Zu verkaufen: Aston Martin, dunkelgrün, kugelsichere Scheibe, Schleudersitz, Raketenabschußvorrichtung, Reifenschlitzer, Cham-

pagner-Kühler, Radarschirm, Lasersuchsystem, seitliche Geschosse. Ein Vorbesitzer. Rufen Sie 05-26-007. Fragen Sie nach Q."

Auch Merkwürdigkeiten fielen auf. So hat der Wagen im Film kein Nummernschild. Die entsprechende Fläche ist geschwärzt. Und auf den Filmplakaten ist ein Rechtslenker zu sehen.

Dem Verkauf tat das keinen Abbruch. Im Gegenteil, die Bestellflut war so immens, daß Vic Doolan, Präsident von BMW of North America, seine Händler anwies, weniger für den Wagen zu werben. Auch die Berichterstattung war exzessiv. Sogar der Lackierer Michael Herold von der BASF Lacke + Farben AG aus Münster wurde plötzlich zum Star. Er hatte, wenn auch unwissend, bei den beiden Vorserienmodellen am Produktionsort in Spartanburg für die richtige Farbgebung gesorgt: Atlanta-Blau. Über den prominenten Piloten sagte er: "Er fährt umweltbewußt mit einem Wasserbasislack - allerdings gerührt, nicht geschüttelt." Schnell war die Jahresproduktion von 35.000 Autos gleich dreimal ausverkauft. Zeitweilig verlängerten sich die Lieferzeiten auf bis zu zwei Jahre, was die "auto motor und sport" zu der gelungen-ironischen Anmerkung: "James, den Wagen bitte" hinriß. Sogar Promis fuhren plötzlich den Z 3. Zu den Kunden der hundert Wagen, die das US-Versandhaus "Neiman Marcus" anbot, zählten Alec Baldwin, der für Ehefrau Kim Basinger kaufte, Madonna, die gleich zwei für gute Freunde erwarb, und Steven Spielberg - er beschenkte seine 75jährige Mutter mit dem blau-weißen Spaßmobil.

Die Branche zollte BMW für den gelungenen Marketing-Coup sowie den Verkaufserfolg neidisch Respekt. "Golden Eye gelegt", hieß es in dem eben schon zitierten Auto-Magazin, "Golden-Chef", schrieb "Bild" über Pischetsrieder, und Bernd Michael, Geschäftsführer des Werbeagenturriesen Grey Deutschland,

Bond-Girl Izabella Scorupco und BMW Vorstand
Dr. Reitzle mit vereinter Werbekraft.

verriet: "James Bond paßt wunderbar in das Auto." Mercedes-Pkw-Chef Jürgen Hubbert reagierte vergrätzt und bezeichnete den SLK als "ein Auto, von dem James Bond nur träumen kann", und der Brite Graham Morris, Audi-Vorstand für Sales und Marketing, antwortete auf die Frage, warum der neue 007 nicht Audi TT Cabrio fährt: "Sie sollten eigentlich diese Frage James Bond stellen, weil er die Gelegenheit verpaßt hat, in einem aufregenderen Auto zu fahren. Vielleicht fehlt 007 der unfehlbare Geschmack, den man ihm zuschreibt."

Kein Wunder also, daß BMW mit dem Bond-Auftritt warb, wo immer sich die Gelegenheit bot. Bei der Präsentation auf der Detroit Motor Show im Januar 1996 arrangierte man eine Tanzvorführung, spielte Tina Turners Titelstück, und ein Bond-Double schwebte vom Hallendach direkt auf den Fahrersitz. Beim Tennis-Turnier in Bergedorf Ende Februar stattete man Autofreak und Tennis-Star Henri Leconte mit einem Z 3-Dienstwagen aus. Am 23. März 1996 stellte die BMW AG unter dem Motto "Golden Night Party" im Münchner Forschungs- und Ingenieurzentrum vor etwa 1.300 Gästen den Z 3 Roadster in einem amphitheaterähnlichen Saal vor. Für die Präsen-

tation hatte man sich eine Mischung aus Bühnenshow und Filmausschnitten von "GoldenEye" ausgedacht. Dazu hieß es im "Münchner Merkur": "Höhepunkt der Show: Begleitet von Feuerzauber öffnete sich vor den Augen der Zuschauer ein großer Container - in den Saal rollte das Traumfahrzeug mit der attraktiven James-Bond-Gespielin Izabella Scorupco am Steuer." Für die Berliner Filiale wurde der Wagen von einem russischen Hubschrauber in Tempelhof eingeflogen. Im Münchner Autohaus Russin gab Brosnan-Doppelgänger Christoph Piesk am 1. April 1996 Autogramme. In Essen wurde der Wagen in der Discothek "Mudia Art" vor 1.200 Gästen präsentiert, wobei ein Tina Turner- und ein Luciano Pavarotti-Double für Unterhaltung sorgten. Aufgrund der zur Show gehörenden Rauchentwicklung verlor eine Besucherin kurzfristig das Bewußtsein.

Als der ganze Trubel vorbei war und die Branche sich wieder anderen Auto-Themen zuwandte, gab schließlich auch Pierce Brosnan eine ehrliche und nicht offizielle Antwort zum Thema ab. Er sagte: "Der BMW Z 3 ist ein Auto für Frauen, ein Vierzylinder eben. Im Film fahre ich auch einen Aston Martin DB 5, das hat Spaß gemacht. Privat fahre ich Porsche Carrera 911. Der BMW ist ein Auto für deine Tochter, aber keins, wenn du ernsthaft Auto fahren willst." Übrigens steht auf dem Nummernschild seines Porsche: "ICY CALM" - Eisig still.

BMW lebt zweimal in "Der Morgen stirbt nie"

Aufgrund des großen Aufsehens, den der Z 3 erregte, war BMW daran gelegen, die Kooperation mit Eon Productions fortzusetzen. Viele Hinweise sprachen sogar dafür, daß man sowieso Absprachen über zwei Filme getroffen hatte. Erste Gerüchte besagten gar, daß der Roadster in der Anfangssequenz des nächsten

Films, der zunächst als "Bond 18" angekündigt wurde (fälschlicherweise, denn in Wirklichkeit ist es ja schon der 20. Film, aber Eon verschweigt weiterhin "Casino Royale" und "Sag niemals nie"), endlich auch die Extras zeigen darf, die bei "GoldenEye" nur im Dialog erwähnt wurden. Auch eine genau beschriebene Folge dieser ersten Bilder wurde bekannt. Danach holt Bond "M" an einem geheimen Ort in London ab und wird während der Fahrt von einem Hubschrauber quer durch die Stadt gejagt. Eine zugegebenermaßen sehr aufwendige Szenerie, wenn man bedenkt, daß bei den Aufnahmen auch bekannte Londoner Touristenattraktionen eingebunden werden sollten. Als die bayrischen Autobauer dann eine stärker motorisierte Variante mit der Bezeichnung "BMW M roadster" ankündigten, war eigentlich alles klar, doch die Sequenz wurde wieder verworfen, und man einigte sich auf die Verwendung von zwei anderen Fahrzeugen.

Am 25. März wurden erste Szenen für den neuen Film, der inzwischen den Titel "Der Morgen stirbt nie" erhielt, mit Pierce Brosnan auf dem Hamburger Flughafen Fuhlsbüttel gedreht. 007 kommt in die Hansestadt, um die Geschäfte des Medienmoguls Elliot Carver, gespielt von Jonathan Priyce, zu untersuchen. Laut Drehbuch mietet er auf dem Flughafen eine Limousine, er wird von "Q" instruiert, in eine Verfolgungsjagd verwickelt, die ihn in ein Parkhaus führt, er verläßt das Auto und steuert es per Handy, bis es nach einem Sturzflug in einer weiteren Filiale der Autovermietung landet.

Die Fahrbereitschaft der März-Aufnahmen am Flughafen deutete schon darauf hin, daß BMW dieses Mal ausführlicher als je zuvor in einem 007-Abenteuer vertreten sein wird, obwohl dort noch keines der Autos zum Einsatz kam. Am 23. April gab man in London dann offiziell bekannt, daß die Bayern erneut für die

BMW lebt zweimal in "Der Morgen stirbt nie". Nur zwölf Maschinen vom Typ R 1200 C "Cruiser" existierten, als die Motorradjagd in Thailand entstand.

fahrbaren Untersätze sorgen. Dabei handelte es sich um ein zweigeteiltes Engagement. So kommen in den Hamburger Szenen und als Fahrzeug des Gangsters Limousinen vom Typ BMW 750 iL zu einem Preis von mindestens 173.000 DM pro Stück in einer "aspen silber executive"-Version mit zahlreichen Extras wie Giftgaswaffen und Fernsteuerung zum Einsatz. Einen Tag zuvor hatte man damit bereits Bilder an dem kleinen Flughafen von Stanstead außerhalb Londons gedreht. Zwölf Wagen wurden in die englischen Frogmore-Studios geschafft, um für die verschiedensten Aufnahmen präpariert zu werden. Einige Szenen wurden auf der Ebene 4 des Londoner Einkaufszentrums Brent Cross Shopping Center gedreht, wo am 19. Juni 1997 ein Unfall geschah. Als man eine Verfolgungsjagd mit einem silbernen BMW drehte, der von einem schwarzen Mercedes verfolgt wird, und ein Stuntman mit einer Bazooka auf einen Ford Sierra feuerte, fing der Sierra Feuer und brannte zusammen mit zwei anderen Fahrzeugen aus. Die Dreharbeiten mußten abgebrochen werden, die Feuerwehr wurde gerufen, die über 150 Techniker evakuierte, aber Verletzte gab es nicht. Filmpressesprecher Geoff Freeman: "Wir haben bei dem Stunt drei Wagen in Brand gesetzt und dabei mehr Feuer

Sean Connery posiert auf der Yamaha XJ 650 Turbo.

Stuntman Mike Runyard kurz vor dem Abheben - und der unsanften Landung. Er doubelte für Sean Connery die gefährlichen Motorradszenen zwischen Menton und Nizza.

und Rauch entfacht, als wir erwartet hatten." Die Szenen waren Teil einer Verfolgungsjagd, für die in der Zeit vom Donnerstag, dem 17., bis Dienstag, dem 22. Juli, in der Hamburger Innenstadt weitere Bilder gedreht wurden. Hier steuert 007 das Hotel Atlantic an und wird in eine Verfolgungsjagd verwickelt, die in das hoteleigene Parkhaus führt. Die Szenen entstanden im Parkhaus von Horten an der Mönckebergstraße, direkt gegenüber vom Bahnhof, und das Dach wurde mit eigens errichteten "HOTEL ATLANTIC"-Schildern umgerüstet. Der Gag dabei ist, daß Bond dank "Q's" technischer Weiterentwicklung in der

Lage ist, den Wagen mit einem Funktelefon fernzusteuern, mit dem Handy Schlösser zu öffnen und Fingerabdrücke zu nehmen. Nach Auskunft von Stuntkoordinator Vic Armstrong, der schon bei den "Indiana Jones"-Filmen dabei war und für "Sag niemals nie" die Motorradjagd inszenierte, stellte BMW "Wagen im Wert von etwa einer Million Pfund (knapp drei Millionen Mark) zur Verfügung, und bei den Dreharbeiten gehen etwa drei Viertel davon zu Bruch". Für Humor wird in der Sequenz auch noch in anderer Form gesorgt, denn es wurde bekannt, daß die BMWs mit einem Wortprozessor und einem Navigationssystem ausgerüstet waren. Damit gibt der Fahrer den Umgebungsplan des Ortes ein, in dem er sich befindet, und wird sprachgesteuert dorthin geführt - eine Spielwiese für Gags. Auch das Nummernschild bietet Anlaß zum

Schmunzeln. Davon abgesehen, daß keines der Schilder über eine TÜV-, ASU- oder Stadt-Plakette verfügte, wurde der BMW mit der Nummer "B - MT 2144" versehen - eine Anspielung auf Bonds silbernen Aston Martin, der unter "BMT 214 A" fuhr. Eines der Hamburger Polizeifahrzeuge diente übrigens für einen ähnlich guten Einfall, es hieß "HH - 7007" anstatt "HH - 7887". Ein wahrer Triumph für die Bayern war die Tatsache, daß die Verfolgerautos wie schon so oft dunkle Mercedes-Limousinen waren. Kommentar von BMW-Mitarbeiter Peter Nickel: "Auf der einen Seite wollen wir zeigen, daß BMW für Robustheit und Fahrsicherheit steht, und es wäre nicht schön, wenn die Wagen aufgrund eines elektrischen Defekts liegenbleiben würden. Wir freuen uns natürlich sehr darüber, wenn die verfolgenden Mercedes-Wagen unseren BMW nicht erreichen."

Am 20. Juli um exakt 12.59 Uhr verfolgten über tausend Schaulustige an der Mönckebergstraße, wie die BMW-Limousine mit Hilfe einer Rampe und eines Katapults in das Schaufenster einer extra in die Arkaden gebauten Autovermietung geschleudert wurde. Zuvor hatte man mit einer in einem ferngesteuerten Mini-Hubschrauber angebrachten Kamera einen Teil des Autosturzes aus der Sicht des Fahrers gedreht. Der Stunt des katapultierten Autos klappte beim ersten Take. Die Passanten stoben auseinander, das Auto durchbrach drehbuchgemäß die Scheibe, und am Ende applaudierten alle Anwesenden. Nur einige Fotografen schauten verdutzt, denn nach über dreistündiger Vorbereitung ging das Ganze so schnell, daß sie den Knalleffekt verpaßten.

Motorradstunts
Der zweite Teil der bayrischen Präsenz bezieht sich auf die Lieferung von BMW-Motorrädern vom Typ "Cruiser" mit 1200 ccm Hubraum,

den ersten Chopper, den die Münchner je gebaut haben. Mit einem elfenbeinfarbenen Zweirad fliehen Bond und seine Verbündete Wai Lin (die malaysische Schauspielerin Michelle Yeoh) aus dem Pressehaus des Medienzaren Elliot Carver (Jonathan Pryce), stehlen wichtige Unterlagen und rasen, aneinander gefesselt, über die Dächer einer asiatischen Großstadt - wobei sie nicht mal einen Helm tragen. Anstatt Motocross-Maschinen einzusetzen, verwendete man bewußt die schweren Chopper, da auch sie für eine Reihe von ungewöhnlichen Momenten sorgten. Nach Auskunft von Stunt-Director Vic Armstrong und Stunt-Coordinator Dickey Beer - übrigens dasselbe Team, das schon die Motorradjagd in "Sag niemals nie" inszenierte - lieferte BMW acht Motorräder von bis dato nur zwölf existierenden Maschinen an die Produktion. "Wir fahren zum Teil an den äußersten Rändern der Dächer und brechen mit den Maschinen in die Hausdächer ein", erzählte Armstrong. "Der sensationellste Stunt ist ein 15-Meter-Sprung vom Dach über einen verfolgenden Hubschrauber auf das Nachbardach. Meine Frau ist selbst Stuntwoman und doubelte für Michelle Yeoh. Es gab auch Szenen, in denen wir auf engstem Raum die Maschinen drehen oder unter anderen Fahrzeugen durchrutschen." Außer in Bangkok wurde ein großer Teil der Action-Sequenzen in den Frogmore-Studios außerhalb von London gedreht, wo man einen Teil der asiatischen Gebäude nachbaute. Über vier Wochen drehte man nur daran - immer noch wenig im Vergleich zu den sechswöchigen Aufnahmen zwischen Menton, Antibes und Nizza sowie einigen Szenen auf den Bahamas, die für "Sag niemals nie" entstanden.

Im Herbst 1982 und Frühjahr 1983 war es Stuntman Mike Runyard, der Sean Connery im Motorradfahren unterrichtete und in den gefährlichsten Szenen selbst fuhr. Vier Motorräder vom Typ Yamaha XJ 650 Turbo kamen damals zum Einsatz. In der Sequenz verfolgt Bond die Killerin Fatima Blush (Barbara Carrera) in einem roten Renault Turbo, wird beinahe von ihr in einem Lkw eingesperrt und sogar durch einen ihrer Tricks von der Maschine gestoßen. "Ich mochte das Design von dem Motorrad nie. Es sollte futuristisch sein, irgendwie superelegant und schnittig wirken, aber richtig schön war es nicht", erinnert sich Vic Armstrong. Bis auf gehärtete Felgen waren es übrigens Serienmodelle, die bei den Dreharbeiten zum Einsatz kamen. Bei dem beherzten Sprung über den Camaro ging ein Motorrad fast völlig zu Bruch. Die Idee war, daß Bond dank Turbo-Antrieb einen ihn verfolgenden schwarzen Camaro, der ihn von hinten rammt, narrt, indem er über den vor ihm fahrenden Wagen springt. Dafür setzte man an das Heck des Camaro eine Schanze an. Runyard fuhr in voller Fahrt auf das verlängerte Heck und sprang über den Camaro. Bei der Landung platzte ihm der Vorderreifen, aber der erfahrene Stuntman konnte das Fahrzeug aufrecht halten, fuhr rechts ran und verschnaufte erst einmal. Doch dies war nicht das einzige Motorrad, das nach Bond-Dreharbeiten nicht mehr zu gebrauchen war.

Der zu Anfang von "GoldenEye" gezeigte Motorrad-Sprung wurde von dem französischen Stuntman Jacques Malnuit mit einer Cagiva durchgeführt. Er stürzte sich vom 2.651 Meter hohen Berg Tellistock, raste mit knapp 100 km/h auf den Abhang zu, sprang über eine Rampe und fiel. Nach etwa 60 Metern löste er sich von der Geländemaschine und verbrachte nochmals knapp 300 Meter im freien Fall, ehe er seinen versteckten Fallschirm öffnete und sicher landete. Das Motorrad wurde beim Aufprall völlig zerstört.

Das BMW-Engagement in "Die Welt ist nicht genug"

Auf der Tokyo-Motorshow im Herbst 1997 stellte BMW die Designstudie eines neuen Supersportwagen vor, des Z 07. Sie sollte an den von Albrecht Graf Goertz entworfenen Sportwagen 507 erinnern, von dem zwischen 1956 und 1959 lediglich 252 Exemplare gebaut worden waren. Die Leistung des Wagens war mit etwa 400 PS angegeben, die eine Höchstgeschwindigkeit von 250 km/h ermöglichen sollte. Im Januar 1998 erhielt MGM/UA Fotos der Studie. Im September reiste ein Team nach München, um sich den ersten Prototyp anzusehen, der inzwischen in Z 8 umbenannt worden war. Man vereinbarte, den Wagen in dem neuen Bond-Film "The World is Not Enough" zu verwenden sowie weitere Fahrzeuge aus dem BMW-Imperium einzusetzen. Dazu zählten ein Range Rover in spezieller "long-version" für "M", ein Land Rover für Elektra und ein Rover R 75, in dem Bond und Elektra gelegentlich gemeinsam fahren sollten. Allerdings fiel eine Beerdigungsszene, in der mehrere Rover zu sehen waren, dem Schnitt zum Opfer.

Das Hauptaugenmerk richtete sich jedoch auf den Z 8, von dem drei fahrtuchtige Prototypen ausschließlich für die Dreharbeiten gebaut wurden. Sie alle erhielten das Nummernschild "V354 FMP". Zudem lieferte der Autokonzern eine Rohkarosse, von der Eon auf eigene Kosten vier Laminat-Modelle nachbauen ließ. Den Grund dafür enthüllt ein Blick ins Drehbuch. Danach wird 007 von Hubschraubern gejagt, an denen rotierende Kreissägen hängen, bis sein Gefährt schließlich der Länge nach durchgesägt wird. Nach dem ersten Script-Entwurf ist die Aktion hier zu und Bond am Ende, doch für die endgültige Fassung wurde die Szene geändert. Dank intakter Verteidigungseinrichtung setzt Bond den Hubschrauber außer Gefecht. Der Z 8 verfügte über eine Außenhaut, die Radarstrahlen absorbiert, so daß er von den Verfolgern nicht erkannt werden kann. Nachts kann er dank Wärmefeldmessung ohne Licht fahren, hat einen Laser-Beamer an Bord, mit der er die Elektronik anderer Fahrzeuge lahmlegen kann, und ist in der Lage, mit einer elektromagnetischen Vorrichtung die Gegner zu belauschen und auf einem Bildschirm zu beobachten. Des weiteren vermag er Fahrinformationen auf die Windschutzscheibe zu übertragen und aus den Seitenlüftern Raketen abzufeuern. "Aggressionen, die vom Fahrzeug ausgehen" hatte BMW früher immer abgelehnt, aber "inzwischen haben wir unsere Meinung geändert", erläuterte Johannes Schultz von der BMW AG. Äußerlich glich der Z 8 einem Serienmodell, die Tricks entstanden mittels Close-up in den Londoner Studios.

Nach dem Ende der Dreharbeiten blieben ein Prototyp und drei Laminat-Modelle im Besitz von Eon Productions, die übrigen erhielt BMW zurück. Wie schon zuvor zahlten die Münchner kein Geld an MGM/UA, sondern übernahmen Transport, Begleitung und Service. Erneut einigte man sich auf die sogenannte Cross-Promotion. Vier Wochen vor dem US-Start am 19. November 1999 beginnt die Werbung für den Film und werden die Autos ausgestellt. Zudem erschienen Spielzeugmodelle in drei Größen

Fort(d) von BMW: Bond fährt wieder Aston Martin

Ganz zufrieden war BMW nicht mit dem dritten Einsatz in Folge als Bonds Motorenwerke, denn allzu lange tauchte der Z8 nicht auf und am Ende wurde er auch noch zersägt. "Wenn ich das gewußt hätte, hätte ich es vielleicht nicht gemacht", äußerte Johannes Schultz, Leiter für audiovisuelle Medien des Münchner Autobauers, später. Dennoch bemühte sich

das Unternehmen um eine weitere Kooperation, schließlich hatte man mit dem neuen Mini oder den zukünftigen Rolls-Royce-Modellen interessante Fahrzeuge zu bieten. Doch Wolfgang Reitzle, ehemaliger Vize-Chef in München und jetzt Leiter der "Premier Auto Group", der exklusiven Abteilung von Ford, offerierte wohl ein besseres Promotionspaket, denn am 23. August 2001 gab MGM bekannt, daß James Bond in seinem neuesten Film einen Aston Martin V 12 Vanquish fahren und damit "zu seinen Wurzeln zurückkehren" werde. Im September kam der 228.000 Dollar teure Sportwagen termingerecht in den USA auf den Markt. Das Unternehmen konnte Ende des Jahres erfreut bilanzieren, daß man 50 Prozent mehr Fahrzeuge abgesetzt habe als im Jahr zuvor. "Ich bin sicher, daß James Bond einige der Styling-Ideen an diesem Aston Martin anerkennen wird", sagte ein Sprecher des Unternehmens und fügte ironisch hinzu: "Er wird feststellen, daß der Wagen sich technologisch weiterentwickelt hat und für die Arbeit, die er so zu tun hat, perfekt ausgestattet ist." Der clevere Schachzug, der sich sicher nicht nur auf einen Film beschränken wird, ist insofern interessant, als Aston Martin an einer "Neuauflage" des DB 5 arbeitet, der 2004 herauskommen und Fahrzeugmarken wie Porsche Konkurrenz machen soll.

Die geballte Präsenz von Ford war erstmals auf der Pressekonferenz zur Bekanntgabe des Drehbeginns am 11. Januar 2002 in den Pinewood Studios zu sehen, als ein silberner Aston Martin und ein grünes Jaguar-XK-8-Cabrio auf der Bühne postiert wurden. Zudem präsentierte Jaguar auf den aktuellen Formel-1-Fahrzeugen das 007-Logo. Beflügelt hat es die Wagen nicht – sie belegten zumeist hintere Plätze oder schieden aus.

Im Film ist es wieder einmal "Q", diesmal von John Cleese gespielt, der Bond den Aston in einer Londoner U-Bahnstation übergibt. Seine Fähigkeiten kann das Hightech-Modell dann in Island während einer Verfolgungsjagd auf einem zugefrorenen See unter Beweis stellen, auf dem schon Szenen von "Im Angesicht des Todes" entstanden. Dafür bauten die Special-Effects-Verantwortlichen in den Studios gleich mehrere Wagen um und rüsteten sie mit Vierradantrieb und speziellen Reifen aus, mit denen auf Eis gefahren werden konnte. Der Wagen überschlägt sich einmal und landet auf dem Dach, verfügt aber angeblich über einen speziellen Knopf, der ihn wieder in seine Ausgangslage befördert. Ein 50 Mann starkes Team arbeitete vier Wochen lang mit acht Autos bei rund 10 Grad unter Null. Mehrfach mußte das Eis des Sees künstlich gekühlt oder Nachschub organisiert werden, um die Tragfähigkeit zu garantieren. Bäume und Schnee wurden zum Teil eingeflogen. Da es nicht gelang, alle Szenen mit den zwei Tonnen schweren Wagen in Island zu drehen, behalf man sich im Juni 2002 mit einer künstlichen Eisfläche in den englischen "Blue Egg Studios" in Gloucestershire. Vier Wagen waren dort im Einsatz – drei als Ersatz, falls die Stunts mißlingen sollten. Einen Vorgeschmack auf den neuen Wagen gab es bereits im Mai in Cannes, als die Besucher der MTV-Party ein Spielzeugmodell erhielten. Es wird sicher nicht das letzte sein, ist aber schon jetzt eins der exklusivsten.

Der frühere Formel-1-Pilot Jackie Stewart sagte einmal in einer Dokumentation über die Bond-Serie: "Es war 1962, als James Bonds Karriere begann und ich anfing, Rennen zu fahren. Er war immer mein Vorbild und ist natürlich ein sensationeller Fahrer. Das Besondere ist, daß er gar kein schnelles Auto braucht, es ist eigentlich völlig egal, was er fährt. Er hat seinen eigenen Stil - aber auch nie wesentlich zur Sicherheit im Straßenverkehr beigetragen." Sein englischer Kollege Stirling Moss ergänzte: "Wenn man die Art und Weise sieht, wie einige Rennfahrer mit ihren Wagen umgehen, dann kann man nur froh sein, wenn man nicht auf der Straße ist. Sieht man die Art und Weise, wie Bond mit einem Auto umgeht, dann wünschen sich die Rennfahrer, sie wären nicht auf der Straße."

Fiktion und
Realität - British
Secret Service,
CIA, KGB, BND
und 007

Daß Ian Flemings beruflicher Hintergrund und seine dort gemachten Erfahrungen zu großen Teilen Einfluß auf seine fiktive Romanfigur James Bond hatten, ist hinlänglich bekannt. Weniger bekannt ist, daß die von ihm erdachten technischen Erfindungen und Story-Ideen die wahren Geheimdienste animiert haben, in dieser Richtung zu forschen. Hinzu kommt, daß auch der Einfluß der Filme auf die Spionagewelt nicht zu unterschätzen ist, denn abgesehen davon, daß im Sprachgebrauch einige Personen inzwischen als "deutscher 007", "deutscher 008" oder "wahrer Bond" bezeichnet werden, hat die pure Unterhaltung auf Zelluloid auch Nachahmer gefunden, die hofften, von den Kinosensationen profitieren zu können, indem sie die Ideen schlicht kopierten, nachbauten oder sie als Anregung für eigene Unternehmungen verwendeten.

Einfluß der Bücher

Allen Dulles, bis September 1961 Leiter des US-Geheimdienstes Central Intelligence Agency (CIA), war ein Freund von Fleming, ein Fan seiner Geschichten, und man tauschte sich häufig aus. Das Ortungsgerät im Aston Martin war nur eine der Ideen, mit denen sich Dulles auseinandersetzte; er wies seine Mitarbeiter an, auf der Basis des Romans "Goldfinger" weiterzuforschen. Nachdem der Roman "Thunderball" erschienen war, faszinierte ihn besonders Flemings Idee kleiner Sauerstoff-Stäbchen, mit denen man unter Wasser eine begrenzte Zeit atmen kann. "Our Spy-Boss Who Loved James Bond", ist denn auch ein Artikel von ihm in dem US-Magazin "Life" überschrieben. Dulles und Fleming trafen sich das erste Mal in London und dann unregelmäßig in England oder den USA. "Wir sprachen über neue Werkzeuge, die man für das neue Zeitalter entwerfen müßte. Die U-2-Raketen unternahmen längst ihre geheimen Testflüge, aber Flemings Vorstellungskraft ging noch viel weiter", schrieb Dulles, der von dem Freund zeit seines Lebens immer ein signiertes und persönlich gewidmetes Exemplar bekam. In sein Buch "The Craft of Intelligence" integrierte Dulles dann einen Vergleich zwischen 007 und dem hochdekorierten russischen Agenten Rudolf Abel, der in den USA arbeitete und gegen den amerikanischen U-2-Piloten Francis Gary Powers ausgetauscht wurde. "Ich stellte Abels Verhalten in Brooklyn und Bonds Hingabe gegenüber und machte deutlich, daß der moderne Geheimdienst-Offizier nicht üblicherweise codierte Nachrichten, versteckte Kameras oder Geheimwaffen bei sich trägt - und dann war Abel unaufmerksam und ließ in seinem Quartier tatsächlich einige dieser Dinge zurück."

Dulles war der Meinung, daß James Bond nach seinem ersten Einsatz ein dickes Dossier im Kreml hinterlassen und vermutlich den zweiten Auftrag nicht überlebt hätte, sagte aber auch in mehreren Interviews, daß er froh gewesen wäre, "mehrere James Bonds zu engagieren. Ich will damit nicht sagen, daß meine Mitarbeiter nicht genügend große Qualitäten hätten, aber ich suchte immer nach noch mehr Fähigkeiten. Einige von Flemings technischen Überlegungen mögen nicht funktioniert haben, sie brachten einen aber dazu, darüber nachzudenken und Dinge zu entwickeln, die dann wiederum zu Ergebnissen führten, die funktionierten."

Anfang der 60er Jahre, als die Verkaufszahlen der Bond-Bücher in astronomische Höhen schnellten und 007 sich zu einem kulturellen Phänomen zu entwickeln schien, wurde der Autor von der russischen "Komsomolskaja Prawda" scharf angegriffen. Sie attackierte Bond als ein Symbol der amerikanischen (!) Expansion, speziell im Fernen Osten, und berichtete, daß Agenten des CIA Bonds Methoden in ihr Training übernommen hätten. Dieser Bericht enthält eine Reihe von Tatsachen, wie Dulles später selber zugab. Es hieß dort weiter: "Die amerikanischen Propagandisten müssen schon in einer sehr schwierigen Lage sein, wenn sie sich so intensiv auf die Ideen von Mr. Fleming verlassen, einem früheren Spion, der sich zu einem mittelmäßigen Autor entwickelt hat." Der Moskauer Rundfunk dagegen war Fleming wohlgesonnener. Bei der Berichterstattung über ein Treffen zwischen dem französischen Außenminister Maurice Couve de Murville und dem britischen Außenstaatssekretär Lord Home spekulierte man, ob "Mr. Ian Fleming, der berühmte Autor einer Detektiv-Serie und Erzeuger von spannenden Situationen", an dem Meeting teilgenommen habe, um daraus Material zu ziehen, das er für weitere James-Bond-Romane verwenden könnte.

Eine breite Front gegen die James-Bond-Romane kam aus dem Osten und den Ländern hinter dem Eisernen Vorhang. So vermutete die "Prawda", daß Fleming während seines Besuchs in Moskau 1939 spioniert habe. Er wurde dafür attackiert, eine Welt kreiert zu haben, "in der das Gesetz mit Pistolen sowie Vergewaltigungen geschrieben wird und Gewalttätigkeiten gegenüber der weiblichen Ehre galant in Erwägung gezogen werden". Die Zeitung "Al Ba'ath" aus Syrien war davon überzeugt, daß der CIA hinter der Verbreitung von Flemings Büchern stehe.

Ein früherer deutscher Botschafter in Washington, Karl Heinrich Knappstein, der sich als passionierter Scotch-Whisky-Trinker bezeichnete, gab zu, er habe im Dezember 1965 zum ersten Mal amerikanischen Bourbon-Whisky getrunken. Er begründete dies wie folgt: "Ich lese nachts immer Flemings James-Bond-Geschichten. Da der immer Bourbon trinkt, habe ich das auch einmal probieren wollen."

Einfluß der Filme

Nach Aussagen des ehemaligen russischen KGB-Offiziers Oleg Gordievsky in der englischen Sendung "The Bookworm" war der Einfluß der Filme auf die Spionagewelt jenseits des Eisernen Vorhangs immens: "Die KGB-Offiziere waren sich zwar darüber im klaren, daß die Filme reine Fiktion waren, aber alles Fiktive basiert auf etwas Realem. Da die Technologie im Westen, und speziell in Großbritannien, ihrer Meinung nach schon so weit entwickelt war, entstand die Auffassung, daß man möglicherweise einige dieser Dinge tatsächlich produzieren könne. Dieser Impuls stimulierte die technische Abteilung des KGB in Moskau, mehr und mehr intelligente Produkte zu konstruieren. Dazu gehörten Gifte, Pistolen und schießende Kugelschreiber." Um der vermeintlichen Bedrohung durch bondähnliche Spielzeuge Gleichwertiges entgegenzusetzen, richtete der KGB vier Spezialabteilungen ein, die sich mit den Gebieten Waffentechnik, Gift, Überwachung und Geheimschrift beschäftigten. Gordievsky ist der Meinung, daß es die Bond-Filme waren, die die Entwicklung der Spezialwaffen in den 60er und 70er Jahren ermöglicht hätten. Eine ähnliche Meinung vertritt Desmond Llewelyn, langjähriger Darsteller des Waffenmeisters "Q" in den Filmen, denn viele der technischen Tricks der Kinoabenteuer waren tatsächlich Prototypen und wurden im Hinblick auf die Filme entworfen oder durch den Erfolg beflügelt und dann weiterentwickelt. Ein Beispiel ist die Unterwasserkamera aus "Feuerball" - ein Vorläufer der später populären Nikkormat.

Auch Markus Wolf, von 1952 bis 1987 Leiter der Hauptabteilung Aufklärung beim Ministerium für Staatssicherheit der DDR, gab in einem Gespräch mit Film- und Literaturkritiker Hellmuth Karasek, das in der Dezember-Ausgabe 1995 im deutschen "Playboy" erschien, zu, daß die Filme DDR-Agenten beeinflußt haben. "Wenn es um einen ersten Eindruck von fernen Ländern ging, waren die Bond-Filme tatsächlich auch Lehrmaterial für unsere Mitarbeiter", erzählte Wolf und berichtete zudem, daß es einen Mann namens Werner Stiller gab, der 007 zumindest nahekam. Der Oberstleutnant lief 1979 in den Westen über. "Das Gefühl, endlich wie James Bond leben zu müssen, könnte tatsächlich ein Motiv für seinen Frontenwechsel gewesen sein", heißt es weiter.

Eine Szene aus "Leben und sterben lassen" lieferte dem 16jährigen Don Ramirez aus Canberra in Australien die Mittel, sich zu verteidigen. In dem Film tötet Roger Moore in einem Hotel in Jamaika eine Schlange, indem er seine Dose mit Rasierschaum mit einer Zigarre entfacht, so daß sie zum Flammenwerfer wird. Ramirez griff zu einer Insekten-Sprayflasche und entzündete das Gas mit einem Feuerzeug, um einer im Kleiderschrank hausenden Spinne den Garaus zu machen. Die Bilanz: 165.000 DM Schaden, denn Haus und Auto brannten ab.

In Oberhausen erwürgte der Fensterputzer Rainer Bischof 1965 seine Frau Marlies. Man hatte sich darüber gestritten, ob James Bond im Film der echte Bond sei oder nur der Schauspieler Sean Connery. Eine Meldung, die "Der Spiegel" in einem großen Artikel über 007 und seine Auswirkungen mit dem Titel "Laster: Trinkt, aber nicht exzessiv, und Frauen" verbreitete. Das Magazin fand noch weitere - abschreckende - Beispiele. Danach tötete der britische Soldat David Clark seinen Freund Julian Seakins in Detmold, als er versuchte, wie James Bond mit Waffen zu spielen. In Budapest vergnügten sich junge Männer, indem sie ein Mädchen komplett mit Schokolade überzogen und dann auslosten, wer die Schöne von den Süßigkeiten befreien sollte. Zwei Pariser Einwohner mit dem Nachnamen

"Goldfinger" machten ganz unterschiedliche Erfahrungen: Einer wurde ständig angerufen und gefragt, ob er der 'wahre' Goldfinger sei, der andere blieb nahezu unbehelligt.

Nach einer Meldung der "Rheinischen Post" vom 27. März 1965 gelang im Zuge der Filmerfolge gar Bonds Bewaffnung der Übergang in die Realität. So hieß es in dem Artikel: "Im Schulterhalfter aus Ziegenleder steckt eine 6,35 mm Beretta, mit der auch ein großer Teil der Beamten im deutschen Strafvollzug ausgerüstet ist. Die gleiche Waffe fanden kürzlich italienische Polizisten bei der Leiche des ägyptischen Ex-Königs Faruk." Und "in Frankreich durften die 'Gorillas' des Geheimdienstes im Einsatz gegen Großverbrecher Spesen in unbegrenzter Höhe machen und getrost ein teures Appartement Wand an Wand mit den Gangstern im 'Ritz' oder im 'Claridge' mieten", wie "Der Spiegel" zu melden wußte.

Film und Wirklichkeit

Am 5. Oktober 1978 wurden in den USA drei junge Männer gefangengenommen. Sie hatten geplant, das Atom-U-Boot "Trepang" zu entführen und mit Hilfe der an Bord befindlichen Atomsprengköpfe die amerikanische Regierung zu erpressen. Der Coup flog auf, als ein FBI-Agent engagiert werden sollte. Die Idee der drei Männer stammte aus dem James-Bond-Film "Der Spion, der mich liebte": Supergangster Stromberg schluckt hier drei U-Boote in einem Tanker. Der Trick funktionierte, auch wenn die Dekoration des Films nur etwa drei Viertel des Originals ausmachte.

Nach einer Emnid-Umfrage vom Oktober 1995 waren 21 Prozent der Befragten der Meinung, daß James Bond tatsächlich gelebt hat. 62 Prozent verneinten dies, und 17 Prozent machten keine Angabe. Kein Wunder also, daß man seine Abenteuer für bare Münze nimmt oder zumindest als inspirierend empfindet. Auch sogenannte Spionage-Shops leben von dem Mythos. Anfangs nur in London als "Spycatcher" etabliert, später dann unter anderem auch in Stuttgart als "Spy-World", finden sie Kunden für so ungewöhnliche Utensilien wie versteckte Mikrofone im Regenschirm, Nachtsichtgeräte oder Wanzen. "Wir haben da eine Marktlücke entdeckt", äußerte Jürgen Steimer, einer der beiden Geschäftsführer, im Januar 1996 kurz nach Eröffnung des Londoner Hauses. Auch der englische Prinz William wurde mitsamt Leibwächter schon beim Shoppen im "Spycatcher" erwischt. Inzwischen gibt es weltweit zwölf dieser Schnüffelboutiquen, und der Peiner Sammler Heinrich Peyers hat ein Privatmuseum voller Minikameras, Kleinstwaffen und Agententricks eingerichtet.

Im März 1997 meldete die Hauptnachrichtensendung von RTL, daß ein Pkw-Fahrer in seinen Opel Manta eine Vorrichtung eingebaut hatte, die per Knopfdruck am Lenkrad dafür sorgte, daß dem hinter ihm fahrenden Wagen eine Ladung Dieselöl auf die Scheibe gespritzt wurde. Der Mann wurde verhaftet, das Auto beschlagnahmt. Bonds Aston Martin aus "Goldfinger" stand Pate für den Bastler. Die Vernebelungsanlage, ein weiteres Extra des Autos, inspirierte die Firma Sinetec AG. Sie führte die nebulöse Erfindung Anfang 1996 in dem Neustädter Geschäft von Klaus Balke für Sicherheits- und Kommunikationstechnik vor. Zur Abschreckung von Verbrechern wurde das Geschäft binnen Sekunden eingenebelt. Die meisten Täter würden nach Auskunft des Erfinders Andreas Huber zwar Sachschäden verursachen, um möglichst schnell wegzukommen, aber "alle ergreifen sofort die Flucht". Am 20. Juni 1997 meldeten Hörfunksender, daß die Polizei einen jungen Mann verfolgt, der "in James-Bond-Manier" in Münster unterwegs ist und sich als "Top-Agent von feindlichen Spionen

verfolgt fühlt". Im Ermittlungsbericht hieß es, der Mann habe sich "in eine Spionagestory hineingesteigert".

Die 'wahren' James Bonds

Eine Reihe von Geheimdiensten oder ähnlich gearteten Organisationen hat immer wieder behauptet, daß Vorbilder für die fiktive Figur Ian Flemings in ihren Reihen zu suchen sind. Sie führten sogar Parallelen von Einsätzen, Lebensweisen oder Karrieren an. So berichteten Zeitungen auf der ganzen Welt, der 'wahre 007' sei der Agent Merlin Theodor Minshall, Korvettenkapitän a.D. und einer der Untergebenen von Ian Fleming. In seiner Autobiographie "Guiltedged" schrieb er, daß "sein angenehmstes Erlebnis" während seiner Spionagetätigkeit "eine atemberaubende Liebesaffäre mit einer ungarischen Naziagentin war, wobei jeder die ganze Zeit daran dachte, wie er den anderen umbringen könnte". Er kam zu dem Schluß: "Sie war schneller, gab mir Gift, und ich wäre um ein Haar draufgegangen." Ein französisches Pendant erkannte die "FAZ" in einem Artikel vom 27. Dezember 1984 in dem Gendarmerie-Hauptmann Paul Barril, der lange Zeit die Eliteeinheit GIGN geführt hat. So heißt es: "Als Judo- und Karatemeister, Kampfschwimmer und Skiläufer, Waffen- und Sprengstoffspezialist - eine seiner Erfindungen ist eine Kombination von Sturmgewehr und Flammenwerfer - kommt dieser mittelgroße Mann von 38 Jahren mit dem offenen Jungengesicht den Vorstellungen von James Bond so nahe, wie dies einem Menschen aus Fleisch und Blut möglich ist."

Am 26. Juni 1989 gab das russische Komitee für Staatssicherheit (KGB) bekannt, daß ihr "James Bond", der Agent Michail E. Orlow, der unter dem Decknamen Glenn Michael Souter agierte, plötzlich und unerwartet im Alter von nur 32 Jahren gestorben ist. In einem Nachruf

Der Wunsch, einmal wie Bond zu fahren, ist größer, als man annehmen sollte. Drei Beispiele für Fans und ihre Nummernschilder ...

hieß es, daß sein Leben "dem Kampf gegen den Nuklearkrieg gewidmet war" und "daß die Sowjetunion es ihm zu verdanken habe, daß die einfachen Leute ein besseres Leben führen können".

Auch in unseren Landen fand sich eine Reihe von Vorbildern. So wurde Hans-Georg Haupt, ehemals Streifendienstpolizist in Celle, später Kriminalhauptkommissar des Bundeskriminalamts (BKA), gern als "James Bond von der Ruhr" bezeichnet. Seine Karriere ließ darauf schließen. Er überführte Rauschgifthändler-Banden, Waffenschieber und Geldfälscher, ehe er im Juni 1981 verhaftet wurde. Mit Billigung der Behörde führte er ein Leben auf großem Fuß, verfügte über hohe Geldsummen, teure Luxusautos, stieg in noblen Hotels ab, besuchte Spielclubs und Bars, um Kontakte zu Kriminellen zu knüpfen. Seine hohen Spesen von über 160.000 DM brachten ihn wegen Betrugs auf die Anklagebank des

Landgerichts Duisburg. Zuvor war er noch für die Verleihung des Bundesverdienstkreuzes vorgesehen. Am Ende erhielt er acht Monate auf Bewährung.

Mit der "Leitnummer 007" wurde ein Beamter der Post bedacht, der 43 Jahre lang für die Entstörung von Münzfernsprechern zuständig war und dabei immer wieder sogenannte Telefonmarder ausfindig machte, Menschen, die Telefonzellen ausplünderten und auf Kosten anderer telefonierten. Der Mann vom Fernmeldeamt 3 in Hannover, gebürtiger Ostpreuße, der in seiner Jugend Judoka, Ringer und Boxer war, arbeitete noch als Pensionär an der Aufklärung von Fällen mit und erhielt 1974 tatsächlich die Verdienstmedaille des Bundesverdienstordens.

Als eine "Mischung aus Mauss, Schimanski und James Bond" bezeichnete ein medizinischer Sachverständiger die Taten eines 25jährigen ehemaligen Polizeibeamten, der sich 1990 vor Gericht verantworten mußte. Er hatte sich als verdeckter Fahnder des Innenministeriums ausgegeben und versucht, von einer hannoverschen Bank 50.000 DM zu erpressen. Dem BKA berichtete er, er sei als verdeckter Ermittler des LKA tätig und habe einen gewaltigen Rauschgiftcoup aufgedeckt, aber die versprochene Bezahlung nicht erhalten. Er wurde für vermindert zurechnungsfähig befunden und mit einer Geldstrafe belegt.

Die prominentesten Deutschen mit Bond-Touch sind jedoch unzweifelhaft der Agent Werner Mauss und Kanzleramtsminister Bernd Schmidbauer - beide von Tageszeitungen bis zum angesehenen "Spiegel" als "deutsche 007 oder 008" achtungsvoll-spöttisch bezeichnet. Mauss jagte im Bonner Auftrag Verbrecher und Terroristen und wurde Mitte November 1996 in Kolumbien wegen verschiedener Freikaufgeschäfte verhaftet. Zuvor bot sein Aussehen jahrelang Anlaß für Spekulationen, denn es existierten nur unscharfe Wackelbilder. Bis dahin war der ehemalige Privatdetektiv über 30 Jahre lang im Einsatz, zuerst im Auftrag von Versicherungen, dann als V-Mann für Polizei, BND und Verfassungsschutz.

Schmidbauer ist studierter Naturwissenschaftler und Fachmann für Klimaschutz, war zunächst Oberstudiendirektor, gehört seit 1983 zur CDU-Fraktion im Bundestag, war 1991 zehn Monate Staatssekretär im Umweltministerium und ist seitdem Staatsminister im Kanzleramt und Koordinator der Geheimdienste. In dieser Funktion holte er 1992 die deutschen Geiseln Heinrich Strübig und Thomas Kemptner aus dem Libanon und brachte Ende Juni 1993 in München kurdische Geiselgangster, die das türkische Generalkonsulat besetzt hatten, dazu, aufzugeben. 1994 soll Schmidbauer dafür gesorgt haben, den deutschen Ingenieur Helmut Szimkus aus dem Iran herauszubekommen, der dort wegen Spionage zum Tode verurteilt war. 1995 lockte der Bundesnachrichtendienst (BND) drei Gangster nach Deutschland, die 363,4 Gramm waffenfähiges Plutonium nach München gebracht hatten, und nahm sie fest. In einem Prozeß stellte das Landgericht fest, daß BND-Agenten die Tat mit dem Decknamen "Operation Hades" provoziert hatten, und man lastete Schmidbauer an, daß er im Hintergrund die Fäden zog - eine Aktion, die "Die Woche" in einem spöttischen Kommentar vom 24. November 1995 zu der Formulierung hinriß: "Wir sind gerührt. Und nicht geschüttelt." Den Spitznamen "008" bekam er von dem Kohl-Freund Eduard Ackermann. Auf die Frage, wen er gerne mal kennenlernen würde, antwortete Schmidbauer wie aus der Pistole geschossen: "Sean Connery".

Bondomanie

Die Bond-Welle in den sechziger Jahren

"Da war ein Fotograf aus Italien mit dem Auftrag, ein Titelfoto für 14 europäische Magazine zu schießen. Da gab es französische Reporter- und Fotografenteams von 'Paris Match', 'Elle' und 'France-Soir'. Da gab es Deutsche von 'Bild', 'Stern' und 'Neue Illustrierte', Engländer von der 'Daily Mail' und 'News of the World', Schweden vom 'Expressen' und 'Se', einen Österreicher von der 'Revue' und noch Kollegen aus Australien und Kanada. Da waren Reporter und Fotografen von 'Life', 'Time', 'Sports Illustrated', 'Playboy', 'Look', 'True', 'Vogue', 'Glamour', 'Cosmopolitan', 'This Week', 'The New York Times Magazine', ein Dutzend Tageszeitungen aus dem Süden, 'UPI' und zahlreiche kleinere Agenturen. Da gab es Fernsehteams von 'NBC', 'ABC' und der 'BBC', und da war Ed Sullivan. Und dann war da noch ein Anruf aus Tokio: der Herausgeber von Japans auflagenstärkstem Magazin. Ja, es war eine große Geschichte, die größte Geschichte, die jemals stattfand. Aber das war kein weiterer Aufstand der Dominikanischen Republik gegen die Kubablockade. Es war größer als das - der neue James-Bond-Film wurde auf den Bahamas gedreht." So beginnt der Artikel von William K. Zinsser, "The Big Bond Bonanza", erschienen in der "Saturday Evening Post" am 17. Juli 1965. Er macht deutlich, wer zu dieser Zeit die Weltpresse bestimmte. Der James-Bond-Kult war auf dem Höhepunkt. Schon Ende 1964 und Anfang 1965, als "Goldfinger" die Kinos stürmte, gab es Anzeichen der einsetzenden Bondomanie, aber jetzt war die Hölle los. Während der Dreharbeiten bekam Sean Connery 1.500 Fanbriefe und 150 Heiratsanträge pro Woche. Bond-Produkte überschwemmten die Welt. Der "Filmdienst" schrieb am 27. Januar 1965: "Der Rezensent mußte beim ersten Versuch, 007s neueste Abenteuer zu erleben, unverrichteterdinge wieder nach Hause gehen; erst beim zweiten Schlangestehen gelang es ihm, eine der letzten Eintrittskarten zu ergattern. (...) Nach den ersten Reaktionen des Publikums zu urteilen, wird auch hierzulande ein James-Bond-Kult zu befürchten sein, wie er in England den Beatle-Fans nur um weniges nachsteht." Er sollte recht behalten. Von Mitte 1964 bis Ende 1967 grassierte weltweit die Bonditis oder Bondomanie.

Der große Erfolg des ersten Films und die schnell aufeinanderfolgenden "Liebesgrüße aus Moskau", "Goldfinger", "Feuerball" und "Man lebt nur zweimal" machten Bond so populär, daß die Filme neben den Beatles die erfolgreichsten britischen Exportartikel der sechziger Jahre wurden. Eine heute beinahe selbstverständliche, damals ungewöhnliche Welle von Merchandising-Produkten kam auf den Markt. 1965 gab es schon 600 lizenzierte 007-Artikel, vom "Goldfinger"-Negligé bis zur "007-Herrenserie" von Palmolive. Problematisch für den Schauspieler Connery war allerdings, wie er immer stärker mit der Rolle identifiziert wurde. Bei den Dreharbeiten von "Feuerball" auf den Bahamas wurde er von einer Gruppe Schwimmer aus dem Wasser mit den Worten: "du bist unser Führer, wir sind dein Volk, befiehl uns, und wir folgen" angesprochen. Bei den Dreharbeiten von "Man lebt nur zweimal" in Japan verfolgten ihn Fotografen bis auf die Toilette. Connery genervt: "Sie laufen hinter mir her wie die Feuerwehr. Ich wußte, daß Bond populär ist, aber das ist unglaublich. Niemand von uns hätte vorsehen können, wie Bond einschlagen würde, ich am wenigsten. Ich stimme zu, daß er möglicherweise mehr für mich getan hat als für ir-

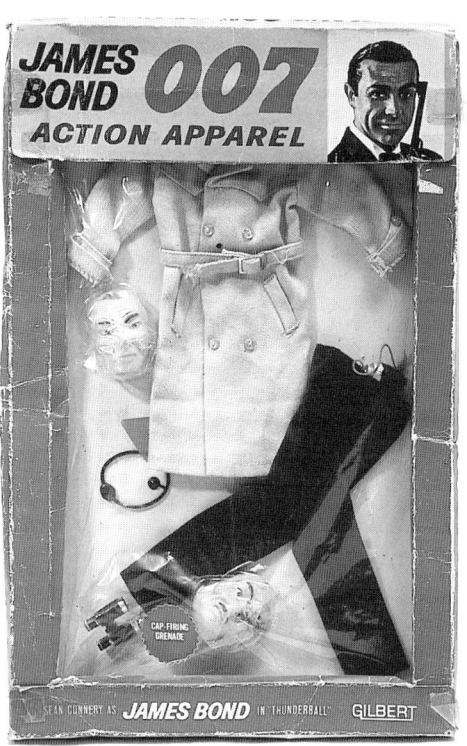

Sean Connery, eher amüsiert als begeistert, mit einem der zahlreichen 007-Produkte der sechziger Jahre - einer Büste seines Konterfeis.

Bond als Barbie. Die US-Firma Gilbert Toys brachte eine Reihe von 007-Figuren heraus, die man mit entsprechendem Outfit bestücken konnte.

gendeinen anderen Schauspieler in der Geschichte. Ich will nicht undankbar sein, aber stellen Sie sich vor, Sie würden seit vier Jahren jeden Tag dieselben Fragen gestellt bekommen. Ich habe die Nase von diesem James Bond wirklich voll. Wohin soll das noch führen? Erst war er ein gewöhnlicher Spion, doch von Film zu Film haben sich die Produzenten immer neue Tricks ausdenken müssen, und langsam wurde dieser James Bond zu einem Monstrum, ähnlich einem Frankenstein."

Bondomanie in den USA

Ein Marktforschungsinstitut in New York ermittelte, daß Weihnachten 1965 nur auf einem von zehn amerikanischen Gabentischen kein James-Bond-Artikel lag. In San Francisco verdoppelte sich der Umsatz eines Nachtlokals, als dort zwei goldbemalte Mädchen auftraten.

Durch die amerikanische Teeniezeitschrift "seventeen" wurden 007-Parties populär. Die Einladung bestand aus Buchstaben, die aus der Zeitung ausgeschnitten waren, und enthielt geheimnisvolle Texte wie: "Heute abend um 7 wirst Du angerufen! Sei zur Stelle!" Wenn es dann klingelte, wurde der Partygast mit verstellter Stimme aufgefordert, sich Samstagabend um acht Uhr einem Mädchen vorzustellen, das eine rote Nelke trägt und an einem speziellen Treffpunkt steht. Sie reagierte nur auf eine besondere Parole wie etwa "Goldfinger ist ein Wasserkopf". Sie antwortete mit der Kennziffer "007" und nannte den Ort, wo die geheimnisvolle Party stattfinden sollte. Da er die Straße wußte, trafen sie nun gemeinsam auf gleichgesinnte Bond-Fans.

Ken McKenna schrieb in der "New York Herald Tribune", daß "jeder Geld ausgibt, um sich zu kleiden, zu riechen und so zu tun, als wäre er Flemings wagemutiger Spion".

Jay Emmet, Geschäftsführer der Licensing Corporation of America, die die Lizenz für die Bond-Rechte in der westlichen Hemisphäre vergibt, sagte über das Interesse an Bond: "Grundsätzlich ist 007 die einzige Figur, die für alle Arten des Publikums interessant ist. Die Kinder mögen alles, was knallt. Schulkinder und Jugendliche interessieren sich für den aalglatten, weltmännischen Aspekt und mögen die Satire. Nehmen Sie beispielsweise 'Superman', das ist nur für Kinder." Im Juli 1965 schätzte er, daß bis Weihnachten 007-Produkte umgerechnet 160 Millionen DM einbringen würden. Er sollte damit recht behalten. Laut "Films and Filming", Ausgabe 10/65, machten 007-Produkte in den USA umgerechnet 156 Millionen DM Umsatz. Emmet fügte hinzu, daß er Bewerbungen von 250 Firmen vorliegen habe, die gern auf den "losrasenden Bond-Waggon aufspringen" würden. Eine "Qualitätskontrolle" und "Limitierung" beschränkte jedoch die Anzahl der Produkte. Resultat war, daß eine Menge unlizensierter Artikel den Markt überschwemmte.

In den USA wurde ein James-Bond-Brot in einem Werbespot mit einem Agenten namens James Bread beworben ("I'm James Bread From Bond"), der den teuflischen Plan vereitelt, unechtes Brot in Supermärkten anzubieten. Die Firma "Prince Macaroni" kreierte einen Hörfunkspot, in dem ein Bösewicht mit Namen "Goldnudel" gefangen wird, der die Supermärkte mit minderwertigen Nudeln überschwemmen möchte.

Bondomanie in Frankreich
Im französischen Kurort Le Touquet wurde eine Straße nach Ian Fleming benannt. In Paris setzte das Warenhaus "Galerie Lafayette" 1964 allein mit Bond-Moden 15 Millionen Mark um. Generaldirektor Bongrin: "Wir nahmen bei 'Goldfinger' das Thema auf: Seien Sie wie James Bond - elegant von Kopf bis Fuß. James Bond für den Mann. Im Gegensatz dazu erlaubt uns nun 'Feuerball', der Frau zu sagen, übernehmen Sie, Madame, den Stil James Bonds, um die außerordentliche Verführungskunst zu erlangen, die James Bond ins Träumen bringt. Alle bei uns vorbereiteten Operationen sind darauf gerichtet, einen echten Modedonner auszulösen, der die Frau veranlaßt, für James Bond angezogen oder ausgezogen zu sein." Und Hauspsychologe Beranger ergänzte: "Der Mann, der im Kino in seinem Stuhl sitzt, anderthalb Stunden lang im Dunkeln isoliert, nimmt Abstand von seiner eigenen Persönlichkeit und assimiliert sich der Persönlichkeit dieses James Bond, der er nicht ist, aber sein möchte. Unsere psychologischen Studien führten uns interessanterweise zurück auf einen gewissen Mythos, einen naiven Glauben primitiver Afrikaner, die uns das Beispiel des Leopardenmenschen geben. Der Leopardenmensch tötet den Leoparden, zieht ihm das Fell ab und bedeckt den eigenen Kopf und Rücken mit der Leopardenhaut, im Glauben, damit die Kraft und den Mut des Tieres zu erwerben. Nun, der Mann des 20. Jahrhunderts, der Mann in Paris, der Angehörige unserer gesellschaftlichen Mittelschicht tut unbewußt ähnliches. Er zieht eine James-Bond-Krawatte, ein James-Bond-Hemd an. Das ist sein Leopardenfell."

Am 23. Februar 1965 schrieb die "New York Times": "James Bond hat sich gerade den erschreckendsten Teil seiner langen und unvorhergesehenen Karriere vorgenommen. Jetzt verkauft er Bademoden, Regenmäntel, Pullover, Juwelen, Puppen, Goldschmuck und Bettlaken. Über 3.500 Geschäfte in Frank-

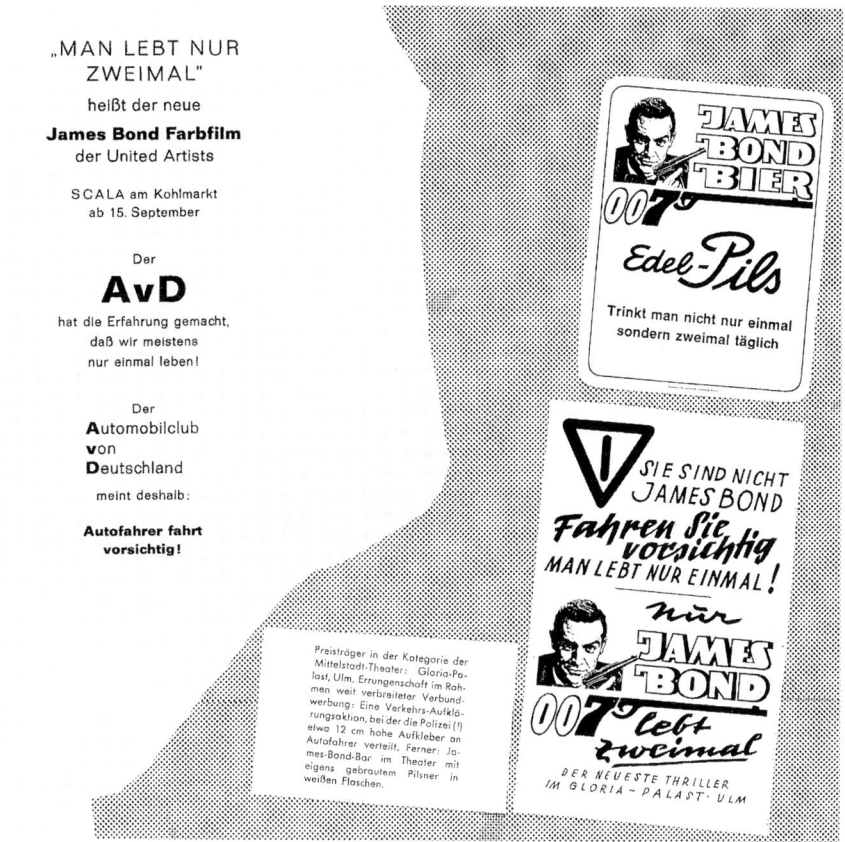

Schaumannswettbewerbe heizten die Bondomanie in Deutschland an. Damals wurden die Kinobesitzer aufgefordert, möglichst originell für 007 zu werben. Es winkten Reisen auf die Bahamas und nach Tokio.

reich haben die Rechte erworben, das profitable Zeichen 007 zu verwenden." Kurz danach waren es schon 6.000 Geschäfte, die 007-Klamotten offerierten, darunter Mode für die Frau: vom goldenen BH über Spitzenhöschen, Negligés und Nachthemden ("Go to Bed Dressed to Kill") bis zum "Goldfinger"-Schuh, und Mode für den Mann: von Oberhemden, Krawatten, Hüten, Trenchcoats und Manschettenknöpfen bis zu Schuhen von Bally oder Guildford mit dem 007-Logo. Ein Gepäckstück, halb Brieftasche, halb Wochenendkoffer, kostete 55 Mark, eine Kombination aus Uhrband, Hutschnur und Taschentuch mit "007-Eleganz" immerhin noch 35 Mark.

Skurrilstes Produkt war eine Jacke mit 24 Geheimtaschen.

Soziologen und Psychologen beschäftigten sich mit dem Phänomen. An der Pariser Eliteuniversität Sorbonne wurden Vorlesungen über 007 gehalten, die auch als Broschüre erschienen.

Bondomanie in Deutschland

Angeregt durch einen Schaumannswettbewerb der deutschen United-Artists-Filiale, wurden 1965 30 Lizenzen für Bond-Produkte vergeben. Darunter waren Regenmäntel, Oberhemden mit goldenen Manschettenknöpfen, Binder, die mit 007 und einem

Die 007-Bar im Londoner Hilton. Vor den Goldbarren aus "Goldfinger" wurde 007-Wodka kredenzt.

Bond-Typ-Girl bedruckt waren, Klebeplaketten für die Autowindschutzscheibe, die angebracht so wirkten, als hätte man Einschußlöcher im Fahrzeug, Zahnpasta, T-Shirts, Brot, Nachthemden, Bettwäsche und ein Transistorradio, das sich in ein Gewehr verwandelte. Auf der Internationalen Spielwarenmesse in Nürnberg wurde 1965 ein Bond-Baukasten vorgestellt, der neben Kamera und Fernglas ein in vier Teile zerlegbares Gewehr, eine automatische Pistole und ein Plastikmesser enthielt.

Peter Kalisch von der Firma Pan Contact in Frankfurt, zuständig für die deutschen Lizenzrechte, sah jedoch vorwiegend Männer als Zielgruppe: "Es wird eine neue, jugendlich-männliche, sportliche Mode geben. Der Bond-Anzug ist mehr für den Tag, nicht für den Abend. Korrekt, aber nicht steif, ist die Devise, eben 'typisch Bond'". Die Vorlagen dafür kamen von dem englischen Herrenausstatter Anthony Sinclair aus der Savile Row im edlen Londoner Stadtteil Mayfair, denn er kleidete Sean Connery für die Filme ein. Außerdem bekam 007 handgewebte Seidenhemden von Turnbull & Asser aus Hongkong. Sein Feuerzeug und das Zigarettenetui sind Spezialanfertigungen der Firma Dunhill aus Kanonenstahl. Die deutschen Lizenznehmer mußten fünf Prozent ihres Umsatzes an die englischen Rechteinhaber abgeben. Die Wa-

renhauskette Horten setzte groß aufs Bond-Geschäft und vertrieb die 007-Waren über die dazugehörigen Kaufhäuser.

Eine 007-Herrenserie, bestehend aus Rasiercreme, -schaum und -wasser, Deodorant, Haar-Tonic, Eau de Cologne und Toilettenseife, wurde mit dem Slogan angepriesen, daß sie "jeden Mann gefährlich" mache. Die anpreisende Dame schmachtete: "Seien Sie lieb, nehmen Sie 007!" Dazu schrieb Gerd Ressing in der "Rheinischen Post" am 25. Juni 1965: "Der beste Mann des britischen Geheimdienstes ist zugleich ein Mann, der so aussieht, wie die meisten Männer aussehen möchten und wie die meisten Frauen sie gerne hätten. Er ist, mit der Werbung zu sprechen, die 'Mischung aus Brutalität und Charme, Intelligenz und Härte', die den Zuschauer im Dunkel des Kinoparketts bannt. Und da er genau dem unterschwellig anerkannten ästhetischen Ideal der westlichen Gesellschaft heute entspricht, inspiriert er sogar die Textilindustrie zu Mänteln - und, komisch, aber wahr: Büstenhaltern."

Bondomanie in England

Als die 007-Hysterie in Frankreich schon beängstigende Züge annahm, gab es in England erst drei Fabrikanten, die das Logo auf Schuhen, Wodka und Golfausrüstungen anboten. Aber dann wurde Bond neben den Beatles zum größten Exportschlager, den man je hatte. 1965 erzielte man Umsätze von umgerechnet rund 60 Millionen Mark.

Kosmetik-Reklamen fingen mit dem Slogan an: "Bist du ein Bond-Typ-Mädchen? Mit grünen Augen und langem blondem Haar? Möchtest du ein Bond-Typ-Mädchen sein? Dann empfehlen wir dir ..."

Auf dem Anrufbeantworter von Prinz Albert von Monaco hörte man zu Beginn der Ansage eine Mischung aus James-Bond-Musik und Maschinengewehren.

Markenzeichen 007 -
Merchandising bringt Millionen

Nachdem der zweite Spielfilm "Liebesgrüße aus Moskau" für Besucherschlangen vor den Kinos sorgte und die Produzenten Albert R. Broccoli und Harry Saltzman merkten, daß sie mit dem Verkauf von Nebenrechten Geld verdienen konnten, richteten sie die in der Schweiz ansässige Firma Danjaq S. A. ein, die die Lizenzen vermarktete. Der Name entstand aus Teilen der Vornamen der Ehefrauen der Produzenten: Dana (Broccoli) und Jacqueline (Saltzman). Ende 1963/Anfang 1964 meldeten sich etwa 20 Firmen, die mit der Marke 007 Handel treiben wollten, und erwarben Lizenzen. Nachdem "Goldfinger" im Herbst 1964 zu einem sensationellen Kassenknüller geworden war, stieg diese Zahl an, zumal die alten Filme, teilweise auch als Doppelprogramm, wieder in die Kinos kamen. Schnell verpflichtete man örtliche Lizenzhändler wie Jay Emmet, der die USA bediente, und den Frankfurter Peter Kalisch, ehemals Sprecher der deutschen Milchwirtschaft, der mit seiner Firma Pan Contact Verbindungen zu deutschen Interessenten herstellte.

1965 gab es schon 600 lizensierte 007-Artikel, vom "Goldfinger"-Negligé bis zur "007-Herrenserie" von Palmolive, die Danjaq einen Umsatz von über 100 Millionen Mark einbrachten. Doch nicht alle Produkte ließen sich nach dem Wunsch der Produzenten mit Hilfe des damaligen Hauptdarstellers Sean Connery vermarkten, denn der verweigerte häufig die Genehmigung, mit seinem Konterfei zu werben. Anfangs hatte man vielfach ohne zu fragen mit ihm Geschäfte gemacht - ein Wunder, wenn man sich manche Einfälle der Verkäufer genauer vor Augen führt. So gab es nach einem Bericht der Stockholmer Zeitung "Aftonbladet" Mitte der 60er Jahre Matrizen für Toaströster, in die die Gesichtszüge Sean Connerys eingeritzt waren. Wickelte man die Brotscheiben vor dem Rösten in die Matrizen, so konnte man hinterher die Butter auf das eingebrannte Antlitz des Bond-Darstellers schmieren.

Geschmacklos fand das nicht nur der Verewigte, sondern auch die Firma Danjaq, die sich darum bemühte, diese und ähnliche Unarten von Merchandising-Artikeln auszumerzen und eine gewisse Qualität zuzusichern. Aber Connery war nicht umzustimmen, so daß neben der immer größeren Menge an unlizensierten Fälschungen von 007-Artikeln auch einige mit Connerys Konterfei herauskamen. Derek Coyte, lange Jahre Director of Marketing bei Eon Productions, war dagegen glücklich über die neugeschaffene Identifikationsfigur und sagte: "Es gibt kein Land in der Welt, in dem der Name James Bond kein Begriff ist. Das ist eine Tatsache. Ihn kennt man selbst in der kommunistischen Welt, obwohl er dort noch nicht einmal gelesen werden kann."

Doch das Interesse änderte sich schlagartig, als Connery den Dienst quittierte und Georg Lazenby übernahm. Zum einen waren die Lizenznehmer unsicher, inwiefern der neue Mann ihre Werbebotschaft transportieren würde, zum anderen wußte man nicht, ob die bis Ende 1967 grassierende Bondomanie aufrechterhalten werden könne. Lediglich ein paar Spielzeugautos kamen auf den Markt, und auch im Umfeld der folgenden Filme, "Diamantenfieber", "Leben und sterben lassen" und "Der Mann mit dem goldenen Colt", warben nur wenige Firmen. Erst mit Roger Moores drittem Einsatz, "Der Spion, der mich liebte" (1977), stieg das Interesse der werbetreibenden Wirtschaft wieder an. Uhrenhersteller Seiko promotete seinen "Quartz Di-

Die Schöpfer von „Danjaq": Jacqueline Saltzman, Cubby Broccoli, Harry Saltzman und Dana Broccoli bei der Premiere von „Goldfinger" in London.

gital LC Alarmchronographen", der auch prompt in die Filmhandlung eingebunden wurde. Gleich zu Anfang kommt ein Telexstreifen aus der Uhr. In drei weiteren Filmen trug Bond dann Seiko. Schon für "Moonraker - Streng geheim" (1979) zahlten die Japaner eine sechsstellige Summe. Dafür war die Uhr dann aber nicht nur Teil der Action, sondern es tauchten auch große Werbeplakate am Zuckerhut in Rio de Janeiro auf.

Ein japanisches Discount-Modell dieser Art hätte Romanautor Ian Fleming seinem Helden nie mitgegeben. In den Romanen trägt 007 standesgemäß eine Rolex, und in den früheren Filmen taucht denn auch eine "Oyster Perpetual Submariner" auf, später eine Breitling "Top Time" oder eine Rolex "Daytona". Nach Angaben von Bill Sullivan, Senior Vize-Präsident von Rolex Watch America in New York, hat Rolex nie für die Auftritte bezahlt, da Fleming 007 mit der Uhr ausstattete. Der zu dieser Zeit bekannt gewordene Begriff des Product placement trifft gerade auf die Bond-Filme zu, denn für immer mehr Elemente des Films wurden Partnerfirmen gesucht. Aus den anfänglich sie-

ben Lizenznehmern in der ganzen Welt ist inzwischen eine Gruppe von über 30 geworden, die die geschützten Warenzeichen 007 und James Bond international vermarktet. Das ging sogar so weit, daß Produkte in die Dialoge integriert wurden, und sich beispielsweise im Auftrag der Katzenfutterfirma Effem in den Film "Im Angesicht des Todes" (1985) folgender (deutscher) Dialog einschlich: "Was haben Sie denn da?" fragt Bond, "Whiskas?" - "Selbstverständlich", antwortet Stacey Sutton, "haben Sie auch Hunger?"

"Bond ist verführerisch, clever und gutaussehend", ergab eine 1985 erstellte Repräsentativumfrage unter deutschen Bundesbürgern. Und mit einem Image dieser Art wirbt man gerne. Das erkannten auch Firmen wie Philips, Cartier, Louis Vuitton, Seiko, Nikon, Apple, Yves St. Laurent, MBB, Spiro, Bogner und Bollinger, die kräftig mit 007 warben. Mehr als hundert Produkte stellte allein der holländische Unterhaltungsmulti Philips zur Verfügung. "Der Star muß optimal zum eingesetzten Produkt passen", sagt Pal Berkovics, seit den 60er Jahren im Productplacement-Geschäft. "Wenn da die Konstellation nicht stimmt, wird Product placement zwangsläufig zum vorprogrammierten Flop." Bezogen auf die Figur James Bond vollkommen untypisch, aber bezogen auf den Werbeträger James Bond vollkommen verständlich, wechselte der - je nach Portemonnaie des Geldgebers - nicht nur die Uhr, sondern auch ureigene Charaktereigenschaften. Während 007 in den Romanen immer russischen Wodka trank, bevorzugte er in den früheren Filmen überwiegend amerikanischen (Smirnoff), in "Sag niemals nie" schwedischen (Absolut) - auch das vermutlich ein Inside-Joke, denn der Film wurde nicht von Eon Productions hergestellt - und aufgrund eines tatkräftigen Engagements des Importeurs Monsieur Henry Vines in den Filmen "Im Angesicht des Todes" und "Der Hauch des Todes" wieder russischen Wodka (Stolichnaya). Dann legte Smirnoff noch ein paar Märker drauf, und in "GoldenEye" greift Pierce Brosnan erneut zum US-Gebräu. Untersuchungen haben ergeben, daß allein in Großbritannien der Umsatz um eine Million Flaschen gestiegen ist.

Gleiches gilt für die Champagner-Marken. Dem Taittinger der Romane gelang der Übergang in einige der früheren Filme, dann kamen Bollinger und - dank einer Anfrage von Count de Vogue, Vize-Präsident von Moet-Hennessy-Louis Vuitton - Dom Perignon, ehe Bollinger den Konkurrenten erneut überbot. 1989 zahlte Philip Morris Company Inc. 350.000 Dollar an United Artists, damit Lark-Zigaretten in dem Film auftauchen. Probleme gab es, als Willy Bogner seine Ski-Sequenzen mit dem kanadischen Free-Style-Weltmeister John Eaves, als Double für Roger Moore, drehen wollte, der seit Jahren mit Olin Skiern ausgerüstet wurde. Olin war nicht bereit, zusätzlich Geld für das Engagement zu bezahlen. Nach Angaben von Stuart Remple, Vize-

Präsident von Olin Skis Inc., spendierte das in Washington beheimatete Unternehmen nach einigen Querelen die Ausrüstung für das gesamte Team.

James Bond und die Marketing-Mißerfolge

Doch die Geschichte der Merchandising-Artikel wäre nicht komplett, wenn man nicht auch die Mißerfolge in der Vermarktung von 007 erwähnen würde. So produzierte die in Connecticut ansässige Firma Gilbert 1965 mit dem "James Bond Road Race Set" eine Autorennbahn, die sich aus sechs Teilen zusammensetzte und nur über die Einkaufszentren "Sears" vertrieben wurde. Drei verschiedene Versionen entstanden, doch der Preis von 34,44 Dollar war vielen Eltern einfach zu hoch, so daß die Firma das teure Produkt bald wieder vom Markt nahm. Hinzu kam, daß die Technik nicht sehr ausgereift war und viele erboste Käufer ihre Rennbahnen wieder zurückbrachten.

Als die Denicotea Pfeifen GmbH 1966 zwei Rauchutensilien in besonderer Aufmachung, mit Kimme und Korn und zudem aufstellbar, herausbrachte, entpuppte sich auch dieser Einfall als nicht besonders verkaufsträchtig, denn "James Bond raucht ja nie Pfeife", wie der Geschäftsführer des Unternehmens später kleinlaut zugeben mußte. Mitte der 80er Jahre lagerten immer noch Pfeifen im Archiv der Firma. 1989 ging das in Cambridgeshire ansässige Unternehmen "Little Lead Soldiers" sogar pleite, denn die Sets von Zinnfiguren waren von so minderer Qualität, daß sie weder Bond- noch Figuren-Sammler begeisterten. Genauso erging es einer anderen englischen Firma, die Ende der 80er Jahre mit einem Set von 007-Toiletten-Artikeln, "For Men of Action", auf den Markt kam. Die billig aussehenden Produkte konnten sich auf dem hart umkämpften Markt der Nobeldüfte nicht behaupten, und der gesamte Lagerbestand wurde zu einem Dumpingpreis an eine Gruppe von 55 Geschäften in Nordengland verschleudert.

Die·Werbe- und Lizenzhandelskampagne von "GoldenEye"

Das Budget für die Werbekampagne von "GoldenEye" betrug in den USA laut Angaben von "Variety" und des "Hollywood Reporter" exakt 21,5 Millionen Dollar (außerhalb der USA nochmals etwa 25 - 35 Millionen Dollar) und wurde wie folgt aufgeteilt:

Network TV	9,4
Tageszeitungen	7,8
Spot TV	3,3
Kabel TV	0,75
Syndicated TV	0,13
Magazine	0,07
Plakate, Transparente	0,05
Summe	21,50

Angaben in Mio. Dollar

Im Vergleich dazu zahlte Buena Vista für "Toy Story" 35,2 Millionen Dollar und für "Crimson Tide" 25 Millionen Dollar, Paramount für "Braveheart" ebenfalls 25 Millionen Dollar. Im Bereich Action wurden 1995 nur Filme wie "Batman Forever" (22,8) und "Stirb langsam 3" (21,6) noch teurer beworben.

"GoldenEye"-Promotion-Partner wie Omega, Yves St. Laurent und andere bezahlten 50 Millionen Dollar, um entweder im Film präsent zu sein oder mit dem "GoldenEye"- und/oder 007-Logo zu werben. BMW allein zahlte laut "Variety" 15 Millionen Dollar für eine Werbekampagne, in der für das Modell Z 3 im Zusammenhang mit dem Film geworben wurde (andere Angaben vgl. Seite 255). Nach Auskunft des deutschen 007-Lizenzhändlers Michael Ah Yue-Lou gegenüber der Zeitschrift "Gala" vom 21. Dezember 95 wurden weltweit Werbelizenzen für 360 Millionen Mark

James-Bond-Geldspielgerät und Werbung für Kaiser's Märkte. Ab Dezember 1995 war 007 wieder einmal überall präsent.

Pierce Brosnan mit dem Ericsson-Handy bei den Dreharbeiten in Hamburg.

verkauft. In der Ausgabe 46/95 der Zeitschrift "Werben & Verkaufen" wird Lou wie folgt zitiert: "Nach sieben Jahren Bond-Pause (richtig wären sechs Jahre! Anm. d. Verf.) war das Interesse in der Wirtschaft riesengroß. Das Werbe- und Promotiongeld, das unsere Marketingpartner hinter ihre GoldenEye-Aktionen stellen, ist eine Verzehnfachung des Etats, den der Filmverleih investiert." (Genaue Angaben vgl. Seite 436).

Kritische Kommentare von Magazinen wie "TV-Movie", das "GoldenEye" in der Ausgabe 3/96 als "Lehrfilm in Sachen Product placement" bezeichnete und hinzufügte: "Neuer Bond, neue Tricks. Nach dem Agentenmotto: 'Plaziert und nicht geschnitten'

wird der neue 007 mit der Lizenz zum Werben sicherlich alle ausbremsen", fechten die Macher nicht an. Schließlich besitzen sie das langlebigste Gelddruckunternehmen der Filmgeschichte, zu dem der neue Darsteller auch steht. Im Gegensatz zu Connery ist Pierce Brosnan voll auf der Seite der Macher. Bei der Uraufführung von "GoldenEye" in der Radio City Music Hall in New York bezeichnete er Bond vor allen Zuschauern als "most successful franchise in history", und bei einer Pressekonferenz anläßlich der Premiere in München antwortete er auf meine Frage, wie er denn zu den ganzen Merchandising-Artikeln stehe: "Solange der Scheck gut ist, habe ich nichts dagegen."

Aufgrund des großen Erfolgs von "Golden-Eye" wurde unter allen Lizenznehmern für einen Mitarbeiter eine Nebenrolle im nächsten Bond-Film ausgelobt, und schon jetzt ist bekannt, daß eine Vielzahl derselben Unternehmen bei "Der Morgen stirbt nie" und "Die Welt ist nicht genug" wieder mit von der Partie ist. Offensichtlich strebte man, wie bei der Verpflichtung Pierce Brosnans auch, eine Zusammenarbeit bei mindestens drei Filmen an. Viele haben zudem ihre Bereitschaft erklärt, Lizenzen zu erwerben, auch wenn sie nicht im Film auftauchen. Nachdem die im März 1997 begonnenen Dreharbeiten bereits in vollem Gange waren und man noch keinen Partner für verschiedene Szenen mit Mobilfunktelefonen gefunden hatte, sagte nach zähen Verhandlungen die Firma Ericsson zu und stellte ein Budget von 15 Millionen Dollar zur Verfügung. Daraufhin wurden einige Szenen mit den entsprechenden Geräten nachgedreht.

Von 003½ bis 077
Bonds Brüder
und Schwestern:
Agent 3S3 …
Jerry Cotton …
Matt Helm …
Derek Flint

Der immense Erfolg der frühen James-Bond-Filme rief alsbald nicht nur eine Reihe von ähnlich gearteten Filmserien mit allen möglichen Agenten, sondern auch zahlreiche Schmarotzer und Trittbrettfahrer auf den Plan. Mit Umtitelungen oder simplem Diebstahl versuchten sie, auf dreiste Art und Weise von der Bondomanie zu profitieren. Zusätzlich kam eine Reihe von alten Filmen mit Sean Connery aus den 50er Jahren wieder in die Kinos, in denen er zumeist nur Kurzauftritte hatte oder häufig als kleiner Gangster agierte. Verkauft aber wurden sie mit ihm als Star. So wurde beispielsweise der Film "Die Peitsche" aus dem Jahr 1961, in dem Connery als Chefkassierer eines Verbrechersyndikats Geschäftsleute erpreßt, vier Jahre später nochmals offeriert, nur dieses Mal mit den Zeilen: "Mit ihm liegen sie GOLD-richtig ... Den FINGER am Abzug hat Sean Connery in dem Thriller 'Die Peitsche'".

Alsbald schrieb Georg Herzberg im "Filmecho" am 15. September 1965 zu Recht einen warnenden Aufruf: "Der Erfolg der James-Bond-Filme hat eine Titel-Flut von 'Geheimagent- und FBI-Filmen' bewirkt und uns auch den Nummern-Code in verschiedenen Lesarten beschert. Man muß gehörig aufpassen, um nichts durcheinanderzubringen. Den Theaterbesitzern und dem Publikum wird es nicht anders ergehen. Daher die gutgemeinte und dringende Bitte an die Verleiher: Stoppt vorerst diese geheime Welle und laßt euch Titel einfallen, die jedem Film ein eigenes Gesicht geben und die Möglichkeit zu individueller Werbung bieten. Dieser Appell gilt in besonderem Maße den Verleihern von Wiederaufführungen. Sie sollten der Versuchung widerstehen, mit 'aktuellen' Neutiteln im Kielwasser des James-Bond-Geschäfts zu segeln." Doch obwohl vielfach mit gesetzlichen Mitteln speziell gegen die Titelanspielungen vorgegangen wurde, kam vor allem aus Italien und Spanien eine Flut dieser Filme auf den Markt, die sonst niemals eine Finanzierung und einen Verleih gefunden hätten. In dem Film "00siebeneinhalb, Mission Goldfinger" zieht ein Geheimagent mit einem Fiat-Kleinwagen, der mit Dusche und Espressomaschine ausgerüstet ist, an die Front. Ein Kollege schoß in "Ohne Liebesgrüße aus Frankreich" um sich. "Liebesstöhnen aus Polen" zeigte den römischen Supermann 0960. Italiens Starkomiker Toto war als "008" in Arabien unterwegs, und das Duo Franco Franchi und Ciccio Ingrassia scherzten in "00-2, die geheimsten Geheimagenten". Ein englisches Team drehte in Venedig den Film "Goldpidgeon" (Goldtaube), in dem Robin Fenton mit einer hochgerüsteten Gondel zuschlägt. Vielfach wurde auch nur schlicht umgetitelt. So kam etwa der Film "Vergewaltigt" aus dem Jahre 1959 sechs Jahre später unter dem Titel "033 jagt Mädchenjäger" wieder in die Kinos. Ein weiterer Krimi mit dem Originaltitel "Girl in the Headlines", der bisher "Alibi der Angst" geheißen hatte, nannte sich nun auf einmal "Agent 017 auf heißer Spur". Dann änderte sich der Titel erneut, er lautete schließlich "Agent 1-0-7 auf heißer Spur". Hinzu kam, daß der Film mit Spionen gar nichts zu tun hatte, sondern sich um die Arbeit eines italienischen Polizeikommissars mit seinem Hund drehte. Nicht nur dagegen ging die Rechtsabteilung von United Artists, dem Verleih der James-Bond-Filme, vor. Der spätere Verleihchef Fred Sorg: "Ich habe eine ganze Reihe von Verfahren eingeleitet, Unterlassungsklagen angestrebt und gewonnen." Eine Auswahl der schrägsten Titel mag das Spielchen noch besser verdeutlichen: "Mark Donen, Agent Z-7, Unternehmen Rembrandt", "Mike Murphy 077 gegen Ypotron", "Agente 777 Mission Summergana", "From 077 Intrigue in Lisbon", "Agent 077, Mission Bloody Mary", "Agent 003, Operation Atlantida", "007 - But Dial

Code Number First", "Agent 505 - Todesfalle Beirut", "Kaliber 7,65 Diebesgrüße aus Kopenhagen", "00 Sex am Wolfgangsee", "001 jagt das Phantom", "James Dont Operation Uno".

Viele dieser Streifen wurden allein schon wegen der Namensähnlichkeit besucht. Ein Film mit dem merkwürdigen Titel "James Bond 077 aus Frankreich ohne Liebe" wurde nach Angaben der Branchenzeitschrift "Filmecho - Filmwoche" ein Erfolg in Italien. Nach 98 Tagen hatte er 39,81 Millionen Lire (damals etwa 255.000 DM) eingespielt. Einige dieser Helden begründeten sogar Serien. So wurde aus einem drittklassigen italienischen Schauspieler auf einmal der amerikanisch klingende George Ardisson, der es auf drei Filme als "Agent 3S3" brachte. In dem Film "The Case of The 44's" spielte Ian Carmichael einen Jim Pond, der eine Blondine mit 111 cm großer Oberweite kennenlernt, die mit einem radioaktiven männerfangenden Parfüm experimentiert. Auch die Frauen standen Bonds Eskapaden in nichts nach. Unter der Regie von Joseph Losey entstand "Modesty Blaise - die tödliche Lady", nach den Romanen von Peter O'Donnell. Monica Vitti alias Monica Luisa Ceciarelli konnte Judo und Karate. Lippenstift, Kamm und Zigarettenanzünder wurden zu Waffen. "Sie ist kein weiblicher James Bond oder eine neue Pussy Galore. Sie ist sehr feminin, und die Männer lieben sie. Für mich war das wie Ferien machen", kommentierte Monica Vitti die Rolle.

Bonditis in den USA

Doch auch die mehr oder weniger ernsthaften Bond-Rivalen sollen nicht außer acht gelassen werden. "Derek Flint", zweimal gespielt von James Coburn, war so etwas wie die Potenzierung der Kenntnisse von 007. Er sprach 47 Sprachen - redete auch mit Delphinen - und besaß ein Feuerzeug mit 82 Funktionen -

außer dem Entzünden einer Zigarre. Er schrieb wissenschaftliche Aufsätze, war ein exzellenter Schwertkämpfer, hatte den schwarzen Gürtel in Karate errungen, besaß einen Harem, führte Gehirn- und Herzoperationen durch und verfügte über ein knappes Dutzend weiterer Fähigkeiten. Nach den beiden Abenteuern "Derek Flint schickt seine Leiche" und "Derek Flint - Hart wie Feuerstein" beklagte sich Coburn, daß die Einfälle so extrem wurden, daß sie nur noch albern wirkten. Er stieg aus.

"Matt Helm", gespielt von Dean Martin, brachte es dagegen auf vier Filme. Die Figur wurde von dem Krimiautor Donald Hamilton als US-Bond geschaffen. Der erste Film, "Leise flüstern die Pistolen", orientierte sich allerdings stark an dem britischen Vorbild und verfügte über sehr viel Slapstick. Es gab skurrile Einfälle wie rückwärts schießende Waffen, Autos mit nuklearen Extras und Dutzende williger Frauen. Mit der Zeit gingen den Machern jedoch die Ideen aus, und obwohl der Regisseur des Erstlings, Phil Karlson, extra noch den vierten Teil übernahm, verabschiedete sich Matt Helm von der Leinwand und tauchte in einer Fernsehserie wieder auf.

Die Filme "Ein Fall für Jack Harper" und "Unter Wasser stirbt man nicht" kamen im Abstand von zehn Jahren in die Kinos - ein Indiz dafür, daß der Charakter schon bei seinem ersten Einsatz nicht die hochgesteckten Erwartungen erfüllen konnte, obwohl Paul Newman die Hauptrolle spielte. Die Figur basierte auf dem Roman "The Moving Target" von Ross Mac Donald, hieß ursprünglich "Lew Archer" und wurde auf Wunsch Newmans umbenannt, weil er zuvor mit Filmen, die den Anfangsbuchstaben "H" trugen (Hombre, Hud), sehr erfolgreich war. Schon die ersten Bilder zeigen einen anderen Typ von Agent: Harper holt sich mit einem schweren Kater den Kaf-

Die meisten Doppel-Null-Plagiate waren tatsächlich Nullen. Vor allem die Italiener produzierten Agentenparodien am Fließband.

feesatz aus dem Abfall, um ihn neu aufzubrühen. Die Figur war als realistischer Gegenpart zu Bond gedacht und zeigt eher Anklänge an Humphrey Bogarts Rolle in "Tote schlafen fest". Schon der zweite Teil war so verworren, daß Newman sich für keine weitere Wiederbelebung der Figur interessierte.

Die Stichworte "hart, cool und sadistisch" trafen aber nicht nur auf Jack Harper, sondern auch auf die von John Gardner ins Leben gerufene Romanfigur Boysie Oakes zu. Entwickelt wurde Oakes also von dem Mann, der 1979 Flemings Erbe antreten und die James-Bond-Romane fortführen sollte. Oakes ist ein von der Regierung autorisierter Vollstrecker, ein Killer mit dem passenden Titel "The Liquidator" (in Deutschland hieß der Film "L - der Lautlose"). Doch Oakes, gespielt von Rod Taylor, übernimmt den Job eher per Zufall, weil er gerade Geld braucht. Er wehrt sich gegen die Mordaufträge und speist dafür Partner Eric Sykes mit wenig Geld ab, damit der für ihn die Drecksarbeit erledigt. Die Romane waren außerordentlich erfolgreich, der Film war jedoch nach Meinung von Kritikern "ein weiteres Opfer einer Fehlbesetzung". Eine weitere Spionagereihe war die "Man From U.N.C.L.E."- Serie mit Robert Vaughn und David McCallum (immerhin acht Kinofolgen und ein Fernsehfilm). Ab 1971 erledigte mit John Shaft der erste schwarze Detektiv schmutzige Jobs. Hauptdarsteller Richard Roundtree agierte in immerhin drei Kinoabenteuern.

Bonditis in England und Deutschland

Aus England kam die "Harry Palmer"-Serie mit Michael Caine, die vom Bond-Produzenten Harry Saltzman geschaffen und vom Krimiautor Len Deighton geschrieben wurde. Saltzman gab Caine einen Fünf-Jahres-Vertrag und kündigte ganz stolz "den ersten Geheimagenten mit Brille" an. Für Michael Caine

wurde die Serie nach seiner Hauptrolle in "Zulu" der große Durchbruch: "Einige Leute nannten ihn den James Bond für Arme, dabei hatte er nichts mit ihm zu tun. Die einzige Gemeinsamkeit ist, daß wir beide Spione sind. Hier geht es um Realität und den Spion, der nebenan wohnt. Bei Bond sitzen die Leute im Kino, wundern sich über die Heldentaten, sind beeindruckt, aber nicht beteiligt. An Harry Palmer werden sie Anteil nehmen."

Aus Frankreich kam die "OSS 117"-Reihe, in der die Hauptfigur zwar auch schon von drei verschiedenen Darstellern gespielt wurde (Frederick Stafford, Kerwyn Matthews, John Gavin), die es aber immerhin auf fünf Teile brachte. Die anderen Agenten bissen zumeist nach zwei oder drei Folgen wieder ins Gras. Natürlich wollten auch die Deutschen nicht zurückstehen und drehten auf einmal wie besessen Filme in einem Genre, von dem sie überhaupt nichts verstanden. So kamen im Laufe des Jahres 1965 gleich zwei Folgen um den FBI-Mann Jerry Cotton, dargestellt von George Nader, in die Kinos. Sechs weitere sollten folgen. Die Budgets waren zumeist gering. In New York, wo die Bastei-Romane spielten, wurde nur sehr wenig gedreht. Vielfach agierte der Held vor der Leinwand, die sogenannte Aufprojektion versetzte ihn in die Stadt, ohne daß hohe Reisekosten anfielen. Dafür wurde sein Markenzeichen, ein rotes Jaguar E Coupé, von Doubles durch den Big Apple gesteuert. Noch einem anderen Groschenroman-Helden bescherte der Erfolg von James Bond ein längeres Kinoleben. "Kommissar X", immer mit Tony Kendall und Brad Harris in den Hauptrollen, schoß sich mehr schlecht als recht durch sieben Folgen von 1966 bis 1971. Wer auf einmal alles Geheimagenten spielte, entbehrt nicht eines gewissen Amusements: Wer hätte schon gedacht, daß "Lederstrumpf" Hellmut Lange in "Serenade für zwei Spione" als Geheimagent 006 auf der

302

Suche nach einem Lasergewehr um sich schoß oder "Winnetou" Pierre Brice in Wien "Schüsse im Dreiviertel-Takt" abgab.

Die schnelle Abfolge bei den Filmserien war zumeist auch ein Indiz für die nicht vorhandene Qualität. Hatte Harry Saltzman in bezug auf 007 einst erwähnt, etwa alle 14 Monate einen neuen Bond-Film herauszubringen, so schossen die Plagiate eher wie unangenehme Mitesser alle paar Wochen in den Kinos um sich, und die Bond-Produzenten fürchteten zu Recht, daß das Publikum denken könnte, die Qualität der Serie habe nachgelassen. Weitere Konkurrenz gab es aus dem Fernsehen. Serien wie "Solo für O.N.C.E.L.", "Mit Schirm, Charme und Melone", "Hawaii-5-0", "The Prisoner", "Tennisschläger und Kanonen", "Mannix" oder "Amos Burke, Secret Agent" verdanken ihren Erfolg nicht zuletzt der Bond-Figur. Gene Barry alias Amos Burke über die Serie: "Ich spiele so etwas wie einen James-Bond-Charakter. Das Ganze wird überlebensgroß sein, aber nach demselben Prinzip wie bei 007." Problem war nur, daß dasselbe Prinzip eben nicht eingehalten wurde, denn keine der Nachfolgeproduktionen investierte soviel Geld und Zeit wie die Bond-Macher. Vielfach fanden sich in Filmen wie der Jerry-Cotton- oder der Matt-Helm-Reihe mehr Studioszenen und Aufprojektionen als 'echte' Aufnahmen an Drehorten im Freien. Wie drückte es doch Regisseur Lewis Gilbert 1977 so passend aus: "Die Bond-Filme wurden kopiert und kopiert und kopiert, aber wo sind die ganzen Kopien jetzt? Sie sind alle verschwunden. Es gibt eine Menge von Gründen, warum diese Serie nach so vielen Jahren immer noch so populär ist, aber ich denke, der Hauptgrund ist, daß niemand eine Serie solch konstanter Unterhaltungsfilme in dieser Dimension und mit diesen großen Budgets gemacht hat." Richard Maibaum, vielfacher Drehbuchautor, fand noch einen anderen Grund, warum viele der Kopien keine Chance hatten, sich lange auf der Leinwand zu behaupten: "Alle diese Filme sind so flau ausgefallen, weil man eben keine Parodie parodieren kann."

Bonds Are Forever
James Bond
will return in ...

Albert R. Broccolis Eon Productions verfügt über sämtliche Rechte an Flemings James-Bond-Romanen, die bisher noch nicht verfilmt worden sind, sowie über die Möglichkeit, auch alle alten Stoffe erneut zu verfilmen. Während der Produktion von "Octopussy" sagte Regisseur John Glen in einem Gespräch mit Tom Sciacca für das Magazin "Star Blazer": "Obwohl wir eine Option auf die Gardner-Titel besitzen, fühlen wir, daß es immer noch die Titel Flemings und kleine Stückchen seiner Bücher gibt, die man verwenden kann. Danach können wir auch zu einer unserer Geschichten zurückkehren und zum Beispiel 'Octopussy Teil 2' drehen." Glen weiter: "Es ist durchaus denkbar, daß wir Remakes der alten Filme drehen. Es gibt keinen Grund, nicht zu diesen Geschichten zurückzukehren und sie in eine neue, aktuelle Fassung zu bringen. Es wird nur schwierig sein, die Einfälle zu ersetzen. Ich denke etwa an das Periskop von 'Liebesgrüße aus Moskau'. Man muß sehr vorsichtig damit umgehen, da man mit den alten Gags niemanden mehr überraschen kann. Ich würde 'Im Geheimdienst Ihrer Majestät' noch mal drehen. Auch die ersten beiden Filme kann ich mir in neuer Form vorstellen."

Von Flemings Titeln sind "Risico", "The Property Of A Lady", "The Hildebrand Rarity" und "Quantum Of Solace" bislang unverfilmt. "Feuerball", von dem es ja bereits ein Remake gibt, kann nicht von Broccolis Firma verfilmt werden, da die Rechtefrage strittig ist. Kevin McClory hat noch Rechte an dem sogenannten 'Film Script', das er mit Fleming Ende der 50er Jahre verfaßte, als das Fernsehen die Serie "Commander Jamaica" plante. Aus diesem Vertrag sind noch neun Geschichten offen, für eine hält Jack Schwartzman, der im Juni 1994 verstarb, die Option. Ob daraus allerdings jemals ein Film werden wird, ist äußerst fraglich, da Connery endgültig nicht mehr zur Verfügung steht und die Wahl eines neuen

Darstellers immer mit großen Risiken verbunden ist. Broccolis Tochter Barbara und Stiefsohn Michael G. Wilson sind mittlerweile in die Fußstapfen von Cubby Broccoli getreten, der am 27. Juni 1996 starb. Sie haben seit "Golden Eye" die Aufgaben des langjährigen Produzenten übernommen. Seitdem Wilson bei "Der Spion, der mich liebte" als 'Special Assistant to the Producer' begann, ist er zum Ko-Autor des Drehbuchs und mittlerweile auch zum Ko-Produzenten aufgestiegen.

1979 hat die Erbengemeinschaft, die Flemings Nachlaß verwaltet, den Krimi-Autor John Gardner beauftragt, die James-Bond-Geschichten im Sinne Flemings fortzuschreiben. Broccoli hat sich damals vorsorglich eine Option auf alle Titel dieser Bücher zusichern lassen; ihre Handlung und ihre Charaktere dagegen braucht er nicht zu übernehmen. Am 24. Juni 1981 erklärte er in "Variety", daß Stoffe wie Gardners erster Roman "Licence Renewed" nicht gerade dem entsprechen, wie die Bond-Filme aussehen, "zumindest nicht zur Zeit". Auch erklärte er, daß "unser eigenes Komitee" die Drehbücher schreibe. Gardner handelte mit den Verwertern der Fleming-Rechte, der Firma Glidrose, einen eigenen Vertrag aus, und auch Broccoli hat mit Glidrose einen separaten Vertrag, der seit dem 20. Juni 1961 gilt.

"Solange wir erfolgreich sind, werde ich bis zum letzten Atemzug weiter James-Bond-Filme produzieren", hat Broccoli vor einiger Zeit erklärt. Bislang, so wird geschätzt, sind etwa zwei Milliarden (!) Eintrittskarten für die Bond-Filme verkauft worden, und Ian Flemings Bücher haben eine Gesamtauflage von rund 100 Millionen Exemplaren erreicht. Sämtliche neuen Romane John Gardners sind in den USA und England Bestseller geworden und haben sich oft drei Monate lang auf den Top-Ten-Listen gehalten. Mit den Verkäufen der von Raymond Benson verfaßten Ge-

schichten ist Rechteinhaber Glidrose ebenfalls zufrieden, wenn auch genaue Zahlen nie
veröffentlicht wurden. Benson hat inzwischen
sechs Romane, drei Kurzgeschichten und drei
Romanfassungen der Drehbücher geschrieben. Weitere Romane sind in Vorbereitung.
Pierce Brosnan hat drei erfolgreiche Bond-
Filme abgeliefert und sich in der Rolle etabliert. Er wird auf jeden Fall fünf Filme drehen, und Broccolis 1987er Statement gilt
noch immer: "Solange ein neuer Bond-Film
auch nur einen Dollar Profit bringt, wird die
Reihe fortgesetzt."

Der
garantierte Ruhm
Die Stars
vor der Kamera

Sean Connery -
Der schottische Idealtyp

Er wurde am 25. August 1930 in Edinburgh, Schottland, als Thomas Connery geboren. Sein Vater war Fernfahrer und schuftete zeitweilig als Tagelöhner in einer Gummi-Fabrik, seine Mutter besserte als Putzfrau das karge Einkommen auf. Die Familie lebte im siebten Stock eines Mietshauses im Stadtteil Fountainbridge, teilte sich mit acht anderen Bad und WC; die Söhne Thomas und Neil schliefen bisweilen in der Schublade einer Kommode. Mit neun Jahren fuhr Thomas morgens, bevor er zur Schule ging, Milch aus. Mit 13 verließ er die Schule und trat zwei Jahre später in die Royal Navy ein. Nach vier Jahren mußte er aufgrund eines Magengeschwürs am Zwölffingerdarm in ein Militärhospital eingewiesen werden. Nach mehrmonatiger

Behandlung schrieb man ihn um 20 Prozent vermindert erwerbsfähig und entließ ihn. Das einzige Mitbringsel waren zwei Tätowierungen auf dem rechten Unterarm: "Scotland Forever" und "Mum and Dad". Er nahm Gelegenheits-jobs als LKW-Fahrer, Maurer, Kohlenhändler, Leibwächter und Sargpolierer an und bekam schließlich eine bessere Anstellung als Druckergehilfe und Korrektor bei einer Edinburgher Abendzeitung. "Das wurde als eine der besten Arbeiten angesehen. Man konnte einen Anzug tragen, hatte sein eigenes Wasch-becken, seinen eigenen Schrank und eine Fünf-tagewoche." Während des Sommers jobbte er als Bademeister im Portobello Bad, be-suchte einen örtlichen Body-Building-Club und verdiente sich Geld als Akt-Modell - nun nannte er sich Sean - an der Kunstakademie von Edinburgh.

Seine Teilnahme an der Wahl zum "Mr. Universum" am 10. Juli 1953 in London brachte ihm indirekt eine erste Bühnenrolle. Vorab hatte er schon im Stück "Sixty Glorious Years" als Statist mitgewirkt, aber keinen besonderen Gefallen daran gefunden: "Es war ja ganz interessant, mal zu sehen, wie es hinter den Kulissen aussieht, aber ich war nicht besonders fasziniert von der Sache und kann nicht behaupten, daß mich damals schon die Leidenschaft für die Bühne gepackt hätte." Dann verschaffte ihm ein Freund ein Engagement im Chor des Musicals "South Pacific". Connery: "Ich hatte keine Ahnung vom Stück, und singen kann ich immer noch nicht." Dennoch bekam er den Job und ging damit zwei Jahre auf England-Tournee. Bei einem Gastspiel in Manchester erhielt er aufgrund seiner guten fußballerischen Leistungen in der Freizeit das Angebot, für Manchester United zu spielen, doch Connery zog nun das Schauspiel vor. 1956 spielte er in der BBC-Produktion "Requiem For A Heavy-weight" den ausgelaugten Boxer Mountain

Bei den Dreharbeiten zu "Goldfinger". Deutlich zu sehen: das schon damals notwendige Haarteil.

Sean Connery mit seiner ersten Frau, der australischen Schauspielerin Diane Cilento.

McLintock und wurde dafür vielfach gelobt. Dann verpflichtete ihn die 20th Century Fox und setzte ihn in einer Reihe von B-Pictures ein, 1958 auch für eine Hauptrolle - neben Lana Turner - in "Herz ohne Hoffnung". Kommentar der "New York Times": "Hauptdarsteller Sean Connery ist zwar noch sehr jung im Filmfach, aber er wird darin auch nicht alt werden."

Für die Rolle des James Bond wurde Connery von den Produzenten Broccoli/Saltzman durch einen Aufruf im Londoner "Express" entdeckt, der 1961 seine Leser fragte, wer für sie der ideale Schauspieler wäre, um Bond zu porträtieren. Kandidaten wie David Niven, Richard Burton, James Mason, Patrick McGoohan und auch Cary Grant tauchten auf. Letzlich blieben nur noch Connery und Grant übrig, der allerdings wesentlich mehr Gage forderte als 6000 Pfund, die man Connery dann zahlte. Saltzman erinnerte sich an das Besetzungsgespräch im Londoner Büro: "Wir

unterhielten uns und merkten sofort, daß er die erforderliche Männlichkeit besaß, die die Rolle verlangte. Wenn er irgend etwas besonders betonen wollte, klopfte er mit der Faust instinktiv auf seine Knie und auf den Tisch. Man spürte sofort, in dem Burschen steckt was. Als er unser Büro verließ, sahen wir durch das Fenster seine Gangart. 'Das ist es', sagten wir, und der Vertrag wurde unterschrieben." Connery holte sich auch bei Diane Cilento (die später seine erste Ehefrau wurde) Rat, denn er war sich nicht sicher, ob er die Rolle wirklich annehmen sollte. Sie schlug ihm vor, er solle darauf bestehen, daß mehr Humor in die Story kommt, und wenn sie dem zustimmten, sollte er zusagen. Genauso geschah es dann.

Von Anfang an trennte Connery Karriere und Privatleben. "Es gibt keinen Vergleich zwischen James Bond und mir", sagte er dem englischen Magazin "photoplay". "Es ist lächerlich, überhaupt darüber nachzudenken. Bonds Leben zu leben ist praktisch unmöglich."

Als Theaterregisseur 1969 in London. Hier inszenierte er das Stück "I've Seen You Cut Lemons".

Anläßlich des Starts von "Sein Leben in meiner Gewalt" (Regie: Sidney Lumet) kam Connery 1972 nach Hamburg.

Der italienischen Journalistin Oriana Fallaci gestand er: "Wenn ich nicht Shakespeare, Pirandello und Euripides gespielt hätte, könnte ich gar nicht James Bond spielen."

Der erste Bond-Film war auch für Connery ein großer Erfolg. Seine Männlichkeit, sein athletisches Auftreten, seine Mischung aus Charme und Härte sicherten ihm nicht nur die Frauenherzen, sondern machten ihn auch zum Vorbild für junge Männer. Der Londoner "Evening Standard" schrieb: "Dies ist Ian Flemings Geheimdienstmann James Bond vom Scheitel bis zur 60 Guineen teuren Bügelfalte." Nur vereinzelt gab es auch Kritik: "Time" nannte ihn einen "haarigen Marshmellow", und zuweilen wurde sein starker schottischer Akzent bemängelt. In einem Gespräch mit der "Frankfurter Allgemeinen Zeitung" antwortete er Bert Reisfeld Anfang 1965 auf die Frage, warum die Figur so einen schnellen Erfolg hatte: "Aus verschiedenen Gründen. Erstens waren sich Autor Ian Fleming und ich über die Gestaltung des James-Bond-Charakters sofort einig, es gab also nicht die üblichen Kompromisse und

Umdispositionen, an denen eine Charakterisierung so oft zugrunde geht. Ich sehe James Bond als einen starken durchgeistigten Mann mit Sex-Appeal, immer startbereit, ein Mann, der für Frauen, guten Wein und elegante Atmosphäre viel übrig hat und dessen Lebenseinstellung doch irgendwie nicht ganz moralisch ist." "Christ und Welt" erklärte er: "Die Massen wollten einen bestimmten Film, der ihren unterdrückten Instinkten Ausdruck verleiht. James war direkt dafür nach Maß gemacht. Ich würde sagen, alles wirkte zusammen."

Connery wollte es immer vermeiden, als 007 abgestempelt zu werden. "Ein Schauspieler haßt es, festgelegt zu werden. Ich erinnere mich daran, daß ich mich einmal für einen Film vorstellen sollte. Der Mann, der für die Besetzung verantwortlich war, fragte mich: 'Was für ein Typ Schauspieler sind Sie ?'. Ich stand auf und ging. Ich will nicht für immer Bond sein. Es ärgert mich, wenn die Leute am Drehort 'Bond' zu mir sagen." Connery ließ sich vertraglich zusichern, daß er auch immer wieder andere Rollen annehmen konnte, doch

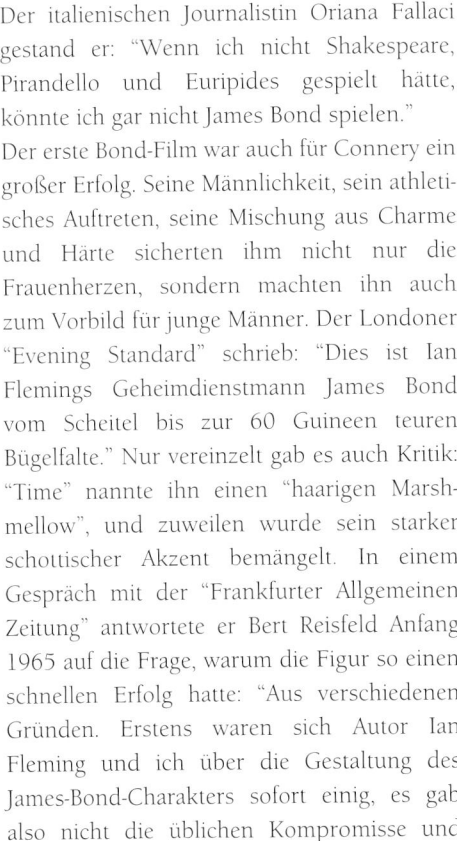

keiner dieser Filme wurde zu jener Zeit ein finanzieller Erfolg. Nur Sidney Lumets "Ein Haufen toller Hunde" bewies, daß er wesentlich mehr kann, als er als Gentleman-Agent zeigen konnte. Später drehte Connery noch vier weitere Filme mit Lumet. Nach "Goldfinger" sagte er: "Ich glaube nicht, daß ich Bond mögen würde, wenn ich ihn träfe. Er ist ein Mann, der seine eigenen Regeln aufstellt, und solange du nicht von Selbstzweifeln geplagt wirst, ist das auch in Ordnung. Aber wenn es doch so ist, und den meisten von uns geht das ja so, dann gehst du unter." Und weiter: "Das ist auch der Grund, warum er von den Frauen so begehrt wird. Sie sind von Natur aus unentschlossen, und wenn ein Mann daherkommt, der sich in allen Dingen sicher ist, dann wirkt er wie ein Retter."

Eine Aussage zur Gewalt in "Goldfinger", veröffentlicht in "photoplay" 11/1964, wurde auch Jahre später immer wieder zitiert. "Nun", sagt Connery mit einem leichten Lächeln, "ich glaube nicht, daß irgend etwas dagegen spricht, eine Frau zu schlagen. Ein Schlag mit der offenen Hand ist oftmals begründet. Aber für mich ist das kein Sadismus, sondern ich nenne das ein Mann sein, und viele Frauen mögen das." In dem berühmten "Playboy"-Interview, das im November 1965 kurz vor dem Start von "Feuerball" erschien, klingt es ganz ähnlich: "Es ist bestimmt nichts falsch daran, eine Frau zu schlagen, auch wenn ich nicht empfehlen würde, es in derselben Weise zu tun wie bei einem Mann. Ein Schlag mit der offenen Hand ist gerechtfertigt, wenn alle anderen Alternativen fehlschlagen und es eine Reihe von Warnungen gegeben hat. Wenn die Frau eine Hure ist oder hysterisch oder nicht ganz richtig im Kopf, würde ich es tun (...) Aber ich würde mich nicht als sadistisch bezeichnen." Jahrelang wurde gerade von dieser Aussage, wenn auch nicht in vollständiger Form,

Connery mit seiner zweiten Frau, Micheline Roquebrune, (rechts) und deren Tochter aus erster Ehe.

gezehrt; im Frühjahr 1995 konnte man genau den Part wieder einmal 'exklusiv' in der "BILD"-Zeitung lesen.

Ende 1969 trennte sich Connery von seiner ersten Frau Diane Cilento; am 6. Mai 1975 heiratete er die Malerin Micheline Roquebrune. Die 70er Jahre boten Höhen und Tiefen; viele seiner Filme wurden kommerzielle Mißerfolge und von den Kritikern verrissen. Bekannt geworden ist vor allem Connerys 'Abenteuerphase', mit Filmen wie "Der Mann, der König sein wollte", "Der Wind und der Löwe" und "Robin und Marian", in der sich sein neugeschaffenes Image als wandlungsfähiger Charakterdarsteller festigte. Zumindest in

Die Malerin Micheline Roquebrune war es, die dem zweiten Bond-Comeback "Sag niemals nie" den Titel gab.

Europa entpuppte sich "Der Name der Rose" als außerordentlicher Kassenerfolg, und Connery bekam erstmals Auszeichnungen für seine schauspielerische Arbeit. In Deutschland wurde er zum Beispiel mit dem Bundesfilmpreis; in Frankreich mit dem Orden "Commandeur des arts et lettres" geehrt. Für die Darstellung des irischen Cops Jimmy Malone in Brian de Palmas Neuverfilmung von "The Untouchables" erhielt er 1987 einen Golden Globe sowie einen Oscar als bester Nebendarsteller - sein endgültiger Durchbruch im Charakterfach. Fortan wurde er als ergrauter, weiser Vater und Lehrmeister eingesetzt. Eine Rolle, die ihm sichtlich Spaß macht und ihm neue Fans bescherte. Mehrfach hat er auch hinter die Kamera gewechselt und bereits bei mehreren Filmen als ausführender Produzent fungiert.

1989 wurde er von der amerikanischen Zeitschrift "People" zum "most sexiest man alive" gewählt, was er als "merkwürdig" abtat: "Wenigstens habe ich etwas erreicht. Ich habe bewiesen, daß Schotten nicht alle über 1.90 Meter große Trunkenbolde mit rotem Haar und geröteten Nasen sind." 1981 sagte Broccoli über ihn: "Er war der Größte. Das Beste an ihm war diese großartige animalische Maskulinität. Er traf damit sowohl Männer als auch Frauen. Er konnte eiskalt mit einer gefährlichen Situation umgehen und dann seinen bösartigen Humor einbringen. Zudem hatte er diesen tollen schottischen Akzent. Die Art und Weise, wie er 'Pussy' aussprach, war einfach unglaublich sexy. Er war ein viel besserer Schauspieler als jeder von ihm dachte, und er wollte das beweisen. Inzwischen ist es ihm gelungen."

Bei den Dreharbeiten zu "Moonraker - Streng geheim" in Paris.

war, er 1968 aufgrund von Fernseh-
verpflichtungen ablehnen mußte, sagte er
jetzt zu. Probleme, der dritte Darsteller einer
Reihe von Filmen zu sein, hatte er nicht:
"Wieviele Hamlets gab es? Ich war auch
nicht der erste Simon Templar." 1981 sagte
Broccoli über Moores Verpflichtung: "Ich
dachte, wir würden zu den Ursprüngen
zurückkehren, als wir ihn verpflichteten, aber
dann mußte er erst mal Diät halten, seine
Haare und auch diese fürchterlich langen
Augenbrauen kürzen. Dann scherzte er
immer noch herum wie zu Zeiten von 'Simon
Templar', aber das war in Ordnung. Im

Gegensatz zu Seans Darstellung war er
niemals so gewalttätig, obwohl das zu Bond
gehört. Aber seine Art von Humor kam
der Idee, wie Fleming die Figur erdacht hatte,
sehr nahe und fand damit völlig neue
Zuschauerschichten."
Anfangs war Moore sehr nervös, Freunden
gestand er, "wenn das schiefgeht, bin ich erledigt". Er nahm 17 Pfund ab, mußte dreimal
zum Friseur, bevor die Make-Up-Crew mit ihm
zufrieden war; er ging jeden Morgen schwimmen und betrieb eine Zeitlang Bodybuilding.
Saltzman und Broccoli beklagten vor allem
"seinen unvorteilhaften Gang", so daß auf den

fast 43jährigen noch etwas zukam, womit er nie gerechnet hatte: "Was ich mit als erstes lernen mußte, war dieser berühmte 'bondianische' Gang. Du mußt dich wie eine Katze bewegen und dich mit dem Fußballen abstützen, um die Erde unter dir zu spüren. Und wenn du dich bewegst, dann muß es so aussehen, als ob du damit - wenn nötig - durch eine Mauer kämst." Um anfangs nicht auf allzu viele traditionelle Aussagen aus den Connery-Filmen zurückzugreifen, wurde zum Beispiel auf die Floskel "Wodka Martini. Geschüttelt, nicht gerührt!" verzichtet.

Roger Moores Bond-Lieblingsfilm ist "Diamantenfieber", den er gerade auch wegen seines Humors schätzt. "Mir gefallen die zügellosen Dialoge, zum Beispiel, wenn sie sagt: 'Mein Name ist Plenty, Plenty O'Toole.' Und er: 'Benannt nach Ihrem Vater, vielleicht?'" (Anmerkung: In der deutschen Synchronisation heißt es mit Blick auf das Dekolleté: "Berühmtes irisches Milchgeschäft.")

"Leben und sterben lassen" entpuppte sich als schneller Anfangserfolg und etablierte Moore als scherzenden, wortwitzigen Bond: "Früher bezahlte ich meine Manager, um bekannt zu werden. Jetzt kriegen sie ihr Geld, damit sie mich vor neugierigen Leuten abschirmen." Oder: "Endlich bekomme ich in jedem Restaurant die besten Plätze, außer vielleicht in Rußland oder China. Aber man ist solange kein Star, bis man deinen Namen nicht auch in Wladiwostok buchstabieren kann." Die zuweilen harsche Kritik, der er ausgesetzt war, belächelte er - zumindest in der Öffentlichkeit.

"Ich kenne all die spöttischen Bemerkungen, die von einigen Kritikern losgelassen wurden. Sie sagen, daß ich nicht spielen kann und lediglich mich selbst darstelle. Das einzige, was ich dazu sagen kann, ist, daß die Zuschauer glücklich zu sein scheinen." Seine Herangehensweise umschrieb er so: "Der Trick besteht darin, diese zügellosen Texte herauszubringen, ohne daß das Publikum merkt, daß man sich darüber amüsiert. Das Ganze ist ein animierter Comic-Strip, und die Wahrheit ist, daß ich meine eigenen Phantasien so lange auslebe, wie das Publikum sich das ansehen möchte. Ich habe drei Ausdrucksformen. Nr. 1: Augenbrauen hoch. Nr. 2: Augenbrauen runter. Nr. 3: Die Augen schließen, wenn der Böse mir an die Nieren geht."

Neben den Bond-Filmen wirkte Moore in relativ erfolgreichen Abenteuerstreifen wie "Die Wildgänse kommen", "Sprengkommando Atlantik" und "Die Seewölfe kommen" mit und produzierte die englische Fernsehserie "The Return of The Saint". Nach "Im Angesicht des Todes" widmete er sich seiner Tätigkeit als UNICEF-Botschafter. Mitte März 2002 heiratete der Brite zum vierten Mal: die Schwedin Christina Tholstrup. Seinem Sohn Geoffrey versuchte er einen besseren Job als den des Wirts in einem Prominentenlokal zu verschaffen und schlug ihn als Nachfolger von Pierce Brosnan vor. Aber so ganz einig scheint sich auch Moore nicht zu sein: Aus anderer Quelle verlautete, daß er Ewan McGregor gerne in der 007-Rolle sehen würde. Moore besitzt Häuser im englischen Denham, im schweizerischen Gstaad, in Südfrankreich und Italien. "Ich weiß nie genau, wo das Badezimmer ist. Wenn ich mich eines Tages zur Ruhe setze, werden drei Luftfahrtgesellschaften pleite gehen." Für seinen Grabstein hat er sich auch schon eine Inschrift überlegt: "R.G.M. was N.B.G." - was soviel heißt wie: "Roger George Moore was not bloody good (einfach nicht gut)."

Timothy Dalton -
Der walisische Hardliner

Dalton wurde am 21. März 1946 als ältestes von fünf Kindern eines Werbefachmanns in Colwyn Bay, North Wales, geboren. Als er drei Jahre alt war, zog die Familie nach Manchester. Mit 16 sah er eine Old Vic-Produktion von "Macbeth" und war so fasziniert, daß er beschloß, Schauspieler zu werden. Nach dem Schulbesuch in Manchester ging er zu einem Schülertheater und spielte in einem fahrenden Ensemble. 1964 wurde er ins National Youth Theatre aufgenommen, mit dem er kurze Zeit später sein Londoner Debüt in einer Shakespeare-Inszenierung gab. Im Anschluß an ein zweijähriges Studium an der Royal Academy of Dramatic Art folgten zahlreiche Auftritte in Shakespeare-Stücken auf englischen Bühnen. Parallel zu den Bühnenverpflichtungen wirkte er immer wieder in Filmen mit. So war er in "Der Löwe im Winter", "Cromwell" und "Flash Gordon" zu sehen. In "The Doctor and the Devils" spielte er einen verrückten Arzt, in "Brenda Starr" agierte er neben Brooke Shields in der Filmversion des berühmten Comicstrips. "Der Hauch des Todes" wird 1987 sein erster Bond-Film, der wegen des für die Serie neuen Trends und frischen Winds weltweit gelobt wird. Zwei Jahre später folgt "Lizenz zum Töten", der aufgrund der harten Machart und der zahlreichen Brutalitäten viele Fans und Kritiker erstaunt, das allgemeine Publikum aber auch vor den Kopf stößt.

Schon 1980/81 hatte es seitens der Produktion den ersten Kontakt zu Dalton gegeben. Die immer schwieriger werdenden Verhandlungen mit Roger Moore führten zu dem Waliser, der sich "niemals vorstellen konnte, James Bond zu sein". (Auch 1971 hatte man schon kurz an ihn gedacht, ihn dann aber als zu jung empfunden.) Als Brosnan dann plötz-

lich die Rolle nicht annehmen konnte, wurde Dalton verpflichtet, bekam allerdings nur einen Vertrag für einen Film und eine Option auf zwei weitere. "Für Pierce tut es mir sehr leid", so sein Kommentar. Dalton hat mehrfach betont, er müsse seine eigene Interpretation der Rolle finden und sich mehr an Fleming als an den bisherigen Filmen orientieren. Bei Drehbeginn gestand er, daß er zugesagt hätte, weil er die Rolle faszinierend fände und er keine Angst habe, festgelegt zu werden. Sein Lieblingsfilm ist "James Bond - 007 jagt Dr. No". Daltons Anliegen, Gags und

John Glen. Ein gemeinsam angekündigtes Projekt über "Christoph Columbus" platzte daher, Dalton stieg aus, Glen drehte mit George Corraface. Speziell in den USA mußte sich Dalton harte Kritik gefallen lassen, vor allem von den weiblichen Kinogängern wurde er nicht akzeptiert. Am 12. April 1994 gab er infolge der langwierigen Auseinandersetzungen um den Fortgang der Filme bekannt, nicht mehr als Bond zur Verfügung zu stehen. Privat ist Dalton ein begeisterter Angler, zu allen Dreharbeiten nahm er eine Angelrute mit. Er geht gern auf Reisen, gilt aber als verschlossener und schüchterner Mann, der sein Privatleben streng geheim hält. Auch während der Dreharbeiten hielt er sich häufig von geselligen Treffs zurück, blieb für sich oder bei den Produzenten und drehte mit einer kleinen Videokamera eigene Bilder. Britische Boulevardzeitungen haben immer wieder versucht, ihm irgendwelche Affären mit Schauspielerinnen wie Amanda Spiva, Ursula Andress, Stephanie Powers oder dem Ex-Model Yvonne Paul anzudichten. Auch seine seit 1971 währende Dauerfreundschaft mit Vanessa Redgrave ist ständiger Anlaß für Spekulationen.

Scherzchen, wie in den Roger-Moore-Filmen, zu vermeiden und einen realistischen Bond zu porträtieren, wird von Broccoli und den Drehbuchautoren unterstützt. Seinen ersten Bond bezeichnete er als "romantisch, einen geheimnisvollen Thriller", den Nachfolger schon als "Abenteuerthriller". Er stand voll und ganz hinter dem harten Grundgestus des Films und der drastischeren Gewalteinstellung. Am Set kam es allerdings zu Auseinandersetzungen zwischen Dalton und

Pierce Brosnan -
Der irische Erfolgsgarant

Brosnan wurde am 16. Mai 1953 im südiri-schen Navan, County Meath, geboren. Im Al-ter von elf Jahren zog er mit seiner Familie nach London um. Er nahm drei Jahre Schau-spielunterricht am dortigen Drama-Centre und arbeitete danach als Stage Manager am York Theatre Royal, einer traditionellen Aus-bildungsstätte für aufstrebende britische Schauspieler. Zwei Jahre tingelte er mit einem Wandertheater umher; unter anderem jobbte er als Feuerschlucker in Amsterdam.

Tennessee Williams persönlich wählte ihn für die Rolle des McCabe in der englischen Ur-aufführung von "The Red Devil Battery Sign" aus. Es folgten weitere Theaterauftritte, zum Beispiel in Franco Zeffirellis "Filumena" und "Wait Until Dark" am York Theatre. Am Glas-gow Citizens Theatre war er in Noël Cowards "Semi Monde" zu sehen, im klassischen Thril-ler "No Orchids for Miss Blandish" und in "Painters Palace of Pleasures".

Sein Filmdebüt gab er im - vor irischem Hin-tergrund spielenden - Dokumentarfilm "Mur-phy's Stroke". Danach spielte er in "Rififi am Karfreitag" neben Bob Hoskins und Eddie Constantine einen irischen Terroristen, der sich als homosexuell ausgibt. Weitere, für Brosnan erfolgreiche Filme sind der Agenten-thriller "Das vierte Protokoll", in dem er als russischer Attentäter Gegenpart von Michael Caine ist, "Mister Johnson", in dem er einen englischen Kolonialherrn verkörpert, sowie "Mrs. Doubtfire - Das stachelige Kinder-mädchen", in dem er versucht, Robin Wil-liams die Frau auszuspannen. Nach "Mrs. Doubtfire" wurde Brosnan, der als Frauenidol gilt, in den USA als "schönster Mann in Bade-hosen" gekürt. In seiner Freizeit malt er gern; zudem ist er ein guter Schwimmer und Snooker-Spieler.

Schon 1986 war er als Nachfolger Roger Moores für die Bond-Rolle vorgesehen, konnte aber nicht annehmen, da ihn die Pro-duktionsfirma MTM nicht aus seinem Vertrag für die TV-Serie "Remington Steele" freigab und auf einer weiteren Saison bestand. Nach-dem Timothy Dalton nach zwei Bond-Filmen ausgestiegen war, wurde Brosnan am 8. Juni 1994 in London als fünfter 007-Darsteller vorgestellt. Er bekam einen Vertrag für drei Bond-Filme. "Am ersten Tag der Dreharbeiten war ich total nervös. In der Produktion gibt es Leute, die bei den letzten 17 Bond-Filmen

Ein skeptischer Pierce Brosnan als Mittelpunkt des Medien- und Werbeinteresses. In einem Produktionstagebuch enthüllte er später seine Angst vor der Rolle.

dabei waren. Jeder guckt dich an und beurteilt dich. Das ist der reinste Terror für mich, denn schließlich will ich Erfolg haben, und wahrscheinlich bin ich selbst mein härtester Kritiker. Aber Besprechungen meiner Filme lese ich nicht mehr. Vor sechs Jahren habe ich damit aufgehört, und seitdem fühle ich mich wohler."

Brosnan war seit dem 27. Dezember 1980 mit der australischen Schauspielerin Cassandra Harris verheiratet, die am 28. Dezember 1991 an Krebs starb. Er hat zwei eigene Kinder (und eine Tochter aus der ersten Ehe seiner Frau) und lebt in Los Angeles und London. Am 4. August 2001 heiratete er in Irland seine langjährige Freundin, die Umweltjournalistin Keely Shaye-Smith; sie haben inzwischen zwei Kinder. Mit seiner Kollegin Beau St. Clair hat Brosnan die Produktionsfirma "Irish Dreamtime" gegründet, die nach "Der amerikanische Neffe" im Herbst 2002 das von Bruce Beresford inszenierte Drama "Evelyn" herausbringt. Weitere Projekte sind in Vorbereitung.

Die wichtigsten Darsteller von A-Z

Adams, Maud
(Andrea in "Der Mann mit dem goldenen Colt" und Octopussy in "Octopussy")

Geboren am 12. Februar 1945 in Lulea, Schweden, unter dem Namen Maud Wikstrom (einige Quellen: Wilkstrom). Sie spricht vier Sprachen und wollte ursprünglich Dolmetscherin oder Tänzerin werden. Nachdem sie mit 17 einen Schönheitswettbewerb gewonnen hatte, arbeitete sie zunächst als Model in Europa und den USA. Als bislang einziger Frau ist es ihr gelungen, in zwei Bond-Filmen Hauptrollen zu bekommen. Zuvor hatte sie erst drei kurze Kinoauftritte gehabt, in ihrem Debüt zum Beispiel neben Beau Bridges in "The Christian Licorice Store".
"Ich denke, viele der Mädchen sind nur Sex-Objekte. Ich habe versucht, der Rolle ein bißchen mehr Klasse und Würde zu verleihen. Aber man muß wissen, daß man nur aufgrund seiner physischen Attribute engagiert wird, und es ist schwer, von diesem Image wieder wegzukommen." Als Broccoli ihr den Part in "Octopussy" anbot, dachte sie, es wäre ein Irrtum, und glaubte es erst, als sie ihm in London persönlich gegenübersaß. Der Filmtitel ging ihr zuerst nicht leicht über die Lippen. Als ein Freund sie fragte, welche Rolle sie denn spiele, stotterte sie: "... die Titelrolle". "Ich konnte 'Octopussy' einfach nicht aussprechen." Von Roger Moore fühlte sie sich geärgert. "Als er das Vorankündigungsplakat in die Hände bekam, zeichnete er einen neunten Arm hinzu. Sie können sich sicher vorstellen, wo der hinführte", sagte sie im Magazin "Coming Attractions". Über weitere Scherze, die er mit ihr machte, wollte sie nicht sprechen, weil sie nicht druckreif wären. Während des Drehs strickte sie Pullover, deren Muster später über verschiedene Zeitschriften vertrieben wurden. Zwischenzeitlich spielte sie in Filmen wie "Tattoo", wofür sie sich auch auszog,

und "Rollerball" mit. Auch in "Im Angesicht des Todes" ist sie kurz zu erblicken, denn als sie eines Tages den Set am Hafen von San Francisco besuchte, wurde sie von John Glen gebeten, sich mit ins Bild zu stellen. Im fertigen Film ist dann aber nur ihr Rücken zu sehen. Mittlerweile filmt sie kaum noch, dafür spielt sie Theater und gehört der "Royal Shakespeare Company "an.
Vier Jahre lang war sie mit dem britischen Fotografen Roy Adams verheiratet, des weiteren liiert mit dem amerikanischen Ex-Außenminister Henry Kissinger. Mit ihrem jetzigen Partner, dem plastischen Chirurgen Dr. Stephen Zax, lebt sie in Kalifornien.

Andress, Ursula
(Honey in "James Bond - 007 jagt Dr. No" und Vesper Lynd in "Casino Royale")

Geboren am 19. März 1935 in Bern als Tochter eines Deutschen und einer Schweizerin. Sie wuchs mit ihren fünf Geschwistern in Ostermundigen bei Bern auf. Ihr Vater soll während des Krieges deutscher Konsul in Bern gewesen und dann auf mysteriöse Weise hinter den deutschen Linien verschwunden sein, doch dieses Gerücht hat sich nicht bestätigt. Statt dessen finden sich Hinweise auf einen Gärtner und Amtsgehilfen Rolf Andress. Ursula studierte in Paris Malerei, Bildhauerei und Tanz, zog nach Rom, arbeitete als Modell für Maler und Fotografen und lernte Sprachen. Sie spricht fließend italienisch, französisch und deutsch. Von Marlon Brando wurde sie unterstützt, es als Schauspielerin zu versuchen. Ihr erster Auftritt in einem italienischen Film wurde allerdings geschnitten, so daß "Casanova - seine Liebe und Abenteuer" (1955) als ihr Debüt gilt. Ab 1957 hatte sie mit dem US-Schauspieler John Derek zunächst ein Verhältnis, aus dem später eine achtjährige

Ursula Andress

Ehe wurde. Derek fotografierte sie auch für den "Playboy", diese Aufnahmen ergaben im Juni-Heft 1965 den für das Magazin bis dahin längsten Farbteil über eine Frau.

Die Bond-Produzenten kamen auf sie, als sie ein Foto von ihr entdeckten, das sie im nassen T-Shirt zeigte. Andress erinnerte sich: "Kirk Douglas und viele andere kamen zu meinem Geburtstag. Wir lasen das Drehbuch zu 'Dr. No', lachten und meinten, nichts könnte schlechter sein als das. Ich dachte, niemand würde sich das ansehen, und deshalb akzeptierte ich." Im Buch hatte Honey nach Flemings Beschreibung eine gebrochene Nase und entstieg splitternackt den Fluten. Für den Film verzichtete man darauf. "Jeder erinnert sich an die Szene, wie ich aus dem Wasser steige, aber als wir das drehten, war sich keiner bewußt, daß es irgendeine Bedeutung haben würde." Sogar die Popgruppe "10 CC" beschrieb diese Szene in ihrem Song "I'm Mandy

Fly Me". Den berühmten Bikini hatte sie zusammen mit einer Freundin selbst genäht. Sie bekam 12.000 Dollar (andere Quellen: 300 Pfund pro Woche bei sechs Wochen Arbeit) für die Rolle und mußte jeden Tag für das Body-Make-up um fünf Uhr aufstehen. Ihre Textpassagen wurden synchronisiert, weil Young fand, daß ihre Stimme wie Donald Duck klinge. Die Rolle brachte ihr soviel Aufmerksamkeit, daß man ihr für die nächsten Filme bereits bis zu 125.000 Pfund bot. Für ihren Auftritt in der Bond-Parodie "Casino Royale" erhielt sie 1966 bereits 200.000 Pfund. Ein Oben-ohne-Gemälde von Ben Stahl hatte schon am Drehort von Robert Aldrichs "Vier für Texas" (1963) für Verwirrung gesorgt, und ein Produzent nannte sie einmal "das größte Beispiel für Schweizer Architektur seit den Alpen". Salvador Dalí bezeichnete sie als "das schönste Skelett, das es gibt" und Arthur Miller schlicht als "die schönste Frau der Welt". Nach der Trennung von Derek folgte eine achtjährige Beziehung mit Jean-Paul Belmondo. Vor allem in den 60er und 70er Jahren wirkte sie in vielen internationalen Filmen mit. Danach zog sie sich fast völlig zurück, wurde mit 44 Mutter eines Sohnes (Dimitri) aus der Verbindung mit dem US-TV-Star Harry Hamlin. Sie lebt abwechselnd in Florida, der Schweiz und Rom.

Im Oktober 1999 wurde sie von den Lesern des englischen Magazins "Total Film" zum "besten Bond-Girl aller Zeiten" gewählt. Ihrem ersten Auftritt als Honey am Strand von Jamaika wird in "Stirb an einem anderen Tag" eine Hommage durch Halle Berry gewidmet sein. Der berühmt gewordene Bikini, den sie 1962 trug, wurde am 14. Februar 2001 vom Londoner Auktionshaus "Christie's" versteigert und brachte 41.125 Pfund (etwa 125.000 Mark) ein. Sie hatte ihn jahrelang im Schrank liegen - und vergessen.

Claudine Auger

Auger, Claudine
(Domino in "Feuerball")

Geboren am 26. April 1942 in Paris. Die Tochter eines Architekten studierte am Pariser Konservatorium für dramatische Kunst, das Geld für die Ausbildung verdiente sie sich als Model und als Au-Pair-Mädchen in England. 1958 wurde sie in Paris zur "Miss Frankreich" gekürt, und ihre Eltern waren sauer auf die gerade erst 16 Jahre alte Tochter.

Ein Jahr später spielte sie neben Jean Marais und Yul Brynner in ihrem ersten Film, Jean Cocteaus "Das Testament des Orpheus". Neun weitere folgten, bevor sie unter 600 Bewerberinnen für "Feuerball" ausgewählt wurde. Vorgestellt hatte sie sich in einem selbst kreierten Badeanzug. Später wurden einige der Strandsachen, die sie im Film trug, von Frauenzeitschriften als Schnittmusterbögen zum Selbernähen angeboten.

Regisseur Terence Young suchte nach einem "eigenwilligen, sinnlichen Geschöpf" und zog Claudine in Betracht, als er sie auf der Bühne des Pariser National-Theaters in einer Aufführung von Maxim Gorkis "Kinder der Sonne" gesehen hatte. "Young telefonierte mit meiner Agentin und lud mich zu Probeaufnahmen ein. So ein Angebot bekommt man nicht oft. Ich wußte eines ganz genau: Wenn ich die Rolle in 'Feuerball' bekommen würde, könnte ich auch über die Grenzen Frankreichs hinaus bekanntwerden, denn das war meinen Vorgängerinnen ja auch gelungen. Viele dachten, ich hätte die Rolle bekommen, weil mein damaliger Ehemann Filmregisseur war, aber das ist totaler Unsinn." Zehn Tage später kam dann der erlösende Anruf. "Das Warten war das schlimmste. Ich hatte schon so oft den Roman gelesen, daß ich mich wie Domino fühlte. Dann erschienen in der Presse ständig Bilder von den anderen Kandidatinnen, aber ich war nicht dabei, das machte mich sehr nervös." Das männliche Gehabe eines James Bond störe sie nicht besonders, ihr gefalle der "harte, direkte Umgang mit Frauen. Ich mag diese Art von Mann". Angeblich erhielt sie für "Feuerball" eine Gage von 15.000 Dollar (damals etwa 60.000 Mark), konnte aber für den nächsten Film schon 400.000 Mark einstreichen.

Nach einem Besuch des Festivals in Cannes im Mai 1965 kam sie am 1. Juli auch zu den Berliner Filmfestspielen. Ironischerweise hatten die beiden deutschen Produzenten Spiehs und Artur Brauner sie vor dem Bond-Film unter Vertrag, setzten sie aber kaum ein. "Jetzt ist sie natürlich zu teuer für uns", so ihre frühere deutsche Managerin Ruth Killer. Auger drehte viele französische Filme, aber fast kaum im Ausland.

Ihre erste Ehe schloß sie im Alter von 17 Jahren 1961 mit dem französischen Regisseur Pierre Gaspard-Huit, die zweite mit dem Regisseur Jacques Deray. Seit dem 20. Januar 1984 ist sie mit dem englischen Stahlbaron Peter Brent verheiratet, sie lebt in Paris und England.

Bach, Barbara
**(Anya Amasova in
"Der Spion, der mich liebte")**

Die am 27. August 1947 in New York City geborene Amerikanerin begann als Model und entschloß sich dann zu einer Schauspielkarriere. Sie war zunächst in Rom an den italienischen TV-Shows "Cordialemente" beteiligt und wirkte ohne durchschlagenden Erfolg in einigen kleineren Streifen mit. Sie kam vor Broccolis Augen, als ihm ein Freund ein paar Videobänder ihrer italienischen Filme mitbrachte. Mit der Entscheidung für sie endete eine sechs Monate dauernde weltweite Suche nach der Besetzung für eine Rolle, die als der bis dahin größte weibliche Part in der Bond-Serie galt.
Bach über 007: "Er ist eine aufregende Phantasie und überhaupt nicht mein Typ. Ich mag stille, intelligente und sensible Männer." Aus erster Ehe mit dem italienischen Industriellen Augusto Gregorini hat sie zwei Kinder, Francesca und Gian Andrea. In zweiter Ehe ist sie mit Ringo Starr verheiratet, und wie ihr Mann hatte auch sie zeitweilig Alkoholprobleme. 1980 überstand sie einen schweren Autounfall. Sie lebt abwechselnd in England und Beverly Hills.

Baker, Joe Don
**(Brad Whitaker in "Der Hauch des Todes"
und Jack Wade in "GoldenEye")**

Dem am 12. Februar 1936 in Groesbeck, Texas, geborenen Baker gelang es, in zwei Bond-Filmen wichtige Rollen zu spielen - zum einen als Gegenspieler und zum anderen als Verbindungsmann Bonds. Er besuchte zunächst das North Texas State College und jobbte nach dem Wehrdienst als Kellner und Verkäufer in New York, bevor er ins berühmte Actor's Studio aufgenommen wurde. Nach zahlreichen Bühnenauftritten erlangte er als Kleinstadt-Sheriff in dem 1973 entstandenen Film "Der Große aus dem Dunkeln", dem mehrere Fortsetzungen folgten, einen großen Bekanntheitsgrad. Sein Kinodebüt gab er 1967 mit "Der Unbeugsame" an der Seite von Paul Newman. In "Der Hauch des Todes" war er als skrupelloser Waffenhändler Brad Whitaker zu sehen. Seine Mitwirkung in der BBC-Serie "Edge of Darkness" brachte ihm die Aufmerksamkeit von Martin Campbell ein, der ihn für "GoldenEye" engagierte. "Bösewichte kann man interessanter, vielschichtiger gestalten. Wenn man aber einen 'good guy' wie Jack Wade darstellt, ist auch das eine aufregende Sache, denn dieser Bursche hat so viele Schattierungen", sagte Baker in einem Interview. Sein Rollenname Jack Wade ist ein Insider-Joke von Kevin Wade: Der New Yorker Theater- und Drehbuchautor arbeitete an "GoldenEye" mit, wurde aber nicht genannt.

Basinger, Kim
(Domino in "Sag niemals nie")

Geboren am 8. Dezember 1953 in Athens, Georgia. Aufgewachsen mit fünf Geschwistern, stieg sie über lokale Miss-Wahlen, bei denen sie es bis zur "Miss Georgia" brachte

Kim Basinger

(1970), bis zum Revlon-Top-Model auf. Sie ist nicht nur eine gute Sängerin, Klavier- und Gitarrespielerin, sondern hat auch 15 Jahre lang getanzt. Sie ging nach Hollywood und bekam Engagements für diverse TV-Filme wie "Katie: Portrait of a Centerfold" oder "Verdammt in alle Ewigkeit", hier spielt sie eine Nutte. Ihr Kinodebüt gab sie 1981 neben Jan-Michael Vincent in "Hard Country/Jodie - irgendwo in Texas". Nacktaufnahmen für die "Playboy"-Ausgabe 2/1983 hatten Hunderte von Rollenangeboten zur Folge. Sean Connery, der sie noch nicht kannte, war sie bereits von Talia Shire empfohlen worden. Als sie sich dann für die Rolle in "Sag niemals nie" vorstellte, wurde sie zufällig im selben Londoner Hotel untergebracht wie Connery. Dessen Frau Micheline sah Kim in der Halle, wußte zwar nicht, wer die Blondine ist, empfand sie aber als perfekt und schwärmte ihrem Mann von ihr vor. Kim Basinger: "Einer der Gründe, warum ich die Rolle annahm, war, daß Domino Tänzerin ist und auch ich eine war. Außerdem wollte ich nicht nur ein Mädchen im Bikini spielen."
Basinger heiratete im Oktober 1982 den Kunstmaler Ron Britton und lebte vom Au-

gust 1993 in zweiter Ehe mit Alec Baldwin zusammen, von dem sie inzwischen getrennt ist. Sie liebt Tiere und lebt abwechselnd in Los Angeles, New York und Braselton, Georgia.

Bedi, Kabir
(Gobinda in "Octopussy")

Geboren in Indien als Sohn eines Punjabi-Vaters und einer englischen Mutter. Schon während der College-Zeit interessierte er sich für das Schauspiel und gründete bald seine eigene Produktionsgesellschaft, die Dokumentationen und TV-Werbespots herstellte. Dann übernahm er kleine Rollen und drehte in fünf Jahren 27 Filme. Weltbekannt wurde er als Sandokan in der italienischen TV-Serie "Der Tiger von Malaysia". Es folgten "Der schwarze Pirat", hier spielte er neben Mel Ferrer, "Der Dieb von Bagdad" und "Ashanti" mit Michael Caine, der ihm dann die Bond-Rolle einbrachte. Frühzeitig traf er sich mit John Glen, um den Part zu besprechen. "Obwohl es im Drehbuch einige Anhaltspunkte gab, wie 'Gobinda' zu sein hatte, diskutierten wir, wie er vorgeht. Oft war ich in der Lage, sein düsteres Wesen durch eine simple Geste oder einen ausdruckskräftigen Blick zu vermitteln." Bedi hoffte, daß ihm "Octopussy" soviel einbringen würde wie Omar Sharif "Lawrence von Arabien", was sich aber nicht erfüllte. Außer Auftritten in der TV-Serie "Denver-Clan" war er kaum noch in Filmen zu sehen.

Berry, Halle
(Jinx in "Stirb an einem anderen Tag")

Die am 14. August 1968 in Cleveland, Ohio, geborene Schauspielerin ging im März 2002 in die Filmgeschichte ein, als sie als erste Afroamerikanerin einen Oscar für die beste

Hauptrolle in "Monster's Ball" gewann. Als sie den Film bei der Berlinale vorstellte, sagte sie zu ihrer Rolle als Jinx in bezug auf die Kontroversen, die eine Liebesszene zwischen der Afroamerikanerin Gloria Hendry und Roger Moore 1973 in "Leben und sterben lassen" auslöste: "Es wird eine Liebesszene geben, weil James Bond immer mit vielen Frauen ins Bett geht. Und generell glaube ich, daß das schwarze Publikum solche Dinge inzwischen anders sieht und im Kino anschaut. Heute feiern wir Schwarzen eher, daß wir eine Rolle in diesen Action-Unterhaltungsfilmen spielen. Das war jahrelang nicht der Fall, und ich denke, daß sich für Farbige und ihre Position einiges verändert hat. Daher glaube ich nicht, daß es eine ähnliche Reaktion auf diesen Bond-Film gibt - jedenfalls nicht in Amerika." Die ehemalige Miss Teen All American (1985), Miss Ohio (1986) und zweite der Miss-USA-Wahlen im selben Jahr hatte 1989 in einer TV-Serie ihren ersten Filmauftritt und drehte mit Spike Lee den Spielfilm "Jungle Fever" (1991). Weltweit bekannt wurde sie durch die Action-Filme "X-Men" (2000) und "Paßwort: Swordfish" (2001) neben John Travolta. Die Rolle der Comicfigur Storm aus "X-Men", die das Wetter beeinflussen kann, wird sie auch in der Fortsetzung spielen. Seit einiger Zeit ist Halle Berry bei dem Kosmetikhersteller Revlon unter Vertrag, der Anfang 2002 eine Zusammenarbeit mit MGM und Eon Productions zum Jubiläum der Serie ankündigte. In Anlehnung an den berühmt gewordenen Bikini-Auftritt von Ursula Andress am Strand von Jamaika wurde für Berry eine ähnliche Szene am Strand von La Caleta entwickelt. Darauf angesprochen, was für eine Figur Jinx in dem Film verkörpere, sagte sie: "Ich darf es nicht sagen. Man hat mich gebeten, es geheim zu halten, und das werde ich. Ich habe mit meinem Blut unterschreiben müssen." Brosnan ist angetan von ihr. Auf der Eröffnungspressekonferenz merkte er humorvoll an, daß er sich für den Film "gute Dialoge und Halle Berry als Bond-Girl" wünsche. In einem Interview schwärmte er von ihrem "body ... of work", und das wäre doch ein "lovely body ... of work".

Beswick, Martine
(Zora in "Liebesgrüße aus Moskau" und Paula in "Feuerball")

Mit zwölf Jahren kam sie nach England, mit 16 wollte sie Sekretärin werden, gab aber auf, um als Model zu arbeiten. Als ihre Familie nach Jamaica zurückging, wurde sie Stewardeß. Zwei Tage nach dem Gewinn des "Miss Jamaica"-Titels 1961 flog die 24jährige nach London. Sie wurde in der Modebranche bekannt, kam durch ihren Agenten in Kontakt zu den Bond-Produzenten und sprach für den Erstling als Miss Taro vor. Doch man fand, daß sie einen dramatischeren Auftritt benötigte, und versprach ihr eine Rolle im nächsten Film, vorausgesetzt, sie würde Schauspiel studieren. Sie tat es und wurde dann für zwei 007-Filme engagiert - in "Liebesgrüße aus Moskau" prügelt sie sich als Zigeunermädchen mit Aliza Gur; in "Feuerball" ist sie als Lockvogel Paula zu sehen, die von Largos Männern umgebracht wird. Ihr zweifacher Bond-Einsatz war auch darin begründet, daß Terence Young sie verehrte.
Eine Zeitlang war sie mit John Richardson liiert, der beinahe in Connerys Fußstapfen getreten wäre, aber gegen George Lazenby unterlag. Nach den Bond-Filmen ging sie nach Hollywood, war dort aber nicht sonderlich erfolgreich. Sie drehte einige Horror-Filme und arbeitete als Kellnerin. Ihre letzte Rolle spielte sie in "The Happy Hooker Goes To Hollywood" (1980), danach zog sie sich vom Film zurück.

Daniela Bianchi

Bianchi, Daniela
(Tatiana Romanova in "Liebesgrüße aus Moskau")

Geboren am 31. Januar 1942 als Tochter eines italienischen Obersts. Nach achtjährigem Ballettstudium begann sie eine Karriere als Foto-Model und wurde 1960 "Miss Rom" und "Miss Universum". Für "Liebesgrüße aus Moskau" war sie nicht die erste Wahl, und sie bekam die Rolle auch erst im letzten Moment, da die vorgesehene Kandidatin (deren Name nie bekannt wurde) absagte. Als ihr Regisseur Terence Young die Nachricht überbrachte, brach sie in Freudentränen aus - 200 Mädchen hatten sich um die Rolle beworben. Produzent Cubby Broccoli meinte: "Sie war vollkommen unbekannt, nur ein Model, dessen Fotografie ich entdeckt hatte." Sie selbst sah es damals so: "Ich glaube, daß ich eine talentierte Schauspielerin bin, und Experten stimmen mit mir überein. Die Leute wollen nicht verstehen, daß es für viele Darstellerinnen schwierig ist, Liebesszenen zu drehen. Für mich ist es eine

köstliche Herausforderung." Dem US-Magazin "Look" vertraute sie an: "Im wahren Leben würde sich ein James Bond nicht für mich interessieren, denn ich bin eher schüchtern ... Einigen Freunden erzähle ich gerne etwas über mich, aber zumeist bin ich eher verschlossen, sensibel oder ängstlich und suche nach echten Freunden."

In der Originalfassung des Films war ihre Stimme nicht zu hören; sie wurde von Barbara Jeffoed synchronisiert. Im Anschluß an diesen Bond agierte sie in den Sechzigern noch in einigen wenigen Filmen, so zum Beispiel in der Bond-Parodie "Operation kleiner Bruder" mit Connerys Bruder Neil und Bettszenen-Dialogen wie: "Ihr Bruder war niemals so wie Sie!" Sie übernahm eine Hauptrolle in der US-TV-Serie "Dr. Kildare" und machte Werbung für "Lux"-Seife.

Lange Zeit lebte sie im Fischerdorf Sirolo an der italienischen Adria. 1970 heiratete sie den italienischen Großindustriellen Dr. Alberto Carlo Camelli; sie leben in Genua und Rom und haben einen Sohn.

Blackman, Honor
(Pussy Galore in "Goldfinger")

Die in London geborene Engländerin (je nach Quelle ist 1925, 1926 oder 1927 angegeben) arbeitete während des Krieges zunächst als Telegrammbotin, besuchte dann die Rank School für Nachwuchsschauspielerinnen und wurde als "English Rose" unter Vertrag genommen. Sie spielte in Streifen wie "Fame Is The Spur", "Quartet", "A Boy, a Girl and a Bike", bevor sie als "Cathy Gale" zwei Jahre lang die erste Partnerin von Patrick Macnee in der TV-Serie "Mit Schirm, Charme und Melone" wurde.

"Die Charaktere, die ich vor dem Bond-Film zu spielen hatte, waren spröde, süß, antiseptisch und hatten keinen Sex. Mir wurde noch nicht mal erlaubt, wie eine Frau zu denken. Pussy Galore und 007 wirkten Wunder für mich." Blackman brauchte keine Testaufnahmen, sie sah sich vorab nur die ersten beiden Bond-Filme an und las Flemings Roman. Sie selbst fand ihren Rollennamen - zuerst sollte er in "Kitty Galore" umgetauft werden - "wundervoll", einige Interviewer aber wollten ihn während der Publicity-Tour nicht aussprechen. Auch aus verschiedenen Talk-Shows - wie der von Johnny Carson - wurde er gelöscht. Der Telefonanschluß ihrer Londoner Dachwohnung im Stadtteil Hammersmith hatte eine Zeitlang die Nummer GAL 007.

Im Anschluß an "Goldfinger" bekam sie für eine Hauptrolle in "Der Schuß" bereits 125.000 Dollar Gage, doch spielte sie in der Folge nur noch in wenigen anderen Filmen mit - wie etwa "Jason und die Argonauten". Zweimal drehte sie noch gemeinsam mit Sean Connery. Eine Theatertournee führte sie durch Australien, und gelegentlich trat sie im Londoner Westend (in "The Sound of Music" und "Rose") auf. Die Trägerin des orangefarbenen Gürtels im Judo schrieb ein Buch über Selbstverteidigung und nahm auch eine Platte auf.

Honor Blackman adoptierte zwei Kinder, Barnaby und Lotti. Ihre erste Ehe verlief unglücklich, inzwischen ist sie mit dem Kunsthändler Maurice Kaufmann verheiratet. Sie besaß zeitweilig ein Juweliergeschäft am Kensington Market. 1986 kam sie unfreiwillig in die Schlagzeilen, weil sie von zwei Einbrechern zu Hause überfallen und nackt ans Bett gefesselt wurde. Heute lebt sie zurückgezogen im Londoner Stadtteil Kensington.

Bliss, Caroline
(Miss Moneypenny in "Der Hauch des Todes" und "Lizenz zum Töten")

Die 1961 geborene Engländerin ist die Enkelin des Komponisten Sir Arthur Bliss, der einst am englischen Hof für die Musik gesorgt hatte. Sie studierte zunächst Ballett und Schauspiel an der Bristol Old Vic School, spielte dann bei der National Theatre Company sowie in verschiedenen Filmen.

Am bekanntesten wurde ihre Darstellung der Lady Diana in der TV-Produktion "Charles und Diana, eine königliche Love Story". 1987 übernahm sie von Lois Maxwell die Rolle der Miss Moneypenny, die Timothy Dalton als Bond mit ihrer Barry-Manilow-Platten-Sammlung zu becircen versucht.

Bond, Samantha
(Miss Moneypenny in allen Bond-Filmen seit "GoldenEye")

"Schon von klein auf wurde ich auf meinen Nachnamen angesprochen, aber ich heiße tatsächlich so. Seitdem ich in den Bond-Filmen mitspiele, sind die Scherze verstummt." So äußerte sich Samantha Bond, Nachfolgerin von Lois Maxwell und Caroline Bliss in der Rolle der Miss Moneypenny, in mehreren Interviews. Die Engländerin ist vor allem britischen Theaterbesuchern und Fernsehzuschauern ein Begriff, mehrfach spielte sie mit Judi Dench zusammen. Samantha Bond ist Mitglied der Royal Shakespeare Company und stand in Coventry, Edinburgh, Derby, Bristol und London auf der Bühne. Außer in den 007-Abenteuern wirkte sie in der Komödie "Erik der Wikinger" mit. Ab und zu arbeitet Samantha Bond für britische Hörfunksender.

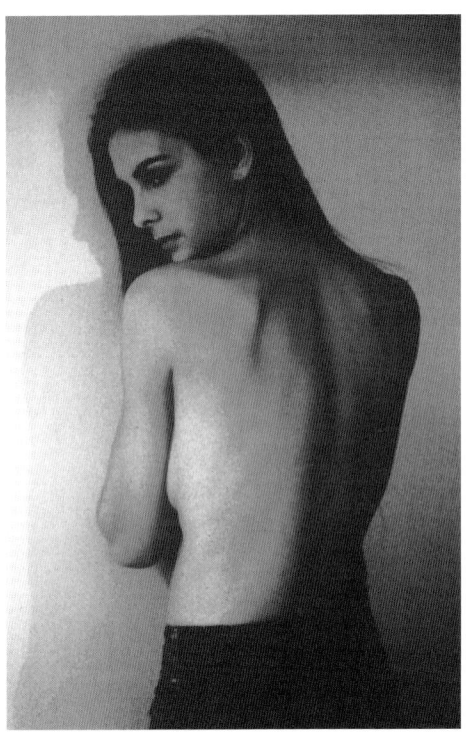

Carole Bouquet

Bouquet, Carole
(Melina Havelock in "In tödlicher Mission")

Geboren 1957 in Paris, begann sie ihre Karriere mit Modefotos und spielte in nur wenigen, ausgewählten Filmen - zum Beispiel 1977 in Luis Buñuels "Dies obskure Objekt der Begierde" oder in Werner Schroeters "Tag der Idioten" (1981).

Zu 007 sagte sie: "Ich wollte nicht nur ein Bond-Mädchen sein, sondern meine harte Theaterarbeit eine Zeitlang unterbrechen. Ich bin keine Plastikpuppe wie viele der anderen."

Für die Zeitschrift "Premiere" resümierte sie: "Es war eine amüsante Erfahrung, aber ich konnte nicht davon profitieren."

In Frankreich gilt das Chanel-Model als großer Star und wurde mit dem "César" ausgezeichnet. Sie ist Mitarbeiterin der Hilfsorganisation "Enfance et Partage", die sich um mißhandelte Kinder kümmert. Carole Bouquet lebt verheiratet in Paris und hat zwei Kinder.

Brandauer, Klaus Maria
(Maximilian Largo in "Sag niemals nie")

"Dieser Film ist für mich eine Operette, aber ein wichtiger Schritt in meiner Karriere. Gut 500 Millionen Menschen weltweit schauen sich jeden Bond an. Ich wollte Largo als einen normalen Menschen mit normalem Auftreten und normaler Kleidung zeigen. Ich trage sogar ein paar meiner Sachen in dem Film. Largo steht für die europäische Macht und die totale Perversion von Kultur und Geld."

Der am 22. Juni 1944 im steiermärkischen Bad Aussee geborene Österreicher studierte zwei Semester an der Stuttgarter Hochschule

Klaus Maria Brandauer

für Musik und darstellende Kunst. Sein Theaterdebüt gab er 1962 in Tübingen, seit 1972 ist er Ensemblemitglied des Burgtheaters in Wien. In den Siebzigern profilierte sich Brandauer zu einem der bedeutendsten deutschsprachigen Bühnenschauspieler; im Film wurde er weltbekannt durch die Rolle des Hendrik Höfgen in István Szábos "Mephisto" (1981). Vier Jahre später wurde er für seine Leistung in "Jenseits von Afrika" für den Oscar nominiert. Zweimal führte er bereits selbst Regie, zuletzt bei der Thomas-Mann-Adaption von "Mario und der Zauberer" (1994), wo er als diabolischer Magier Cipolla eine Hauptrolle spielt.

Den Part im Bond-Film suchte er sich aus, weil er hoffte, daß im Schatten des großen Sean Connery (der ihn als einen der zehn besten Schauspieler empfindet) "ein bißchen von ihm auf mich abfärbt".

Brown, Robert
("M")

Robert Brown übernahm nach dem Tod von Bernard Lee die Rolle des "M" und spielte sie - beginnend mit "Octopussy" - in vier Bond-Filmen, ehe er in "GoldenEye" durch Judi Dench ersetzt wurde. Brown war auch in den TV-Serien "Winds of War" und "Forgotten Story" zu sehen.

Carlyle, Robert
(Renard in "Die Welt ist nicht genug")

Der am 14. April 1961 in Glasgow geborene Schotte arbeitete zunächst als Maler und Anstreicher. Zum Schauspieler ausgebildet wurde er am Glasgow Art Centre und an der Royal Scottish Academy of Music and Drama. In dem 1991 entstandenen Film "Riff Raff"

von Ken Loach spielte er seine erste Hauptrolle; bekannt wurde er durch Parts in "Trainspotting" und "Ganz oder gar nicht". Carlyle wirkte in zahlreichen Theateraufführungen mit und gründete 1991 sein eigenes Ensemble mit dem Namen "Rain Dog". In "Die Welt ist nicht genug" ist der bekennende Gert-Fröbe- und "Goldfinger"-Fan als Top-Terrorist Renard zu sehen, der dank einer Kugel im Gehirn schmerzunempfindlich ist. Für seine Rolle erhielt der 1,72 Meter große Mann drei Millionen Mark Gage.

"Ich habe die 007-Filme mit meinem Vater in den 60er und 70er Jahren gesehen. Für mich war Sean Connery der einzige schottische Darsteller, der Arbeit hatte und so klang wie ich. Das war fundamental wichtig für mich. Er ist unser und mein Held." Zur Vorbereitung auf seine Rolle sah sich Carlyle im Fernsehen die früheren Filme an und studierte deren Charaktere. Er lebt mit seiner Frau Anastasia Shirley in Glasgow.

Carrera, Barbara
(Fatima Blush in "Sag niemals nie")

Sie wurde 1954 als jüngstes von vier Kindern in Nicaragua geboren und im Alter von zehn Jahren auf die St. Joseph Academy in Memphis, Tennessee, geschickt. Mit 16 ging sie nach New York, wo sie auf der Fifth Avenue von der Designerin Lily Dache entdeckt und gefragt wurde, ob sie es nicht als Model versuchen wolle. Sie trat als Banane in einem Chiquita-Werbespot auf und wurde von der Agentur-Chefin Eileen Ford unter Vertrag genommen, der es gelang, sie auf diversen Titelseiten - zum Beispiel von "Harpers Bazaar" - zu plazieren. Ein Produzent sah sie in einem dieser Magazine und engagierte sie 1975 für eine Rolle in "The Master Gunfighter". Kurz darauf wirkte sie neben Burt Lancaster in "Die Insel

Barbara Carrera

des Dr. Moreau" mit, nahm Schauspielunterricht und machte sich dann mit der Verkörperung tatkräftiger Frauen einen Namen, wie 1980 in "Condorman" als zwielichtige Spionin oder 1982 in "Ich, der Richter" als skrupellose Gangsterin. Da Regisseur Irvin Kershner so enthusiastisch von ihrer Rolle in "Sag niemals nie" schwärmte, "mußte ich einfach zusagen", gestand sie. "Ich habe versucht, Fatima eine neue Dimension von Bösartigkeit zu geben, die über die herkömmliche hinausgeht, denn sie ist mehr als nur eine Attentäterin. Mit der Zeit fand ich sie vibrierend und gefährlich." Sie mußte auch ihre Angst vor Schlangen überwinden, denn die Rolle erforderte es, eine Boa Constrictor zu küssen. Connery bezeichnete sie als ihren "großen Bruder". Schließlich spielte sie so gut, daß sie für den "Golden Globe" nominiert wurde.

Mit 16 heiratete sie den deutschen Baron Hof-

mann, und nach ihrer zweiten Ehe mit dem deutschen Dressman Uwe Harden ist sie nun mit dem griechischen Reederei-Erben Nicholas Mavroleon verheiratet. Gemeinsam mit ihrem Manager Alan David ist sie Inhaberin einer Produktionsfirma.

Celi, Adolfo
(Emilio Largo in "Feuerball")

Geboren am 27. Juli 1922 auf Sizilien. Er begann seine Karriere am Theater und verkörperte in italienischen Filmen seit Ende der 40er Jahre zumeist Bösewichte. Zu Bond kam er per Zufall: "Ich kannte die Filme, hatte aber nie einen der Romane gelesen, bis ich 'Feuerball' ein Jahr vor der Verfilmung während eines Flugs von New York nach Madrid las. Mir gefiel das Buch, und ich dachte, ich könnte die Rolle des Largo spielen. Aber das war absurd, denn ich wußte niemanden, der auch nur irgendeinen Kontakt zur Produktion hatte. 20 Tage später sagte man mir, Mr. Saltzman wünsche mich in Paris zu sprechen." Largo, so Celi, "ist ganz anders als Goldfinger. Er ist nett, weil er kein konventioneller Bösewicht ist. Goldfinger war verrückt, Largo ist je nach Situation charmant, dreckig oder tragisch. Er treibt ein Katz-und-Maus-Spiel mit Bond".

Nach "Feuerball" wurde Celi für weitere internationale Produktionen verpflichtet, oft für größere Rollen als reicher Industrieller oder Drahtzieher einer Verbrecherorganisation. Man engagierte ihn auch als Gastgeber der populären italienischen Musiksendung "canzonissima", fragte aber erst nach, ob er die Augenklappe tragen könne. "Ich war in den entferntesten Winkeln Afrikas und Asiens, wo nichts von der westlichen Welt ankommt, wo keiner Namen wie 'Jesus' oder 'Mohammed' kennt, aber ein jeder kennt James Bond." Adolfo Celi starb am 19. Februar 1986.

Chiles, Lois
(Holly Goodhead in
"Moonraker - Streng geheim")

Die in Alice, Texas, geborene Tochter eines
Ölmagnaten studierte an der Universität von
Texas Geschichte, ging danach an die New
Yorker Finch School und wurde von der Zeit-
schrift "Glamour" entdeckt. Sie arbeitete als
Model für Revlon, Chanel und Clairol und
verliebte sich in Don Henley, den Drummer
der "Eagles".
Die Bond-Rolle bekam sie, weil sie nach den
Dreharbeiten zu "Tod auf dem Nil" während
des Rückflugs zufällig neben dem Regisseur
Lewis Gilbert saß und der sich später an sie erinnerte. In London machte sie einen Screen-
Test und wurde engagiert. Man hatte bereits
für "Der Spion, der mich liebte" an sie gedacht,
jetzt aber, nachdem sie an der New Yorker
Sandy Meisner School Schauspiel studiert
hatte, bekam sie den Part. Zuvor hatte sie
schon in Filmen wie "Cherie Bitter/So wie wir
waren", "Der große Gatsby" und "Coma" mitgewirkt.
"Als man mir meinen Rollennamen sagte,
wußte ich, daß auf keinen Fall meine Seele gefragt war." Die Texanerin glaubt inständig an
die "Macht des Schicksals" und an Meditation;
aufgrund ihrer emanzipierten Einstellung
nannte sie Roger Moore während der Dreharbeiten "Sarah Bernhardt Chiles". Nach Bond
drehte sie kaum noch andere Filme, übernahm aber von 1982 bis 1984 eine Gastrolle
in der TV-Serie "Dallas". Sie lebt in den USA.

Cleese, John
(Q's Nachfolger seit
"Die Welt ist nicht genug")

Dank der Comedy-Truppe "Monty Python",
die 1969 erstmals im britischen Fernsehen zu

sehen war und auch einige Spielfilme drehte,
wurde Cleese weltbekannt. Unvergessen ist
seine Mitwirkung als Autor und Schauspieler
in den beiden Komödien "Ein Fisch namens
Wanda" und "Wilde Kreaturen". Der am 27.
Oktober 1939 in Somerset geborene Brite
wurde 1999 als Q's Assistent in "Die Welt ist
nicht genug" eingeführt. Er erklärte die Funktionen des neuen Dienstwagens und mußte
sich von 007 die Frage gefallen lassen, ob er
nun "R" sei. 2001 gab Cleese bekannt, daß er
für drei weitere Bond-Filme unterschrieben
habe. In "Stirb an einem anderen Tag" soll er
erstmals als "Q" zu sehen sein und damit auch
offiziell den verstorbenen Desmond Llewelyn
ersetzen. Bond-Fans wissen ihn schon länger
zu schätzen: In den Originalfassungen der
Computerspiele "007 Racing" und "Agent Under Fire" ist seine Stimme zu hören. Er selbst
antwortet ironisch, wenn man ihn auf seinen
kurzen Bond-Auftritt anspricht: "Es ist wenig
zu tun, und die Bezahlung ist gut. Was will ich
mehr?"

Coltrane, Robby
(Valentin Zukovsky in "GoldenEye"
und "Die Welt ist nicht genug")

Der am 30. März 1950 in Glasgow als Robbie
McMillan geborene Schotte studierte an der
dortigen School of Art und schloß in Malerei
und Film ab. Er realisierte eine Dokumentation, spielte Theater und begann als Komiker
in Filmen und TV-Serien. Weltbekannt wurde
er durch die Reihe "Für alle Fälle Fitz", in der
er einen Polizeipsychologen spielt. Er wirkte
in Spielfilmen wie "Ein Papst zum Küssen",
"Nonnen auf der Flucht" oder "Absolute Be-
ginners" mit.
Sein Pseudonym ist eine Hommage an den
Jazzmusiker John Coltrane. Der Schauspieler
schätzt seine Rolle als Ex-KGB-Mann Valentin

Maryam d'Abo

Zukovsky, ist großer Oldtimer-Fan und schwärmte bei den Dreharbeiten zu "Golden-Eye" von dem Aston Martin DB 5. Nach eigenen Angaben wollte Barbara Broccoli ihn bereits in früheren Filmen verpflichten, doch kam man aufgrund von Termin- oder Besetzungsgründen nicht zusammen.

d'Abo, Maryam
(Kara in "Der Hauch des Todes")

Die Tochter eines holländischen Vaters und einer russischen Mutter wurde 1961 in London geboren. Ihre Eltern trennten sich, als sie gerade fünf Jahre alt war, sie zog mit ihrer Mutter nach Paris, dann nach Genf, wo sie das Konservatorium besuchte. 1980 kehrte sie nach London zurück, studierte am Drama Centre, spielte vier Jahre Theater und hatte kleinere Filmauftritte, zum Beispiel in "White Nights".
Zum Bond-Film kam sie per Zufall. 1985 bewarb sie sich um die Rolle der russischen Agentin Pola Ivanova, wurde aber abgelehnt, da man sie als zu jung empfand. 1986 absolvierte sie erneut einen Screen-Test mit einem anderen Bond-Kandidaten, doch auch dieses Mal wurde nichts aus einem Engagement. Kurz danach aber entdeckte sie United Artists bei der Vorführung ungeschnittenen Materials des Rolling-Stones-Films "Laughter in the Dark". Da sie kürzere Haare trug und so auch älter wirkte, erschien sie jetzt richtig für die Rolle der Kara. Sie lernte Cello und nahm Reitstunden. Zusätzlich mußte man ihr noch "Sprachunterricht" geben, denn obwohl sie fließend englisch und französisch spricht, wurde jetzt gebrochenes Englisch verlangt. Für das Septemberheft 1987 des "Playboy" posierte sie nackt - mit Augenklappe, weißer Perserkatze und Pistole ("das war nicht einfach, wenn man kaum etwas anhat") oder auf einem Aston Martin liegend ("ein paarmal bin ich runtergefallen"). Bereits mit einer früheren Nacktszene im Horror-Film "Xtro" hatte sie für Aufsehen gesorgt.

Davi, Robert
(Franz Sanchez in "Lizenz zum Töten")

Der 1952 in Astoria, New York, geborene Schauspieler und Opernsänger wurde durch die Darstellung rücksichtsloser Killer - zum Beispiel in "Die Goonies" oder "Der City-Hai" - bekannt. Durch den CBS-Film "Terrorist On Trial" wurde Broccoli auf ihn aufmerksam. Davis Vorbilder waren Gert Fröbes "Goldfinger" und Robert Shaws "Red Grant". Als Vorbereitung auf seine Rolle besuchte er die Antidrogeneinheit in Florida, machte sich mit den Lebensläufen von Drogenbossen wie Escobar und Noriega bekannt und sah sich Filmmaterial an. Er übersetzte, um seinen Akzent zu perfektionieren, das Script ins Spanische und lernte auf diese Weise seine Dialoge, die er dann in englisch sprach. "Wäre Sanchez in

New York geboren, wäre er Donald Trump",
meinte Davi. "Sanchez ist ein existentieller Ni-
hilist und damit sogar Bond vergleichbar -
beide bringen Leute um."

Dench, Judi
("M" seit "GoldenEye")

Die Besetzung von Judi Dench als "M" spielt
auf die aktuellen britischen Verhältnisse an,
denn mit Stella Rimington steht dem Secret
Service eine Frau vor. Nach Aussagen des ehemaligen Premierministers John Mayor sehen
sich die beiden Frauen sogar ähnlich. Die am
9. Dezember 1934 geborene und vielfach ausgezeichnete Darstellerin, die 1970 den Orden
des britischen Empire erhielt und sich seitdem
"Dame" nennen darf, begann ihre Karriere in
den 50er Jahren als Mitwirkende von Theaterstücken am Old Vic in London. Sie führte
mehrfach Regie an Kenneth Branaghs Renaissance Theatre und war in den Filmen "Zimmer
mit Aussicht", "Henry V." und "Mrs. Brown" zu
sehen.
Judi Dench begrüßte, daß ihr Part in den
Bond-Filmen mehr und mehr ausgebaut
wurde: "Zu Anfang hatte ich nur drei, dann
fünf Drehtage. In 'Die Welt ist nicht genug'
sind es schon zwölf ... Es macht sehr viel Spaß,
'M' zu spielen." Für Pierce Brosnan ist die
Szene mit ihr in "GoldenEye" "einer der Höhepunkte des Films". Im März 1999 erhielt Judi
Dench in Los Angeles als beste Nebendarstel-
lerin (Königin Victoria) in dem Film "Shakespeare in Love" einen Oscar.

Dor, Karin
(Helga Brandt in "Man lebt nur zweimal")

Geboren am 22. Februar 1936 in Wiesbaden
als Kätherose Derr. Zum Film kam sie per Zu-

Karin Dor und Sean Connery

fall, nachdem sie mit 16 auf dem Heimweg
von der Schule von einer Produzentin angesprochen worden war. "Ich hatte nie große
Ambitionen, Schauspielerin zu werden, und
mein Vater war auch nicht besonders glücklich darüber. Meine Eltern dachten, es sei zu
unsicher und gewagt." Bekannt wurde sie als
"Miss Krimi" durch zahlreiche Edgar-Wallace-
Filme. Vor ihrem Bond-Engagement hatte sie
bereits in mehr als 40 Filmen mitgewirkt, so
auch in den Winnetou-Streifen des Regisseurs
Harald Reinl, mit dem sie von 1954 bis 1968
verheiratet war. Sie zweifelte etwas, ob sie die
Bond-Rolle annehmen sollte: "Ich weiß nicht,
was die deutschen Kinofans sagen werden,
wenn sie mich als ein Mädchen sehen, das versucht, James Bond umzubringen. Sie mögen
es, wenn man einem Image treu bleibt, und
obwohl ich in vielen Gangsterfilmen mit-
spielte, war ich fast immer das nette
Mädchen." Angeblich hat sie eine Gage von
50.000 Dollar (damals etwa 200.000 DM) erhalten, dreimal soviel, so wollte es die Münchener "AZ" wissen, wie Claudine Auger. Da
die Rolle eine Mindestgröße von 1,75 Meter
verlangte, schlüpfte sie für das Vorstellungs-

gespräch in die Schuhe ihrer Managerin Ruth Killer. Für den Film ließ sie sich die Haare rot färben. Während der Dreharbeiten hätten sowohl Connery als auch der Autor Roald Dahl Annäherungsversuche unternommen und dann - als sie bei ihr abblitzten - das Gerücht in die Welt gesetzt, sie wäre lesbisch. Nach dem Bond-Film spielte sie viel Theater, im Film war sie u.a. in Alfred Hitchcocks "Topas" zu sehen.

Im November 1967 wurde Karin Dor das erste Mal wegen Krebs operiert. Von 1972 bis 1974 war sie mit dem Asbach-Erben Günther Schmuckler verheiratet; heute lebt sie mit dem US-Stuntman George Robotham abwechselnd in München und Los Angeles.

Eaton, Shirley
(Jill Masterson in "Goldfinger")

Die 1936 geborene Engländerin war vor ihrem Drei-Minuten-Auftritt in "Goldfinger" vor allem in kleinen britischen Komödien zu sehen. Sie hoffte, daß die Rolle des "Goldmädchens" (so war sie auf dem Cover des "Life"-Magazins zu sehen) sie auch einem anderen Publikum bekanntmachen würde. "Ich versuche, ernsthaftere und dramatische Rollen zu bekommen. Das 007-Girl war ein Schritt in die richtige Richtung, auch wenn ich sterbe und aussehe wie die Oscar-Statue." Doch der Übergang ins dramatische Fach gelang ihr nicht. Sie drehte in den 60er Jahren noch einige wenige Filme, zum Beispiel "Unter Wasser rund um die Welt", und erhielt für manche Spitzengagen bis zu 165.000 Dollar. Seit 1957 ist sie mit dem Bauunternehmer Colin Lenton-Rome verheiratet, sie haben zwei Söhne. 1968 zog sie sich vom Filmgeschäft zurück, um sich der Familie in Hertfordshire zu widmen.

Eklund, Britt
(Mary Goodnight in "Der Mann mit dem goldenen Colt")

Geboren am 6. Oktober 1942 in Stockholm als Britt-Marie Eklund. Sie begann als Model, drehte mit 15 einen Reklamestreifen für Zahnpasta und nahm Schauspielunterricht, bevor sie 1962 in "Short Is The Summer" beim Film debütierte. Von einem Talentsucher der 20th Century Fox in Rom entdeckt, kam sie nach Hollywood und wurde dort Peter Sellers vorgestellt. Acht Tage später heirateten sie.

Als sie davon hörte, daß der Bond-Film besetzt werden sollte, las sie den Roman und bemühte sich um einen Termin bei Broccoli. Wochen nach dem Gespräch mit ihm mußte sie enttäuscht der Presse entnehmen, daß eine andere Schwedin besetzt worden war. Doch plötzlich lud Broccoli sie wieder ein und schlug ihr den Part der Mary Goodnight vor. "Einen Bond-Film zu drehen", sagte sie später, "ist 30 Prozent Schauspiel und 70 Prozent Publicity." In ihrer Autobiographie "True Britt" schrieb sie, ihre Gage von 40.000 Dollar wäre zwar nicht gerade hoch, alles andere aber sehr generös gewesen. "Ich genoß an allen exotischen Drehorten eine VIP-Behandlung. Du wirst wie Gold behandelt, kommst an die schönsten Plätze der Welt und wohnst in den besten Hotels. Aber der Film hat meiner Karriere nicht geholfen. Die ganze Branche mag die Filme und sieht sie gerne, aber man denkt bei den Mädchen nicht an Schauspielerinnen."

Nach der Ehe mit Peter Sellers war Britt Eklund mit dem US-Plattenproduzenten Lou Adler zusammen, mit dem sie den Sohn Nicolai hat. Gemeinsam besuchten sie noch die Londoner Premiere des Bond-Films, trennten sich aber bald danach, und sie wurde die Geliebte Rod Stewarts, der für sie den Hit "You're in My Heart" schrieb. Zur Zeit ist sie mit Jim

McDonnell von der Popgruppe "Stray Cats" verheiratet. Auf der Leinwand ist sie nur noch sporadisch zu sehen. Eine Zeitlang war sie Gastgeberin einer US-amerikanischen TV-Show; ihr Stück "Mates" wurde im Londoner Westend ein Flop. "Miss Impact", so ihr Spitzname, da sie aufgrund privater Affären häufig in die Schlagzeilen kam, lebt abwechselnd in London und den USA. Von ihrer Tochter Victoria Sellers wurde bekannt, daß sie mit Drogenproblemen zu kämpfen hatte.

Fröbe, Gert
(Goldfinger in "Goldfinger")

Geboren am 25. Februar 1913 in Planitz bei Zwickau. Schon als Schüler trat er als Solo-Violinist auf; nach einer Lehre als Bühnenmaler nahm er Schauspielunterricht bei Erich Ponto. Ab 1939 spielte er vier Jahre lang am Volkstheater in Wien; nach dem Krieg machte er u.a. Kabarett in München. Beim Film fiel er 1948 durch die Hauptrolle des "Otto Normalverbraucher" in Robert A. Stemmles "Berliner Ballade" auf.

Die Rolle als Goldfinger schien wie gemacht für ihn: "Sein Gesicht unter der kurzgeschnittenen roten Haarbürste fiel sofort auf. Es war ein Mondgesicht ohne die Lieblichkeit des Mondscheins. Die sandfarbenen Augenbrauen unter der hohen Stirn überschatteten stahlblaue Augen und blasse, ausgefranste Wimpern. Die Nase, eine fleischige Adlernase zwischen hohen Backenknochen und mehr muskulösen als fetten Wangen. Ein schmaler und dünner, aber schön geschwungener Mund ..." So beschreibt Ian Fleming in seinem Roman das Aussehen Goldfingers. Die Produzenten hatten Fröbe als Kindermörder Schrott - neben Heinz Rühmann - in "Es geschah am hellichten Tag" (1958) gesehen und ihm, nachdem Orson Welles zuviel Geld verlangt

Gert Fröbe als Mr. Goldfinger in dem United Artists Farbfilm "GOLDFINGER"

Gert Fröbe

hatte, das Angebot unterbreitet, nach London zu kommen. Bis dahin waren bereits 15 andere Schauspieler getestet worden. "Meine verstorbene Frau Beate und ich haben uns in London die ersten beiden Bond-Filme angesehen", sagte der gebürtige Sachse, "und dann habe ich gedacht, diese Rolle kann ich nicht spielen. Aber sie hat mir dazu geraten, die Rolle anzunehmen, indem sie sagte, man darf das alles nicht so ernst nehmen, denn diese Filme sind doch als Parodie gedacht. So akzeptierte ich."

Anfangs fragte Fröbe nach einer Gewinnbeteiligung von fünf Prozent anstatt einer Gage, aber es war schnell klar, daß sich die Produzenten nicht darauf einlassen würden. Die Dreharbeiten in England und der Schweiz waren mit allerlei Annehmlichkeiten verbunden. "Man fragte mich, was ich denn so mag, und ich sagte, daß ich gerne zum Fußball gehe.

Also stand jeden Samstag ein Rolls Royce mit Fahrer zur Verfügung, der uns zum besten Spiel des Wochenendes fuhr. Außerdem hat man mir für die Rolle 30 Oberhemden nach Maß geschneidert, ich bekam goldene Manschettenknöpfe und einen goldenen Ring." Das Team liebte ihn; Regisseur Guy Hamilton: "Fröbe ist umwerfend gut. Ein Alptraum. Ein Schreck in der Abendstunde. Und dabei privat ein so gutmütiger Mensch." Goldfinger markierte für Fröbe den Durchbruch zu einer außergewöhnlichen internationalen Karriere. Sein kraftvolles Spiel begeisterte, und es gelang ihm, selbst als Bösewicht gemocht und verehrt zu werden. Auch heute noch gilt er als der beste Bond-Gegner. Damals zollten ihm selbst die eher zurückhaltenden Engländer höchstes Lob: Der "Daily Express" bezeichnete ihn als "Jedermanns Lieblingsschurken", und der "Daily Mirror" sah in ihm "den einzigen Deutschen, der in der Lage ist, England zu erobern". Selbst bei der amerikanischen Fernsehpremiere des Films war das Interesse an ihm noch nicht abgeebbt. Er wurde in die USA eingeladen und tourte durch das ganze Land, um Interviews zu geben. Der Autokonzern General Motors verpflichtete ihn sogar, als "Mr. Goldfinger" Werbung zu machen. Fröbes Kommentar zu seinem überwältigenden Erfolg: "77 Filme habe ich bisher gedreht. Mit dem 78. aber bin ich bis ins letzte Dorf in Haiti bekanntgeworden."

Gert Fröbe starb am 5. September 1988 in München an Krebs.

Gayson, Eunice
(Sylvia Trench in "James Bond - 007 jagt Dr. No" und "Liebesgrüße aus Moskau")

Die am 17. März 1931 geborene Engländerin hatte jeweils kurze Auftritte in den ersten beiden Bond-Filmen und sollte als "running gag"

immer wieder auftauchen: permanent enttäuscht, weil Bond ständig auf Reisen geht, und doch in der Hoffnung, irgendwann einmal Mrs. Bond zu werden. Als Terence Young den dritten Film nicht mehr inszenierte, wurde die Idee verworfen. Dafür gibt es im jüngsten Bond, "GoldenEye", einen Inside-Joke, denn hier ist ihre Tochter Kate kurz mit von der Partie. In einem Interview mit "photoplay" gestand sie: "Ich finde, Bond ist ein idealer Mann, das Idol jeder Frau und jedes Mannes. Deshalb ist auch Sean Connery so erfolgreich. Er hat Härte und Zärtlichkeit, Licht und Schatten in sich."

Im Anschluß an die Bonds hatte sie noch einige Auftritte in britischen TV-Serien, verschwand dann aber völlig aus der Branche. Sie lebt in Surrey, England.

Glover, Julian
(Kristatos in "In tödlicher Mission")

Er wurde 1935 als Sohn zweier prominenter Radiomoderatoren in London geboren. Schon frühzeitig begann er zu spielen, ehe er an der Royal Academy of Dramatic Art studierte. Nach dem Wehrdienst spielte er zunächst vor allem Theater, später verstärkt auch im Film. Glover und Roger Moore sind alte Freunde; sie besuchten dieselbe Schauspielschule und agierten dreimal in der Serie "Simon Templar" zusammen. Der Zeitung "News of the World" verriet er, daß er beinahe selbst mal Bond geworden wäre, als Connery die Serie verließ. An seiner Rolle enttäuschte ihn nur eines: "Ich dachte mir, es wären viele hübsche Mädchen um mich rum, aber leider war Kristatos einer der Bösewichte und überhaupt nicht von schönen Frauen umgeben."

Gray, Charles
**(Henderson in "Man lebt nur zweimal"
und Blofeld in "Diamantenfieber")**

Er wurde 1928 in Bournemouth, Hampshire, geboren, begann als Shakespeare-Interpret an englischen Theatern und gilt als guter Charakterdarsteller. In "Man lebt nur zweimal" tauchte er als japanischer Verbindungsmann Henderson auf, starb früh den Kinotod, kam aber zwei Filme später als Gangster Blofeld zu neuen Ehren. Hier amüsierte er sich vor allem über eine Szene, in der er als Frau getarnt agierte. "In einem Hotelzimmer in Las Vegas trug man mir ein grausiges Make-up auf, dann mußte ich im Kostüm, auf Stöckelschuhen, mit blonder Perücke und einer weißen Siamkatze in den Lift und durch die Hotelhalle wie eine sehr alte Marlene Dietrich. Zu meiner Überraschung reagierte niemand darauf." Weitere Bond-Engagements verdankte er seiner prägnanten Stimme. In "Liebesgrüße aus Moskau" und in "Feuerball" spricht er in der Originalfassung den Chef von S.P.E.C.T.R.E. In "Der Spion der mich liebte" hörte man ihn ebenfalls in der Pyramiden-Szene. Mit einem bemerkenswerten Auftritt ist er auch in der "Rocky Horror Picture Show" zu sehen. Gray starb am 7. März 2000 in London.

Gur, Aliza
(Leila in "Liebesgrüße aus Moskau")

Die ehemalige "Miss Israel" prügelte sich mit Martine Beswick in einem Zigeunerlager um James Bond: "Wir hatten wochenlang Kratzer und Quetschungen. Einen Monat haben wir trainiert und kamen dann an den Drehort. Da das Wetter so schlecht war, mußten wir doch im Studio drehen. Terence Young hat mich ausgewählt, weil er viel von den weiblichen israelischen Soldaten hält."

Hama, Mie
(Kissy Suzuki in "Man lebt nur zweimal")

Die 1942 geborene Vertragsschauspielerin der japanischen Tôhô-Studios genießt in ihrer Heimat großes Ansehen. Zeitweilig galt sie als meistfotografierte Frau des Landes und wurde als "Brigitte Bardot Japans" bezeichnet. Vor ihrer Schauspielerkarriere hatte sie als Busfahrerin in Tokio gearbeitet. Zum Film kam sie nur per Zufall, nachdem sie beim Besuch eines der führenden japanischen Studios angesprochen und gefragt worden war, ob sie nicht spielen wolle. Als man sie dann für die Rolle im Bond auswählte, hatte sie schon in 67 Filmen mitgewirkt.
Nach Aussagen von Regisseur Lewis Gilbert sollte sie erst Aki darstellen und nicht Kissy. "Nachdem sie dann englisch gelernt hatten, wechselten beide komplett ihre Persönlichkeit. Die eine, die viel sprach, sagte kein Wort mehr, und die andere, die nie ein Wort sagte, hörte nicht mehr auf zu reden." Beim Drehen der Schlußsequenz am Fuße des Vulkans bekam sie Probleme mit der großen Hitze, brach zusammen und wurde per Schnellboot und Hubschrauber zurückgebracht.
Im Anschluß an den Bond wirkte sie weiter in vielen japanischen TV-Serien, Filmen und Shows mit. Als sie sich für die "Playboy"-Ausgabe 6/1967 auszog, wurde sie angefeindet, "unvorteilhaft posiert" zu haben. Hama ist verheiratet und hat drei Kinder.

Harris, Cassandra
(Lisl in "In tödlicher Mission")

Die australische Schauspielerin wurde von Sammy Davis jr. entdeckt, als sie am Bühnenausgang des Londoner "Palladium" vorbeiging, wo er gerade auftrat. Popularität erlangte sie durch Rollen in den TV-Filmen "Enemy at the Door" und "Dick Barton". Nach verschiedenen Leinwandauftritten, zum Beispiel in "The Greek Tycoon", "Rough Cut" und "Superman", bekam sie die kleine Rolle im Bond, ärgerte sich aber darüber, daß sie nicht auf den Plakaten erschien. Vor der Liebesszene mit Roger Moore war sie sehr nervös, und als sie es ihm gestand, gab er ihr heimlich Ratschläge.

In der Folge drehte sie nur noch wenige Filme; sie starb Ende 1991 an Krebs.

Hatcher, Teri
(Paris Carver in "Der Morgen stirbt nie")

Die am 8. Dezember 1964 im nordkalifornischen Sunnyvale geborene und dort aufgewachsene Teri Lynn Hatcher absolvierte die örtliche Fremont Highschool und studierte Schauspiel am American Conservatory Theatre. Ihre Karriere begann 1975 mit einem Auftritt in der TV-Show "Saturday Night Live". Weltbekannt wurde sie durch die Darstellung der Lois Lane in der TV-Serie "Superman: Die Abenteuer von Lois und Clark", für die sie auch ein Drehbuch verfaßte.

Teri Hatcher amüsierte sich darüber, daß sie bereits schwanger war, als die Nacktszene mit Pierce Brosnan in "Der Morgen stirbt nie" gedreht wurde - die Crew war darauf bedacht, sie nur von hinten abzulichten. Später beklagte sich die Schauspielerin, daß ihre Rolle gekürzt worden war. Von den ursprünglich 13 Minuten und 24 Sekunden blieben, wie die englische "Times" errechnete, nur knapp zehn Minuten übrig. Regisseur Roger Spottiswoode hatte Teri Hatcher abgelehnt, da er sie als Schauspielerin nicht schätzte, aber Eon bestand auf ihrer Mitwirkung: Für den US-Markt war sie als Publicity-Trägerin wichtig.

Hedison, David
(Felix Leiter in "Leben und sterben lassen" und "Lizenz zum Töten")

Geboren am 20. Mai 1929 in Providence, Rhode Island. Ehemals Vertragsschauspieler der 20th Century Fox, ist er vor allem durch die TV-Serie "Voyage to the Bottom of the Sea" bekanntgeworden.

Als einziger hat er zweimal in der Bond-Serie den Felix Leiter verkörpert. "'Leben und sterben lassen' hat meiner Karriere nicht viel genützt. Ich erhielt wunderbare Fanpost, verschickte meine Autogramme, aber neue Rollen bekam ich nicht." Dennoch akzeptierte er das zweite Angebot, auch wenn er dem US-Magazin "Starlog" gestand, daß es da "nicht viel zu spielen gab. Felix ist ein sehr eindimensionaler Charakter".

Hedison ist ein guter Freund Roger Moores, der ihm immer wieder Engagements verschaffte, so auch für "Sprengkommando Atlantik" und "Das nackte Gesicht".

Hendry, Gloria
(Rosie Carver in "Leben und sterben lassen")

Aus armen Familienverhältnissen in New Jersey stammend, wurde sie 1970 "Miss Afro-America" und bekam daraufhin Rollen in schwarzen Action-Filmen wie "Black Caesar". Im Anschluß an den Part der Doppelagentin im Bond hatte die ehemalige Nachtclub-Sängerin (auch "Playboy"-Bunny) allerdings nur noch wenige Filmauftritte. Inzwischen ist sie Mitglied einer kleineren Schauspielgruppe in Los Angeles.

Holder, Geoffrey
**(Baron Samedi in
"Leben und sterben lassen")**

Geboren 1930 in Port-of-Spain, Trinidad. Bekannter als durch seine Filmrollen wurde er durch Werbespots für alkoholfreie Getränke. Der ehemalige Tänzer der Metropolitan Opera in New York spielte im Bond nicht nur den Baron Samedi, sondern choreographierte auch die Tanzszenen der Voodoo-Zeremonie. Während seiner langen Karriere tanzte er mit seiner Frau Carmen de Lavallade auch im Weißen Haus.

Janssen, Famke
(Xenia Onatopp in "GoldenEye")

1965 in Holland geboren, begann sie als Model und studierte an der Columbia University in New York Literatur und Schauspiel bei Harold Guskin. Ihr Filmdebüt gab sie in "Fathers and Sons" neben Jeff Goldblum, nachdem sie zuvor in verschiedenen TV-Serien wie "Star Trek - The Next Generation" und "Melrose Place" mitgewirkt hatte. Es folgte ein Auftritt in Clive Barkers Horror-Thriller "Lord of Illusions". Ihre Rolle als Killerin genoß sie: "Ich erwürge meine Opfer, indem ich sie zwischen meinen Beinen ersticke. So sterben sie wenigstens mit einem Lächeln im Gesicht."

John, Gottfried
(Ourumov in "GoldenEye")

Geboren 1942 in Berlin, begann er nach Abschluß der Schauspielschule 1963 eine Bühnenlaufbahn, die ihn rasch - vor allem in der Zusammenarbeit mit Hans Neuenfels - zu großen Rollen führte, so zum Beispiel in "Macbeth", "Richard III", "Othello" und "Onkel

Gottfried John

Wanja". 1972 verpflichtete ihn Rainer Werner Fassbinder für die Hauptrolle in der aufsehenerregenden TV-Serie "Acht Stunden sind kein Tag". In der Folge wurde er zu einem der markantesten Fassbinder-Schauspieler, durch Rollen in "Die Ehe der Maria Braun", "Despair - Eine Reise ins Licht", "Lili Marleen" und insbesondere in "Berlin Alexanderplatz". John kannte nur ein paar der älteren Bond-Filme, als er von Regisseur Martin Campbell für die Rolle ausgewählt wurde. "Ourumov ist einer von diesen Betonköpfen, der einfach nicht merkt, daß sich die Zeiten ändern. Zudem wird er von der russischen Mafia unter Druck gesetzt. Ich hoffe, es wird kein Klischee daraus", sagte John zu Drehbeginn in London.

Grace Jones

Johnson, Lynn-Holly
(Bibi in "In tödlicher Mission")

Geboren am 3. Dezember 1958 in Chicago, stand sie mit vier Jahren erstmals auf dem Eis und wurde in der Folge eine professionelle Eisläuferin. Sie trat in Werbespots auf und tourte 1977/78 mit der Gruppe "Ice Capades" durch die Welt. Schon mit zehn spielte sie in einer Aufführung des Stückes "The Miracle Worker" die Rolle der Helen Keller. Ihr Auftritt im Film "Ice Castles" führte dann zum Bond-Engagement. "Bibi ist ein völlig neuer Charakter in den Filmen. Sie ist die erste, die Bond erschreckt."

Fast parallel drehte die Blondine damals in Pinewood den Disney-Film "Watcher in the Woods", wo sie Roger Moore am Set begrüßte, der aber zu dem Zeitpunkt noch nicht wußte, daß sie gemeinsam im nächsten Bond spielen würden. Als sie dann von Broccoli bei einem Essen offiziell vorgestellt wurde, konnte sich Moore nicht an ihre Begegnung erinnern. "Ich fühlte mich wie eine Idiotin", sagte Holly. Ihr zu Ehren nannten einige Medien den Film auch "For Your Ice Only".

Jones, Grace
(May Day in "Im Angesicht des Todes")

Geboren am 19. Mai 1952 in Spanishtown auf Jamaika als drittes von insgesamt sieben Kindern eines Geistlichen. Mit zwölf verließ sie ihre Eltern und ging nach Syracuse, New York, um dort später Spanisch zu studieren. Sie brach jedoch die Ausbildung ab und versuchte sich vergeblich als Model und Schauspielerin. Erst in Paris hatte sie dann zunächst als Model Erfolg, konnte sich in der Folge aber sowohl als Schauspielerin wie auch als Sängerin einen Namen machen. Ihre Alben "Nightclubbing" und "Slave to the Rhythm" wurden Bestseller. Ihr Kinodebüt gab sie 1973 in "Gordon's War". Von Barbara Bach für einen Bond-Film vorgeschlagen, wollte man sie schon in "Octopussy" einsetzen, was aber ihrerseits an einer Konzertreise scheiterte. Als sie 1984 eindrucksvoll neben Schwarzenegger in "Conan, der Barbar" agierte, wurde sie sogleich für Bond engagiert, und man sicherte ihr völlige Kontrolle über Aussehen und Kleidung zu; so durften die Kostüme von ihrer Designerin Azzedina Alaia gestaltet werden. Die aktive Kick-Boxerin, die seit einem Angriff in New York viermal pro Woche trainiert, konnte ihre diesbezüglichen Kenntnisse in den Film einbringen. Auch die Pferdestunts erledigte die gute Reiterin selbst, obwohl man dafür extra ein Stuntgirl engagiert und deren Körper größtenteils schwarz bemalt hatte. Mit Roger Moore kam sie gut aus, es gelang ihr sogar, ihn, der bekannt dafür ist, seine Partnerinnen in Liebesszenen zu ärgern, vorzuführen. Vor der entsprechenden Szene ging sie mit einem Dildo ins Bett, und die ganze Crew lachte über sein entsetztes Gesicht. Mit Walken dagegen gab es Probleme. Als sie sich einen Tag mal unwohl fühlte und ihr Stand-In einsprang, war er sauer und sagte: "Mach das nie wieder!" Nach den ersten Vorführungen des Films fanden Marketingexperten des Verleihs heraus, daß die Zuschauer sie mehr mochten als Roger Moore und Christopher Walken. Die Zeitschrift "Bravo" kürte sie 1985 mit dem "Silbernen Otto".

Ihrer Verbindung mit dem Autor Jean-Paul Goude - er ist der Vater des 1980 geborenen Sohnes Paulo - folgte eine stürmische Beziehung mit Dolph Lundgren. Grace Jones lebt abwechselnd im Coldwater Canyon in Los Angeles und in New York.

Jourdan, Louis
(Kamal Khan in "Octopussy")

Der Sohn eines Hoteliers, geboren als Louis Gendre am 19. Juni 1919 in Marseille, wuchs in Frankreich, England und der Türkei auf, nahm in Paris Schauspielunterricht und bekam mit 20 seine erste Rolle. Während des Zweiten Weltkriegs arbeitete er für die Résistance. 1945 holte ihn der Produzent David O'Selznick nach Hollywood, und Jourdan gab in Hitchcocks "Der Fall Paradin" sein Debüt. Weltbekannt wurde er 1958 als Partner Leslie Carons im Musical "Gigi". Zu seiner Rolle als Prinz Kamal Khan meinte er: "Ich habe noch nie etwas erlebt, was unbequemer wäre, als auf dem Rücken eines Elefanten zu sitzen. Dann hatte ich noch dieses Riesengewehr und mußte damit die Balance halten. So war ich froh, als der Regisseur endlich 'stop' sagte."

Jürgens, Curd
(Stromberg in "Der Spion, der mich liebte")

Geboren am 13. Dezember 1915 in München. Der ehemalige Journalist kam 1935 durch seine erste Frau, Luise Basler, zur Schauspielerei. Bekannt wurde er durch die Hauptrolle in Helmut Käutners "Des Teufels General" (1955). Er wirkte in über 150 Filmen mit; die Bilanz seines Lebens zog er in der Autobiographie "Sechzig Jahre und kein bißchen weise" - ein von ihm gesungenes Lied gleichen Titels wurde zu einem Hit.

Nach Gert Fröbe wurde Jürgens als zweiter deutscher Schauspieler zu Bonds Widersacher: "Ursprünglich war die Rolle für einen Griechen konzipiert, doch dann trat man an mich heran. Mir gefiel die Geschichte, also sagte ich gleich zu. Mir ist natürlich klar, daß ich damit keine Seriosität zurückgewinnen kann, aber es machte ungeheuren Spaß." Später beklagte er sich allerdings, die Rolle hätte zu wenige Möglichkeiten geboten - er hätte "nur Knöpfe zu drücken" gehabt.

Curd Jürgens war fünfmal verheiratet; er starb am 18. Juni 1982 in Wien 66jährig an Herzversagen.

Kiel, Richard
(Beißer in "Der Spion, der mich liebte" und "Moonraker - Streng geheim")

Geboren am 13. September 1939 in Detroit, Michigan. Er wiegt 140 Kilogramm, hat Schuhgröße 56 und verspeist fünf Mahlzeiten am Tag. Die Angaben zu seiner Größe variieren je nach Presse-Artikel zwischen 2,14, 2,18, 2,20, 2,24 und 2,38 Meter. Nach seinen eigenen Auskünften resultiert der enorme Wuchs aus einer "Störung der Hirnanhangdrüse". Mit zwölf Jahren, ihm paßten fast

Richard Kiel

Türumrandung, die Toilette zersplitterte unter ihm, und ein Schreiner mußte ihm aus drei Betten eins zurechtzimmern, das Größe und Gewicht gerecht wurde. Als seine Mutter ihn als Bösewicht sah, sagte sie zu ihm: "Auch du wirst eines Tages mal was Schönes spielen dürfen." Der Erfolg in der Rolle des stummen Mannes war gewaltig, beim Publikum ebenso wie bei den Kritikern, und so durfte er denn auch in "Moonraker" weiterkillen.

Im Rahmen einer Pressetournee für den zweiten Film kam er, dessen Vorfahren aus Deutschland stammen, nach Hamburg und Kiel, er besuchte das Segelschulschiff "Gorch Fock" und trat am 29. September 1981 in der "Rudi-Carrell-Show" auf. Die "Dracula-Gesellschaft" verlieh ihm für seine Darstellung den "Vampir-Oscar".

Kiel ist zum zweiten Mal verheiratet und hat drei Kinder. Er lebt in Covina, einem Vorort von Los Angeles.

schon die Sachen des Vaters, wurde er zum Star eines Basketballteams. Er entschied sich jedoch, Schauspieler zu werden, tourte mit kleinen Truppen und nahm verschiedene Jobs als Vertreter, Techniker, Makler oder Rausschmeißer an, bevor ihn William Conrad (Cannon) für die TV-Serie "Klondike" engagierte. In seinem ersten Spielfilm - "Eageh" (1961) - verkörperte er einen Höhlenmenschen und wurde fortan aufgrund der immensen Statur entsprechend festgelegt. Der 38jährige war bereits in 65 TV-Filmen zu sehen gewesen, als ihn der Anruf von Broccoli erreichte, der ihn in der TV-Serie "Barbary Coast" entdeckt hatte und ihm im Bond 1.500 Dollar Gage pro Drehtag zahlte.

Die Dreharbeiten in Sardinien waren nicht einfach für ihn. Im Hotel Cala di Volpe stieß er am ersten Tag gleich gegen die gläserne

Kitzmiller, John
(Quarrel in "James Bond - 007 jagt Dr. No")

Geboren 1913 in Battle Creek, Michigan. In den letzten Jahren des Zweiten Weltkriegs kam er mit der US-Armee nach Italien, dort wirkte er in über 30 Filmen mit. Für seine Leistung in der jugoslawischen Produktion "Tal des Friedens" erhielt er 1957 in Cannes den Darstellerpreis. Weltbekannt wurde er durch die Hauptrolle in Géza von Radványis Film "Onkel Toms Hütte". Während der Dreharbeiten in Jugoslawien hatte er eine 21jährige Frau namens Duchiska kennengelernt, die er Anfang 1965 heiratete. Zurück in seiner zweiten Heimat Rom, mußte er wegen einer Leberzirrhose ins Krankenhaus, wo er Anfang März 1965 im Alter von 52 Jahren verstarb.

Kotto, Yaphet
(Mr. Big und Kananga in "Leben und sterben lassen")

Geboren am 15. November 1937 in New York City, kam er über einen Freund zum Schauspiel, begann in Nebenrollen an US-Bühnen und wirkte seit 1964 auch in Filmen mit. Das Bond-Angebot kam, nachdem ihn die Produzenten in "Straße zum Jenseits" neben Anthony Quinn gesehen hatten. Er war verwundert und stolz: "Ich dachte, das ist das zweite Mal, daß ich Filmgeschichte schreibe. Vor 'The Liberation of L.B. Jones' (1970) hatte noch nie ein Schwarzer einen Weißen auf der Leinwand umgebracht. Und auch noch nie hatte ein Schwarzer so eine bedeutsame Gangster-Rolle in einem Bond-Film gespielt." Bei den Verhandlungen erkundigte er sich nicht nach der Gage, sondern nach den Credits, und als er erfuhr, daß er ganz oben als einer der Stars genannt werden sollte, akzeptierte er.

Im Anschluß an den Bond sah man ihn zumeist als durchsetzungskräftigen Typen, so zum Beispiel in "Der einsame Job" (1975), "Alien" und "Brubaker" (1979). Kotto lebt nahe Seattle im US-Bundesstaat Washington.

Bernard Lee

Krabbé, Jeroen
(Koskov in "Der Hauch des Todes")

Als Krabbé das Bond-Angebot bekam, zögerte er nicht lange und machte umgehend seine Zusage für "Der Sizilianer" - neben Christopher Lambert - rückgängig. "Ich wollte einmal in meinem Leben Teil des James-Bond-Zirkus sein, denn das sind die Rolls Royce unter den Produktionen, und man wird wie ein König behandelt."

Wie Vater und Großvater wollte er eigentlich Maler werden, ehe er abrupt seine Meinung änderte und mit 17 - als bis dato jüngster Student - an der Amsterdamer Akademie der darstellenden Kunst aufgenommen wurde. Nach seinem Abschluß 1965 arbeitete er bei verschiedenen Repertoire-Theatern, wurde Gastgeber einer Radio- und TV-Sendung. Mit dem Thriller "Der vierte Mann" gelang ihm der internationale Durchbruch.

In seiner Freizeit malt er; aus den Skizzen während der Bond-Dreharbeiten in Marokko entstanden später fast 50 Ölgemälde.

Lee, Bernard
("M" in elf Bond-Filmen)

Seine Darstellung von Bonds Chef wurde so populär, daß auch andere Agenten Vorgesetzte bekamen, die ihm ähnelten, so zum Beispiel Trevor Howard - als Col. Mostyn der Boß von Boysie Oakes in "L - der Lautlose" - oder John Le Mesurier - als Col. MacGilvray der

Boß von Dr. Jason Love in "Where the Spies Are".

Der am 10. Januar 1908 in London geborene Lee sah seinen Bond-Einsatz mit gemischten Gefühlen: "Einerseits hat mich 'M' andere Rollen gekostet, weil ich so festgelegt wurde, andererseits war es gut, immer zu tun zu haben. Sogar in Venedig oder Rom wurde ich von Touristen erkannt und um ein gemeinsames Foto gebeten."

Lee begann als Obstverkäufer in Southampton und wollte ursprünglich Fußballspieler werden. Seinen ersten Bühnenauftritt hatte er 1914 an der Seite seines Vaters in einem kleinen Sketch an der Oxford Music Hall in London. Der Vater animierte ihn, Schauspieler zu werden, und so stellte sich Lee an der Royal Academy of Dramatic Art in London vor und wurde angenommen. Er spielte zunächst Theater und wirkte ab 1935 in über 100 Filmen mit. Einen Bond-Roman hat er nie gelesen. Sean Connery: "Er hatte ein wettergegerbtes Äußeres und ein weiches Herz. Er war ein feiner Schauspieler und Gentleman, ein bißchen so wie der mürrische 'M', den er spielte."

Bernard Lee starb am 17. Januar 1981 im Alter von 73 Jahren in London an Krebs.

Lee, Christopher
**(Scaramanga in
"Der Mann mit dem goldenen Colt")**

Geboren am 27. Mai 1922 in London als Sohn eines Schauspielers. Er debütierte Ende der 40er Jahre beim Film und wurde vor allem durch die Verkörperung des Grafen Dracula bekannt. Mitte der 60er Jahre war er häufig in deutschen Kriminalfilmen - wie der Edgar-Wallace- oder der Dr.-Fu-Man-Chu-Serie - zu sehen.

Von seinem Stiefcousin Ian Fleming wurde der 1,95 Meter große Lee gefragt, ob er nicht Dr. No spielen wolle, doch kam er damals nicht zum Zug, da bereits Joseph Wiseman von den Produzenten verpflichtet worden war. "Die Bösewichte", so Lee, "sind viel interessanter als Bond selbst. 'Golden Colt' war einer der wenigen Filme, in denen die Schauspieler nicht total von den mechanischen Tricks überrollt wurden. So konnte ich aus Scaramanga einen wirklichen Charakter machen. Im Buch war er ein sehr zielgerichteter Krimineller; ich habe versucht, ihn charmanter zu gestalten."

Lenya, Lotte
(Rosa Klebb in "Liebesgrüße aus Moskau")

Geboren am 18. Oktober 1900 als Karoline Blamauer im Wiener Bezirk Penzing (Hitzing), hatte sie - aufgrund des zerrütteten Elternhauses - eine schwere Kindheit. Sie ging nach Berlin, traf dort den Komponisten Kurt Weill, den sie 1926 heiratete. Bekannt wurde sie zwei Jahre später als "Seeräuber-Jenny" in Brechts "Dreigroschenoper". Als Weill 1950 starb, setzte sie sich weiter für seine Musik ein. Sie heiratete den Literaten George Davis, der 1957 einer Herzattacke erlag. Mit 64 ehelichte sie einen 37jährigen Maler, der sieben Jahre später an seinem Alkoholkonsum zugrunde ging. Mit 72 heiratete sie ein weiteres Mal und ließ sich zwei Jahre darauf wieder scheiden.

In über 1.000 Vorstellungen hat sie im Musical "Cabaret" das Fräulein Schneider gespielt. Am 27. November 1981 starb Lotte Lenya in New York an Krebs. 1980 erschien die kontrovers aufgenommene Biographie "Lenya. A Life" von Donald Spoto.

Die Rolle der Russin Rosa Klebb brachte ihr weltweit großartige Kritiken ein. In "Newsweek" hieß es zum Beispiel: "Lenya agiert mit hinreißender Bosheit in einer Rolle, die uns an jene Zeiten zurückdenken läßt, da unsere Schuldirektorin oder unsere Mutter wütend auf uns war, weil wir uns nicht anständig benommen haben ... Sie ist das alptraumhafte Gegenteil all dessen, was man sich unter tröstlich, feminin, mitmenschlich und beschützend vorstellt."

Llewelyn, Desmond
("Q" in 15 Bond-Filmen)

Geboren 1914 im englischen Newport, Monmouthshire, wurde er in Radley ausgebildet und begann bei Repertoire-Theatern. Sein Filmdebüt gab er 1930 als Geist in der Komödie "Ask A Policeman". Im Zweiten Weltkrieg diente er bei den "Royal Welsh Fusiliers" und wurde in Frankreich gefangengenommen. Während seiner fünfjährigen Internierung in Deutschland spielte er im Lager in mit anderen Häftlingen selbstproduzierten Stücken. Nach dem Krieg wechselte er immer wieder zwischen Theater, Film und Fernsehen.

Als Bonds Waffenmeister "Q" gibt er zu, von Technik überhaupt keine Ahnung zu haben, "nicht einmal einen Videorecorder richtig bedienen zu können". "Es ist sehr schön, als 'Q' akzeptiert zu sein, aber leider bin ich so auch sehr festgelegt worden. Als ich auf einer Publicity-Tournee in Puerto Rico war, hat man mich für einen Erfinder gehalten und war ganz enttäuscht, daß ich nur Schauspieler bin."

Neben den Bonds war Llewelyn auch in "They Were Not Divided", "Die Abenteuer von Moll Flanders" und "Tschitti Tschitti Bäng Bäng" zu sehen, erhielt darüber hinaus aber kaum andere Engagements. Im Sommer 1999 stand Llewelyn für die Sat1-TV-Produktion "Error 2000" in Berlin vor der Kamera. Ende des Jahres erschien seine gemeinsam mit Sandy Hernu verfaßte Biographie "Q: The Life of Desmond Llewelyn". Er starb am 19. Dezem-

Desmond Llewelyn

ber 1999 bei einem Verkehrsunfall im englischen Firle in East Sussex auf der Fahrt nach Hause, nachdem er das Buch bei einem Promotions-Auftritt signiert hatte. "Stirb an einem anderen Tag" soll ihm gewidmet werden.

Lonsdale, Michael
(Hugo Drax in
"Moonraker - Streng geheim")

Lonsdale, der am 24. Mai 1931 in Paris geboren wurde, trat in Kindersendungen in Marokko auf, ehe er 1947 mit seinen Eltern wieder nach Paris kam. Seine Liebe zur Malerei führte bald zu Ausstellungen in bekannten Galerien. Nach dem Besuch der Schauspielschule widmete er sich der darstellenden Kunst und nahm zuerst Bühnenengagements an. Sein Filmdebüt erfolgte 1956.

Die Rolle des Hugo Drax hatte man zunächst James Mason angeboten, doch der lehnte ab. Margot Capelier, eine in Frankreich bekannte Casting-Direktorin, erwähnte dann Lonsdale. "Vielleicht hatte Roger Moore mich auch noch in Erinnerung", sagte der Franzose, "denn eines Tages kam er am Set zu mir und gratulierte mir zu meiner Darstellung in 'Der Schakal'. Ursprünglich sollte er dort nämlich die Hauptrolle spielen." Für ihn, so Lonsdale, sei die Rolle im Vergleich zu den vielen Ministern und Präsidenten eine willkommene Abwechslung gewesen. "Ich habe die ersten drei 007-Filme gesehen, fand sie aber nicht gerade amüsant. Als man mir Drax anbot, frischte ich meine Kenntnisse auf, sah mir 'Der Spion, der mich liebte' an und fand ihn sehr gut. Das einzige, was mir an meiner Rolle nicht gefiel, war der Bart."

Lord, Jack
(Felix Leiter in "James Bond - 007 jagt Dr. No")

Geboren am 30. Dezember 1930 im New Yorker Stadtteil Brooklyn. Zunächst fuhr er zur See, verdiente sich als Autoverkäufer das Geld für den Schauspielunterricht und erhielt ein Stipendium für Kunstgeschichte. Danach spielte er am Broadway in "The Travelling Lady", wurde mit dem "Theatre World Award" ausgezeichnet, von Otto Preminger nach Hollywood geholt und neben Gary Cooper in "Man of the West" besetzt. Populär wurde er vor allem durch die Rolle des Detektivs Steve McGarrett in der TV-Serie "Hawaii-Fünf-Null", die ab 1968 produziert und in 35 Ländern ausgestrahlt wurde. Insgesamt wirkte er aber in kaum mehr als zehn Filmen mit. Nach "Dr. No" wollte man Lord auch für "Feuerball" verpflichten, was aber daran scheiterte, daß er in den Credits seinen Namen prominenter herausgehoben wissen wollte und viel Geld verlangte.
Über seine Lieblingsinsel, auf der er auch wohnt, veröffentlichte er ein Buch mit dem Titel "Jack Lord's Hawaii. Eine Reise durch das letzte Eden". Seit dem 17. Januar 1949 ist er

mit der Modeschöpferin Marie de Narde verheiratet. Jack Lord starb am 21. Januar 1998 auf Hawaii an Herzversagen.

Lowell, Cary
(Pam Bouvier in "Lizenz zum Töten")

Geboren am 11. Februar 1961 in New York. Da der Vater als Geologe arbeitete, mußte die Familie mehrfach umziehen: von Libyen nach Holland, von dort nach Texas und schließlich nach Morrison, Colorado. In der High-School wurde ein Talentsucher der Agentur "Ford Models" auf sie aufmerksam, und noch während des Studiums an der Universität von Colorado erschien ihr Gesicht auf dem Cover des "Glamour"-Magazins. Sie warb für Oil of Olaz, Ralph Lauren und Calvin Klein. Von der Agentur "Click" dem Produzenten Michael Shamberg empfohlen, gab der ihr im Film "Club Paradise" eine Rolle. Nach zwei billigen Cannon-Produktionen bekam sie zunächst die Hauptrolle in Doris Dörries "Ich und Er", anschließend die der Pam im Bond. "Bevor ich zusagte, habe ich mich gefragt: Werde ich als Bond-Girl abgestempelt, sehe ich mich in einer Gruppe von blonden Dummchen, oder sollte ich lieber anonym bleiben?" Sie nahm an, weil sie in der Figur mehrere Facetten ausmachen konnte und ihr das selbstbewußte Handeln der Frau entgegenkam. Später studierte sie Literatur in New York, heiratete Richard Gere und wurde zum zweiten Mal Mutter. Nach der Tochter Hannah aus ihrer ersten Ehe mit dem Schauspieler Griffin Dunne, mit dem sie "Ich und er" drehte, brachte sie im Februar 2000 in New York Sohn Homer James zur Welt.

Macnee, Patrick
(Tibbett in "Im Angesicht des Todes")

Geboren am 6. Februar 1922 in London. Durch seine Darstellung des John Steed in der TV-Serie "Mit Schirm, Charme und Melone" - 161 Episoden, die von März 1961 bis September 1969 und dann noch eine Saison als "The New Avengers" liefen - wurde er so bekannt, daß er jahrelang keine anderen Rollen bekam. Als Albert Broccoli Honor Blackman aus der ersten Staffel der Serie herauskaufte, zeigte sich Macnee sehr verärgert und griff den Produzenten an. Als er dann für den Bond besetzt werden sollte, war er sich nicht sicher, ob Broccoli nachtragend wäre, aber der gab ihm den Part. "Roger Moore hat mich für die Rolle vorgeschlagen, und am Ende werde ich ermordet - wie alle guten Schauspieler in den Bond-Filmen."

Mallet, Tania
(Tilly Masterson in "Goldfinger")

Vor ihrem Filmdebüt in "Goldfinger" war sie Titelmädchen von "Vogue" und "Harpers Bazaar". Ihr wurde damals die seltene Ehre zuteil, das allererste Ford Mustang Cabriolet in Europa zu fahren. Die Dreharbeiten haßte sie: "Ich fühlte mich den Filmemachern total ausgeliefert. Ich durfte nicht mal reiten, weil sie Angst hatten, daß ich mir ein Bein breche. Sie riefen mich an, schickten mir ein Kleid und sagten mir, auf welcher Premiere ich zu erscheinen hätte." Nach dem Bond lehnte sie weitere Filmangebote ab, arbeitete aber noch sporadisch als Model.
Sie ist zum zweiten Mal verheiratet, ihr Mann, ein Spielzeugfabrikant, brachte drei Kinder mit in die Ehe.

Marceau, Sophie
(Elektra King in "Die Welt ist nicht genug")

Die am 17. November 1966 in Paris geborene Französin gab erst 1995 mit dem Abenteuer-Epos "Braveheart" an der Seite von Mel Gibson ihr amerikanisches Filmdebüt. Sie wurde durch die Teenagerkomödien "La Boum" und "La Boum 2" in ihrer Heimat bekannt und erhielt einen "César" für ihre darstellerische Leistung im zweiten Teil. Abenteuer- und Action-Filme wie "Fort Saganne", "Fröhliche Ostern" (neben Jean-Paul Belmondo) sowie Dramen wie "Verborgenes Feuer" oder "Anna Karenina" folgten.
"Elektra hat große Macht, eine reiche Familie, eine gewisse Sanftheit und Weiblichkeit. So wie Frauen eben sind", äußerte Sophie Marceau während der Dreharbeiten zu "Die Welt ist nicht genug". Sie lebt mit dem polnischen Regisseur Andrzej Zulawski und einer gemeinsamen Tochter in Paris. Nach ihrer Trennung ging sie eine neue Beziehung mit dem amerikanischen Produzenten Jim Lemley ein und brachte im Juni 2002 eine Tochter zur Welt.

Maxwell, Lois
("Miss Moneypenny" in 14 Bond-Filmen)

Geboren am 14. Februar 1927 im kanadischen Kitchener, Ontario. Mit 15 rannte sie von zu Hause weg, ging in die kanadische Armee und wirkte an Tourneetheatern bei deren Auftritten in Europa mit.
1943 kam sie nach England und besuchte ein Jahr später gemeinsam mit Roger Moore die Royal Academy of Dramatic Art in London. 1947 wechselte sie nach Hollywood und spielte in "That Hagen Girl" mit; von ihrem Partner Ronald Reagan war sie überwältigt. Anschließend drehte sie in England und Ita-

Lois Maxwell

lien. Während eines Flugs nach Paris saß sie zufällig neben Peter Marriott, dem Assistenten von Douglas Fairbanks jr., den sie 1957 heiratete. Sie hörte auf zu spielen und bekam zwei Kinder, Christian und Melinda. Ehemann Peter absolvierte sogar einen Screen-Test als Dr. No. Als er dann schwer erkrankte, bemühte sie sich um irgendein Engagement bei Bond. Man bot ihr an, entweder die Rolle der Sylvia oder die der Sekretärin zu spielen, und da sie sich nicht vorstellen konnte, in einem Pyjama Golfbälle zu schlagen, wurde sie Miss Moneypenny. Regisseur Terence Young: "Dein Problem ist, daß du aussiehst, als würdest du nach Seife riechen. Die Frauen, die ich für Hauptrollen auswähle, sehen aus, als würden sie nach Sex riechen."

Also verkörperte sie in 14 Filmen eine stille, schmachtende Frau, die heimlich in Bond verliebt ist, ihn aber nie zu binden versuchen würde. "Die Film-Beziehung zwischen Moneypenny und Bond findet man so nicht in den Büchern wieder. Terence Young, Connery und ich haben sie uns vor dem Dreh des ersten Films erarbeitet. Fleming sagte zu mir, daß

ich die perfekte Moneypenny wäre. Nicht wegen meiner Erscheinung, Effizienz oder Stimme, sondern wegen der begehrenswertesten Lippen, die er je gesehen hätte. Moneypenny besitzt eben doch so etwas wie Sexualität."

Auf der Abschlußparty zum ersten Bond versprach ihr Fleming, in einem der nächsten Bücher "007 in so eine gefährliche Situation zu bringen, daß nur Moneypenny ihm helfen kann", doch daraus wurde nichts, da Fleming bald darauf starb. So blieb es bei den Kurzauftritten, für die sie anfangs sogar eigene Garderobe trug. Bei "Octopussy" wurde ihr die Assistentin Penelope Smallbone zugesellt, und bei den Bond-Filmen mit Dalton trat Caroline Bliss an ihre Stelle. "Es wäre lächerlich, wenn ich einen 36 Jahre alten Bond anhimmeln würde", so ihr Kommentar.

Nachdem ihr Mann 1973 infolge eines Herzanfalls gestorben war und sie mit den Einkünften aus den Filmen - jeweils nur ein oder zwei Drehtage - nicht überleben konnte, zog sie wieder in ihre Heimat Kanada. Sie wurde Chefin einer Firma und schrieb zudem als langjährige Kolumnistin der "Toronto Sun" die dreimal wöchentlich erscheinende Rubrik "Moneypenny". Auf die immer wiederkehrende Frage, welchen Darsteller sie denn nun persönlich bevorzuge, antwortete sie stets mit einem Grinsen: "Ich würde Roger als Ehemann vorziehen, aber Sean als Liebhaber."

Mitsouko
(Französische Gehilfin in "Feuerball")

Maryse Guy Mitsouko, so ihr eigentlicher Name, begann als Tänzerin und Model. 1962 machte sie von sich reden, als sie kurzzeitig mit dem Gangster Pierre Larcher befreundet war, der 1960 den vier Jahre alten Eric Peugeot entführt hatte. Eine Zeitlang verdiente sie ihr

Geld mit Striptease. Zur Bond-Rolle kam sie per Zufall. Sie wollte Vittorio de Sica in Paris treffen, irrte sich aber in der Tür und stieß im Büro von United Artists auf Terence Young, der in einer Zeitschrift bereits ein Nacktfoto von ihr entdeckt hatte. Auch nach "Feuerball" posierte sie noch gelegentlich als Aktmodel und wurde in Herrenmagazinen als "Secret Agent 0039-24-39" bezeichnet.

Munro, Caroline
(Naomi in "Der Spion, der mich liebte")

Die in Rottingdean, einer Kleinstadt nahe Brighton, geborene ehemalige Klosterschülerin wollte Malerin werden, schlug dann aber eine andere Richtung ein, als ihre Mutter für den Wettbewerb "Gesicht des Jahres" ihr Foto eingesandt und sie gewonnen hatte. Sie schrieb sich in Mucy Clayton's Modelling School ein und kam durch den Fotografen David Bailey zu einem Titelfoto in der britischen "Vogue". Danach zog sie mit ihren Eltern nach London, arbeitete als Model und nahm kleine Jobs in Werbespots an. Vor der 007-Rolle hatte sie bereits einen Kurzauftritt neben Woody Allen in der Bond-Parodie "Casino Royale". Den Part der "Ursa" in "Superman" lehnte sie zugunsten der "Naomi" ab: "Es war eine angenehme Unterbrechung für mich, einen Hauch des Bösen zu geben, nachdem ich vorab so viele süße Dinger spielen mußte. Durch Rogers nie endenden Humor gab es immer gute Stimmung am Set, auch wenn wir zwei Wochen wegen schlechten Wetters in Sardinien festsaßen. Für mich war das Ganze eine schöne Zeit."
Im Anschluß drehte sie einige Science-Fiction- und Horrorfilme und galt bald als Genre-Star. Angebote, sich vom "Playboy" für 40.000 Mark nackt fotografieren zu lassen, lehnte sie ab. 1986 nahm sie mit Gary Numan eine Platte

auf. Zuvor hatte sie bereits mit ihrem ersten Mann, dem Filmproduzenten Judd Hamilton (von dem sie sich 1987 scheiden ließ), das Album "Love Songs" veröffentlicht. Sie drehte außerdem Musikvideos mit Meat Loaf und Adam Ant. Seit 1990 ist sie mit dem Produzenten George Dingdale verheiratet und lebt in den USA.

Otto, Götz
(Stamper in "Der Morgen stirbt nie")

Der 1,99 Meter große Bäckerssohn aus Dietzenbach bei Frankfurt war Ruderer, bevor er sich der Schauspielerei zuwandte. Vor seinem Bond-Film-Engagement war er in der Sönke-Wortmann-Komödie "Kleine Haie", "Schindlers Liste" von Steven Spielberg oder Filmen wie "Nur über meine Leiche" und "Nach fünf im Urwald" zu sehen.
Beim Casting für "Der Morgen stirbt nie" in London überraschte Götz Otto Co-Produzentin Barbara Broccoli mit dem einprägsamen Satz: "I'm big, I'm bold, I'm German", was soviel heißt wie: "Ich bin groß, forsch und deutsch". Für den Film mußte sich Otto die Haare blond färben lassen. In der Szene, in der Stamper die Überlebenden des Schiffsunglücks erschießt, wollte er "Alle meine Entchen" singen, doch Regisseur Spottiswoode befürchtete, das Lied würde nicht überall verstanden. In einem früheren Drehbuch-Entwurf war für die Figur ein anderer Tod vorgesehen: Sie wurde in einer Druckerpresse zerquetscht. Bonds Kommentar: "Bad news!"

Paluzzi, Luciana
(Fiona in "Feuerball")

Geboren am 10. Juni 1939 in Rom. Sie begann als Model und gab mit "Drei Münzen im Brunnen" ihr Filmdebüt. Zu ihrer Rolle im Bond sagte sie: "Fiona ist eine Frau, an die man sich garantiert erinnert. Mit einem explosiven Motorrad und mehreren Versuchen, 007 zu töten, gibt es für mich keinen ruhigen Moment im ganzen Film - es war meine beste Rolle. Bei Bond aufzutreten ist so, als ob man vier, fünf Jahre Arbeit in einem Jahr erledigt. Es ist eine besondere Art von Magie um diese Filme, die die Frauen in seinen Armen zu Halbgöttinnen werden läßt. Auch 16 Jahre später haben mich die Leute noch auf der Straße angesprochen und mir gesagt, daß sie mich aus 'Feuerball' kennen."

Sie war - vor Heidi Brühl - mit dem Schauspieler Brett Halsey verheiratet. Während der Interviews am Drehort bat sie Reporter, ihren damals vierjährigen Sohn Christian nicht zu erwähnen, da das ihrem Image abträglich wäre. Im Anschluß an den Bond drehte sie nur noch wenige italienische Filme und zog sich dann aus dem Geschäft zurück.

Peters, Mollie
(Patricia in "Feuerball")

Die ehemalige Textilverkäuferin stammt aus dem kleinen Ort Walsham-Lee-Willow in der englischen Grafschaft Suffolk und kam durch Empfehlungen von Freunden dazu, es als Model zu versuchen. Es folgten Statistenjobs und zwei kleine Nebenrollen. Beim Bond-Dreh war sie ob der großen Liebesszene mit Connery so aufgeregt, daß sie vor den Kameras zusammenbrach und anfing zu weinen. Mollie war das erste Bond-Girl, das schemenhaft nackt zu sehen war. Für die Rolle ließ sich die Brünette das Haar blond färben. "Zu den Aufnahmen kamen die Männer von überallher, nur um zuzuschauen - als wenn sie noch nie eine nackte Frau gesehen hätten." James Bond, so meinte sie, würde sie nicht geschenkt

haben wollen. "Ich frage Sie: Welche Frau käme gerne an zweiter Stelle hinter einem schießenden Aston Martin?"

Noch während der Dreharbeiten heiratete sie den Polizisten Cliff Winter - heimlich, damit er nicht so ins Licht der Öffentlichkeit gezerrt würde. Bald darauf zog sie sich aus der Branche zurück.

Pike, Rosamund
(Miranda Frost in
"Stirb an einem anderen Tag")

Sie spricht französisch und deutsch, spielt Klavier und Cello und kam über das Theater in Oxford und Fernseharbeiten bei der BBC zum Spielfilm. Geboren wurde die Engländerin am 27. Januar 1979 in London. Nach fünf Engagements in Fernsehfilmen und Mini-Serien ist der neue Bond-Film ihr Kinodebüt. Ihr ursprünglicher Rollenname Gala Brand, der dem Roman "Moonraker" entlehnt ist, wurde später durch Miranda Frost ersetzt. Pike spielt eine MI-6-Agentin, die sich Bond anpassen soll, aber seine Methoden verabscheut. Das Drehbuch beschreibt ihre Rolle als "Top-Sportlerin", die über Fähigkeiten verfügt, mit denen sie Bond überlegen ist.

Pleasance, Donald
(Blofeld in "Man lebt nur zweimal")

Geboren am 5. Oktober 1919 in Worksop, England. 1939 trat er erstmals an einem Theater auf; nach dem Kriegsdienst und einem Jahr in deutscher Gefangenschaft wurde er schnell zu einem angesehenen Darsteller in seiner Heimat. 1958 ernannte man ihn zum Schauspieler des Jahres.

Für den Bond war er nur eine Notbesetzung, da der Tscheche Jan Werich aussteigen mußte.

In den 60er Jahren war er so populär, daß man ihn bisweilen in vier Filmen pro Jahr sah. In Erinnerung geblieben sind "Gesprengte Ketten" (1963), "Die phantastische Reise" (1966) oder "Wenn Katelbach kommt" (1966), später folgte noch "Halloween" (1978). Häufig verkörperte er satanische Gangster oder besonders skurrile Typen. Er starb am 2. Februar 1995 in St. Paul de Vence nahe Nizza. Drei seiner fünf Töchter sind ebenfalls Schauspielerinnen.

Pryce, Jonathan
(Elliot Carver in "Der Morgen stirbt nie")

Der am 1. Juni 1947 im nordwalisischen Holywell geborene Engländer studierte Kunstgeschichte und erhielt ein Stipendium für die Royal Academy of Dramatic Art in London. Er schloß sich einer Theatergruppe an, spielte auf diversen Bühnen in England und den USA und begann Ende der 70er Jahre in Filmen mitzuwirken. Weltbekannt wurde er 1984 durch seine Hauptrolle in der Terry-Gilliam-Komödie "Brazil". Es folgten Filme wie "Zeit der Unschuld" oder "Evita", in dem er Juan Peron verkörperte. 1995 erhielt Pryce für seine Leistung in "Carrington" den Darstellerpreis in Cannes. Pryce bestritt, daß seine Rolle sich an einem lebenden Medienmogulen orientiere, und bezeichnete Carver als "Mischung aus mehreren lebenden und toten Personen". "Ich dachte, ich komme herum und habe lauter tolle Frauen um mich", erklärte Pryce 1997 in Cannes, "statt dessen drehte ich nur in England und den Studios - und nur mit Männern. Das war enttäuschend."

Regin, Nadja
("Entzückendes Mädchen" in "Liebesgrüße aus Moskau" und Bonita in "Goldfinger")

Das jugoslawische Fotomodell gehörte zu den wenigen, denen es gelang, in zwei Bond-Filmen aufzutauchen. In "Liebesgrüße aus Moskau" ist sie als Geliebte von Ali Kerim Bey zu sehen; in "Goldfinger" hat sie ganz zu Anfang einen Kurzauftritt als Tänzerin.

Richards, Denise
(Dr. Christmas Jones in "Die Welt ist nicht genug")

Die am 17. Februar 1972 (andere Quellen: 1971) in Downers Grove in Illinois geborene und im Mittleren Westen der USA und in San Diego aufgewachsene Denise Richards begann als Teenie-Magazin- und Katalog-Model. Sie wirkte in TV-Serien mit, gab ihr Filmdebüt in der B-Produktion "Tammy and the T-Rex" und wurde 1997 durch den Film "Starship Troopers" von Paul Verhoeven weltbekannt. Im darauffolgenden Jahr stand sie mit Neve Campbell in dem Thriller "Wild Things" vor der Kamera.

"Ich bin hart, streng, keß und unverschämt", sagte sie dem Magazin "Movieline" über ihre Rolle als Bond-Girl. Sie schwärmte von Regisseur Michael Apted, der sehr "an den Charakteren interessiert" sei. Am 15. Juni 2002 heiratete sie Schauspielkollegen Charlie Sheen in Los Angeles.

Rigg, Diana
(Tracy in
"Im Geheimdienst Ihrer Majestät")

Geboren am 20. Juli 1938 in Doncaster, England. Im Alter von zwei Monaten kam sie nach Indien, da ihr Vater dort eine Stellung annahm. Sie ging auf ein Mädchen-Internat im englischen Pudsey, verlobte sich wenige Tage nach Schulabschluß und wollte heiraten, was ihr gestrenger Vater jedoch untersagte. Sie studierte an der Royal Academy of Dramatic Art und wurde in Stratford-upon-Avon zu einer prominenten Shakespeare-Interpretin. Ab 1965 war sie in 64 Folgen Patrick Macnees Partnerin in "Mit Schirm, Charme und Melone". Danach spielte sie zumeist Theater. An den Bond möchte sie angeblich nicht erinnert werden; akzeptiert hat sie offenbar wegen der guten Gage: geschätzte 400.000 Mark. Zudem wollte sie ihr Sex-Image aufpolieren und hoffte, daß sie die Rolle in den USA bekannter machte. Mehrfach soll sie Krach mit Partner George Lazenby gehabt haben, auch deshalb, weil er vor den Kußszenen Knoblauch aß. Später entpuppte sich die Auseinandersetzung jedoch als Scherz.

Rigg, die sich als exzellente Bühnenschauspielerin etablieren konnte, erhielt eine Reihe von Theaterpreisen, so zum Beispiel 1971 den Tony Award für "Abelard und Heloise" am Broadway. 1975 bekam sie großartige Kritiken für Molières "Misanthrope"; vier Jahre später ernannte sie das US-Magazin "Time" zu Englands bester Schauspielerin. 1982 wurde das Musical "Colette" zu einem Flop in den USA; 1987 dagegen hatte sie mit dem Musical "Follies" großen Erfolg. Im Film war sie in "A Good Man in Africa" neben Sean Connery zu sehen. Sie schrieb auch ein Buch über die gemeinsten Verrisse der Theaterkritiker.

Von 1964 bis 1972 lebte sie mit dem englischen Autor Philip Saville zusammen; 1973 heiratete sie den israelischen Künstler Menahem Gueffen, von dem sie sich 1974 wieder trennte und zwei Jahre später scheiden ließ. 1982 heiratete sie den ehemaligen Offizier der schottischen Garde und Theaterimpresario Archie Stirling. Bereits 1977 wurde ihre gemeinsame Tochter Rachel geboren; das Paar lebt abwechselnd in London und den USA. Im Januar 1999 nahm sie eine Gastprofessur am St. Catherine's College in Oxford an.

Roberts, Tanya
(Stacey Sutton in
"Im Angesicht des Todes")

Geboren am 15. Oktober 1955 in New York City. Das Ex-Model und "Playboy"-Playmate wurde als Julie Rogers in der Serie "Drei Engel für Charlie" bekannt. Mit 17 trat sie in Werbespots auf und spielte in Off-Broadway-Theaterproduktionen. Mit 18 heiratete sie den Autor Barry Roberts. Zu Bond kam sie, nachdem Produzent Broccoli eine Rohfassung des Films "Sheena" gesehen hatte. Er engagierte sie unter der Bedingung, daß sie sich die Haare blond färben läßt. Während des Drehs haute sie Roger Moore, weil der sie bei einer Liebesszene geärgert hatte, eine präparierte Vase über den Kopf.

Rudolph, Claude-Oliver
(Colonel Akakievich in
"Die Welt ist nicht genug")

Der in Bochum geborene Rudolph studierte Psychologie und Philosophie, wurde mehrfacher Meister in verschiedenen Kampfsportdisziplinen und betreibt entsprechende Schulen in München. Dank des Theaterregisseurs Werner Schroeter wurde er bei Filmen ("Das Boot") und Fernsehserien ("Derrick", "Rote

Erde", "Der König von St. Pauli") als Bösewicht besetzt. Er produzierte den Boxer-Film
"Ebbies Bluff" und wurde auf dem Weg zur
Premiere des Kinofilms "Alles nur Tarnung"
1996 verhaftet, weil er geliehenes Equipment
im Wert von 172.000 Mark angeblich nicht
bezahlt hatte. Schon zuvor war er als Schläger
verurteilt worden.

Die Bond-Rolle erhielt er nach einem Casting
in Berlin und London, wo er sich gegen die
Mitbewerber Heinz Hoenig und Michael
Mendl auch dank seines vernarbten Gesichts
durchsetzen konnte. Das Geld für den Flug
nach London hatte er sich von einem Freund
borgen müssen. Nach den Dreharbeiten zeigte
er sich angetan von Pierce Brosnans Beschei-
denheit. Auch wenn die Besetzungsliste des
Films ihn erst als Nr. 14 ausweist, hofft Rudolph auf einen internationalen Schub seiner
Karriere. Seit 1974 ist er mit der Schauspielerin Sabine von Maydell verheiratet, mit der er
in Frankreich lebt und zwei Kinder hat.

Harold Sakata

Sakata, Harold
(Oddjob in "Goldfinger")

Toshiyuki Sakata, so sein eigentlicher Name,
wurde als Sohn japanischer Eltern auf Hawaii
geboren. Schon als kleiner Junge spielte er mit
Bumerangs; später benutzte er Schilfhüte als
Schleuderwaffe. Als Gewichtheber gewann er
bei den Olympischen Spielen 1948 in London
eine Silbermedaille; ab 1950 trat er auch als
Ringer auf. Broccoli und Saltzman engagierten ihn, und Sakata wurde weltberühmt, sogar ins Wachsfigurenkabinett der Madame
Tussaud aufgenommen. Für die Rolle als Oddjob übte er, indem er auf Mädchenbilder an
der Wand zielte. "Den Hut habe ich behalten
und sogar mit ins Bett genommen. Er war
mein Glückssymbol."

Später verdiente er seinen Unterhalt als Cat-
cher, trat als "Great Toto" und "Tosh Togo" unter anderem in der Nürnberger Messehalle auf
und kassierte 1.000 Mark pro Auftritt. Er an-
gelte viel und betrieb einen Massagesalon mit
Sauna auf Hawaii. "Viele Frauen verlangten,
daß ich beim Massieren meinen Bond-Hut
aufsetzte." Sakata machte auch Werbung für
ein Muskeltrainingsgerät, das von der Firma
Bullworker-Service in Düsseldorf vertrieben
wurde. Seinen letzten großen Auftritt hatte er
bei der Oscar-Verleihung zu Ehren der Bond-
Filme 1982 in Los Angeles.

Er starb am 30. Juli 1982 im Alter von 62 Jahren in Honolulu an Krebs.

Savalas, Telly
(Blofeld in
"Im Geheimdienst Ihrer Majestät")

Griechischer Abstammung, wurde er am 21. Januar 1925 als Aristoteles Savalas in Garden City, New York, geboren. Zunächst arbeitete er für die Fernsehgesellschaft ABC und wurde Direktor der Nachrichtenabteilung. Seiner Obhut unterlag auch die Sendereihe "Your Voice of America", die ihm einen Peabody Award einbrachte. Das Debüt als Schauspieler gab er 1960 in "Die jungen Wilden". Für seine Darstellung in "Der Gefangene von Alcatraz" (1962) wurde er als bester männlicher Nebendarsteller für den Oscar nominiert.

Peter Hunt besetzte ihn als Blofeld und war stolz auf ihn: "Er wurde, glaube ich, zum besten aller Blofelds." Für den Produzenten Harry Saltzman war "Blofeld ein Kosmopolit, der den richtigen Wein und die richtigen Frauen mag. Das kann man spielen, wie man will, heraus kommt immer ein hochinteressanter Bösewicht".

Während des Drehs in der Schweiz frönte Telly Savalas seiner Spielleidenschaft und nahm zahlreichen Crew-Mitgliedern, auch Lazenby, viel Geld ab. Anfang der 70er Jahre wurde er durch die TV-Serie "Einsatz in Manhattan" als Detektiv Theo Kojak berühmt.

Er starb am 22. Januar 1994 im Alter von 70 Jahren in Los Angeles.

Scorupco, Izabella
(Natalya Simonova in "GoldenEye")

Geboren 1970 im nordpolnischen Białystok, zog sie mit ihrer Mutter Magdalena, einer Ärztin, 1978 in die Nähe von Stockholm. Sie studierte Drama und Musik, ehe sie von einem schwedischen Regisseur für den Film "No One Can Love Like Us" engagiert und zu einem Teenie-Idol wurde. Sie arbeitete in ihrem Heimatland und den USA als Model und brachte 1989 die Single "Substitute" und das Album "Iza" heraus. Die Thematik von "GoldenEye" holte für sie Kindheitserinnerungen zurück: "Bis zu meinem 8. Lebensjahr hatte ich ein russisches Kindermädchen. Wir mußten während der kommunistischen Herrschaft in Polen Russisch lernen, auch wenn wir es nicht wollten. Da ich die Sprache etwas kenne, wird es jetzt leichter für mich sein, den Akzent genau zu treffen", sagte sie zu Beginn des Drehs in London.

Seymour, Jane
(Solitaire in "Leben und sterben lassen")

Geboren am 15. Februar 1951 als Joyce Penelope Wilma Frankenberg in Hillingdon, England. Die Tochter eines angesehenen Londoner Frauenarztes begann als Model und Ballett-Tänzerin. Mit 17 änderte sie ihren Namen und nannte sich nach einer der Frauen Heinrichs des VIII. "Ich war Tänzerin, und in all den Programmen wurde mein Name nie richtig angekündigt, also nahm ich den von Jane an, weil ich mich irgendwie damit identifizieren konnte." Ganze 22 Minuten in der TV-Serie "Onedin Line" reichten, um von Broccoli zu einem Vorstellungsgespräch eingeladen zu werden.

Sie erschien bei Harry Saltzman im Büro und sagte: "Hallo, ich bin Jane Seymour und Schauspielerin." Dann nahm sie ihren Hut ab, und ihr langes Haar fiel wallend herunter. "Ich fand sie elektrisierend", gestand Saltzman. Sie selbst gab später zu, den Auftritt geübt zu haben, und sie wunderte sich, daß alles so einfach ging: "Nachdem ich den Job bekommen hatte, stellte ich mich vor den Spiegel und sah darin gar nicht das wunderschöne vollbusige Bond-Girl. Ich wußte, das bin ich nicht."

Jane Seymour mit Roger Moore

Bei den Dreharbeiten auf Jamaika mußte sie mehrfach über ihren eigenen Schatten springen und ihre Angst überwinden. "Ich bin ein ganz fürchterlicher Feigling, aber nach und nach wurde ich mutiger." "Leben und sterben lassen" markierte für sie den Start einer erfolgreichen Karriere. Sie wurde zum Teenie-Idol; 1973 erhielt sie zum Beispiel den "Silbernen Otto" der Zeitschrift "Bravo". Trotz des Erfolges kritisierte sie den 007 Film: "Die Hauptrollen in 'Bond' und 'Sindbad' habe ich beide gehaßt. Ich habe nicht gespielt, sondern mußte nur schreien, auf hochhackigen Schuhen viel Bein zeigen und hinter einem Mann herrennen, der entweder eine Pistole oder ein Schwert trug. Es war langweilig. Ich dachte, ich kann mehr als in Bond, aber niemand akzeptierte mich als seriöse Darstellerin."

Im Anschluß an den Bond folgte eine Reihe von Theaterstücken, Filmen und TV-Serien. Für ihre Rolle in der Fernsehverfilmung von "Jenseits von Eden" wurde sie mit einem "Emmy" ausgezeichnet. Sie gilt als "Königin der TV-Mini-Serien"; Roger Moore gab ihr den

Spitznamen "Baby Bernhardt". Jane Seymour ist in dritter Ehe mit ihrem Manager David Flynn verheiratet. Sie ist Mutter von sechs Kindern, darunter Zwillingen, und lebt abwechselnd in London, St. Tropez und Los Angeles.

Shaw, Robert
(Red Grant in "Liebesgrüße aus Moskau")

Geboren am 9. August 1927 im englischen Westhoughton als Sohn eines Physikers. Als er zwölf war, brachte sich sein Vater um, und der Junge wuchs in Schottland und Cornwall auf. Er studierte an der Londoner Royal Academy of Dramatic Art und ging 1949 nach Stratford-upon-Avon, wo er am Shakespeare Memorial Theatre sein Bühnendebüt gab. Erfolg brachte ihm die Fernsehserie "The Buccaneers", die ihn aber so sehr festlegte, daß andere Angebote ausblieben. Als Autor mehrerer Romane und Theaterstücke konnte er sich auch einem anderen Publikum bekanntmachen. Mit seinem Freund Donald Pleasance, mit dem er Anfang der 50er Jahre in Stratford eine Garderobe geteilt hatte, ging er in die USA. Gemeinsam spielten sie am Broadway in "The Caretaker", anschließend in der gleichnamigen Filmversion.

Robert Shaw über seine Rolle als Killer Red Grant: "Ich habe nur 1.400 Pfund für den Part bekommen, aber für mich war er das beste, was mir je passiert ist."

Dem großen Bond-Erfolg schlossen sich weitere Kassenhits an, zum Beispiel "Die Schlacht in den Ardennen", "Ein Mann zu jeder Jahreszeit" (Oscar-Nominierung) oder "Ein Tag zum Kämpfen", in dem er den General Custer spielte. Außerdem wirkte er in "Klassikern" wie "Die Tiefe", "Der weiße Hai" und "Der Clou" mit.

Shaw hat neben dem frühen Tod seines Vaters

eine Reihe persönlicher Tragödien überwinden müssen. 1975 starb seine zweite Frau Mary Ure, mit der er elf Jahre verheiratet war, an einer Überdosis Tabletten und Alkohol. Als er selbst 1978 an einem Herzanfall starb, hinterließ er aus seinen zwei Ehen jeweils vier Kinder.

Soto, Talisa
(Lupe Lamora in "Lizenz zum Töten")

Geboren am 27. März 1967 im New Yorker Stadtteil Brooklyn, wuchs die Tochter puerto-ricanischer Eltern in Massachussetts auf. Mit 15 begann sie für die Agentur "Click" als Model zu arbeiten, sie warb für Kosmetik und schaffte es, auf die Cover von Magazinen wie "Vogue" zu kommen. Da sie die Fotografen immer Lisa nannten und sagten: "Tell Lisa ...", änderte sie kurzerhand ihren ursprünglichen Vornamen Miriam in "Talisa".

Ihre erste Filmarbeit war - neben Paul Morissey - die Billig-Produktion "Spike of Bensonhurst". Es folgten weitere TV-Filme und kleine Rollen in "The Doors" und "Mambo Kings". Dann hörte sie vom neuen Bond-Film, bewarb sich, kam mit zwei anderen Mädchen in die Endauswahl und wurde engagiert. Während der Dreharbeiten stritt sie sich aufgrund unterschiedlicher Rollenauffassungen mehrfach mit John Glen. "Ich kann nicht bis zu dem Tag warten, an dem ich bekannt genug bin, um meine Meinung zu sagen. Ich sage lieber gleich, was ich zu sagen habe."

1995 war sie neben Johnny Depp in "Don Juan de Marco" zu sehen und drehte ein Jahr später die Spionageparodie "Agent 00". Nachdem ihre erste drei Jahre dauernde Ehe 2000 geschieden wurde, heiratete sie am 13. April 2002 Schauspielkollegen Benjamin Bratt.

Stephens, Toby
(Gustav Graves in "Stirb an einem anderen Tag")

Als Sohn von Sir Robert Stephens und Dame Maggie Smith liegt das Schauspielen dem Briten im Blut. Aufgefallen war Stephens, der einen Großteil seiner Jugend in Kanada verbrachte, den Bond-Produzenten durch seine Leistung in dem 2001 entstandenen BBC-Drama "Perfect Strangers". Der am 21. April 1969 geborene Akteur begann am Chichester Festival Theatre und spielte in der Royal Shakespeare Company. "Ich sehe mich selbst in der Rolle nicht als einen durchgehend bösen Charakter", sagte Stephens während der Dreharbeiten im Eden Project in Cornwall, "aber es macht Spaß, Böse zu spielen, weil man all die eigenen schrecklichen Sachen ausprobieren und in die Rolle einbringen kann."

St. John, Jill
(Tiffany Case in "Diamantenfieber")

Geboren als Jill Oppenheim am 19. August 1941 (manche Quellen geben den 18. August 1940 an) in Los Angeles. Mit vier war sie bereits als Kinderschauspielerin aktiv, mit sechs arbeitete sie für Radiosendungen und führte Kinderkleidung vor. In den 60er Jahren wurde sie in Hollywood-Filmen häufig als "Dummchen" neben bekannten Partnern wie Elvis Presley oder Dean Martin besetzt.

Ursprünglich sollte sie im Bond den Part der Plenty O'Toole spielen, doch Regisseur Guy Hamilton gab ihr die weibliche Hauptrolle. Am besten gefiel ihr die Liebesszene mit Sean auf dem Wasserbett, obwohl sie immer nur an die Fische dachte. "Ich habe mich nicht in ihn verliebt. Er ist ein Supertyp, aber ich dachte mir, ich sollte mich nicht in ihn verlieben, weil das unsere großartige Beziehung stören

würde. Er hat außergewöhnliche Qualitäten, ist ehrlich, offen und ein wahrer Freund."
Jill St. John, die einen IQ von 162 haben soll, wirkte in diversen Fernsehserien mit, veröffentlichte sehr erfolgreiche Koch- und Work-out-Bücher, macht Koch-Sendungen im US-Fernsehen und betreibt in Aspen, Colorado, eine Boutique. Sie galt als Geliebte Frank Sinatras und Henry Kissingers; derzeit ist sie in dritter Ehe mit Robert Wagner verheiratet.

Topol, Chaim
(Columbo in "In tödlicher Mission")

Geboren am 9. September 1935 in Tel Aviv. Sein Name Chaim Topol steht für "Baum des Lebens". Bevor er Schauspielerfahrungen sammelte - u.a. in einer israelischen Armee-Einheit während des Zweiten Weltkriegs -, hatte er als Drucker gearbeitet.
In London verkörperte er im Musical "Fiddler on the Roof" den Milchmann Tevye, den er später auch in der gleichnamigen Filmversion darstellte und der ihm eine Oscar-Nominierung eintrug. Als alter Bond-Fan brachte er sich mehrfach bei Broccoli in Erinnerung. Der nahm jedoch an, Topol würde nur scherzen. Auf einer Party in London schlug ihn dann Broccolis Frau Dana für die Rolle des "Columbo" vor - und am nächsten Tag wurde er engagiert.

Van Nutter, Rik
(Felix Leiter in "Feuerball")

Der Hawaiianer kam dem von Fleming in den Romanen geschilderten Typ sehr nahe: "Der einzige Unterschied ist, daß ich pro Tag nicht drei Packungen 'Chesterfield' rauche. Aber Größe, Augen und das 'unbändige' Haar sind exakt wie von Fleming beschrieben." Eigent-

Hervé Villechaize

lich sollte er einen Vertrag für die weiteren Filme der Serie bekommen, doch daraus wurde nichts.
Zur Zeit der Bond-Dreharbeiten war er mit Anita Ekberg verheiratet, die eines Aprilabends im Jahre 1965 stark alkoholisiert an den Set kam und durch eine Glastür fiel.

Villechaize, Hervé
(Schnickschnack in "Der Mann mit dem goldenen Colt")

Der gebürtige Franzose, dessen exakte Größe je nach Quellenangabe zwischen 1,20 und 1,29 Meter schwankt, wuchs mit drei Brüdern auf, die alle "Normalmaß" erreichten. Mit elf verließ er die Schule, um sich der Kunst zu widmen. Er studierte mehrere Jahre an zwei Hochschulen. "Als ich 21 war, schickten mich meine Eltern in die USA. Sie dachten wohl, daß dort das Gold auf der Straße liegt." Durch die TV-Serie "Fantasy Island" erlangte er große Popularität. Auch in der Fernsehserie "James Bond jr." wirkte er mit, hier lieh er "Schnickschnack" seine Stimme.

Schon lange Zeit unter Atembeschwerden, Magengeschwüren und Darmkrämpfen leidend, erschoß sich der 50jährige am 5. September 1993 auf seiner Ranch im San Fernando Valley.

Wakabayashi, Akiko
(Aki in "Man lebt nur zweimal")

Als Vertragsschauspielerin der japanischen Tôhô-Studios drehte sie über 100 Filme und erwarb sich beim einheimischen Publikum großes Ansehen. In der deutschen Produktion "Bis ans Ende aller Tage" (1961) ist sie neben Helmut Griem zu sehen. Zum Bond meinte sie: "Normalerweise bin ich in meinen Filmen unglücklich verliebt, immer das dritte Eck einer Liebestriangel. Hier ist es endlich einmal anders."

Walken, Christopher
(Max Zorin in "Im Angesicht des Todes")

Geboren am 31. März 1943 in Astoria, New York. 1960 gab er sein Spielfilmdebüt. Für "Die durch die Hölle gehen" (1978) wurde er sowohl mit dem New Yorker Film Critics Award als auch mit dem Oscar für die beste männliche Nebenrolle ausgezeichnet. Für die Rolle des Max Zorin ließ er sich die Haare blond färben, und in der Darstellung orientierte er sich an Gert Fröbes "Goldfinger".

Wayborn, Kristina
(Magda in "Octopussy")

Geboren 1957 auf einer kleinen schwedischen Ostsee-Insel. Ein Zirkus hatte bei ihr schon als Kind das Interesse am Showbusineß geweckt. Später wurde sie in ihrer Heimat ein gutbezahltes Model und arbeitete bald für Fabergé. Sie entwarf Kleidung, versuchte sich als Rennfahrerin, Jockey und Pferdetrainerin. Außerdem wurde sie mit einer Weltklassezeit von 11,3 Sekunden schwedische Meisterin im 100-Meter-Lauf.

Kristina Wayborn arbeitete drei Jahre in Stockholm mit Ingmar Bergman und ging dann nach Hollywood. Dort spielte sie 1980 in dem Fernsehfilm "Eine Göttin in Hollywood" die junge Greta Garbo. Die exzellente Athletin durfte sich in "Octopussy" selbst vom Balkon abseilen und war an einigen Kampfsequenzen beteiligt. "Es hat viel Spaß gemacht, aber mit seriösem Schauspiel hat das Ganze nicht viel zu tun", sagte sie später. Im Anschluß an den Bond wirkte sie in einigen "Dallas"-Folgen mit.

Wiseman, Joseph
(Dr. No in "James Bond - 007 jagt Dr. No")

Geboren am 15. Mai 1918 in Montreal, begann er 1936 seine Theaterkarriere. In den 50er Jahren agierte er am Broadway in vielen Charakterrollen, in den Sechzigern spielte er häufig am Lincoln Center Repertory Theatre. Etliche Kritiker des ersten Bond-Films sahen seinen Dr. No als Typ, der sich stark an Dr. Fu Man Chu von Sax Rohmer orientiert.

Wood, Lana
(Plenty O'Toole in "Diamantenfieber")

Geboren am 1. März 1946 in Santa Monica, spielte sie bereits als Neunjährige ihre erste Filmrolle. Über Kurzauftritte und Nacktfotos im "Playboy" kam sie zum Bond-Film. Zuvor war sie bereits 14 Monate lang in der TV-Serie "Peyton Place" zu sehen gewesen, ebenso in der Seifenoper "Capitol".

Die Schwester der 1981 unter mysteriösen Umständen ums Leben gekommenen Natalie Wood lebt nach drei gescheiterten Ehen heute mit dem Schauspieler Richard Smedley in Los Angeles.

Yeoh, Michelle
(Wai Lin in "Der Morgen stirbt nie")

Die am 6. August 1963 in Malaysia geborene Yeoh Choo Kheng ist eine exzellente Sportlerin und Tänzerin. Die Balletteuse, Taucherin, Schwimmerin und Kampfsportlerin wurde an der Londoner Royal Academy of Dance ausgebildet, schloß mit Auszeichnung ab und machte ihren Magister in Kunst. Sie gewann die Miss-Wahlen in Malaysia und Australien und verdankt Jackie Chan Werbefilmaufnahmen in Hongkong (1984) und Spielfilmrollen an seiner Seite; das Debüt 1985 hieß "Owl vs. Dumbo". Von 1988 bis 1992 war Michelle Yeoh verheiratet und arbeitete nur sporadisch, auch unter dem Namen Michelle Khan. Bei den Aufnahmen zu dem Film "The Stuntwoman" von Ann Hui verletzte sie sich bei einem Sprung von einer Brücke so schwer, daß sie monatelang pausieren mußte.

Für den 007-Film brachte Michelle Yeoh ihr eigenes Stuntteam und Choreographen mit. Sie freute sich, "eine Frau der Neunziger zu spielen, die genauso stark ist wie Bond". Auf ihre Initiative wurde der Rollenname Lin Pao geändert, da "Pao" im asiatischen Sprachraum für "Hinterteil" steht. "Wai" bedeutet im Chinesischen "für das Land". Nach Abschluß der Dreharbeiten verkündete die in Hongkong lebende Akteurin auf Pressekonferenzen, daß sie gerne wieder im nächsten Bond-Film dabei wäre. Ihr Wunsch wurde nicht erhört.

Die wichtigsten
Macher hinter der
Kamera von A-Z

"Bei den Bond-Dreharbeiten herrscht eine Familienatmosphäre" - so oder ähnlich haben Mitwirkende der Serie immer wieder über die Arbeit hinter den Kulissen gesprochen. Dafür einige Beispiele: Die amerikanische Fotografin Bunny Yeager, die Ursula Andress während der Dreharbeiten von "Dr. No" auf Jamaika ablichtete: "Ich war von jedermanns Freundlichkeit beeindruckt. Vielleicht lag es daran, daß es überwiegend Briten waren. Jeder arbeitete sehr hart von früh bis spät, aber ich hörte nie ein lautes oder unfreundliches Wort, wie ich das aus Hollywood kannte. Das Witzigste war die 'Teezeit'. Mehrmals täglich, auch mitten im Dschungel, klingelte ein Mann in weißer Uniform und servierte jedermann Tee. Und Gebäck oder Kuchen gab es auch noch dazu!"

Stunt-Arrangeur Bob Simmons: "Ich liege im Bett, und um zwei oder drei Uhr morgens habe ich eine Idee und rufe Kollegen an. Keiner hat sich je beschwert. Sie sagten: Das ist eine gute Idee, laß uns die entwickeln, wann gehen wir ins Studio? Das ist das ganze Geheimnis des Erfolges der Bond-Filme. Man hat ein Bond-Team. Keiner sieht auf die Uhr und sagt, ich habe jetzt Feierabend. Jeder sagt: Das machen wir, laß uns einen tollen Film drehen."

Die amerikanische Schauspielerin Lynn-Holly Johnson, Darstellerin der Bibi in dem Film "In tödlicher Mission": "Anfangs fühlte ich mich in London ganz alleine, denn ich war weit weg von der Heimat, und alle anderen waren zu Hause. Aber ich habe schnell Freunde gefunden. Es war wie eine Familie. Am Set war alles sehr entspannt. Man hat eben Zeit und Geld, um jede Aufnahme richtig hinzubekommen. Gehetzt wird nie."

Für die Atmosphäre sind überwiegend die Produzenten verantwortlich, und es ist sogar ein Teil ihres Konzeptes. Broccoli und Saltzman haben mehrfach ausgeführt, daß sie von ihren Mitwirkenden nur gute Arbeit erwarten können, wenn sie sie entsprechend behandeln. So galt von Anfang an das ungeschriebene Gesetz, alle Mitarbeiter, und das schloß Stars wie Techniker ein, in erstklassigen Hotels unterzubringen und bestens versorgen zu lassen. Zudem gab es häufig geradezu einzigartige Privilegien. So wurde bei den Dreharbeiten von "Feuerball" ein T-Shirt ausgegeben, das dazu berechtigte, kostenlos auf den Bahamas einzukaufen. Mit dem jeweiligen Betrag wurde automatisch die Produktion belastet. Christopher Lee sagte einmal: "Bei Bond bedeutet Geld gar nichts." Allerdings, auch das soll nicht verschwiegen werden, waren die Produzenten schon mal verärgert, wenn ihnen langjährige Mitarbeiter den Rücken kehrten. So geschehen mit dem Fotografen Bob Penn. Als er für den Konkurrenz-Bond "Sag niemals nie" arbeitete, war Broccoli so verärgert, daß er ihn nie wieder beschäftigte.

In diesem Kapitel werden die wesentlichen Mitwirkenden hinter den Kulissen der Bond-Filme sowie ihre Funktion vorgestellt.

Adam, Ken
(Ausstatter, Designer)

Ken Adam wurde am 5. Februar 1921 als Klaus Adam in Berlin geboren. Er hat drei Geschwister. Aus Angst vor den Nazis ging die Familie 1934 nach England. Durch den Kameramann Gabor Pogany, der in der Pension der Mutter wohnte, kam er zum Film. Fasziniert von den Bauten des Films "Tatjana"/ "Ritter ohne Rüstung" mit Marlene Dietrich, beschloß er, Filmarchitekt zu werden. Er schrieb sich an der Bartlett School of Architecture ein und jobbte in einem Architekturbüro. Während des Krieges diente Ken, wie er sich jetzt nannte, als Flieger in der Royal Air Force. Ab 1947 war er als Zeichner oder Assi-

Ken Adam mit seinen Entwürfen.

stent des Art Directors für Filme wie "Des Königs Admiral", "Der rote Korsar", "Die schöne Helena" und "In 80 Tagen um die Welt" tätig, baute Ballone und Schiffe - Vorgriffe auf die phantastischen Vehikel der 007-Abenteuer, die sich anschlossen.

Für sieben Filme, beginnend 1962 mit "James Bond - 007 jagt Dr. No", wurde er verantwortlicher Art Director. Hierfür erschuf er große Sets, allesamt Meisterwerke der Innenarchitektur, wie Dr. No's Kommandozentrale, das Spinnennetz, das sich über Professor Dent ausbreitet, als er die giftige Tarantel abholt, oder die phantastische Zuflucht des Gangsters. Adam entwarf einen Raum unter der Erdoberfläche, bestückte ihn mit einem riesigen Aquarium und einem vertrockneten Baum. An der Wand hing nicht irgendein Bild, sondern eine Replik des "Iron Duke of Wellington", das 1961 aus der Nationalgalerie in London gestohlen worden war. 1964 gestand er nach den Dreharbeiten von "Goldfinger" am Set von Fort Knox, daß er James-Bond-Filme liebe, "weil ich dabei meiner Imagination freien Lauf lassen kann". Der waffenstrotzende Aston Martin, der ebenfalls aus seiner Feder stammt, entstand aus persönlichem Frust heraus. "Ich habe mich so oft darüber geärgert, daß mich jemand so eingeparkt hat und ich nicht wieder aus der Lücke herauskam, daß ich mir wünschte, ein Auto zu besitzen, das die anderen einfach wegschießt." Mußte er bei dem ersten Film der Serie noch improvisieren, so stand ihm für "Feuerball" schon ein Budget von 2,5 Millionen Dollar zur Verfügung - fast die Hälfte des Gesamtbudgets. Dafür erfand er Unterwasser-Scooter, Mini-U-Boote, Rebreather, eine Unterwasserkamera mit Geigerzähler und einen Düsenrucksack für die Kampfszenen. Außer der Wiederaufrüstung des Aston Martin und des mit Raketen bestückten Motorrads war Adam auch für die Yacht "Disco Volante" verantwortlich. "Niemand hatte eine Yacht gebaut, die groß genug für unsere Zwecke war, also kauften wir ein 18 Meter langes Tragflächenboot, bauten einen Kokon herum und schufen eine bemalte Struktur, die aussah wie eine Yacht. Leider war das Ding dann so schwer, daß es sich kaum bewegte, ehe nicht der Kokon ausgeklinkt wurde. Dann kam jemand auf die Idee, den Kokon zu bewaffnen, und so wurde er zu einer schwimmenden Bastion." Und weiter: "Die meisten Erfindungen funktionieren tatsächlich, und es gibt nur sehr wenige Tricks in diesen Filmen. Ich bin immer wieder überrascht, daß man irgendwo in der Welt jemanden findet, der einem das dann baut. Zu früheren Zeiten hätte man in Hollywood Haie aus Gummi bauen lassen, wir aber benutzten echte Haie."

Für den Film "Man lebt nur zweimal" baute er einen riesigen Krater, für "Der Spion, der mich liebte" einen Tanker, der drei U-Boote aufnehmen konnte, die drei Viertel der Originalgröße hatten, da sonst die Menschen zu klein gewirkt hätten. In einem Interview mit der Fachzeitschrift "American Cinematographer", Ausgabe 5/77, sagte er: "Bei Filmen wie diesem gewinnst du an Erfahrung. Du versicherst der Produktion, daß, wenn sie eine bestimmte Summe Geld ausgibt, all dieses Geld auf der Leinwand auch zu sehen ist. Nichts ist zerstörerischer, als viel Geld auszugeben, das Ganze dann aber nicht im Film wiederzusehen und am falschen Punkt ausgegeben zu haben." Als er für "Moonraker - Streng geheim" erneut engagiert wurde, sagte Produzent Broccoli schlicht zu ihm: "Mach es einfach besser als das letzte Mal."

Adam wurde vielfach zu Recht als der ungekrönte König der Truppe bezeichnet. Im "New Yorker" vom 14. Juni 1967 heißt es: "Ken Adams Sets für die Serie wurden gefeiert und verdienen es auch." Der "Esquire" bezeichnete Adam schlicht als "genial". Er selbst hatte manchmal Alpträume. In bezug auf den Krater sagte er, "manchmal wachte ich nachts auf und fragte mich, ob das Ding auch funktioniert". Über seine Konstruktion des Supertankers "Liparus" aus "Der Spion, der mich liebte" heißt es in der "ZEIT": "Der eigentliche Star dieser Mammonshow ist nicht Moore oder Bach oder Curd Jürgens als Oberschurke, sondern der Designer Ken Adam, der im englischen Pinewood-Studio eine gigantomanische Kulisse zusammengezimmert hat." Seine Vorstellungskraft, sein Ideenreichtum und seine Fähigkeit, die verrückten Einfälle auch noch zu realisieren, setzten einen Standard, hinter dem man in den späteren Filmen leider erfolglos herlief. Das liegt sicher auch daran, daß zwar Assistenten seinen Posten übernahmen, aber eben doch nicht in seine Fußstapfen zu treten vermochten. Arbeitete er beim ersten Film noch alleine, hatte er 1979 bei "Moonraker" schon 16 Assistenten. Hier war vor allem die gigantische Raumstation eine Herausforderung: "Ich sah einen Typ Raumstation mit einer Serie von Zylindern. Ich entwickelte zunächst ein Mobile, benutzte Zylinder in verschiedenen Größen und Winkeln und kombinierte sie mit unterschiedli-

chen Kugeln. Die zentrale Kugel war der Raum, in dem Schwerelosigkeit herrscht. Dann kamen Satelliten hinzu. Das Ganze mußte sich dann drehen, um auch wirklich eine künstliche Schwerelosigkeit zu erzeugen. Immer dann, wenn es sich bewegte oder drehte, erhielt die Kamera einen anderen Blickwinkel." Adam, der sich bisher existierende Raumstationen ansah, die zumeist eher der Form eines Rades gleichkamen und auch von Kubrick in dessen Film "2001 - Odyssee im Weltraum" benutzt wurden, betrachtete diese Lösung als nicht visuell genug. "Das ist so stimulierend wie die Dreharbeiten innerhalb eines Fahrradreifens." Michael Lonsdale, Darsteller des Drax, war fasziniert von Adams Dekor. "Ich war sehr bewegt, als ich sein Set für den Satelliten-Kontrollraum sah. Es war wirklich etwas Besonderes, etwas Magisches und Phantastisches." Ken Adam: "Ich beginne immer mit einigen Skizzen, befrage dann ein paar Architekten und Ingenieure, um mich nach der Statik zu erkundigen, denn schließlich müssen die Bauten bei so vielen Statisten etwas aushalten." Für die Raumstation arbeiteten 220 Techniker acht Wochen lang. Allein dieses Set verschlang 500.000 Dollar. Zudem entstanden drei Space-Shuttle-Kabinen in Originalgröße, drei originalgroße Frontstücke, ein drei Viertel großes Set des Frachtraums und mehrere verschieden große Modelle, die alle denjenigen Teilen sehr nahekamen, die Rockwell 1980 für die NASA baute. Adam informierte sich auch bei der NORAD, der Kommandozentrale des Raumfahrtprogramms, die sich in den Cheyenne-Bergen von Colorado Springs befindet, und erbaute ein eigenes VIP-Hauptquartier im Studio Boulogne mit großen Leinwänden und Monitorwänden. Die Computer wurden von einer Pariser Bank zur Verfügung gestellt.

Neben seiner Arbeit für die Bond-Filme fand er immer wieder Zeit für andere Aufgaben.

Berühmt wurde sein "War Room" für Kubricks "Dr. Seltsam, oder wie ich lernte, die Bombe zu lieben". Für "Barry Lyndon" erhielt er einen Oscar, für "Die Addams Family in verrückter Tradition" wurde er nominiert, für "King George. Ein Königreich für mehr Verstand" bekam er seinen zweiten Academy Award. Im Frühjahr 1994 war ihm im Münchner "Forum der Technik", im Herbst 1997 im Mannheimer Landesmuseum für Technik und Arbeit eine Ausstellung gewidmet. Eine Autobiographie ist in Vorbereitung.

Apted, Michael
(Regisseur von "Die Welt ist nicht genug")

"Ich habe gedacht, man macht sich über mich lustig, als ich das Angebot bekam, einen Bond-Film zu inszenieren. Ich hätte nie geglaubt, daß ich mal zum Zuge kommen würde, denn das ist ein Gebiet für Action-Regisseure", gestand Apted, nachdem er engagiert worden war. Er wurde am 10. Februar 1941 im englischen Aylesbury geboren, studierte Jura und Geschichte in Cambridge und begann in der Dokumentarfilmabteilung von "Granada Television". Bekannt wurde er durch Dokumentationen über eine Gruppe englischer Kinder und als Reporter für die Reihe "World in Action". Sein Kinodebüt gab er 1972 mit "Das dreifache Echo". Es folgten Arbeiten in unterschiedlichen Genres, etwa "Das Geheimnis der Agatha Christie" (mit Timothy Dalton), "Nashville Lady", "Gorky Park", "Gorillas im Nebel", "Das Gesetz der Macht", "Halbblut", "Blink" oder "Nell". "Vermutlich hat man mich verpflichtet, weil der Film zwei starke Frauenrollen hat und ich schon viele Filme mit Frauen in den Hauptrollen gedreht habe", äußerte Apted während der Dreharbeiten. Für das Bond-Abenteuer sagte er die Regie des Films "Enigma" ab, der

nach dem Bestseller von Robert Harris entstehen sollte. Er brachte die Autorin Dana Stevens mit, mit der er bereits an "Blink" gearbeitet hatte.

Armstrong, Vic
(Regisseur der Second-Unit- und Action-Szenen)

Der im englischen Farnham geborene Brite gilt als einer der besten Stuntmen der Welt und ist seit mehreren Jahren als Regisseur für Action-Szenen großer Filme verantwortlich. Weltbekannt wurde Armstrong, als er Harrison Ford in der Indiana-Jones-Trilogie doubelte. Seine Mitarbeit bei den Bond-Filmen begann 1967 mit einigen Stunts für "Man lebt nur zweimal" in Pinewood. Es folgten Engagements bei "Im Geheimdienst Ihrer Majestät", in dem er für George Lazenby auch Ski lief, bei "Leben und sterben lassen" und "Sag niemals nie". Gemeinsam mit seiner Frau Wendy Leech, die ebenfalls auf Stunts spezialisiert ist, vollführte er in Palmyra den Sprung auf dem Pferd von der Kaimauer. Sean Connery blieb er weiter verbunden, arbeitete als Regisseur der Action-Szenen von "The Avengers" und "Verlockende Falle" und nimmt diese Aufgabe seit "Der Morgen stirbt nie" bei allen 007-Filmen wahr. Es war wiederum Wendy Leech, die für Michelle Yeoh als Beifahrerin auf dem Motorrad saß. Für Armstrong sind die Bond-Filme Highlights, "weil man sich ständig etwas einfallen lassen muß, ob das, was im Drehbuch steht, auch umsetzbar ist. Wir versuchen es erst mit der Realität und erweitern das, was geht, dann um etwa 10 bis 15 Prozent". Vic Armstrong hat bei knapp 250 Filmen mitgewirkt und erhielt 2001 einen Oscar für von ihm entwickelte Sicherheitsvorkehrungen für Stunts aus großer Höhe. Er lebt in England.

Arnold, David
(Komponist)

Der 1962 geborene und in London aufgewachsene Brite wurde durch seine Zusam-
menarbeit mit dem deutschen Regisseur Roland Emmerich bei den Filmen "Stargate",
"Independence Day" und "Godzilla" bekannt.
Sein erster Soundtrack war der 1993 entstandene "Young Americans". Die Single-Aus-
kopplung "Play Dead" erreichte die Top Ten in
England. 1997 erhielt er einen Grammy und
spielte mit einem 90-Mann-Orchester das
James-Bond-Tribute-Album "Shaken and
Stirred" ein, auf dem bekannte Musiker alte
Titelsongs neu interpretieren. Zu allen Bond-
Filmen seit "Der Morgen stirbt nie" schuf der
erklärte Verehrer von John Barry die Sound-
tracks. Arnold ist auch als Musik-Produzent,
Mixer und Arrangeur tätig.

Barry, John
(Komponist)

"Bis zum heutigen Tage habe ich nicht einen
einzigen James-Bond-Roman gelesen. Ich
weiß, daß das einige Leute verwundert, aber
ich benötige sie auch nicht für meine Arbeit.
Wichtig ist jedoch, daß man zu 100 Prozent
in die Stimmung des Films eintaucht. So be-
schäftige ich mich viel damit, den Film zu verstehen." Das sagt der Mann, der die Sound-
tracks für 12 Bond-Filme komponierte. Auf
die Frage, wie er die Art von Musik sieht, die
er schreibt, antwortete er Dick Tatham in der
Zeitschrift "Showtime" im November 1965:
"Man hört manchmal Musiker reden, die das
Ganze als Micky-Maus-Musik bezeichnen. Sie
meinen damit, daß dies Musik ist, die genau
das liefert, was die Leute wollen. Es soll nicht
off-beat sein, weit abgehoben, oder einen

neuen Trend kreieren. In dieser Hinsicht ist
Bond-Musik eine 'superkolossale Micky-
Maus-Musik'. Sie ist dazu gemacht, zu unterhalten. Musikfarbe, Aufreger und Lacher, und
das alles in großem Maße, in genau dem Moment, wenn etwas auf der Leinwand passiert."
Zur Filmmusik kam der 1933 in York, England, geborene Brite per Zufall. 1958 for-
mierte er die Band "John Barry Seven", die
Ende der 50er Jahre zu den Stars der britischen Beat-Musik wurde. Als der Sänger
Adam Faith, den die Gruppe unterstützte, seinen ersten Film "Beat Girl" drehte, wurde
Barry gefragt, ob er nicht die Filmmusik komponieren wolle. "Ambitionen dazu hatte ich
schon immer", sagte er später, "aber ich habe
nicht damit gerechnet, daß sich die Chance
so einfach ergeben würde." Das bekannte
"James-Bond-Theme" kam allerdings von
Monty Norman, und Barry hat in Interviews
immer darauf hingewiesen, daß Norman die
Ehre gebührt, auch wenn der nur mit einer
Pauschale von 200 Pfund (damals knapp
2.300 Mark) abgespeist wurde und als einer
der großen Verlierer der Serie gilt.
Seine Arbeitsweise beschreibt der fünffache
Oscar-Preisträger, der zusätzlich zweimal nominiert war, aber nie für einen Bond-Score
ausgezeichnet wurde, so: "Zuerst studiere ich
das Drehbuch, dann reise ich zu den Dreharbeiten und besuche regelmäßig die Studios,
um mir die Innendekorationen anzusehen.
Ich sehe mir einige der täglichen Aufnahmen
an und konzentriere mich, bis ich Kopf-
schmerzen bekomme. Aber nur selten beginne ich zu schreiben, ehe ich die Roh-
schnittfassung des Films gesehen habe."
Danach trifft sich Barry mit Regisseur und
Cutter, erstellt ein sogenanntes Timing Sheet,
auf dem er notiert, wo Musik benötigt wird,
und zieht sich dann ins Studio zurück. "Man
kann dann entweder mit der Action schreiben
oder dagegen. Ein Beispiel ist 'Feuerball'. Da

gibt es Szenen, in der die Action sehr aufregend, aber auch sehr langsam ist, weil das Ganze unter Wasser spielt. Erst wollte ich auch langsame Musik komponieren, aber letztendlich habe ich mich doch dagegen entschieden. Jetzt ist die Musik voller Kraft gegen die Action und ergibt einen guten Effekt."

Die für ihn unbefriedigendste Arbeit war die Komposition für "Im Geheimdienst Ihrer Majestät". "Ich liebe diesen Song von Louis Armstrong, aber leider funktionierte die Beziehung zwischen Rigg und Lazenby nicht. Der Film litt unter der unglücklichen Besetzung. Meine Idee war, alte Musik von Gilbert O'Sullivan zu benutzen und im Bond-Stil neu zu orchestrieren, aber das wurde abgelehnt." Völlig unzufrieden war er mit der Herangehensweise der Popgruppe "a-ha". "Im Gegensatz zu allen anderen Musikern, Textern und Komponisten haben sie die Einladungen, sich eine Rohfassung oder den Endschnitt des Films 'Der Hauch des Todes' anzusehen, ausgeschlagen. Sogar Chrissie Hynde von den Pretenders, die sich gerade auf einer Welttournee befand, nahm sich die Zeit, verschiedene Fassungen zu sehen." Die Popgruppe "Duran Duran" schwärmte von der Zusammenarbeit mit Barry. In einem Interview sagte Simon Le Bon: "John hat uns stark inspiriert. Er hat uns eine neue musikalische Welt eröffnet und unseren Horizont erweitert. Ich kann mir gut vorstellen, daß auch ich in Zukunft Filmmusik komponieren werde."

Barry: "Nichts ist so verdienstvoll, wie einen guten Film zu sehen, zu dem auch noch die eigene Musik im Hintergrund läuft. Das ist besser, als sich selbst auf der Leinwand zu sehen." Aber auch das ist schon geschehen. In Timothy Daltons Premiere "Der Hauch des Todes" war Barry als Dirigent zu sehen. Er wurde auch gefragt, ob er die Musik für den Film "Sag niemals nie" komponieren möchte, lehnte aber ab, da er sich eher zum Bond-Team um

den Produzenten Cubby Broccoli gehörend fühlt. Eine erneute Zusammenarbeit für "Der Morgen stirbt nie" kam aufgrund finanzieller Auseinandersetzungen mit MGM/UA nicht zustande.

Bassey, Shirley
(Sängerin)

Die am 8. Januar 1937 in Tiger Bay nahe Cardiff geborene Engländerin sang drei Titelsongs: "Goldfinger", "Diamonds Are Forever" aus "Diamantenfieber" und "Moonraker". Sie nahm zudem das Stück "Mr. Kiss Kiss Bang Bang" für den Film "Feuerball" auf. Nachdem Terence Young sich entschlossen hatte, den Song nicht zu verwenden, beantragte sie eine einstweilige Verfügung gegen den Film, die jedoch abgewiesen wurde. Obwohl der Song "Goldfinger" für sie zum internationalen Durchbruch wurde, hat sie ihn in unangenehmer Erinnerung: "Das Stück zu singen war sehr schwierig, denn ich mußte mich sehr genau an den Schriften im Vorspann orientieren. Als ich 'Kiss of Death' sang, mußten sich dazu passend die Nummernschilder von Bonds Auto drehen. Also mußte ich sehr präzise sein und wurde in dieses Schema gepreßt. Ich konnte nicht meine eigene Interpretation abliefern und hasse deshalb diesen Song." Richard Maibaum erzählte später, daß die Musiker den Song "Moon Finger" nannten, da er so starke Ähnlichkeit mit "Moon River" aufwies. Zu "Diamonds Are Forever" kam Bassey aufgrund des großen Erfolges von "Goldfinger", zu "Moonraker" durch Zufall. Die Produzenten fragten zunächst Kate Bush, doch die lehnte ab: "Ich habe keine Zeit und mag den Song nicht besonders." Dann ging die Suche los. John Barry: "Anfangs gab es einen Text von Paul Williams, und Frank Sinatra sollte ihn singen. Wir nahmen das Stück auf, aber im

letzten Moment gab es juristische Streitigkeiten, so daß wir ihn nicht verwenden konnten. Dann gingen wir mit Johnny Mathis ins
Studio, aber es funktionierte nicht. Dann
schrieb Hal David einen Text, ich traf Shirley
zufällig in der Polo Lounge des Beverly Hills
Hotels und sagte ihr: 'Schnell Shirley, ich habe
hier diesen Song!' In einer Woche war alles erledigt. Dinge dieser Art passieren immer mal
wieder."

Am 19. Juli 2000 wurde sie von der englischen
Königin Elizabeth geadelt und darf sich nun
"Dame" nennen. Sie revanchierte sich mit ei-
nem Ständchen bei den Feierlichkeiten zum
Thronjubiläum und sang im Juni 2002 im
Garten des Buckingham Palace ihren Hit
"Goldfinger".

Binder, Maurice
(Titel-Designer)

Binder wurde am 4. Dezember 1925 in New
York City geboren, arbeitete zunächst als Designer für das New Yorker Kaufhaus "Macy's",
erstellte Kataloge und wirkte an der bekannten "Thanksgiving Day"-Parade mit. Im Filmgeschäft begann er bei "Columbia Pictures",
kreierte Anzeigenkampagnen und Plakate für
"Gilda" oder "Die Lady aus Shanghai". Später
kamen Titelvorspänne und Trailer hinzu.
Ende der 50er Jahre wurde er von Stanley Donen engagiert und arbeitete an "Indiskret"
oder "Charade". Nach der Premiere von "Vor
Hausfreunden wird gewarnt" (1960), für den
Binder den Vorspann drehte, in dem die
Hauptcharaktere als Babys auftauchen, wurde
er von Harry Saltzman für die Titel des ersten
Bond-Films engagiert.

Mit Ausnahme von "Liebesgrüße aus Moskau"
und "Goldfinger", da stritt er sich gerade mit
den Produzenten, erschuf Binder alle Trailer
und Titelvorspänne der Bond-Filme von 1962

bis zu seinem Tod 1991 - auch das berühmt
gewordene Logo, in dem Bond von einem Pistolenlauf verfolgt über die Leinwand geht,
sich blitzschnell umdreht und schießt. Dafür
benutzte er kleine, runde, weiße Preis-
aufkleber. Bei der Einstellung des Pisto-
lenlaufs gab es zunächst Probleme mit der Tie-
fenschärfe, da entweder nur der ganz vordere
Teil oder der hintere Teil richtig fokussiert waren. Er fand heraus, daß er unmöglich Connery und den Lauf in Einklang bringen
konnte, und nahm beide Szenen separat auf.
"Für Animation sorgten die beweglichen
Punkte zu Beginn und das Blut am Ende",
sagte er dem US-Magazin "Starlog". Er schrieb
auch die Off-Kommentare der Texte. Binder
weiter: "Manchmal schlägt das New Yorker
Büro der United Artists etwas vor. Bei 'In tödlicher Mission' war dies 'No one gets close to
007, when 007 gets close to you', aber dieser
Satz fand nur auf einem Plakat Verwendung."
Binder begann bereits sehr früh mit der Arbeit
an einem Film, machte sich Zeichnungen und
notierte Ideen. Sechs Monate vor Filmstart,
wenn die Produktion noch in vollem Gange
war, lief in der Regel schon ein Teaser-Trailer
in den Kinos. Für "In tödlicher Mission" etwa
schnitt er einen Trailer, der zu Weihnachten
gezeigt wurde, und einen weiteren, der Ostern
in die Kinos kam. Es folgte der Haupttrailer,
der kurz vor dem Filmstart erschien.
"Variety" gratulierte Binder zu seiner Arbeit an
"Leben und sterben lassen" und bezeichnete
den Vorspann als "die besten Titel aller Filme".
In diesem Fall beeinflußte er sogar den Song
von Paul McCartney. "Paul hatte noch nie eine
Titelsequenz gemacht, also zeigte ich ihm, was
in der Vergangenheit geschehen war, und beschrieb die Ideen, die ich für die Voodoo-Se-
quenzen hatte - bemalte Körper, Flammen
und Skelette. Ich sagte ihm, ich wolle langsame und schnelle Drum-Beats, und er
schrieb den Song in der Art", sagte Binder dem

US-Magazin "Prevue". Für den eigentlichen Vorspann benötigte er meist nur ein paar Tage, maximal eine Woche. Produzent Broccoli war häufig dabei. "Beim Dreh für 'Der Mann mit dem goldenen Colt' rieb ich gerade ein Model mit Vaseline ein, als Broccoli plötzlich dazukam und sagte: 'Ich bin der Produzent. Ich zahle dir Geld, um das zu tun. Ich sollte das tun. Brauchst du Hilfe?'" Nach Binders Idee sollte die Darstellerin Carolyn Cheshire im Vorspann nackt tanzen, ihre Schambehaarung war jedoch zu sehen. So benutzte Binder für einige Szenen herabrieselndes Wasser, für andere trug er ihr eben Vaseline auf. Als auch das nicht ausreichte, wurde ihre Scham bedeckt. Aufgrund seines Einsatzes nackter Mädchen hatte er schon bei "Feuerball" Probleme mit der Zensur. So wurde der Vorspann in Spanien herausgeschnitten und durch simple schwarzweiße Schrift ersetzt. Im Trailer von "Der Spion, der mich liebte" gab es eine Szene, in der die Zähne des Beißers einen elektrischen Schlag abbekommen - auch sie mußte geschnitten werden. Schließlich mußte auch eine Szene aus dem Trailer von "In tödlicher Mission" verändert werden: Als Roger Moore einen Mercedes von einem Kliff herabstößt, empfand der britische Zensor dies als "kaltblütige Ermordung eines Menschen".

Bei "Der Spion, der mich liebte" stand der Titel-Song schon früh fest. Aufgrund des Textes "Niemand kann es besser" schlug Binder vor, Roger Moore im Vorspann zu zeigen. Er engagierte ehemalige Turnerinnen des britischen Olympiateams. "Sie sind schlank und sehr durchtrainiert, das ist hilfreich." Im fertigen Vorspann turnen sie an überdimensionalen Pistolen herum. Ursprünglich plante er, auch Elemente der ägyptischen Architektur einzubauen, verwarf die Idee aber wieder, woraufhin Broccoli ihn anpfiff, warum er denn extra ins Land gefahren sei, wenn hinterher nichts davon im Vorspann zu sehen sei.

Die Idee, Sheena Easton im Vorspann von "In tödlicher Mission" nicht nur zu hören, sondern auch zu zeigen, kam ihm, als er sie in einer BBC-Dokumentation sah. Zuvor hatte er bereits Aufnahmen mit anderen Mädchen gemacht, verwarf diese aber wieder. Für "Octopussy" war die erste Idee, einen Zirkus oder indische Ornamente zu verwenden, aber dann beschäftigte er sich erstmals mit lasergesteuerten Schriften. Drei Monate, von März bis Mai 1983, brauchte er für die Titel. Roger Moores Figur, das 007-Logo und ein kleiner Octopus wurden mit Hilfe eines roten Laserstrahls auf ein nacktes Mädchen projiziert, "ein ausgestrecktes, sehr langes Mädchen", wie Binder schmunzelnd hinzufügt. Binder ist eine Ein-Mann-Institution, die alles selber macht: "Ich suche die Mädchen aus, mache meine eigene Choreographie und bediene die Kamera. Viele Leute denken immer, ich habe einen wunderbaren Job, weil ich mit so vielen schönen Mädchen zu tun habe. Aber mit der Zeit denke ich, hoffentlich ist die erste, die ich mir ansehe, gut genug, damit ich anfangen kann zu arbeiten. Wenn ich die Aufnahmen drehe, gibt es nur mich, die Kamera, das nackte Mädchen und vielleicht einen Assistenten. Das ist sehr privat. So haben sie weniger Angst, sich auszuziehen. Manchmal passieren immer noch interessante 'Unfälle', die nicht offensichtlich sind, bis ich mit dem Schnitt beginne. Manchmal sieht das Material besser aus, wenn ich es rückwärts laufen lasse, manchmal verwende ich es auch kopfüber. In 'Octopussy' waren die Titel mal kopfüber, mal seitlich, mal verdreht. Das meiste Material drehe ich in Schwarzweiß, denn dann kann ich die Farbe synthetisch bestimmen und die Motive auf einem farbigen Hintergrund arrangieren. Wenn ich schwimmende Mädchen unter Wasser vor einem weißen Hintergrund drehe, kann ich ihre Silhouette vor allem verwenden." Als "einsame Tage und Nächte im

Schnittraum von Pinewood, während der Wind pfeift und alle anderen schon zu Hause sind", beschreibt Binder seine Arbeit, mit der er immer kritisch umgeht und nie zufrieden ist.

Er starb am 8. April 1991 in London an Lungenkrebs und wurde am 21. April auf dem Liberal Jewish-Friedhof begraben. Eon Productions hielt ihm zu Ehren am 16. Juni im National Film Theatre eine Feier ab. Sein Nachfolger wurde Daniel Kleinman von der Londoner Firma "Limelight", der den Vorspann für "GoldenEye" erschuf und Binder ein "großes Vorbild" nannte.

Bogner, Willy
(Kameramann und Regisseur)

Der am 23. Januar 1942 geborene deutsche Kameramann, ehemaliger Ski-Abfahrtsläufer und Chef des Modehauses Bogner, drehte je eine Skiverfolgungsjagd für den Film "Im Geheimdienst Ihrer Majestät" und "In tödlicher Mission" sowie die sogenannten Pre-Title-Sequenzen, die kleinen Filme vor dem Hauptfilm, für "Der Spion, der mich liebte" und "Im Angesicht des Todes". Willy Bogner kam vom Sport zum Film. Harry Valerien ermunterte ihn 1960, seinen ersten Film über das olympische Geschehen in Squaw Valley zu drehen. Weitere, wie etwa "Skivision" und "Skifaszination", folgten, die schließlich das Interesse von Bond-Produzent Broccoli weckten. Er engagierte ihn als Kameramann des zweiten Teams für den Film "Im Geheimdienst Ihrer Majestät". Bogner: "Für diesen Zweck entwickelte ich schon vor einigen Jahren Spezial-Skier, die an beiden Seiten aufgebogen sind. Ich kann damit ohne Stöcke hinter oder vor einem Ski- oder Bobfahrer die Piste hinunterjagen. Dabei drehe ich mit der 15 Kilogramm schweren Kamera in der Hand die Abfahrten.

Ich sehe durch das Objektiv nur den Läufer, aber kein Hindernis." Die Aufnahmen entstanden mit der Skischule von Luggi Leitner in den Schweizer Orten Interlaken, Mürren und rund um den Piz Gloria. Toni Sailer doubelte für George Lazenby. Bogner war schon damals in der Lage, seine Kameratechnik den Gegebenheiten anzupassen. So entwickelte er eine stabilisierende Hydraulik, die der heutigen Steadycam sehr nahekommt.

Bei den Aufnahmen zu "Der Spion, der mich liebte" (1977) fielen plötzlich auf einen Schlag alle Kameras bis auf eine aus, doch die Szene war auch so perfekt. Bei "In tödlicher Mission", vier Jahre später, drehte er mit neuer Technik eine Verfolgungsjagd in der Bobbahn von Cortina d'Ampezzo, bei der er mit der Kamera vor dem Bauch hinter den Doubles Wolfgang Junginger (für Kriegler) und John Eaves (für Bond) herjagte und dabei über einen an den Sucher angeschlossenen Mini-Monitor den Bildausschnitt korrigieren konnte. "Das Eis ist zu glatt, um zu bremsen. So raste ich mit 80 Stundenkilometern hinter den beiden Bobs her. An einer Stelle war dann die Wand der Bahn unterbrochen. Hier konnte ich herausspringen, abbiegen und auf dem Schnee bremsen." Bei den Motorradszenen außerhalb der Bobbahn gab es Probleme wegen der schlechten Schneeverhältnisse. "Wenn der Schnee zu weich war, brachen die Motorräder vorn ein und überschlugen sich. Fahrer und Maschinen flogen mir mehr als einmal um die Ohren", sagte Bogner der "auto motor und sport". Beim Sprung über eine Schanze und einem etwa 15 Meter weiten Flug verletzte sich einer der Motorradfahrer so schwer, daß ein Bein eingegipst werden mußte. Als John Eaves von einer Schneeschanze einen sogenannten Helikopter, eine Drehung um die Körperlängsachse, sprang, stürzte er zunächst dreimal, ehe der etwa 15 Meter weite Sprung klappte. Da die Szene aus mehreren Perspektiven gedreht wurde, mußte er den komplizierten Sprung noch zweimal wiederholen. Es gelang beide Male, und das gesamte Team applaudierte.

Für die ersten sieben Minuten des Films "Im Angesicht des Todes" drehte Bogner acht Wochen unterhalb des Piz Palü im Engadin in der Schweiz und in Island. Der kanadische Freestyle-Weltmeister John Eaves doubelte für Roger Moore.

Außerdem rüstete Bogner das Bond-Team mehrfach für die extremen Belastungen mit Sonderanfertigungen seiner Ski-Anzüge aus. Er hat 1.300 Angestellte in Boutiquen auf der ganzen Welt, auch in der New Yorker Madison Avenue und in Hongkong.

Bond, James
(Vogelkundler)

Lange bevor James Bond populär wurde, war James Bond schon ein bekannter Name - in Fachkreisen für Vogelkundler. Der am 4. Januar 1900 geborene bekannte Ornithologe betrieb eine Reihe von Studien in der Karibik und war Kurator für Naturwissenschaften an der Universität von Philadelphia. Eines seiner Bücher heißt "Birds of the West Indies", das auch in Ian Flemings Regal stand. Der wahre James Bond wußte jedoch anfangs nicht, daß der Autor seinen Namen entlehnt hatte, und erfuhr erst im Herbst 1960 davon, als er die ersten Presseausschnitte zu seinem neuesten Buch erhielt. Er war schockiert und amüsiert, dachte aber nicht darüber nach, daß ihm der Name zu einer unverhofften Popularität verhelfen würde. Doch die stellte sich schnell ein. Mary Wickham Bond, die Frau des Wissenschaftlers, hat einige der witzigsten Episoden in ihrem Buch "How 007 Got His Name" aufgelistet. So war ein Zollbeamter, als er den Paß aufschlug, so konsterniert, daß er nur noch

stammelte: "Schön, schön, schön! James Bond in Person!" Theaterkarten zu bekommen war ab sofort kinderleicht. Ein Taxifahrer auf Antigua gestand begeistert: "Sie haben mir eine Menge schlafloser Nächte bereitet." Aber auch Mrs. Bond mußte manchmal schlaflose Nächte durchstehen. So ging einmal um 2.00 Uhr morgens folgender Anruf von einer jungen Frau ein:

"Ist James da?"

"Wer ist dort, bitte?"

"Ich denke, er weiß, wer anruft."

"Ja, James ist da, aber hier spricht Pussy Galore, und er ist gerade sehr beschäftigt!"

Bei einer Zollkontrolle und Durchsuchung der Koffer ergab sich folgender Dialog:

"Haben Sie etwas zu verzollen?"

"Nein."

"Zigaretten?"

"Nein."

"Alkoholische Getränke?"

"Nein."

"Feuerwaffen?"

"Nein. Und wenn ich welche hätte, sollten Sie nicht im Koffer suchen, sondern in meinem Schulterhalfter."

Man merkt also, daß trotz aller Widrigkeiten, die der berühmte Name so mit sich brachte, der Vogelkundler das Ganze durchaus mit Humor nahm. Allerdings kam es auch zu einer kleinen Auseinandersetzung. So schrieb Mary Wickham Bond an Flemings Londoner Adresse am 1. Februar 1961 und machte deutlich, daß sie um die Reputation des "authentischen" James Bond fürchte, da der Autor in einem Interview erklärte, daß er den Namen James Bond für "den langweiligsten Namen aller Zeiten" halte. Am 20. Juni erwiderte der Autor, entschuldigte sich für den Namensdiebstahl und führte in seiner bekannten ironischen Art aus, daß der Vogelkundler seinen - Flemings - Namen in welcher Form auch im-

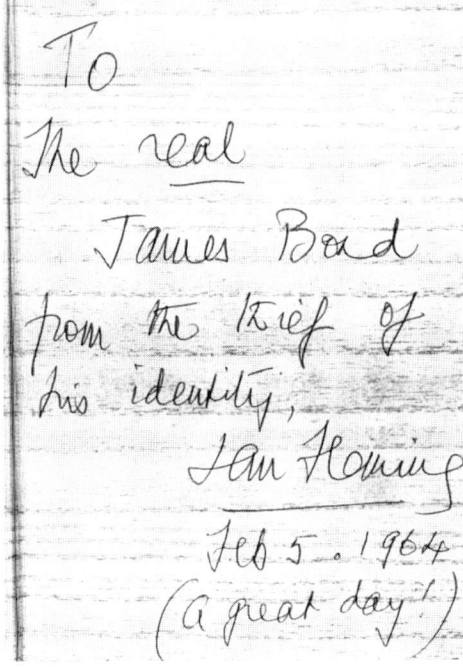

mer verwenden dürfe. "Wenn Sie also eines Tages eine besonders schreckliche Spezies von Vogel entdecken, dann nennen Sie ihn doch nach mir." Der Freundschaft tat das im übrigen keinen Abbruch, ganz im Gegenteil. Am Mittwoch, dem 5. Februar 1964, war es so weit. Mrs. und Mr. James Bond und Fleming standen sich in dessen Haus "Goldeneye" in Oracabessa auf Jamaika persönlich gegenüber, gingen schwimmen, aßen und unterhielten sich prächtig. Am Ende des Tages signierte ihm der Autor das erste Exemplar von "Man lebt nur zweimal", seinen vorletzten Roman, den es noch nicht offiziell zu kaufen gab, mit den Worten: "Für den wahren James Bond, vom Dieb seiner Identität. Es war ein toller Tag." Es sollte das einzige Treffen bleiben, denn am 12. August desselben Jahres

Der echte James Bond und die Widmung, die Fleming bei ihrem einzigen Treffen am 5. Februar 1964 in einer Erstausgabe des Romans "You Only Live Twice" hinterließ.

starb Fleming. James Bond überlebte ihn. Der bekannte Vogelkundler starb am 14. Februar 1989 in Philadelphia im Alter von 89 Jahren an einer Lungenentzündung.

Bond III, James

Ausschließlich mit schwarzen Darstellern drehte der farbige Filmregisseur James Bond III im Jahr 1990 die Horrorkomödie "Def by Temptation". Der am 10. Mai 1965 in Harlem geborene ehemalige Kinderschauspieler nannte sich auch Rob H Aft, um Anspielungen auf seinen Namen zu entgehen, und erklärte: "Es gibt haufenweise Bonds in New York."

Bond, James
(aus Derbyshire)

Der gleichnamige englische Geschäftsmann aus Derbyshire hatte oft Probleme mit den Behörden, als er offizielle Papiere unterschrieb.

Bond, James
(aus Essex)

Lange nach seinem Schulaufenthalt in Eton kehrte Ian Fleming für ein Golfspiel zwischen ehemaligen und gegenwärtigen Schülern nach Eton zurück. Sein Gegenüber hieß Ian Bond, den Fleming sofort fragte, ob er den Namen "James Bond" schon mal gehört hätte. Ian antwortete: "Ja, das habe ich. Das ist mein Onkel, der in Essex lebt. Kaum vorstellbar, daß Sie ihn kennen."

Bond, James
(aus Sussex)

Ein Mann dieses Namens schrieb Fleming Anfang 1964 einen Brief und bat ihn in bezug auf seine bevorstehende Hochzeit um Hilfe. Der Autor schickte ihm fünf britische Pfund (etwa 56 DM).

Broccoli, Albert R.
(Produzent)

Albert Romolo Broccoli, genannt "Cubby", wurde am 5. April 1909 in Astoria, Long Island, New York, geboren. Er stammte aus einer italienisch-amerikanischen Familie. Mit 16 arbeitete er im elterlichen Betrieb und fuhr mit einem Lastwagen Gemüse von der Farm seiner Eltern in Lake Grove auf Long Island zum Markt nach Harlem. Einer seiner Onkel, Pasquale de Cicco, importierte einst das Gemüse Broccoli in die USA. Cubby studierte an der Abendschule Journalismus und arbeitete in Iorio's Drug Store an Astoria's Hoyt Avenue, wo er mit seiner Großmutter lebte. Anschließend wurde er Manager der Long Island United Casket Company - ein Begräbnisinstitut, das von seinem Cousin Augustine D'Orta gegründet worden war - ein Job, der ihn so fesselte, daß immer mal wieder Szenen mit Särgen in den Bond-Filmen auftauchen, etwa in "Diamantenfieber" und "Leben und sterben lassen". In den Sommerferien reiste er mit seinem Cousin Pat de Cicco nach Hollywood. "Ich ging für zwei Wochen nach Hollywood, um dort Urlaub zu machen, und blieb einfach da." Er fand einen Job als Postbote bei der Filmfirma 20th Century Fox und schaffte es bis zum Assistenz-Regisseur des Howard Hawks/Howard Hughes-Films "The Outlaw" (Geächtet, 1947).

Den Zweiten Weltkrieg verbrachte er als Leut-

Produzent Albert R. (Cubby) Broccoli bei den Dreharbeiten zu "Der Hauch des Todes" in Österreich.

nant bei der Küstenwache und produzierte Unterhaltung für die Truppen im Südpazifik, in Alaska und an der amerikanischen Westküste. Künstler wie Bing Crosby und Danny Kaye traten in seinen Shows auf. Nach dem Krieg blieb er in der Branche, arbeitete als Agent für Charles K. Feldman und betreute berühmte Schauspieler der damaligen Zeit wie Lana Turner und Ava Gardner. Jener Charles K. Feldman war es übrigens, der später die Rechte an dem ersten Bond-Roman "Casino Royale" erwarb und 1966 den gleichnamigen Film produzierte.

Nach dreijähriger Tätigkeit bei Feldman ging Broccoli nach England und gründete dort 1950 mit dem Regisseur und Produzenten Irving Allen die Produktionsfirma "Warwick Films". Sie spezialisierten sich auf englisch/ amerikanische Unterhaltungs- und Abenteuerfilme, erhielten einen Verleihvertrag von Howard Hughes und dessen "RKO"-Film, später dann auch von der "Columbia".

Es entstanden 28 Filme wie "The Red Beret"/ "Paratrooper", "Hell Below Zero" (Hölle unter Null/1953), "The Trials of Oscar Wilde" (Mann mit der grünen Nelke/1960), "Fire Down Below" (Das Spiel mit dem Feuer/

1957), viele Filme mit Alan Ladd oder auch "Zarak Khan" (1956) mit Victor Mature und Anita Ekberg, die einen gewissen Erfolg verzeichneten.

Zwischenzeitlich sahen sich die Partner nach neuen Stoffen um und stießen auf die Bond-Romane. "Irving Allen, Fleming und ich aßen zusammen Mittag. Irving sagte Fleming, daß er die Bücher als nicht einmal gut genug fürs Fernsehen empfand, was nicht sehr nett war. Fleming war geschockt." Paradoxerweise produzierte Allen später die Matt-Helm-Serie mit Dean Martin, eine reine Bond-Parodie, und wollte so von 007 profitieren. Doch Broccoli glaubte an 007 und versuchte, die Finanzierung allein zu erstellen. Er erfuhr, daß der Kanadier Harry Saltzman bereits eine Option, aber keine Finanzierung hatte. "Also wurden wir Partner." 1961 erwarben sie die Rechte, gründeten Eon Productions - die Initialen stehen für "Everything or Nothing" (Alles oder nichts) - und produzierten die ersten neun Filme der Serie. Der allererste blieb Cubbys Lieblingsfilm: "Ohne Frage, denn der Film brachte die Bond-Phantasie auf den Punkt. Wenn Ursula Andress aus dem Wasser kommt, dann wird sie zum Ideal der perfekten Frau jedes heißblütigen Mannes."

Nach der Trennung von Saltzman machte Broccoli zunächst allein weiter, nahm aber aufgrund seines fortgeschrittenen Alters nach vier Filmen, beginnend mit "Im Angesicht des Todes", seinen Stiefsohn Michael G. Wilson als Co-Produzenten auf. Obwohl er mehrfach verkündet hatte, auch andere Filme machen zu wollen, entstand nur ein einziger Nicht-Bond-Film unter seiner Leitung. Es war die Adaption des Kinderbuchs "Tschitti Tschitti Bäng Bäng", das ebenfalls aus der Feder von Ian Fleming stammt. Broccoli produzierte diesen Film mit seiner zweiten Produktionsgesellschaft "Warfield Productions Inc.".

Broccoli galt als Familienmensch, trug den

Spitznamen "Der Pate", wurde aber auch mal Diktator genannt und gab Konkurrenten deutlich zu verstehen, sich nicht mit ihm anzulegen. "Ich bin sehr, sehr reich, aber ich fahre immer noch denselben Rolls Royce, den ich schon 1962 erworben habe." Das Nummernschild mit den Initialen "CUB 1" erwarb er für fünf Pfund von einem Busfahrer in Leeds. In Beverly Hills hatte er noch einen Ferrari, "den ich nie benutze". Er besaß eine große Sammlung antiker Möbel und teurer Gemälde von Rubens, Corot und Herring. Broccoli stellte einen Teil seiner Einkünfte dem "Astoria Boys Club of Queens" zur Verfügung, der ihn 1988 zum Mann des Jahres wählte und einen Teil des Gebäudes nach ihm benannte. Auch die Einnahmen, die bei den Premieren seiner Filme eingespielt wurden, gingen zumeist an wohltätige Organisationen. So wurden bei der Premiere von "Man lebt nur zweimal" 50.000 Pfund für den "Imperial Cancer Research Fund" und die "YMCA" gespendet. 80.000 Pfund aus der Premiere von "Tschitti Tschitti Bäng Bäng" gingen an den "Police Dependents Fund".

Während der Dreharbeiten mit Roger Moore spielte Cubby immer gern um große Summen Backgammon.

Er schätzte den Teamgeist und war stolz darauf, über viele Jahre hinweg mit denselben Menschen zusammenzuarbeiten. Zudem genossen bei ihm alle Mitarbeiter den Status, etwas Besonderes zu sein. Seit 1952 hatte er auch ein Heim in England. "Ich bin zwar durch und durch Amerikaner, aber ich habe enge Bindungen an England, und mir gefällt es hier." Auch bestand er immer darauf, daß Bond von einem Briten verkörpert wird. In der "photoplay", August 1964, gestand er: "Connery ist eine immense Goldgrube für uns. Wen gibt es schon, der Bond spielen könnte? Ich wüßte nicht, was wir ohne ihn tun würden." Als Connery dennoch ausstieg und die Dis-

kussion um einen US-Nachfolger entbrannte, sagte er: "Bond muß britisch sein, muß dunkle Haare haben, groß und muskulös sein. Es gibt keinen Grund, warum er nicht blond sein könnte, aber dunkel paßt einfach besser zu ihm. Der einzige Amerikaner, der ihn spielen könnte, wäre Clint Eastwood, aber ich favorisiere den Engländer Lord Lucan."

1982 erhielt er für seine Verdienste den Irving G. Thalberg Award. Die Begründung dafür: "Broccoli hat einem Weltpublikum von eineinviertel Milliarden Menschen die populärste Filmserie in der Geschichte des Films gebracht. Die James-Bond-Filme haben ein neues Filmgenre etabliert, in dem Action und Romantik mit erfindungsreichen Sets und Spezialeffekten kombiniert sind." Am 19. Februar 1987 erhielt er in der britischen Botschaft in London den Order of the British Empire als Anerkennung für seine außergewöhnlichen Verdienste um die britische Filmindustrie. Auch die Ehre eines Sterns auf dem berühmten "Hollywood Walk of Fame" wurde ihm zuteil.

Alle vier Kinder aus der gemeinsamen Ehe mit Dana Broccoli sind im Filmgeschäft. Die Familie wohnt im ehemaligen Haus von William Powell in Los Angeles, das der für Jean Harlow gebaut hatte. Am 31. Dezember 1983 ließ Broccoli aus Colorado Schnee kommen, weil er viele Jahre zuvor seine Frau an diesem Tag kennengelernt hatte. "Ich glaube, man kann sagen, daß ich von James Bond besessen bin, aber er hat eine Menge Fans in der ganzen Welt, die genauso besessen sind wie ich. Warum also nicht immer weitermachen?" Broccoli starb am 27. Juni 1996 in Beverly Hills. Ein nach ihm benannter "Albert R. Broccoli Award of Excellence" für "Konstanz und Vision in der Filmproduktion" wurde erstmals 1997 auf der Cinema-Expo in Amsterdam an den Produzenten Saul Zaentz ("Einer flog über das Kuckucksnest", "Der englische

Patient") verliehen. Broccolis Tochter Barbara hat die Position des Vaters übernommen.

Filmerfolge wie "Miles From Home", "Mississippi Burning" und "Quiz Show".

Broccoli, Barbara
(Co-Produzentin)

Schon als Fünfjährige besuchte die 1961 in London geborene Barbara Broccoli die Dreharbeiten von "Man lebt nur zweimal" in Japan. Sie studierte Film- und Fernsehkommunikation an der Loyola Universität in Los Angeles und arbeitete lange Zeit im Produktions- und Besetzungsbüro von Eon Productions. Bei "Octopussy" und "Im Angesicht des Todes" war sie als Regie-Assistentin tätig, danach zusammen mit Tom Pevsner als ausführende Produzentin. Seit "GoldenEye" fungiert sie mit Michael Wilson als Co-Produzentin der 007-Serie. Barbara Broccoli leitet außerdem die Entwicklungsabteilung von Danjaq. 1986 schickte sie ihr Vater Cubby nach Australien, um nach Kandidaten für die Bond-Rolle zu suchen. Sie kam mit zwölf Videobändern zurück, und mit zwei Männern wurden Testaufnahmen gemacht, doch verpflichtet wurde keiner der Bewerber.
Barbara Broccoli besitzt mit "Astoria Production" eine eigene Gesellschaft, die etwa den HBO-Film "Crime of the Century" über die Entführung des Lindbergh-Babys produzierte. Sie erwarb die Rechte an dem Bestseller "Schatten über Babylon" von David Mason, eine Verfilmung kam jedoch bisher nicht zustande. Ihr jüngstes Projekt ist der 13-Millionen-Dollar-Film "Of Such Small Differences" mit George Clooney - die Geschichte eines jungen Paares und ihrer Beziehungsprobleme, inszeniert von Richard Friedenberg. Barbara Broccoli ist mit dem in Boston geborenen Frederick Zollo verheiratet, der nicht nur eine Reihe von Theaterstücken in London und am Broadway produzierte, sondern auch

Brownjohn, Robert
(Titel- und Plakatdesigner)

Der 1918 geborene Amerikaner, der 1959 nach London kam, war langjähriger Designchef der renommierten Agentur McCann-Erickson und schuf die Titelvorspänne für "Liebesgrüße aus Moskau" und "Goldfinger". Bei ersterem laufen die Namen der Mitwirkenden über den Körper einer Bauchtänzerin. Die Idee entstand sechs Jahre zuvor, als er an einer New Yorker Design-Schule Vorträge hielt und den Studenten Effekte zeigte, die verschiedene Typographien auf weißen T-Shirts hervorrufen. Jetzt übertrug er die Schrift auf Farbdias mit drei Mädchen und benutzte einen Dia-Projektor mit 3.000 Watt, einen von zwei in England existierenden. "Es gab keine Möglichkeit, die Schärfe zu ziehen, also mußten sich die Tänzerinnen sehr genau bewegen, um den Abstand nicht zu verändern." Brownjohn engagierte die 26jährige englische Bauchtänzerin Julie Mendez, die in ihrer Wohnung zwei Boa Constrictor "zur Inspiration" beherbergte. Problematisch war vor allem die vorgeschriebene Schriftgröße für die Nennung der Mitwirkenden, die vertraglich festgelegt war. Die Aufnahmen entstanden mit Hilfe eines Assistenten im Fotostudio eines Freundes.
Für "Goldfinger" engagierte Brownjohn das Starlet Margaret Nolan, ließ sie golden bemalen und dann Szenen des Films auf ihren voluminösen Körper (124-70-112) projizieren. "Es war harte Arbeit", sagte sie dazu. "Zweimal pro Tag wurde eine Stunde lang das Gold aufgetragen, dann mußte ich stundenlang auf einer harten Plattform entweder liegen oder stehen, und ein Projektor leuchtete mir ins

Gesicht. Aber das Resultat war es wert." Bei einem ersten Test sah Nolans goldbemalter Körper silbern aus, aber danach klappte alles reibungslos.

Brownjohns Titel für "Liebesgrüße aus Moskau" waren die ersten, die der Zustimmung des britischen Zensors bedurften. "Ich mache mir um unsere Zensur keine Sorgen", sagte der Wahlbrite, als "Goldfinger" abgenommen wurde. "Die anderen Länder machen mir Sorgen. Zweifel kamen mir in Italien und Spanien, denn man weiß ja, was sie dort über Bauchtänzer denken. Dieses Mal mag Amerika etwas schwieriger werden." Doch die Zweifel erwiesen sich als unbegründet. Beide Filme wurden ungekürzt gezeigt. Jeweils 5.000 Pfund (ca. 70.000 Mark) kosteten die Titel. Der Vorspann von "Goldfinger" wurde prämiert.

Campbell, Martin
(Regisseur von "GoldenEye")

Der in Neuseeland geborene Regisseur, der 1966 nach England zog, inszenierte mit "GoldenEye" seinen ersten Bond-Film. Er begann als Videokameramann und arbeitete später als ausführender Produzent und Regisseur. Die 007-Produzenten engagierten ihn, weil er mit dem Film "Flucht aus Absolom" bewiesen hatte, daß er auch im Action-Genre Akzente setzen konnte. Campbell empfand die letzten drei Bond-Filme als "fürchterlich altmodisch", beklagte die Leistung Daltons, mochte die Storys nicht, monierte das schlechte Spiel der Darsteller, das Tempo und akzeptierte nur unter der Voraussetzung, daß man seine Verbesserungsvorschläge annehmen würde und er seine eigene Crew mitbringen dürfe. Er wollte weg von der "grimmigen Realität" des Charakters und mehr "Aktualität und Phantasieelemente" integrieren. In bezug auf

die Schlägereien orientierte er sich an der berühmten Orient-Expreß-Sequenz aus "Liebesgrüße aus Moskau". Später enthüllte er, daß vier Drehbuchautoren an "GoldenEye" arbeiteten, gab nach Ende der Dreharbeiten aber auch einen schweren Fehler zu: Brosnan steuert den Panzer von der falschen Seite aus. Ein versteckter Fahrer fuhr das schwere Gerät - auf der richtigen Seite. Nach "GoldenEye" lehnte Campbell weitere Bond-Filme ab, da er der Meinung war, daß er "den nächsten nicht besser machen" könne, und wandte sich lieber einer Neuverfilmung von "Zorro" zu.

Dahl, Roald
(Drehbuchautor "Man lebt nur zweimal")

Roald Dahl kam als Kind norwegischer Eltern 1916 in Wales zur Welt. Er schrieb neun Bände mit Kurzgeschichten, drei Romane, 19 Kinderbücher und zahlreiche Drehbücher für Film und Fernsehen, darunter auch Flemings Autogeschichte "Tschitti Tschitti Bäng Bäng". Zeitweise verkaufte er bis zu einer Million Kinderbücher pro Jahr allein in Großbritannien, Australien und Neuseeland. Das 007 Drehbuch entstand in nur vier Monaten. Später sagte er, daß er "die Figur Bonds reifer und erwachsener angelegt" habe. "Ich versuchte, all die technischen Gags und die zum ganzen Bond-Mythos gehörigen erstaunlichen Maschinen so einzubauen, daß sie glaubhaft sind und nicht in Science-Fiction ausarten, und auch so, daß sie den Menschen Bond nicht erdrücken. Der neue Bond hat Gefühl, und man wird es sehen. Er liebt, er leidet darunter, daß Aki stirbt. Kissy Suzuki, die er allerdings nur aus Gründen der Tarnung heiratet, bedeutet ihm mehr als nur ein flüchtiges, mit seiner Aufgabe verbundenes Abenteuer." In einem Artikel für den "Playboy" beschrieb Dahl, wie er zu dem Auftrag gekommen war: "Ein Mann mit Namen Broccoli will dich am Telefon sprechen", sagte seine Frau Pat. "Ich hatte noch nie in meinem Leben von einem Mann mit diesem Namen gehört. Ich nahm das Telefon ab, und eine leise Stimme sagte: 'Wären Sie interessiert, den nächsten James-Bond-Film zu schreiben?'" Noch am selben Tag saß er im Büro der beiden Produzenten, die ihm sagten: "Was die Geschichte betrifft, können Sie sich einfallen lassen, was Sie wollen, aber es gibt zwei Dinge, die Sie nicht vermasseln dürfen. Das erste ist Bonds Charakter. Der steht fest. Das zweite ist die Formel für die Mädchen. Die steht auch fest. Es gibt drei verschiedene Mädchen, und Bond bekommt sie alle."

Dahl starb im Alter von 74 Jahren, am 23. November 1990, in Oxford.

Easton, Sheena
(Sängerin "In tödlicher Mission")

Sie wurde als Sheena Shirley Orr am 27. April 1959 im schottischen Belshill, nahe Glasgow, geboren und fing schon mit vier Jahren an zu singen. Ihre zweite Platte, "Morning Train", wurde Ende der 70er Jahre zum Hit, und die plötzliche Popularität half dem älteren Song "Modern Girl" zum Sprung in die Hitparade. Daraufhin wurde ihr das Titelstück "For Your Eyes Only" aus dem Film "In tödlicher Mission" angeboten. Damit verbunden war - erstmalig für eine Interpretin - die Ehre, im Vorspann des Films zu erscheinen. Die Idee ist Maurice Binder zu verdanken, der Sheena Easton in einer BBC-Dokumentation gesehen hatte.

Feirstein, Bruce
(Drehbuchautor)

Der amerikanische Journalist ist ein Freund von Barbara Broccoli und ihrem Mann Fred Zollo und qualifizierte sich durch verschiedene Publikationen für die Bearbeitung der Bond-Drehbücher. In den USA schrieb er für Magazine wie "Vanity Fair", "The New Yorker" oder die "New York Times", bekannt wurden seine Bücher "Real Men Don't Eat Quiche" (1983) und "Nice Guys Sleep Alone" (1986). Als Autor zahlreicher Werbekampagnen - unter anderem für BMW unter dem Titel "The Ultimate Driving Machine" - wurde er Anfang der 80er Jahre mit mehreren Preisen ausgezeichnet. Im September 1994 engagierte ihn Barbara Broccoli, um die von Michael France entworfene Story zu "GoldenEye" zu überarbeiten. Bruce Feirstein kümmerte sich um alle Charaktere, den dritten Akt und den Humor, wie er dem Autor Steve Rubin sagte. Ferner überarbeitete er die Drehbücher von "Der Morgen stirbt nie" und "Die Welt ist nicht genug". Ihm wird attestiert, nach Richard Maibaum der einzige amerikanische Autor zu sein, der britischen Humor schätzt, versteht und kongenial in die Storys einfließen zu lassen versteht. Zahlreiche ironische Bemerkungen aus den Filmen sind ihm zu verdanken.

Giddings, Al
(Kameramann "In tödlicher Mission" und "Sag niemals nie")

Giddings ist einer der führenden Unterwasserfilmer und -fotografen dieser Welt, der viel für das angesehene Magazin "American Geographic" arbeitet und als der "amerikanische Cousteau" bezeichnet wird. Für "In tödlicher Mission" drehte er in drei Wochen die lange Jahre als unrealisierbar angesehene zweieinhalbminütige Sequenz des "Kielholens" mit Haiangriff sowie die Szenen der verlassenen Stadt unter Wasser. Damit gelangte er sogar auf das Cover des "American Cinematographer", der weltweit angesehensten Zeitschrift über Kameraarbeit. Eine 110 Mann starke Crew hatte über drei Monate allein an der Unterwasserstadt gearbeitet. Der Drehort verfügte über fast elf Meter hohe ionische Säulen, Bauten mit zerbrochenen Giebeln, Mosaikfußböden und anderen Fragmenten und befand sich eine Viertelmeile vor der Küste der Bahamas. Die gesamte Stadt war fast 40 Meter lang, 15 Meter breit und wurde in knapp 17 Meter Tiefe errichtet, weil das Wasser ruhiger wird, je tiefer man kommt. Bis auf die großen Säulen, die umgelegt wurden, konnte über Nacht alles stehenbleiben. Die Stadt gilt als der größte Filmdrehort, der jemals unter Wasser gebaut worden ist. 30 Taucher brachten die Bestandteile mit Luftsäcken auf den Meeresboden. "Vorab mußten wir eine ebene Fläche schaffen", erzählte Giddings, "das heißt, Sand abtragen und die Unebenheiten auffüllen. Das Ganze zehrte beträchtlich an den Nerven, denn wir unterhielten uns nur per Zeichensprache, um nicht so viel Sauerstoff zu verbrauchen." Nach fünf Wochen war alles im Kasten. Für "Sag niemals nie" war Giddings, wie schon bei seinem ersten Bond-Abenteuer, mit Haien aktiv und agierte in einem bei den Bahamas versenkten Schiffswrack. Neben den James-Bond-Filmen drehte er die Unterwasseraufnahmen von Filmen wie "Die Tiefe" und "Damien - Omen II". Für sein ABC-Special "Mysteries of The Sea" bekam er einen "Emmy".

Gilbert, Lewis
(Regisseur von "Man lebt nur zweimal", "Der Spion, der mich liebte" und "Moonraker - Streng geheim")

Geboren am 6. März 1920 in London, begann er als Kinderschauspieler auf Londoner Bühnen und in englischen Filmen. Er sang und tanzte mit seinen Eltern in Vaudeville-Theatern unter dem Namen "The Four Kemptons" und spielte mit 16 seine letzte Rolle neben Laurence Olivier. In den 30er Jahren war er Assistenz-Regisseur und inszenierte während des Zweiten Weltkriegs Dokumentarfilme. Sein erster Spielfilm war 1945 "Little Ballerina". Später gab er folgendes erinnerungswürdige Zitat von sich: "Als ich anfangs Filme inszenierte, kosteten die weniger als die Telefonrechnung von 'Moonraker'." Es folgten zahlreiche Kriegsfilme, wie etwa "Beim 7. Morgengrauen", für den Maurice Binder den Titel entwarf, Freddie Young die Kamera führte und Testsuro Tamba eine der Hauptrollen spielte, die alle drei auch bei "Man lebt nur zweimal" dabei waren. Der große kommerzielle Erfolg von "Alfie" (1966) brachte ihm die erste Bond-Regie ein, die er zunächst gar nicht wollte: "Ich dachte mir, an vier so erfolgreiche Filme anzuschließen ist bestimmt eine sehr schwierige Sache, was also könnte ich da noch tun? Dann rief Broccoli nochmals an und sagte zu mir: 'Denk an die Herausforderung. Du hast das größte Publikum der Welt, das darauf wartet, einen Bond-Film zu sehen', und ich antwortete: 'Was ist, wenn keiner kommt?', und er sagte: 'Das ist unser Problem!'" Gilbert gab freimütig zu, immer nur an ein englisches Publikum gedacht zu haben, doch die Produzenten bestanden stets auf universellen Filmen. "Ich erinnere mich daran, daß Cubby zu mir sagte: 'Wir haben immer zwei oder drei Enden eines Bond-Films.' Ich sagte: 'Das kann nicht sein, jeder wird nach dem ersten Ende

Regisseur Lewis Gilbert im Krater-Set von „Man lebt nur zweimal" in London.

hinausgehen', aber er erwiderte: 'Sie warten jedes Mal, denn es gibt immer noch ein extra lustiges Ende.' Als ich dann am Montag um 13.00 Uhr eine ausverkaufte Vorstellung besuchte, stand ich ganz hinten, um den Schluß zu sehen. Ich konnte nicht glauben, daß all diese Leute warteten und kein einziger hinausging, bis nicht der Schriftzug 'The End' erschienen war." Gilbert schätzte an „Man lebt nur zweimal" vor allem den Dreh in Japan, denn die "Landschaft wurde noch nie so ausführlich gezeigt". Außerdem schien ihm der Hintergrund in anderer Hinsicht ideal: "Es ist das Land des gewalttätigen Mannes und der unterwürfigen Frau. Das war perfekt für Bond." Den Krater bezeichnete er damals als "das großartigste und teuerste Spielzeug, das man Bond je zur Verfügung gestellt hat". Als

man ihn für Roger Moores dritten Einsatz, "Der Spion, der mich liebte", zurückholte, war Gilbert einigermaßen überrascht, akzeptierte aber. Gefragt nach der unterschiedlichen Herangehensweise der beiden Hauptdarsteller, antwortete er in der "photoplay"-Ausgabe 8/1977: "Sean machte die Rolle zu seiner eigenen, hatte aber nur wenig mit Flemings Kreatur zu tun. Er wurde in der ganzen Welt akzeptiert, da viele Menschen die Bücher gar nicht kannten, nur die Filme sahen und ihn als perfekt empfanden. Roger kommt witzigerweise Flemings Figur viel näher und spielt die Rolle in einem leichten, lockereren Stil als Sean, und ich glaube, daß er gerade in dem Film 'Der Spion, der mich liebe' seine beste Leistung abliefert." Der Nachfolger "Moonraker - Streng geheim" wurde Gilberts letzter

Bond-Film. Er und Drehbuchautor Christopher Wood haben viel dazu beigetragen, die Rolle der Frau in den James-Bond-Filmen neu zu definieren. "Barbara Bach war die erste, die auch für sich allein stehen konnte. Danach hatte Lois Chiles sogar noch mehr zu tun. Wir suchen immer noch nach schönen Frauen, weil die Leute das erwarten, aber jetzt ist die größte Herausforderung, intellektuelle Charaktere mit einem Äußeren zu porträtieren, das sich auch im 'Playboy' sehen lassen kann."

Glen, John
(Regisseur von fünf Filmen)

John Glen ist eines der Miglieder des Teams, die 20 Jahre zum festen Stamm der Serie gehörten. Er begann 1969 als Cutter und Regisseur des zweiten Aufnahmeteams von "Im Geheimdienst Ihrer Majestät" und stieg 1981 zum Regisseur von "In tödlicher Mission" auf. Bis jetzt hat er die meisten 007-Filme inszeniert - immerhin fünf. Entdeckt wurde er durch Peter Hunt, der herausgefunden hatte, daß Glen eine Reihe von guten Fernsehserien wie "Danger Man" und "Man in a Suitcase" inszeniert hatte. Für die Filme "Der Spion, der mich liebte" und "Moonraker - Streng geheim" drehte er jeweils die Anfangssequenzen.

Der am 15. Mai 1932 in Sunbury on Thames in England geborene Glen begann 1947 als Cutter-Assistent bei "Der dritte Mann" in den Londoner Shepperton Studios, arbeitete sich zum Sound Editor und dann zum Regisseur des zweiten Kamerateams hoch. Später drehte er die Bond-Filme "In tödlicher Mission", "Octopussy", "Im Angesicht des Todes", "Der Hauch des Todes" und "Lizenz zum Töten". John Glen: "Ich wurde im Mai 1980 verpflichtet. Zu der Zeit gab es eine vierseitige Inhaltsangabe der Geschichte, die die Ausgangsbasis für das Drehbuch von Richard Maibaum und

Regisseur John Glen mit seinem Second Unit Director Arthur Wooster (rechts) in Wien.

Michael G. Wilson wurde. Dann fügten wir die Action-Sequenzen hinzu und sahen uns alle früheren Ideen für Verfolgungsjagden an, die abgelehnt worden waren, weil sie zu aufwendig oder zu teuer waren, und schauten, ob man nicht doch etwas verwenden könnte." Dabei kam heraus, daß man das 'Kielholen' schon mal geplant, aber wieder verworfen hatte, und man beschloß, es in diesen Film einzufügen. Bei den anderen Filmen verfuhr ich ähnlich."

Aufgrund seiner ruhigen Art gab ihm das Team den Spitznamen "Mr. Calm" - Herr Ruhig. Sein Lieblingsfilm ist "Liebesgrüße aus Moskau". Nach eigenen Aussagen versuchte er mit "In tödlicher Mission" an diesen Film anzuknüpfen.

Gmür, Leonhard
(Production Manager)

Der am 30. April 1942 in Luzern geborene Schweizer, der seit langer Zeit in Deutschland lebt, ist einer der wenigen langjährigen deutschsprachigen Mitwirkenden der 007-Serie. Er war bisher an fünf Bond-Filmen beteiligt. Gmür begann zunächst als Kritiker und Sachbuchautor, ehe er über Jobs als Standfotograf und Nebendarsteller zum sogenannten Location und Production Manager aufstieg und an Filmen wie "Die Akte Odessa", "Rollerball", "Die Hindenburg", "Der Bär" oder "Mary Shelley's Frankenstein" arbeitete. Mit seiner kleinen Firma Unicorn sorgte er dafür, daß für "Octopussy" auf der Berliner Avus gerast werden konnte, kümmerte sich um die Drehorte für die Skiszenen von "Im Angesicht des Todes", die Autojagd auf dem Weißensee für "Der Hauch des Todes" und fand den Staudamm für die Eröffnungssequenz von "GoldenEye". Aufwendige Recherchen sind ein wichtiger Teil seiner Arbeit. Bisweilen sind bis zu 90 Seiten umfassende Dokumentationen über die Vor- und Nachteile der einzelnen Drehorte entstanden, damit sich Regisseur und Stuntmen vorab ein ausführliches Bild davon machen konnten, was möglich und erlaubt ist. Für "Der Morgen stirbt nie" organisierte er die Dreharbeiten in Hamburg. Bevor man sich für die Aufnahmen in der Stadt mit den geeigneten Voraussetzungen für eine Autojagd entschied, besuchte er mögliche Drehorte in Antwerpen, Madrid, Frankfurt, Berlin, München, Rotterdam, Köln, Mailand und Lugano. Bei einer für "Octopussy" in Berlin gedrehten Autojagd auf der Avus kam es übrigens zu einer witzigen Szene, als ein nicht zum Filmteam gehörender Porschefahrer die Chance nutzte, endlich mal von der Aufhebung der Geschwindigkeitsbegrenzung für die Stuntfahrer zu profitieren, und sich mit den französischen Profis der Truppe um Remy Julienne eine eigene Autojagd lieferte. Daraufhin gaben die - zum Filmteam gehörenden - Fahrer der Polizei-BMWs das Kennzeichen an die diensttuenden Kollegen weiter, der Raser wurde gestoppt und mit einer saftigen Strafe belegt.

Hamilton, Guy
(Regisseur von vier Filmen)

Hamilton drehte vier Bond-Filme: "Goldfinger", "Diamantenfieber", "Leben und sterben lassen" und "Der Mann mit dem goldenen Colt" sowie den Agentenfilm "Finale in Berlin" (1966) und "Luftschlacht um England" (1969) für Bond-Co-Produzent Harry Saltzman.

Der Sohn englischer Eltern wurde im September 1922 in Paris geboren, absolvierte das Haileybury College und begann 1939 als Lehrling in den Film-Studios "La Victorine" in Nizza. Nach seiner Dienstzeit bei der britischen Marine während des Zweiten Weltkriegs wurde er Regie-Assistent bei einer Reihe von renommierten englischen Produktionen und arbeitete bei so bekannten Regisseuren wie Carol Reed und John Huston an Filmen wie "Der dritte Mann" und "African Queen". Sein Debüt gab er 1952 mit "The Ringer". Selbst Terence Young, der dreimal inszenierte, zollte Guy Hamilton für seine Regie von "Goldfinger" Respekt: "Es war eine sehr gute Wahl, ihm den Film zu geben, aber ich glaube auch, daß Sean die Rolle mit jedem Regisseur spielen kann." Hamilton war es, der der Serie eine völlig neue Richtung gab. In Ansätzen bei "Diamantenfieber", aber dann eindeutig bei Roger Moores Start, machte er aus dem kalten Krieger von einst einen rausgeputzten englischen Gentleman, dem man es nicht so recht zutraut, gefährlicher Situationen Herr zu wer-

Regisseur Guy Hamilton mit seinem Kameramann Ted Moore bei den Dreharbeiten von "Leben und sterben lassen" in New Orleans.

den. "Leichte Komödie", nannte Hamilton seine Philosophie. Zudem minimierte er die Power: "Mit Roger nahmen wir das Tempo etwas zurück. Das Publikum muß sich erst an ihn gewöhnen. Und was mindestens ebenso wichtig ist: Roger muß sich seinen Ruhm erst erarbeiten." Mit der Vorgabe, die Filme so zu inszenieren, daß sie für die ganze Familie geeignet sind, hatte der Regisseur nie Probleme: "Wir verpacken die Erotik mit so ungewöhnlichem Humor, daß dem Zensor der Ansatzpunkt entzogen wird. Ein mit Fischen gefülltes Wasserbett ist so lächerlich, daß es einen eigenen Charme entwickelt. So sind die Kinder mehr an den Fischen interessiert als an den Erwachsenen, die auf dem Bett liegen." Während der Dreharbeiten seines Action-Films "Remo - unbewaffnet und gefährlich",

der eindeutige Bond-Anleihen aufweist und von Christopher Wood, dem Drehbuchautor von "Der Spion, der mich liebte" und "Moonraker" geschrieben wurde, gestand er, daß es "sehr falsch ist, eine Serie zu drehen. Mit der Zeit gehen einem die Ideen aus, und junges Blut sollte dazukommen". Hamilton hat immer wieder deutlich gemacht, daß er mit den späteren Bond-Filmen nicht so glücklich war und deshalb weitere Angebote abgelehnt habe. "Ich wollte Bond in neue Gebiete führen, aber Cubby Broccoli, mit dem ich mich auch später gut vertrug, sagte: 'Wenn es falsch ist, was du machst, dann tötest du das Huhn, das goldene Eier legt.' Diese Antwort habe ich nie gemocht. Die Filme wurden zur Formel, und das hat mir nicht gefallen. Ich sprach mit Sean Connery darüber, und auch er fand, daß Bond mit der Zeit für einen Schauspieler langweilig wird. Ich hatte damals folgende Idee: Bond verfolgt mit 56 einen Bösen, der viel jünger ist als er, verschnauft, weil ihm die Puste ausgeht, und sagt sich: Jetzt muß ich mein Gehirn benutzen, um ihn zu schnappen. Ich fand, wenn man Bonds Alter mehr beachtet, würde das die Filme liebenswerter machen."

Hunt, Peter
(Cutter und Regisseur von "Im Geheimdienst Ihrer Majestät")

Auch er ist ein Bond-Veteran und durch seinen exzellenten Schnitt maßgeblich an den Erfolgen der ersten fünf Filme beteiligt. Hunt drehte mit "Im Geheimdienst Ihrer Majestät" einen der Filme, die Flemings Vorlage am nächsten kommen und unter den Fans hohe Achtung genießen. Er wurde am 11. März 1928 in London geboren, studierte Violine am London College of Music, dann Kunstgeschichte an der Universität von Rom und begann in der Filmindustrie als sogenannter Clapper-Boy - das ist der Mann, der vor den Aufnahmen die Klappe schlägt.

Nach seinem Einsatz im Zweiten Weltkrieg arbeitete er sich vom Assistenz-Cutter zum Cutter hoch. Sein wahres Können zeigte sich bei den Bond-Filmen. Seine Fähigkeit trug viel dazu bei, ihnen das richtige Tempo zu verschaffen. "Ich fragte Terence Young, ob ich eine Szene so schneiden kann, wie ich das für richtig hielt, und fragte ihn, ob er sie mochte. Ich schnitt so schnell, daß es fast keine Pause zwischen den Dialogen gab. Wenn Bond zur Tür hereinkam und auf eine Bar schaute, dann hatte er im nächsten Bild bereits ein Glas in der Hand. Es gab keinen langen Gang über den Korridor, keine Bewegung von Ort zu Ort. Terence fragte mich, ob ich den ganzen Film

so schneiden könne, und so begann der schnelle Schnitt in den Bond-Filmen." Hunt eliminierte beispielsweise alle Dialoge Robert Shaws bis hin zum ersten Aufeinandertreffen mit Bond, um ihn gefährlicher wirken zu lassen, und setzte durch das Tempo der berühmt gewordenen Prügelei im Abteil des Orient-Expresses einen neuen Standard. "Bei den Kampfszenen machte sich das exzellent. Als Ergebnis veränderte sich das ganze Tempo des Filmemachens."

Nachdem er die ersten fünf Filme geschnitten und teilweise die Aufnahmen des zweiten Drehteams geleitet hatte, versprach man ihm die Regie für "Im Geheimdienst Ihrer Majestät". Seine Umsetzung des Stoffes wurde weltweit gelobt. Für ihn ist der Film "auch eine Liebesgeschichte. Wir erleben Bond als einen Mann mit echtem Gefühl - als einen Mann, den die Liebe gepackt hat". Die "Filmkritik" textete: "Peter Hunt ist ein Mann der brillanten, atemverschlagenden Spezialeffekte. Beim Ski-Inferno, beim Eisrennen und bei der Bobfahrt zeigt er den Meister - hinreißende Minuten treiben einem den kalten Schweiß auf die Stirn."

Im Anschluß wurde Hunt die Regie von "Diamantenfieber" angeboten, aber er lehnte ab, weil er "nicht als Bondfilm-Regisseur" bekannt werden wollte, und inszenierte unterschiedlich erfolgreiche Abenteuerfilme wie "Gold" (1974), "Rivalen gegen Tod und Teufel / Brüll den Teufel an" (1976), beide mit Roger Moore, die Mini-Serie "Die letzten Tage von Pompeji", "Wild Geese II", "Inchon" sowie weitere Filme mit Charles Bronson.

Julienne, Remy
(Stunt Koordinator)

"Das Wichtigste bei diesen Aufnahmen ist die genaue Planung. Man muß Autos und Betei-

Regisseur Irvin Kershner mit Sean Connery bei den Dreharbeiten von "Sag niemals nie" auf den Bahamas.

ligte zur rechten Zeit am rechten Ort haben und choreographieren wie ein Ballett, dann kann gar nichts schiefgehen. Es ist vollkommen egal, ob man nun mitten in der Stadt oder auf einem Feld dreht." Das sagt Remy Julienne, einer der führenden Auto-Stunt-Spezialisten der Welt. Bekannt wurde der Franzose duch seine spektakulären Werbespots für Fiat, in denen er mal von Hochhaus zu Hochhaus sprang oder einen Wasserfall hinunterrauschte. Für den Thriller "The Italian Job" schuf er eine sensationelle Autojagd mit Mini-Coopern, vielfach war er für Jean-Paul Belmondo und Alain Delon im Einsatz. Seit John Glens erster Bond-Regie "In tödlicher Mission" war er bei allen 007-Filmen mit Ausnahme von "Moonraker - Streng geheim" aktiv, denn da gab es keine Autojagd.

Kershner, Irvin
(Regisseur von "Sag niemals nie")

Der am 29. April 1923 in Philadelphia geborene Kershner hatte bereits 1966 mit Connery zusammengearbeitet und den Film "Simson ist nicht zu schlagen" inszeniert, bevor er zu Bond kam. Später drehte er die erfolgreiche Fortsetzung von "Krieg der Sterne", "Das Imperium schlägt zurück", und "Robocop". Als er hörte, daß Connery als Bond wieder zur Verfügung steht und sein Bekannter Jack Schwartzman produziert, interessierte er sich sofort für den Film "Sag niemals nie": "Ich habe zunächst Flemings Roman 'Feuerball' erneut gelesen und fand die richtige Mischung aus Ton und Text. Dann sah ich mir die alten Filme an und strich sie wieder aus meinen Gedächtnis. So begann ich, als hätte es keinen anderen Bond-Film gegeben." Daher bezeichnet er das Werk auch nicht als Remake, sondern als "Re-Interpretation" von Flemings Buch.

Die langen Dreharbeiten empfand er als "sehr anstrengend und ermüdend". Kershner führte vor Drehbeginn lange Gespräche mit seinem Star Sean Connery, hatte nichts als Lob für ihn übrig und hob vor allem seine Professionalität hervor: "Er hat Bond gemacht, es wäre lächerlich gewesen, nicht auf ihn zu hören."

Klein, Jordan
(Kameramann von vier Filmen)

Der am 1. Dezember 1925 in Miami geborene Unterwasserkameramann arbeitete an vier Bond-Filmen: "Feuerball", "Man lebt nur zweimal", "Leben und sterben lassen" und "Sag niemals nie". Für "Feuerball" übernahm er auch Konstruktionsaufgaben. Er baute das Mini-U-Boot, mit dem die Bomben transportiert wurden. Es war etwa 6,10 Meter lang, wog 3.880 Pfund und hatte negativen Auftrieb. Es wurde von drei 3,5-PS-Elektromotoren angetrieben - einer an jeder Seite, einer hinter dem Cockpit -, die jeweils umschaltbar waren, so daß es auch kehrtmachen konnte. Höchstgeschwindigkeit: 4,5 Knoten. Sechs vorn angebrachte Kanonen feuerten knapp 1,40 Meter lange Speere per Druckluft unter Wasser. Klein entwickelte auch die Scooter, die knapp 3,50 Meter lang sind und von 3,5 PS starken Elektromotoren angetrieben werden. Für alle diese Geräte hatte er nur drei Wochen Zeit. Zudem entwickelte er in nur fünf Tagen Bonds Düsenrucksack, den er in einem Gespräch mit John Cork als "Aston Martin unter Wasser" bezeichnete. Drei baugleiche Modelle entstanden, von denen nur eines fehlerfrei funktionierte. Zumeist wurde ein Double Connerys an feinen Drähten durch das Wasser gezogen. Klein ist in "Feuerball"

auch kurz zu sehen. Er steuert das Mini-U-Boot, das die Bomben transportiert.

Kleinman, Daniel
(Titel-Designer)

Nach dem Tod von Maurice Binder übernahm der Brite die Aufgabe, eines der Markenzeichen der Bond-Filme zu gestalten - den aufwendigen Titelvorspann. Kleinman hatte 1977 die Kunsthochschule abgeschlossen, als Illustrator gearbeitet und Plattencover entworfen. Mit der Gestaltung des Musikvideos "Wheels of Industry" für die britische Band "Heaven 17" im Jahr 1983 hatte er großen Erfolg als Regisseur. Er schuf mehrere hundert Videos und drei einstündige HBO-Specials für Prince, Madonna und Van Halen. 1989 inszenierte er das Musikvideo für Gladys Knight's Bond-Song "Licence To Kill", was ihm den Auftrag einbrachte, den Titelvorspann von "GoldenEye" zu entwickeln.

"Waffen, kräftige Farben und ironischer Humor in komprimierter Form kamen mir in den Sinn, als ich von der Story erfuhr", erzählte er in einem Interview. Seine Arbeit sieht er als "eine Variation der Vorspanne von Binder, aber nicht als Wiederholung" und gesteht der Titelsequenz durchaus ein "kitschiges Element" zu. Der Vorspann zu "GoldenEye" wurde in vier Tagen gefilmt, doch die gesamte Produktion dauerte drei Monate. Das größte Problem bestand darin, Song und Vorspann auf die vorgeschriebene Länge von zwei Minuten und 45 Sekunden zu kürzen. Aufgrund des großen Erfolges wurde Kleinman mit neuen Aufträgen überhäuft, so daß er zögerte, die Arbeit an "Der Morgen stirbt nie" anzunehmen. Letztlich konnte er aber nicht absagen.

Lamont, Peter
(Ausstatter, Produktionsdesigner)

Der am 12. November 1929 geborene Eng-
länder begann als Laufbote in den Pinewood
Studios, erhielt ein Stipendium für die High
Wycombe School für Kunst und Handwerk
und orientierte sich nach dem Krieg in Rich-
tung Kameraarbeit. Doch dann nahm Desi-
gnerin Carmen Dillon ihn unter ihre Fittiche,
und er brachte es bis zum Szenengestalter.
Über die Arbeit an dem Connery-Film "Die
Strohpuppe", der von Peter Murton und Ken
Adam ausgestattet wurde, kam er zur Bond-
Serie und begann als technischer Zeichner für
"Goldfinger". "Meine erste Aufgabe war es, die
Außenansicht von Fort Knox zu zeichnen."
Danach diente er sich über den "Hauptzeich-
ner" zum Set Decorator und vom Co-Art-
Director zum Chef der Abteilung hoch und
übernahm den Posten des Art Directors bei "In
tödlicher Mission", als Ken Adam die Serie
verließ. So schuf er etwa für "Octopussy" das
ausladende Bett, den indischen Markt und einen Teil der Tempel, für "Der Hauch des Todes" den marokkanischen Harem, die Waffen-
galerie Whitakers und das Labor von "Q"
sowie sämtliche Bauten für "Lizenz zum Töten" und "GoldenEye". Zwischenzeitlich war
er für den Schwarzenegger-Film "True Lies"
tätig. Er wurde dreimal für den Oscar und den
Britischen Academy Award nominiert.
Für seine Arbeit an James Camerons "Titanic"-
Film gewann er 1998 schließlich einen Oscar.

Maibaum, Richard
(Drehbuchautor)

"Ich habe Ian Flemings spannungsgeladene,
einfallsreiche Kriminalromane bei ihrer
Transponierung auf die Leinwand unterschwellig ein bißchen durch den Kakao gezo-

Der langjährige Drehbuchautor Richard Maibaum.

gen und das hinzugefügt, was bei Fleming
fehlte: Humor." Das sagte Richard Maibaum,
Autor oder Co-Autor von 13 Bond-Filmen.
Der am 26. Mai 1909 geborene New Yorker
hatte mit Spionagegeschichten ursprünglich
nichts zu tun. Er studierte an der Universität
von Iowa und produzierte schon mit 19 sein
erstes Stück am Broadway. Nach einem kleinen Intermezzo mit dem Shakespeare Reper-
toire Theater drehte er Armeefilme, ging nach
Hollywood und schrieb dort Drehbücher.
Dazu zählt auch eine Arbeit als Assistenzautor
für Hitchcocks Film "Mord".
Er freundete sich mit Alan Ladd an, der drei
Filme für Broccolis frühere Produktionsgesellschaft Warwick Films drehte. 1951 ging
Maibaum nach London, schrieb Bücher für
Broccoli und kehrte dann in die USA zurück,
um für das MGM-Fernsehen zu arbeiten.
Schließlich wurde er gebeten, auch für Bond

zu schreiben. Sein Arbeitsablauf war bei allen Drehbüchern gleich: "Während ich schreibe, sehe ich jede Szene genau vor mir. In neun oder zehn Wochen ist der erste Entwurf fertig. Wenn ich gut vorankomme, schreibe ich zwölf, 14 oder gar 16 Stunden pro Tag. Falls es Probleme gibt, löse ich die meist im Schlaf. Danach spreche ich mit den Produzenten und dem Regisseur und mache für die nächsten vier bis sechs Wochen Überarbeitungen. Wenn schließlich bestimmte Stars verpflichtet werden, ändere ich eventuell etwas. Als beispielsweise bekanntgegeben wurde, daß Honor Blackman 'Pussy Galore' spielen würde, mußte ich eine Szene haben, wie sie Bond aufs Kreuz legt, denn ich wußte, daß die Fans der Serie 'Mit Schirm, Charme und Melone' das lieben würden."

Roger Moore hat er nie richtig gemocht. Für Maibaum mußte Bond von einem Mann gespielt werden, der physisch in der Lage ist, Leistung zu erbringen. "Sean ist überzeugender, Roger unglaubwürdig. Roger macht ab und zu Drehbuchveränderungen und denkt sich Texte aus, aber manche davon sind schrecklich. Sean hatte immer sehr witzige Ideen." Die ständig neuen technischen Tricks, die in die Bond-Filme Eingang fanden und nicht aus Flemings Romanen stammten, kommentierte er so: "Unsere einzige Entschuldigung dafür ist, daß diese Einfälle existieren und geradezu danach schreien, für Bond verwendet zu werden." Zu den vielen Spannungsmomenten kam er durch Hitchcock: "Er sagte mir: wenn ich 13 'bumps' habe, dann habe ich einen aufregenden Film. Die 'bumps', das sind Schocks, Höhepunkte oder aufregende Momente. Die alte Dame, die in 'Goldfinger' plötzlich mit einem MG auftaucht, ist so ein 'bump'. Von Anfang an waren die Produzenten und ich mit 13 'bumps' nicht zufrieden. Wir wollten immer 39 schaffen." Das Schwierigste für ihn war, immer eine neue

Kapriole für den Bösewicht zu finden. "Das trieb uns manchmal die Wände hoch", sagte Maibaum. "Meine Lieblingsszene ist die aus dem ersten Film, wo Ursula Andress aus dem Wasser kommt, die Sonne auf den Beinen, und das Wasser perlt von ihrem Körper ab. Das werde ich nie vergessen." Richard Maibaum starb am 11. Januar 1991 in Los Angeles.

Mankiewicz, Tom
(Drehbuchautor)

Mankiewicz wurde als Autor bei "Diamantenfieber" hinzugezogen, um das bereits vorhandene Drehbuch zu überarbeiten. Der am 1. Juni 1942 in Los Angeles geborene Autor hatte zuvor das Musical "Gregory Girl" geschrieben und wurde daraufhin vom Chef der United Artists, David Picker, Broccoli empfohlen. Broccoli gab ihm einen Vertrag für zwei Wochen, er bekam 2.500 Dollar und gab nach Ablauf ein 40seitiges Treatment ab. Die Idee wurde angenommen, so daß er das nächste halbe Jahr mit dem Film verbrachte. Er entwarf ein Szenario, in dem Blofeld in einer Salzmine versank und Bond an einem großen Wetterballon hing, den er an sein Mini-U-Boot gebunden hatte. Die Szenen wurden in Mexiko gedreht, aber nicht verwendet. Mankiewicz wurde immer wieder vorgeworfen, mit seinen drei Drehbüchern "Diamantenfieber" (1971), "Leben und sterben lassen" (1973) und "Der Mann mit dem goldenen Colt" (1974) den Stil der Filme extrem verändert und vor allem zu viel albernen Humor eingeführt zu haben. Doch er sah das anders: "In dem Moment, als Connery in 'Goldfinger' den Schleudersitz auslöst und das Publikum losbrüllt, hat sich die Serie gedreht. Wenn ein Auto per Riesenmagnet von der Straße gehievt wird, kann man keine ernsthafte Geschichte mehr schreiben. So wurde Bond zu Disney", sagte er in einem Interview mit Richard Schenkman. Für "Leben und sterben lassen" gab es eine Szene, in der Bond mit Blofeld auf einer Kaffeeplantage kämpft und beide in eine riesige Kaffeemaschine rutschen. Als man dann in Jamaika zufällig auf die Krokodilfarm stieß, wurde diese Szene kurzerhand ersetzt. Es gab auch die Idee, Honey, das Mädchen aus dem ersten Film, zurückzubringen, doch man ließ sie wieder fallen. Aufgrund von persönlichen Auseinandersetzungen zwischen ihm und Regisseur Guy Hamilton bezeichnete Mankiewicz den "Mann mit dem goldenen Colt" als Fehlschlag.

Tom Mankiewicz arbeitete auch als einer von vielen Autoren an "Der Spion, der mich liebte" und konstruierte eine Basisidee für "Moonraker - Streng geheim". Darin ging es um das Kidnapping eines Space-Shuttles, eine weibliche Killerin mit Pfeil und Bogen namens "The Archer" sowie Szenen im Himalaya. Zudem ersann er eine Prügelei mit drei Fakiren in Bombay. Beide Drehbücher wurden von Christopher Wood fortgeführt, Mankiewicz wurde nicht genannt.

McClory, Kevin
(Co-Produzent von "Feuerball" und "Sag niemals nie")

Der 1926 geborene Ire McClory arbeitete für den Produzenten Michael Todd an dessen epochalem Werk "In 80 Tagen um die Welt" und produzierte den Film "Boy and The Bridge", bevor er zu Bond kam. Schon 1957 ließ sich der exzellente Taucher auf den Bahamas nieder. Zwei Jahre später wurde er durch Ernst Cuneo mit Fleming bekannt gemacht und arbeitete mit ihm an einer Reihe von Filmdrehbüchern, da ihm die Romane so nicht gefielen: "Ich hatte nicht den Eindruck, daß sie kinogerecht sind. Ich sagte Fleming

voraus, daß Bond einen Riesenerfolg haben wird, ich ihn aber gern mit besonderen Merkmalen ausstatten, ihm vor allem die Unterwasserwelt näherbringen möchte. Ian stimmte mir zu, und wir arbeiteten zusammen an einer Geschichte, die auf den Bahamas spielen sollte. Dann schrieb ich mit Jack Whittingham ein Drehbuch, das folgende Bestandteile hatte: ein Bomber, der mit Atomwaffen bestückt ist und über dem Atlantik verschwindet, Zwei-Mann-U-Boote, die ich aus dem Krieg noch kannte, und Unterwasserhöhlen, die mir von den Bahamas vertraut waren. Ian stimmte zu, daß diese Elemente zu dem Drehbuch paßten. Dann kam er mit seinem eigenen Buch heraus, und ich verklagte ihn." Drei Jahre dauerte es bis zu einem Gerichtsprozeß, in dem nach zehntägiger Verhandlung die Entscheidung fiel, daß die Filmrechte an "Feuerball" McClory gehörten und Fleming in allen weiteren Büchern die Herkunft der Geschichte angeben mußte. McClory arbeitete später als ausführender Produzent an dem Remake von "Feuerball" mit dem Titel "Sag niemals nie", und er besitzt weiterhin die Rechte an unverfilmten Geschichten. Nach dem großen Erfolg von "GoldenEye" kündigte er in Branchenblättern ein weiteres Bond-Projekt mit dem Titel "Warhead 2000 A. D." an, das jedoch nie realisiert wurde. Nachdem er in den USA einen Prozeß gegen MGM/UA und Eon Productions verlor, bot er im Mai 2002 während der Filmfestspiele in Cannes in Branchenblättern seine Rechte an der Figur des James Bond an und verwies auf den Erfolg von "Feuerball". Ob es jemals zu einer Eon-Konkurrenzproduktion kommen wird, ist jedoch fraglich.

Meddings, Derek
(Modellbau und Spezialeffekte)

Nachdem John Stears aus der Serie ausgestiegen war, übernahm der 1931 geborene Brite Derek Meddings die Aufnahmen, für die Modelle und Trickeinstellungen gefordert waren. Er begann als Assistent im Art Department der Denham Studios, denn beide Elternteile waren im Filmgeschäft tätig: seine Mutter als Stand-In für Merle Oberon, sein Vater als Tischler für Alexander Korda. Meddings arbeitete zunächst als Matté-Painter für verschiedene Hammer-Produktionen und wurde dann als Modellbauer der Gerry-Anderson-TV-Produktionen "Captain Scarlett", "Thunderbirds" und "UFO" bekannt. Für "Superman" bekam er 1978 einen Oscar, wurde für "Moonraker" nominiert, verlor aber gegen das Team von "Star Trek - Der Film". Ausstatter Syd Cain brachte ihn zu Bond. Er begann bei "Leben und sterben lassen", baute ein Miniatur-Mohnfeld, das dann effektvoll gesprengt wurde, und wirkte an fünf weiteren Filmen mit. Für "Der Mann mit dem goldenen Colt" schuf er erstaunliche Illusionen. So gibt es Einstellungen von Totalen im Hafen von Hongkong mit der querliegenden Queen Mary und einem ankommenden Polizeiboot - alles Modelle. Auch der explodierende Felsblock vor Scaramangas Insel war künstlich. "Ihn im kleinen zu reproduzieren war schwierig. Wir mußten einen ganzen Garten auseinanderreißen, nur um die richtige Bepflanzung zu verwenden. Man muß sehr behutsam damit umgehen, sonst funktioniert die Illusion nicht. Die richtige Farbe ist immer ein Problem. Letztendlich war die künstliche Insel etwas über 30 cm hoch. Auch das Innere von Scaramangas Hauptquartier wurde von uns nachgebaut und in die Luft gesprengt." Für den Film "Der Spion, der mich liebte" erbaute Meddings den Supertanker "Liparus", der schon als Modell über immense Ausmaße verfügte: Er war über 30 cm breit und 19,20 Meter lang. Die U-Boot-Modelle hatten Ausmaße von knapp 6,10 Meter. Für die Explosionen an Bord gab es Aufnahmen an Deck eines echten Tankers, an Bord des Modells mit mechanisch angetriebenen Puppen und einem ferngesteuerten Hubschrauber. Man fragte bei Shell nach, ob man einen Tanker benutzen könne, um Teile des Oberdecks zu sprengen, erhielt dafür jedoch eine Absage. "Bei der Premiere kamen Leute von Shell und sagten zum Regisseur oder dem Produzenten: 'Wir können uns gar nicht daran erinnern, daß ihr einen unserer Tanker benutzt habt', und ich sagte: 'Wir haben keinen benutzt, es waren alles Modelle.' Sie waren ganz verdutzt." Für Strombergs Unterwasserstation "Atlantis" schuf Meddings ein Modell und eine hydraulisch angetriebene Unterwasserinsel, die es langsam an die Oberfläche brachte. Auch die Modelle des unterwassertauglichen "Lotus Esprit" stammen von Meddings. Zu seiner Arbeit sagte er: "Ich denke, die Aufnahmen in diesem Film waren eine echte Leistung. Regisseure und Produzenten sind gegenüber Modellen immer voreingenommen. Sie erinnern sich an die schlechtesten Modellaufnahmen, die sie je gesehen haben, glauben, daß eine Mischung aus wunderbaren Bildern und schlechten Tricks entsteht und daß dasselbe auch mit ihrem Film passiert." Für den nächsten Bond schuf Meddings eine ganze Anzahl von verschieden großen Modellen. So entstand die komplette Raumstation unter seiner Federführung, aber auch die Space-Shuttles. "Wir hatten zwei Shuttles, die etwa 18 cm lang waren, ein sechs Zentimeter langes Modell, eine ganze Flotte in verschiedenen Größen für die Totalen, und etwa 13 cm lange Modelle für die Aufnahmen der Starts." Gerade diese Szenen waren problematisch, da die Hitze beim Start den leicht entflammbaren Modellen immer wieder Schaden zufügte. Also verwendete er "Motoren" ganz besonderer Art, eine Mischung aus Magnesium und Schießpulver. Das brennende Ende des Modells wurde zur Abschottung aus leichtem Aluminium hergestellt. "Jeder unserer 'Motoren' hatte trickreiche, sich öffnende Halterungen an den Seiten. Sofort nach der Zündung lief ein Techniker, mit Asbest-Handschuhen und Schutzbrille bewaffnet, hinzu, zog einen Stift an der Seite des Shuttle, den die Kamera nicht sehen konnte, um so die explosive Mischung vom Boden des Modells zu lösen. Darunter war eine Metallkiste, um die Reste aufzufangen, damit das Studio nicht in Flammen aufging." Einmal lief das Ganze jedoch schief, und eines der Modelle verbrannte fast. Bei "In tödlicher Mission" jagte Meddings den Hafen von Korfu in die Luft, aber auch das war ein Modell. "Selbst Leute, die an dem Film arbeiteten, aber mit anderen Dingen zu tun hatten, fragten mich, wann ich die Erlaubnis erhalten hatte, die Hafenfassade zu sprengen. Danach fühlte ich mich sehr gut." Derek Meddings starb nach den Dreharbeiten von "GoldenEye" am 10. September 1995 in London an Krebs. Der Film ist ihm gewidmet.

Moore, Ted
(Kameramann von sieben Filmen)

Der am 7. August 1914 geborene Kameramann fotografierte sieben James-Bond-Filme und erhielt 1966 einen Oscar für seine Arbeit bei Fred Zinnemanns "Ein Mann zu jeder Jahreszeit". Der "New Yorker" schrieb in einer Kritik über ihn, daß er für seine Leistung, wie er Jamaika in dem ersten Film "James Bond - 007 jagt Dr. No" präsentierte, "dort einen Ritterschlag" erhalten sollte. Er starb 1987.

Peak, Bob
(Plakatdesigner)

Der 1927 in den USA geborene Illustrator schuf das Plakatdesign des Films "Der Spion, der mich liebte" und galt als einer der angesehensten Künstler in der Branche. Über 40 seiner Arbeiten erschienen auf dem Cover des "Time-Magazine". Zu Anfang seiner Karriere war er für die Kampagne rund um den Marlboro-Mann verantwortlich. Später entwarf er bekannte Plakate für Filme wie die "Star Trek"-Serie, "My Fair Lady", "Apocalypse Now" und "Excalibur". Er wurde mit einer Reihe von Preisen ausgezeichnet, darunter auch dem Hall of Fame Award der Society of Illustrators. Er starb am 31. Juli 1992.

Richardson, John
(Spezialeffekte)

Der 1945 geborene Engländer schuf die Spezialeffekte für fünf Bond-Filme, arbeitete aber auch an "Der große Gatsby", "Das Omen", "Superman" oder "Highlander II". Er gewann für "Aliens - Die Rückkehr" 1986 einen Oscar und war für "Cliffhanger" nominiert. "Wenn ich ein neues Bond-Drehbuch in die Hand bekomme, ist es immer wie ein Schock", gestand er der Zeitschrift "Kino". "Zunächst tritt mir der Schweiß auf die Stirn, und ich denke: Das läßt sich niemals realisieren. Doch dann setzen wir uns alle zum Brainstorming zusammen. Und bisher ist uns immer noch eine Lösung eingefallen." So kam man für "Octopussy" auf die Idee, den Düsenjet quer auf einen Jaguar zu bauen und hydraulisch zu lagern, um den Flug zu simulieren, dabei aber gemächlich zu fahren. Auf der Rückbank saßen Techniker, die steuerten. Auch ein ferngesteuertes Modell kam zum Einsatz. Für die Autofahrt auf Schienen wurde die Karosserie des Mercedes verbreitet und der Wagen per Druckluft in einen See katapultiert. Für "Im Angesicht des Todes" benutzte Richardson drei und zwölf Meter lange Modelle des Zeppelins, die an einem Kran hingen. Für "Der Hauch des Todes" schuf er ein Brückenmodell von sieben Meter Höhe und 20 Meter Länge, das gesprengt wurde.

Saltzman, Harry
(Produzent)

Harry Saltzman wurde am 27. Oktober 1915 in Sherbrook, in der kanadischen Provinz Quebec, geboren (andere Quellen nennen auch St. John, New Brunswick, als seinen Geburtsort). Seine Eltern waren Artisten und traten in Vaudeville-Theatern und im Zirkus auf. Als Harry zwei Jahre alt war, zog die Familie in die USA. Im Zweiten Weltkrieg diente er bei der Kanadischen Luftwaffe und fand danach eine Anstellung im Film- und Fernsehgeschäft. Er fungierte als Produzent der "Robert Montgomery Show", schuf den Film "Der eiserne Unterrock" mit Bob Hope und Katherine Hepburn und tat sich kurz danach mit dem Dramatiker John Osborne und dem Regisseur Tony Richardson zusammen, um die Produktionsfirma Woodfall Films zu gründen. Sie kreierten in den 60er Jahren eine Reihe ungewöhnlicher Filme und wurden mit Adaptionen populärer Romane mit Anti-Helden aus der Arbeiterklasse und von Theaterstücken, die zumeist aus dem angesehenen Royal Court Theatre in London stammten, bekannt. Es entstanden "Blick zurück im Zorn" (1959) mit Richard Burton, "Der Komödiant" (1960) mit Laurence Olivier, "Samstagnacht bis Sonntagmorgen" (1960) mit Albert Finney und "Bitterer Honig" (1961). Schließlich erwarb Saltzman eine Option für die James-Bond-Stoffe, traf auf Albert R. Broccoli und

gründete mit ihm die Produktionsgesellschaft Eon Productions. Gemeinsam schufen sie die ersten neun Bond-Filme mit Ausnahme von "Casino Royale". Die Partnerschaft endete nach dem Film "Der Mann mit dem goldenen Colt" 1975, und Saltzman verkaufte seine Anteile an die Verleihfirma United Artists. Broccoli meinte damals dazu: "Man kann sagen, daß unsere Partnerschaft immer unterkühlter wurde, aber sie funktionierte auch deshalb nicht mehr, weil Harry sich mehr mit Technicolor und der Herstellung von Hardware beschäftigen und ich einfach nur Filme machen wollte."

Zigarrenraucher Saltzman war immer gut gekleidet, von Grund auf optimistisch, glücklich verheiratet, belesen, mit breiten Interessen und immer generös. Er sprach fließend französisch, war in London, Paris und Istanbul zu Hause, kaufte immer viele Geschenke für seine Freunde und konnte nur schwer begreifen, daß er selbst so populär wurde. Nach seinen ersten englischen Filmproduktionen vor 007, die ihm durchweg gute Kritiken einbrachten, orakelte er: "Vor kurzem hat mich die englische Zeitschrift 'Sight and Sound' zu einem Helden erklärt, aber nach dem ersten Bond-Film werden sie mich zu einem Monster machen." Genau das passierte jedoch nicht, auch wenn er eine gewisse Distanz zu der Figur immer spüren ließ. "Wäre Bond ein echter Spion, wäre er in zwölf Sekunden tot. Spionage ist ein Geschäft für Introvertierte, aber Bond versteckt sich nirgendwo, er stellt sich überall mit seinem Namen vor."

Saltzman begeisterte sich vor allem für die Technik, hatte eine große Anzahl von technischen Zeitschriften abonniert und studierte sie im Hinblick auf neue Tricks für 007. Er stellte die Kontakte zu Entwicklern her, sah sich Erfindungen an und baute sie gegebenenfalls in die Filme ein. Daher sind die technischen Tricks in "Feuerball" auch über-

wiegend ihm zu verdanken. "Was wir getan haben", gestand er, "ist, eine moderne Mythologie zu kreieren. Jeder Kerl will Bond sein, und jede Frau will von ihm gejagt werden."
Neben seinem Engagement als Bond-Produzent sah sich Saltzman auch immer nach anderen Stoffen um. So entstand die Harry-Palmer-Agentserie mit Michael Caine ("Ipcress - Streng geheim", "Finale in Berlin", "Das Milliarden-Dollar-Gehirn"). Saltzmans weitere Produktionen waren die Kriegsfilme "Ein dreckiger Haufen" und "Luftschlacht um England" sowie der 1980 entstandene Tanzfilm "Nijinsky". Im Jahr 1970 wurde er Eigner der Firma Technicolor Inc.
Seine Wohnung am Grosvenor Square in London kaufte er von Frank Sinatra. Zudem besaß er in Neuilly bei Paris ein Anwesen. Nach dem Tod seiner ersten Frau Jacqueline heiratete er Adriana. Er starb am 28. September 1994 in Neuilly, nachdem er schon lange halbseitig gelähmt war. Er hinterließ einen Sohn und eine Tochter.

Schwartzman, Jack
(Produzent von "Sag niemals nie")

Der am 22. Juli 1932 geborene Amerikaner Jack Schwartzman war ausführender Produzent von Lorimar Pictures, als die Firma McClorys 007-Projekt ablehnte. Er verließ die Firma, gründete seine eigene Produktionsgesellschaft mit dem Namen Talia-Film, benannt nach seiner Frau, der Schauspielerin Talia Shire, nahm Kontakt zu McClory auf und finanzierte den Film über Vorabverkäufe. Seine juristischen Kenntnisse trugen zum Gewinn des Prozesses gegen Eon bei. Doch seine Unerfahrenheit bei der Filmproduktion führten zu einer Reihe von Problemen bei der Herstellung von "Sag niemals nie". Dafür wurde er von Sean Connery scharf

kritisiert.
Später gab er zu, daß er sich selbst überschätzt und nicht genau gewußt hätte, worauf er sich einließ. Schwartzmans ursprüngliche Planung, den Film vor dem Konkurrenzprojekt "Octopussy" oder zeitgleich herauszubringen, scheiterte an Nachdrehs auf den Bahamas. Erste Testvorführungen waren zudem eher ernüchternd. Schwartzman war so enttäuscht über den Soundtrack von Michel Legrand, daß er mehrfach die Absicht äußerte, einen anderen Komponisten zu engagieren und den Film erneut zu veröffentlichen; doch dazu kam es nie. Er starb im Juni 1995 in Los Angeles an Krebs.

Simmons, Bob
(Stuntman und Double)

Bob Simmons sagt über sich: "Ich wurde in der Schauspielschule geboren. Als ich noch ein Kind war, ging ich zur Gordon Academy, wo du einen halben Tag mit Unterricht verbringst und die andere Hälfte mit Bewegung, Akrobatik. Schauspieler werden wollte ich nie." Der am 31. März 1933 in Fulham, England, geborene Simmons ist ein alter Freund von Roger Moore, mit dem er eine Zeitlang zusammen im Londoner Coliseum auftrat. Er ist ein guter Boxer, gewann drei Schulmeisterschaften und ging in die Armee. Schon bei Cubby Broccolis Warwick-Filmen wie "Red Beret" mit Alan Ladd war er aktiv. Simmons begann als Stunt Arranger, wurde dann Director of Action und schließlich Second Unit Director. "Bevor die Serie begann, trainierte ich sechs Wochen lang Sean Connery, damit er in Form kam. Dann wurde ich sein permanentes Stunt-Double", erzählte Simmons. Lewis Gilbert bezeichnete ihn nach den Dreharbeiten von "Man lebt nur zweimal" als "sicher besten Stuntman-Kampf-Arrangeur unserer Zeit". Über seinen Job sagte

Simmons: "Ich muß auf Leute wie Sean oder Roger aufpassen. Sie wollen beide mehr machen, als ich ihnen erlauben darf. Sean sagte immer zu mir: 'Was muß ich tun, und was tust du für mich?' Generell mache ich zuerst einen Plan des Kampfes, dann wird das Ganze mit einem Double gedreht, und danach werden die Szenen mit Sean aufgenommen, die die Bilder ersetzen, in denen der Kopf des Doubles zu sehen ist. Sean blieb manchmal bis 22.00 Uhr, nur der Nachtwächter war noch da. Er war immer so eifrig bemüht und gut." Bei allen Bond-Dreharbeiten hat Simmons sich nicht einmal verletzt, und das, obwohl er so gefährliche Szenen drehte wie in "Feuerball". Dort schwamm er mit neun Haien in einem Pool. Nach seiner Arbeit für "In tödlicher Mission" wurde er als erster Stuntman mit dem Hollywood Hall of Fame Award ausgezeichnet. Ein Engagement beim "Krieg der Sterne" hat Simmons abgelehnt. "Ich habe die Handlung nicht verstanden und wollte nicht mit Robotern kämpfen." Bevor die Produktion von "Im Angesicht des Todes" begann, verletzte sich Simmons am Bein, wurde durch Martin Grace ersetzt und stand lediglich als "kreativer Berater" zur Verfügung. In der Autobiographie "Nobody Does it Better" gab er seine Erfahrungen aus 40 Jahren Filmarbeit, wozu auch zehn Bond-Filme zählen, weiter. Er starb 1988.

Smolen, Donald
(Marketing, Design und Werbung)

Smolen war ab 1965 für den "Look" der Filme in Anzeigen- und Plakatwerbung zuständig und hat großen Anteil am Erfolg und Verkauf der Serie. Zwölf Jahre lang prägten er und zwei Illustratoren das Bond-Image. Frank McCarthy war Spezialist für historische Westerngemälde, explosive Details, technische Tricks und heldenhafte Action. Robert McGinnis, bekannt geworden durch über 1.500 Buchillustrationen, war für den Glamour und die Gesichter zuständig. Schon mit ihren Entwürfen für den Film "Feuerball" setzte das Trio einen neuen Standard. Ausgehend von einer Serie von sechs Skizzen, von denen vier verwendet wurden ("Bond taucht auf" mit Düsenrucksack, "Bond taucht unter" als Unterwasserszene, Bond zwischen vier Mädchen, Bond erschießt vom Strand aus Taucher), einer in einigen wenigen Ländern (Bond läßt sich von einer vollbusigen Frau massieren) und einer fast nie (Bond und Domino in Liebesszene unter Wasser), bestimmten sie das äußere Erscheinungsbild. 30 Jahre nach der Premiere von "Feuerball" tauchte dann noch ein weiteres Motiv auf, das Bond mit dem Düsenrucksack inmitten vieler kleiner Action-Szenen zeigte, wozu auch der Angriff der Haie gehörte. Mit Genehmigung der Produktion wurde eine limitierte Auflage des Motivs für die Fans nachgedruckt. Aufgrund des großen Erfolges aller Illustrationen entwarfen McGinnis/McCarthy auch alle späteren Plakate bis inklusive "Der Mann mit dem goldenen Colt" (1975). McGinnis erklärte einmal, daß er häufig "aus eigener Vorstellungskraft heraus und auf der Grundlage einiger Fotos" gearbeitet habe, da der Film zu der Zeit, als er den Auftrag bekam, noch nicht fertig war.

Als Smolen nach der Arbeit an "Der Mann mit dem goldenen Colt" United Artists verließ und sich selbständig machte, schuf Bob Peak als Nachfolger von McGinnis/McCarthy unter seiner Regie das Plakat des nächsten Films. Danach war es der New Yorker Künstler Daniel Goozeé, der die Plakate für "Moonraker - Streng geheim", "Octopussy" und "Im Angesicht des Todes" entwarf, ehe Smolen die Gestaltung von "Der Hauch des Todes" übernahm.

1989 engagierte der Verleih Smolen erneut.

Seine Vorschläge für die Werbekampagne von Daltons zweitem Einsatz, "License Revoked", und deren Vorabdruck in dem US-Magazin "Premiere" führten zu einer großen Auseinandersetzung mit der Produktion. Er arbeitete nie wieder für die Bond-Macher.

Spottiswoode, Roger
(Regisseur von "Der Morgen stirbt nie")

Der 1947 in England geborene Sohn des Filmtheoretikers Raymond Spottiswoode begann seine Karriere im Alter von 19 Jahren als Schnittassistent der 1966 entstandenen Komödie "Georgy Girl". Es folgten weitere Dokumentar- und Fernsehfilme, ehe ihn Produzent Daniel Melnick als Cutter für Sam Peckinpahs Film "Wer Gewalt sät" (Straw Dogs) verpflichtete. Daraufhin schnitt er noch zwei weitere Filme für Sam Peckinpah und zwei für Karel Reisz, bevor er 1980 mit "Monster im Nachtexpreß" sein Regiedebüt gab. Zu Beginn der Dreharbeiten seines ersten Bond-Films sagte er in Hamburg: "Einen 007 zu drehen ist ein großes Privileg. Es bedeutet, mehr zu erreichen als das, was man bisher gemacht hat, und mehr zu erschaffen, als man jemals erschaffen hat."

Stears, John
(Spezialeffekte)

Der am 25. August 1934 in Uxbridge, England, geborene Stears begann in den 40er Jahren als Kinderschauspieler in den Denham Studios, besuchte die Kunstschule und interessierte sich für Silberschmiedearbeiten und Fotografie. Danach arbeitete er als Zeichner für das Luftfahrtministerium und baute Modelle. Durch Zufall kam er in die Pinewood Studios, arbeitete dort im Art Department und baute Miniaturmodelle. Auch bei "James Bond - 007 jagt Dr. No" war er als Assistent von Frank George dabei, wurde aber in den Titeln nicht genannt. Für "Liebesgrüße aus Moskau" baute er den ersten Modell-Hubschrauber, der in der Filmindustrie benutzt wurde. Er hatte einen 27-ccm-Motor. Für "Goldfinger" arbeitete Stears mit Ken Adam an dem berühmten Aston Martin und schuf den Effekt des Laserstrahls. "Ich baute eine Takelung unter den Tisch, die sich sehr langsam bewegte, und eine spezielle Röhre, so daß ich eine lange Flamme erhielt, die gut kontrollierbar war. Auf dem Tisch lagen anstatt des Goldes Messingplatten, die aber mit Goldfarbe bemalt waren. Dann synchronisierte ich den Laserstrahl mit der Flamme. Er wurde später ins Bild eingefügt." Stears war technisch immer sehr interessiert und hielt ständig nach neuen Erfindungen Ausschau, um sie in den Filmen zu verwenden.

Für "Feuerball" installierte Stears ein paar Extras in den Aston Martin und veränderte auch die Szene der Ermordung von Graf Lippe. In Flemings Roman erledigt Bond den Gangster, indem er eine Handgranate durch das offene Dach eines VWs schleudert. Eine Anlehnung daran findet sich in "Sag niemals nie". Jetzt entwarf Stears ein mit Raketen bestücktes Motorrad. Er baute auch verschiedene Modelle des Vulcanbombers, der auf den Meeresgrund abgesenkt wird, darunter eins in Originalgröße und eins mit etwa 4,60 Meter Spannweite. "Ich mußte dafür ein Gebiet finden, das der Stelle entsprach, an der das Original versenkt wurde. Vier Wochenenden kurvte ich durch die Bahamas, dann fand ich die kleine Insel 'Rose Island' mit lauter kleinen Korallenriffen. Sie war perfekt." Nach seiner Arbeit für die Bond-Filme schuf er die Illusionen für den "Krieg der Sterne" und die beiden Folgen von "F/X - Tödliche Tricks".

Stears starb am 12. Mai 1999 in Kalifornien.

Tamahori, Lee
(Regisseur von
"Stirb an einem anderen Tag")

Der 1950 geborene Neuseeländer wurde nach Fotoarbeiten, Werbespots, einem Fernsehbeitrag und einem Spielfilm 1994 durch das Drama "Die letzte Kriegerin" ("Once Were Warriors") bekannt. Bevor er im Regiesessel Platz nahm, machte er sich vor allem um den Filmton verdient. Seine Fähigkeit, Spannung zu erzeugen, fiel nicht nur dort auf, sondern auch in dem sieben Jahre später gedrehten Thriller "Im Netz der Spinne". "Man kann an den Rollen nicht viel ändern", erklärte der Regisseur zu Drehbeginn des 007-Films. "Wunderwaffen, Frauen und schnelle Autos" werden vorkommen, auch wenn einiges "anachronistisch" erscheint.

Wilson, Michael G.
(Co-Produzent und Co-Drehbuchautor)

Der 1943 in New York geborene Wilson stammt aus einer Schauspielerfamilie. Sein Vater Lou wurde 1923 der erste "Batman"-Darsteller des Kinos. Als Michaels Mutter Dana 1960 erneut heiratete, war der Auserwählte ausgerechnet Cubby Broccoli. Seitdem gehörte Michael im doppelten Sinne zur Bond-Familie. Wilson begann zunächst als Elektroingenieur, wechselte dann die Branche, studierte in Stanford Jura, wurde Anwalt und Steuer-Jurist. Bald unterhielt er gemeinsam mit einem Partner Büros in Washington und New York. Als Harry Saltzman 1975 aus der Produzentenpartnerschaft ausschied, suchte Broccoli einen Ersatzmann, und er nahm seinen Stiefsohn, der Eon ab 1972 schon in Steuerangelegenheiten beraten hatte, für den Film "Der Spion, der mich liebte" als Assistenten des Produzenten auf.

Daraufhin stieg Wilson auf, wurde Ausführender Produzent, zum Teil Co-Drehbuchautor oder Co-Produzent. Kaum bekannt ist, daß er in den Semesterferien bei den Dreharbeiten von "Goldfinger" aushalf und die Crew mit Getränken versorgte.

Privat interessiert sich Wilson für den Tauchsport, sammelt alte Fotografien und Fotoapparate, gilt als Koryphäe auf diesem Gebiet und ist oft Kunde internationaler Auktionshäuser.

Wood, Christopher
(Drehbuchautor)

Wood hatte in Cambridge Wirtschaft und Jura studiert und zunächst in einer Werbeagentur gearbeitet, bevor er nebenbei mit dem Schreiben anfing. 37 Bücher entstanden, bis er mit der humorvoll-erotischen Geschichten-Serie "Confessions of a Window Cleaner" bekannt wurde, die er teilweise unter den Pseudonymen Timothy Lea, Rosie Dixon und Penny Sutton veröffentlichte. Danach schrieb er für Regisseur Val Guest 1976 auch das Drehbuch für den gleichnamigen Film und das Script "Seven Nights in Japan" für Lewis Gilbert. Als Wood den Auftrag erhielt, "Der Spion, der mich liebte" zu inszenieren, arbeitete er zunächst mit dem langjährigen Bond-Autor Richard Maibaum zusammen. "Moonraker - Streng geheim" verfaßte er dann allein. Zusätzlich zu den beiden 007-Drehbüchern erschienen auch Drehbuch-Romanfassungen.

Young, Freddie
(Kameramann)

Der am 9. Oktober 1902 geborene dreifache Oscar-Gewinner Freddie Young ("Lawrence von Arabien", "Dr. Schiwago", "Ryans Tochter"), der zudem noch fünf weitere Male nominiert war, begann 1917 zunächst im Filmentwicklungslabor und achtete auf die Qualität der Filmkopien. Seine erste Arbeit als Kameramann war der 1927 in London entstandene Film "Victory 1918". Der große Durchbruch gelang zwölf Jahre später mit "Goodbye Mr. Chips" von Sam Wood. Es folgten zahlreiche Film-Epen in den 50er Jahren. 1966/67 filmte er den Bond-Film "Man lebt nur zweimal" und sagte dazu: "Wenn man an einem James-Bond-Film arbeitet, dann ist da erst mal unwahrscheinlich viel Geld vorhanden. Geld bedeutet da überhaupt nichts. Du brauchst nie Angst zu haben, daß dir mal ein paar Scheinwerfer fehlen, weil das Geld nicht reicht. Aber ich habe auch andere Erfahrungen gemacht. Es ist sehr wichtig für einen Kameramann, sowohl für einen kleinen billigen Film zu arbeiten als auch für ein großes Epos. Beides schult. Hatte man den Job erst mal akzeptiert, drehte man alle Szenen: vom einfachen Dialog bis zur waghalsigen Verfolgungsjagd. Heute gibt es spezielle 'Aerial-Units' für die Luftaufnahmen oder 'Undersea-Units' für die Unterwasseraufnahmen. Als ich ein junger Mann war, haben wir alles selbst gemacht, da hing man auch mal an einem Sitz außerhalb einer zweimotorigen Maschine, mit einer Handkamera vor den Augen." Bei den Dreharbeiten zu dem 007-Film kam es zu einem folgenschweren Unfall. "Wir waren in Südjapan, wo sich die Vulkanlandschaft befand, in der wir drehten. Die Krater sind voll Wasser, und wir mußten mit einem Hubschrauber soweit wie möglich hinunter, um gute Aufnahmen von den Kämpfen am Kraterrand zu bekommen. Im Studio hatte man das Innere des Kraters nachgebaut. Die Hubschrauber konnten durch ein geöffnetes Tor bis auf den Boden des Studios fliegen. Ich habe die Aufnahmen vom Boden gemacht. Nachdem wir fertig waren, haben wir den Ka-

meramann der Luftaufnahmen, Johnny Jordan, für einen weiteren Drehtag zurückgelassen, damit er noch ein paar Aufnahmen von Bond machen konnte, der von den anderen Hubschraubern gejagt wurde. Jordan saß im Hubschrauber, mit den Beinen nach draußen. Durch einen Luftstoß wurde plötzlich einer der Helikopter so nah an ihn herangedrückt, daß die Rotorblätter sein Bein zerfetzten. Man hat monatelang versucht, es zu retten und wieder zusammenzuflicken, aber am Ende mußte es doch amputiert werden."

Selbst "Time" lobte Youngs "erstaunliche Fotografie der japanischen Landschaften". 1992 zog er sich nach über 120 Filmen aus dem Geschäft zurück. 1970 erhielt er den Orden des Britischen Empire, 1993 in Beverly Hills den "American Society of Cinematographers International Award". In Venedig wurde ihm ein Goldener Ehrenlöwe für sein Lebenswerk überreicht.

In den letzten Jahren arbeitete er an seiner Autobiographie "Seventy Light Years: A Life in Movies". Er starb am 1. Dezember 1998 in London im Alter von 96 Jahren.

Young, Terence
(Regisseur von "James Bond - 007 jagt Dr. No", "Liebesgrüße aus Moskau" und "Feuerball")

Terence Young wurde am 20. Juni 1915 in Shanghai als Sohn britischer Eltern geboren. Seit 1936 arbeitete er an Filmdrehbüchern mit, inszenierte Dokumentationen über den Zweiten Weltkrieg und war Regieassistent bei Brian Desmond Hurst. Sein erster Spielfilm entstand 1948. In "Operation Tiger" arbeitete er 1957 erstmals mit Sean Connery zusammen. Ein Jahr zuvor hatte Young für Broccolis Produktionsgesellschaft Warwick schon den

Regisseur Terence Young mit Adolfo Celi (links) bei den Dreharbeiten von "Feuerball".

Film "Zarak Khan" inszeniert, der ihm den 007-Regieauftrag einbrachte. Er drehte drei Bond-Filme, "James Bond - 007 jagt Dr. No", "Liebesgrüße aus Moskau" und "Feuerball", bestimmte Aussehen und Stil der Filme, die heute als Klassiker gelten, und sorgte neben Drehbuchautor Richard Maibaum für den Humor. Ein Beispiel dafür ist der Absturz des Leichenwagens, der Bond in den Bergen verfolgte. Bonds ironischer Kommentar: "Ich glaube, sie sind auf dem Weg zu einer Beerdigung." Der Regieauftrag für "Goldfinger" wurde ihm entzogen, weil er eine Gewinnbeteiligung haben wollte. Dennoch gestand er in einem Interview mit der englischen Filmzeitschrift "Showtime", daß ihm die ersten beiden Filme in der Branche sehr geholfen haben und "viele Leute wissen, daß ich den Stil der Filme gemacht habe. Außerdem habe ich viel Zeit mit der Überarbeitung der Drehbücher verbracht, ohne dafür genannt zu werden, da ich es falsch finde, wenn der Regisseur dies tut. So kann er nie mit den Schauspielern diskutieren, ohne daß der Verdacht entsteht, er würde seine eigene Arbeit verteidigen."

Seine Herangehensweise an die Figur beschrieb Young so: "Bond ist gewalttätig, er ist ein elisabethanischer Gangster und ein Schlägertyp. Aber so, wie er sich gibt und wie er lebt, würde jeder Engländer gern sein, kann es aber nicht. Bond ist ein unangenehmer Typ, ein Anti-Held, aber man kann ihn mögen. Was ihn rettet, ist sein Sinn für Humor, der nicht gerade 'krank' ist, aber doch etwas Sarkastisches hat. Ich glaube, daß gerade Kinder diesen Humor lieben. Sie sind wohl so zynisch, weil sie so viel Gewalt im Fernsehen sehen. Die Brutalität ist eine Reaktion auf das, was die Kinder wollen." Später gab er in Interviews bekannt, er "hasse" Bond-Filme, wohl auch, weil ihn der ganze Rummel bei den Dreharbeiten von "Feuerball" und die permanente Beobachtung durch die Fotografen sehr störte. Auch die Zunahme der technischen Spielereien erfreute ihn nicht gerade: "Es ist nicht so, daß ich die immer zahlreicher werdenden Tricks begrüße, aber das Publikum verlangt danach, und ich gebe ihm, was es will."

Zu seiner Auswahl der Bond-Mädchen ist folgendes überliefert: "Das Aussehen ist das Allerwichtigste. Die Mädchen müssen in den ersten zehn Sekunden auf der Leinwand beeindrucken, am besten noch eher. Wenn man an Ursula Andress zurückdenkt, die in ihrem Bikini aus dem Wasser kommt, bin ich mir sicher, es ging noch viel schneller, daß das Publikum sagte: 'Lieber Gott, das möchte ich zu Weihnachten haben'".

Nach den 007-Filmen inszenierte Young außer Komödien wie "Die amourösen Abenteuer der Moll Flanders" auch den sehenswerten Krimi "Warte bis es dunkel ist" (1967) mit Audrey Hepburn sowie einige mehr oder weniger erfolgreiche Filme der verschiedensten Genres. Dazu gehören "Mohn ist auch eine Blume", nach einer Story von Ian Fleming, "Rivalen unter roter Sonne" (1971) und "Blutspur" (1979).

Terence Young lebte lange Zeit in Cannes und starb am 8. September 1994 in Nizza.

Anhang

Bibliographie Ian Fleming

James-Bond-Romane und -Kurzgeschichten

Casino Royale
  Großbritannien, 13.4.1953
  USA, 23.3.1954
Live and Let Die
  Großbritannien, 5.4.1954
  USA, 1/1955
Moonraker
  Großbritannien, 7.4.1955
  USA, 20.9.1955
Diamonds Are Forever
  Großbritannien, 4.4.1956
  USA, 10/1956
From Russia With Love
  Großbritannien, 8.4.1957
  USA, 1957
Doctor No
  Großbritannien, 31.3.1958
  USA, 24.6.1958
Goldfinger
  Großbritannien, 23.3.1959
  USA, 1959
For Your Eyes Only
  Mit fünf Kurzgeschichten:
From a View to a Kill
For Your Eyes Only
Quantum of Solace
Risico
The Hildebrand Rarity
  Großbritannien, 11.4.1960
  USA, 1960
Thunderball
  Großbritannien, 27.3.1961
  USA, 1961
The Spy Who Loved Me
  Großbritannien, 15./16.4.1962
  USA, 1962
On Her Majesty's Secret Service

  Großbritannien, 4/1963
  USA, 9/1963
The Property of a Lady
  Großbritannien, 1963
You Only Live Twice
  Großbritannien, 4/1964
  USA, 9/1964
The Man With The Golden Gun
  Großbritannien, 1.4.1965
  USA, 23.8.1965
Octopussy and The Living Daylights
  Mit drei Kurzgeschichten:
Octopussy
The Property of a Lady
The Living Daylights
  Großbritannien, 1966
  USA, 1966

Buchverkäufe

1957 Über eine Million englischsprachige Romane und Übersetzungen in zwölf Sprachen (nach Andrew Lycett, 1995)
1961 Über eine Million Bücher, bevor der erste Spielfilm in die Kinos kam (nach Richard Gant, 1966)
1963 Als der zweite Spielfilm, "Liebesgrüße aus Moskau", in die englischen Kinos kam, waren die Buchverkäufe in Großbritannien wie folgt: Hardcover (Jonathan Cape): 380.000 Stück; Paperback (Pan Books): knapp sieben Millionen, davon "Dr. No" und "From Russia With Love" jeweils knapp eine Million; "On Her Majesty's Secret Service": 75.000 Hardcover. In den USA waren bis dahin über zehn Millionen Exemplare verkauft worden. (Alle Zahlen nach Andrew Lycett, 1995)
1963 Elf Millionen Bücher in den letzten zehn Jahren ("Time", 31.5.63)
1963 15 Millionen Bücher in zehn Sprachen ("Filmkritik" 1963 und "Der Spiegel", 26.2.1964)

1964 Bei Flemings Tod waren etwa 20 Millionen Bücher verkauft. Die Bücher waren in 18 Sprachen, darunter Türkisch und Katalanisch, übersetzt worden. (nach Donald McCormick) Fleming hat nicht mehr erlebt, daß von einem seiner Bücher mehr als zwei Millionen Exemplare verkauft wurden. In England erreichten die zwei bis dahin bestverkauften Titel nicht einmal annähernd diese Verkaufszahlen: Paul Brickhills "The Dambusters" aus dem Jahre 1954 (1.061.800 Exemplare) und der Roman "Saturday Night and Sunday Morning" von Alan Sillitoe (über 1 Million Exemplare). (nach Richard Gant)

1965 Acht Millionen Bücher wurden allein in diesem Jahr verkauft, das waren nach Andrew Lycett mehr Exemplare als von der Bibel.

1965 16 Millionen Bücher ("Rheinische Post", 27.3.1965)

1965 17 Millionen Bücher in elf Sprachen ("FAZ")

1965 24 Millionen Bücher in Englisch und vier weiteren Sprachen. Nach Aussage von Peter Janson-Smith, Geschäftsführer von Glidrose, war dies der Höhepunkt. "Wir von Glidrose Productions Ltd. haben seit dem Tod von Ian Fleming neun 'Golden Pans' angenommen. Die Preise sind dem Oscar in der Filmindustrie vergleichbar und werden von 'Pan Books' an den Autor vergeben, der mit einer Ausgabe mehr als eine Million Exemplare verkauft."

1965 60 Millionen Bücher in elf Ländern ("Playboy")

1965 Flemings Bücher in 23 Sprachen ("FAZ")

1967 70 Millionen Bücher in 25 Sprachen, darunter Arabisch und Armenisch ("Observer", 16.1.72)

1981 Glidrose verdiente 100.000 Pfund (etwa 455.000 DM). ("The Sunday Telegraph", 19.7.1981)

1982 81 Millionen Bücher, die 2,8 Millionen Dollar einbrachten ("New York Times")

1985 92 Millionen Bücher in 35 Sprachen, unautorisierte in Chinesisch (als Raubdruck in Hongkong), "Liebesgrüße aus Moskau" in der Ukraine in mehreren Teilen (nach Peter Janson-Smith)

James-Bond-Veröffentlichungen im US-"Playboy"

1. Ian Fleming:
   On Her Majesty's Secret Service
   April, Mai, Juni 1963
   You Only Live Twice
   April, Mai, Juni 1964
   The Man With The Golden Gun
   April, Mai, Juni, Juli 1965
   Octopussy
   März, April 1966
2. Ian Fleming-Parodien:
   On The Secret Service of His Majesty The Queen
   Juli 1966
   Toadstool - Special
   Parodie von Harvard Lampoon
3. Raymond Benson:
   A Blast From The Past
   Januar 1997
   Zero Minus Ten
   März, April 1997

Weitere Fleming-Arbeiten

1921-1926 *The Black Daffodil / The True Tale of Captain Kidd's Treasure*
Während seiner Studienzeit in Eton schrieb Fleming eine Sammlung von

Versen, die den Titel "The Black Daf-fodil" trug. Alle Exemplare wurden je-doch, nach Angaben mehrerer Biogra-phen, von ihm selbst verbrannt. Ebenfalls von ihm vernichtet wurde die Kurzgeschichte "The True Tale of Captain Kidd's Treasure", die sich mit einem seiner Hobbys, der Schatz-suche, beschäftigte.

1927 *Death, on Two Occasions*
Fleming schrieb diese Kurzgeschichte während seines Aufenthalts auf dem Tennerhof in Kitzbühel.

1945/1946 *Mercury Refence Book*
Als Fleming nach Ende des Zweiten Weltkriegs beim Kemsley Newspaper Konzern begann, schrieb er dieses für den internen Dienstgebrauch gedachte Taschenbuch über den Aufbau des weltweiten Korrespondentennetzes "Mercury", mit dem er von Lord Kemsley betraut worden war. Auf sei-nem Höhepunkt hatte es 88 Mitarbei-ter. Nach Aussagen seines Kollegen und Biographen Donald McCormick war das Buch von "unschätzbarem Wert".

1957 *The Diamond Smugglers*
Fleming schrieb diese Geschichte auf Anraten von Sir Percy Sillitoe, dem ehemaligen Chef von MI 5. Er hatte nach seinem Rückzug aus dem briti-schen Geheimdienst eine private Ge-sellschaft mit dem Namen "Internatio-nal Diamond Security Organization" (IDSO) ins Leben gerufen. Die Ge-schichte entstand innerhalb von zwei Wochen im April 1957 in Tanger. Sie war als Serie für die "Sunday Times" gedacht und erschien auch dort. Auf-grund Flemings beginnenden Ruhms wurde sie auch in Buchform veröffent-licht, verkaufte sich aber nicht gut.

1960 *State of Excitement - Impressions of Kuwait*
Fleming wurde im Herbst 1960 von der Kuwaiter Ölgesellschaft eingela-den, ein Buch über das tägliche Leben in diesem Land und den Einfluß der Ölindustrie zu schreiben. Im Dezem-ber verbrachte er zwei Wochen in Ku-wait. Das Honorar betrug 1.000 Pfund (damals etwa 11.700 DM) plus Spe-sen. Zu den Vertragsbedingungen gehörte, daß die Gesellschaft das Ma-nuskript abnehmen mußte. Sie fühlte sich verpflichtet, es der Regierung vor-zulegen, die an Flemings Beschreibun-gen des Aufbaus des Landes, des damit verbundenen Blutvergießens und der Piraterie Anstoß nahm und das Buch nicht zur Veröffentlichung freigab. Das 145 Seiten umfassende Originalmanu-skript, das zahlreiche Schwarzweiß-Fotografien enthält, ist daher das ein-zige existierende Exemplar. Es wird in der Lilly Library der Universität von Indiana aufbewahrt.

1963 *Thrilling Cities* Part 1
Enthält die kürzeste von Bonds Kurz-geschichten: "007 in New York"
Thrilling Cities Part 2
Die beiden Bände gehen auf zwei Weltreisen Flemings zurück, die er im Oktober 1959 und im Frühjahr 1960 im Auftrag der "Sunday Times" unter-nahm. Er flog von London nach Zü-rich, Venedig, Bahrain, Neu Delhi, China, New York und Nassau und im folgenden Frühjahr nach Hongkong, Tokio, Macao, Honolulu, Las Vegas, Chicago und New York. Die Reisebe-richte erschienen zunächst als Serie in der Zeitung und später auch in Buch-form.
Im Oktober 1962 las der US-Fernseh-

produzent und gebürtige Engländer Norman Felton ein Vorabexemplar und traf sich Ende des Monats in New York mit Fleming, um eine Spionageserie für das US-Fernsehen zu besprechen. Fleming schlug als Namen einer der Hauptfiguren "Napoleon Solo" vor, da er einen Mr. Solo in den Roman "Goldfinger" eingeführt hatte, und skizzierte eine Idee für die Serie auf elf Seiten, handschriftlich verfaßt auf Telegramm-Vordrucken der "Western Union". Man erwog, den Titel "Solo - Cities Around The World" zu benutzen. Im März 1963 sprach man in New York erneut über das Projekt. Der Produzent und Autor Sam Rolfe kam hinzu und erfand neben Solo noch dessen Kollegen Illya Kuryakin. Eon befürchtete Konkurrenz und drängte Fleming, aus dem Projekt auszusteigen. Wegen der Charaktere und der Verwendung von Namen (Solo als Hauptfigur, ein Chef namens "He" und eine Sekretärin namens "April Dancer") kam es zu juristischen Auseinandersetzungen mit Eon Productions. Im Juni 1963 besuchte Felton Fleming in London und fand einen schon kranken Mann vor, der schließlich bereit war, am 26. Juni 1963 eine Abmachung zu unterschreiben, die festlegte, daß Fleming keine weiteren Ansprüche aus der Verwendung des Namens "Solo" sowie seiner Story-Ideen ableitet. Als Vertragsbesiegelung erhielt Fleming die symbolische Summe von einem Pfund (damals 11,16 DM). Der Name der TV-Serie war "The Man From U.N.C.L.E.". Sie erlebte am 22. September 1964 beim US-Sender NBC ihre Premiere und wurde zu einer der erfolgreichsten Spionageserien der TV-

Geschichte. Es entstanden 104 Episoden, acht Spielfilme und 24 Episoden der Serie "The Girl From "U.N.C.L.E." mit der Hauptfigur April Dancer.

1964 *Chitty Chitty Bang Bang The Magical Car* Part 1 + 2

1965 *Chitty Chitty Bang Bang The Magical Car* Part 3
(Deutscher Titel: "Tschitti-Tschitti-Bäng-Bäng. Die Abenteuer eines Wunderautos" und "Tschitti-Tschitti-Bäng-Bäng. Die neuen Abenteuer des Wunderautos", Übersetzung von Ursula von Wiese)
Fleming schrieb diese Kindergeschichte über ein Wunderauto, das sogar fliegen konnte, nach seinem ersten Herzanfall ab April 1961, um sich etwas von James Bond zu lösen. Die Basis waren Geschichten, die er seinem Sohn Caspar erzählt hatte, und anfangs war er unsicher, ob sie überhaupt zur Veröffentlichung taugten. Sie erschienen erst nach seinem Tod in drei Bänden und wurden 1968, von Albert R. Broccoli produziert, für ein zehn Millionen Dollar teures Filmmusical adaptiert. Roald Dahl, der das Drehbuch schrieb, veränderte die Story beträchtlich. Ein finanzieller Erfolg des Films blieb aus.

1966 *The Poppy is Also a Flower (Mohn ist auch eine Blume)*
Fleming hatte urspünglich vor, ein Handbuch über Betäubungsmittel zu schreiben. Es sollte den Weg einer Mohnpflanze von den iranischen Feldern bis zu den Heroin-Dealern in den Straßen New Yorks schildern. Er erzählte Regisseur Terence Young die Geschichte, der das Thema nach Flemings Tod in einem Film umsetzte, bei dem alle beteiligten Stars, wie Senta

Berger, Stephen Boyd, Yul Brynner, Angie Dickinson, Hugh Griffith, Jack Hawkins, Rita Hayworth, Trevor Howard, Marcello Mastroianni, Anthony Quayle, Harold Sakata, Omar Sharif, Nadja Tiller und Eli Wallach, für die symbolische Gage von einem Dollar arbeiteten. Sämtliche Einnahmen wurden der UNO für Forschungszwecke und zur Unterbindung des Rauschgifthandels überwiesen. Die Weltpremiere fand Anfang Mai 1966 in Wien statt, in Anwesenheit von Claudine Auger, Rita Hayworth, Nadja Tiller und Sean Connery. Dieser wurde von Nadja Tiller als der "größte Star der Welt" vorgestellt. In England kam der Film unter dem Titel "Danger Grows Wild" in die Kinos. Der Vorspann bringt den Hinweis: "Nach einer Idee von Ian Fleming".

Vorworte, Einführungen und Ausschnittfassungen der Romane und Kurzgeschichten

1947 *Alphabet & Image*
Issue 5, September 1947
Die Ausgabe enthält einen von Fleming angeregten Aufruf für einen Leserwettbewerb, sich einen 27. Buchstaben des Alphabets auszudenken.

1947 *Where Shall John Go?* XIII-Jamaica.
In: Horizon Vol. XVI, No. 96, Dezember 1947

1959 *The Education of a Poker Player*
Autor: Herbert O Yardley (Einführung)

1959 *Best Motoring Stories.*
Herausgeber: J. Welcome
Enthält die Kurzgeschichte "James Bond Drives"

1960 *Best Secret Service Stories*
Herausgeber: J. Welcome
Enthält die Kurzgeschichte "Mr. Big"

1960 *The Holiday Magazine Book of The World's Fine Food*
Enthält einen Artikel von Fleming mit dem Titel "London's Best Dining"

1961 *The Concise Encyclopaedia of Crime and Criminals*
Enthält einen Artikel Flemings über Diamantenschmuggel

1961 *Best Gambling Stories*
Herausgeber: J. Welcome
Enthält die Kurzgeschichte "A Game of Bridge at Blades"

1962 *Airline Detective*
Autor: Donald Fish (Einführung)

1962 *The Seven Deadly Sins* (Vorwort)

1963 *All Night at Mr. Stanyhurst's*
Autor: Hugh Edwards (Einführung)

1963 *Room 3603*
Autor: H. M. Hyde (Vorwort)

1963 *Encore: The Second Year* - Volume 2 - The Sunday Times Book
Herausgeber: M. Joseph
Enthält die Kurzgeschichte "A Golfing Nightmare" und die Kurzgeschichte von Raymond Chandler "The Terrible Dr. No"

1965 *Ian Fleming Introduces Jamaica* (Einführung)
Ursprünglich war ein Buch mit dem Titel "Ian Fleming's Jamaica" geplant, aber aufgrund seines schlechten Gesundheitszustands konnte der Autor nur eine Einführung liefern, die sich weitgehend an dem 1947 entstandenen "Horizon"-Artikel orientierte.

1965 *To Catch a Spy*
Herausgeber: Eric Ambler.
Enthält die Kurzgeschichte "From a View to a Kill"

1965 *The Twelfth Anniversary Playboy Reader*
Enthält die Kurzgeschichte "The Hildebrand Rarity"

1966 *The Playboy Book of Crime and Suspense*

Enthält die Kurzgeschichte
"The Hildebrand Rarity"

1969 *Great Spy Stories From Fiction*
Herausgeber: Allen Dulles
Enthält die Kurzgeschichte
"The End of James"

1973 *A Treasury of Modern Mysteries*
Enthält die Kurzgeschichte
"The Property of a Lady"

Auch wenn hier Titel auftauchen, die auf neue Bond-Kurzgeschichten hindeuten, handelt es sich ausschließlich um Veröffentlichungen von Romanauszügen.

Artikel

1963 *Ian Fleming's Sinister Geneva*
In: Show Magazine, März 1963

1963 *Hong Kong*
In: Man's Magazine, März 1963

1969 *Jamaica*
In: House and Garden Weekend Book

Spionageromane, die Flemings Figur zum Vorbild haben

1967 *Avakoum Zahov*
Ein bulgarischer Detektiv soll 007 erschießen

Romane und Kurzgeschichten, die Flemings Figur parodieren

1962 *Alligator*
Roman von Christopher B. Cerf und Michael K. Frith, zwei Herausgebern des Monatsmagazins "Harvard Lampoon". Da der Einband Flemings US-Taschenbüchern glich, bestand New American Library, Flemings US-Verleger, darauf, nicht mehr als 100.000 Exemplare zu drucken. Als Autor wurde I*N FL*M*NG angegeben. Die Geschichte dreht sich um einen 4,11 Fuß kleinen, größenwahnsinni-

gen Gangster, der einen purpurfarbenen Anzug mit violettem Shirt trägt und dessen Gesicht mit einem Netzwerk purpurner Striche bemalt ist. Von seinen Mädchen verlangt er eine ähnliche Aufmachung und besprüht jeden mit den schrägen Farben. Zudem kidnappt er Königin, Premierminister sowie das gesamte Kabinett und stiehlt das House of Parliament, indem er es untergräbt und die Themse hinabschwimmen läßt, nachdem er sämtliche Brücken gesprengt hat.

1963 *Bond Strikes Camp*
Kurzgeschichte von Cyril Connolly, die in der April-Ausgabe des "London Magazine" erschien.

1963 Eine Serie um den Agenten 0008 von Clyde Allison bringt es auf neun Bücher, deren Titel zum Teil auf Flemings Romane anspielen: "Sadisto Royale", "Gamefinger", "For Your Sighs Only", "Nautipuss", "The Lost Bomb", "Agent 0008 Meets Modesta Blaze", "The Sex-Ray", "The Merciless Mermaids", "From Rapture With Love".

1965 *Loxfinger*

1966 *Matzohball*

1966 *On The Secret Service of His Majesty The Queen*
Sol Weinstein schrieb diese drei Bände über den hebräischen Geheimagenten Israel Bond Oy-Oy-7. Sie wurden zum Teil im "Playboy" vorabgedruckt.

1966 Die Zeitschrift "twen" veröffentlichte die Abenteuer des Geheimagenten John Snob von Heinz Edelmann. Die letzte Geschichte erschien im Oktober.

1966 *Dr. Nyet*
Roman von Ted Mark

1967 *You Love Until You Die*
Der vierte Band von Sol Weinstein

Bibliographie Kingsley Amis

Zum Thema James Bond

1968 *Colonel Sun, Die Spur führt nach Grie-chenland / 007 James Bond auf der grie-chischen Spur / 007 James Bond Liebes-grüße aus Athen*
Amis schrieb diesen Roman unter dem Pseudonym Robert Markham.

1965 *The James Bond Dossier,*
Geheimakte 007 James Bond

1965 *The Book of Bond or Every Man*
His Own 007
Amis schrieb dieses Buch unter dem Pseudonym Lt-Col. William (Bill) Tanner.

Weitere Romane

1954 *Lucky Jim, Glück für Jim*
1955 *That Certain Feeling*
1958 *Like it Here*
1960 *Take a Girl Like You*
1963 *One Fat Englishman*
1965 *The Egyptologist*
1966 *The Anti-Death League*
1968 *I Want it Now*
1969 *The Green Man*
1971 *Girl, 20*
1973 *The Riverside Villas Murder*
1974 *Ending Up*
1976 *The Alteration*
1978 *Jake's Thing*
1980 *Russian Hide-and-Seek*
1984 *Stanley and The Women*
1986 *The Old Devils*
1987 *The Crime of The Century*
1988 *Difficulties With Girls*
1990 *The Folks That Live on The Hill*
1992 *The Russian Girl*
1994 *You Can't Do Both*

Gedichte

1947 *Bright November*
1953 *A Frame of Mind*
1954 *No. 22 The Fantasy Poets*
1956 *A Case of Samples: Poems 1946-1956*
1962 *The Evans Country*
1967 *A Look Round The Estate:*
Poems 1957-1967
1973 *Wasted, Kipling at Bateman's*
1980 *Collected Poems 1944-1979*

Kurzgeschichten

1962 *My Enemy's Enemy*
1972 *Penguin Modern Stories II*
(gemeinsam mit anderen)
1972 *Dear Illusion*
1978 *The Darkwater Hall Mystery*
1980 *Collected Short Stories*
1993 *Mr. Barrett's Secret and Other Stories*

Kritiken

1960 *New Maps of Hell: A Survey of Science*
Fiction
1970 *What Became of Jane Austen? and Other*
Questions
1975 *Rudyard Kipling and His World*
1990 *The Amis Collection*

Verschiedenes

1957 *Socialism and The Intellectuals*
1968 *Lucky Jim's Politics*
1968-1975 *Black Papers on Education*
1972 *On Drink*
1979 *An Arts Policy?*
1983 *Every Day Drinking*
1984 *How's You Glass?*
1991 *Memoirs*

Bibliographie John Gardner

James-Bond-Romane

1981 *License Renewed* (Countdown für die Ewigkeit, 1983)

1982 *For Special Services* (Moment Mal, Mr. Bond, 1984)

1983 *Icebreaker* (Operation Eisbrecher, 1986)

1984 *Role of Honour* (Die Ehre des Mr. Bond, 1987)

1986 *Nobody Lives Forever* (Niemand lebt für immer, 1987)

1987 *No Deals Mr. Bond* (Nichts geht mehr, Mr. Bond, 1988)

1988 *Scorpius* (Scorpius, 1990)

1989 *Win, Lose or Die* (Sieg oder stirb, Mr. Bond!, 1991)

1989 *Licence to Kill* (Lizenz zum Töten, 1989) Romanfassung des Film-drehbuchs

1990 *Brokenclaw* (Fahr zur Hölle, Mr. Bond!, 1992)

1991 *The Man From Barbarossa*

1992 *Death is Forever*

1993 *Never Send Flowers*

1994 *Seafire*

1995 *GoldenEye* (GoldenEye, 1995) Romanfassung des Filmdrehbuchs

1996 *Cold* (erschien als Hardcover in Großbritannien am 2.5.96)

Romane nach Drehbuchvorlagen

1989 *Licence to Kill* (Lizenz zum Töten)

1995 *GoldenEye* (GoldenEye)

Weitere Veröffentlichungen

1964 *Spin The Bottle: The Autobiography of an Alcoholic*

1964 *The Liquidator* (Boysie-Oakes-Serie)

1965 *Understrike* (Boysie-Oakes-Serie)

1966 *Amber Nine* (Boysie-Oakes-Serie)

1968 *Madrigal* (Boysie-Oakes-Serie)

1969 *Hideaway* (Kurzgeschichten)

1969 *Founder Member* (Boysie-Oakes-Serie)

1969 *A Complete State of Death* (Nur tote Gangster schweigen) Dieser Titel wurde 1973 als "The Stone Killer" / "Ein Mann geht über Leichen" mit Charles Bronson verfilmt.

1970 *Traitor's Exit* (Boysie-Oakes-Serie)

1970 *The Censor*

1971 *The Airline Pirates* (Boysie-Oakes-Serie)

1971 *Every Night's a Bullfight*

1974 *The Assassination File* (Kurzgeschichten)

1974 *The Return of Moriarty* (Moriarty-Serie)

1974 *A Killer For a Song* (Boysie-Oakes-Serie)

1975 *The Revenge of Moriarty* (Moriarty-Serie)

1976 *The Corner Men*

1976 *To Run a Little Faster*

1977 *The Werewolf Trace* (Moriarty-Serie)

1978 *The Dancing Dodo* (Moriarty-Serie)

1979 *The Nostradamus Traitor* (Herbie-Krüger-Trilogie)

1980 *The Garden of Weapons* (Herbie-Krüger-Trilogie)

1980 *Golgatha*

1982 *The Quiet Dogs* (Herbie-Krüger-Trilogie)

1983 *Flamingo*

1985 *The Secret Generations*

1988 *The Secret Houses*

1989 *The Secret Families* dreibändiges Werk über die Ge-schichte der Spionage in sieben Jahrzehnten)

1993 *Maestro*

1995 *Confessor*

Buchverkäufe

1981 "License Renewed"
Hardcover: 25.000 Stück in England,
75.000 Stück in den USA.
Taschenbuch: drei Millionen
("The Sunday Telegraph", 19.7.1981)

1985 Vier Jahre nach dem ersten Erscheinen
des neuen Bond auf der literarischen
Bühne waren von den ersten drei
Titeln weltweit rund 2,5 Millionen
Exemplare verkauft.

Bibliographie
Raymond Benson

Zum Thema James Bond

1984 *The James Bond Bedside Companion*
Sachbuch

1997 *A Blast From The Past*
(US-"Playboy" 1/1997 / im deutschen
"Playboy" 3/1997) Kurzgeschichte

1997 *Zero Minus Ten*
(GB, 3.4.1997)

1997 *Zero Minus Ten*
(USA, Mai 1997) Roman

1997 *Tomorrow Never Dies*
(Dezember 1997)
Romanfassung des Drehbuchs

1998 *The Facts of Death*
(teilweise in US-"Playboy" 7/1998)

1999 *Midsummer Night's Doom*
(US-"Playboy" 1/1999) Kurzgeschichte

1999 *High Time To Kill*
(GB, Mai 1997 / USA, Juni 1997)

1999 *Live At Five*
("TV-Guide", 13.11.1999) Kurzgeschichte

1999 *The World Is Not Enough*
(November 1999) Romanfassung des
Drehbuchs

2000 *Doubleshot*
(teilweise in US-"Playboy" 6/2000)

2001 *Never Dream of Dying*
(GB, Mai 2001 / USA, Juni 2001)

2002 *The Man With the Red Tattoo*
(GB, Mai 2002 / USA, Juni 2002)

2002 *Die Another Day*
(November 2002) Romanfassung des
Drehbuchs

Ferner schrieb Benson 1986 eine Bühnenfas-
sung von Flemings Roman "Casino Royale",
die in New York auf der Bühne gelesen, aber
nie als Theaterstück produziert wurde.

Filmographie
der James-Bond-Filme

Casino Royale (Casino Royale)
USA 1954
Regie: William H. Brown. Buch: Antony Ellis,
Charles Bennet. Production-Design: Robert
Tyler Lee und James DeVal.
Darsteller: Barry Nelson (Jimmy Bond), Peter
Lorre (Le Chiffre), Valerie Mathis (Linda
Christian). Produktion: Bretaigne Windust.
Länge: 49/60 Min.

Dr. No. (James Bond - 007 jagt Dr. No)
GB 1962
Regie: Terence Young. Buch: Richard
Maibaum, Johanna Harwood und Berkely
Mather. Kamera: Ted Moore. Production-
Design: Ken Adam. Schnitt: Peter Hunt.
Musik: Monty Norman.
Darsteller: Sean Connery (James Bond),
Ursula Andress (Honey), Joseph Wiseman
(Dr. No), John Kitzmiller (Quarrel),
Jack Lord (Felix Leiter), Bernard Lee (M),
Lois Maxwell (Miss Moneypenny)
Produktion: Harry Saltzman und
Albert R. Broccoli.
Länge: 105 Min.

From Russia With Love
(Liebesgrüße aus Moskau)
GB 1963
Regie: Terence Young. Buch: Richard
Maibaum, Johanna Harwood. Kamera: Ted
Moore. Production-Design: Syd Cain. Schnitt:
Peter Hunt. Musik: John Barry.
Darsteller: Sean Connery (James Bond),
Daniela Bianchi (Tatiana Romanova), Robert
Shaw (Red Grant), Lotte Lenya (Rosa Klebb),
Pedro Armendariz (Kerim Bey), Bernard Lee

(M), Lois Maxwell (Miss Moneypenny),
Desmond Llewelyn (Q).
Produktion: Harry Saltzman und
Albert R. Broccoli.
Länge: 116 Min.

Goldfinger (Goldfinger)
GB 1964
Regie: Guy Hamilton. Buch: Richard
Maibaum, Paul Dehn. Kamera: Ted Moore.
Schnitt: Peter Hunt. Production-Design: Ken
Adam. Musik: John Barry.
Darsteller: Sean Connery (James Bond), Gert
Fröbe (Goldfinger), Honor Blackman (Pussy
Galore), Shirley Eaton (Jill), Harold Sakata
(Oddjob), Bernard Lee (M), Lois Maxwell
(Miss Moneypenny), Desmond Llewelyn (Q).
Produktion: Albert R. Broccoli und Harry
Saltzman.
Länge: 109 Min.

Thunderball (Feuerball)
GB 1965
Regie: Terence Young. Drehbuch: Richard
Maibaum und John Hopkins, nach einem
Originaldrehbuch von Jack Whittingham,
Kevin McClory und Ian Fleming. Kamera:
Ted Moore. Schnitt: Peter Hunt. Production-
Design: Ken Adam. Musik: John Barry.
Darsteller: Sean Connery (James Bond),
Adolfo Celi (Largo), Claudine Auger
(Domino), Luciana Paluzzi (Fiona),
Mollie Peters (Patricia), Bernard Lee (M),
Lois Maxwell (Miss Moneypenny),
Desmond Llewelyn (Q).
Produktion: Kevin McClory, Harry Saltzman,
Albert R. Broccoli.
Länge: 125 Min.

Casino Royale (Casino Royale)
GB 1966
Regie: John Huston, Ken Hughes, Val Guest,
Robert Parrish, Joe McGrath. Buch: Wolf

Mankowitz, John Law, Michael Sayers.
Kamera: Jack Hildyard. Schnitt: Bill Lenny.
Production-Design: Michael Stringer.
Musik: Burt Bacharach.
Darsteller: David Niven (Sir James Bond),
Terence Cooper (James Bond), Peter Sellers
(Evelyn Tremble), Ursula Andress (Vesper
Lynd), Woody Allen (Jimmy Bond/Dr. Noah),
John Huston (M), Barbara Bouchet (Miss
Moneypenny).
Produktion: Charles K. Feldman, Jerry Bresler.
Länge: 129 Min.

You Only Live Twice (Man lebt nur zweimal)
GB 1967
Regie: Lewis Gilbert. Buch: Roald Dahl.
Kamera: Freddie Young. Schnitt: Thelma
Connell. Production-Design: Ken Adam.
Musik: John Barry.
Darsteller: Sean Connery (James Bond), Mie
Hama (Kissy Suzuki), Akiko Wakabayashi
(Aki), Karin Dor (Helga Brandt), Donald
Pleasance (Blofeld), Bernard Lee (M), Lois
Maxwell (Miss Moneypenny), Desmond
Llewelyn (Q). Produktion: Albert R. Broccoli
und Harry Saltzman.
Länge: 116 Min.

On Her Majesty's Secret Service
(Im Geheimdienst Ihrer Majestät)
GB 1969
Regie: Peter Hunt. Buch: Richard Maibaum.
Kamera: Michael Reed. Schnitt: John Glen.
Production-Design: Syd Cain.
Musik: John Barry.
Darsteller: George Lazenby (James Bond),
Diana Rigg (Tracy), Telly Savalas (Blofeld),
Ilse Steppat (Irma Bunt), Bernard Lee (M),
Lois Maxwell (Miss Moneypenny),
Desmond Llewelyn (Q).
Produktion: Albert R. Broccoli und
Harry Saltzman.
Länge: 140 Min.

Diamonds Are Forever (Diamantenfieber)
GB 1971
Regie: Guy Hamilton. Buch: Richard
Maibaum und Tom Mankiewicz. Kamera:
Ted Moore. Schnitt: Bert Bates und John W.
Holmes. Production-Design: Ken Adam.
Musik: John Barry.
Darsteller: Sean Connery (James Bond),
Jill St. John (Tiffany Case), Charles Gray
(Blofeld), Lana Wood (Plenty O'Toole),
Bernard Lee (M), Lois Maxwell (Miss
Moneypenny), Desmond Llewelyn (Q).
Produktion: Albert R. Broccoli und
Harry Saltzman.
Länge: 119 Min.

Live And Let Die (Leben und sterben lassen)
GB 1973
Regie: Guy Hamilton. Buch: Tom Mankiewicz.
Kamera: Ted Moore. Schnitt: Bert Bates,
Raymond Poulton, John Shirley. Production-
Design: Syd Cain. Musik: George Martin.
Darsteller: Roger Moore (James Bond),
Jane Seymour (Solitaire), Yaphet Kotto
(Mr. Big/Kananga), Clifton James (Sheriff
Pepper), Gloria Hendry (Rosie Carver),
Geoffrey Holder (Baron Samedi), Bernard
Lee (M), Lois Maxwell (Miss Moneypenny).
Produktion: Albert R. Broccoli und
Harry Saltzman.
Länge: 121 Min.

The Man With The Golden Gun
(Der Mann mit dem goldenen Colt)
GB 1974
Regie: Guy Hamilton. Buch: Richard
Maibaum, Tom Mankiewicz. Kamera: Ted
Moore. Schnitt: Ray Poulton. Production-
Design: Peter Murton. Musik: John Barry.
Darsteller: Roger Moore (James Bond),
Christopher Lee (Scaramanga), Britt Ekland
(Mary Goodnight), Maud Adams (Andrea),
Clifton James (Sheriff Pepper),

Hervé Villechaize (Schnickschnack), Bernard Lee (M), Lois Maxwell (Miss Moneypenny), Desmond Llewelyn (Q).
Produktion: Albert R. Broccoli und Harry Saltzman.
Länge: 125 Min.

The Spy Who Loved Me
(Der Spion, der mich liebte)
GB 1977
Regie: Lewis Gilbert. Buch: Richard Maibaum und Christopher Wood. Kamera: Claude Renoir. Schnitt: John Glen. Production-Design: Ken Adam. Musik: Marvin Hamlish.
Darsteller: Roger Moore (James Bond), Barbara Bach (Anya Amasova), Curd Jürgens (Stromberg), Richard Kiel (Beißer), Caroline Munro (Naomi), Bernard Lee (M), Lois Maxwell (Miss Moneypenny), Desmond Llewelyn (Q).
Produktion: Albert R. Broccoli.
Länge: 125 Min.

Moonraker (Moonraker - Streng geheim)
GB 1979
Regie: Lewis Gilbert. Buch: Christopher Wood. Kamera: Jean Tournier. Schnitt: John Glen. Production-Design: Ken Adam. Musik: John Barry.
Darsteller: Roger Moore (James Bond), Lois Chiles (Dr. Holly Goodhead), Michael Lonsdale (Drax), Richard Kiel (Beißer), Corinne Clery (Corinne Dufour), Bernard Lee (M), Lois Maxwell (Miss Moneypenny), Desmond Llewelyn (Q).
Produktion: Albert R. Broccoli.
Länge: 126 Min.

For Your Eyes Only (In tödlicher Mission)
GB 1981
Regie: John Glen. Buch: Richard Maibaum und Michael G. Wilson. Kamera: Alan Hume. Schnitt: John Grover. Production-Design:

Peter Lamont. Musik: Bill Conti.
Darsteller: Roger Moore (James Bond), Carole Bouquet (Melina), Julian Glover (Kristatos), Chaim Topol (Columbo), Cassandra Harris (Lisl), Lois Maxwell (Miss Moneypenny), Desmond Llewelyn (Q).
Produktion: Albert R. Broccoli.
Länge: 127 Min.

Octopussy (Octopussy)
GB 1983
Regie: John Glen. Buch: George MacDonald Fraser, Richard Maibaum, Michael G. Wilson. Kamera: Alan Hume. Schnitt: John Grover. Production-Design: Peter Lamont. Musik: John Barry.
Darsteller: Roger Moore (James Bond), Maud Adams (Octopussy), Louis Jourdan (Kamal Khan), Steven Berkoff (Orlov), Kabir Bedi (Gobinda), Robert Brown (M), Lois Maxwell (Miss Moneypenny), Desmond Llewelyn (Q).
Produktion: Albert R. Broccoli.
Länge: 131 Min.

Never Say Never Again (Sag niemals nie)
USA 1983
Regie: Irvin Kershner. Buch: Lorenzo Semple jr., nach einer Idee von Kevin McClory, Jack Whittingham und Ian Fleming. Kamera: Douglas Slocombe. Schnitt: Bob Lawrence. Production-Design: Stephen Grimes. Musik: Michel Legrand.
Darsteller: Sean Connery (James Bond), Klaus Maria Brandauer (Largo), Kim Basinger (Domino), Barbara Carrera (Fatima Blush), Max von Sydow (Blofeld), Edward Fox (M), Pamela Salem (Miss Moneypenny), Alex McCowen (Q).
Produktion: Jack Schwartzman.
Länge: 126 Min.

A View To A Kill (Im Angesicht des Todes)
GB 1985
Regie: John Glen. Buch: Richard Maibaum,
Michael G. Wilson. Kamera: Alan Hume.
Schnitt: Peter Davies. Production-Design:
Peter Lamont. Musik: John Barry.
Darsteller: Roger Moore (James Bond),
Christopher Walken (Max Zorin), Tanya
Roberts (Stacey Sutton), Grace Jones (May
Day), Patrick Macnee (Tibbett), Robert
Brown (M), Lois Maxwell (Miss Money-
penny), Desmond Llewelyn (Q).
Produktion: Albert R. Broccoli und
Michael G. Wilson.
Länge: 130 Min.

The Living Daylights
 (Der Hauch des Todes)
GB 1987
Regie: John Glen. Buch: Richard Maibaum,
Michael G. Wilson. Kamera: Alec Mills.
Schnitt: John Grover, Peter Davies.
Production-Design: Peter Lamont.
Musik: John Barry.
Darsteller: Timothy Dalton (James Bond),
Maryam d'Abo (Kara), Jeroen Krabbé
(Koskov), Joe Don Baker (Brad Whitaker),
Art Malik (Kamran Shah), Robert Brown
(M), Caroline Bliss (Miss Moneypenny),
Desmond Llewelyn (Q).
Produktion: Albert R. Broccoli und
Michael G. Wilson.
Länge: 130 Min.

Licence To Kill (Lizenz zum Töten)
GB 1988/89
Regie: John Glen. Buch: Richard Maibaum,
Michael G. Wilson. Kamera: Alec Mills.
Schnitt: John Grover. Production-Design:
Peter Lamont. Musik: Michael Kamen.
Darsteller: Timothy Dalton (James Bond),
Carey Lowell (Pam Bouvier), Talisa Soto
(Lupe Lamora), Robert Davi (Franz

Sanchez), Anthony Zerbe (Milton Krest),
Robert Brown (M), Caroline Bliss (Miss
Moneypenny), Desmond Llewelyn (Q).
Produktion: Albert R. Broccoli und
Michael G. Wilson.
Länge: 113 Min.

GoldenEye (GoldenEye)
GB 1995
Regie: Martin Campbell. Buch: Michael
France, Jeffrey Caine. Kamera: Phil Meheux.
Schnitt: Terry Rawlings. Production-Design:
Peter Lamont. Musik: Eric Serra.
Darsteller: Pierce Brosnan (James Bond),
Izabella Scorupco (Natalya), Gottfried John
(Ourumov), Famke Janssen (Xenia), Joe Don
Baker (Jack Wade), Sean Bean (006/Treve-
lyan), Judi Dench (M), Samantha Bond (Miss
Moneypenny), Desmond Llewelyn (Q).
Produktion: Albert R. Broccoli, Barbara
Broccoli und Michael G. Wilson.
Länge: 129 Min.

Tomorrow Never Dies
(Der Morgen stirbt nie)
GB 1997
Regie: Roger Spottiswoode. Buch: Bruce
Feirstein. Kamera: Robert Elswit. Schnitt:
Michel Arcand, Dominique Fortin. Produc-
tion-Design: Allan Cameron. Musik: David
Arnold.
Darsteller: Pierce Brosnan (James Bond),
Jonathan Pryce (Elliot Carver), Michelle
Yeoh (Wai Lin), Teri Hatcher (Paris), Götz
Otto (Stamper), Judi Dench (M), Samantha
Bond (Miss Moneypenny), Desmond
Llewelyn (Q).
Produktion: Barbara Broccoli und Michael
G. Wilson.
Länge: 120 Min.

The World Is Not Enough
(Die Welt ist nicht genug)
GB 1999
Regie: Michael Apted. Buch: Neil Purvis,
Robert Wade, Dana Stevens, Bruce Feirstein.
Kamera: Adrian Biddle. Schnitt: Jim Clark.
Production-Design: Peter Lamont. Musik:
David Arnold.
Darsteller: Pierce Brosnan (James Bond),
Sophie Marceau (Elektra King), Denise
Richards (Dr. Christmas Jones), Robert
Carlyle (Renard), Claude-Oliver Rudolph
(Akakievich), Judi Dench (M), Samantha
Bond (Miss Moneypenny), Desmond
Llewelyn (Q), John Cleese (R).
Produktion: Barbara Broccoli und Michael G.
Wilson.
Länge: 128 Min.

Die Another Day
(Stirb an einem anderen Tag)
GB 2002
Regie: Lee Tamahori. Buch: Neil Purvis,
Robert Wade. Kamera: David Tattersall.
Schnitt: Christian Wagner. Ausstattung:
Peter Lamont. Musik: David Arnold.
Darsteller: Pierce Brosnan (James Bond),
Rosamund Pike (Amanda Frost), Halle Berry
(Jinx), Toby Stephens (Gustav Graves), Rick
Yune (Zao), Will Yun Lee (Colonel Moon),
Judi Dench (M), Samantha Bond (Miss
Moneypenny), John Cleese (Q).
Produktion: Barbara Broccoli und Michael
G. Wilson.
Länge: ca. 120 Min.

Budgets der James-Bond-Filme

Die folgenden Zahlenangaben sind Circa-Werte, die entweder auf Presseveröffent-lichungen in Branchen- und Fachzeitschriften oder auf eigenen Recherchen beruhen. Abweichungen sind hier, wie auch bei den Informationen über die Gagen, möglich. Bei differierenden Angaben sind alle Quellen aufgelistet.

Eine Umrechnung erfolgte, um die im Laufe der Jahre extrem veränderten Kurse besser vergleichen zu können. So kostete ein US-Dollar 1962 genau 4,0221 DM, ein britisches Pfund 11,225 DM. Zehn Jahre später waren für den Dollar nur noch 3,1889 DM, für das Pfund nur noch 7,974 DM zu bezahlen. Heute steht der Dollar-Kurs bei ca. 1,80 DM und der des Pfundes bei ca. 2,80 DM.

James Bond - 007 jagt Dr. No
900.000 Dollar (3,59 Millionen DM)
Gage für Sean Connery: 6.000 Pfund
(16.800 Dollar/67.032 DM)
Gage für Ursula Andress: 6.000 Dollar

Liebesgrüße aus Moskau
2 Millionen Dollar (7,96 Millionen DM)
Gage für Sean Connery: 54.000 Dollar
zuzüglich 100.000 Dollar Bonus

Goldfinger
3 Millionen Dollar (11,91 Millionen DM)
Gage für Sean Connery: 200.000 Dollar
zuzüglich 5 Prozent Gewinnbeteiligung

Feuerball
5,5 Millionen Dollar (21,94 Millionen DM)
Gage für Sean Connery: 500.000 Dollar

(andere Quelle: 1 Million Dollar) zuzüglich 5 Prozent Gewinnbeteiligung (andere Quelle: 10 Prozent)

Casino Royale
9 - 12 Millionen Dollar
(35,91 - 47,88 Millionen DM)

Man lebt nur zweimal
8,5 Millionen Dollar (33,83 Millionen DM)
Gage für Sean Connery: 500.000 Dollar
zuzüglich 5 Prozent Gewinnbeteiligung

Im Geheimdienst Ihrer Majestät
7 Millionen Dollar (27,44 Millionen DM)
Gage für George Lazenby: 22.000 Pfund
(206.360 DM)
Gage für Diana Rigg: 50.000 Pfund
(469.000 DM)

Diamantenfieber
7 - 10 Millionen Dollar
(24,29 - 34,79 Millionen DM)
Gage für Sean Connery: 1,25 Millionen Dollar
zuzüglich 12,5 Prozent Gewinnbeteiligung

Leben und sterben lassen
7 - 12 Millionen Dollar
(18,55 - 31,8 Millionen DM)
Gage für Roger Moore: 180.000 Dollar
zuzüglich 2,5 Prozent Gewinnbeteiligung

Der Mann mit dem goldenen Colt
13 Millionen Dollar (33,54 Millionen DM)
Gage für Roger Moore: 240.000 Dollar
zuzüglich 3,75 Prozent Gewinnbeteiligung

Der Spion, der mich liebte
14 Millionen Dollar (32,38 Millionen DM)
Gage für Roger Moore: 300.000 Dollar
zuzüglich 3,75 Prozent Gewinnbeteiligung

Moonraker - Streng geheim
25 - 30 Millionen Dollar
(45,75 - 54,9 Millionen DM)
Gage für Roger Moore: 700.000 Dollar
zuzüglich Gewinnbeteiligung

In tödlicher Mission
26 - 28 Millionen Dollar
(58,76 - 63,28 Millionen DM)
Gage für Roger Moore: 1,5 - 2 Millionen
Dollar zuzüglich 10 Prozent Gewinnbeteiligung

Octopussy
25 Millionen Dollar (63,75 Millionen DM)
Gage für Roger Moore: 3 Millionen Dollar
zuzüglich Gewinnbeteiligung

Sag niemals nie
36 Millionen Dollar (91,8 Millionen DM)
Gage für Sean Connery: 3 - 5 Millionen Dollar
Gage für das Drehbuch: 2,5 - 3 Millionen
Dollar

Im Angesicht des Todes
25 Millionen Dollar (73,5 Millionen DM)
Gage für Roger Moore: 3 Millionen Dollar
zuzüglich Gewinnbeteiligung

Der Hauch des Todes
30 Millionen Dollar (53,7 Millionen DM)
Gage für Timothy Dalton: 500.000 Pfund

Lizenz zum Töten
36 Millionen Dollar (60,84 Millionen DM)

GoldenEye
50 Millionen Dollar (75 Millionen DM)
Gage für Pierce Brosnan: 1,8 Millionen Dollar

Der Morgen stirbt nie
100 Millionen Dollar

Die Welt ist nicht genug
80 - 110 Millionen Dollar
Gage für Pierce Brosnan: 11 Millionen Dollar

Stirb an einem anderen Tag
ca. 100 - 120 Millionen Dollar

Einspielergebnisse der James-Bond-Filme

James Bond - 007 jagt Dr. No
USA und Kanada: 6.434.801 Dollar
Deutschland: 1,25 Millionen DM
Weltweit: 9 Millionen Dollar

Liebesgrüße aus Moskau
USA und Kanada: 9.924.279 Dollar
Deutschland: 2 Millionen DM
Weltweit: 12,5 Millionen Dollar
Kassenstärkster Film des Jahres in England

Goldfinger
USA und Kanada: 22.997.706 Dollar
(Platz 13 der erfolgreichsten Filme der
60er Jahre)
"Films and Filming": kassenstärkster Film des
Jahres 1964 - mit 12,5 Millionen Pfund - in
England ("photoplay": 13 Millionen Pfund;
"Look", 13.7.65: mehr als 40 Millionen
Dollar)
Deutschland: 8 Millionen DM (in Hannover:
nach 3 Wochen 45.000 Besucher; nach
4 Wochen 60.000; nach 5 Wochen 70.000;
am 16. März 1965 der 100.000 Zuschauer)
Weltweit: 46 Millionen Dollar (Erstauf-
führung); 90 Millionen Dollar nach der
Wiederaufführung 10 Jahre später; 124,9 Mil-
lionen Dollar (MGM/UA)

Feuerball

USA und Kanada: 28.621.434 Dollar
(Platz 7 der erfolgreichsten Filme der
60er Jahre)
Weltweit: 50 Millionen Dollar (Steven Jay
Rubin); 108 Millionen Dollar ("Observer",
16.1.72); 120 Millionen Dollar (Adolfo Celi);
141,2 Millionen Dollar (MGM/UA)

Casino Royale

USA und Kanada: 10.200.000 Dollar
Weltweit: 40,6 Millionen Dollar ("Observer",
16.1.72)

Man lebt nur zweimal

USA und Kanada: 19.388.692 Dollar
(Platz 24 der erfolgreichsten Filme der
60er Jahre)
Weltweit: 72 Millionen Dollar ("Observer",
16.1.72)

Im Geheimdienst Ihrer Majestät

USA und Kanada: 9.117.167 Dollar
Weltweit: 25 Millionen Dollar (Steven Jay
Rubin); 36 Millionen Dollar ("Observer",
16.1.72)

Diamantenfieber

USA und Kanada: 19.726.829 Dollar
(Platz 95 der erfolgreichsten Filme der
70er Jahre)
Weltweit: 35 Millionen Dollar (Steven Jay
Rubin)

Leben und sterben lassen

USA und Kanada: 15.925.283 Dollar
(Platz 127 der erfolgreichsten Filme der
70er Jahre)
Weltweit: 38 Millionen Dollar ("Stern",
9.1.75)

Der Mann mit dem goldenen Colt

USA und Kanada: 9.440.863 Dollar

Der Spion, der mich liebte

USA und Kanada: 24.364.501 Dollar
(Platz 66 der erfolgreichsten Filme der
70er Jahre)
Deutschland: 17 Millionen DM
Weltweit: 185,4 Millionen Dollar (MGM/UA)

Moonraker - Streng geheim

USA und Kanada: 33.924.008 Dollar
(Platz 40 der erfolgreichsten Filme der
70er Jahre)
Weltweit: 202,7 Millionen Dollar (MGM/UA)

In tödlicher Mission

USA und Kanada: 52,8 Millionen Dollar
(Platz 135 der erfolgreichsten Filme der
80er Jahre)
Weltweit: 90 - 100 Millionen Dollar

Sag niemals nie

USA und Kanada: 55,2 Millionen Dollar
10.958.157 Dollar am ersten Wochenende in
den USA (bis dato das beste Herbstergebnis
aller Zeiten)
(Platz 124 der erfolgreichsten Filme der
80er Jahre)
Weltweit: über 100 Millionen Dollar

Octopussy

USA und Kanada: 34.031.196 Dollar
(Platz 90 der erfolgreichsten Filme der
80er Jahre)
Weltweit: 194 Millionen Dollar (MGM/UA)

Im Angesicht des Todes

USA und Kanada: 25.316.185 Dollar
(Platz 138 der erfolgreichsten Filme der
80er Jahre)
Weltweit: 155,3 Millionen Dollar (MGM/UA)

Der Hauch des Todes
USA und Kanada: 27.878.804 Dollar
(Platz 126 der erfolgreichsten Filme der
80er Jahre)
Weltweit: 183 Millionen Dollar (MGM/UA)

Lizenz zum Töten
USA und Kanada: 17.964.000 Dollar
Weltweit: 153,6 Millionen Dollar (MGM/UA)

GoldenEye
USA und Kanada: 106.429.914 Dollar
Weltweit: 351,2 Millionen Dollar

Der Morgen stirbt nie
USA und Kanada: 125.278.855 Dollar
Weltweit: 343,3 Millionen Dollar

Die Welt ist nicht genug
USA und Kanada: 126.926.702 Dollar
(MGM/UA)
Weltweit: 352 Millionen Dollar

Einnahmen aller Filme

Einnahmen aus den ersten drei Filmen
45 Millionen Pfund ("Showtime", 10/65);
über 75 Millionen Dollar und ca. 100 Millionen Zuschauer ("Playboy", 11/65)

Einnahmen aus 5 Connery-Bond-Filmen
250 Millionen Dollar

Einnahmen aus 7 Bond-Filmen
700 Millionen DM Umsatz ("Spiegel", 1973);
über 200 Millionen Dollar ("Time", 8.1.73)

Einnahmen aus 8 Bond-Filmen
275 Millionen Dollar und 700 Millionen
Zuschauer ("Stern", 2/1975); 110.200.000
DM in Deutschland ("Stern", 49/1974);
350 Millionen Dollar (Balio)

Einnahmen aus 10 Bond-Filmen
über 1 Milliarde Dollar ("cinema", 7/79);
800 Millionen Dollar ("New Idea", 2.3.79);
1,2 Milliarden Dollar (Barry Graves,
"Hannoversche Allgemeine Zeitung", 8/79)

Einnahmen aus 11 Bond-Filmen
200 Millionen Pfund ("Sunday Express
Magazine", 21.6.81)

Einnahmen bis 1986
1,7 Milliarden Dollar

Quellen: "Variety", 4.5.92: All-Time Film
Rental Champs, und "Variety", 21.-27.2.94:
All-Time Box Office Rental Champions,
S. 22-34

Einspielergebnisse der James-Bond-Parodien
(nur USA und Kanada)

"Leise flüstern die Pistolen"
7,3 Millionen Dollar

"Derek Flint schickt seine Leiche"
7,2 Millionen Dollar

"Derek Flint - Hart wie Feuerstein"
5 Millionen Dollar

"Austin Powers – Das schärfste was der
Agent Ihrer Majestät zu bieten hat" (1997)
53,8 Millionen Dollar
Weltweit: 67,7 Millionen Dollar (New Line)

"Austin Powers - Spion in geheimer
Missionarsstellung" (1999)
206 Millionen Dollar
Weltweit: 306,4 Millionen Dollar (New Line)

Besucherzahlen der James-Bond-Filme in Deutschland

Filmtitel	Jahr	Besucherzahlen	Kopien	Leinwände
Die Welt ist nicht genug	1999	5.064.743	823	4.651
Der Morgen stirbt nie	1997	4.477.102	835	4.284
GoldenEye	1995	5.501.310	589	3.901
Lizenz zum Töten	1989	2.472.962	434	3.269
Der Hauch des Todes	1987	3.085.800	327	3.289
Im Angesicht des Todes	1985	3.349.019	255	3.427
Sag niemals nie	1983	3.583.930	200	3.669
Octopussy	1983	4.330.000	209	3.669
In tödlicher Mission	1981	4.803.079	155	3.560
Moonraker – Streng geheim	1979	4.400.000 (geschätzt)	125 Städte	3.251
Der Spion, der mich liebte	1977	7.600.000	100 / 80 Städte	3.142
Der Mann mit dem goldenen Colt	1974	<3.000.000	100 / 70 Städte	3.142
Leben und sterben lassen	1973	<3.000.000	76	3.117
Diamantenfieber	1971	<3.000.000		3.270
Im Geheimdienst Ihrer Majestät	1969	>3.000.000		3.672
Man lebt nur zweimal	1967	<3.000.000		4.400
Casino Royale	1966	>3.000.000		
Feuerball	1965	<3.000.000	110	
Goldfinger	1964	<3.000.000		
Liebesgrüße aus Moskau	1963			
James Bond – 007 jagt Dr. No	1962			

Die Besucherzahlen der frühen Filme sind nicht zu ermitteln, da damals noch keine entsprechenden Statistiken geführt wurden. Auch die Anzahl der Leinwände wird von der Filmförderungsanstalt erst seit 1967 erfaßt.

Es fällt auf, daß die Bond-Filme in den 70er und 80er Jahren zum Start in jedem zehnten Kino zu sehen waren, in den 90er Jahren in jedem fünften oder sechsten.

Quellen: "Filmecho Filmwoche", Filmförderungsanstalt, Jens-Peter Johannsen, eigene Recherchen

Premieren und Starttermine

Casino Royale
21.10.1954 (CBS-TV, USA)

James Bond - 007 jagt Dr. No
05.10.1962 London ("Pavilion")
08.10.1962 Großbritannien,
            landesweiter Start
08.05.1963 USA Midwest und Southwest,
            Start in 450 Kinos
29.05.1963 Los Angeles, Start als Double Bill
            mit "The Young and the Brave"
            (mit Rory Calhoun und
            William Bendix)
24.01.1963 Deutschland, landesweiter Start

Liebesgrüße aus Moskau
10.10.1963 London ("Odeon",
            Leicester Square)
08.04.1964 New York
27.05.1964 Los Angeles, Start als Double Bill
            mit "War With Hell"
14.02.1964 Deutschland, landesweiter Start

Goldfinger
17. 09.1964 London, ("Odeon",
            Leicester Square)
22.12.1964 New York
25.12.1964 USA, landesweiter Start
14.01.1965 Köln ("Capitol-Kino")
26.01.1965 Deutschland, landesweiter Start
28.01.1965 München
            ("Mathäser-Filmpalast")

James Bond - 007 jagt Dr. No und
Liebesgrüße aus Moskau
Ostern 1965 USA (Wiederaufführung)

Feuerball
11.12.1965 Nassau/Bahamas
29.12.1965 London ("Rialto" und "Pavilion")
21.12.1965 New York ("Paramount Theatre")
            und Los Angeles
17.12.1965 Deutschland, landesweiter Start

James Bond - 007 jagt Dr. No und
Goldfinger
Herbst 1966 USA (Wiederaufführung)

Casino Royale
13.04.1967 London ("Odeon",
            Leicester Square)
28.04.1967 Los Angeles
19.12.1967 Deutschland (an Bord des
            MS "Hanseatic" während einer
            Kurzkreuzfahrt)
22.12.1967 Deutschland, landesweiter Start

Man lebt nur zweimal
12.06.1967 London ("Odeon",
            Leicester Square)
13.06.1967 New York
14.06.1967 Los Angeles
14.09.1967 Deutschland, landesweiter Start

Im Geheimdienst Ihrer Majestät
18.12.1969 London ("Odeon",
            Leicester Square) und New York
19.12.1969 Deutschland, landesweiter Start

Diamantenfieber
14.12.1971 München
            ("Mathäser-Filmpalast")
17.12.1971 New York
30.12.1971 London ("Odeon",
            Leicester Square)

Leben und sterben lassen

27.06.1973 New York
06.07.1973 London ("Odeon",
　　　　　　Leicester Square)
14.09.1973 München
　　　　　　("Mathäser-Filmpalast")

Der Mann mit dem goldenen Colt

19.12.1974 London ("Odeon",
　　　　　　Leicester Square) und New York
20.12.1974 Deutschland, landesweiter Start

Der Spion, der mich liebte

07.07.1977 London ("Odeon",
　　　　　　Leicester Square)
03.08.1977 New York
18.08.1977 Hamburg ("City-Kino", in
　　　　　　Anwesenheit von Roger Moore)
26.08.1977 Deutschland, landesweiter Start

Moonraker - Streng geheim

26.06.1979 London ("Odeon",
　　　　　　Leicester Square)
02.07.1979 New York
31.08.1979 Deutschland, landesweiter Start

In tödlicher Mission

24.06.1981 London ("Odeon",
　　　　　　Leicester Square)
26.06.1981 USA
07.08.1981 Deutschland, landesweiter Start
14.10.1981 Frankreich

Sag niemals nie

07.10.1983 USA
17.11.1983 Monaco (Europäische Premiere)
14.12.1983 London ("Warner", West End)
30.11.1983 Frankreich
20.01.1984 Deutschland, landesweiter Start

Octopussy

06.06.1983 London ("Odeon",
　　　　　　Leicester Square)
10.06.1983 USA
05.08.1983 Deutschland, landesweiter Start

Im Angesicht des Todes

22.05.1985 San Francisco (Palace of Fine
　　　　　　Arts Theatre)
23.05.1985 New York
24.05.1985 Los Angeles
12.06.1985 London ("Odeon",
　　　　　　Leicester Square)
09.08.1985 Deutschland

Der Hauch des Todes

29.06.1987 London ("Odeon",
　　　　　　Leicester Square)
30.07.1987 Washington
12.08.1987 Frankfurt/Main ("Royal"-Kino)
13.08.1987 Deutschland, landesweiter Start
13.08.1987 Wien ("Gartenbau-Kino")

Lizenz zum Töten

13.06.1989 London ("Odeon",
　　　　　　Leicester Square)
14.07.1989 USA
10.08.1989 Deutschland, landesweiter Start

GoldenEye

13.11.1995 New York (Radio City
　　　　　　Music Hall)
21.11.1995 London ("Odeon",
　　　　　　Leicester Square)
05.12.1995 München
　　　　　　("Mathäser-Filmpalast")
28.12.1995 Deutschland, landesweiter Start

Der Morgen stirbt nie

09.12.1997 London ("Odeon",
　　　　　　Leicester Square)
10.12.1997 Paris
12.12.1997 Hamburg ("Cinemaxx" am
　　　　　　Dammtor)
16.12.1997 Los Angeles ("Dorothy Chandler
　　　　　　Pavilion")
18.12.1997 Deutschland, landesweiter Start

Die Welt ist nicht genug

08.11.1999 Los Angeles (Westwood-Kinos)
22.11.1999 London ("Odeon",
　　　　　　Leicester Square)
24.11.1999 Berlin ("Cosmos")
09.12.1999 Deutschland, landesweiter Start

Stirb an einem anderen Tag

18.11.2002 London ("Royal Albert Hall")
22.11.2002 Großbritannien und USA,
　　　　　　landesweiter Start
28.11.2002 Deutschland, landesweiter Start

Preise und Auszeichnungen

Für Filme

James Bond - 007 jagt Dr. No
"Find of the Year Award" von United Artists
für Sean Connerys darstellerische Leistung.

Liebesgrüße aus Moskau
keine Preise

Goldfinger
Oscar 1964 für beste Toneffekte - Norman
Wanstall.
Oscar 1964 für "the design and construction
of an improved Helicopter Camera System" -
Nelson Tyler.
Movie Worst Award: Worst Supporting
Actress: Honor Blackman als Pussy Galore.
Best Argument for Strieter Immigration Laws:
Tosh-Togo for his Performance als Oddjob.
Goldene Leinwand 1965.

(Die Goldene Leinwand wird vergeben,
wenn ein Film in Deutschland innerhalb von
18 Monaten mehr als drei Millionen
Zuschauer erreicht hat; sie wurde erstmals am
22. Januar 1964 verliehen.)

Feuerball
Oscar 1965 für beste Spezialeffekte - John
Stears.
Ten Worst Movies 1965 - Platz 8.
Goldene Leinwand 1966.

Casino Royale
Natalie Wood Award to the Worst Actress:
Ursula Andress.

Man lebt nur zweimal
Goldene Leinwand 1967.

Im Geheimdienst Ihrer Majestät
"The Exhausted Udder" (presented by the
Dairy Farmers Association in recognition of
attempts to milk every penny possible from a
marketable idea. Anyone who had anything
to do with what we hope is the last James
Bond film ever.)

Diamantenfieber
Oscar-Nominierung 1971 für besten Ton:
Gordon K. MacCallum, John Mitchell, Alfred
J. Overton.
Golden Globe Award: World Film Favorites -
Male: Sean Connery/Charles Bronson.
Goldene Leinwand 1973.

Leben und sterben lassen
Oscar-Nominierung 1973 für den besten
Song: "Live And Let Die".
Goldene Leinwand 1974.

Der Mann mit dem goldenen Colt
Goldene Leinwand 1977.

Der Spion, der mich liebte
Oscar-Nominierung 1977 für die beste
Ausstattung: Ken Adam, Peter Lamont, Hugh
Scaife.
Oscar-Nominierung 1977 für die beste Musik:
Marvin Hamlish.
Oscar-Nominierung 1977 für den besten
Song: "Nobody Does It Better".
Goldene Leinwand 1978.

Moonraker - Streng geheim
Oscar-Nominierung 1977 für beste
Spezialeffekte: Derek Meddings, Paul Wilson,
John Evans.
Goldene Leinwand 1980.

In tödlicher Mission
Oscar-Nominierung 1981 für den besten
Song: "For Your Eyes Only".
Goldene Leinwand 1982.

Goldene Leinwand mit Stern und Brillanten
1983 für eine Filmserie, die mindestens
sechs Werke gleichen Sujets umfaßt und von
mehr als 30 Millionen Menschen gesehen
wurde.

Sag niemals nie
Goldene Leinwand 1984.

Octopussy
Goldene Leinwand 1984.

Im Angesicht des Todes
Goldene Leinwand 1986.

Der Hauch des Todes
Goldene Leinwand 1988.

Lizenz zum Töten
keine Preise

GoldenEye
Goldene Leinwand 1996.

Der Morgen stirbt nie
Goldene Leinwand 1998.

Die Welt ist nicht genug
Goldene Leinwand 2000.

Für Personen

"Bronzener Film-Otto" 1979 der deutschen
Jugendzeitschrift "Bravo" für Roger Moore.
"Irving G. Thalberg Award" 1981 für Albert
R. Broccoli.
"Hollywood Hall of Fame Award" 1981 für
den Stuntman Bob Simmons für seine Arbeit
in "In tödlicher Mission".
"Silberner Hammerschlumpf" 1983 der
Zeitschrift "pop/Rocky" für Roger Moore als
"Star of the Year".
"Golden Globe"-Nominierung 1984 für
Barbara Carrera.
"Order of the British Empire" (OBE) 1987 für
Albert R. Broccoli.
"Stars von morgen" 1989: Carey Lowell und
Talisa Soto, Hauptdarstellerinnen in "Lizenz
zum Töten", Auszeichnung bei der Film-
theatermesse NATO-ShoWest in Las Vegas.
"Saturn Award" 1998 für Pierce Brosnan als
bester Darsteller in "Der Morgen stirbt nie".
"Internationaler Star des Jahres" 2002: Pierce
Brosnan, Auszeichnung bei der Cinema
Expo in Amsterdam.

Quellen: "Filmecho Filmwoche", 16.10.1992,
S. 13/14; "Variety".

Filmographie Sean Connery

1954/GB Lilacs in the Spring.
R: Herbert Wilcox.
1956/GB No Road Back (Die blinde Spinne).
R: Montgomery Tully.
1957/GB Hell Drivers (Duell am Steuer).
R: Cy Baker Endfield.
1957/GB Time Lock (Zwölf Sekunden bis
zur Ewigkeit). R: Gerald Thomas.
1957/GB Action of the Tiger
(Operation Tiger). R: Terence Young
1958/GB Another Time, Another Place
(Herz ohne Hoffnung). R: Lewis Allen.
1959/US Darby O'Gill and the Little People.
R: Robert Stevenson.
1959/GB Tarzan's Greatest Adventure
(Tarzans größtes Abenteuer).
R: John Guillermin.
1961/GB The Frightened City (Die Peitsche).
R: John Lemont.
1961/GB On the Fiddle/US-Titel: Operation
Snafu. R: Cyril Frankel.
1962/US The Longest Day (Der längste Tag).
R: Ken Annakin, Andrew Marton,
Bernhard Wicki, Darryl F. Zanuck.
1962/GB Dr. No (James Bond - 007 jagt
Dr. No). R: Terence Young.
1963/GB From Russia With Love
(Liebesgrüße aus Moskau).
R: Terence Young.
1964/GB Woman of Straw (Die Strohpuppe).
R: Basil Dearden.
1964/US Marnie (Marnie).
R: Alfred Hitchcock.
1964/GB Goldfinger (Goldfinger).
R: Guy Hamilton.
1965/GB The Hill (Ein Haufen toller Hunde).
R: Sidney Lumet.
1965/GB Thunderball (Feuerball).
R: Terence Young.

1966/US A Fine Madness (Simson ist nicht
zu schlagen). R: Irvin Kershner.
1967/GB You Only Live Twice (Man lebt nur
zweimal) R: Lewis Gilbert.
1967/GB The Bowler and the Bonnet.
R: Sean Connery. (Dokfilm über schottische Arbeiter).
1968/GB Shalako (Man nennt mich Shalako).
R: Edward Dmytryk.
1969/US The Molly Maguires (Verflucht bis
zum jüngsten Tag). R: Martin Ritt.
1969/SU/IT Krasnaja Palatka/La tenda rossa
(Das rote Zelt).
R: Michail K. Kalatosow.
1971/GB Diamonds Are Forever
(Diamantenfieber). R: Guy Hamilton.
1971/US The Anderson Tapes
(Der Anderson-Clan). R: Sidney Lumet.
1972/GB The Offence (Sein Leben in meiner
Gewalt). R: Sidney Lumet.
1974/GB Zardoz (Zardoz / Zardoz - der Bote
des Todes). R: John Boorman.
1974/GB Ransom/US-Titel: The Terrorists
(Die Uhr läuft ab). R: Caspar Wrede.
1974/GB Murder on the Orient Express
(Mord im Orient Express).
R: Sidney Lumet.
1975/US The Wind And The Lion (Der Wind
und der Löwe) R: John Milius.
1975/GB The Man Who Would Be King
(Der Mann, der König sein wollte)
R: John Huston.
1976/US Robin and Marian (Robin und
Marian). R: Richard Lester.
1976/US The Next Man. (Dt. Videotitel: Öl).
R: Richard Sarafian.
1977/US A Bridge Too Far (Die Brücke von
Arnheim). R: Richard Attenborough.
1978/GB The First Great Train Robbery/
US-Titel: The Great Train Robbery
(Der große Eisenbahnraub).
R: Michael Crichton.
1979/US Meteor (Meteor). R: Ronald Neame.

1979/US Cuba. R: Richard Lester.

1981/GB Outland (Outland). R: Peter Hyams.

1981/GB Time Bandits (Time Bandits).
    R: Terry Gilliam.

1982/US The Man with the Deadly Lens/
    USA: Wrong is Right (Flammen am
    Horizont). R: Richard Brooks.

1982/US Sean Connery's Edinburgh.
    (Dokumentation mit einem
    Kommentar Connerys über seine
    Heimatstadt).

1982/GB Five Days One Summer
    (Am Rande des Abgrunds).
    R: Fred Zinnemann.

1983/US Never Say Never Again
    (Sag niemals nie). R: Irvin Kershner.

1984/US Sword of the Valiant (Dt. Videotitel:
    Camelot - Der Fluch des goldenen
    Schwertes). R: Stephen Weeks.

1985/US Highlander (Highlander).
    R: Russell Mulcahy.

1985/D/IT/FR Der Name der Rose/
    Il nome della rosa/Le nom de la rose
    (The name of the Rose).
    R: Jean Jacques Annaud.

1986/US The Untouchables
    (Die Unbestechlichen).
    R: Brian de Palma.

1987/US The Presidio (Presidio).
    R: Peter Hyams.

1989/US Memories of Me. Gastauftritt.
    R: Henry Winkler.

1989/US Indiana Jones and the Last Crusade
    (Indiana Jones und der letzte
    Kreuzzug). R: Steven Spielberg.

1989/US Family Business (Family Business).
    R: Sidney Lumet.

1989/US The Hunt for Red October
    (Jagd auf Roter Oktober).
    R: John McTiernan.

1989/GB The Russia-House (Das Rußland-
    Haus). R: Fred Schepisi.

1990/US Highlander II - The Quickening
    (Highlander II - Die Rückkehr).
    R: Russell Mulcahy.

1990/US Robin Hood - Prince of Thieves
    (Robin Hood - König der Diebe).
    R: Kevin Reynolds.

1991/US Medicine Man (Medicine Man -
    Die letzten Tage von Eden).
    R: John McTiernan.

1992/US Rising Sun (Die Wiege der Sonne).
    R: Philip Kaufman.

1993/US A Good Man in Africa (A Good
    Man in Africa). R: Bruce Beresford.

1995/US Just Cause (Im Sumpf des Ver-
    brechens). R: Arne Glimcher.

1995/US First Knight (Der erste Ritter).
    R: Jerry Zucker.

1995/US Dragonheart (nur Stimme).
    R: Rob Cohen.

1996/US The Rock
    (Rock - Fels der Entscheidung).
    R: Michael Bay.

1997/GB The Avengers (Mit Schirm, Charme
    und Melone). R: Jeremiah Chechik.

1999/US Playing By Heart.
    R: Williard Carroll.

1999/US Entrapment (Verlockende Falle).
    R: Jon Amiel.

2000/US Finding Forrester (Forrester
    gefunden!). R: Gus Van Sant.

2003/US The League of Extraordinary
    Gentlemen. R: Stephen Norrington.

Sean Connery:
Preise und Auszeichnungen

1951 3. Platz beim Mr. Universum Contest in London.

1963 "Find of the Year Award" des Filmverleihs United Artists für die Entdeckung von Sean Connery für "Dr. No".

1964 Populärster Star des Jahres in England.

1965 Variety Club of Great Britain: Silver Heart für den Schauspieler des Jahres.

1965 Platz 1: Top Ten Box Office Star (USA).

1966 Platz 2: Top Ten Box Office Star (USA).

1966 David di Donatello Preis (Italien): Spezial-Plakette für den besten Schauspieler.

1967 Platz 5: Top Ten Box Office Star (USA).

1971 Platz 9: Top Ten Box Office Star (USA).

1971 Golden Globe der Auslandspresse in Hollywood für den beliebtesten Filmstar der Welt (gemeinsam mit Charles Bronson).

1976 David di Donatello Preis (Italien).

1981 Herriot-Watt University Edinburgh: Ehrendoktorwürde.

1983 Retrospective Season at the National Film Theatre, London.

1984 Harvard University (USA): Hasty Pudding Award als Mann des Jahres.

1984 Fellow of the Royal Scottish Academy of Music and Drama.

1986 Bundesfilmpreis für außergewöhnliche schauspielerische Leistungen.

1986 "Bambi" der Zeitschrift "Hör Zu".

1986 Goldener Jupiter als beliebtester Schauspieler der Zeitschrift "Cinema".

1987 Commandeur des Arts et Lettres in Frankreich.

1987 Golden Globe der Auslandspresse in Hollywood als bester Nebendarsteller für "The Untouchables".

1987 Oscar als bester Nebendarsteller für "The Untouchables".

1987 British Critics Circle für schauspielerische Leistungen in "Der Name der Rose" und "The Untouchables".

1987 British Academy Award als bester Schauspieler für "Der Name der Rose".

1987 Variety Club of Great Britain: Best Actor.

1987 US National Board of Review: Best Supporting Actor.

1987 David Wark Griffith Preis als bester Nebendarsteller für "The Untouchables".

1988 ShoWest Male Star of the Year.

1988 St. Andrews University: Ehrendoktorwürde.

1989 Golden Globe Nominierung als bester Darsteller in "Indiana Jones und der letzte Kreuzzug".

1989 British on the Cannes Filmfestival: Outstanding Contribution to the British Film Industry.

1990 US National Association of Theater Owners: Worldwide Star of the Year.

1990 American Cinemathique Award for Acting Excellence.

1990 "Most Sexiest Man Alive" bei einer Umfrage der Zeitschrift "People".

1990 Special Tribute Award der "British Academy of Film and Television Arts" für außergewöhnliche Leistungen in der Welt des Kinos: Silberne Maske.

1990 Freedom Award of the City of Edinburgh.

1990 "Mann der Kultur"-Preis in Rom.

1991 Ehrenbürger der Stadt Edinburgh.

1991 Legion d'Honneur, Frankreich.

1991 BBC Scotland: Schotte des Jahres.

1992 David di Donatello Preis (Italien).

1996 Cecil B. DeMille Preis für sein Lebenswerk.

1997 Ehrung der Film Society of Lincoln Center in New York.

1998 British Academy Award für sein Lebenswerk.

1999 Preis der NATO ShoWest für sein Lebenswerk.

1999 Hommage bei den Filmfestspielen in Cannes.

1999 "Sexiest Man of the Century" bei einer Umfrage der Zeitschrift "New Woman".

1999 Ehrung des Kennedy Center in Washington für sein Lebenswerk.

1999 Einer der 200 "elegantesten Männer des 20. Jahrhunderts" bei einer Umfrage des Magazins "GQ".

1999 "Größter des Jahrhunderts" in der Rubrik Schauspieler bei einer Leserumfrage der "tz" München. Bei den Frauen gewinnt Audrey Hepburn.

1999 Beliebtester Schauspieler (39 Prozent) bei der Millenniums-Wahl der Zeitschrift "TV-Movie". Auf Platz 2 folgt Tom Hanks (26 Prozent) vor Robert de Niro (13 Prozent).

2000 Verleihung des Adelstitels durch Queen Elizabeth im Holyroodhouse-Palast in Edinburgh (5. Juli).

2001 "Größter Schauspieler der Welt" bei einer Leserumfrage der britischen Zeitschrift "Radio Times".

2001 William Wallace Award der "American Scottish Foundation" in Washington für seine Verdienste um Schottland (5. April).

2002 Ehrenpreis des Festivals in Karlovy Vary (Karlsbad) für seine "Verdienste um die Welt-Kinematographie" (Juli).

Filmographie George Lazenby

1969/GB On Her Majesty's Secret Service (Im Geheimdienst Ihrer Majestät). R: Peter Hunt.

1971/GB Universal Soldier. R: Cy Endfield.

1972/IT The Child, Che L'Ha Vista Morire (Dt. Videotitel: The Child - Die Stadt wird zum Alptraum). R: Aldo Lada.

1973/HK Stoner. R: Huang Feng.

1974/HK A Queen's Ransom (Dt. Videotitel: Todeskommando Queensway). R: Ting Shan-Si.

1975/AU/HK The Man From Hongkong/ USA: The Dragon Flies (Der Mann aus Hongkong). R: Brian Trenchard Smith.

1977/US The Newman Shame.

1978/US Death Mission (Kommando Todesformel/Der Einzelkämpfer). R: Al Adamson.

1979/US Saint Jack (Saint Jack). R: Peter Bogdanovich.

1980/US Kentucky Fried Movie (Kentucky Fried Movie). R: Jim Abrahams, David Zucker, Jerry Zucker.

1981/IT L'ultimo Harem (Der letzte Harem). R: Willy S. Regan.

1985/HK The Ninja Warrior II.

1986/US Never Too Young to Die (Lance - stirb niemals jung). R: Gil Bettman.

1992/US Eyes of the Beholder/auch: Nighteyes R: Lawrence L. Simeone.

1994/US The Corsican Brothers (Die Babysitter). R: John Paragon.

1995/US Fatally Yours. R: Tim Everitt

1998/US Star of Jaipur. (Dt. Videotitel: Moments of Danger). R: Chris McIntyre

1998/US The Path of the Dragon (Dokumentation). R: Walt Missingham

1999/US Gut Feeling. R: Ian Sears

1999/US Four Dogs Playing Poker. R: Paul
    Rachman
2001/US Sheer Bliss. R: Marni Banack

Fernsehen

1973/US The Operation.
1977/US Cover Girls. R: Jerry London.
1978/US Evening in Byzantinum (2 Teile).
    R: Jerry London.
1979/US B.J. and the Bear - A Coffin With A
    View (Smokey - Trucks und irre Girls).
    Gastauftritt.
1979/US B.J.'s Sweethearts. Gastauftritt.
1980/US Hawaii-5-0. Gastauftritt.
1981/US General Hospital. Gastauftritt.
1981/US B.J. and the Lady Truckers.
    Gastauftritt.
1982/US Return of the Man from U.N.C.L.E.
    - Thunderball/The 15 Years Later Affair
    (Thunderball U.N.C.L.E. In tödlicher
    Mission). R: Ray Austin.
1984/CN The Master: Hostages (Der Ninja-
    Meister: Alles Gute kommt von oben).
    R: Ray Austin.
1984/US Cover Up (Cover Up - Mode,
    Models und Intrigen). Gastauftritt.
1985/US Hotel (Hotel: Ausblicke).
    Gastauftritt.
1988/US Freddy's Nightmares. Gastauftritt.
1989/US Fantasy Island. Gastauftritt.
1990/US Alfred Hitchcock Presents:
    Diamonds Aren't Forever (Alfred
    Hitchcock zeigt: Diamanten töten
    nicht). Gastauftritt.
1990/US Superboy: Abandon Earth
    (Superboy: Abschied von der Erde).
    R: Richard J. Lewis.
1990/US Superboy: Escape to Earth
    (Superboy: Flucht zur Erde).
    R: Andre R. Guttfreund.

1992/93/FR Emmanuelle (7 Teile).
    R: Francis Leroi.
1993/US Gettysburg. R: Ronald F. Maxwell.
1989/US Baywatch. Gastauftritt
1996/US The Pretender (Auftritte in drei
    Folgen)
1999/US Batman Beyond: The Movie (nur
    Stimme in drei Folgen)

Filmographie Roger Moore

1945/GB Caesar and Cleopatra (Cäsar und Cleopatra). R: Gabriel Pascal/ Brian Desmond Hurst.

1945/GB Perfect Strangers. R: Alexander Korda.

1946/GB Gaiety George. R: George King.

1946/GB Piccadilly Incident (Schicksal von gestern). R: Herbert Wilcox.

1949/GB Trottie True. R: Brian Desmond Hurst.

1949/GB Paper Orchid. R: Roy Baker.

1954/US The Last Time I Saw Paris (Damals in Paris). R: Richard Brooks.

1955/US Interrupted Melody (Unterbrochene Melodie). R: Curtis Bernhardt.

1955/US The King's Thief (Des Königs Dieb). R: Robert Z. Leonard.

1955/US Diane (Diane - Kurtisane von Frankreich). R: David Miller.

1959/US The Miracle (Die Madonna mit den zwei Gesichtern). R: Irving Rapper.

1961/US Gold of the Seven Saints (Das Gold der sieben Berge). R: Gordon Douglas.

1961/US The Sins of Rachel Cade (Jenseits des Ruwenzori). R: Gordon Douglas.

1961/IT/FR Il Ratto Delle Sabine / L'enlèvement des Sabines (Der Raub der Sabinerinnen). R: Richard Pottier.

1962/IT/FR Un Branco di Vigliacchi (No Man's Land). R: Fabrizio Taglioni.

1969/GB Crossplot (Tödlicher Salut - Im Fadenkreuz des Todes/Im Sold Ihrer Majestät). R: Alvin Rakoff.

1969/GB Fictionmakers (Hermetico, die unsichtbare Region/Die den Tod nicht fürchten). R: Roy Ward Baker. (Film aus der Serie "Simon Templar", der auch im Kino lief.)

1970/GB The Man Who Haunted Himself (Der Mann, der sich selbst jagte). R: Basil Dearden.

1973/GB Live And Let Die (Leben und sterben lassen). R: Guy Hamilton.

1974/GB Gold (Gold). R: Peter Hunt.

1974/GB The Man with the Golden Gun (Der Mann mit dem goldenen Colt). R: Guy Hamilton.

1975/GB That Lucky Touch (Bleib mir ja vom Leib!). R: Christopher Miles.

1976/GB Shout at the Devil (Brüll den Teufel an/Rivalen gegen Tod und Teufel/ 2 gegen Tod und Teufel/ 2 wie Hund und Katz). R: Peter Hunt.

1976/IT/US Gli Esecutori/The Sicilian Cross/US-Titel: Street People/ The Executors (Abrechnung in San Franzisko/Opium Road). R: Maurizio Lucidi.

1976/US Sherlock Holmes in New York. R: Boris Sagal.

1977/GB The Spy Who Loved Me (Der Spion, der mich liebte). R: Lewis Gilbert.

1978/GB/CH The Wild Geese (Die Wildgänse kommen). R: Andrew V. McLaglen.

1979/GB Escape To Athena (Flucht nach Athena/Helden ohne Gnade). R: George Pan Cosmatos.

1979/GB Moonraker (Moonraker - Streng geheim). R: Lewis Gilbert.

1980/GB North Sea Hijack (Sprengkommando Atlantik). R: Andrew V. McLaglen.

1980/GB/US/CH The Sea Wolves (Die Seewölfe kommen). R: Andrew V. McLaglen.

1980/FR/IT Les séducteurs/Il seduttori della domenica. 2. Episode: Meurtre en le demeure (Sunday Lovers/4 Asse hauen

auf die Pauke/Sunday Lovers -
Die 4 Unverbesserlichen/
Die Verführer). R: Bryan Forbes.

1980/US The Cannonball Run (Auf dem
Highway ist die Hölle los).
R: Hal Needham.

1981/GB For Your Eyes Only (In tödlicher
Mission). R: John Glen.

1983/GB Octopussy (Octopussy).
R: John Glen.

1984/GB Curse of the Pink Panther (Der
Fluch des rosaroten Panthers).
R: Blake Edwards.

1984/US The Naked Face (Das nackte
Gesicht). R: Bryan Forbes.

1985/GB A View To A Kill (Im Angesicht
des Todes). R: John Glen.

1989/GB Bullseye! (Bullseye!).
R: Michael Winner.

1989/US Bed and Breakfast (Agenten leben
einsam). R: Robert Ellis Miller.

1990/D Feuer, Eis und Dynamit (Fire, Ice
and Dynamite). R: Willy Bogner.

1995/US The Quest.
R: Jean-Claude van Damme.

1996/US The Saint (The Saint - Der Mann
ohne Namen) (nur Stimme).
R: Phillip Noyce.

1997/GB Spiceworld - The Movie (Spiceworld - Der Film). R: Bob Spiers.

2001/BRD/LUX/GB/USA The Enemy.
R: Robert Ogilve.

2002/US/BRD Boat Trip. R: Mort Nathan.

Fernsehen

1957 1958/US Ivanhoe - 39 Folgen.

1959-1960/US The Alaskans - 36 Folgen.

1957-1961/GB Maverick (teilweise mit
James Garner) - 138 Folgen.

1961/US Alfred Hitchcock Presents: The
Avon Emeralds. Gastauftritt.

1962-1968/GB The Saint (Simon Templar) -
114 Folgen. (Roger Moore inszenierte
acht Folgen selbst.)

1971-1972/US The Persuaders (Die 2) -
24 Folgen. (Roger Moore inszenierte
zwei Folgen selbst.)

1976/US Sherlock Holmes in New York.
R: Boris Sagal.

1981/US The Muppet Show (Die Muppet
Show). Gastauftritt.

1987/US Happy Anniversary 007 (25 Jahre
James Bond 007) (Moderation).
R: Mel Stuart.

1993/US The Man who Wouldn't Die (Der
Mann, der niemals starb).
R: Bill Condon.

1993/GB It's Alive! The True Story of
Frankenstein (Moderation).

1998/US The Magic Snowman (nur
Stimme). R: C. Stanner.

1998/US SpyTek (Dokumentation).
R: Eames Yeates. (Moderation).

1998/US Secret KGB Files (fünfteilige Dokumentation - Moderation).

1998/US Changing the World Forever: The
Kiwanis Fight Against IDD.

1999/US The Dream Team. R: Dean
Hamilton.

1999/US Children Without Childhood (fünfteilige Serie - Sprecher).

2000/GB Victoria Wood with All the Trim-
mings (Comedy-Show). R: John Birkin
(Gastauftritt).

2001/US The World Sports Awards.
R: Simon Staffurth (Moderation mit
Désirée Nosbusch).

2001/US In the Footsteps of the Holy Family
(Dokumentation - Moderation).

2002/US Alias (TV-Serie - Gastauftritt in der
Folge "The Prophecy").

2002/BRD Tatort (TV-Serie - Gastauftritt in
der Folge "Schatten"). R: Thorsten
Näter.

Filmographie Timothy Dalton

1968/GB The Lion in Winter (Der Löwe im Winter). R: Anthony Harvey.

1970/GB Cromwell (Cromwell - Krieg dem König/Cromwell, der Unerbittliche). R: Ken Hughes.

1970/FR/IT Il Voyeur. R: Franco Indovina.

1970/GB Wuthering Heights. R: Robert Fuest.

1971/GB Mary Queen of Scots (Maria Stuart, Königin von Schottland). R: Charles Jarrott.

1975/GB/AT Permission to Kill (Vollmacht zum Mord). R: Cyril Frankel.

1976/ES El Hombre que supo Amar. R: Miguel Picazo.

1978/US Sextette (Sextette). R: Ken Hughes.

1979/US Agatha (Das Geheimnis der Agatha Christie). R: Michael Apted.

1980/US Flash Gordon (Flash Gordon). R: Michael Hodges.

1985/GB Chanel Solitaire (Einzigartige Chanel/auch: Coco Chanel). R: George Kaczender.

1985/GB The Doctor and the Devils. R: Freddie Francis.

1986/US Brenda Starr (Brenda Starr). R: Robert Ellis Miller.

1987/GB The Living Daylights (Der Hauch des Todes). R: John Glen.

1988/GB Hawks (Hawks - Die Falken). R: Robert Ellis Miller.

1989/GB Licence To Kill (Lizenz zum Töten). R: John Glen.

1989/FR/IT/GB The King's Whore/La Putain du Roi (Die Hure des Königs). R: Axel Corti.

1991/US The Rocketeer (Rocketeer). R: Joe Johnston.

1991/US The Visitor.

1993/US Naked in New York (Nackt in New York). R: Daniel Algrant.

1996/CAN Salt Water Moose (Salt Water Moose/auch: Ein Elch namens Charlie). R: Stuart Margolin.

1997/US The Beautician and the Beast (Mein Liebling, der Tyrann). R: Ken Kwapis.

1997/CSFR/BRD/US The Reef. R: Robert Alan Ackerman.

1998/US Stories from My Childhood (Zeichentrick-TV-Serie - nur Stimme).

1999/US Made Men. R. Louis Morneau.

1999/US Cleopatra (TV-Zweiteiler). R: Franc Roddam.

2000/BRD/US Time Share. R: Sharon von Wietersheim.

2001/US American Outlaws. R: Les Mayfield.

Fernsehen

1978/US Saturday While Sunday.

1979/US Charlies Angels (Drei Engel für Charlie: Der gefallene Engel). R: Allen Baron.

1980/US Centennial. R: Paul Krasny, Virgil W. Vogel, Harry Falk, Bernard Mc Eveety.

1981/US Colorado Saga.

1982/GB Jane Eyre. R: Julian Amyes.

1984/GB The Master Of Ballantrae. R: Douglas Hickox.

1985/US Sins (Sünden/Im Labyrinth der Rache). R: Douglas Hickox.

1985/US Florence Nightingale.

1986/US Mistral's Daughter (Erben der Liebe - 4 Teile). R: Douglas Hickox.

1992/GB Framed (Eiskaltes Duell/ Der gewisse Dreh). R: Geoff Sax.

1993/US In the Wild: Wolves (Terra Magica: Unter Wölfen).

1994/US Scarlett (4 Teile). R: John Erman.

1994/US Masters of Horror - Tales from
    the Crypt: Werewolf Concerto
    (Das Werwolf-Konzert). Gastauftritt.
1994/GB Red Eagle (Roter Adler/auch: Ken
    Folletts Roter Adler - in Deutschland
    2 Teile). R: Jim Goddard.
1996 The Reef.
1997/US The Informant. R: Jim McBride.
1999/US Cleopatra (Mini-Serie).
    R: Franc Roddam.
1999/US Passion's Way.
2000/US Possessed. R: Steven E. de Souza.

Filmographie Pierce Brosnan

1980/GB The Long Good Friday (Rififi am
    Karfreitag). R: John Mackenzie.
1980/GB The Mirror Crack'd (Mord im
    Spiegel). R: Guy Hamilton.
1985/US Nomads (Nomads - Tod aus dem
    Nichts). R: John McTiernan.
1987/GB The Fourth Protocol (Das vierte
    Protokoll). R: John Mackenzie.
1988/GB/US Taffin (Ein Mann wie Taffin).
    R: Francis Megahy.
1988/GB The Deceivers (Die Täuscher).
    R: Nicholas Meyer.
1990/GB Mister Johnson (Mister Johnson).
    R: Bruce Beresford.
1992/US Live Wire (Hydrotoxin - Die Bombe
    tickt in dir). R: Christian Dugay.
1992/US/CAN Entangled/Les Veufs
    (Labyrinth - Liebe ohne Ausweg).
    R: Max Fischer.
1992/GB The Lawnmover Man (Der
    Rasenmäher-Mann). R: Brett Leonard.
1993/US Mrs. Doubtfire (Mrs. Doubtfire -
    Das stachelige Kindermädchen).
    R: Chris Columbus.
1994/US Love Affair.
    R: Glenn Gordon Caron.
1994/US Robinson Crusoe.
    R: George Miller, Rod Hardy
1995/GB GoldenEye (GoldenEye).
    R: Martin Campbell
1996/US A Mirror Has Two Faces (Liebe
    hat zwei Gesichter).
    R: Barbra Streisand.
1996/US Mars Attacks! R: Tim Burton.
1996/US Dante's Peak. R: Roger Donaldson.
1996/GB The Nephew (Der amerikanische
    Neffe). R: Eugene Brady.
1997/GB Tomorrow Never Dies (Der Morgen
    stirbt nie). R: Roger Spottiswoode.

1998/GB The Magic Sword: Quest for Camelot (Das magische Schwert - Die Legende von Camelot) (nur Stimme). R: Frederik du Chau.

1998/US Grey Owl. R: Richard Attenborough.

1998/US The Thomas Crown Affair (Die Thomas Crown Affäre). R: John McTiernan.

1999/GB The World Is Not Enough (Die Welt ist nicht genug). R: Michael Apted.

2000/US Dolphins. R: Greg Mac Gillivray (nur Stimme).

2000/GB Building The Impossible. R: Clive Maltby (nur Stimme).

2001/GB The Tailor of Panama (Der Schneider von Panama). R: John Boorman.

2002/GB Evelyn. R: Bruce Beresford.

2002/GB Die Another Day (Stirb an einem anderen Tag). R: Lee Tamahori.

Fernsehen

1978/GB The Silly Seasons.

1979/GB The Professionals: Blood Sports (Die Profis: Ein Sportsmann stirbt/ Die Profis: Tod eines Sportlers). Gastauftritt.

1979/IE Murphy's Stroke (Dokumentarfilm). R: Frank Cvitoanovich.

1980/81/US The Mansions of America (3 Teile). R: Joseph Sargent.

1982-1987/US Remington Steele.

1987/US Moonlighting (Das Model und der Schnüffler). Gastauftritt.

1987/US Noble House (4 Teile). R: Gary Nelson.

1988/US Around the World in 80 Days (In 80 Tagen um die Welt - 4 Teile). R: Buzz Kulik.

1989/GB Nancy Astor (13 Teile).

1989/US The Heist (Der Gentleman-Coup). R: Stuart Orme.

1991/US Murder 101 (Mord 101/Ein Fall für Professor Lattimore). R: Bill Condon.

1991/US Victim of Love (Opfer einer Leidenschaft/Verhängnisvolle Leidenschaft). R: Jerry London.

1991/US Golden Globe Awards 1990 (Moderation).

1992/US Heartbreak Radio. Gastauftritt in Roy Orbinsons Musikvideo.

1993/US The Broken Chain (Broken Chain/auch: Zwischen den Fronten). R: Lamont Johnson.

1993/US Death Train/Alistair MacLean's Death Train (Death Train/USA: The Detonator). R: David S. Jackson.

1994/US Don't Talk to Strangers (Killing Stranger). R: Robert Michael Lewis.

1995/US Night Watch (Der Rembrandt-Deal). R: David S. Jackson.

1996/US The Disappearance of Kevin Johnson (Kevin Johnson - Ein Mann verschwindet). R: Francis Megahy.

1996/US Muppet's Tonight. Gastauftritt.

Abkürzungen

AT - Österreich; AU - Australien; CAN - Kanada; CH - Schweiz; CN - China; D - Deutschland; ES - Spanien; FR - Frankreich; GB - Großbritannien; HK - Hongkong; IE - Island; IT - Italien; SU - Sowjetunion; US - USA

R - Regie; P - Produktion

Filmographie der James-Bond-Parodien und -Nachfolger

Die Serien sind in alphabetischer Reihenfolge der Hauptcharaktere geordnet. Alle anderen Filme in chronologischer Reihenfolge. Wenn Darsteller oder Macher aus den Bond-Filmen mitwirken, sind sie zusätzlich genannt.

D: Darsteller; R: Regie; DB: Drehbuch; M: Musik

Agent-3S3-Serie (D: George Ardisson)
ITA/SPA/1965/*Agente 3S3 Passaporto Per L'Inferno* (Agent 3S3 kennt kein Erbarmen), R: Simon Sterling
FRA/1965/*Agente 3S3 Massacro Al Sole* (Agent 3S3 pokert mit Moskau), R: Simon Sterling
ITA/D/1967/*Agent 3S3 setzt alles auf eine Karte*, R: Mino Guerrini

Jerry-Cotton-Serie (D: George Nader)
D/1965/*Schüsse aus dem Geigenkasten* R: Fritz Umgelter
D/1965/*Mordnacht in Manhattan* R: Harald Philipp
D/1965/*Um null Uhr schnappt die Falle zu* R: Harald Philipp
D/FRA/1966/*Die Rechnung - eiskalt serviert* R: Helmut Ashley
D/1966/*Der Mörderclub von Brooklyn* R: Werner Jacobs
D/ITA/1967/*Dynamit in grüner Seide* R: Harald Reinl
D/ITA/1968/*Der Tod im roten Jaguar* R: Harald Reinl
D/1968/*Todesschüsse am Broadway* R: Harald Reinl

Derek-Flint-Serie (D: James Coburn)
USA/1966/*Our Man Flint* (Derek Flint schickt seine Leiche), R: Daniel Mann
USA/1967/*In Like Flint* (Derek Flint - Hart wie Feuerstein), R: Gordon Douglas

Jack-Harper-Serie (D: Paul Newman)
USA/1966/*Harper - The Moving Target* (Ein Fall für Harper), R: Jack Smight
USA/1976/*The Drowning Pool* (Unter Wasser stirbt man nicht) R: Stuart Rosenberg

Matt-Helm-Serie (D: Dean Martin)
USA/1966/*The Silencers* (Leise flüstern die Pistolen), R: Phil Karlson
USA/1966/*Murderers Row* (Die Mörder stehen Schlange), R: Henry Levin
USA/1967/*The Ambushers* (Wenn Killer auf der Lauer liegen), R: Henry Levin
USA/1969/*The Wrecking Crew* (Rollkommando), R: Phil Karlson

Kommissar-X-Serie (D: Tony Kendall)
D/ITA/1965/*Kommissar X - Jagd auf Unbekannt*, R: Frank Kramer (Pseudonym für Gianfranco Parolini)
Ö/ITA/FRA/1966/*Kommissar X - Drei gelbe Katzen*, R: Rudolf Zehetgruber
Ö/ITA/1966/*Kommissar X - In den Klauen des goldenen Drachen*, R: Frank Kramer
D/ITA/1967/*Kommissar X - Drei blaue Panther*, R: Frank Kramer
D/FRA/ITA/1967/*Kommissar X - Drei grüne Hunde*, R: Rudolf Zehetgruber
D/ITA/1968/*Kommissar X - Drei goldene Schlangen*, R: Roberto Mauri
D/ITA/PAK/1971/*Kommissar X jagt den roten Tiger*, R: Harald Reinl

The Man from U.N.C.L.E.-Serie
(D: Robert Vaughn, David McCallum)
USA/1964/*To Trap a Spy* (Agent auf Kanal D),
R: Don Medford, D: Luciana Paluzzi
USA/1964/*One Spy Too Many* (Ein Spion
zuviel), R: Joseph Sargent
USA/1964/*The Spy With My Face* (Spion mit
meinem Gesicht) (anderer Kinotitel
1966: The Double Affair), R: John
Newland
USA/1966/*One of Our Spies is Missing* (Krieg
der Spione), R: E. Darrell Hallenbeck
USA/1967/*The Karate Killers* (Die Karate
Killer), R: Barry Shear
USA/1967/*The Spy in The Green Hat* (Der
Mann im grünen Hut),
R: Joseph Sargent
USA/1968/*The Helicopter Spies* (Die unver-
besserlichen Drei), R: Boris Sagal
USA/1968/*How to Steal The World* (Wie stehle
ich die Welt?), R: Sutton Roley

O.S.S. 117-Serie (D: Frederick Stafford /
Kerwyn Mathews / John Gavin)
FRA/1963/*O.S.S. 117,* R: André Hunebelle,
D: Kerwyn Mathews
FRA/1965/*Furia à Bahia pour O.S.S. 117*
(OSS 117 Pulverfaß Bahia), R. André
Hunebelle, D: Frederick Stafford
FRA/ITA/1966/*O.S.S. 117 se déchaine*
(O.S.S. 117 greift ein), R: André
Hunebelle, D: Kerwyn Mathews
FRA/1966/*A tout coeur à Tokyo pour O.S.S.
117* (OSS 117 - Teufelstanz in
Tokyo (GB-Titel: Terror in Tokyo),
R: Michel Boisrond, DB: Terence
Young, D: Frederick Stafford
FRA/ITA/1968/*Pas de roses pour O.S.S. 117*
(Keine Rosen für O.S.S. 117)
(US-TV-Titel: O.S.S. 117 - Double
Agent), R: André Hunebelle,
D: John Gavin, Luciana Paluzzi

Harry-Palmer-Serie (D: Michael Caine,
Prod.: Harry Saltzman)
GB/1965/*The Ipcress File* (Ipcress - streng
geheim), R: Sidney J. Furie,
M: John Barry
GB/1966/*Funeral in Berlin* (Finale in Berlin),
R: Guy Hamilton, Prod.-Design:
Ken Adam, D: Guy Doleman
GB/1967/*Billion Dollar Brain* (Das Milliarden
Dollar Gehirn), R: Ken Russell

Shaft-Serie (D: Richard Roundtree)
USA/1971/*Shaft,* R: Gordon Parks
USA/1972/*Shaft's Big Score* (Liebesgrüße aus
Pistolen), R: Gordon Parks
USA/1974/*Shaft in Africa,*
R: John Guillermin

Sonstige in chronologischer Reihenfolge
GB/1963/*Hot Enough For June* (anderer Titel:
Agent 8 ¾), R: Ralph Thomas,
D: Dirk Bogarde
GB/1964/*Carry on Spying* (Ist ja irre -
Agenten auf dem Pulverfaß),
R: Gerald Thomas
1964/*Geheimagent Barrett greift ein*
FRA/1964/*Nick Carter va tout casser* (US-TV-
Titel: License to Kill), R: Henri
Decoin, D: Eddie Constantine
GB/1964/*Masquerade* (Agenten lassen
bitten), R: Basil Dearden
1965/*Der Mann mit den tausend
Masken*
1965/*Operation Bikini*
ITA/FRA/1965/*Le Spie Uccidono A Beirut*
(Bob Fleming hetzt Professor G),
R: Martin Donan
D/FRA/1965/*Der Spion, der in die Hölle
ging,* R: Maurice Labro,
D: Ray Denton
1965/*Spione unter sich,*
R: Terence Young
ITA/1965/*Unser Mann in Rio,* R: Henry Levin

ITA/1965/*Mark Donen, Agent Z-7*
(Operation Rembrandt), (Unterneh-
men Rembrandt), R: Giancarlo
Romitelli, D: Lang Jeffries, Laura
Valenzuela
1965/*Die Goldpuppen*
1965/*Heiße Grüße vom CIA*
1965/*Unser Mann vom Secret Service*
ITA/SPA/1965/*Mike Murphy 077 gegen
Ypotron*, R: George Finley,
D: Luis Davilla, Alan Collins
D/SPA/1965/*Sechs Pistolen jagen Professor Z,*
R: Jules Coll
GB/1965/*Secret Agent Fireball* (US-Titel:
The Spy Killers), D: Richard Harrison
FRA/ITA/SPA/1965/*Feu a Volonte* (Faites vos
jeux, Mesdames), R: Marcel Ophüls,
D: Eddie Constantine
FRA/1965/*L'Homme de Mykanos*
FRA/1965/*Mission Speciale à Caracas*
FRA/1965/*Coplan FX 18 casse tout*
(The Exterminators) (US-TV-Titel:
FX - Superspy), R: Ricardo Freda,
D: Richard Wyler
FRA/1965/*Pleinis feux sur Stanislaus,*
D: Alkam Marceau
FRA/1965/*L'Espion à l'Affut*
FRA/ITA/1965/*Operation Dorathee*
FRA/ITA/1965/*L'Honorable Stanislas,
Secret Agent*, D: Jean Marais
ITA/1965/*Spla Spione*
ITA/FRA/SPA/1965/*Asso di Picche - Opera-
zione Controspionaggio* (Agent Pik As -
Zeitbombe Orient), R: Nick Nostro
ITA/1965/*Agente 777 Mission Summergana*
ITA/1965/*Asso di Picche Operazione Contro-
Espionaggio*
ITA/1965/*From 077 Intrigue in Lisbon*
ITA/1965/*Spies Kill in Silence*
ITA/1965/*2 + 2 Mission Hydra*
ITA/1965/*Agent 777*
ITA/1965/*Spies Love Flowers,*
R: Umbert Lenzi

ITA/1965/*Agent Howard: Seven Minutes to Die,*
R: Ramon Fernandez,
D: Paul Stevens, Betsy Bet
1965/*Agent 01 Against Fantomes,*
R: Richard Jackson, D: Brad Harris,
Roberto Camardiel, José Marco
ITA/D/SPA/1965/*Jerry Land Spy Chaser,*
R: Juan Orduna
ITA/D/FRA/1965/*Agent 333, Passport to Hell,*
R: Sergio Sollima
1965/*Agent Z 55, Desperate Mission*
D/FRA/ITA/1965/*Spy Chase*
SPA/FRA 1965/*FBI Agent, Operation Oceano*
SPA/ITA/1965/*Agent OS 14*
SPA/ITA/1965/*Operation Poker*
SPA/ITA/1965/*Onu Agent Marc Nato*, D: Perl
Christal, Luis Davila, Alberto Dalbis
ITA/FRA/SPA/1965/*Agente 077 Missione
Bloody Mary* (Jack Clifton: Mission
Bloody Mary), R: Terence Hathaway
(Pseudonym für Sergio Grieco), D:
Frederick Stafford, DB: Terence Young
ITA/SPA/1965/*Agent 077 - Heißes Pflaster
Tanger* (S. 077 Spionaggio A Tangeri),
R: Gregg, G. Tallas
SPA/1965/*Paris - Istanbul: With No Return*
SPA/1965/*Agent 003, Operation Atlantida*
SPA/1965/*Mission Lisbon*, D: Brett Halsey,
Fernando Rey
SPA/1965/*007 - But Dial Code Number First,*
D: Cassen, Enconito Palo
FRA/1965/*Cartes sur table* (Attack of The
Robots), R: Jess Franco,
D: Eddie Constantine
ITA/1965/*The Tenth Victim* (Das zehnte
Opfer), R: Elio Petri,
D: Ursula Andress
FRA/SPA/1965/*Mata Hari: Agent H 21,*
R: Jean L. Richard, D: Jeanne Moreau
USA/1965/*Dr. Goldfoot and The Bikini
Machine* (Dr. Goldfoot und seine
Bikini Maschine), R: Norman Taurog,
D: Vincent Price

ITA/1966/*Dr. Goldfoot and The Girl Bombs,*
     R: Mario Bava, D: Vincent Price

USA/1966/*Blindfold, New York Express,*
     R: Philip Dunne, D: Rock Hudson

ITA/1966/*Berlino, Appuntamento Per Le Spie*
     (Berlin, Appointment For Spies),
     (USA-Titel: Spy in Your Eye),
     R: Vittorio Sala, D: Brett Halsey

SPA/ITA/FRA/1966/*That Man in Istanbul*
     (Unser Mann in Istanbul), R: Antonio
     Isasi, D: Horst Buchholz

GB/1966/*Modesty Blaise* (Modesty Blaise - die
     tödliche Lady), R: Joseph Losey, D:
     Monica Vitti

USA/1966/*The Glass Bottom Boat* (Spion in
     Spitzenhöschen), R: Frank Tashlin,
     D: Doris Day
     1966/*Manche mögens geheim*
     1966/*Scharfe Schüsse auf Jamaika*

FRA/ITA/1966/*Nick Carter et le trefle rouge*
     (Nick Carter:Zum Frühstück Blondi-
     nen), R: Jean-Paul Savignac,
     D: Eddie Constantine
     1966/*Haie bitten zu Tisch,*
     D: Frederick Stafford
     1966/*Der Mann mit den tausend*
     Masken, D: Paul Hubschmid
     1966/*Hunde in der Nacht*
     1966/*Agentenfalle Lissabon*
     1966/*Baroud a Beyrouth* (Agent 505 -
     Todesfalle Beirut), D: Frederick
     Stafford, DB: Terence Young
     1966/*Rembrandt 7 antwortet nicht*
     1966/*Höllenjagd auf heiße Ware*
     1966/*Serenade für zwei Spione,*
     R: Michael Pfleghar
     1966/*Heiße Ware - Kalte Füße*
     1966/*Scharfe Küsse für Mike Forster*
     1966/*Höllenhunde des Secret Service*
     1966/*Joe Fleming rechnet ab*

GB/1966/*Bang, Bang You're Dead* (Our Man
     In Marrakesch) (USA-TV-Titel: I Spy,
     You Spy), R: Don Sharp

     1966/*Gern hab ich die Frauen gekillt*

FRA/ITA/SPA/1966/*Baraka - Agent X 13*
     (Baraka Sur X 13), R: Maurice Cloche
     1966/*Ein Spion zuviel*
     1966/*Kaliber 7,65 Diebesgrüße aus*
     Kopenhagen

USA/1966/*Arabesque,* R: Stanley Donen,
     D: Gregory Peck

D/1966/*00 Sex am Wolfgangsee,* R: Franz
     Antel, D: Hans Jürgen Bäumler

USA/1966/*The Liquidator* (L - Der Lautlose),
     R: Jack Cardiff, D: Rod Taylor,
     Song: Shirley Bassey
     1966/*Bob Fleming: Mission Casa-*
     blanca
     1966/*Heißes Pflaster für Spione*
     1966/*Aktion Todesmole 83*

JAP/USA/1966/*What's up Tiger Lily,*
     R: Senkichi Taniguchi, D: Woody
     Allen, Mie Hama, Akiko Wakabayashi

USA/1966/*The Second Best Secret Agent in The*
     Whole Wide World, R: Lindsay
     Shonteff, D: Tom Adams

USA/1966/*Where The Bullets Fly,*
     R: John Gilling, D: Tom Adams

USA/1966/*A Man Could Get Killed,*
     R: Ronald Neame, D:James Garner

USA/1966/*The Last of The Secret Agents?,*
     R: Norman Abbott, D: Marty Allen

FRA/1966/*Le Judoka Agent Secret*

FRA/1966/*Avec la peau des autres*

FRA/1966/*Le reseau secret*

FRA/ITA/SPA/1966/*Big Blow in Her Majesty's*
     Service, R: Michelle Lupo,
     D: Richard Harrison

SPA/1966/*Agent End - Final Mission,*
     R: Mino Guerrima

SPA/1966/*A Thief For a Spy,*
     D: Lando Buzzanca, Teresa Gimpera

SPA/1966/*Agent Z 55,* D: Jerry Cobb,
     Maira Mohos

SPA/1966/*087 Apocalyptic Mission*

SPA/1966/*Spies Kill Silently*

SPA/1966/*Espia NDD*, D: Sancho Garcia,
Enrique Evila

JAP/1966/*The Killing Bottle*, D: Nick Adams

USA/1966/*Agent For H.A.R.M.*,
R: Gerd Oswald, D: Mark Richman

USA/1966/*The Man Called Flintstone*,
R: Joseph Barbera, William Hanna
(Zeichentrick)

ITA/SPA/1966/*Operazione Goldman* (Gemini
13 Todesstrahlen auf Cap Canaveral),
R: Anthony M. Dawson (Pseudonym
für Antonio Margheriti)

ITA/1966/*James Tont - Operazione U.N.O.*,
R: Bruno Corbucci

USA/1967/*Casino Royale*, R: John Huston,
Ken Hughes, Val Guest, Robert
Parrish, Joe Mc Grath, D: David Niven

ITA/1967/*Operation Kid Brother* (Operation
kleiner Bruder), R: Alberto de
Martino, D: Neil Connery, Bernard
Lee, Adolfo Celi, Daniela Bianchi,
Lois Maxwell, Anthony Dawson

D/SPA/1967/*Das Haus der tausend Freuden*,
R: Jeremy Summers

ITA/1967/*Matchless* (Matchless - im Netz der
Geheimdienste), R: Alberto
Lattuada, D: Patrick O'Neal

USA/1967/*Fathom* (Feuerdrache), R: Leslie
H. Martinson, D: Raquel Welch,
DB: Lorenzo Semple jr.

USA/1967/*Caprice*, R: Frank Tashlin,
D: Doris Day
1967/*Geheimauftrag CIA Istanbul 777*

GB/1967/*Deadlier Than The Male* (Heiße
Katzen), R: Ralph Thomas,
D: Richard Johnson

ITA/1967/*Operazione Goldman* (anderer
Titel: Lightning Bolt), R: Antonio
Margheriti, D: Anthony Eisley
1967/*Leise töten die Spione*
1967/*Atom-Alarm Planquadrat
Goldene 7*
1967/*Maroc 7* (Marocco 7)

1967/*Heißer Tatort Tripolis*
1967/*Im Geheimauftrag für London*
1967/*Killer ohne Gnade*
1967/*Der Spion mit der kalten Nase*
1967/*Der Chef schickt seinen besten
Mann*
1967/*Mike Morris jagt Agenten in die
Hölle*
1967/*Das Superding der 7 goldenen
Männer*
1967/*M. C. kontra Dr. Kha*
1967/*King hetzt 7 Killer*
1967/*C.I.A. Agent Jeff Gordon*
1967/*Mister Dynamit - Drei schwarze
Haie*
1967/*... und Scotland Yard schweigt*
1967/*Der Gnadenlose*

ITA/SPA/1967/*9 Goldface*, R: Stanley Mitchell

USA/1967/*Trunk to Cairo*,
R: Menahem Golan, D: Audie Murphy

USA/1967/*The Venetian Affair* (Mitternacht
Canale Grande), R: Jerry Thorpe,
D: Robert Vaughn, Luciana Paluzzi

USA/1967/*Asylum For a Spy*,
R: Stuart Rosenberg, D: Robert Stack

USA/1967/*The Scorpio Letters* (Erpressung
durch Scorpio), R: Richard Thorpe

USA/1967/*Some May Live*

SPA/FRA/1967/*Residencia para Espias*
(Danchez les Gentlemen),
D: Eddie Constantine
1967/*Agent Sigma 3*,
D: Jack Taylor, Silvia Solan
1967/*Secret Code: Kill Maller*,
D: Lang Jeffries, Helga Line
1967/*Coplass sauve sa peau*,
R: Yves Boisset

SPA/ITA/1967/*Agente Z-55 Mission Coleman*,
R: Miguel Iglesias

USA/1967/*After You Comrade*, R: Jamie Uys
1968/*Dreckige Diamanten*

GB/1968/*The Spy With a Cold Nose*,
R: Daniel Petrie, D: Lionel Jeffries

SPA/1968/*Agente Sigma*

ITA/1968/*Red Dragon*

1969/*Istanbul Express*

USA/1970/*The Real Gone Girls*, R: James A. Hill, D: Robert Walker

USA/1971/*Mrs. Pollifax - Spy*, R: Leslie Martinson, D: Rosalind Russell

BEL/1972/*Tintin et le lac aux requins* (Tim und der Haifischsee), R: Raymond Leblanc, (Zeichentrick)

USA/1973/*Cleopatra Jones* (Ein Fall für Cleopatra Jones), R: Jack Starrett

USA/1974/*Jefferson Bolt Reisender in Dynamit*, R: Henry Levin, David Lowell Rich, D: Fred Williamson

USA/1975/*Doc Savage* (Doc Savage Der Mann aus Bronze), R: Michael Anderson, D: Ron Ely

1979/*The Nude Bomb* (Die nackte Bombe), R: Clive Donner, D: Don Adams, Sylvia Kristel

USA/1980/*Condorman*, R: Charles Jarrott, D: Michael Crawford, Barbara Carrera

1980/*S*H*E, Super Harter Engel*, R: Robert Lewis, D: Cornelia Sharpe

USA/1981/*The London Connection* (James jr. schlägt zu), R: Robert Clouse

USA/1981/*The Cannonball Run* (Auf dem Highway ist die Hölle los), R: Hal Needham, D: Roger Moore

USA/1982/*I, The Jury* (Ich, der Richter), R: Richard T. Heffron, D: Armand Assante, Barbara Carrera

D/FRA/1982/*S.A.S. Malko*, R: Raoul Coutard, D: Miles O'Keefe

D/1983/*Das Mikado-Projekt*, R und D: Torsten Emrich

USA/1984/*Top Secret*, R: Jim Abrahams, David und Jerry Zucker, D: Val Kilmer

D/JAP/l984/*Hardyman räumt auf* / Hardyman schafft alle / Die Jäger des Cagliostro, R: Miya Zaki, (Zeichentrick)

USA/1985/*Am Highpoint flippt die Meute aus*, R: Peter Carter, D: Richard Harris, Christopher Plummer

USA/1985/*Pee Wee's Big Adventure* (Pee Wee's irre Abenteuer), R: Tim Burton, D: Pee-Wee Herman

GB/1985/*The Jigsaw-Man* (Agenten sterben zweimal), R: Terence Young, D: Michael Caine

USA/1985/*Gotcha!, Gotcha! Ein irrer Trip*, R: Jeff Kanew, D: Anthony Edwards

USA/1986/*Remo The Adventure Begins* (Remo. Unbewaffnet und gefährlich), R: Guy Hamilton, D: Fred Ward

USA/1986/*Spies Like Us* (Spione wie wir), R: John Landis, D: Chevy Chase, Dan Aykroyd, M: Paul McCartney

D/1994/*00 Schneider - Jagd auf Nihil Baxter*, R: Helge Schneider

USA/1995/*Spy Hard* (Agent 00), R: Rick Friedberg

1997/*Austin Powers - International Man of Mystery* (Austin Powers – Das schärfste was der Agent Ihrer Majestät zu bieten hat), R: Jay Roach, D: Mike Myers, Liz Hurley

1997/*The Man Who Knew Too Little* (Agent Null Null Nix), R: Jon Amiel, D: Bill Murray, Joanne Whalley

1997/*Jackie Chan's First Strike* (Erstschlag - First Strike), R: Stanley Tong, D: Jackie Chan

1999/*Austin Powers: The Spy Who Shagged Me* (Austin Powers - Spion in geheimer Missionarsstellung), R: Jay Roach, D: Mike Myers, Heather Graham

2000/*Company Man* (Cuba Libre - Dümmer als die CIA erlaubt!), R: Douglas Mc Grath, Peter Askin, D: Douglas Mc Grath, John Turturro, Sigourney Weaver

2001/*Cats & Dogs*, R: Lawrence Guterman, D: Jeff Goldblum, Elizabeth Perkins

2001/*Spy Kids*, R: Robert Rodriguez,
    D: Antonio Banderas, Robert
    Cumming
2002/*Austin Powers in Goldmember* (Austin
    Powers in Goldständer), R: Jay Roach,
    D: Mike Meyers, Michael Caine
2002/*Spy Kids 2*, R: Robert Rodriguez,
    D: Antonio Banderas
2002/*The Tuxedo*, R: Kevin Donovan (III),
    D: Jackie Chan, Jennifer Love Hewitt

Fernsehserien / Fernsehfilme
GB/1961-1969/*The Avengers* (Mit Schirm,
    Charme und Melone), D: Patrick
    Macnee (Partnerinnen: Honor
    Blackman, Diana Rigg, Linda Thorson
    Joana Lumley) - 83 Episoden
USA/1964-1968/*The Man From U.N.C.L.E.*
    (Solo für ONCLE), D: Robert Vaughn,
    David Mc Callum - 104 Episoden
USA/1965-1966/*Amos Burke, Secret Agent*,
    D: Gene Barry - 17 Episoden
USA/1965-1968/*I Spy* (Tennisschläger und
    Kanonen), D: Robert Culp, Bill Cosby -
    82 Episoden
USA/1965-1970/*Get Smart, Maxwell Smart*,
    D: Don Adams, Barbara Feldon - 138
    Episoden
USA/1966-1967/*The Girl From U.N.C.L.E.*,
    D: Stefanie Powers - 24 Episoden
USA/1967-1975/*Hawaii Five-0*, D: Jack Lord
USA/1967-1975/*Mannix*, D: Mike Connors -
    194 Episoden
USA/1968-1969/*It Takes a Thief* (Ihr Auftrag,
    Al Mundy), D: Robert Wagner - 65
    Episoden
USA/1980/*Once Upon a Spy* (Agent wider
    Willen), R: Ivan Nagy, D: Ted Danson,
    Christopher Lee
D/1987/*Mit Schi, Charme und Melodie*,
    R: P.W.R. Lauscher, D: Peter Kraus,
    "Kim" Andrea Stockinger

Filmographie der James-Bond-Filmdokumentationen und Videoveröffentlichungen

Filme über die James-Bond-Filme - Fernseh- und Videoveröffentlichungen
GB/1962/*Dr. No – Featurette*
    Sogenannte "Featurettes" sind etwa
    fünf bis zehnminütige Zusammen-
    schnitte von den Dreharbeiten, die ent-
    weder nur eine Szene beleuchten oder
    Einblicke in mehrere Sequenzen ge-
    ben. Die ersten beiden Featurettes wa-
    ren schwarzweiß. Bei "Dr. No" berich-
    tet Gastgeber Wally Cox über die
    Dreharbeiten des Films.
GB/1964/*Goldfinger - Featurette*
    Sean Connery schreitet aus der Deko-
    ration von Fort Knox und erklärt Hin-
    tergründe des Films. Zudem gibt es
    Bilder vom Judotraining mit Sean Con-
    nery und Honor Blackman sowie Auf-
    nahmen von Harold Sakata, der seine
    Muskeln zeigt.
GB/1965/*Feuerball - Featurette*
    Bilder von den Dreharbeiten der
    Motorrad- und Autoszenen im engli-
    schen Silverstone, der Mitwirkenden
    auf den Bahamas und die Choreogra-
    phie der abschließenden Prügelei auf
    der Yacht.
GB/1965/*The Guns of James Bond* (BBC)
    Dokumentation von Major Boothroyd
    über Bonds Bewaffnung. Ursprünglich
    sollte Sean Connery in den Film ein-
    führen - die erste Szene des Featurette
    von "Goldfinger" wurde auch dafür ge-
    dreht -, doch dann gab es rechtliche
    Komplikationen.
USA/1965/*The Incredible World of James Bond*
    (NBC)
    Ausschnitte aus den ersten drei
    Filmen, der Produktion von

"Feuerball" und Antworten auf die Frage, warum so viele Menschen Bond verehren. Die Produktion hatte David L. Wolper. Ursprünglich sollte Sean Connery als Gastgeber agieren, wurde aber durch Alexander Scourby ersetzt. Der Film entstand in Schwarzweiß und lief im deutschen Fernsehen unter dem Titel "James Bond darf nicht sterben" in den dritten Programmen der ARD.

D/1965/*Export in Bond - Geheimagent 007 und die Folgen* (SDR)
Dokumentation des Bond-Mythos mit ausführlichen Interviews von "Goldfinger"-Besuchern, Einblicke in die 007-Modewelle in Frankreich, ein Besuch der 007-Bar im Londoner Hilton und ein Besuch der Dreharbeiten von "Feuerball", der Ermordungsszene im SPECTRE-Hauptquartier. Regie: Roman Brodmann. (Schwarzweiß-Film)

USA/1967/*Welcome to Japan, Mr. Bond* (NBC)
Produziert und inszeniert von Dan Davis, bietet die Dokumentation Ausschnitte aus den ersten vier Filmen und Dreharbeitenbilder des fünften. Die Geschichte handelt von einer mysteriösen, reichen jungen Frau, die davon besessen ist, Bonds Hochzeit zu verhindern. (60 Minuten, schwarzweiß)

GB/1967/*Whicker's World: You Only Live Twice*
Alan Whicker war ein guter Freund von Flemings Agent Robert Fenn. Dieser bot ihm an, eine Sendung für die BBC über Bonds Schöpfer zu drehen. Whicker war interessiert und nahm Kontakt zu Fleming auf, der ihm mit einem bitterbösen Brief antwortete, daß er daran kein Interesse habe. Dafür hatten Saltzman und

Broccoli später Interesse und erlaubten dem Fernsehjournalisten, eine Dokumentation über die Dreharbeiten von "Man lebt nur zweimal" zu drehen. Sie enthält Bilder von den Drehorten in London und Japan, Ausschnitte aus der Pressekonferenz im Tokio Hilton und Eindrücke von den Reporterstürmen. Neben Akteuren und Machern kommt auch Connerys Frau Diane Cilento zu Wort.

GB/1969/*A Shot on Ice*
Ein Featurette der Ford-Motor-Company über die Dreharbeiten der Autoverfolgungsjagd auf dem Eisring für "Im Geheimdienst Ihrer Majestät". Regie: Alan Seeger

GB/1969/*Above it All*
Featurette über die komplizierten Luftaufnahmen und die Arbeit des Kameramanns Johnny Jordan bei "Im Geheimdienst Ihrer Majestät".

GB/1969/*Swiss Movement*
Featurette über den neuen Hauptdarsteller George Lazenby und die Dreharbeiten in den Schweizer Alpen zu "Im Geheimdienst Ihrer Majestät".

GB/1970/*Omnibus*
Dokumentation der BBC über Ian Fleming von Kenneth Corden.

GB/1971/*Diamantenfieber*
Featurette über die Choreographie der Fahrstuhlsequenz mit Connery, Partner Joe Robinson, Stuntman Bob Simmons und Regisseur Guy Hamilton.

USA/1971/*A Spy For All Seasons*
US-Bond-Fan Danny Biederman schuf einen Dokumentarfilm über die Dreharbeiten einer Szene von "Diamantenfieber", die am 24. Mai 1971 am Flughafen von Los Angeles

entstand. Er befragte Connery und Guy Hamilton und gewann mit seiner Dokumentation kleinere Preise von Kodak und beim Dokumentarfilmfestival in Compton, Kalifornien.

D/1974/*Flug 007 Bangkok* (ZDF)
45minütige Dokumentation von Martin Büttner über die Promotion des Filmverleihs anläßlich einer Journalistenreise nach Bangkok zu den Dreharbeiten von "Der Mann mit dem goldenen Colt".

D/1976/*Die Titelmacher* (ZDF)
45minütige Dokumentation über die Arbeit der Künstler, die Filmvorspänne schaffen. Darin auch über den Designer der Bond-Vorspänne, Maurice Binder. Regie: Joachim Kreck.

D/1977/*Von Dr. Caligari bis James Bond*
ZDF-Dokumentation über die Arbeit des Produktionsdesigners Ken Adam mit Ausschnitten aus zahlreichen Bond-Filmen und anderen Werken wie "Barry Lyndon". Die erste Sendung im deutschen Fernsehen, in der Ausschnitte aus den ersten Bond-Filmen gezeigt werden durften. Regie: Joachim Kreck. (46 Minuten)

GB/1977/*The Making of The Spy Who Loved Me* (BBC)
Sechsteilige Folge zu jeweils 20 Minuten über die Dreharbeiten des Films aus der Reihe "Open University. Mass Communications and Society". Themen sind Promotion, Design, Verkauf, Publicity, Komposition und Schnitt sowie die Dreharbeiten einer Action-Sequenz, zu der sich alle Beteiligten äußern.

GB/1979/*Moonraker - The Royal World Charity Premiere* (ThamesTV)
Dies ist die erste Folge einer Reihe von World-Charity-Programmen, in denen von der Uraufführung des jeweiligen Films im Londoner Odeon-Kino berichtet wird und die geladenen Gäste kurze Statements abgeben. In diesem Fall fungierte Roger Moore als Gastgeber.

GB/1979/*The James Bond 007 Trailers*
Die unlizensiert hergestellte Videokassette beinhaltet alle Trailer von "Dr. No" bis "Moonraker" sowie verschiedene Ausschnitte aus Dokumentationen und von den Dreharbeiten, wurde aber sehr schnell wieder vom Markt genommen.

GB/1981/*For Your Eyes Only - The Royal World Charity Premiere* (Thames TV)

GB/1983/*Octopussy - The Royal Premiere* (ITV, 45 Minuten)

USA/1983/*James Bond - The First 21 Years*
Sammlung von Interviews ehemaliger Bond-Akteure wie Jill St. John und Telly Savalas, aber auch bekannter US-Schauspieler wie Frank Sinatra, Burt Reynolds, Bob Hope und von "Fachleuten" wie Profigolfern und Autorennfahrern. Enthält auch das bekannte Statement von Ronald Reagan über 007.

USA/1983/*Bonds Are Forever* (US Cable Television)
Eine Reise zu den Drehorten der Bond-Filme inklusive Promotion für "Octopussy". Zudem gibt es Interviews mit Ursula Andress, Desmond Llewelyn, Lois Chiles und Albert R. Broccoli und George Lazenby, die auf "Im Geheimdienst Ihrer Majestät" zurückblicken.

GB/1983/*Never Say Never Again - The Royal World Charity Premiere* (Thames TV)

Ö/1984/*Jedermann trifft Jedermann*
Gespräch zwischen Gastgeber Klaus Maria Brandauer und Sean Connery

GB/1985/*A View to a Kill - The Royal World Charity Premiere* (Thames TV)

USA/1985/*James Bond at The Movies* (Amvest Video)
14 Trailer der Bond-Filme von "Dr. No" bis "A View to a Kill" - allerdings in schlechter Qualität und ohne Copyright entstanden (45 Minuten)

BRD/1985/*Alles oder Nichts* zum Thema James Bond
Spielshow mit Max Schautzer, in der den Rechercheuren eine Reihe von Fehlern unterlief.

USA/1987/*Happy Anniversary, 007* (ABC)
Geschrieben vom US-Filmkritiker Richard Schickel. Roger Moore führt selbstironisch durch das Programm, läßt Stationen der Filme Revue passieren und spielt in neugedrehten Szenen mit. Die Dokumentation war in Deutschland unter dem Titel "Roger Moore präsentiert: 25 Jahre James Bond 007" zunächst nur auf Video erhältlich und lief später auch im Fernsehen. (60 Minuten)

GB/1987/*The Living Daylights - The Royal World Charity Premiere* (Thames TV)

GB/1989/*Licence to Kill - The Royal World Charity Premiere* (Thames TV)

USA/1989/*The Many Faces of James Bond* (Amvest Video) In Frankreich wurde der Film unter dem Titel "James Bond 007 - Histoire d'une légende" vertrieben; in Holland als "The World of James Bond". (75 Minuten)

USA/1989/*Licence to Kill - Making of by Kenworth Trucks*
Zwei Videokassetten, die gemeinsam mit einer Pressemappe an Journalisten vergeben wurden, zeigen Ausschnitte von den Dreharbeiten der Lkw-Jagd in Mexiko.

GB/1991/*Raymond Chandler*

Eine Dokumentation von Melvyn Bragg und David Thomas, in der auch Szenen mit Ian Fleming zu sehen sind, wie er zum Beispiel in seinem Haus auf Jamaika an der Schreibmaschine sitzt. Die Sendung wurde später auf "Eins Plus" wiederholt.

GB/1992/*30 Years of James Bond* (London Weekend Television)
Eine 50 Minuten lange Dokumentation mit zahlreichen Interviews und Ausschnitten von den Dreharbeiten, die vom englischen Bond-Fan-Club unterstützt wurde.

BRD/1995/*Dollar* - Spielshow mit Kai Böcking über Bond (WDR)

USA/199/*James Bond Two Pack: Three Decades of James Bond / Yesterday and Today*
Zwei Videokassetten mit Trailern, Dokumentarfilmmaterial u. a. von "Thunderball", viele Fotos, auch Trailer von "Never Say Never Again" (47 und 44 Minuten)

GB/1995/*007 - The Return*
ITV-Special über die European Charity Premiere von "GoldenEye" in London mit vielen Interviews der Premierengäste

GB/1995/*Desmond Llewelyn - This is Your Life*
Dokumentation und Interviewshow mit und über den Darsteller des Waffenmeisters "Q", der ins Studio eingeladen wurde und von zahlreichen Kollegen, Verwandten und Filmpartnern mit Anekdoten und Schulterklopfen bedacht wird. Unter dem Titel "Das ist ihr Leben" gibt es auch ein deutsches Pendant, allerdings nicht über Llewelyn.

BRD/1995/*taff special* (PRO 7)
45 Minuten langes Interview mit Pierce Brosnan zu "GoldenEye" mit vielen Auschnitten

BRD/1995/*taff special* (PRO 7)
Interview mit Pierce Brosnan
BRD/1995/*The Making of "Golden Eye"*
(PRO 7)
BRD/1996/*The Making of "Golden Eye"* (VOX)
Veränderte Version mit Bildern der
Pressekonferenz in München
USA/1995/*The Making of Goldfinger*
USA/1995/*The Making of Thunderball*
Eine auf der Laserdisc zu "Goldfinger"
und später mit anderen Videofilmen
vertriebene Dokumentation mit Inter-
views vieler Mitwirkender und priva-
tem Material von den Dreharbeiten
GB/1995/*Moviola*
Dokumentation der Firma Sony über
die Arbeit des Filmkomponisten John
Barry, u.a. zu den James-Bond-Filmen.
GB/1995/*The World of 007*
Einstündige Dokumentation zum Start
von "GoldenEye", die lediglich be-
kannte Ausschnitte aneinanderreiht.
US/1995/*Three Decades of James Bond*
40minütige Dokumentation, von
Brentwood Home Video vertrieben.
US/1997/*Secrets of 007: The James Bond Files*
(CBS) 60minütige Dokumentation von
Mark Cowen, die der Promotion von
"Der Morgen stirbt nie" diente.
UK/1998/*Nobody Does It Better / The Music of
James Bond*
50minütige Dokumentation von Philip
Shotton über die Entstehung des Tri-
bute-Albums "Shaken Not Stirred" von
David Arnold. Zu Wort kommen Kom-
ponisten und Musiker wie John Barry,
George Martin und Shirley Bassey.
US/1999/*The James Bond Story*
52minütige US-Dokumentation von
Chris Hunt (III), in der Flemings Kol-
lege und Freund Noel Coward, sein
Biograph Andrew Lycett und Dreh-
buchautor Mankiewicz zur Sprache

kommen. Später auch im deutschen
Fernsehen ausgestrahlt.

Filme über Ian Fleming
GB/1989/*Goldeneye*
R: Don Boyd (Anglia Television)
Der Fernsehfilm basiert auf John Pearsons Biographie "The Life of Ian Fleming". Autor Roald Dahl wurde von
der Produktion um Mithilfe gebeten.
Er berichtete, daß Fleming ihm einmal
eine Geschichte erzählte, die Dahl
dann in "Tales of The Unexpected" verwendete. Sie ist ein Beispiel für Flemings schwarzen Humor: Ein Mann
erschlägt seine Frau mit gefrorenem
Fleisch. Auch der ermittelnde Polizist
kommt auf diese Weise ums Leben.
USA/l990/*Spymaker* - The Secret Life of Ian
Fleming
R: Ferdinand Fairfax (Turner Broad-
casting System)
Fernsehfilm mit Connerys Sohn Jason
in der Rolle des jungen Ian Fleming,
der aufregende Abenteuer besteht, die
zum Teil in Pearsons Biographie ge-
schildert werden.

Radioprogramme über Ian Fleming
GB/1964/*Interview mit Raymond Chandler
und Ian Fleming* (BBC)
D/1989/*WDR-Zeitzeichen zum 25. Todestag
von Ian Fleming*

Filme über Sean Connery
GB/1980/*Sean Connery Profile* (BBC TV-
Produktion)
GB/1983/*The Guardian Lecture - Sean
Connery*
D/1992/*Europäische Profile: Sean Connery*
GB/1993/*Sean Connery*, R: Ross Wilson
BRD/1997/*Cineshot - Portrait: Sean Connery*
(Premiere)

Sonstige Fernsehserien

USA/1991/Premiere von "James Bond jr."
(MGM-TV)

United Artists und Danjaq S. A. vergaben die Rechte für eine Zeichentrick-Fernsehserie, bei der jede Einzelfolge 300.000 Dollar verschlang. Die Serie dreht sich um Bonds 17jährigen Neffen, der an der Warfield Academy zur Schule geht, einer Institution für Nachkommen bekannter Persönlichkeiten. Mit dabei sind auch I. Q., der Sohn von "Q", Gordo Leiter, der Sohn von Felix Leiter, und ein paar neue Charaktere. Zu den Bösewichtern zählen moderne Ausgaben von Dr. No, Jaws und Oddjob, aber auch Neuschöpfungen wie SCUM, Dr. Derange und Ms Fortune. Die Serie wurde auch in Deutschland ausgestrahlt, zunächst bei SAT 1, dann bei Kabel 1, entpuppte sich aber auch hier als kein großer Erfolg.

James Bond: PR-Aktionen und Künstler-Besuche in Deutschland

1962 *James Bond - 007 jagt Dr. No*
Die deutsche Filiale des Filmverleihs United Artists lehnte einen Besuch von Sean Connery ab, da man sich kein Interesse von seiten der Presse versprach. Statt dessen gab es Aktionen mit dem Sensationsdarsteller Arnim Dahl, der in verschiedenen Städten an und auf Kaufhäusern herumkletterte.

1963 *Liebesgrüße aus Moskau*
Arnim Dahl turnte wiederum an und auf Kaufhäusern herum. In Hamburg wurde ein Renault R4 verlost.

1964 *Goldfinger*
United Artists organisierte einen Besuch der Dreharbeiten in den Schweizer Alpen. Es gab Premieren in Köln, Berlin und München, bei denen Gert Fröbe anwesend war. Der Aston Martin DB 5 wurde in Köln ausgestellt.

1965 *Feuerball*
United Artists rief zu einem Schaumannswettbewerb unter Kinotheaterbesitzern auf, möglichst originell für den Film zu werben. Die Gewinner flogen gemeinsam mit Journalisten auf die Bahamas. Beim Karneval in Köln waren 007-Festwagen dabei. Darstellerin Claudine Auger besuchte Berlin.

1967 *Casino Royale*
Die Premiere wurde auf hoher See an Bord des Schiffs "Hanseatic" gefeiert.

1967 *Man lebt nur zweimal*
United Artists rief erneut zu einem

Schaumannswettbewerb unter Kinotheaterbesitzern auf. Die Gewinner flogen gemeinsam mit geladenen Journalisten nach Japan. Sieben junge japanische Frauen tourten auf Einladung des Filmverleihs und verschiedener Tageszeitungen eine Woche durch Deutschland. Der Wagen vom Typ Toyota 2000 GT wurde vor dem Grand Prix auf dem Nürburgring gezeigt. Karin Dor war zu Gast. Bundesverkehrsminister Georg Leber setzte sich in das Auto. Der Hubschrauber "Little Nellie" zeigte in mehreren Städten Kunststücke.

1969 *Im Geheimdienst Ihrer Majestät*
Kinotheaterbesitzer fuhren mit einem TEE-Charter-Zug in die Schweizer Alpen.

1971 *Diamantenfieber*
Weltpremiere in München in Anwesenheit von Lana Wood und dem Moon Buggy. Zuvor waren beide in Hamburg zu Gast.

1973 *Leben und sterben lassen*
Roger Moore war in Hamburg, Bonn (wo er den Bundestag besuchte) und München zu Gast. In München wurde eine Premiere gefeiert.

1974 *Der Mann mit dem goldenen Colt*
Eine Journalistengruppe wurde für eine Woche nach Thailand eingeladen. Eine geplante Sumo-Ringer-Veranstaltung in Deutschland kam nicht zustande. Das fliegende Auto wurde später auf der Motor-Show in Essen ausgestellt.

1977 *Der Spion, der mich liebte*
Roger Moore war bei der Premiere in Hamburg zu Gast. Der Lotus Esprit wurde später auf dem Frankfurter Flughafen ausgestellt.

1979 *Moonraker*
Roger Moore war bei der Kulenkampff-Sendung "Einer wird gewinnen" in Wiesbaden zu Gast. Darsteller Richard Kiel besuchte Kiel und Hamburg. Das Space Shuttle tourte durch Deutschland.

1981 *In tödlicher Mission*
Regisseur John Glen, Willy Bogner und zwei Bond-Girls waren in Hamburg zu Gast.

1983 *Octopussy*
Desmond Llewelyn, der Darsteller des "Q", und vier Bond-Girls waren in Hamburg zu Gast.

1984 *Sag niemals nie*
Darstellerin Barbara Carrera war Gast in Hamburg und München. Sean Connery und Klaus Maria Brandauer traten in der Sendung "Auf los geht's los" von Hans-Joachim Fuchsberger auf.

1985 *Im Angesicht des Todes*
Darsteller Patrick Macnee war in Hamburg zu Gast.

1987 *Der Hauch des Todes*
Timothy Dalton war in Hamburg zu Gast. Regisseur John Glen, die Darsteller Andreas Wiesniewski und Art Malik waren in Frankfurt zu Gast, wo auch eine Premiere gefeiert wurde.

1989 *Lizenz zum Töten*
Keine Besuche oder Aktionen

1995 *GoldenEye*
Pierce Brosnan, Gottfried John und Regisseur Martin Campbell waren in München zu Gast, wo auch die Premiere stattfand.
Izabella Scorupco besuchte später noch zur Einführung des BMW Z3 den Autohersteller in München. Zum Videostart kam Desmond Llewelyn nach Hamburg.

1997 *Der Morgen stirbt nie*
Vor der Premiere kamen Pierce Brosnan und Götz Otto für einen Tag nach München, um Interviews zu geben. Zur Premiere in Hamburg erschienen außerdem Michelle Yeoh, Jonathan Pryce, Roger Spottiswoode und Michael G. Wilson. Pierce Brosnan war bei "Wetten, daß ...?" zu Gast.

1999 *Die Welt ist nicht genug*
Zur Premiere in Berlin kamen Michael Apted, Pierce Brosnan, Denise Richards und Claude-Oliver Rudolph.

Die "GoldenEye"-Lizenznehmer

Allein in Deutschland kamen durch die Lizenznehmer 40 Millionen Mark in die Kassen. Weltweit erwarben 64 Firmen das Recht, mit dem Namen Bond und dem Logo 007 und/oder "GoldenEye" ihre Produkte zu bewerben.

Alpine, lieferte ein Autoradio, das kurz im Film zu sehen ist.

AM'Cap, Kappen

American Needle, Baseball-Kappen

Bally Wulff Bally, James-Bond-Spielautomaten

Bluebird, stellte 007 Lunch- und Sandwich-Boxen her.

BMW, lieferte zwei Vorserienmodelle des BMW Z3, schaltete Werbespots zwischen 15 und 40 Millionen Dollar, in denen auf den Film hingewiesen wurde, und durfte von November 1995 bis April 1996 mit dem "Bond-BMW" werben. Danach lief die Lizenz aus.

Boxtree, James-Bond-Buch

Brioni, lieferte 70 Anzüge, Smokings und Sakkos an das Filmteam. Brosnan trägt Brioni im Film.

Brit. Telecom, stellte verschiedene Telefonkarten mit 007-Logos her. Im Film ist eine Telefonzelle mit dem Schriftzug der Firma zu sehen.

Cagiva, stellte Motorräder für die Eröffnungssequenz des Films. Später verkaufte das Unternehmen weitere Modelle mit dem "GoldenEye"-Logo.

CDW Hamburg, Bollinger Champagner

Church, lieferte Schuhe für Brosnan, die auch kurz im Film zu sehen sind.

Cine Edition, T-Shirts und Sweat-Shirts

Corgi Toys, Modellautos des Aston Martin DB 5 und des Ferrari 355 GTS

Creation, Leder- und Sportbekleidung, Sammelmünzen, Kaffeebecher, Entertainment Fan-Convention

Doyusha, Spielzeugbausätze

Ferrari, stellte zwei Fahrzeuge vom Typ 355 GTS für die Eröffnungs-Pressekonferenz und die Verfolgungsjagd zur Verfügung.

Franklin Mint, Teller-Edition mit 12 Sammler-Tellern

Goede, Telefonkarten, Sammelmünzen

Heel Verlag, Bücher: "James Bond Girls" und "Making Of"

IBM, lieferte große Computer und Notebooks des Modells "Thinkpad". Die Rechner sind im Film zu sehen. Brosnan tippt kurz auf das "Thinkpad".

Interplay, Computer Software

Kaiser's-Märkte, warben mit 007, indem eine Reihe von Preisen als Endbetrag "7" auswies.

Landmark, Kalender

Larkhall, Boxer Shorts, Schlafanzüge und Nachthemden

Lewis Galoob, Action-Figuren

Lone Star, Spielzeug-Pistolen

Longman, Buch

Mattel, Spielzeugmodell des Aston Martin

MBI, Spielzeugmodell des Aston Martin

Merlin Publishing, Trading Cards

Micro Machines, Miniaturspielzeugmodelle

NewsMedien, "GoldenEye"-Filmmagazin

Nintendo, Computerspiele

No Comment, Kniestrümpfe und Socken

Nordmende, bewarben HiFi-Anlagen mit 007. Nach Aussagen von Dieter Hamacher, Leiter Handelsmarketing des Unternehmens, ist "der Name Bond ein Qualitätsbegriff für alle Zielgruppen. Wir nutzen Bond, um Aufmerksamkeit speziell bei der jugendlichen Zielgruppe zu erreichen. Denn viele wissen gar nicht, daß

Stardesigner Philippe Starck für uns arbeitet.

Omega, bot das Uhren-Modell "Seamaster" als Bond-Uhr an. Die Uhr taucht mehrfach im Film auf. Im Anschluß verpflichtete das Unternehmen Pierce Brosnan als Werbepartner und bewarb mit ihm die Uhr "Dynamic". Angeblich erhielt er dafür ein Honorar von einer Million Dollar.

OSP Publishing, Plakate

Österreichische Lotterien, Verlosungsaktionen

Paris Designs, Eau de Toilette für Männer

Parker, bot Kugelschreiber an, die auch im Film auftauchen.

Paul's Model, Spielzeugmodell des BMW Z3

Perrier, bot zwei Millionen Wasserflaschen an. Im Film fährt ein Panzer durch einen Perrier-Laster.

Pioneer GB, Gewinnspiele

Resource Center, Internet-Seiten

S. D. Studios, Replikate von James-Bond-Requisiten und Waffen

Secret Identitee, Werbegeschenke

Sega, James-Bond-Flipper

Seita Paris, Modellautos

Smirnoff, lieferte Wodka und kreierte Gläser und Cocktail-Sticker mit dem 007-Logo.

Sony Sinatures, Kaffeebecher, T-Shirts, Sweat-Shirts und Kappen

Target Games, Kartenspiele

Tiger Electronics, Elektronische Spiele

Tiroler Nussöl, Sonnenbrillen

Titan Books, Souvenirmagazin

Topps Co., Comics

Ültje, Erdnußkerne

US Games, Bücher und Tarot-Karten

Varta, verschiedene Batteriepacks

Vintage Magazine Company, druckte alte und neue Plakate nach.

Wilkinson, stellte Naßrasierer Protector 007 her; sie sind im Film nicht vertreten, da der Regisseur eine Naßrasur von Brosnan ablehnte. Der übliche Verkauf von 50.000

Stück pro Monat stieg allein im November 1996, einen Monat vor Filmstart, auf 200.000 Stück. Laut "Der Tagesspiegel" vom 27.12.1995 bezeichnete das Unternehmen das Engagement als "die erfolgreichste Verkaufsförderungsaktion, die wir je gemacht haben". Später verkaufte man auch noch die Pappkameraden, an denen die Rasierer plaziert waren.

Yves St. Laurent, Lippenstift-Serie 007

Zippo, Feuerzeuge, Schlüsselanhänger und Kugelschreiber.

Mehr als 25 deutsche Firmen nutzten Bond als Verkaufshilfe, 16 in Österreich und der Schweiz. Der Film stand in elf von 16 Industrie-Nationen zur gleichen Zeit an Platz 1 der Kinocharts. In England verzeichnete "GoldenEye" den ditterfolgreichsten Start aller Zeiten - nach "Jurassic Park" und "Batman Forever". In den USA spielte der Film 106,4 Millionen Dollar ein. Weltweit waren es schließlich 351,2 Millionen Dollar.

Verkaufserlöse von Bond-Requisiten und -Memorabilia

Wurden viele der Artikel, die rund um die Bondomanie in den 60er Jahren entstanden, jahrelang nicht beachtet, zumeist sogar nach Verwendung weggeworfen, so ist inzwischen ein regelrechter Markt für Plakate, Fotos, Broschüren und sogar Requisiten entstanden, die zum Teil exorbitante Preise erzielen. Die Gründe dafür sind vielfältig. Zum einen hat ein Revival der Sixties und ein Verlust von Heldenfiguren in den 90er Jahren dazu geführt. Zum anderen ist durch die Gründung von Requisitentempeln im Fast-Food-Milieu wie "Hard Rock Café", "Planet Hollywood" oder "Fashion Café" ein Markt geschaffen worden, den vor allem Auktions-

häuser gern bedienen und an dessen Erfolg sie partizipieren. Kein Wunder also, daß manche Privatsammler bei den inzwischen erzielten Preisen nicht mehr mithalten können und daß die Kommerzialisierung auch in diesem Bereich ständig zunimmt. Wurden bestimmte Stücke auf den Mitte der 70er Jahre entstandenen sogenannten Movie Jumbles (Filmsammlerbörsen) noch für wenige Mark verkauft, so halten inzwischen international renommierte Auktionshäuser wie Bonhams, Phillips, Sotheby's oder Christie's zweimal jährlich "Film- and-Entertainment"-Auktionen ab, auf denen die Preise (noch) permanent steigen.

Die wahren Fans betrachten diese Entwicklung mit gemischten Gefühlen. Zum einen bietet sich die Möglichkeit, kräftig zu verdienen. So geschehen durch den Verkauf der Sammlung des einstigen Präsidenten des englischen Bond-Fan-Clubs, Ross Hendry, der ihm eine hohe fünfstellige Summe einbrachte. Zum anderen werden dort Preise erzielt, die einfach nicht dem Marktwert entsprechen. So zahlten Unbekannte bis zu 3.000 DM für ein Plakat von "Goldfinger", das man leicht auch für ein Zehntel erstehen kann. Im Frühjahr 1997 zahlte ein unbekannter Interessent für ein deutsches Plakat des Films "Sag niemals nie" fast 400 DM, das für 25 DM zu erwerben ist.

Und es scheint so, als hätte Fleming den Kult um die Bond-Reliquien selbst vorausgesehen, heißt es doch an einer Stelle seiner Kurzgeschichte "The Property of a Lady" ("Globus - meistbietend zu versteigern") aus dem Munde von "M": "Es ärgert mich nur, wenn ich sehe, wie heutzutage auf den Auktionen die Preise ins Phantastische klettern."

Die nachfolgende Liste gibt die Preise wieder, die für Merchandising-Artikel, Requisiten und Fahrzeuge bei Sammlerbörsen und Auktionen erzielt wurden:

533.500 DM (275.000 Dollar) zahlte ein Privatsammler am 28. Juni 1986 für einen der beiden Original Aston Martin DB 5 aus dem Film "Goldfinger" bei einer Versteigerung des Auktionshauses Sotheby's in New York.

502.250 DM (175.000 Pfund) zahlte ein Engländer für den Original Aston Martin DBS V8 Volante aus dem Film "Der Hauch des Todes" im Sommer 1990 an einen Privatmann, der den Wagen direkt vom damaligen Geschäftsführer von Aston Martin, Victor Gauntlett, erworben hatte.

441.000 DM (150.000 Dollar) zahlte ein amerikanischer Autoliebhaber am 22. August 1985 für eine Werbereplica des Aston Martin DB 5 aus dem Film "Goldfinger".

262.570 DM (121.000 Dollar) zahlte ein amerikanischer Discothekenbesitzer am 28. Juni 1986 für den Rolls Royce aus dem Film "Goldfinger" bei einer Versteigerung des Auktionshauses Sotheby's in New York.

176.080 DM (62.000 Pfund) zahlte ein Unbekannter für Odd Job's Melone aus "Goldfinger" am 17. September 1998 bei einer Auktion von Christie's in London.

137.000 DM (56.250 Pfund) zahlte ein unbekannter Sammler am 5. Mai 1995 für Ian Flemings vergoldete Original-Schreibmaschine, auf der alle seine Romane mit Ausnahme von "Casino Royale" entstanden sind, bei einer Auktion von Christie's in London. Der Wert war im Katalog mit 6.000 Pfund (14.520 DM) geschätzt worden.

96.600 DM (28.000 Pfund plus 15 Prozent) zahlte der Autosammler Peter Nelson für einen fahrbaren Original Lotus Esprit aus dem Film "Der Spion, der mich liebte" bei der Auktion von "Coys of Kensington" am 25. Juli 1998 in Silverstone.

91.448 DM (32.200 Pfund) zahlte der Privatsammler Houmayoun Shafari für das Kennzeichen "0007" am 17. September 1998 bei einer Auktion von Christie's in London.

84.916 DM (29.900 Pfund) zahlte ein italienischer Geschäftsmann für eine der tauch-, aber nicht fahrfähigen Karossen des Lotus Esprit aus dem Film "Der Spion, der mich liebte" am 17. September 1998 bei einer Auktion von Christie's in London.

75.900 DM (22.000 Pfund plus 15 Prozent) zahlte ein Unbekannter für einen fahrbaren Original Lotus Esprit Turbo aus dem Film "In tödlicher Mission" bei der Auktion von "Coys of Kensington" am 25. Juli 1998 in Silverstone.

62.054 DM (21.850 Pfund) zahlte ein Unbekannter für die Rolex-Uhr aus "Leben und sterben lassen" am 17. September 1998 bei einer Auktion von Christie's in London.

39.400 DM (14.300 Pfund) zahlten drei Verwandte Flemings (sein Neffe Nicholas und die Nichten Lucy Fleming und Kate Grimmond) für Ians Notizbuch "The James Bond File" bei einer Versteigerung des Londoner Auktionshauses Sotheby's am 15. Dezember 1992. Die 128 Seiten, die Fleming in den 50er und 60er Jahren schrieb, enthalten folgende Informationen: Textideen, Recherche-Ergebnisse, Details über das Training und die Taktiken russischer Spione, Anmerkungen zu seinen Charakteren Dr. No, "M" und

Pussy Galore sowie Flemings Gedanken über Frauen im allgemeinen.

Bei derselben Auktion erwarb Sir Nicholas Henderson, ein Londoner Freund Flemings, dessen dunkelblauen Anzug und ein Paar Hausschuhe mit Monogramm. Er stellte die Stücke der Londoner Bibliothek zur Verfügung.

21.700 DM (10.000 Dollar) zahlte ein amerikanischer Privatsammler am 28. Juni 1986 für das Original-U-Boot von Blofeld aus dem Film "Diamantenfieber" bei einer Versteigerung des Auktionshauses Sotheby's in New York.

19.740 DM (7.000 Pfund) verlangte ein Londoner Buchantiquar im Mai 1997 für eine von Fleming signierte Erstausgabe des 1957 erschienenen Romans "From Russia With Love". Die Widmung lautet: "To Bill Once Again! from Ian". Das Buch schenkte Fleming dem Agenten Sir William Stephenson, der als "Intrepid" bekannt wurde. Fleming wurde von Stephenson unterrichtet.

16.335 DM (6.750 Pfund) zahlte ein unbekannter Sammler im Dezember 1995 für Roger Moores gelben Raumanzug aus dem Film "Moonraker – Streng geheim" bei einer Auktion von Christie's in London. Es war nicht sicher, ob der Anzug wirklich von Roger Moore oder von einem der anderen Mitwirkenden getragen worden ist.

13.300 DM (5.500 Pfund) zahlte ein Privatsammler im November 1994 für eine von Ian Fleming mit den Worten "Viv with an X from Ian" signierte Erstauflage seines Romans "The Spy Who Loved Me" bei einer Auktion von Erstauflagen bei Christie's in London. Dies war ein neuer Weltrekord für ein signiertes Buch von Fleming. "Viv" bezieht sich

auf die Hauptfigur des Romans, Vivienne Michel. Auch eine von Flemings Freundinnen hieß Viv.

14.100 DM (1.500 Pfund) zahlte ein englischer Autoliebhaber im Januar 1969 für die beiden Werbereplicas des Aston Martin DB 5 aus dem Film "Goldfinger".

10.710 DM (4.200 Pfund) zahlte "Planet Hollywood" 1993 bei einer Auktion für eine Schußvorrichtung aus dem Aston Martin DB 5, die im Film gar nicht verwendet wurde.

6.720 DM (2.400 Pfund) zahlte ein Privatsammler am 2. April 1997 für ein Kleid von Jane Seymour aus dem Film "Leben und sterben lassen" bei einer Versteigerung von Filmrequisiten des Londoner Auktionshauses Sotheby's.

5.700 DM (2.300 Pfund) zahlte ein kalifornischer Privatsammler für ein Original-Artwork des Films "Feuerball" bei einer Versteigerung des Londoner Auktionshauses Sotheby's am 8. Juni 1993.

5.500 DM (2.000 Pfund) zahlte ein amerikanischer Privatsammler 1992 für eines der beiden funktionsfähigen Original-Neptune-U-Boote aus dem Film "In tödlicher Mission". Beide wurden extra für den Film gebaut.

4.950 DM (1.800 Pfund) zahlte ein Privatsammler am 13. Mai 1997 für das US-Subway-Plakat von "Feuerball" bei einer Versteigerung von Filmplakaten des Londoner Auktionshauses Christie's.

3.640 DM (1.300 Pfund) zahlte ein Privatsammler am 2. April 1997 für einen Skianzug von Lynn-Holly Johnson aus dem Film "In tödlicher Mission" bei einer Versteigerung von Filmrequisiten des Londoner Auktionshauses Sotheby's.

2.400 DM wurden für ein "James Bond 007 Plastic Attaché Case", ein Kinderspielzeug aus dem Jahr 1965, gezahlt.

2.100 DM (850 Pfund) zahlte ein Privatsammler für die Reproduktion eines Maschinengewehrs aus dem Film "Im Geheimdienst Ihrer Majestät" bei einer Versteigerung des Londoner Aukionshauses Sotheby's am 8. Juni 1993. Dieselbe Summe wurde für eine Waffe aus dem Film "Man lebt nur zweimal" bezahlt. Weitere Waffen erzielten Preise von 870 bis 1.860 DM.

1.240 DM (500 Pfund) zahlte ein Privatsammler für einen Tisch aus dem Film "Liebesgrüße aus Moskau", der im Büro von SMERSH stand, bei einer Versteigerung des Londoner Auktionshauses Sotheby's am 8.Juni 1993.

1.150 DM (675 Dollar) verlangt eine US-Firma für ein Replikat des "Goldenen Colts", geliefert in einer speziell angefertigten Schatulle.

1.000 DM zahlte ein Privatsammler für eine "007 Spy Watch" der Firma Gilbert aus dem Jahr 1965.

900 DM (360 Pfund) zahlte ein Privatsammler für eins von nur 15 hergestellten Modellen des Citroën 2 CV aus dem Film "In tödlicher Mission". Hersteller Corgi Toys schuf die auf eine Holzplatte montierten silberlackierten Stücke für ein Gewinnspiel unter den Händlern.

700 DM (250 Pfund) zahlte ein Privatsammler am 2. April 1997 für einen Anzug der U-Boot-Besatzung aus dem Film "Der Spion, der mich liebte" bei einer Versteigerung von Filmrequisiten des Londoner Auktionshauses Sotheby's.

700 DM (280 Pfund) zahlte ein Privatsammler für zwei Designzeichnungen des flugfähigen Autos aus dem Film "Der Mann mit dem goldenen Colt" bei einer Versteigerung des Londoner Auktionshauses Sotheby's am 8. Juni 1993.

Zwei allein auf James-Bond-Filme bezogene Versteigerungen, die das Auktionshaus Christie's am 17. September 1998 und am 14. Februar 2001 in London abhielt, haben dazu geführt, daß mit Filmrequisiten und Kostümen vermehrt Handel getrieben wird. Das Haus wurde nach der ersten Versteigerung mit Angeboten überhäuft. Die ungeahnte Wirkung und der zum Teil beträchtliche Erlös - allein bei der zweiten Auktion wurden über 1,8 Millionen DM umgesetzt - brachten mit sich, daß in fast jeder "Entertainment"-Auktion Bond-Plakate oder andere Devotionalien auftauchen. Es ist damit zu rechnen, daß die Preise rund um den Kult zum 40. Geburtstag weiter steigen werden. Vor dem Mitbieten aber muß gewarnt werden, denn vieles kann mühelos und erheblich günstiger außerhalb von Auktionen erworben werden. Wenn in den Katalogen Formulierungen wie "believed to be used in the production of ..." auftauchen, so verdeutlicht dies, wie fragwürdig manche Quellen sind. Ein Repräsentant von Christie's, der in London eine eigene Galerie betreibt, wurde kürzlich von seinen Aufgaben entbunden, als bekannt wurde, daß er in Absprache mit anderen Personen die Preise hochgetrieben hatte. Insidergeschäfte gehören offensichtlich nicht nur im Aktienhandel zum Alltag.

Plazierungen der James-Bond-Songs in den englischen Charts

Titel	Interpret	Einstieg	Bester Platz	Laufzeit
Dr. No (James-Bond-Thema)	John Barry	24.11.62	13	11 Wochen
From Russia With Love	John Barry	11/63	39	3 Wochen
From Russia With Love	Matt Monro	30.11.63	20	13 Wochen
Goldfinger	Shirley Bassey	10/64	21	9 Wochen
Thunderball	Tom Jones	1/66	35	4 Wochen
Casino Royale	Herb Alpert	7/67	27	14 Wochen
You Only Live Twice	Nancy Sinatra	15.7.67	11	18 Wochen
Diamonds Are Forever	Shirley Bassey	1/72	38	6 Wochen
Live And Let Die	Paul McCartney & Wings	16.6.73	2	13 Wochen
Nobody Does It Better	Carly Simon	6.8.77	7	12 Wochen
Moonraker	Shirley Bassey	1979		
For Your Eyes Only	Sheena Easton	1981	8	8 Wochen
All Time High	Rita Coolidge	1983	75	1 Woche
Never Say Never Again	Lani Hall	1983		
A View To A Kill	Duran Duran	1985	2	10 Wochen
The Living Daylights	a-ha	1987	5	9 Wochen
Licence To Kill	Gladys Knight	1989		
Goldeneye	Tina Turner	1995	10	6 Wochen
007-Theme	Moby	11/97	8	3 Wochen
Tomorrow Never Dies	Sheryl Crow	1997	12	5 Wochen
The World Is Not Enough	Garbage	11/99	11	3 Wochen

Plazierungen der James-Bond-Songs in den amerikanischen Charts

Titel	Interpret	Einstieg	Bester Platz	Laufzeit
Dr. No (James-Bond-Thema)	John Barry	1962		
From Russia With Love	John Barry	1963		
From Russia With Love	Matt Monro	1963		
Goldfinger	Shirley Bassey	1964	6	14 Wochen
Thunderball	Tom Jones	1966	19	9 Wochen
Casino Royale	Herb Alpert	1967	21	10 Wochen
You Only Live Twice	Nancy Sinatra	1967	49	7 Wochen
Diamonds Are Forever	Shirley Bassey	1972	67	9 Wochen
Live And Let Die	Paul Mc Cartney & Wings	1973	1	16 Wochen
Nobody Does It Better	Carly Simon	1977	2	11 Wochen
Moonraker	Shirley Bassey	1979		
For Your Eyes Only	Sheena Easton	1981	4	25 Wochen
All Time High	Rita Coolidge	1983	36	13 Wochen
Never Say Never Again	Lani Hall	1983		
A View To A Kill	Duran Duran	1985	1	17 Wochen
The Living Daylights	a-ha	1987		
Licence To Kill	Gladys Knight	1989		
Goldeneye	Tina Turner	1995		
007-Theme	Moby	1997		
Tomorrow Never Dies	Sheryl Crow	1997		
The World Is Not Enough	Garbage	1999		

Bibliographie

Adler, Bill: Dear 007. Notes, Mash and Otherwise, to The Supersleuth. New York 1966

Alexander, Judy: The James Bond Storybook of the Movie A View To A Kill. New York 1985

Amis, Kingsley: Geheimakte 007 James Bond. Frankfurt am Main 1966/Berlin 1986

Amis, Kingsley: The James Bond Dossier. New York 1965

Andrews, Emma: Heroes of the Movies. Sean Connery. Godalming 1982

Andrews, Emma: The Films of Sean Connery. London 1974/Isle of Wight 1977/New York, Toronto 1982

Antony, Paul/Friedman, Jacquelyn: Ian Flemings Incredible Creation. Chicago 1965

Archer, Simon/Nichols, Stan: Gerry Anderson. The Authorized Biography. London 1996

Argus Communications (Hg): James Bond Diary 1986

Bach, Steven: Final Cut. New York 1987

Balio, Tino: United Artists. The Company that Changed the Film Industry. Madison 1987

Barber, Hoyt L./Barber, Harry L.: The Book of Bond, James Bond. Nipomo 1999

Barnes, Alan/Hearn, Marcus: Kiss Kiss Bang Bang. The Unofficial James Bond Film Companion. London 1997

Bart, Peter: Fade Out. The Calamitous Final Days of MGM. London 1990

Bazelon, Irwin: Knowing the Score. Notes on Film Music. New York 1975

Becker, Jens-Peter: Sherlock Holmes & Co. Essays zur englischen und amerikanischen Detektivliteratur. München 1975

Bennett, Tony/Woolacott, Janet: Bond and Beyond. The Political Career of a Popular Hero. London 1987

Benson, Raymond: James Bond Bedside Companion. New York 1984

Berger, Jürgen (Hg): Production Design. Ken Adam. Meisterwerke der Filmarchitektur. Katalog zur Ausstellung. München 1994/Mannheim 1997

Black, Jeremy: The Politics of James Bond. From Fleming's Novels to the Big Screen. o.O. 2001

Blake, Steve: Sex and the Starlet. Chicago 1965

Bond, James: Birds of the West Indies. London 1979

Bond, Mary Wickham: To James Bond with Love. Lititz 1980

Bond, Mrs. James (Mary Wickham): How 007 got his Name. London 1966

Bonnefoy, Claude: Le cinéma et ses mythes. Paris 1965

Boyd, Ann S.: The Devil with James Bond. London/Glasgow 1967

Brosnan, John: James Bond in the Cinema. London 1972/San Diego 1981

Bryan, John D.: James Bond. Did He Really Live Twice? Isle of Man 1988

Bryce, Ivar: You Only Live Once. Memories of Ian Fleming. London 1975/1984

Campbell, Iain: Ian Fleming. A Catalogue of a Collection. Liverpool 1978

Castelli/Tacconi: Gentleman GmbH. James Bond backt kleine Brötchen. Berlin/Hamburg o.J.

Cavelti, John G.: Adventure, Mystery, and Romance. Formula Stories as Art and Popular Culture. Chicago 1976

Cavelti, John G./Rosenberg, Bruce A.: The Spy Story. Chicago/London 1987

Chapman, James: Licence to Thrill. A Cultural History of the James Bond Films. London 1999

Chenoune, Farid: Brioni. Magier der Mode. München/Paris/London 1999

Contosta, David R.: The Private Life of James Bond. Lititz 1993

Cortesi, Mario: James Bond Belmondo & Cie. Le livre du cinema européen. Neuchâtel 1983

David, Hugh: Heroes, Mavericks and Bounders. The English Gentleman from Lord Curzon to James Bond. London 1991

Deacon, Richard: A History of British Secret Service. London 1967

Dear, Willam C.: Private Detective. From the Files of the World's Greatest Private Eye. London 1992

del Buono, Oreste/Eco, Umberto: Der Fall James Bond 007 - ein Phänomen unserer Zeit. München 1966

del Buono, Oreste/Eco, Umberto: The Bond Affair. London 1966

Dewes, Klaus/Oertel, Rudi: Paul Mc Cartney und The Wings. Bergisch Gladbach 1980

Donovan, Paul: Roger Moore. London 1983

Dougall, Alastair/Stewart, Roger: James Bond Geheimagent 007. München 2000

Dulles, Allen: Im Geheimdienst. Düsseldorf/Wien 1963

Dupuis, Jean Jacques: Sean Connery. Paris 1986

Durant, Philippe: Les James Bond Girls. Les 230 créatures de reve ... et un agent 007. Paris 1999

Durant, Philippe: Sean Connery. Paris 1985/Clamart 1989

Eaton, Shirley: Golden Girl. London 1999

Eklund, Britt: True Britt. London 1982

Etzersdorfer, Irene: James Bond oder Don Quichotte? Simon Wiesenthals Kampf gegen Lüge und Verdrängung. Wien 1992

Farrell, Barry: Pat and Roald. New York 1969

Feeney Callan, Michael: Sean Connery. His Life and Films. London 1983/1993 (Paperback: Sean Connery. The Untouchable Hero)

Feeney Callan, Michael: Sean Connery. Seine Filme. Sein Leben. München 1984

Fiegel, Eddie: John Barry. A Sixties Theme. From James Bond to Midnight Cowboy. London 1998

Film-Fun Quarterly Fall 1965: 007 meets 36-24-36.

Fisher, Clive: Cyril Connolly. A Nostalgic Life. London 1995

Fl*m*ng, I*n: Alligator. Boston 1963

Flaming, I.M.. Snakefinger. Hollywood 1966

Fleming, Ian/various: For Bond Lovers only. London 1965/New York 1965

Fleming, Ian/Connery, Sean/Simenon, Georges/Dulles, Allen/Fishman, Jack/Chandler, Raymond/Deighton, Len u.a.: Nur für Bond Freunde. München 1966

Fleming, Peter: News from Tartary. London 1984

Freedland, Michael: Sean Connery. A Biography. London 1994

Freyermuth, Gundolf S.: Spion unter Sternen. Berlin 1994 (Interview mit Sean Connery)

Friedrichs, Horst: Der Morgen stirbt nie. Das offizielle Buch zum Film. Hamburg 1997

Fröhlich, Hubert: Im Geheimdienst Ihrer Majestät. Die Hintergrundgeschichte. James Bond 007 Fan Club (Schweiz) Convention Broschüre 07-10-2000

Gant, Richard: Ian Fleming. The Fantastic 007 Man. New York 1966

Gant, Richard: Ian Fleming. The Man with the Golden Pen. London 1966

Gant, Richard: Sean Connery Gilt-Edged Bond. London 1967

Georgy, H. (Rausch, Hans-Georg): Was James Bond so erfolgreich macht. Eine Hommage an 40 Jahre 007. Bonn 1990

Gershon, Dudley: Aston Martin 1963-1972. Oxford 1975

Goux, Yves/Baeyens, Pierre: Bond, James Bond. Le Dossier 007. Mariembourg 1989

Grassi, Giovanna: Sean Connery. Rom 1996

Guandalini, Gina: Sean Connery. Rom 1993

Guest, Val: So You want to be in Pictures. From Will Hay to Hammer Horror and James Bond. Richmond 2001

Gurin, Philip: The James Bond Trivia Quiz Book. New York 1984

Haining, Peter: James Bond. A Celebration. London 1987

Halpenny, Bruce Barrymore: Little Nellie 007. Birtley 1991

Hart-Davis, Duff: Peter Fleming. A Biography. London 1974

Heinzlmeier, Adolf: Sean Connery. Rastatt 1990

Heller, Jack: The Spy who fell into the Borscht. New York 1966

Hernu, Sandy: Q. The Biography of Desmond Llewelyn. Seaford 1999

Hibbin, Sally: The Making of Licence to Kill. London 1989

Hibbin, Sally: The New Official James Bond 007 Movie Book. Now Including Licence to Kill. London 1989

Hibbin, Sally: The Official James Bond 007 Movie Book. New York 1987/London 1987

Hindersmann, Jost: Der britische Spionageroman. Vom Imperialismus bis zum Ende des Kalten Krieges. Darmstadt 1995

Holliss, Richard: The Official 007 Fact File. London 1989

Howard, Michael S.: Jonathan Cape, Publisher. London 1971

Hügel, Hans-Otto/Moltke, Johannes von: James Bond. Spieler und Spion. Begleit- und Lesebuch zur Ausstellung James Bond. Die Welt des 007. Hildesheim 1998

Hughes, Fielden: Roger Moore and the Crime-fighters in Crook Ahoy! o.O. 1977

Hunter, John: Great Scot. The Life of Sean Connery. London 1993

Indiana University Office of Publications: The Ian Fleming Collection of 19th - 20th Century Source Material concerning Western Civilization. Lilly Library Publication o.J.

Jacobs, Eric: Kingsley Amis. London 1995

James Bond's Moonraker to Color, Cut out and Fly! Los Angeles o.J.

Jessen, Kai: Pierce Brosnan. Mehr als James Bond. München 1998

Knobel, Bruno: Krimifibel. Solothurn 1968

Kocian, Erich: Die James Bond Filme. München 1982/1984/1998

Lane, Andy/Simpson, Paul: The Bond Files. London 1998

Lee, Christopher: Tall, Dark and Gruesome. The Autobiography of Christopher Lee. London 1977

Lee, Stan: 007 James Bond. For Your Eyes Only. The Marvel Comics Illustrated Version. New York 1981

Leonard, Geoff/Walker, Pete/Bramley, Gareth: John Barry. A Life in Music. Bristol 1998

Lewis, Michael: The Ultimative James Bond Trivia Book. New York 1996

Lünnemann, Ole: Vom Kalten Krieg bis Perestroika. James Bond. Ein Filmagent zwischen Entspannung und Konfrontation. Eine inhaltsanalytische Studie zur Reflex- und Kontrollhypothese. Münster/Hamburg 1993

Lycett, Andrew: Ian Fleming. London 1995

Macnee, Patrick: Blind in one Ear. Autobiography of an Avenger. London 1989

Malms, Jochen: Paul Mc Cartney & Wings. München 1981

Marriott, Emma/Newman, Dan/Wilson, David: The Little Book of Bond. London 2001

Marvel/Grandreams: James Bond. For Your Eyes Only. 007 Special 1981

Marvel/Grandreams: James Bond. Octopussy. 007 Special. 1983

Mascott, R.D.: 003$^1/2$. James Bond Junior. München 1967

Mascott, R.D.: 003$^1/2$. The Adventures of James Bond Junior. London 1967

Mc Cabe, Bob: Sean Connery. A Biography. New York 2000

Mc Cormick, Donald: Who's Who in Spy Fiction. London 1979

Mc Cormick, Donald: 17 F, The Life of Ian Fleming. London 1993

Membery, York: Pierce Brosnan. Der smarte Verführer. Berlin 1997

Membery, York: Pierce Brosnan. The Biography. London 1997

Moore, Chris: James Bond 007. A View To A Kill. Amsterdam 1985

Moore, Roger: James Bond 007. Le film d'un film vivre et laisser mourir. 1973

Moore, Roger: Roger Moore as James Bond. London 1973

Moore, Roger: Roger Moore's James Bond Diary. Greenwich 1973

Moscati, Massimo: James Bond missione successo. Bari 1987

Moseley, Roger: Roger Moore. A Biography. London 1985/1986

Müller, Horst/Eschert, Rüdiger: Helden zum Rapport. Herakles. Siegfried. Johanna. Winnetou. James Bond. Düsseldorf 1970

Newquist, Roy: Counterpoint. New York 1965

Nini, Britt: Ursula Andress. Paris 1980

Nixdorf, Thomas: Licence to Thrill. James Bond Plakate 1962-1997. Hannover 1997

Nourmand, Tony: The Official 007 Collection James Bond Posters. London 2001

O'Connor, Aine: Leading Hollywood. Pierce Brosnan u.a. in Conversation with Aine O'Connor. Dublin 1996

Otfinoski, Steven: James Bond in Barracuda Run. Based on A View To A Kill. New York 1985

o.V.: 007 Licenza di Uccidere. Cinestory/4. Tutto il film in 450 Foto

o.V.: James Bond di Jim Lawrence e Horak. Milano 1974

o.V.: Mädchen, Girls und Gören. Ein Playboy-Strauß für Männer. Hamburg 1971

o.V.: Roger Moore. Japanische Biographie, Nr. 58. o.J.

o.V.: Sean Connery. Japanische Biographie, Nr. 43. o.J.

o.V.: The 007 Archives. London 1996

Owen, Gareth/Burford, Brian: The Pinewood Story. The Authorized History of the World's Most Famous Film Studio. Richmond 2000

Paland, Jean-Marc: James Bond Girls. Paris 1985

Parish, James Robert/Pitts, Michael R.: The Great Spy Pictures. Matuchen 1974

Parker, John: Sean Connery. London 1993/München 1995

Passingham, Kenneth: Sean Connery. London 1983/1984

Pate, Janet: The Book of Spies and Secret Agents. Exeter 1978

Pearce, Garth: The Making of Golden Eye. London 1995

Pearce, Garth: The Making of Tomorrow Never Dies. London 1997

Pearson, John: Agent 007. Das Leben von James Bond. Zug 1973

Pearson, John: De Geautoriseerde Biografie van 007 James Bond. Antwerpen 1977

Pearson, John: James Bond. The Authorized Biography of 007. New York 1973

Pearson, John: Life of Ian Fleming. New York 1966/London 1966

Peary, Danny: Cult Movies 3. New York 1988

Pelrine, Eleanor and Dennis: Ian Fleming. Man with the Golden Pen. Wilmington 1966

Pendreigh, Brian: The Scot Pack. The Further Adventures of the Trainspotters and their Fellow Travellers. Edinburgh 2000 (Kapitel über Sean Connery)

Penzler, Otto: Ian Fleming's James Bond. A Descriptive Bibliography and Price Guide. New York 1999

Perry, George: Movies from the Mansion. A History of Pinewood Studios. London 1976

Pfeiffer, Lee/Lisa, Phil: The Films of Sean Connery. New York 1993

Pfeiffer, Lee/Lisa, Phil: The Incredible World of 007. New York 1992/1995

Pfeiffer, Lee/Worrall, Dave: The Essential Bond. The Authorized Guide to the World of 007. London 1998

Plomer, William: Address given at the Memorial Service for Ian Fleming. o.O. 1964

Pohle, Robert W./Hart, Douglas C.: The Films of Christopher Lee. New York/London 1983

Porter, David: The Man who was "Q". The Life of Charles Fraser-Smith. Exeter 1990

Prüßmann, Karsten: Pierce Brosnan. Mehr als James Bond. München 1999

Rissik, Andrew: The James Bond Man. The Films of Sean Connery. London 1983

Rombout, Raymond: De James Bond Saga. Leuven 1996

Rost, Andreas (Hg): Der schöne Schein der Künstlichkeit. Ken Adam, David Bordwell, Peter Greenaway, Jack Lang. Frankfurt am Main 1995

Rovin, Jeff: Adventure Heroes. Legendary Characters from Odysseus to James Bond. o.O. 1994

Rubin, Steven Jay: The Complete James Bond Movie Encyclopedia. Chicago 1990/1995

Rubin, Steven Jay: The James Bond Films. A Behind the Scenes History. New York 1981/1983

Rubin, Steven Jay/Tesche, Siegfried: Hinter den Kulissen von James Bond 007. Hamburg 1981/1987/1995

Rubinstein, Leonard: The Great Spy Films. A Pictorial History. New Jersey 1979

Rye, Graham: The James Bond Girls. London 1989/New York 1989/London 1995

Sarno, Antonello: Il mio nome è Bond. Viaggio nel mondo di 007. Milano 1996

Scanner, Ivo: In viaggio con James Bond. I luoghi, i film, i romanzi. Una fantastica avventura in giro per il mondo. Milano 1997

Schäfer, Horst/Schwarzer, Wolfgang: Top Secret. Agenten- und Spionagefilme. Personen, Affären, Skandale. Berlin 1998

Scheingraber, Michael: Die James-Bond-Filme. München 1979/1981

Schmidt, Jochen: Gangster. Opfer. Detektive. Eine Typengeschichte des Kriminalromans. Frankfurt am Main/Berlin 1989

Siegel, Barbara & Scott: James Bond in Strike It Deadly. New York 1985

Simmons, Bob: Nobody does it better. My 25 years of Stunts with James Bond and other stars. Poole 1987

Simpson, Rachel: The Unofficial Sean Connery. Bristol 1996

Smoltczyk, Alexander: James Bond, Berlin, Hollywood. Die Welten des Ken Adam. Berlin 2002

Snelling, O.F.: 007 James Bond. A Report. London 1964/New York 1965

Soter, Tom: Bond and Beyond. 007 and other Special Agents. New York 1993

Spahlinger, Lothar: Käsefieber. Vergleichende Analyse der James-Bond-Filme von "James Bond jagt Dr. No" (1962) bis "James Bond 007 - In tödlicher Mission" (1981). Schwieberdingen 1983

Spoto, Donald: Die Seeräuber-Jenny. Das bewegte Leben der Lotte Lenya. München 1990

Stanley, Donald: Holmes Meets 007. San Francisco 1967

Starkey jr./Lycurgus M.: James Bond's World of Values. Nashville/New York 1966

Stine, R.L.: James Bond in Win, Place, Or Die. New York 1985

Strobel, Ricarda/Borschke, Alexandra: "James Bond - Diamantenfieber" / "Diamonds Are Forever". Ein Filmtranskript. Siegen 1987

Strobel, Ricarda/Borschke, Alexandra: "James Bond - Im Geheimdienst Ihrer Majestät" / "On Her Majesty's Secret Service". Ein Filmtranskript. Rottenburg-Oberndorf 1986

Sylvester, David: Moonraker, Strangelove and other Celluloid Dreams. The Visionary Art of Ken Adam. London 1999

Tanitch, Robert: Sean Connery. London 1992

Tanner, William: The Book of Bond or Every Man his own 007. London 1965

Terrace, Vincent: Complete Encyclopedia of Television Programs 1947-1979. Cranbury/London 1980

Todos AG (Hg): James Bond 007. Moonraker Special. 1979

Turner, Adrian: Adrian Turner on Goldfinger. London 1998

Vailland, Roger: Chronique d'Hiroshima à Goldfinger 1945-1965. Paris 1984

Vogt, Jochen: Der Kriminalroman. Band I und II. München 1971

Walter, Klaus-Peter: Das James-Bond-Buch. Frankfurt am Main/Berlin 1995

Walton, Jeremy: Lotus Esprit. London 1982

Walton, Jeremy: Lotus Esprit. The Complete Story. Ramsbury Marlborough 1991

Weinstein, Sol: Loxfinger. A Thrilling Adventure of Hebrew Secret Agent OY-OY-7. New York 1965

Weinstein, Sol: Matzoball. New York 1966

Weinstein, Sol: On The Secret Service of His Majesty, The Queen. New York 1966

Weller, Peter: Die Welt ist nicht genug. Das offizielle Buch zum Film. Nürnberg 1999

Wharton, Bill: The Real 007. New York 1969

Williams, John: The Films of Roger Moore. London 1974/Isle Of Wight 1977

Winn, Dilys: Murder Ink. The Mystery Reader's Companion. New York 1977

Wood, Christopher: James Bond 007 et le Moonraker. 1979

Wood, Christopher: James Bond and Moonraker. New York 1979

Wood, Christopher: James Bond. Moonraker. Streng geheim. München 1979

Wood, Christopher: James Bond. The Spy Who Loved Me. 1977

Wood, Christopher: James Bond und sein größter Fall. München 1977

Wood, Lana: Natalie. A Memoir by her Sister Lana Wood. New York 1984

Woodhead, Colin (Hg): Dressed to Kill. James Bond the Suited Hero. New York/Paris 1996

World Distributors (Hg): The James Bond 007 Annual 1965

World Distributors (Hg): The James Bond 007 Annual 1966

World Distributors (Hg): The James Bond 007 Annual 1967

World Distributors Limited: James Bond 007. Moonraker Special. 1979

Worrall, Dave: The James Bond Diecasts of Corgi. Dorset 1996

Worrall, Dave: The Most Famous Car in the World. The Complete History of the James Bond Aston Martin DB 5. Dudley West Midlands 1991/Addendum 1993/Portfolio 1994

Yule, Andrew: Sean Connery. From 007 to Hollywood Icon. New York 1992

Yule, Andrew: Sean Connery. Neither Shaken nor Stirred. London 1993

Zec, Donald/Broccoli, Cubby: When the Snow Melts. The Autobiography of Cubby Broccoli. London 1998

Zeiger, Henry A.: Ian Fleming. The Spy who came in with the Gold. New York 1965

Zimmer, Jacques: James Bond Story. Paris 1989

Zimmer, Jacques: Le Cinema fait sa pub. Paris 1986

Zinman, David: Saturday Afternoon at the Bijou. New Jersey 1973